ISBN 978-0-331-02439-5
PIBN 11004262

This book is a reproduction of an important historical work. Forgotten Books uses
state-of-the-art technology to digitally reconstruct the work, preserving the original format
whilst repairing imperfections present in the aged copy. In rare cases, an imperfection in
the original, such as a blemish or missing page, may be replicated in our edition. We do,
however, repair the vast majority of imperfections successfully; any imperfections that
remain are intentionally left to preserve the state of such historical works.

Untergang?

Vierteljahrsheft der Grünen Blätter

Zeitschrift für persönliche und völkische Lebensfragen

von

Johannes Müller

Elmau

22. Band   Verlag der Grünen Blätter   1. Heft

1920

Die Grünen Blätter, Vierteljahrsschrift für persönliche und völkische Lebensfragen sollen — der persönlichen Fühlung des Verfassers mit seinen Lesern wegen — möglichst direkt vom Verlag der Grünen Blätter in Elmau Post Klais (Oberbayern) bezogen werden, sind aber auch durch den Buchhandel zu haben.

Der Preis beträgt für einen Jahrgang (einschl. Porto) für Deutschland, 7.— Mk., für Österreich-Ungarn 10 Kr., Niederlande 2,30 G., Schweiz, Frankreich usw. 4,50 Fr., Dänemark, Schweden und Norwegen 3,50 Kr., Finnland 7 finn. Mk., Amerika 1 Dll.

Das Abonnement gilt bis zur Abbestellung, die nur nach Abschluß eines Bandes erfolgen kann.

Der Einzelpreis dieses Heftes beträgt 2,50 Mk.

Postscheckkonto Verlag der Grünen Blätter Nr. 1233 Nürnberg.

Inhalt

Mitteilungen

Gleichzeitig mit diesem Hefte erscheint im Verlage von C. H. Beck (Oskar Beck) München ein vierter Baustein für persönliche Kultur „Gemeinschaftliches Leben". Es ist ein Abdruck der Aufsätze „Menschen untereinander" aus dem zehnten Bande der Grünen Blätter. Die grundlegende Darstellung des Verhaltens und Lebens der Menschen untereinander mußte aus der Verschüttung in den Blättern hervorgezogen werden, weil ich immer und immer wieder darauf verweisen muß. Der zweite und dritte Baustein für persönliche Kultur: „Persönliches Leben" und „Das Ziel", die seit einer Reihe von Jahren vergriffen waren, sollen endlich jetzt auch wieder neugedruckt werden.

Grüne Blätter

Eine Vierteljahrsschrift für Lebensfragen

von

Johannes Müller

⌐ 22.⌐ 24. ⌐

Zweiundzwanzigster Band

Elmau

Verlag der Grünen Blätter

1920

C. H. Beck'sche Buchdruckerei in Nördlingen

Inhalt

Vorwort

Von den verschiedensten Seiten habe ich in der letzten Zeit Klagen und Vorwürfe über meinen Pessimismus gehört, der in meinen Vorträgen und Schriften herrsche. Andrerseits nennt man mich oft genug einen unverwüstlichen und unverbesserlichen Optimisten, einen „Schwärmer". Auch die folgenden Aufsätze werden vermutlich diese Urteile aufs neue hervorrufen. Deshalb möchte ich darüber von vornherein und ein für allemal Klarheit schaffen.

Ich bin weder ein Schwarzseher noch ein Schwärmer. Ich bin nur nüchtern, von Natur und Gesinnung. Es ist mir unmöglich, mir und anderen etwas vorzumachen. Ich bin rücksichtslos darauf aus, zu erkennen, was ist, und bekenne es rückhaltlos. Seit Jahrzehnten kämpfe ich gegen alle Einbildung und jede Art von Wahn, spreche immer wieder aus, daß die Grundlage alles Lebens und Gedeihens, Meisterns und Schaffens die Fühlung mit der Wirklichkeit ist, und dränge dazu, der Wirklichkeit fest ins Auge zu schauen, so schmerzlich es sein mag. Im Blick auf die Zukunft äußert sich diese Art und Haltung darin, daß ich nicht vom Gewünschten ausgehe, sondern vom Gegebenen, daß ich mir nichts ausmale, sondern warte, was wird, mich an keine Erwartungen hänge, sondern auf alles gefaßt bin, mich über Gefahren nicht hinwegtäusche, sondern ihnen rechtzeitig zu begegnen suche, daß es mir Gewohnheit geworden ist, mit den schlimmsten Möglichkeiten zu rechnen, um allem gewachsen zu werden. Taucht also am Horizont etwas Furchtbares auf, so schließe ich nicht die Augen davor, sondern schaue ihm so lange ins Gesicht, bis es seine Schrecken verliert. Zu dieser nüchternen, männlichen, überlegenen Haltung suche ich auch anderen zu verhelfen. Das ist mein Pessimismus.

Gewiß ist das den meisten Menschen sehr unangenehm. Denn sie wollen beruhigt und getröstet werden. Ich will aber nicht beruhigen, sondern beunruhigen, nicht begeistern, sondern ernüchtern, will aufrütteln, auftreiben, in Gärung bringen, damit etwas anderes aus uns werden kann. Ich will nicht trösten, sondern zu tiefem, fruchtbaren Erleben, zu tapferem Meistern des Schicksals führen, weil nur dadurch etwas aus uns wird. Es ist ein Verbrechen, die Menschen zu beruhigen, wenn das Leben die Anspannung aller Kräfte verlangt. Es ist eine Sünde zu trösten, wenn Leid und Not, Gefahren und Katastrophen Heimsuchungen Gottes sind. Wer den Menschen die Wirklichkeit verschleiert, bringt sie ums Leben. Wer sie über Unglück und Nöte tröstet, bringt sie um die Frucht ihrer Schicksale und Abenteuer. Es gibt gewiß schwache Herzen, die zunächst Beruhigung und Trost brauchen, bis sie die Wirklichkeit ertragen können. Dann wird man ihnen den Zuspruch nicht vorenthalten. Aber der seelische Morphinismus, dem jetzt Unzählige huldigen, ist vom Übel.

Ich bin aber nicht bloß nüchtern, sondern auch gläubig. Sage ich ungeschminkt, was ist, so nennt man mich einen Pessimisten. Sage ich aus dem Glauben heraus, was möglich ist, so nennt man mich einen Optimisten. Spreche ich von dem, was dahinter liegt, so bin ich ein Schwärmer. Rede ich von dem Geheimnis der Wirklichkeit als der Quelle des Lebens, von der Seele und ihrem schöpferischen Vermögen, von der Lebensvollmacht der gottergebenen und von Gott ergriffenen Menschen, denen kraft des Glaubens alles möglich ist, so hält man mich für überspannt, für einen Mystiker. Und doch spreche ich von dem Jenseits des Endlich Sinnlichen ebenso nüchtern wie von dem Diesseits seiner Erscheinung. Und der Wirklichkeitssinn verlangt, daß die Tiefe der Wirklichkeit nicht verschwiegen, ja noch mehr, daß alles in die Tiefe der Wirklichkeit gegründet wird, um Bestand zu gewinnen.

Nüchternheit und Glaube sind nicht Gegensätze, sondern gehören zusammen. Denn Nüchternheit ohne Glauben führt zur Verzweiflung und Glaube ohne Nüchternheit zur Einbildung und Phantasterei. Pessimismus und Optimismus aber sind eins so oberflächlich und trügerisch wie das andere. Darum wollen wir uns auf den Boden der Wirklichkeit stellen und in ihrer Tiefe Wurzel schlagen.

Wende und Wandlung

Wir stehen an der Wende von einem schweren Jahr, das hinter uns liegt, zu einem noch schwereren, das vor uns liegt. Dieses Bewußtsein hat etwas Lähmendes an sich. Man fühlt sich versucht, sich aus der Mitarbeit an der Bewältigung der schweren Lage unsers Volkes auf sich selbst zurückzuziehen, da doch nichts zu machen sei, und die kurze Spanne Leben, ehe das Verderben über uns zusammenschlägt, noch recht tief auszunutzen und im übrigen den Dingen ihren Lauf zu lassen. Aber weil diese Anfechtung eine Schwächeanwandlung und Lähmungserscheinung ist, kann es nur eine Losung für uns geben: durch um so intensiveres Leben die Lähmung zu überwinden und uns dessen bewußt zu sein, daß jede Lösung aus dem Lebenszusammenhang und jede Entspannung unsers Tätigkeitsdranges nicht in die Tiefe zu den Werten und Quellen des Lebens führt, sondern uns verflachen, erstarren, verderben und vergehen läßt. Wollten wir jetzt unser tätiges, wirkendes, schaffendes Leben entspannen, so wäre das ebenso töricht, wie wenn jemand angesichts des bevorstehenden Todes sich noch ausruhen wollte, ehe der lange Schlaf beginnt. Das dürfen wir auf keinen Fall tun, sondern unser Lebensdrang muß sich um so stärker spannen und um so höher flammen, damit wir allem gewachsen sind, was uns dieses Jahr 1920 bringt.

Das Morgenrot dieses Jahres verheißt uns Hunger, Aufruhr, Bürgerkrieg, Verwüstung, Mord, Barbarei, Chaos. Nach menschlichem Ermessen ist das kaum zu vermeiden. Aber je mächtiger uns diese Gewißheit bedrängt, um so stärker muß die Lebenslust in uns werden, um so gewaltiger sich der unbedingte in sich überlegene Lebensdrang erheben, der über das eigene Dasein hinausschlägt in das allgemeine des Volks, der Menschheit, um sich hier zu erfüllen. Das allein löst die Spannung und macht sie fruchtbar. Das überwindet die Lähmung durch Steigerung des Lebens, die bedrückende Bedrängnis durch Erweiterung des Lebens, die niederschlagende Belastung des Verhängnisses durch einen Aufschwung von Kraft, daß man auffährt mit Flügeln wie Adler. Man verliert die Angst, wenn man die Welt überwindet, in sich selbst durch die unbedingte Lebensentfaltung der Seele und um sich durch bewältigendes Handeln und schöpferisches Gestalten. So wird auch das Leiden zum Auftrieb des Lebens, und alle Schwierigkeiten werden zu Blöcken, auf denen man sich zur Höhe emporschwingt.

Was aber soll der Inhalt dieses empor- und über sich hinausdrängenden Lebens sein? Das sagt uns der Wunsch, der in dieser Jahreswende unsre Seele bewegt. Was wir von ganzem Herzen ersehnen, ist dies: daß in diesem Jahre aus der Nacht, in der wir jetzt leiden, Wahrheit, Gerechtigkeit, Menschlichkeit tagen möge, daß es uns die Offenbarung von Frieden und Liebe bringe, nicht nur im Verhältnis der Völker untereinander, sondern auch in unserm Volke selbst, unter den Schichten und Gliedern unsers Volkes. Wenn diese Sehnsucht jetzt in uns und allen lebendig empfindenden Menschen redlichen Herzens und guten Willens zu einer unerhörten Stärke und Wucht anschwillt und sich in Leben umsetzt, dann können wir den kommenden Monaten dieses Jahres mit großer Zuversicht und Freude entgegengehen. Denn wenn dann auch alles über uns hereinbricht, was uns das neue Jahr zu bringen droht, können wir doch getrost und gewiß sein: es wird dann doch schließlich das den Sieg gewinnen, was lebenswert und lebenskraft hat. Die Wahrheit, Gerechtigkeit und Menschlichkeit wird sich durchsetzen, Friede und Liebe wird aufkommen und sich ausbreiten. Die Menschen dieser Sehnsucht sind der Same auch in dem blutigen Acker der Walstatt des Hasses, und er wird aufgehen, ob wir es erleben oder nicht.

Manche werden denken: Was sagt das mir, was kann ich dazu tun? Alles, meine Freunde. Das Schicksal der Zukunft liegt in unsrer Hand. Wir müssen unsre Sehnsucht leben, sonst wird sie sich nie verwirklichen. Und unsern Glauben, der dieses Leben trägt, darf nicht der Gedanke beirren, daß es nur wenige sein werden, die es wollen, und noch weniger, die es tun. Denn alles Neuwerden geht immer von wenigen aus. Von den wenigen aber wird es übergreifen zu vielen, sie dafür gewinnen, durchdringen

und umwandeln, so wie jetzt die Raffgier und Vergnügungssucht
beinahe alle angesteckt und mitgerissen hat. Damit ist uns für
dieses neue Jahr und die Zukunft ein neuer Kurs des Lebens
gegeben. Den müssen wir einschlagen und festhalten.

Dieser Lebenskurs heißt: wir dürfen nicht mehr für uns leben
und das Unsre suchen, sondern wir müssen für die anderen leben
zum Heile des Ganzen. Wir dürfen nicht mehr nach unserm Wohl,
unserm Gedeihen, unserm Glücke trachten, sondern nach der Erfüllung unsrer Lebensaufgabe, nach Meisterung des Schicksals,
nach Fruchtbarkeit unsers Lebens, nach Dienst und Opfer. Wir
dürfen uns nicht mehr absondern und mit uns beschäftigen, sondern
eingefügt in den großen Lebenszusammenhang aus ihm und seiner
Tiefe leben als Sprossen und Organe des Lebens und seines Geheimnisses, für seine Entfaltung und Offenbarung. Manche von
Ihnen werden da denken: das ist eine alte Sache und ein fauler
Zauber. Mit dem letzteren haben Sie recht. Bis jetzt ist es zweifellos
ein fauler Zauber gewesen, den sich viele vormachten. Es existierte
bisher im allgemeinen nur in Büchern und Reden, Worten und
Gefühlen, aber nicht in der Tat und im Leben. Jetzt kommt nun
alles darauf an, daß es kein fauler Zauber bleibt, sondern Wirk-
lichkeit wird, daß es Wahrheit wird. Denn es wird nur dann
Wahrheit, wenn es Wirklichkeit wird, sonst ist es Heuchelei. Wir
betrügen uns dann nur selbst und die anderen, wenn wir diesem
Ideale huldigen, aber den Kurs nicht tatsächlich verfolgen. Sollten
Sie sich aber nicht darüber klar sein, in welcher Richtung bisher
Ihr Leben ging, so brauchen Sie sich nur zu fragen, woran Sie
in der Stunde der Jahreswende gedacht haben, und welche Wünsche
Sie da hegten. Dann werden Sie sofort feststellen können, was
die bisherige Richtung Ihres Lebens war.

Diese Richtung muß jetzt anders werden. Wir müssen uns
bewußt werden und bleiben, daß wir Glieder sind, Glieder des
Volksganzen, daß wir als Einzelne nur leben und gedeihen können,
wenn wir als Glieder leben, daß das Verhängnis unsers persönlichen Lebens, das uns verkümmern, entarten und verwesen läßt,

nur darin besteht, daß in uns der Sonderungsdrang stärker ist
als die Anziehungskraft der Gemeinschaft. Denn Selbstsucht ist nicht
nur Untreue, sondern Selbstmord. Wir müssen davon durchdrungen
sein, daß wir nicht Schmarotzer, sondern Träger des Lebens sein
sollen, lebendige, schaffende Zellen in seinem Gewebe, Ringer, Vollbringer, Erfüller, Vollender. Es muß uns heiligen und erheben,
daß wir Werkzeuge und Mitarbeiter Gottes sein sollen als seine
geborenen Kinder und Willensträger. Dieses Bewußtsein muß uns
erfüllen, aus diesem Drange heraus müssen wir wirklich leben.
Erst wenn das geschieht, wenn wir mit Bewußtsein und Willen
unser Leben so einstellen, unsre Verhältnisse danach ordnen, unser
Verhalten von da aus bestimmen, unsre Bestrebungen danach richten,
und uns alle Lebensansprüche dazu reizen, dazu treiben, dahin
ziehen, erst dann ist es möglich, daß in uns das ursprüngliche Empfinden für die anderen und für das Ganze erwacht, das unwillkürliche Gliedgefühl, das sich bei den allermeisten gar nicht regen
kann, weil sie es in ihrer Selbstsucht lebenslang zu Tode gelebt
haben. Erst dann wird sich schöpferisches Leben in uns regen und
unser ursprüngliches Wesen sich entfalten, das unter der Selbstsucht,
Genußsucht, Glücksucht nicht aufkommen kann, weil uns nur Gehorchen, Geben und Dienen dazu fähig macht. Erst dann tritt
eine tiefe Fühlung mit Gott ein, aus der uns Kraft und Klarheit
quillt, die uns das Gute und Wahre Gottes, das in jedem Augenblick ins Leben treten will, offenbart.

Aber dieser Wille und Drang des neuen Kurses muß Leben
und Werk werden. Nur dann wird dieses Menschsein lebendige
konkrete Wirklichkeit bis ins einzelne werden. Es schadet gar nichts,
wenn Sie in dieser Richtung bis ins äußerste Extrem gehen, nachdem Sie bisher meist ins andere Extrem gegangen sind. Sie
werden dann die richtige Mitte von selbst gewinnen. Aber wenn
wir gleich die richtige Mitte festhalten wollen und z. B. immer
ängstlich darauf bedacht sind, daß wir nur ja nicht persönlich zu
kurz kommen, wird die neue Art Leben niemals konkrete Wirklichkeit
werden, sondern der alte Drang wird immer wieder die Macht

über uns gewinnen. Nur den Radikalen wird es gelingen. Die
Vermittler werden immer die Richtung verfehlen. Wenn wir nicht
mit aller Kraft gegen den Strom schwimmen, reißt er uns mit fort.

Das ist die Neueinstellung, die wir brauchen. Aber bitte sehen
Sie das nicht als Lebensauffassung, als Ideal, geschweige als
Theorie an, sondern ganz und gar nur praktisch. Also: nicht das
ist der Zweck und Sinn unsers Lebens, nicht das unsre Aufgabe,
daß wir uns sichern, sondern daß wir das Ganze mit unserm Leib
und Leben sichern, nicht dies, daß wir gedeihen, sondern daß wir
den anderen zum Gedeihen dienen, nicht dies, daß wir unsre Kräfte
einsetzen, um uns zu bereichern, sondern daß wir Reichtum für
unser Volk werden, nicht dies, daß wir leben bleiben und Leben
gewinnen, sondern daß wir uns unserm Volke opfern. Beschränken
Sie sich ruhig auf das Äußerste für sich selbst. Es wird so viel
von dem Existenzminimum geredet, das wir den anderen sichern
wollen. Fangen wir doch lieber damit an, daß wir uns auf unser
Existenzminimum beschränken, um zu ermöglichen, daß alle Menschen
ihr Existenzminimum gewinnen. Geben wir alles her, was wir
überflüssig haben, für die anderen. Wir können uns ja gar nichts
Besseres antun. Denn aller Überfluß ist für jeden eine Hemmung
und Gefahr, der noch nicht das wahre Leben gewonnen hat. Je
knapper wir leben, um so mehr werden wir gedeihen, um so eher
des Lebens mächtig werden. Aber nicht unter diesem Gesichtspunkt
sollen wir uns entäußern und beschränken, sondern unter dem Eindruck, daß es jetzt darauf ankommt, unser Volk durchzuretten
und die Einheit des Lebens und Schicksals mit ihm zu gewinnen.
Und diese gewinnen wir nur dadurch, daß wir gemeinschaftlich
leben und leiden als Mitglieder und Gemeinschaftsorgane. Das
ist unsre Bestimmung, und darin besteht unsre Menschenwürde. Das
ist die wahre Vornehmheit, und darin beruht die Bedeutung des
Menschen. Je mehr er dienen, tragen, geben kann, um so bedeutender ist er. Wir dürfen also nicht auf das Verdienen aus
sein, sondern auf das Dienen, nicht auf das Nehmen, sondern auf
das Geben. Denn reich werden wir nicht durch Nehmen — damit

begraben wir uns nur — reich werden wir nur durch Geben. Denn je mehr wir geben, um so mehr wird Reichtum in uns gehoben. Wir sind nicht zum Genießen, sondern zum Leisten auf der Welt. Das muß der Nerv und Reiz unsers Lebens werden, der es uns lebenswert macht. Das muß uns über die Herrlichkeit des Lebens jauchzen machen, daß wir so wenig für uns brauchen und so viel dienen und geben können, daß wir so viel in uns tragen an ewigem Gut und quellendem Leben, womit wir die anderen begaben und überfluten können.

Durch solches Leben wirken wir dafür, dienen wir dazu, daß Wahrheit und Gerechtigkeit tagt. Denn diese Art Leben ist das wahre Leben und bringt unser wahres Wesen zu leibhaftiger Wirk- lichkeit und persönlicher Gestalt. Die Selbstsucht dagegen ist in jeder Form der verhängnisvolle Irrtum des Lebens, der uns ums Leben bringt und uns selbst verloren gehen läßt. Vergessen wir uns aber über unserm Lebensdienst, beschäftigen wir uns nicht mit uns selbst, der Erfüllung aller Lebensansprüche selbstlos hin- gegeben, so wird aus dem unbewußten Kern unsers Wesens das Gotteskind geboren werden mit dem Adel seiner Art und der Vollmacht seines Lebens, die denen geschenkt wird, die nicht nehmen, sondern geben wollen. Denn nichts können solche dann erleben oder leisten, ohne zu empfangen.

Stellen wir aber Wahrheit dar, so breitet sie sich aus. Sie erleuchtet und läutert die Welt, sie erregt die Seelen, zieht sie an und klärt sie auf. So geht eine schöpferische Gärung und Wand- lung von denen aus, die aus der Wahrheit sind. Der Wahn weicht, und die Verirrten kommen zurecht. Dann geht erst den Menschen auf, was Wahrheit ist, was ihr entspricht und sie dar- stellt. Und diese Wahrheit macht sie frei von den Wirrsalen der Umnachtung und Besessenheit, in der sie sich jetzt befinden. Was aber der Wahrheit gerecht wird, das ist Gerechtigkeit, die lebendige Gerechtigkeit, die nicht bindet wie ein Gesetz, sondern löst wie jede Erfüllung einer eingeborenen Bestimmung. Sie bringt die organische Ordnung des Lebens, die alle verborgenen Kräfte des Lebens ent-

bindet. So entsteht der schöpferische Friede, der kein Vertrag der
Vernunft ist, sondern Eintracht, Harmonie, lebendiger Zusammenhang, der höher ist als alle Vernunft. Und aus ihm quillt die
Liebe, dieser göttliche Lebensdrang der Seele, der uns das Herz
des Vaters im Himmel offenbart, die Liebe, die unbedingt und
unreflektiert sich ohne Wahl und Grenzen in die anderen ergießt,
das überströmende Leben der Wahrheit, die in uns Gestalt gewonnen hat. Das ist die Grundlage und das Element einer wahrhaftigen Gemeinschaft unter den Menschen, das wiedergewonnene
Paradies, der Himmel auf Erden. Es ist eine Neuverfassung
der Menschen und eine Neuordnung aller Dinge durch die schöpferische Entfaltung der Seele, durch die Offenbarung Gottes in
seinen Kindern.

„Die ganze Welt liegt im Argen." Das war immer der Fall.
Jetzt hat es nur alle Bande und Hemmungen durchbrochen, wütet
wie eine Seuche und Besessenheit und droht uns alle zu vernichten.
Manche meinen, es wird sich austoben und dann wieder schwinden
und verlöschen, indem es in die Verborgenheit zurücktritt. Andere
glauben, man müßte es bändigen, mit ihm einen Vertrag schließen
und eine Ordnung wiederherstellen. Ich glaube weder das eine
noch das andere. Das Arge läßt sich nicht ordnen, und wenn
man es unterdrückt, so bleibt es wie ein verborgenes Gift im
Körper. Man kann es nur verdrängen und ausheilen durch das
Gute. Darum brauchen wir eine Bluterneuerung des menschlichen
Wesens, eine Regeneration aus dem göttlichen Kern, aus der
heilenden und bildenden Kraft der Seele heraus. Anders werden
wir seiner nicht Herr. Es weicht nur der Wahrheit und der Gerechtigkeit, der Liebe und der Güte, dem Heil und dem Frieden.
Diese Wiedergeburt der Menschlichkeit aus der Göttlichkeit kann
sich aber nur vollziehen, wenn sich Menschen ganz und gar dafür
hergeben. Mögen darum andere eine Rettung von Maßregeln
und neuen Ordnungen erwarten, wir wollen uns die Klarheit
und Gewißheit nicht trüben lassen, daß Gott allein uns helfen kann
durch seelische Erneuerung und Wandlung der Menschen, sondern

feinen Ruf aus der verzweifelten Lage unsers Volfs vernehmen,
daß wir uns ganz und gar für die Erlösung der Welt vom Argen
und die Offenbarung seines Reiches ihm darbieten sollen.

Ausblick

1. Das Licht in der Nacht

War es nicht Irrsinn und Frevel, in dieser Zeit des Haders
und Hasses, der Vernichtung Mitteleuropas und Rußlands und
der Selbstverwüstung wahnbesessener Völker, des Triumphes der
Lüge über die Wahrheit, der Gemeinheit über die Gerechtigkeit,
der Gier und des Rausches über alle Menschenwürde Weihnachten
zu feiern? War es nicht entsetzlich, daß in dieser Eruption und
Ausschweifung aller höllischen Mächte dieses Fest zu einem dekorativen
Element für alles das verwendet werden konnte, was seinen
Sinn verhöhnt? Aber allerdings hat wohl niemand, der seine Be-
deutungslosigkeit während der Kriegszeit erlebt hatte, erwartet, daß
die Menschen darüber zur Besinnung und zur Umkehr kommen
könnten. Ja wer das erwartet hätte, wäre mit Recht für einen
Narren erklärt worden. Denn Weihnachten ist ja schon längst ein
bloßes Kinderfest geworden, eine Gelegenheit, sich gerührt zu be-
schenken und in sentimentalen Gefühlen zu schwelgen. Erwartet
hat niemand etwas von dem Weihnachtsevangelium. Und doch
trügt auch hier der Schein, und Wahn herrscht bei denen, die
über den Weihnachtswahn spotten. In Wahrheit handelt es sich
hier nicht um eine fromme Sage, die keine Bedeutung mehr
hat, sondern um eine Verheißung, zu der wir uns bekennen
müssen, weil sie uns allein in der Nacht der Verzweiflung und des
Untergangs, in der wir hoffnungslos versinken, einen Weg der
Rettung zeigt.

Weihnachten ist die Verkündigung, daß in Jesus das Göttliche menschlich geboren wurde, daß in ihm eine Menschlichkeit leibhaftig erschien, die nach Ursprung, Art und Verfassung nicht aus

der finnlichen Welt stammt und zu erklären ist, daß mit ihm das
seelische Wesen und die seelische Weltordnung begründet wurde,
welche die verlorene Menschheit erlöst, ihr eigentliches Wesen entbindet und ihre Bestimmung erfüllt. Davon offenbarte Jesus die
Bedingungen und zeigte den Weg. Diese Verkündigung steht im
Gegensatz zu dem Glauben der Menschheit, durch Entwicklung
und Kultur die Höhe der menschlichen Bestimmung zu gewinnen.
Bisher erhob sich dieser Glaube immer wieder als die überlegene
Weisheit gegenüber dem Kindermärchen des Weihnachtsfestes. Aber
jetzt ist diese Weisheit zu Narrheit geworden. Denn die hoch-
gelobte Entwicklung und Kulturarbeit der höchststehenden Völker der
Welt hat Bankrott gemacht. Sie hat sich als eine Entwicklung
zum Tode erwiesen. Und von wissenschaftlicher Seite wird uns
der Untergang des Abendlandes als unabwendbares Verhängnis
gezeigt auf Grund der Tatsache, daß jede Kultur ihren natürlichen
Ablauf hat und schließlich erstirbt, daß keine die Menschheit zur
Vollendung führen wird.

Diesem tatsächlichen Ergebnis der bisherigen Menschheitsgeschichte und der Einsicht in den notwendigen Verlauf gegenüber
gewinnt die Verheißung des Weihnachtsfestes eine universale Bedeutung. Die Menschheit hat jetzt erlebt und begriffen, daß sie
nicht aus sich heraus ihr Verhängnis lösen, ihr Schicksal meistern,
ihr Wesentliches zutage bringen und ihre Bestimmung erfüllen kann.
Alle endlich-sinnlichen Entwicklungen und Kulturgestaltungen gehen
immer wieder unter. Und auch in Zukunft werden alle neuen
Kulturanläufe in der Menschheit vergeblich sein. Sie teilen das Los
der vergangenen. Nur durch Erlösung und Schöpfung aus der
Tiefe alles Seins und Werdens, aus Gott, kann die Menschheit ihre
Bestimmung erfüllen. Das Jesuswesen muß in Menschen geboren
werden, die seelische Verfassung in ihnen Gestalt gewinnen und die
seelische Weltordnung ihre Kultur begründen. Das wird die Sonnenwende der Welt sein, der Aufgang des göttlichen Tages der Menschheit, der uns aus der Nacht an das Licht wahrhaftigen Lebens führt.

Wenn jemals, so ist heute diese Verheißung das lösende,

erleuchtende, wegweisende Wort des Lebens, wo die tiefste Nacht über
Europa hereingebrochen ist. Denn das Abendland steht nicht nur
im kulturellen, sondern auch im vitalen Untergang. Die europäische
Menschheit steht im Begriff, zu entarten und zu verhungern, in
Unmenschlichkeit und Selbstzerfleischung zugrunde zu gehen. Die
Lage ist so trostlos und verzweifelt, daß man sich immer und immer
wieder in aller Ruhe sagen muß: wer weiß, ob nicht binnen kurzem
alles Bestehende in einem blutigen Chaos zusammengebrochen sein wird.
Es ist, als ob die zusammenhaltende Kraft des Lebens und die ordnende
des Geistes erloschen sei, als ob alles auseinanderfiele und in Zersetzung
geriete, gegeneinander zerstörend wüte und sich durch Selbstvergiftung
vernichte, als ob die Menschen besessen und entmenscht seien in der
Gewalt verheerender Geistesmächte, die allen Sinn und Verstand
umnachten. Das Chaos ist da, das Wirrsal des Sinnlosen, Will-
kürlichen, Widernatürlichen, Lebensfeindlichen, und niemand weiß,
wie das Verhängnis zu wenden ist. Es ist ganz unmöglich, der
furchtbaren Gewalt der Zerstörung, die im Verborgenen drängt
und schiebt, Widerstand zu leisten. Angesichts dieser furchtbaren
Lage muß man sich in Resignation fassen, d. h. sich in philosophisch
abgeklärter Verzweiflung beruhigen, wenn man nicht den Lichtstrahl sieht, der vom Weihnachtsstern ausgeht und uns Kunde von
einem Wesen gibt, das stärker ist als alles, was in der Welt ist.

Wer das beherzigt, dem pocht das Herz vor der Frage: Ist
das Göttliche lebendige objektive Wirklichkeit oder nur eine schemen-
hafte subjektive Idee? Ist es Grundlage und Ursprung oder Abstraktion und Ausflucht des menschlichen Wesens? Wenn es das
Allerwirklichste ist und sich erlösend, wiederherstellend, schöpferisch
auswirken kann, dann gibt es eine Hoffnung in der erstickenden
Ratlosigkeit, in der wir uns gegenüber unsern inneren und äußeren
Zuständen befinden. Denn dann ist es möglich, daß sich aus der
unbewußten Tiefe des menschlichen Wesens eine Neuschöpfung
menschlichen Seins und Lebens erhebt, die uns vor dem Untergang
bewahrt und aus dem Chaos dieser Zeit eine neue Kultur
und Menschenwelt hervorgehen läßt. Sonst aber sehe ich keine

schöpferischen Kräfte, keine Möglichkeiten des Lebens, die uns helfen könnten. Sonst nimmt das Verhängnis unabwendbar seinen Lauf. Die Zersetzung schreitet dann immer weiter fort, und es ist schließlich nur zu erwarten, daß, wenn alles in einem wüsten Chaos zusammengebrochen ist, sich irgendwoher eine Macht erhebt, die mit brutaler Gewalt das verwilderte Europa in Ordnung bringt und die Menschen dem harten Zwang unterwirft, wie sie es nicht anders verdienen, wenn sie nicht mehr imstande sind, sich selbst zu beherrschen, sich freiwillig zum Wohle des Ganzen unterzuordnen und gemeinschaftlich ihre Verfassung gedeihlich zu gestalten und ihr Leben fruchtbar zu führen.

Darum wollen wir uns freuen, daß wir in der tiefen Nacht unsrer Zeit den Stern von Bethlehem sehen, der aller Welt den Weg aus ihrem Elend heraus weist. Und wir alle, die wir gerne unser Volk mit seinem wertvollen Kulturerbe aus dem gegenwärtigen Untergang auf einen Lebensboden retten möchten, auf dem es neu aufleben kann, wollen uns darüber klar sein, daß mit all unsern Bemühungen und Versuchen, Unternehmungen und Einrichtungen, Bewegungen und Vereinigungen nichts zu machen ist, wenn nicht das Göttliche in unserm Geschlecht geboren wird und zu schöpferischer Entfaltung kommt. Oder anders ausgedrückt: wenn wir nicht von Grund aus anders werden, anders empfinden, anders leben, aus dem Wesen der Wahrheit heraus, und sich so ein neues Leben in dem zersetzten und verfaulenden alten Wesen, das uns jetzt sterben läßt, ausbreitet. Wenn das geschieht, wird sich die Verheißung von Weihnachten erfüllen: Die Herrlichkeit Gottes offenbart sich in Frieden auf Erden unter Menschen guten Willens.

2. Menschen guten Willens

Menschen guten Willens sind die Voraussetzung der Sonnenwende unsers Schicksals. Das klingt so einfach und leicht. Dann kann es doch nicht fehlen. Guten Willen wird fast jeder für sich in Anspruch nehmen. Bei den meisten wird das Bekenntnis dazu auch ehrlich gemeint sein. Und doch scheitert das Vorwärts und

die Wandlung der Menschheit immer wieder daran, daß es zu
wenig oder keine Menschen guten Willens gibt.

Gewiß haben wir alle den guten Willen. Wir möchten das
Beste, zumal für uns. Aber da, wo es darauf ankommt, ist er
wie taub und leblos. Da sind wir unfähig, eigensinnig, befangen,
wie gelähmt und erstarrt, und im tiefsten Grunde mögen wir
nicht. Das gilt überall: ob wir uns aus unwahren Verhältnissen
lösen oder etwas Verkehrtes aufgeben sollen, ob wir von einem
Verhängnis, das auf uns lastet, uns quält und unser Leben beeinträchtigt, loskommen oder von der Gewalt schlimmer Instinkte
freiwerden wollen, ob es sich um die Heilung eines körperlichen
Leidens oder verfahrener Familienverhältnisse handelt, um Zwietracht mit unsern Nächsten oder Unhaltbares in unserm Beruf.
Es gilt vom Persönlichsten und Allgemeinsten, von unsrer Sünden-
knechtschaft und Gottesferne, unsrer Untreue und Unsachlichkeit im
Leben ebenso wie in den Nöten unsers Volkes, gegenüber dem
unverantwortlichen Egoismus, der nur an sich und nicht an das
Ganze denkt, gegenüber dem Parteihader und der Hetze der Klassen
und Rassen, gegenüber dem Volksdienst, der nicht vom öffentlichen
Wohle, sondern vom allerprivatesten Interesse bewegt wird. All-
überall fehlt da der gute Wille, und infolgedessen gibt es keine
Änderung, keine Umkehr, keine Besserung, keine Wandlung, keine
Herstellung des Rechten, Guten, Wahren, Lebensfähigen und
Fruchtbaren.

Warum verstehen sich die Menschen nicht? Man denke an
die Parteigegensätze und die verschiedenen religiösen Richtungen.
Weil der gute Wille fehlt, der Wille, der den anderen achtet und
ihm Gutes zutraut, der sich überzeugen lassen will, um verstehen
zu können, der nicht danach fragt, wo der andere unrecht hat,
sondern wo er recht hat, um die Fühlung herzustellen und von
hier aus das Unverstandene zu begreifen und das Unzulängliche
zu ergänzen, der Gemeinschaft sucht und gemeinschaftlich um die
höhere Einheit ringt. Warum ist das Zusammenleben der Menschen
so voller Qual? Weil der gute Wille fehlt, der einsieht und nach-

gibt, der nicht übelnimmt und nachträgt, der die persönliche Empfindlichkeit überwindet und das Wohl des anderen will, der der
verborgenen Güte und Liebe freie Bahn schafft.

Hier sieht jeder, daß es nur an dem guten Willen fehlt. Bei
den persönlichen Nöten ist es nicht so einfach zu erkennen. Wenn
Jesus einen Kranken heilen wollte, fragte er ihn zunächst: „Willst
du gesund werden?" Das war keine Redensart, sondern eine notwendige Vorfrage. Wir meinen, das verstünde sich von selbst.
Durchaus nicht. Die Menschen möchten gewiß alle gesund sein,
aber die meisten wollen es nicht werden. Sie möchten ihre Schmerzen
und Gebrechen los sein, aber sie wollen nicht das lassen, was sie
krank gemacht hat, und das tun, was den Wiederherstellungs-
vorgang der Natur ermöglicht und unterstützt. Sie wollen ihre
Lebensweise nicht ändern und ihre schädlichen Gewohnheiten nicht
aufgeben. Das ist doch ein Beweis, daß sie nicht unbedingten
Willens sind, sondern nur einen durch Vorbehalte eingeschränkten
Willen haben.

Denselben bedingten Willen finden wir aber überall im Leben.
Viele wollen wohl gerne dienen, aber nur dort, wo es ihnen paßt.
Sie wollen etwas leisten, aber nur wenn sie anerkannt werden
oder sich viel damit verdienen. Sie wollen die Menschen lieben,
aber nur wenn man ihren Ansprüchen entgegenkommt, nur wenn
sie Dankbarkeit und Gegenliebe finden. Sie wollen aus dem Ja
leben, aber es darf ihnen nicht gegen den Strich gehen. Sie wollen
sich sachlich verhalten, aber es darf ihnen nicht wehe tun. Sie
wollen Opfer bringen, aber nur von ihrem Überfluß. Sie wollen
für die andern leben, aber sich selbst damit befriedigen. Ist das
guter Wille? Das ist doch nicht nur kein unbedingter, sondern
auch kein ganzer Wille.

Alle Menschen möchten innerlich vorwärts kommen, besser
werden, ehrlich, gut, rein, edel sein. Aber es fehlt der gute Wille,
der etwas daran setzt, alles daran setzt, der es ausschließlich, unter
allen Umständen und in jeder Beziehung will. Sie wollen Gott
dienen und dem Mammon, keusch leben, aber ihre Lüsternheit nicht

ersticken. So hinken sie nach beiden Seiten. Sie halten sich von
der Sünde der Tat zurück, aber in ihren Gedanken, Gefühlen
und Begierden geben sie sich ihr hin. Sie sind weder rückhaltlos
noch rücksichtslos im Tun dessen, was notwendig ist, was ihnen
als Aufgabe der Stunde aufgeht, als Wille Gottes offenbar wird.
Da ist der gute Wille nicht nur bedingt und halb, sondern auch
unrein, d. h. unaufrichtig. Dann ist er aber nicht wirklich gut,
echt, tauglich, tüchtig, sondern faul, nichtsnutzig und unfähig.
Gehen wir nur unserm guten Willen auf den Grund, wir werden
erschrecken, wieviel Unaufrichtigkeit er in sich birgt, wie er von
Selbstsucht, Feigheit und Tatenscheu durchdrungen ist.

Aber noch mehr. Wie viele Menschen leiden unter ihrem
Schicksal, unter dem Leben! Es könnte ihnen schon geholfen werden,
aber sie wollen nicht, so wenig sie das zugeben werden. Überall
stoßen wir da auf einen verborgenen unbewußten Eigensinn, eine
widerwillige Verstocktheit, einen heimlichen Trotz. Sie sind wie die
Kinder, die sich gelegentlich lieber halbtot prügeln lassen als zu
tun, was man von ihnen verlangt. Und das sind gar keine schlechten
Kinder, sondern gutherzige, aber sie haben sich gerade in das Nein
verrannt und können nicht, wie sie möchten. Sie finden nicht die
Drehe zum Ja, sie genieren sich, es nun doch zu tun, nachdem
sie es so lange verweigert haben. Genau so verhalten sich unzählige
Erwachsene dem Willen ihres Vaters im Himmel gegenüber, wie
er sich in ihrem Schicksal und ihren Lebensumständen offenbart:
trotzig und verzagt, versteift und verwirrt, eigensinnig und verstockt.
Es ist wie ein Bann, unter dem sie stehen. Sie wollen wirklich
ja sagen, aber sie können nicht. Hier fehlt die Selbstüberwindung.
Zum guten Willen gehört die Bereitschaft, sich selbst zu verleugnen,
das Schlimme, Träge, Untaugliche, Eigensinnige preiszugeben, um
ja zu sagen: ich will. Ist das geschehen, so fühlen sie sich immer
wie erlöst, genau wie die Kinder, denen die Eltern helfen, die Drehe
aus ihrem Trotz zum Gehorsam zu finden.

Wie viele stehen ferner unter der Herrschaft bestimmter Gedanken, eines gewissen Lebensgefühls, z. B. des Mißtrauens gegen-

über dem Leben, der Überzeugung, vor anderen benachteiligt zu sein: mir geht alles schief, mir gelingt nie etwas. Mit diesem Bewußtsein verleiden und verderben sie sich alles, was sie erleben und was sie zu tun haben. Auch diese Menschen kann ich nicht Menschen guten Willens nennen. Wäre wirklich der gute Wille vorhanden, dann müßten sie sich sagen: Auch wenn es mein Schicksal ist, nichts Gutes zu empfangen, sondern immer Schlimmes, so will ich doch von ganzem Herzen darauf eingehen; an mir soll es nicht fehlen, sondern ich will versuchen, das Üble zum Guten zu wenden oder menschenwürdig zu tragen. Dann würden sie erleben, daß das Leben so ist, wie wir es anfassen, daß es das ist, was wir daraus machen. Wenn wir nichts taugen, wird das Leben für uns untauglich. Aber wenn wir im tiefsten Grunde tauglich sind; d. h. wenn wir für Gott zu haben sind — nur ein anderer Ausdruck für: guten Willens sein — in jeder Weise und Gestalt, in der er an uns herantritt, dann muß es uns gelingen, dann muß es uns zum Besten dienen.

Es gibt auch Menschen, die mit dem Leben zerfallen sind. Sie befinden sich in der Stimmung, daß ihnen alles verleidet ist, und sie nicht mehr mitmachen mögen, da sie die ganze Sache nimmer freut. Aber sie halten sich trotzdem für Menschen guten Willens, da sie ja ihre Pflicht tun und immer „das Beste gewollt" haben. Aber in Wahrheit sind sie es natürlich nicht. Denn wer des Lebens überdrüssig ist, der hat nicht den unbedingten, ganzen Willen zum Leben, ohne den man kein Mensch guten Willens ist.

Vergegenwärtigen wir uns das alles, so erkennen wir, daß der reine, unbedingte, fraglose gute Wille sehr selten ist, und begreifen dann, warum sich die Herrlichkeit Gottes so wenig offenbaren kann, weder in schöpferischer Entfaltung wahrhafter Menschengestalten noch in fruchtbarer Menschengemeinschaft. Der landläufige gute Wille taugt nichts. Er muß erst von der Selbstsucht geläutert und sachlich durchglüht werden. Er muß sich erst zum elementaren Lebensdrang der Seele vertiefen und unser Bewußtsein restlos erfüllen. Er muß erst den vollen Einklang mit der inneren Not-

wendigkeit des göttlichen Geschehens gewinnen, unmittelbar aus
ihm quellen und das, was die Seele empfängt, unbedingt ins Leben
treten laffen. So ift der gute Wille für uns alle zunächst ein Ziel
und eine Aufgabe, andrerseits eine Gnade und Gabe. Denn kein
Menfch kann ihn an fich reißen, wenn er ihn nicht empfängt.
Aber den Aufrichtigen läßt es Gott gelingen, und den Demütigen
gibt er Gnade. Der gute Wille muß aus aufrichtiger Sehnfucht
wiedergeboren werden und aus lebendigem Glauben quellen. Dann
ift er echt, gerade, ganz, unbedingt. Und dann ift er fruchtbar.
Dann trägt er aus, was der Glaube empfängt. Dann verwirklicht er, was in der Seele fich regt und treibt. Dann ergeben
wir uns Gott mit der Tat unfers Lebens und ergreifen ihn in
unferm Los und Schickfal. Und dann vollzieht fich feine Erlöfung
und Schöpfung in uns und breitet fich von uns aus.

Darum brauchen wir Menfchen, die ganz und wahrhaftig
guten Willens find. Sie find die Organe und Werkzeuge Gottes
auf Erden. Aber es genügt nicht, daß fie etwas ehrlich wollen,
etwa die Rettung des Vaterlandes, das Kommen des Reiches
Gottes, die Erfüllung ihres Berufs, fondern fie müffen durch und
durch guten Willens fein in jeder Regung ihres Wefens, in jeder
Richtung und Beziehung ihres Lebens. Dann find fie der Same
der Zukunft, der Leben in fich birgt und unter allen Umftänden
neues Werden aus fich hervorgehen läßt.

3. Die Krife

Man begegnet jetzt häufig der Stimmung, als ob in der
furchtbaren Lage der Zeit nichts zu machen fei. Man köune es
nur gehen laffen, wie es geht, abwarten, was wird, hoffen, daß
irgendeine Wendung eintritt. Viele fühlen fich im Gegenfatz zur
Kriegszeit förmlich entfpannt, zur Ruhe gefetzt, ohne Aufgaben und
Ziele, da ja doch alles umfonft fei. Damit verkennt man die Lage
vollftändig. Wir ftehen jetzt in der denkbar kritifchften Zeit, und
auf jeden Einzelnen kommt es an. Je weniger die meiften äußerlich, ins große Ganze gehend tun können, um fo mehr bedarf es

intensivster innerer Tätigkeit, seelischer und sittlicher Kraftentfaltung, um durchzukommen, um nicht in dieser Zeit mit dieser Zeit unterzugehen.

Unser Volk befindet sich jetzt in einer ungeheuren Krise, der sich keiner entziehen kann. Nie war der Einfluß des Milieus (der Umwelt) so übermächtig wie jetzt, und nie dieses selbst so ungewöhnlich. Nie riß solch wildes Geschehen die Menschen besinnungslos mit sich fort wie jetzt die revolutionäre Gärung, die völkische, wirtschaftliche und moralische Zersetzung, die krampfhaften Reaktionen gegen die Übel im Volkskörper. Es ist wie ein Fieber höchsten Grades, was jetzt durch unser Volk tobt, den Einzelnen ahnungslos ergreift, aus dem Gleichgewicht bringt und aus allen Fugen reißt. Es kommt einem vor, als ob die Menschen vom Wahnsinn gepackt, von Dämonen besessen, im Rausche taumelten, und ihre Charaktere verwandelt würden, wie wenn Paralyse ausbricht. In folch furchtbarer heimtückischer Krise ist es von höchster Bedeutung, wie der Mensch im Innersten darauf reagiert, ob er Widerstand leistet oder suggestiv mitgerissen wird, ob er sich diesem unheimlichen Einfluß gegenüber in seiner Art und Haltung behaupten kann oder ins Gegenteil umschlägt. Diese innerlichste Tätigkeit meine ich, die jetzt von so entscheidender Bedeutung ist. Denn von ihr hängt nicht nur unsre eigne Zukunft und persönliche Entwicklung ab, ob wir gerettet werden oder verloren gehen, sondern auch das Schicksal unsers Volkes.

Wer von alle dem bisher nichts bemerkte, hat doch jedenfalls beobachtet, wie jetzt aus den Menschen alles herauskommt, was in ihnen steckt. Wir brauchen uns nur das Leben und Treiben in den Städten anzusehen. Die Untergangsstimmung hat alle Hemmungen der Instinkte gesprengt. Man läßt sich gehen, lebt darauflos und gibt sich ohne Scham und Scheu, wie man ist und wie man nicht ist. Es ist, als ob alle Gewissen und Verstand verloren hätten. Wie trunken, besessen und verrückt lassen sie ihren Trieben freien Lauf, von sinnloser Willkür bestimmt. Von alledem geben sie sich keine Rechenschaft. Aber es kommt dabei auch heraus, was vorher nie in ihnen war, sondern von bösem Samen

in sie hineingefallen und aufgegangen ist. Es ist, als ob eine an-
steckende Krankheit Unzählige ergriffen habe. Das ist der unmittelbare Einfluß der gegenwärtigen Verhältnisse und völkischen Vorgänge, der sie zu einer Lebensführung gebracht hat, die ihnen unter
anderen Umständen ganz unmöglich gewesen wäre. Noch nie erschien die Behauptung so einleuchtend wie jetzt, daß jeder Mensch
zu allem fähig wäre, und es nur auf die Umstände ankäme, was
aus ihm wird.

Wir sehen ja mit Staunen, wie Menschen, von denen man
es nie geglaubt hätte, Gesellschaftsschichten, in denen so etwas
streng verpönt war, jetzt Schleichhändler, Schieber und Wucherer
werden, ganz unbedenklich, ohne unangenehmes Gefühl, als verstehe es sich von selbst. In den Kreisen der höheren Offiziere, des
Adels, der geistigen Aristokratie, überall wird gehandelt, geschoben,
mit Juwelen, mit Lastautos, mit Zigarren, Tee, Speck, Kokain.
Man vermittelt Geschäfte, bringt durch feine Beziehungen Vermögen von Bekannten und Unbekannten ins Ausland, übernimmt
Lieferungen, die man weitergibt. Früher hätte man so etwas für
ehrlos gehalten und Menschen dieser Art verachtet. Heute ist es
gesellschaftsfähig geworden. Alle haben ein gutes Gewissen dabei.
Sie sind von der herrschenden Luft der Gier und des Truges, in
der sie leben, wie benommen und benebelt, finden das nicht nur
in Ordnung, sondern fühlen sich beinahe dazu verpflichtet, in dieser
Art mitzumachen. Zweifellos entarten diese Menschen in einer Weise,
wie es nie geschehen wäre, wenn nicht diese Zeit über sie gekommen wäre, die von Miasmen gemeiner Gier und schamlosen
Wesens erfüllt ist.

Oder sehen wir nicht, wie die meisten idealistischen Träger
der Revolution, sobald sie zur Macht gelangen, der Verführung
der Macht erliegen, wie die leidenschaftlichsten Bekämpfer des
Kapitalismus die korruptesten Mammonsknechte werden, sobald sie
über öffentliche Gelder verfügen oder Bestechungen nehmen können?
Wären sie machtlos geblieben, so wären sie jedenfalls rein und
edel geblieben, selbstlos dem Höchsten geweiht. Aber selbst wenn

sie in dieser Beziehung untadlig bleiben, macht sie der Erfolg untreu gegen sich selbst, daß sie auf einmal Mittel und Wege be-
schreiten, die sie lebenslang verabscheuten. So sehen wir überall
den übermächtigen Einfluß der gegenwärtigen Verhältnisse und
Vorgänge, die Brutalisierung und Demoralisierung der Menschen
unter dem Eindruck des Untergangs, die Entartung unter der
Habgier, die Menschenverheerung der Macht und des Mammons.
Ohnmächtig erliegen auch die guten Elemente diesen Gewalten,
werden ihnen untertan und gleichartig.

Dieser Vorgang, den wir entsetzt beobachten, ist aber eine
Krise. Denn er bewirkt eine Klärung und Scheidung. Die einen
werden von den Dämonen des Verderbens halb bewußt, halb unbewußt eingenommen, mitgezogen und in den Strudel gerissen. Die
anderen packt der Ekel und Abscheu davor um so mehr. Das geht
überall so. Die einen werden gerade jetzt durch alles, was wir
erleben und was uns bevorsteht, von ihrem Egoismus erlöst, die
anderen erliegen der Selbstsucht und Habgier in einer Weise, wie
es früher kaum denkbar war. Die einen werden mehr als sonst
verinnerlicht, weil uns ja nichts anderes bleibt und gelassen wird,
als was in uns ist. Die anderen werden in geradezu wahnsinniger
Weise veräußerlicht, weil sie sich leidenschaftlich an alles hängen,
was jetzt verloren zu gehen droht, und sich in ausschweifenden
Genüssen über unsern Ruin zu betäuben suchen, so daß sie innerlich gänzlich veröden, hohl und leer werden. Es ist doch keine
Frage, daß, wer jetzt in der Hetz und dem Rausch dahintreibt, in seinem
Gewissen und Empfinden ganz betäubt wird, so daß gar kein Ekel
über sein Treiben mehr in ihm aufkommen kann. Und weiter: die
einen werden durch das Schicksal emporgetrieben, die Not holt das
Letzte aus ihnen heraus, ihre Kräfte wachsen ins Übermenschliche.
Die anderen sinken immer tiefer und gehen unter. Sie werden von
dem gleichen Schicksal betäubt, niedergeschlagen, ein ohnmächtiges
Spiel der Wellen. Die einen werden so leichtfertig, daß sie das Ge-
fühl für Frau und Kinder, Eltern und Freunde verlieren, keine
Ehre und Scham, kein Pflichtbewußtsein und Verantwortlichkeits-

gefühl mehr kennen, und die anderen wachsen so im Verantwortlichkeitsgefühl, daß sie das Schicksal, die Sünde und Schuld unsers
ganzen Volkes auf sich lasten fühlen. Die einen geraten in eine
fanatische Hetze, auf die sie glauben die eigene Schuld an dem
Zusammenbruch Deutschlands abwälzen zu können, so daß man sich
nicht genug über die Gemeinheit und Verlogenheit sowohl der
„Edelsten der Nation" wie der Vorkämpfer des Himmels auf Erden
wundern kann. Die anderen werden aufs tiefste davon erschüttert,
daß jeder schuldig ist, sie selbst nicht ausgenommen. Unzählige versinken jetzt rettungslos in einen tiefen Pessimismus; sie verzweifeln
an unserm Volk und seiner Zukunft, an sich selbst und ihrer Existenz-
möglichkeit, am Sinn der Weltgeschichte und an Gott, während
andere zu einem Optimismus getrieben werden, der jenen wie
eine Überspanntheit vorkommt, zu einer Zuversicht, die sich allen
niederschlagenden Eindrücken mit unbeugsamem Trotz entgegenstellt.
Die erkennen gerade in unsrer Zeit den Sinn in dem gewaltigen
Geschehen der Völker und erleben den Glauben, dem nichts unmöglich ist, so überwältigend, daß sie zuweilen ganz übermütig
werden in dem Bewußtsein, daß, wenn alles zugrunde geht, sich
erst wirklich zeigen wird, was Ewigkeitskräfte vermögen.

Das sind Beispiele der Krise, in der sich jetzt das innere Leben
unsers Volkes befindet. Überall handelt es sich da nicht um erkenntnismäßig vermittelte Wandlungen im Bewußtsein, sondern um
unmittelbare seelische Vorgänge, die sich unter dem Einfluß der
gegenwärtigen Verhältnisse und Ereignisse, unter den Eindrücken
und Aussichten unwillkürlich vollziehen.

Was entscheidet nun aber, ob einer niedergezogen oder emporgetrieben wird, ob er in Verzweiflung versinkt, oder von dem
Glauben getragen wird, dem nichts unmöglich ist? Das ist sehr
schwer zu sagen. Es hängt wohl davon ab, inwieweit die Seele
lebendig ist. Bei einer gewissen Regsamkeit und Reizbarkeit der
Seele schlagen die ungeheuren Eindrücke der Zeit durch die Kruste
des sinnlich-endlichen Ichs, die sie umgibt, hindurch, so daß sie
Luft bekommt, sich geltend macht, und den Menschen den Charakter

feines urfprünglichen, eigentlichen, ewigen Wefens gewinnen läßt, während bei anderen, wo das bisherige religiöfe und fittliche Leben, Anftand und Form nur Bildung und Glättung der Oberfläche war, die Schale nicht durchbrochen, fondern vielmehr gefeftigt wird, und ihre urwüchfige rohe Art fich gegenüber allen oberflächlichen Bildungsformen geltend macht und diefe befeitigt. Die Dünn-fchaligkeit und Lebensfähigkeit der Seele wird entfcheidend fein, daß diefelben Eindrücke, die im finnlich-endlich verkrufteten Menfchen nur die Krufte wachfen laffen, fie hier durchbrechen und ihn von dem Bann löfen, der die anderen den verderblichen Einflüffen verhaftet.

Ferner ift wohl entfcheidend, ob der Zug zur Innerlichkeit vorherrfcht oder zur Äußerlichkeit. Davon hängt es ab, ob einer in dem Raufch diefer Tage, in der ungeheuren Genußfucht von dem inftinktiven Gefühl, daß binnen kurzem doch alles aus fei, auf und untergeht, beftimmt oder nun erft recht auf Höhen getrieben wird, die ihn unabhängig von allem machen und über alles er-heben, was von diefer Welt ift. Ob aber bei einem die Ver-zweiflung die Oberhand gewinnt oder nicht, hängt wohl davon ab, wie ftark der Wille zum Leben in ihm ift. Wenn der fich leben-dig und kräftig geltend macht, wird man gegen peffimiftifche An-wandlungen gefeit fein aus dem urfprünglichen Gefühl heraus, daß es doch gehen wird und man durchkommt, nicht nur für fich, fondern auch für das ganze Volk und die Menfchheit. Solch einem wachen dann Erinnerungen aus der Gefchichte auf, wo Völker zufammengebrochen waren und doch wieder zu einem Auffchwung kamen. Davon nährt fich feine Lebensgewißheit, während der andere mit dem fchwachen Willen zum Leben inftinktiv alles an fich heranzieht, was fein Lebensgefühl immer mehr fchwächt und bedrückt, fo daß er fchließlich alles fchwarz fieht und in Ver-zweiflung gerät.

Die Erklärung dafür, warum diefelben Erlebniffe fo gegen-fätzlich wirken, ift demnach nicht fo einfach. Aber es kommt gar nicht darauf an, daß wir diefe Erfcheinung erklären, fondern daß wir uns zufammenraffen und auf der Hut find, um unbeugfam

Widerstand zu leisten und uns zu behaupten. Wenn wir jetzt unter
dem furchtbaren Verhängnis stehen, dem sich keiner entziehen kann,
so muß uns klar sein, was für uns auf dem Spiele steht. Und
je mehr wir dem gewaltigen Einfluß dieser bösen Zeit preisgegeben
sind, um so stärker müssen wir von innen heraus einen leidenschaftlichen Lebensdrang entfalten wie Menschen in Todesnot. Denn
jetzt geht es darum, ob wir zugrunde gehen oder gerettet werden.
Keiner glaube, daß er unanfechtbar sei, daß er nicht vom Geiste
der Zeit infiziert werden könne. Niemand ist immun. Ich weiß
das aus Erfahrung. Ich habe es an Menschen erlebt, von denen
es niemand geglaubt hätte, daß sie für das Arge unsrer Zeit zugänglich wären. Sie sind ganz ahnungslos davon ergriffen worden.
Sobald wir von ihm infiziert werden, steht unsre Zukunft als
Menschen und unsre völkische Bedeutung auf dem Spiele. Nun
weiß ja jeder, was ein Organismus tut, wenn er infiziert wird.
Er fängt an zu fiebern, um die Fremdstoffe und Gifte aus dem
Körper herauszutreiben. So müssen wir seelisch fiebern, wenn wir
merken, daß wir infiziert sind, um das Schlimme, das in uns eingedrungen ist, wieder auszustoßen. Das heißt: wir müssen gegen-
sätzlich leben, innerlich und äußerlich uns zum Gegenteil von dem
bekennen, was jetzt gang und gäbe ist.

Dieser Kampf um unsre Art, der jetzt durch unser ganzes
Volk tobt, tritt nicht an die Öffentlichkeit. Er vollzieht sich im
Innersten. Er ist die Gärung eines seelischen Gerichts, das im
Unbewußten waltet. Dessen müssen wir uns aber bewußt werden,
damit jeder mit der ganzen Kraft seines Wesens für sich und damit
für sein Volk einsteht. Es handelt sich dabei nicht nur um Widerstand,
sondern auch um Vorwärtskommen. Jetzt ist die Gelegenheit gegeben, wo Menschen nicht nur höherdringen, sondern auch erlöst
werden können. Gerade das, was die anderen einnimmt, bannt,
verzaubert, hinreißt, kann uns zur Erlösung dienen. Nicht bloß
indem es in uns das Entsetzen darüber weckt, wohin Menschen
geraten können, geraten müssen, wenn sie sich solchem Hang ergeben, sondern vielmehr indem wir in der entgegengesetzten Rich-

tung vorwärts gedrängt werden. Wenn uns jetzt z. B. alle Sicherungen unter den Füßen weggezogen werden, so sollen wir uns zu
diesem Zustand bekennen. Das ist der Gegensatz. Die einen suchen
unter diesen Umständen alles mögliche an sich zu raffen, um sich doch
noch zu sichern, oder sagen sich: da doch alles zugrunde geht, wollen
wir jetzt das, was wir haben, gründlich vertun und genießen.
Die anderen dagegen kommen zu dem entgegengesetzten Entschluß:
dieses Leben der Sicherheit, der behaglichen Einrichtung und Aus-
stattung, des Wohllebens und Genießens hört auf; darum wollen
wir uns von jetzt an zu einer anderen Art bekennen, zu einem
Leben der Entbehrung, der Bedürfnislosigkeit, der Unsicherheit, des
Abenteuers, des Lebens aus der Hand in den Mund, von einem
Tag zum andern, auf die unsicherste Zukunft hin. Wer sich so
stellt, wird innerlich unabhängig von allem, was die anderen beherrscht. Diese Unabhängigkeit können wir jetzt gewinnen, weil
sie uns zum Erlebnis werden kann. Vor dem Kriege haben wir
auch danach getrachtet. Aber da wurde es nicht unsre Erfahrung,
die Lebenslage nötigte uns nicht dazu. Da machte man sich nur
in Gedanken unabhängig. Es blieb einem ja alles, was man
hatte. Jetzt aber, wo einem alles genommen wird, kann es Wirklichkeit werden. Das ist doch aber nun für den Menschen von der
allergrößten Bedeutung, wenn er sich endlich einmal in der ihm
gegebenen Überlegenheit erfaßt, die nicht nur darin besteht, daß
er so wenig zum Leben braucht, sondern daß er etwas ist, was
nicht von dieser Welt ist. Zu diesem Fußfassen in unserm Wesen
und seinem ewigen Grunde werden wir aber doch jetzt mehr denn
je gedrängt, wenn wir uns des Schicksals unsers Volkes bewußt
werden, das, während es von seinen Feinden auf den Schindanger
geführt wird, unterwegs Selbstmord begeht.

Wer das erlebt, der stirbt innerlich und steht verwandelt
wieder auf. Er wird durch das tödliche Entsetzen über das Volk
nicht von seinem Volke gelöst, sondern von sich selbst erlöst, weil
er sich ganz der Zukunft seines Volkes geweiht und verpflichtet
fühlt. Er geht in ihm auf und unter. Er wird Volk, von dem

Inſtinkt durchdrungen: wo du biſt, da iſt das deutſche Volk, wie
du biſt, ſo iſt es, was aus dir wird, wird aus ihm. Niemand
weiß freilich, ob er Bauſtein in dem Neubau ſeines Volkes werden,
oder ob er verworfen werden wird von der Geſchichte. Aber daß
man daraufhin leben muß, das iſt keine Frage mehr. Es iſt der
einzige Sinn des Lebens, den es noch gibt.

Zu ſolchen Erlebniſſen und Wandlungen kommen aber in der
Kriſe der Zeit nicht nur einzelne, ſondern viele, nämlich alle, die
ſich innerlich in dieſer Richtung bewegen. Denn was hier wirkt,
iſt ja nicht Einzelſchickſal, ſondern Geſamtſchickſal. Vor dem Kriege
hing das, was aus dem Einzelnen wurde, von dem Einzelſchickſal
ab. Jetzt aber befinden wir uns in der außerordentlichen Lage,
daß zu dem Entwicklungserreger des Einzelſchickſals noch das Geſamtſchickſal aller hinzutritt, das die gleiche Wirkung auf alle gleich
gerichteten Menſchen ausübt. Auf Grund dieſer Tatſache gewinnen
wir eine große Zuverſicht für die Zukunft unſers Volkes. Die
inneren Wandlungen und ſchöpferiſchen Entfaltungen brauchen nicht
Einzelfälle einiger zu bleiben, wie es früher war, ſondern können
das gemeinſame Erlebnis vieler werden, aller, die gleich gerichtet
durch dieſelbe Not und Anfechtung dieſer Zeit hindurchmüſſen.
Wenn darum auch unſer Volk zugrunde geht, ſo wird doch, ſelbſt
wenn der Bolſchewismus über Deutſchland hereinbricht, von denen,
die die gegenwärtige Kriſe poſitiv beſtehen und die Frucht des
Leidens bringen, ein Teil überleben. Und dieſer Teil wird das
Fundament des zukünftigen deutſchen Volkes bilden. Wo dieſe dann
leben, da iſt Deutſchland, da beginnt eine neue Geſchichte des
deutſchen Volkes.

Wenn ſich das ſo verhält, dann liegt auf jedem Einzelnen
eine ungeheure Verantwortung dafür, was aus unſerm Volke wird.
So ſehr heute das Maſſentum herrſcht: es gab keine Zeit, wo es
ſo auf den Einzelnen ankam wie jetzt. Nicht in dem Sinne, daß
wir etwas tun könnten, um das Schickſal Deutſchlands zu wenden
und unſern Untergang aufzuhalten. Das hängt nicht von den
Einzelnen ab, ſondern in der Weiſe, daß wir das gegenwärtige

Geſchehen an uns wirken und Frucht bringen laſſen, daß wir es
mit ganzer Seele leiden und dadurch das Tiefſte unſers Weſens,
das Letzte an Kräften, alle ſchlummernden Anlagen und Fähigkeiten
herausholen laſſen und ſo dem Verhängnis nicht nur unbeugſam
Widerſtand leiſten, ſondern uns läutern, ſtählen, ſtärken und zur
Höhe wahrhaftigen Menſchſeins emportreiben laſſen, damit die
Kriſe, in der wir ſtehen, für uns und damit für unſer Volk nicht
zum Tode, ſondern zur Begründung eines neuen Lebens führt.

Was ſollen wir tun?

Angeſichts der Weltkataſtrophe, in der wir ſtehen, die unabwendbar über uns hereinbricht, weil die Menſchheit ohnmächtig
immer mehr in ſie hineintreibt, hineinſteuert, wurde mir die Frage
geſtellt: Was ſollen wir tun? Es drängt ſich darin alles mögliche
zuſammen: Woran ſollen wir uns halten? Wie gewinnen wir
einen feſten Grund unſers Lebensgefühls? Welche Stellung ſollen
wir zu dem hereinbrechenden Verhängnis einnehmen, wie ihm begegnen, wie es überwinden? Was wird, was kann aus uns
werden? Gibt es einen Ausweg, eine Zukunft? Ich kann dieſe
mannigfaltige Frage nur von mir aus beantworten, aus meinem Erlebnis und aus meiner Haltung, hoffe aber, vielen damit zu dienen.

Was heute Millionen unwillkürlich tun, iſt uns unmöglich: daß
ſie ſich mit einer Lebensgier, die von geheimer Angſt zu hemmungs-
loſer Leidenſchaft aufgeſtachelt wird, dem Genuß ergeben, um alles
Erreichbare an ſich zu raffen und zu verſchlingen, daß ſie ſich durch
den Taumel über dem Abgrund gegen das hereinbrechende Verhängnis betäuben und im Rauſch das Leben feſtzuhalten ſuchen.
Die ſeeliſche Luſtſeuche, die jetzt in unſerm Volke wütet, iſt im
Grunde Verzweiflung am Leben, iſt ſchon Untergang und Ver-
weſung. Die Flucht der Verzweiflung, die Erſtickung der Angſt
überantwortet ſie dem Verderben. Die Narkoſe tötet ſie.

Ebenſowenig aber können wir in den Chor derjenigen einstimmen, die sich und andere trösten: „Es wird so schlimm nicht werden, wir leben in einer Erschütterung, die vorübergeht, sind von einer Krankheit heimgesucht, die sich erschöpft. Schließlich werden die Menschen zur Vernunft kommen und sich nach Ordnung sehnen, die Arbeitslust wird wieder erwachen, und dann beginnt der Wiederaufbau. Die Feinde werden uns nicht umbringen, sie dürfen es im eigenen Interesse nicht. Der Haß der Proletarier gegen die Bürgerlichen wird durch Gewalt niedergehalten, die Aufruhrleidenschaft wird sich legen. Es werden schwere Zeiten kommen, aber es wird schon gehen. Alles Furchtbare erscheint von weitem schwerer, als es ist. Tritt es ein, so ist es gar nicht so arg." Das letztere ist gewiß eine richtige Beobachtung, aber in unsrer gegenwärtigen Lage gilt sie meines Erachtens nicht. Jedenfalls müssen wir auf das Schlimmste gefaßt sein und uns so einstellen, als ob es geschähe.

Aber mag es werden, wie es will. Es hat gegenüber der Frage, die uns beschäftigt, keinen Wert, Erwägungen darüber anzustellen. In diesem Augenblicke der Selbstbesinnung müssen wir mit dem Äußersten rechnen, damit wir ein Ergebnis gewinnen, das sich unter allen Umständen bewährt. Wir rechnen also damit, daß Deutschland untergeht, nicht nur national, wie es bereits geschehen ist, sondern auch moralisch und leibhaftig, sozial und wirtschaftlich. Wir werden immer mehr von unsern Feinden versklavt und ausgebeutet, vergewaltigt und vernichtet werden. Der wirtschaftliche Ruin schreitet immer weiter fort. Der Staatsbankrott ist nicht aufzuhalten. Die Teuerung nimmt sprunghaft zu, Hungersnot breitet sich aus. Seuchen wüten im Volk. Die Verkehrsnot wächst, die Produktion wird immer geringer, die Arbeitslosigkeit immer größer. Unter den krankhaften Zuckungen von Streiks und Aufruhr werden die Zustände immer haltloser, bis schließlich aus dem Haß der Besitzlosen die wilde Verfolgung der anderen, die blinde Zerstörungswut und Rachgier sich erhebt und die Notwehr der Angegriffenen hervorruft und so zu blutiger Selbstzerfleischung des Volkes führt. Vielleicht schlagen dann unsre Feinde den allgemeinen Aufruhr nieder und schaffen mit dem Henkersschwert Ord-

nung, während der östliche Bolschewismus sich ihnen entgegen-
wirft, und Deutschland so zur Walstatt wird, auf der die Welt-
mächte der Unteren und der Oberen ihren Kampf ums Dasein
ausfechten. Vielleicht kommt es auch nicht dazu, weil sich der
Untergang Europas über alle Länder ausbreitet. Mit dieser Aussicht müssen wir rechnen, denn wenn kein Wunder geschieht, nimmt
unser Schicksal unaufhaltsam diesen Lauf.

Auge in Auge mit diesem Ausgang der Katastrophe, in der
wir stehen, rufe ich Ihnen vor allem zu: Nehmen Sie diese Lage
so ernst wie möglich, aber nicht schwer! So sehr ich mich gegen
den Leichtsinn wende, der sich über das Furchtbare, das uns erwartet, täuscht, so nachdrücklich muß ich betonen: wenn wir uns
überhaupt in dieser schrecklichen Lage behaupten wollen, dürfen
wir sie nicht tragisch nehmen, sondern lebensmutig. Sonst sind
wir nicht imstande, den Gefahren und Verhängnissen gewandt und
überlegen zu begegnen, ihnen gewachsen zu werden und sie zu bewältigen. Sie werden vielleicht denken: Wie kann man eine solche
Lage nicht schwer nehmen? Ist sie doch aussichtslos! Aber Hunderttausende haben uns das doch im Kriege vorgelebt. Sie haben
dort in einer Hölle der Schrecken und des Verderbens kämpfend
durchgehalten, ununterbrochen dem Tode preisgegeben, und haben
in dieser unerhörten Todesnot ihre Menschenwürde bewahrt, ihre
innere Überlegenheit behauptet und das unmenschliche Abenteuer
leicht genommen wie Helden. Ist denn die Lage, der das deutsche
Volk entgegengeht, schlimmer als der Kampf in den mörderischen
Schlachten, als das Los der mißhandelten Bevölkerung bei dem Ein-
bruch feindlicher Horden, als die methodische Zutodefolterung Hundert-
tausender von Gefangenen? Das Schlimmste, was uns geschehen
kann, ist doch, daß wir mit den Unsern sterben müssen. Das haben
aber doch Millionen in den letzten fünf Jahren schon erlebt. Das
ist jetzt doch weiter nichts mehr. Was bedeutet das denn für uns?
Doch nur, daß unser Leben vorzeitig, jäh, meuchlings abgebrochen
wird. Aber in dieser Lage sind doch die Menschen immer gewesen,
denn immer konnten sie ja plötzlich sterben, verunglücken, ermordet

werden. Das Massenhafte macht es doch für den Einzelnen nicht schrecklicher. Lassen wir uns also doch nicht durch alle die furchtbaren Möglichkeiten verblüffen, die uns bedrohen. Mehr als das Leben kann man uns nicht nehmen.

Wir müssen uns ganz anders einstellen. Das Leben ist der Güter höchstes nicht. Es kommt nicht darauf an, daß wir lange leben, sondern daß wir wirklich leben, nicht bloß unsre Tage verbringen, unsre Arbeit tun, unsre Pflichten erledigen, sondern daß wir intensiv leben, mit der ganzen Glut der Seele tief leben, aus der Tiefe in die Tiefe, das Leben ausschöpfen und vollbringen, daß wir bis zum letzten Augenblicke die Lebensmöglichkeiten verwirklichen und die Lebensansprüche erfüllen. Dieses Leben entdecken, erschließen, entfalten wir aber eher in der Not als im Glück. Wir gewinnen es nur durch Leiden und Kämpfen, Widerstehen und Überwinden, nicht durch Genießen und sich treiben Lassen. Darum müssen wir jeder außerordentlichen Lage, die uns vom Schicksal geboten wird, dankbar sein und sie als Gnade begrüßen. Denn sie bietet uns die Möglichkeit, wahrhaft Mensch zu werden und das Geheimnis des Lebens zu entdecken. Solch eine außerordentliche Lage haben wir jetzt vor uns, wie sie sich in Jahrhunderten nicht einmal bot. Schließlich muß es doch auch ein Menschengeschlecht geben, das den Weltuntergang miterlebt und von seinem Strudel verschlungen wird. Größer, gewaltiger, übermenschlicher ist denn doch ein Leben, das sich darin bewährt als eins, das etwa in den Jahrzehnten vor dem Kriege verbracht wurde. Es kommt nur alles darauf an, daß wir der Schwere solcher Zeit und der Größe ihrer Aufgabe gewachsen werden.

Um Sinn und Vermögen dafür zu gewinnen, muß allerdings eine heroische Lebensauffassung in uns walten. Die weichliche, wehleidige, erbärmliche und süchtige Haltung der vegetierenden Lebewesen, denen es nur darauf ankommt, so lange, so gut, so leicht, so behaglich wie möglich ihr Dasein zu genießen, muß uns schändlich und ekelhaft vorkommen, weil wir es gemein und schimpflich, menschenunwürdig und selbstmörderisch finden. Lebt etwas in uns

von dem Adel der unverdorbenen Seele, rührt sich etwas in uns
von ihrer hohen Bestimmung, dann muß sich vor dem furchtbaren
Schicksal, das über uns hereinbricht, unser Wesen in allen seinen
Fasern straffen, in allen seinen Nerven spannen, um es zu bewältigen. Dann muß sich ein Aufruhr von allen in uns ruhenden
Kräften und verborgenen Anlagen erheben und unsre ganze Natur
in lebendige Tätigkeit geraten, um den hereinbrechenden Tod und
Untergang durch Leben und Aufstieg zu überbieten. Dann wird
der Wille zum Leben in uns Wille zur Not, wird Bereitschaft,
zu ertragen, zu darben, zu leiden, zu opfern, zu arbeiten und zu
kämpfen, um das Verhängnis zu meistern. Dann wird die Lebenslust Abenteuerlust, Drang zum Ungeheuren, Übermenschlichen und
die Liebe zum Leben Liebe des Schicksals.

Ist das keine Begeisterung für etwas, was wir möchten,
sondern unsre wirkliche seelische Verfassung, so werden wir Leben
von dem gewinnen, woran andere zugrunde gehen. Denn wir
gelangen dann ganz von selbst zu einer andern Art Leben, die
unsrer verzweifelten Lage gewachsen ist. Wenn wir der Wirklichkeit,
wie sie über uns kommt, ruhig und fest ins Auge schauen, dann
erkennen wir, daß die Grundlage unsers Lebens ganz anders geworden ist. Sie unterscheidet sich von der vor der Katastrophe
wie die Meeresflut vom festen Land. Wir haben keine Sicher-
heiten mehr unter den Füßen, und alle Sicherungen, die wir suchen,
versagen. Wir können uns auf nichts mehr verlassen, denn alles
bricht zusammen, löst sich auf, geht uns verloren, versagt. Daraus
folgt nun für Menschen heroischen Sinnes nicht, daß sie sich in der
Gier nach Sicherungen erschöpfen und schließlich sich verzweifelnd
treiben lassen, sondern daß sie auf alle Sicherungen verzichten, um
ungesichert zu leben. Haben wir kein festes Land geordneter Verhältnisse mehr unter den Füßen, so müssen wir das flüssige Element
des Geschehens zur Grundlage unsers Lebens machen. Können
wir nicht mehr auf dem Erdboden stehen, so müssen wir schwimmen,
müssen wir uns Fahrzeuge schaffen, mit denen wir auf den Wogen
bestehen und mit dem Sturme kämpfen können. Das muß der

Reiz und die Aufgabe unsers Lebens werden, dieses unsichere
flutende Element zu bewältigen, und wäre es als Gelegenheitsarbeiter uns unser Brot zu verdienen. Gehen wir darauf aus, so
wird es für uns ebenso den Charakter des feindlichen Ungeheuers
verlieren wie das Meer für den Seefahrer und uns das vertraute
Lebenselement werden, das wir meistern, eine Schule der Tatkraft
und der Freiheit, wie sie uns das gesicherte Leben niemals bieten
kann. Darum wollen wir nicht mehr auf persönliche Sicherungen
aus sein, sondern nach der Art Leben ringen, die keinen festen
Boden unter den Füßen braucht.

Das, worauf es ankommt, läßt sich auch so ausdrücken: wir
müssen uns den künftigen Daseinsverhältnissen und Lebensbedingungen anpassen. Das ist ja das Geheimnis der Selbsterhaltung,
das sich in der ganzen Natur offenbart. Der Selbsterhaltungstrieb
treibt alle lebenden Wesen unwillkürlich und unbewußt dazu. Wir
müssen jetzt mit Bewußtsein und Willen danach trachten. Was uns
aber die Weltkatastrophe übrig läßt, ist unter Umständen nur ein
knapp ausreichendes Existenzminimum, das wir uns mit Aufbietung
aller unsrer Kräfte und Fähigkeiten tagtäglich neu erringen. Müssen
wir aber damit rechnen, darauf gefaßt sein, dann heißt es sich so
einrichten und gewöhnen, daß wir mit möglichst wenig auskommen.
Unsre Geistes- und Willenskräfte sollen also nicht darauf ausgehen,
uns trotz des drohenden Verlustes alles Besitzes so viel wie möglich Lebensmittel und Lebensausstattung zu sichern, sondern so wenig
wie möglich inbezug auf Ernährung, Kleidung, Einrichtung zum
Leben zu brauchen. Wir müssen aus Selbsterhaltungstrieb bedürfnislos
werden. Das ist nur für solche Menschen ein Unglück, die von
der Befriedigung ihrer Bedürfnisse leben. Für die anderen, die
von der Erfüllung ihrer Bestimmung leben, ist es eine günstige
Lage. Denn in der freiwilligen Bedürfnislosigkeit offenbart sich
die Menschenwürde, entfaltet sich die wahrhaft menschliche Art.
Bedürfnislosigkeit ist Unabhängigkeit, Freiheit, Unbedingtheit, Überlegenheit, Lebensvollmacht. Je weniger wir zum Leben brauchen,
um so unanfechtbarer sind wir in der Not, um so mehr allen Um-

wälzungen in den äußeren Verhältniffen gewachfen. Auch von Menfchen follten wir unabhängig werden. Wir follten uns mög-lichft felbft bedienen und felbft verforgen, daß wir niemand brauchen. Befchränken wir uns auf das Unerläßliche, fo ift das nicht fo fchwer. Wie viele find heute Knechte ihres Befitzes, Diener ihres Haus-haltes und Erhalter ihres Gefindes, Märtyrer ihres Reichtums, ihrer Stellung! Aus folchen Lagen müffen wir heraus. Es ift gut, wenn wir uns nicht durch die Notwendigkeit überrafchen laffen, fondern von vornherein darauf ausgehen.

Wir gehen einer Hungersnot entgegen. Befinnen und be-fchränken wir uns alfo auf das, was wir wirklich unerläßlich für unfre Ernährung, für die Erhaltung und den Aufbau unfers Körpers brauchen. Man braucht dazu viel weniger, als man im allgemeinen glaubt. Und es ift ficher, daß das deutfche Volk nicht fo fehr unter der Unterernährung gelitten hätte, wenn es beffer gewußt hätte, was wirklich der gefunden Ernährung dient, und es verftanden hätte, die Nahrung richtig zu kauen und zu verdauen. Wir haben das in der Not der Kriegszeit nicht gelernt, wir müffen es jetzt lernen.

Eine ungeheure Teuerung und Armut bricht über uns herein. Darum wollen wir freiwillig arm werden und beizeiten lernen, arm zu leben. Suchen wir dahinterzukommen, wie wenig man zum Leben braucht, und enthalten wir uns aller Dinge, die wir ent-behren können, um uns das verfchaffen zu können, was wirklich Lebenswert hat. Wir müffen haushalten lernen mit unfern Mitteln und Kräften, fparen am rechten Platz, um uns das zu verfchaffen, was nottut. Wir halten jetzt fo vieles für nötig, was überflüffig und fchädlich ift. Durch die Zivilifation find wir fo verwöhnt, daß wir uns gar nicht vorftellen können, wie es auch ohne das alles geht und beffer geht, und durch das Herkommen fo befangen, daß wir uns einbilden, vieles „könne man nicht". Leben wir einfach, und werden wir einfach. Die primitive Lebensführung ift gefünder als die überkultivierte, wie wir fie jetzt haben. Erkundigen wir uns, wie die Menfchen nach dem dreißigjährigen Kriege gelebt

XXII.   3

haben, und nehmen wir uns ein Beispiel daran. Richten wir uns
darauf ein, je eher, je besser. Trachten wir, aus den Großstädten,
den Massengräbern des Lebens, aufs Land zu kommen, und stellen
wir uns auf das alte Lebensgesetz: Im Schweiße deines Angesichts
sollst du dein Brot essen. Dann werden wir auch die Entdeckung
machen, daß das Leben nur köstlich gewesen ist, wenn es Mühe
und Arbeit war. So werden wir dem Schicksal gewachsen. Laßt
uns naturgemäß leben, nicht aus romantischer Naturschwärmerei
oder Kulturhaß, sondern aus Klugheit, um gesund, lebenstüchtig
und leistungsfähig zu werden. Gesundheit ist die beste Kapital-
anlage, praktische Fähigkeiten, Arbeitsamkeit, Fleiß, Zähigkeit und
Energie ist das sicherste Vermögen, körperliche und geistige Ertüchti-
gung der beste Vermögenszuwachs, Arbeitslust und Lebensmächtigkeit die beste Mitgift.

Diese Umstellung allein wird schon unsre Lebensfähigkeit erregen und stärken und unser Lebensgefühl steigern. Niemand, der
es nicht erlebt hat, kann sich einen Begriff davon machen, wie
verjüngend, erfrischend, beschwingend, erhebend solch eine Wendung
und Wandlung auf einen wirkt. Damit aber nicht genug, daß wir
dem Abbruch unsers Lebens mit einem Anfang des Lebens gegenübertreten, wir wollen auch den drohenden Untergang unsers
Volkes mit einer Höchststeigerung tätigen Lebens begegnen. Jede
Beeinträchtigung des Lebens müssen wir durch Intensität des Lebens
überwinden. Das gilt auch hier, und zwar nicht nur, um das
Schicksal zu wenden und unser Dasein neu zu begründen, sondern
einfach um unsre persönliche Lebenskraft zu erhöhen. Wozu das,
wenn doch alles zugrunde geht? Weil jedes Unheil durch starkes
Lebensgefühl leichter getragen und jede Not durch gesteigerte
Lebenskraft leichter überwunden wird. Weil wir dadurch tüchtiger
werden. Alle Katastrophen führen ja zu einer Auslese der Tüchtigsten. Trachten wir also danach, dazu zu gehören.

Je furchtbarer sich also jetzt die Schicksalswetter über uns zu-
sammenballen und die Katastrophe hereinbricht, um so mächtiger,
voller, gründlicher laßt uns leben! Ich meine nicht, Außergewöhn-

liches genießen und erleben wollen, sondern unser Leben, so wie
es ist, sich gestaltet und seinen Lauf nimmt, als Aufgabe in un-
erhörter, vollkommener Weise erfüllen. Also bei allem, was wir
erleben und zu tun haben, mit ganzer Seele dabei sein, es möglichst tief erleben und aus der Tiefe heraus alle unsre Lebensäußerungen quellen lassen. Wenn das geschieht, wirklich, lebendig,
radikal geschieht, dann kommen wir überhaupt erst einmal richtig
aus uns heraus, aus dem Verkrochensein, Versponnensein, Ver-
krustetsein in uns selbst und heraus aus dem Bann der Gewohnheit und der Umgebung, der Verhältnisse und der hergebrachten
Lebensweise. Dann richtet sich unser eigentlicher Mensch auf, wie
wenn wir einmal alles hinter uns geworfen haben und in freier
Natur vor einer schwierigen Bergbesteigung stehen. Und in dem
Maße als wir des Lebens mächtig werden und das Abenteuer bestehen, wachsen wir zu Helden heran. So werden wir erst das,
was wir sind, gewinnen, unsre wahre Gestalt voll Kraft und Größe,
unser eigentümliches Leben mit seinem Schlag und Rhythmus.

Auf diese Weise gewinnen wir Lebenswert für Gegenwart und Zukunft. In dem Maße aber als wir Lebenswert gewinnen, sind wir Bausteine für den Neubau unsers Volks, der nach dem gegenwärtigen Zusammenbruch kommt. Die vegetierenden Menschen, die durch Trägheit und Genuß, durch sittliche Verwahrlosung und sinnloses Dahin-
treiben verweichlicht, entartet und leistungsunfähig geworden sind,
werden dazu nicht zu gebrauchen sein. Wir müssen also mit
aller Kraft nach Lebenstüchtigkeit ringen, daß wir für den entscheidenden Kampf ums Dasein in der Tiefe der Not geschickt sind.
Wer dann die ordnende Macht im Staate darstellt, ist dabei gleichgültig. Man wird immer die Leistungsfähigen bevorzugen, denn
sie sind nicht zu entbehren.

Aber wir sollen nun nicht deshalb nach gestählter Lebenstüchtigkeit ringen, um uns zu sichern, sondern einfach von dem Lebensdrang getrieben: Was können wir tun, um dem hereinbrechenden
Untergang unüberwindliches Leben entgegenzustellen? Jeder muß
das an seinem Platze tun und jeder sich fragen: Wie kannst du

in dieſer Not der Zeit mit dem, was du biſt und haſt, und dem,
was du noch aus dir herausholen kannſt, dem Ganzen dienen?
Daß wir nicht einzeln durchkommen, liegt auf der Hand. Einzeln
können wir uns nur durch die Flucht retten, genau wie im Kriege.
Wollen wir aber ſiegend, überwindend durchkommen, kann es nur
im Zuſammenhalt und in Gemeinſchaft mit den anderen, die mit
uns kämpfen, geſchehen. Wenn wir ſo für die Zukunft unſers
Volkes in dem gegenwärtigen Zuſammenbruch ringen, dann kann
es nach dem Sterben eine Auferſtehung geben. Denn die Elemente
unſers Volkes, die an dieſer Todesnot Leben gewinnen, werden
fähig, nach dem Untergang ein neues Werden hervorzubringen.

*   *
*

So arbeiten wir jetzt ſchon in dem Zuſammenbruch an dem
Neuaufbau unſers Volkes durch Erneuerung und wachſende Tüchtigkeit unſrer ſelbſt. Wir müſſen es aber auch durch Erneuerung unſers
Volkes tun. Wie iſt das möglich? Unſer Volk geht nicht nur wirt-
ſchaftlich, ſondern auch moraliſch zugrunde. Es herrſcht jetzt eine
beiſpielloſe ſittliche Verwahrloſung, eine förmliche Zerſetzung der
Moral, der Sitte, des Anſtands, des Schamgefühls, die nicht über-
boten werden kann. Niemand weiß, wie da eine Wendung, eine
Erneuerung möglich iſt. Daß es nicht mit ſittlicher Erziehung bewirkt werden kann, weder durch die Schule noch durch die Kirche
noch durch Volkshochſchulen und öffentliche Wirkſamkeit, braucht
wohl nicht erſt bewieſen zu werden. Wenn wir daran denken, wie
alle Einrichtungen, Wege und Formen ſittlicher Beeinfluſſung
während des Kriegs verſagt haben, dann überfällt uns wie ein
unlösbares Problem die Frage: Wie kann ſich überhaupt ein Volk
wieder erneuern, wie kann es auferſtehen, wenn es ſtirbt?

Die Zellen, aus denen ein Volkskörper beſteht und ſich bildet,
ſind die Familien. Wenn es alſo einen Neuaufbau, eine Neubildung
unſers Volkes geben ſoll, kann ſie nur durch die Familien geſchehen.
Darum müſſen wir für geſunde, lebensfähige, lebenstüchtige, lebensvolle Familien ſorgen. Wir können jetzt in gar keiner anderen

Weise zur Wiedergeburt unsers Volkes beitragen, als indem wir
selbst wahrhaftige lebensfähige Volksglieder werden, wie ich es
ausführte, und uns weiter darum bemühen, daß die Zellen, aus
denen ein Volk wächst, die Familien, an denen wir beteiligt sind,
gesund werden, sittlich sich erneuen und erstarken, sich fruchtbar und
lebensvoll entfalten und ein einträchtiges, reines, tüchtiges, reiches
Leben gewinnen. Hier haben wir das Los unsers Volkes in der Hand.

In jeder fruchtbaren Familie wird ein Volk, ja die Menschheit neu geboren. Denn aus jeder geht eine neue Menschheit hervor. In jeder Ehe, die geschlossen wird, wiederholt sich Adam und
Eva im Paradies, der Anfang eines neuen Menschengeschlechts.
Darum ist die Ehe keine private, sondern eine völkische, ja eine
allgemein menschliche Angelegenheit. Ihr Sinn und Zweck ist nicht
erbärmliches Behagen, auch nicht Ergänzung zur Vollmenschlichkeit
und Förderung in der persönlichen Entfaltung und Vollendung —
das ist teils Mittel zum Zweck, teils Wirkung der Erfüllung der
Aufgabe —, sondern Fortpflanzung, schöpferische Entfaltung und
Aufzucht einer jungen Menschheit, Selbsterneuerung und Selbst-
vollendung in den Kindern, über sich hinaus Pflanzen, hinaus
Schaffen, Empordringen und Sichausbreiten durch ein neues Geschlecht. Nur dadurch, daß sich diese Bestimmung der Ehe verwirklicht, offenbart sich ihr Geheimnis und erfüllt sich ihr Glück,
das sie als Quelle neuen Lebens und Werdens in sich birgt. Darum
beruht jede Erneuerung und Wiedergeburt eines Volkes ebenso wie
der Fortschritt der Kultur, der Aufstieg zu einem höheren menschlichen
Niveau auf der Familie; denn er beruht auf einer neuen Jugend.

So hängt alles von der Tüchtigkeit der Familien ab. Es ist
aber für die Wiedergeburt eines Volkes nicht nötig, daß alle oder
die meisten Familien etwas taugen und ihre Bestimmung erfüllen.
Es genügt, wenn nur einige es tun. Die anderen sterben ab. Sie
bleiben unfruchtbar. Ihre kümmerlichen Sprossen verkommen, ihr
Nachwuchs geht unter. Man denke daran, daß nach statistischer
Aufnahme in Berlin es keine Familie, die drei Menschenalter da
bleibt, über die dritte Generation hinaus bringt. Die Gesamtheit

der gesunden, tauglichen und fruchtbaren Familien, wie viele es
auch sein mögen, bilden den Kern eines neuen Volkes. Ja wenn
nur eine gesunde, lebenstüchtige, fruchtbare Familie übrigbleibt, so
kann, prinzipiell betrachtet, daraus ein neues deutsches Volk hervorgehen. Von dieser Überzeugung müssen wir uns durchdringen
lassen, damit jede Familie so lebt, als ob sie die einzige wäre, die
das deutsche Volk durch den Untergang in eine neue Lebensentwicklung zu retten habe. Diese Erkenntnis von der Bedeutung der
Familie gibt uns eine feste Zuversicht für unsre Zukunft und eine
greifbare Aufgabe, um sie zu begründen. Mag aus unserm Volke
werden, was will: wenn es nur einige Tausend echte und rechte,
gesunde und fruchtbare deutsche Familien gibt, die der schweren
Not der Zeit gewachsen sind und ihre junge Brut durch den
Strudel des Verderbens an das Ufer rechtschaffenen Lebens retten,
so ist das deutsche Volk gerettet, auch wenn es zum allergrößten
Teile zugrunde geht. Nietzsche sagt einmal: Wenn wir hundert wirkliche Persönlichkeiten in Deutschland haben, so haben wir eine neue
Kultur. Um wieviel mehr dürfen wir sagen: Wenn wir einige Tausend
gesunde Familien in Deutschland haben, so haben wir ein neues Volk.

Hic Rhodus, hic salta! Hier, Deutscher, hier bewähre, daß du
deiner angestammten Art wert bist. Hier zeige, daß deine Vater-
landsliebe etwas taugt, und dein Mitleiden und deine Sorge um
dein Volk bei Tag und Nacht aufrichtig ist. Wer noch gesund und
kräftig ist, der gründe eine Familie und arbeite von früh bis abends
dafür, daß sie sich so reich wie möglich entfalten kann. Wer eine
Familie hat, der lebe für sie, denn wer für seine Familie lebt, der
lebt für sein Volk. Freilich soll er es nicht in egoistischer Weise
tun, sondern als Lebensdienst für sein Volk. Das ist unsre nächste
Aufgabe. All unser Reden, Handeln, Wirken für unser Volk ist
Geschwätz und Getue, wenn wir nicht diese erste völkische Pflicht
erfüllen, dieses grundlegende vaterländische Werk vollbringen. Darum
sorgt für die gute Erziehung eurer Kinder. Die Voraussetzung der
guten Erziehung ist aber die gute Erzeugung. Vermeidet alles,
was diese beeinträchtigen kann. Betrachtet es als vaterländische

Pflicht, dafür zu sorgen, daß bei euren Kindern ein gesunder Geist in einem gesunden Körper sich entfaltet, daß die jungen Seelen vor Knospenfrevel und Verwüstung geschützt in sittlicher Tüchtigkeit erstarken. Haltet sie heilig als Sprossen eures Volkes. Schadet ihrer Entwicklung nicht durch euren Eigennutz. Laßt euer völkisches Empfinden das Gliedgefühl in ihnen entzünden und erfüllt sie mit dem Bewußtsein der Bestimmung und Aufgabe, die sie haben, damit in ihnen das Verantwortlichkeitsbewußtsein erwacht und ihr Leben trägt. Erzieht sie zu Tüchtigkeit in jeder Beziehung, zu Fleiß und Sparsamkeit, daß sie sich keiner Arbeit scheuen und keiner Lage schämen, zu Bedürfnislosigkeit und Pflichtbewußtsein, zu unbedingter Lebenslust und unverwüstlichem Lebenswillen. Klärt sie über die Gefahren auf, die ihnen drohen, und stählt ihren Charakter, daß er unanfechtbar wird und unbeugsam sich selbst und seinem Volke die Treue hält. Vor allem aber hemmt nicht willkürlich die reiche Entfaltung eurer Familie, die euch vergönnt wird. Setzt alles daran, opfert alles dafür auf, ihr Gedeihen zu ermöglichen; denn der Kinderreichtum ist die beste Sicherung des Gedeihens der Kinder. Gesunde, sittlich tüchtige Eheleute vorausgesetzt, beruht die Qualität der Kinder zum guten Teil auf der Quantität. Nicht nur daß die einzelnen in einem großen Geschwisterkreise besser gedeihen, sie geraten auch immer besser. Wenigstens nach meinen Beobachtungen wächst die Güte der Kinder mit der Zahl der Kinder.

Ich weiß wohl, daß in der gegenwärtigen Lage unsers Volkes allgemein behauptet wird, wir könnten uns für die Zukunft nur retten durch Verkümmerung unsrer Familien. Wir hätten zwanzig bis dreißig Millionen Menschen zuviel im Lande. Infolgedessen müßten wir zu einem Drittel aussterben. Darum erregt man den leidenschaftlichsten Widerspruch, wenn man das Gegenteil vertritt. Aber bedenken Sie wohl: die Geburtenziffer geht ohnedies in erschreckender Weise zurück. Sie ist seit dem Jahre vor dem Kriege um die Hälfte gefallen und wird weiter fallen. 99 Prozent aller Eheleute werden sich unbeirrbar sagen: So wenig wie möglich Kinder, nämlich alle, die für sich leben, die nichts wissen vom heroischen Leben für unser Volk und von der Neubegründung seiner Zukunft. Das sind die absterbenden Zellen im Körper unsers Volkes. Zu denen rede ich nicht, denn zu denen würde man vergeblich reden, und wenn ein Engel vom Himmel käme. Aber den übrigen, dem einen Prozent, sage ich: Für euch gilt das Gegenteil. Die anderen kommen überhaupt nicht für das Neu-auferstehen unsers Volkes aus dem Schoße gesunder Familien in Betracht; die mögen ruhig aussterben. Um so mehr müssen wir aber den wenigen, den wenigsten, die kraft ihrer heroischen Lebens-auffassung, kraft ihrer Gesundheit des Leibes und der Seele eine Neubegründung unsers Volkes hervorbringen können, zurufen: Seid fruchtbar und mehret euch und erfüllet die Erde. Laßt das deutsche Volk neu und mächtig aus euren Familien hervorgehen. Wer aber keine Familie hat und gründen kann, der lebe dafür, daß die Familien gedeihen, die fähig sind, die Zukunft des deutschen Volkes zu schaffen, und dafür, daß so viel wie möglich deutsche Kinder ungeratener Eltern zu gesundem und tüchtigem Leben gerettet werden, die ohne solche Hilfe zugrunde gehen würden.

Man wird mir entgegnen: Aber was hilft das alles, wenn der Bürgerkrieg ausbricht, wenn die mordenden Horden durch die Lande ziehen und die Menschen hinwürgen? Haben diese zukunfts-kräftigen Menschen, diese zukunftsschwangeren Familien denn einen Freibrief, daß sie verschont bleiben? Keineswegs. Ebensowenig wie im Kriege. Da sind auch die tüchtigsten, wertvollsten, keim-kräftigsten gefallen, ja mehr gefallen als die anderen. Eine Sicher-heit wird uns nicht gegeben. Aber die wollen wir auch gar nicht haben. Gesetzt, es gibt in Deutschland vielleicht zehntausend solcher Familien, die für eine Erneuerung unsers Volkes in Frage kommen, so ist sehr leicht möglich, daß neuntausend davon zugrunde gehen. Aber das eine Tausend ist dann der Grundstock der deutschen Zu-kunft. Und wenn nicht tausend, sondern hundert oder zehn übrig bleiben, so sind diese wenigen der neue Trieb. Eine andere Mög-lichkeit für die Wiedergeburt des deutschen Volkes gibt es nicht. Wenn Sie aber nun meinen, daß durch den trotz allem drohenden

Untergang der Reiz genommen werde, alles daranzuſetzen, ſolche
Familien zu bilden und ein neues Geſchlecht aus ihnen hervorgehen zu laſſen, ſo haben Sie mich überhaupt nicht verſtanden.
Denn darauf kommt es nicht an, daß wir dieſes Ziel wirklich erreichen, ſondern darauf, daß wir unſre Pflicht tun und unſre Verantwortung löſen, die wir in dem Zuſammenbruch unſers Volkes
haben. Das geſchieht aber nur, wenn wir uns ſo einſtellen und dafür
leben. Was das Ergebnis iſt, kommt dabei gar nicht in Betracht.
Der Erfolg iſt für unſer Verhalten belanglos, wenn es innerlich
notwendig iſt. Unſre Menſchenwürde verpflichtet uns dann dazu.

Aber wenn wir nun mitverſchlungen werden von dem blutigen
Strudel? Dann werden wir halt verſchlungen. Ich ſtehe ſchon
lange angeſichts dieſer Möglichkeit und hatte dabei zunächſt nur
den einen Wunſch: wenn es ſein ſoll, dann am liebſten mit meiner
ganzen Familie zuſammen. Denn der ſchwerſte Gedanke in ſolchem
Augenblick wäre doch der: was wird aus den unmündigen Kindern,
wenn ſie elternlos der brutalen Willkür des Chaos preisgegeben
ſind? Aber auch darin iſt doch wohl noch Selbſtſucht und Weichlichkeit. Denn beſſer iſt zweifellos, ſie kommen durch, auch auf
die Gefahr hin, daß ſie ins Elend geraten. Der Same, der in
ihnen von unſerm Weſen ruht, der Einfluß unſrer Lebensführung,
der unbewußt verborgen in ihnen waltet, wird ſchon aufgehen und
Früchte bringen, in welche Lage ſie auch kommen mögen. Aber
ſonſt: wenn wir vorzeitig weggerafft werden, was iſt das weiter!
Wenn wir darauf aus waren, der ungeheuer tragiſchen Lage unſrer
Zeit gewachſen zu werden und die Aufgabe, die ſie uns ſtellt, zu
erfüllen, ſo erreicht unſre Entwicklung dadurch eine Höhe, die wir
in geruhſamen Zeiten, wie ſie vor dem Kriege waren, jedenfalls
nicht erreicht hätten. Wir werden dann durch eine Steilbahn
unſers Lebensfluges zur Höhe, ſtatt durch eine Flachbahn zur Länge
geführt. Es muß uns aber doch mehr an der Höhe als an der
Länge unſers Lebens liegen. Die meiſten Menſchen möchten allerdings unter allen Umſtänden und lieber als alles andere recht alt
werden. Eigentlich iſt das ſehr merkwürdig. Verſtehen kann man

es nur von dem Wunsche aus, so lange wie möglich für sein Volk
zu wirken. Aber sonst? · Wie oft kam mir in den Zeiten vor dem
Kriege der Gedanke: allmählich wird die Geschichte hier auf Erden
etwas langweilig. Man kriegt den ewigen Schützengraben des
Daseins satt und möchte einmal auf einen anderen Kriegsschau-
platz geworfen werden. Dieser Wunsch ist uns nun in ungeahnter
wenn auch anderer Weise erfüllt worden. Aber wenn wir in eine
andere als die irdische Seinsweise beordert werden, so müßten wir
doch von dem Hochgefühl erfüllt sein, wie es uns vor ganz neuen
außerordentlichen Erlebnissen durchdringt, die uns bevorstehen. Aber
zu dieser Unbefangenheit unserm Leben und seinem Ende gegenüber
kommen die Menschen selten. Und doch ist es das, was wir angesichts der Katastrophe, die über uns hereinbricht, brauchen, eine
ganz souveräne Unbefangenheit gegenüber den Dingen, eine Lösung
unsers inneren Auges von seiner endlich-sinnlichen Trübung, eine
starke Steigerung des Lebensgefühls unsrer Seele, die uns ohne
weiteres eine unanfechtbare Überlegenheit über alle Möglichkeiten
der kommenden Zeit verleiht.

Im letzten Grunde unsers Wesens sind wir doch unantastbar.
Und wenn wir unter Zuckungen von Qualen in Verzweiflung
unsern Geist aushauchen, unserm eigentlichen Wesen kann damit
nichts geschehen. Also seien wir getrost und unsers Gottes gewiß.
Wenn wir in den Abgrund stürzen, wissen wir das eine ganz sicher,
daß wir unbedingt in seine Arme fallen. In dieser Sicherheit sind
wir gegen alles gefeit und allen Anforderungen, die an uns herantreten, gewachsen. Aus diesem Lebensgefühl der Seele heraus gewinnen wir die Kraft, das zu leisten, worauf es jetzt ankommt, und
das zu leiden, was uns bevorsteht. Und was wir dazu brauchen,
wird uns gegeben werden. Wenn dann vom deutschen Volke auch
nur ein Rest übrig bleibt, der so glaubt, sich so stellt, so lebt und
so leidet, brauchen wir uns um seine Zukunft nicht zu sorgen.
Denn dann folgt auf den Untergang unter allen Umständen eine
Auferstehung.

Warum nennen wir uns Christen?

Ich möchte Sie etwas fragen. — Warum nennen wir uns eigentlich Christen? — Haben wir ein Recht dazu? Hat es einen Sinn? Ist es nicht eine Unwahrheit? Wie kommen wir dazu? Warum versteifen wir uns darauf? — Ist es nicht genau so eine Heuchelei und ein Betrug, wenn wir uns Christen nennen, wie wenn sich ein reaktionärer Philister Revolutionär nennen würde! Ich kann es sehr gut verstehen, daß man sich Katholik nennt, weil man sich in dieser Kirche für Zeit und Ewigkeit geborgen fühlt, daß man sich Protestant nennt, weil man sich zu der Freiheit des Geistes und Selbständigkeit des Gewissens bekennt, die hier vertreten wird. Aber ich frage: Mit welchem Recht berufen wir uns auf Jesus und behaupten, innerlich etwas mit ihm gemein zu haben? Wenn uns nur das Herkommen dazu veranlaßt, daß sich die Religion der europäischen Völker seit Jahrhunderten Christentum nennt, und daß Christus in unsrer religiösen Unterweisung den Mittelpunkt bildet, so müßte uns in dem Zeitalter der persönlichen Selbständigkeit und Wahrhaftigkeit doch schon eine Spur von Redlichkeit dazu treiben, diesen Namen, für den Unzählige in den Tod gingen, nicht mehr in Anspruch zu nehmen. Denn es wäre außerordentlich schwer, eine Antwort auf die Frage zu finden, was uns dazu berechtigt. Ich finde, daß wir Christen mit Christus nichts mehr gemein haben als den Namen. Dann ist aber dieser Name für uns eine Lüge.

Haben wir den Glauben Jesu? Ich meine nicht die Kraft, das quellende Leben seines Glaubens, sondern die Art und das Wesen seines Glaubens, die seelische Verfassung und Empfindung, die wir damit bezeichnen. Haben wir das irgendwie, was als Glaube in ihm waltete? Erleben wir Gott in der Welt? Ist uns der Sinn des Daseins und alles Geschehens etwas unmittelbar Selbstverständliches und Gewisses, daß wir gar nicht beunruhigt werden, geschweige verzweifeln könnten, was auch kommen und geschehen mag? Ich frage das jetzt in unsrer völkischen und persönlichen Lage. Sind wir überall in dem, was des Vaters ist, ge-

tragen, umflutet, durchdrungen von feiner Liebe, die uns aus allen
Erlebniffen überftrömt? Dringen von allen Erfcheinungen die er-
leuchtenden Strahlen Gottes auf uns ein? Offenbart fich uns in
allen Schickfalen die ergreifende Güte Gottes? Hören wir in dem
Raufchen der Ereigniffe und in der Brandung des bedrängenden
Lebens überall die Sprache des Vaters, die wir verftehen, und —
tun wir das, was uns der Vater fagt?

Leben wir wie die Blumen auf dem Felde? Ift uns Sorge,
Furcht, Trauer, Unficherheit, Angft entfchwunden unter der Gottesgewißheit, die Jefus erfüllte und ihn die Welt überwinden, fegnen,
erlöfen ließ, die ihn mit genialer Sicherheit in jedem Augenblick
ganz naiv, ohne Zögern und Umfchweife gewiffe Schritte tun ließ,
Schritte, die immer das einzig Wahre, das innerlich Notwendige,
das Gute von Gott, den Willen des Vaters offenbarten? Geht
uns das auch fo? Fühlen wir uns darin mit ihm verwandt?
Oder taumeln wir in Nacht, Willkür und Abhängigkeit von einer
Verirrung in die andere, überall den Samen des Guten mit
Böfem erftickend? Kennen wir auch nur im geringften, daß Gott
aus uns fpricht, in unfrer Haltung fich ausdrückt, in unferm Werke
fchafft, mit einem Worte: in uns lebt und durch uns fein Antlitz
leuchten läßt? Haben wir davon wenigftens Spuren, Züge, An-
wandlungen, Zufälle?

Ift uns das Wefen diefer Welt das Vergängliche, Scheinhafte,
Unwirkliche, an fich Wertlofe? Haben wir Gefchmack für das,
was dahinter liegt, und nehmen wir es als das einzig Wefenhafte,
Wertvolle, Bleibende, Wahre? Geht es uns mit all unferm Sinnen
und Sehnen darum, daß fich dies offenbart und in uns Geftalt
gewinnt, daß aus dem Wuft des Vergänglichen und Scheinhaften
der unvergängliche Same göttlichen Lebens Wirklichkeit wird und
aus dem Chaos der Menfchheit die Geftalt Gottes in einer neuen
Menfchheitsepoche emporfteigt? Leben wir davon und daraufhin?
Zieht uns das an und treibt es in uns? Quillt diefes Empfinden
des Hinterfinnlichen, das leibhaftige Natur und Gefchichte werden
will, aus uns, fo daß es uns in jedem Augenblick zu dem führt,

was die Aufgabe der Stunde vollbringt und erfüllt, was überall
Licht werden läßt, Bann löst, Leben entbindet, Gott offenbart?
Ist etwas von diesem Glaubensleben in uns? Ich sehe nichts.

Mir ist oft in den letzten fünf Jahren die Frage aufgetaucht,
ob es überhaupt Glauben im strengen Sinne in der Welt gibt.
Es scheint sich zu erfüllen, was Jesus voraussagte, daß er, wenn
er wiederkehre, keinen Glauben auf Erden finden werde. Was
sich als solcher aufspielt, scheint mir Rechtgläubigkeit zu sein, aber
nicht Echtgläubigkeit, und was ich über den Glauben des Christentums reden höre und lese, scheint mir alles aus einer Fremdheit
und Unvertrautheit mit dem Nerv des Lebens Jesu zu stammen.

Aber ich frage weiter: Wissen wir etwas von der Liebe Jesu?
Hier werden manche versucht sein, eher zu bejahen. Aber das
kommt wohl nur daher, daß man sich über die Art der Liebe Jesu
täuscht. Jedenfalls meint er damit etwas ganz anderes als wir.
Wir kennen eine Freude an Menschen, ein Mitleid mit Menschen.
Es steigt wohl auch ein Wohlwollen, ein Zug zu ihnen, ein Drang,
sich zu geben und mitzuteilen, in uns auf. Aber kennen wir das
Ursprüngliche, Unmittelbare, Unbedingte in der Seelenbewegung,
die Jesus Liebe nennt, den quellenden, treibenden, hinreißenden,
überströmenden Drang des Herzens, kraft dessen der Mensch sich
ganz gibt, weil er sich geben muß, der wie die Lösung einer
Spannung beglückt, wie die Erfüllung einer Bestimmung verklärt
und wie ein Erlebnis Gottes begnadet? Ahnen wir überhaupt
erfahrungsmäßig etwas von der Möglichkeit einer Liebe ohne Wahl
und Grenzen, die nicht aus Motiven, Absichten und Rücksichten
entspringt? Sehnen wir uns auch nur danach? Das wäre doch
wenigstens ein Zeichen, daß ein gewisser Sinn und Geschmack dafür
in uns lebt. Aber davon sehe ich nichts.

Gewiß, es gibt Liebe in der Welt, aber eine Liebe, die Habgier ist, die den anderen für sich haben will, die Genußsucht ist,
die an dem anderen froh werden will, die Herrschsucht ist, die den
anderen beeinflussen will, ihm vielleicht auch zur ewigen Seligkeit
verhelfen will. Aber es kommt nicht darauf an, was sie will, sondern

was sie wesentlich ist. Ich finde, daß die Liebe, die wir kennen, etwas anderes ist als die Liebe, die Jesus gelebt hat. Unsre Liebe ist eine Äußerung der Selbstsucht oder der Selbstverleugnung. Jeder sucht das Seine auch in der Liebe. Er sucht das Seine an dem anderen, das Gefallen an ihm oder das Gefallenerwecken bei ihm. Er sucht sich, auch wenn er durch die Hingabe sich loswerden will. Meinen Sie, das sei zu scharf? Sind wir nicht alle abhängig von Sympathie und Antipathie? Wo wir Antipathie empfinden, geht es nicht. Also ist unsre Liebe doch nicht unbedingt, nicht selbstlos. Wenn ich die Liebe Jesu als Überschwang der Seele charakterisiere, der als solcher natürlich alles ergreifen und erfassen muß, was er erreicht — kennen wir etwas von diesem Überschwang? Aber ich will gar nicht von Überschwang reden — kennen wir auch nur etwas von diesem Sichrühren der Seele in uns, von diesem Außersichgeraten an den Menschen, von diesem Erstaunen und Entzücken über das göttliche Geheimnis, das jeder verbirgt?

Die Frage ist außerordentlich aktuell. Können wir die Kommunisten und Bolschewisten lieben? Sie haben doch gewiß alle jetzt mehr oder weniger das Volk erlebt. Es ist doch eine große Frage, die uns stellt: Können wir das Volk lieben? Nein! Wir lieben es, wenn wir es nicht sehen. Sobald wir unter die Masse gehen, geht es nicht mehr. Wir empfinden es so widerwärtig, so gemein, so fanatisiert, so gierig, so mordlustig, so wahnsinnig und alles mögliche, daß wir uns kaum fassen können vor Entsetzen, vor Zorn. Wir bringen keine Liebe zuwege. Wir wissen genau: wir müssen unser Volk lieben, unsre ganze Zukunft beruht darauf. Wenn wir diese Liebe nicht aufbringen und sie sich nicht auswirkt, wenn sie nicht zu einer Einheit und Gemeinschaft im Volke führt, so sind wir verloren. Wir wissen das. Aus der Not der Verzweiflung heraus möchten wir unser Volk lieben, und wir können es doch nicht. Ist das nicht Beweis genug, daß wir die Liebe Jesu nicht kennen, dieses merkwürdige Phänomen, wo sich heilige Liebe, d. h. ganz selbstlose hingebende, lautere, göttliche Leidenschaft der Seele vermählte mit dem heiligen Zorn der Wahrheit, wo über allem Entsetzen Erbarmen aus dem Herzen quoll, unbedingt und unbeschränkt. Wir brauchen liebenswürdige Menschen, wenn wir lieben wollen. Jesus brauchte nur liebebedürftige. Er sah sie alle an mit seinen Augen, die das Herz des Vaters offenbarten, und nahm sie alle an. „Wer zu mir kommt, den werde ich nicht hinausstoßen." Wir aber, wir richten und verurteilen, wir werfen Steine und brechen den Stab, wir stoßen aus und wollen nichts von den Menschen wissen, die sich „unmöglich gemacht" haben. Dabei fühlen wir uns als Christen.

Jesus sagte: „Ein neu Gebot gebe ich euch, daß ihr euch untereinander liebt, wie ich euch geliebt habe." Das sagte er zwischen Fußwaschung und Kreuzestod. In diesem unbedingten fraglosen Dienst an jedermann bis zum Äußersten und dem rückhaltlosen hingebenden Sichopfern besteht die neue Art Liebe gegenüber dem alten Gebot, daß wir unsern Nächsten lieben sollen wie uns selbst. Aber wir erfüllen ja nicht einmal dieses jüdische Gebot, daß wir die anderen so gut behandeln wie uns selbst. An das neue Gebot der Liebe von Jesus denken wir nicht einmal im Traum, aber nennen uns schamlos Christen.

Ich kann weiter fragen: Beten wir so, wie Jesus betete? Beten wir nicht wie die Heiden, die meinen, wenn sie viele Worte machen, werden sie erhört, wir „Himmelstürmer"! Wenn wir überhaupt beten, beten wir nicht ungläubig, da wir im innersten tiefsten Herzensgrunde doch nicht glauben, daß es irgendwelche Bedeutung oder Wirkung im Wirklichen habe? Oder beten wir nicht so, daß wir damit versuchen, Gott auf uns einzustellen, statt daß sich in unserm Gebet die Sehnsucht der Seele aussprüche, sich auf Gott und seinen Willen einzustellen? Das war doch die Art, wie Jesus betete: „Nicht wie ich will, sondern wie du willst." Für uns ist das „Dein Wille geschehe" eine Phrase geworden, die wir am wenigsten von Gott ernst genommen haben möchten. Würden nicht die meisten Christen, wenn sie wirklich so ständen, überhaupt nicht mehr beten, weil sie sich dann sagten, das geschähe ja ohnedies, ein Beweis, wie wenig Ahnung sie vom Beten Jesu haben!

Oder wissen wir etwas von Vergebung der Sünden? Haben
wir erlebt, daß das geschieht? Eingebildet haben wir es uns wohl
oft. Aber wenn wir bedenken, daß, wo Vergebung der Sünde
eintritt, aus dem Menschen Liebe entspringen muß, so wie wenn
einer ein großes Glück erlebt, er schier außer sich gerät, daß er alle
Welt umarmen möchte — kennen wir diesen Impuls unter der
Lösung des Bannes unsrer Schuld? Wenn nicht, so haben wir
Vergebung der Sünde gar nicht erlebt. Vergeben hat sie uns Gott
gewiß, aber es ist nicht in uns gedrungen. Vielleicht haben wir
nicht einmal die Sünde erlebt. Das ist mir nämlich auch eine
Frage. Ich kann mich dem Eindruck nicht entziehen, als ob die
Menschen ihre Unsittlichkeit sehr stark empfänden und erlebten und
darunter unter Umständen zusammenbrächen. Aber das ist doch
etwas ganz anderes. Sünde ist der Zustand der Losgelöstheit von
Gott, der Heillosigkeit und Verlorenheit, die aus unsrer Isolierung
hervorgeht, in der wir verhungern und verdursten, verdorren und
verwelken, vergehen und verwesen. Wer kennt unter uns Christen
diesen furchtbaren Zustand, dieses Verschmachten an Leib und Seele
in der Gottesferne? Dazu fühlen wir uns doch alle viel zu wohl.
Denken Sie doch daran, worauf es Ihnen eigentlich im letzten
Grunde ankommt. Gewiß, auf ewige Seligkeit. Aber in dieser
Welt, worauf gehen da die Interessen? Auf Bewahrung, Hilfe,
Segen für das Weltleben, auf Dinge, an die ein Mensch, der das
Verdorren und Versiechen ohne Gott kennt, überhaupt gar nicht
denken kann. Wenn wir das nicht kennen, haben wir gar nicht die
Sünde erlebt. Dann ist es aber auch kein Wunder, daß wir nicht die
Sündenvergebung kennen und das Außersichgeraten erleben, das
über uns kommt, wenn wir nicht mehr in der Verwesung stehen,
sondern in ein ewiges Leben versetzt sind, das in uns waltet und
aus uns wirkt.

Aber sehen Sie weiter: Leben wir denn irgendwie so wie Jesus?
Tun wir wenigstens das, was er uns ausdrücklich sagt? Wenn wir nicht
lieben können wie er, hüten wir uns dann wenigstens, übelzunehmen,
nachzutragen, wiederzuvergelten? Käme uns ein derartiges Ver-

halten nicht vielmehr geradezu unmoralisch vor? Wenn jemand
eine Bosheit nicht übelnimmt, heißt es dann nicht: der hält gar
nichts auf sich, oder: wo kämen wir mit unsrer sittlichen Weltordnung hin, wenn jemand ungestraft beleidigen dürfte? Immer
heißt es doch bei uns: Wie du mir, so ich dir. Wo ist in unserm
persönlichen Leben etwas von der unbedingten Haltung, die von
dem Verhalten der anderen gar nicht abhängig ist, die auch der
Gemeinheit gegenüber vornehm bleibt, die das Böse mit Gutem
vergilt, geschweige daß das instinktive Widereinander in uns so
überwunden wäre, daß wir überall fraglos für die anderen lebten
und in allem der Wille zum Wohl der anderen zur Geltung käme,
daß wir das Böse trügen, duldeten, es sich an uns erschöpfen
ließen? Lassen wir Anschuldigungen auf uns sitzen? Halten wir
es nicht vielmehr für eine sittliche Pflicht, uns zu rechtfertigen?
Verhüllen wir die Schwäche unsrer Gegner, oder stellen wir sie
bloß? Können wir andere nicht mehr für schuldig erklären, weil
wir uns selbst aller Schuld schuldig fühlen? Leiden wir am meisten
unter dem unfruchtbaren Leiden der anderen? Tragen wir des
anderen Last so, daß wir unsre eigene nicht mehr spüren?

Ach, wo ist etwas von der Freiwilligkeit der Selbsthingabe,
von dem freiwilligen Aufsichnehmen des Schicksals, von dem freiwilligen für die anderen Menschen da Sein, von dem freudwilligen
rückhaltlosen Geben mit überlaufendem Maße? Wo ist in uns die
ursprüngliche Empfindung, daß alles, was uns gehört, was wir
sind und können, uns nur für die anderen anvertraut ist, und daß
unsre anvertraute Habe nur dadurch Wert gewinnt, daß wir sie
umsetzen in Leben der anderen, des Ganzen? Wo finden wir den
Sinn dafür, daß sich der Mensch tatsächlich gar nichts nehmen
kann außer dem Tod, d. h. außer der Vergänglichkeit, Eitelkeit
und Giftigkeit von allem mit ihren verwüstenden Wirkungen, daß
wir alles, was uns zum Leben dienen soll, mag es uns tausendmal gehören, immer erst in jedem Augenblick von Gott empfangen
müssen, damit es lebenswert und Menschenwürde für uns gewinnt? Und haben wir eine Ahnung davon, daß es gar nichts

XXII.   4

gibt, was uns Gott zugänglich macht und die Fühlung mit ihm
gewinnen läßt, als sich vollständig hinzugeben und seinen Willen
zu tun? Das ist uns doch alles fremd. Wir glauben ja gar nicht
mehr an Gott, den Lebendigen, den Gegenwärtigen, den Wirkenden,
in allem Lebenden und sich Offenbarenden. Sonst müßte unsre
ganze Art des Lebens, unser Verhalten in jedem Moment doch
ganz anders sein. Ich will gar nicht davon reden, daß wir dann
ein ganz anderes Verantwortlichkeitsgefühl hätten, daß wir alles,
was wir sind und tun, ganz anders ernst und heilig nehmen
würden, sondern nur darauf hinweisen, daß ein Mensch doch ganz
anders lebt, wenn er von Gott getragen und geführt wird, wenn
ihm in jedem Augenblick sein Empfinden offenbart, was jetzt Gott
will, und es sich dann unmittelbar aus ihm verwirklicht. Dann
gibt es doch kein Kopfzerbrechen, keine Unsicherheit, kein mühsames
Erwägen, sondern vielmehr eine elementare Unmittelbarkeit geist-
erfüllten Lebens, ein Tätigsein in dem organischen Zusammenhang des göttlichen Lebens. Was für eine Aufregung und Gegner-
schaft aber ruft man hervor, wenn man von unmittelbarem Leben
spricht! Wie regen sich gerade die Frommen darüber auf und sagen,
man müßte sich doch vorher alles genau überlegen, müßte immer
die Gebote im Auge haben und sich klar machen, was man im
Sinne Jesu gerade zu tun habe. Daß wir so darüber reflektieren
müssen, ist doch der schlagende Beweis, daß das neue Wesen Jesu
nicht in uns lebt.

Aber wenn wir das alles nicht kennen, trachten wir dann
wenigstens vor allen Dingen nach dem Reiche Gottes? Bitte
beantworten Sie sich die Frage selbst, ob Sie in erster Linie nach
der seelischen Weltordnung trachten, nach dem Keimen, Sichentfalten,
Aufbrechen, Erblühen und Fruchtbringen des göttlichen Wesens,
das in allen verborgen ist, nach der Erlösung dieses ursprünglichen
Wesens von allem Weltwahn, Weltgift und Weltbann. Denn
diese Erlösung kennen wir ja auch noch nicht. Wir sind ja doch
alle noch im Bann des Weltwesens, egoistisch gebannt und verkrustet, vom Sinnlichen durchwachsen und beherrscht, den endlichen

Lebensmächten preisgegeben und hörig. Eine wirkliche Lösung
dieses Verhängnisses, eine Entbindung unsrer Seele, ihr selbstmächtiges
selbsttätiges und selbständiges Leben und Werden ist uns noch unbekannt.
Trachten wir nun wenigstens danach, frage ich. Ich habe nicht den Eindruck. Wohl gibt es unzählige Menschen, die das von Herzen
gern möchten. Aber das ist ja gerade der Fluch unsrer Zeit, dieses
ewige Gemöchtle auf allen Gebieten ohne den zähen Nachdruck
des Wollens, dieses Gezapple und krampfhaft zuckende Verlangen,
das keinen Schritt vorwärts tut. Trachten heißt Schritte tun,
Trachten heißt in einer bestimmten Richtung sich sehnen, suchen,
anklopfen, versuchen. Wir sind ja alle „Suchende", aber wir suchen
nicht. Wir suchen mit den Augen herum, aber stehen an Ort.
Darum können wir uns nicht einmal in dem Sinne Christen nennen,
daß wir sagen, wir trachteten nach dem, was Jesus wollte, daß
es tatsächlich auf der Erde verwirklicht wird. Das muß doch endlich in Erscheinung treten, leibhaftige Wirklichkeit, lebendige Schöpfung
werden. Aber das Christentum hat sich damit abgefunden, daß
das nicht geschieht. Und ich bin davon überzeugt, daß es den
allermeisten sehr unangenehm sein würde, wenn es einträte, denn
es verlangte ja von ihnen, daß sie auf einmal ganz anders lebten,
daß sie sich gern und willig in eine ganz neue Welt- und Gesellschaftsordnung fügten. Wie sie sich aber alle dagegen sträuben,
das erleben wir doch jetzt. Unter keinen Umständen möchten sie
das. Es wäre doch schrecklich, wenn das Reich Gottes käme und
dann vielleicht das Erbrecht aufhörte, kein Geld mehr Zinsen
trüge, und man wirklich von seinem Überfluß abgeben müßte!

Also wollen wir doch ehrlich sein: wir sind keine Christen.
Wir wollen auch gar keine werden. Fällt uns gar nicht ein.
Wir wollen uns bloß etwas darin sonnen, daß es so etwas gab
wie Jesus. Was die Menschen bei ihm suchen, ist eine Beruhigung
für Leben und Sterben, für Not und Gefahr, eine Grundlage der
Hoffnung, ein Trost, eine Aussicht. Aber schließlich geht doch alles
auf das Äußerliche und Sinnliche. Wenn dies und das so wird,
wie sie es möchten, dann sind sie zufrieden. Sie denken gar nicht

daran, dieselbe Gesinnung zu haben, wie sie Jesus hatte. Das
ist ja noch die einzige Entschuldigung, daß sie gar nicht daran
denken, daß sie ganz harmlos und unbefangen immer Jesus ins
Gesicht schlagen. Dabei können sie unter Umständen für ihn und
sein Werk glühen — wenn sie daran denken, davon lesen oder
darüber reden. Aber das ist doch ein Beweis dafür, daß sie mit
ihm nichts gemein haben. Genau so viel und so wenig wie der
Katholizismus und Protestantismus. Da wird ein großes Wesen
von ihm gemacht, ein feierlicher Kultus mit ihm getrieben; aber
damit hat er sich gefälligst zu begnügen. Wenn Jesus nicht Jesus
wäre, sondern ein Mensch wie wir, so wäre er ja vor Menschenverachtung längst vergangen, das zwei Jahrtausende mit ansehen
zu müssen. Denn wie er es empfindet, hat er uns ja gesagt: „Es
werden viele zu mir sagen an jenem Tage: Herr, Herr, haben
wir nicht in deinem Namen geweissagt, in deinem Namen Teufel
ausgetrieben, in deinem Namen viele Wunder getan? und dann
werde ich ihnen geradeheraus sagen: ich habe euch nie gekannt.
Weichet von mir, ihr Täter der Ungerechtigkeit." „Ich weiß nicht,
wo ihr her seid," heißt es an anderer Stelle, mit anderen Worten:
von mir stammt ihr nicht. Und so stammt auch das Christentum
nicht von Jesus. Es leitet sich geschichtlich von ihm ab. Aber die
geschichtliche Entwicklung vergewaltigt ja fast immer das Ursprüngliche. Es ist eine gewisse Ehrlichkeit im Katholizismus, daß man
hier ganz aufrichtig den Unterschied und Gegensatz zwischen dem
geschichtlichen Jesus und dem Kultus-Jesus' anerkennt. Man will
hier von Jesus, wie er war, wie er lebte, und von dem, was er
verlangte und vorhatte, gar nichts wissen. Als einmal ein englischer Protestant in einer Gesellschaft von Kardinälen den hohen
Herren an der Hand des Neuen Testaments klar machte, daß der
Katholizismus nicht Christentum sei, wurde er schließlich von einem
der hohen Würdenträger jäh unterbrochen: „Was wollen Sie!
Wir sind nicht Christen, wir sind Monsignori." Jesus hat nur zufällig den Kultusgegenstand abgegeben, aber die Kirche ist etwas
ganz anderes: ein religiöser Betrieb, eine moralische Erziehungs-

anstalt, die mit ihm nichts gemein hat. Der Proteſtantismus täuſcht
ſich noch darüber hinweg — wer hier an ein Kommen des Reiches
Gottes auf Erden, an eine Verwirklichung des Vorhabens Jeſu
in neuen Menſchen und in einer Neuordnung aller Dinge glaubt,
wird offen als Schwarmgeiſt verworfen —, aber wir wollen uns
nicht länger darüber täuſchen.

Wenn dem ſo iſt, dann ſind wir verloren, wenn es ſo bleibt,
wir perſönlich, unſer ganzes Volk und die Menſchheit. Denn das
Einzige, was uns retten kann aus der Weltkataſtrophe und dem
drohenden Weltruin, aus dem Zuſammenbruch und der Entartung
unſers Volkes, aus dem Abgrund des Verderbens, in den uns der
Haß unſrer Feinde und der verblendeten Maſſen unter uns ſtürzen,
aus der Verderbtheit und Verlorenheit unſrer ſelbſt, aus der Gottesferne unſers Seins und Lebens, iſt ganz allein Jeſus: die Offenbarung Jeſu als Retter und Erlöſer der Menſchen in einer Wandlung und Neuverfaſſung des menſchlichen Weſens und in einer
Neuſchöpfung von allem, was menſchlich iſt. Nur die Verwirklichung Jeſu auf Erden, ſeine Wiederkunft in heutiger Geſtalt,
die leibhaftige Erſcheinung des Reiches Gottes in uns und unter
uns kann uns helfen. Denn das allein treibt die Dämonen aus,
die jetzt die Menſchen und Völker gegeneinander hetzen. Das allein
bricht den Bann der Materie und der Selbſtſucht. Das allein
heilt den Haß, den Blutrauſch, die Zerſtörungswut und alle Per-
verſitäten der entfeſſelten Inſtinkte. Das allein löſt den guten
Willen aus den beſeſſenen Seelen.

Das iſt aber bisher nicht eingetreten. Die Sprachverwirrung
iſt in und unter den Völkern ſo groß, daß ſie einander nicht verſtehen können noch wollen, und das Mißtrauen hat ſo allen Glauben
aneinander zerfreſſen, daß keine Gemeinſchaft möglich iſt. All
unſer Bemühen um gegenſeitiges Vertrauen und Verſtehen ſcheitert.
Man macht ſich damit bloß verdächtig und verliert nur auch noch
das Vertrauen und die Fühlung mit vielen, mit denen man ſie
bisher hatte. Wir gehen aber unfehlbar zugrunde, wenn nicht aus
dem Göttlichen in uns heraus die Wahrheit des Sozialismus und

Kommunismus, der Monarchie und der Demokratie, des Volks-
tums und des Menschentums, des geschichtlich Gewordenen und
des neu Keimenden erfaßt wird und sich diese verschiedenen Strahlen
der Wahrheit einen. Aber auch wenn wir ganz davon durchdrungen sind, daß darin die Erlösung beruht, wir finden weder
die Synthese dieser Wahrheitselemente noch den Weg zu ihrer Verwirklichung. Alle Kämpfe und Auseinandersetzungen helfen uns
nicht dazu. Es muß uns offenbart und durch die schöpferische Kraft
Gottes verwirklicht werden. Aber Organ solcher Offenbarung und
Schöpfung werden wir nur, wenn das neue Wesen Jesu in uns
auflebt und uns die Sinne dafür schenkt.

Davon sind wir aber weit entfernt. Denn die gegenwärtigen
Christen stecken genau in derselben Sprachverwirrung, in demselben
Fanatismus, in derselben Umnachtung für die Wahrheit, die heute
die ersten Strahlen eines neuen Menschheitstages über den Zusammenbruch wirft, in derselben schöpferischen Unfähigkeit, hervorzubringen,
was werden will, wie die anderen. Das ist ein Beweis dafür,
daß sie tatsächlich in Gottesferne leben und mit Jesus nichts gemein
haben als Namen und Worte. Er muß aber unser werden, und
wir müssen sein werden, wenn uns geholfen werden soll, wenn
sich Gott durch uns schöpferisch offenbaren soll.

Das ist aber keine theoretische, sondern eine praktische Frage.
Die Voraussetzung dazu ist nicht Überzeugung, Glaube, Gedanken-
tum, sondern Wille und Lebenshaltung. Wir können es uns gewiß
nicht erringen, geschweige verdienen. Dazu ist es viel zu sehr
Gnade und Wunder, so sehr göttliche Wirklichkeit und schöpferische
Tat, daß wir uns mit allen unsern Anstrengungen nur darum
bringen würden. Aber wir können und müssen doch etwas Wesentliches dazu tun, nämlich uns innerlich in dieser Richtung bewegen,
um empfänglich dafür zu werden. Wenn die Menschen nichts von
Gott empfangen wollen, kann ihnen auch nichts gegeben werden.
Die Sehnsucht nach der Gnade ist aber nur echt, wenn wir sie
uns nicht nur wünschen, sondern uns ihr öffnen. Wenn einer
Menschen lieben möchte und kümmert sich nicht um sie, schließt sich

ihnen nicht auf und geht nicht auf sie ein, so kann ihm diese
Liebe nicht gegeben werden. Wenn einer sich hingeben und opfern
möchte für ihr Heil, bleibt aber ihnen gegenüber hartherzig, stößt
sie von sich, urteilt, richtet und erhebt sich über sie, wie kann ihm
die Hingabe geschenkt werden, die ihr Leben gibt für die anderen!
Da ist die Grenze der Gnade und der Allmacht Gottes, da kann
er sich nicht offenbaren.

Angesichts dieses Sachverhaltes fällt uns die Frage schwer
auf die Seele: Sind wir noch fähig, Christen zu werden? Ich
kann mir nicht helfen, ich glaube nicht daran. Nach menschlichem
Ermessen ist es unmöglich. Wir sind durch lebenslängliche Halbheit,
durch die überall herrschende Fähigkeit, ja zu sagen und nein zu
tun, mit anderen Worten: durch die Verlogenheit unsers Wesens
und Lebens zu sehr verdorben, als daß wir auch nur eine aufrichtige Sehnsucht danach aufbrächten. Die jahrhundertelange Gewohnheit, Gott und dem Mammon zu dienen, alles im Leben zu
verleugnen, dem man in Gedanken huldigt, ein Tun-als-ob für
Charakter und Sittlichkeit zu halten, hat die Aufrichtigkeit als
empfindlichen Geschmack für die Wahrheit verdorben, und die jahrhundertelange Beruhigung bei dem ewigen Armesündertum, wonach
es zum Menschenlos gehöre, daß nichts Neues aus uns werden
könne, hat den ursprünglichen Drang nach dem Erleben Gottes
und nach seinem schöpferischen Werke an uns abgespannt. Wir
können nicht mehr aufrichtig sein und nicht mehr ganz und dauernd
wollen. Unsre Sehnsucht ist unrein, unser Lebensdrang schweift
immer ab. Deshalb gibt es keine echten Jünger und wird es
nach menschlichem Ermessen bei uns auch in Zukunft keine geben.

Wenn ich trotzdem die Hoffnung nicht ganz aufgebe, so beruht das nur darauf, daß Gott vielleicht etwas Außerordentliches
an uns tut, um uns zu läutern und für seine Gnade geschickt zu
machen. Vielleicht kann uns ein Übermaß von Not und Verfolgung noch aus der Entartung und Zersetzung unsrer seelischen
Konstitution retten. Darum haftet meine Hoffnung für uns, für
unser Volk und seine Zukunft, für das Kommen des Reiches Gottes

auf Erden gerade an dem Vertrag von Verfailles und der Todesnot, der er unfer Volk überantwortet, auf der furchtbaren Gefahr
des Bolfchewismus und des Untergangs, der uns damit droht.
Vielleicht ist es möglich, daß uns in der entfeßlichen Bedrängnis,
die über uns hereinbricht, die Befeffenheit von dem Weltwefen, die
ganze Verlogenheit und Entartung unfers Lebens fo gründlich
vergeht, daß nicht nur einzelnen, fondern vielen das Waffer der
Trübfal bis an den Hals geht und fie ehrlich zu Gott um Hilfe
und Rettung fchreien, wenn alles verfagt und verlifcht, worauf fie
fonft bauen konnten.

Dann werden vielleicht wieder Menfchen Chriften werden,
wenn fie in tieffter Not Gott, den lebendigen, erleben.

volution
der Seelen

ierteljahrsheft der
rünen Blätter

ür perſönliche und völkiſche Lebensfragen

von

Johannes Müller

Elmau
Verlag der Grünen Blätter
1920

2. Heft

Die Grünen Blätter, Vierteljahrsschrift für persönliche und völkische Lebensfragen sollen — der persönlichen Fühlung des Verfassers mit seinen Lesern wegen — möglichst direkt vom Verlag der Grünen Blätter in Elmau Post Klais (Oberbayern) bezogen werden, sind aber auch durch den Buchhandel zu haben.

Der Preis beträgt für einen Jahrgang (einschl. Porto) für Deutschland 7.— Mk., für Österreich-Ungarn 10 Kr., Niederlande 2,30 G., Schweiz, Frankreich usw. 4,50 Fr., Dänemark, Schweden und Norwegen 3,50 Kr., Finnland 7 finn. Mk., Amerika 1 Dll.

Das Abonnement gilt bis zur Abbestellung, die nur nach Abschluß eines Bandes erfolgen kann.

Der Einzelpreis dieses Heftes beträgt 2,50 Mk.

Postscheckkonto Verlag der Grünen Blätter Nr. 1233 Nürnberg.

Inhalt

Mitteilungen

Die Überraschung, daß das zweite Heft dem ersten beinahe auf dem Fuße folgt, verdanken die Leser der Verdopplung des Portos, die am 1. April eintreten wird. Wir wollten wenigstens für dieses Heft noch die neue Belastung vermeiden. Es kann einen ganz trübsinnig stimmen, daß das Porto für die vier Hefte in Zukunft M. 1.60 betragen wird gegen 0.40 der Friedenszeit. Wenn man dann weiter in Betracht zieht, daß der Umschlag jetzt 10 Pfg. das Stück kosten wird gegen 1 Pfg. in früherer Zeit, so ergibt sich, daß von den M 7 des Bezugspreises nur M 5 für die Herstellung der Hefte bleiben, während wir im Frieden M 3 dafür

Neuer Geist

Dunkler und dunkler erfüllt sich das Schicksal Deutschlands.
Von Monat zu Monat wird unsre Lage aussichtsloser, hoffnungs-
loser, und man fragt sich bang, wann der Tiefstand erreicht werden
mag. Diesen Herbst hat man den Jahrestag der Revolution gefeiert. Ja wahrhaftig, man hat ihn gefeiert — für jeden denkenden
Menschen eine Unbegreiflichkeit —, der schwärzeste Tag der deutschen
Geschichte ist von dem deutschen Volke gefeiert worden! Seit wann
feiert man die Tat Hagens, der den Siegfried erschlug? Es wäre
immerhin noch begreiflich, wenn mit der Revolution ein Aufstieg
deutscher Geschichte eingetreten wäre; dann hätte man schließlich
alle die verstehen können, die die Revolution trugen, daß sie den
Jahrestag feierten; denn sie sehen ihre Taten anders als wir.
Aber da die Revolution nur unser furchtbares Schicksal besiegelt
hat, da es vor aller Augen liegt, daß es seitdem mit uns immer
weiter abwärts gegangen ist, und wir nirgends einen Lichtblick
sehen, der uns eine Umkehr, einen Aufschwung hoffen ließe, ist es
geradezu wahnsinnig, diesen Tag des Umsturzes zu feiern. Wollte
man seiner gedenken, dann hätte man einen Bußtag ausrufen sollen
für das deutsche Volk. Das hätte Sinn, dann könnte man wieder hoffen.

Was ist denn dieses Jahr, das seit der Revolution vergangen
ist? Ein Jahr der Ratlosigkeit, der Unfähigkeit und der Unent-
schlossenheit. Beweise braucht man dafür nicht anzuführen, sie sind
mit Händen zu greifen. Die Untätigkeit und Passivität unsrer auswärtigen Politik bis zu den Verhandlungen von Versailles, die
Ohnmacht gegenüber der Rätewirtschaft, die Staatsgutverschleu-
derung, die Unfähigkeit, das Kapitalvermögen im Lande festzuhalten
und den Ausverkauf Deutschlands zu verhindern, die Widerstandslosigkeit gegenüber Schiebern, Wucherern und Schwärzern, gegenüber
dem wilden Gold- und Silberhandel, das Fiasko der Verkehrs-

sperren, die Entwertung unsres Geldes durch die maßlose Papier-
gelderzeugung, des einzigen Produktionszweiges, der sich seit der
Revolution erstaunlich entwickelt hat, die katastrophale Ernährungs-
wirtschaft, die Hilflosigkeit gegenüber den wahnwitzigen Lohn-
forderungen, den Streiks und der Arbeitslosigkeit, die Beseitigung
der Tüchtigen und Bevorzugung der Untüchtigen, die Ausbeutung
des Volksvermögens durch das Staatskrippenwesen, die Verschleppung
der finanziellen Neuordnung, das Verhängnis überstürzter unreifer
Reformen, und was noch alles zu beklagen ist. Als die Revolution ausbrach, konnte man trotz alles Entsetzens über diesen Hochverrat, der uns
machtlos dem Haß unsrer Feinde überlieferte, noch hoffen, daß mit
ihr eine freie Bahn für eine neue Entwicklung angebrochen sei.
Aber dieser Durchbruch ist vollständig verschüttet durch Trümmer,
und wenn bisher Ordnung geschaffen worden ist, so handelt es
sich nur um eine Ordnung der Trümmer. Aufgebaut worden ist
nirgends etwas außer auf dem Papier. In Wirklichkeit geht der
Zusammenbruch weiter, die wirtschaftliche, soziale, moralische Zerrüttung schreitet fort. Die Katastrophe liegt nicht hinter uns, sondern
vor uns. Wir treiben unaufhaltsam auf sie zu.

Ist noch ein Umschwung möglich? Aber wo soll die Einsicht,
wo sollen die Fähigkeiten herkommen, die Klugheit, die Kraft, die Vollmacht, die diesen furchtbaren Absturz aufhalten kann? Ich glaube,
daß es niemals wieder aufwärts gehen wird, wenn wir nicht eine
Revolution gegen die Revolution erleben. Ich denke dabei aber
nicht an eine politische Gegenrevolution, sondern ich meine eine
Revolution der Seelen gegen die Revolution der Instinkte. Bisher
haben wir nur eine Revolution der Instinkte gehabt, sie hat uns
zugrunde gerichtet und wird uns weiter zugrunde richten. Nur wenn
das deutsche Volk im Innersten erschrickt und aufwacht, wenn ein
seelischer Umschwung eintritt, und ein neues Werden, ein neues
Handeln, ein neues Leben beginnt, nur dann ist es möglich, daß
wir wieder emporkommen; sonst ist der Untergang Deutschlands
unabwendbar.

Das erste aber, was wir brauchen, ist ein neuer Geist. Mangel

an Geist war es, daß wir der schwierigen weltpolitischen Lage von
1914 politisch nicht gewachsen waren und das in ihr sich immer
mehr zuspitzende europäische Problem nicht lösen konnten. Wären
wir geistig fähiger gewesen, so hätte der Ausbruch des Kriegs
allem bösen Willen zum Trotz vermieden werden können. Aber so
übersah man an den leitenden Stellen nicht einmal die gesamte
Lage, wie sie wirklich war, konnte nicht die Kosten überschlagen,
ob man die gewaltsame Lösung durchführen könne, nicht scheiden
zwischen Möglichkeiten und Unmöglichkeiten, nicht einschätzen und
abwägen und am allerwenigsten Schlüsse ziehen und Notwendigkeiten erkennen.

Mangel an Geist war es, der uns den Krieg in diesem absoluten Grade verlieren ließ. Ich denke dabei nicht bloß an die
Widerstandslosigkeit des deutschen Geistes der feindlichen Propaganda und der aufrührerischen Nörgelei und Flaumacherei gegenüber, und nicht bloß an seine Instinktlosigkeit für das politisch Notwendige, für die Gefahr im Innern und im Kriegsgebiet, für die
Psychologie der Feinde und der Neutralen, sondern an die geistige
Ohnmacht, die politischen, militärischen, sozialen, wirtschaftlichen,
moralischen Probleme, die der Krieg mit sich brachte, zu lösen. Es
herrschte genau wie in der Zeit vor dem Kriege ein sich treiben
Lassen, ein Fortwursteln von einem Tag zum andern, aber kein über-
legener Geist, der die ungeheuren Schwierigkeiten gründlich erfaßte
und rücksichtslos neue Mittel und Wege anwandte, um sie zu heben,
der mit genialer Kunst die ausbrechende Weltkatastrophe zu einer
erträglichen Neuordnung der Dinge geführt hätte, statt ein tapferes
Volk sich zu Tode siegen zu lassen

Und ebenso ist es Mangel an Geist, der es verschuldet hat,
daß aus der Revolution das geworden ist, was wir jetzt durch-
machen: beinahe der Todeskampf eines sterbenden Volkes

Ich wundere mich nicht, wenn Sie über diese Behauptung
erstaunt sind. Denn worauf wir Deutschen uns am allermeisten
etwas einzubilden gewohnt sind, ist gerade unser Geist. Das ist
aber nur deshalb möglich, weil wir nicht mehr wissen, was Geist

ist. Wir verwechseln Geist und Gedanken, wir meinen: wer viele
Gedanken hat, der habe Geist. Aber viele Gedanken sind oft mit
Geistlosigkeit verbunden. Und wir meinen erst recht, wer Gedanken
hervorbringe, der habe Geist. Aber dazu gehört kein zeugender
Geist. In der Produktion von Gedanken sind wir Deutschen allerdings von einer ganz unglaublichen Fruchtbarkeit, es herrscht da eine
geradezu tropische Vegetation. Sie brauchen nur an unsre litera-
rische Überproduktion zu denken, an die Unmasse von Büchern,
Broschüren und Zeitschriften, die sich unausgesetzt über unser Volk
ergießt und von ihm verschlungen wird. Und sie ist nach dem Zusammenbruch trotz aller Papiernot ins Riesenhafte gewachsen. Es
muß uns doch stutzig machen, daß in demselben Grade, wie sich
nach der Revolution die Unfähigkeit des Geistes steigerte, die Produktion der Gedanken gestiegen ist. Vielleicht besteht da ein innerer
Zusammenhang, vielleicht produziert man um so mehr Gedanken,
je unfähiger man ist, das Leben zu meistern. Meines Erachtens ist
der deutsche Geist an dieser Überproduktion der Gedanken erstickt.

Man verwechselt aber noch mehr Geist und Wissen. Und weil
Deutschland von Wissen strotzt, meint man, es sei erfüllt von Geist.
Aber Wissen ist Gedächtnis. Es belastet, verschüttet, erstickt nur zu
leicht den Geist. Jedenfalls befähigt es ihn nicht, sondern es muß
selbst erst durch ihn lebensfähig werden. Je größer das Wissen
ist, um so bedeutender muß der Geist sein, der ihm gewachsen ist,
der es bewältigt. Befähigt wird der Geist nur durch Erlebnisse.
Zu viel Wissen macht ihn aber erlebnisunfähig.

Geist besteht weder in Gedanken noch in Kenntnissen. Er ist
auch nicht die Fähigkeit, Gedanken hin und her zu wälzen und
neue geistige Gebilde daraus zu gestalten oder im Wissen zu wühlen
und sich alles mögliche aus Natur und Geschichte vorzustellen.
Geist ist vielmehr das wesentliche Empfinden im Menschen, das sich
seiner selbst und der Welt bemächtigt, das Vermögen, unmittelbare
lebendige Fühlung mit der Wirklichkeit zu gewinnen, sich von ihr
beeindrucken zu lassen, sie in ihrem verborgenen Wesen, Sinn und
Möglichkeiten aufzuschließen. Dieses quellende Empfinden ist schöpfe-

risches Vermögen. Auf ihm beruht Wirklichkeitssinn, lebendiges Verständnis, Urteilskraft, Überblick und Tiefblick, Gestaltungskraft und Lebensmeisterschaft. So ist der Geist das Organ des Empfangens und Zeugens des innerlich Notwendigen, der Verwirklichung des Möglichen, des Erfüllenden, des Vollbringenden.

Wir sind aber so von Gedanken erfüllt und von Wissen belastet, daß der Geist gar nicht aufkommen konnte. Wir kennen ihn nur als einen Umtrieb von Gedanken, Gefühlen, Wünschen und Bestrebungen in uns, aber nicht als das Organ, das durch unmittelbare Eindrücke des Lebens mit neuen Klarheiten und Kräften befruchtet wird. Durch die Begriffe, Ideen, Theorien, Grundsätze, Ideale, Programme, Schlagworte, die in uns ihr Wesen haben und herrschen, wurde die Empfänglichkeit und das schöpferische Vermögen des Geistes zerstört. So haben wir die Fühlung mit der Wirklichkeit auf allen Gebieten verloren und sind dadurch im tiefsten Sinne lebensunfähig, zeugungsunfähig geworden, d. h. unfähig, die Fülle der Probleme zu lösen, die uns das Leben stellt.

Wenn man auf die vergangenen Jahrzehnte zurückblickt, erkennt man die geradezu verheerende Wirkung der Begriffe, Theorien, Schlagworte und Gemeinplätze. Wir sind so begrifflich verkrüppelt, theoretisch befangen, programmatisch vernagelt, daß wir den Wirklichkeitssinn ganz eingebüßt haben. Ideen und Schlagworte haben den Menschen das eigene Denken überflüssig gemacht und den Geist ganz abgewöhnt. Sie wälzen sich auf Gemeinplätzen, huldigen Programmen, beten Begriffe an und fühlen sich dabei auf der Höhe der Situation. Nun können Sie sich aber doch vorstellen, was daraus werden muß, wenn die Politik auf Begriffen ruht und nach Schlagworten geführt wird. Wenn man z. B. über dem Begriff des Bundesgenossen seine Wirklichkeit, d. h. seine Bündnisfähigkeit übersah oder sich auf dem Gemeinplatz des europäischen Gleichgewichts einrichtete oder von dem Schlagworte „si vis pacem para bellum"[1]) leiten ließ und andere Wege zur Erhaltung des Friedens und zur Begründung einer Völkergemeinschaft nicht sah

---

[1]) Willst du Frieden, so rüste den Krieg.

und nicht suchte. Täuscht man sich so über die lebendig gärenden
Probleme hinweg, so kommt einmal die Katastrophe, die solche
Wahnwirtschaft zusammenbrechen läßt.

Auch jetzt noch ist die Herrschaft der Theorien, Begriffe und
Programme unser Unglück. Was für eine unheilvolle Rolle spielt
jetzt das Kommunistische Manifest, das Erfurter Programm! Das
sind unüberwindliche Hindernisse, an denen die Verwirklichung des
Sozialismus scheitert, und unverdauliche Heilmittel, die uns wirtschaftlich und politisch gänzlich zugrunde richten. Seit dem Ausbruch
der Revolution wütet das deutsche Volk geradezu mit theoretischen
Instrumenten gegen sich selbst. Theorie heißt ursprünglich Anschauung. Begriff kommt von begreifen. Sie sind also nichts an
sich, sondern nur Fassungen und Auffassungen der Wirklichkeit, die
das unmittelbare Erlebnis derselben voraussetzen. Aber davon haben
sich die Begriffe und Theorien völlig emanzipiert, führen ein Eigen-
leben und haben ihre eigene Geschichte in einer Welt für sich.
Und je mehr sie sich von der Wirklichkeit lösen, einhertreten auf
der eigenen Spur und eine ungehemmte Entwicklung nehmen, um
so größer wird die Kluft zwischen ihnen und der Wirklichkeit. Ich
erinnere mich, daß ich schon in meiner Studentenzeit nie verstanden
habe, daß man solch ein Wesen von den Begriffen macht, daß man
die Geistesgeschichte der Menschheit geradezu in der Begriffsgeschichte
aufgehen läßt. Mich interessierten nicht die Begriffe, sondern die
Wirklichkeit. Aber dafür fand ich kein Verständnis. Man glaubte,
daß die Wirklichkeit den Begriffen entspräche, und lebte in ihnen
und aus ihnen. Nietzsche hat die Philosophie definiert als Nachbildung der Welt in Begriffen. Gewiß ist sie das, und diese Nach-
bildungen sind ganz respektable Kunstwerke. Aber es ist wahnsinnig,
wenn man in der Nachbildung lebt, statt in der Wirklichkeit, in
der Theorie, statt in dem lebendigen Geschehen, in den Schemen,
statt in der Welt, wie sie tatsächlich ist. Man muß doch auf die
Dinge wirken, wie sie sind, sonst wird alles, was man tut, ein
Fehlschlag. Wie will man darum das Schicksal, das eigene oder
das seines Volkes, meistern, wenn man wahnumnachtet, theorie-

befeffen, von Programmen geritten darauflos lebt oder grübelt,
tüftelt, konftruiert und künftliche Machenfchaften zuwege bringt! Es
ift unbegreiflich, wie man jetzt in der furchtbaren Not fich fo von
Programmen beeinfluffen laffen kann. Da kann es doch nur die
eine Frage geben: wie ift die Not zu heben und eine gedeihliche
Zukunft zu begründen? Ob auf diefe oder jene Weife ift ganz
gleichgültig. Könnte man doch alle Programme verbrennen und
die geiftigen Befeffenheiten löfen, damit wir uns unbefangen fragen,
was wir jetzt tun müffen, um leben zu können. Aber dazu gehört
Geift, die tiefe Empfängnis der Not und das fchöpferifche Vermögen der Löfung, ein intuitiver Blick, der das Ganze umfaßt,
die lebendigen Zufammenhänge durchdringt und aus diefem Erlebnis der Wirklichkeit mit löfenden Einfällen begnadet wird. Solche
wahrhafte Löfungen von Problemen find immer etwas Neues, zu
dem man keine alten Rezepte gebrauchen kann, gefchweige Ideen,
die in Gelehrtenftuben oder Preffezimmern ausgedacht werden. Das
find Offenbarungen der Wirklichkeit, die über uns kommen, wenn
wir die Not der Lage tief erleben. Solch neuen Geift brauchen
wir, wenn wir nicht rettungslos zugrunde gehen follen.

Wenn wir aber vom Geift eines Menfchen oder Volkes fprechen,
denken wir nicht bloß an feine geiftige Fähigkeit, fondern auch
daran, wie es ihm zumute ift, an die Art feines Sinns, an die
Verfaffung feines Gemüts. Auch in diefer Beziehung brauchen wir
einen neuen Geift: Mut, Tapferkeit, Kühnheit, Heldentum. Unfer
Elend feit dem Ausbruch der Revolution ift die Feigheit. Nur die
Feigheit der neuen Führer und des Bürgertums hat Deutschland
nach der politifchen Umwälzung zugrunde gerichtet und treibt es
unaufhaltfam der entfetzlichften Kataftrophe entgegen. Sie erinnern
fich, daß die erfte Kundgebung der Revolution den Satz prokla-
mierte: „Wer nicht arbeitet, der foll auch nicht effen." Warum hat
man damit nicht Ernft gemacht und allen die Brotkarte gefperrt,
die nicht arbeiteten? Warum drang vielmehr die Stimmung der
Rätekreife durch: „Wer jetzt noch arbeitet, der ift verrückt?" Warum
prämiierte man die Arbeitslofigkeit durch eine ganz verkehrte Er-

werbslosenfürsorge? Aus Feigheit. Was für Flächen fruchtbaren
Landes hätten wir nicht in einem Jahre schon gewonnen, wenn
man die Arbeitslosen hätte Ödland kultivieren lassen! Aber man
wagte keine durchgreifenden Maßregeln aus Angst vor der Masse,
vor den radikalen Parteien. Aus Feigheit nahm man die zerstörenden
Elemente mit in die Regierung und wirtschaftete infolgedessen auf
den Zusammenbruch los. Aus Feigheit führte man den jetzt gerade
wirtschaftlich mörderisch wirkenden Achtstundentag durch, wagte
nicht, die Streiks zu unterdrücken, sondern sanktionierte dieses er-
presserische Vorgehen, duldete die Seuche des Schieber- und Wucher-
tums, die Verschleppung des nationalen Vermögens ins Ausland
usw. Das alles ist doch Sabotage unsrer Wirtschaft, Hochverrat,
nationaler Selbstmord. Warum ließ man es zu? Aus Feigheit,
aus Angst vor Putschen und Aufständen. So brach Ordnung und
Autorität zusammen, und eine beispiellose Korruption breitete sich
aus, wie es gar nicht anders sein kann, wenn es keine Zucht mehr
gibt. Jeder denkende Mensch in Deutschland kann ganz genau den
Wendepunkt bezeichnen, wo es nicht mehr hinab in Hunger und
Elend geht, sondern eine Umkehr vor dem Abgrund möglich ist:
sobald die Unterstützung der Arbeitslosen auf ein Mindestmaß beschränkt wird, die Streiks verboten werden, der Arbeitszwang ein-
geführt wird, die Löhne herabgesetzt werden und an ihre Stelle
Naturalversorgung tritt, sobald die Menschen gezwungen sind, um
das tägliche Brot zu arbeiten. Von dem Moment an wird es
wirtschaftlich aufwärts gehen. Alle Parteien, alle führenden Männer
wissen, daß uns nur Arbeit, Sparsamkeit, Entbehrung helfen kann.
Und trotzdem geschieht nichts, es zu erzwingen. Warum? Aus
Feigheit. Darum brauchen wir einen neuen Geist, einen uner-
schrockenen, rücksichtslosen, tapferen Mut, der unter allen Umständen
das tut, was notwendig ist.

Damit hängt das andere zusammen: aufrechtes Wesen, Würde,
heiliger Stolz. Das deutsche Volk hat die Haltung verloren, und
seine Führer sind ihm darin mit schlechtem Beispiel vorangegangen.
Hätten wir Haltung bewahrt, der Friede wäre wohl erträglicher

geworden. Aber die Art, wie unser Volk sich selbst wehrlos machte, wie es sich innerlich seinen Feinden preisgab, daß es seinen Beschuldigungen mehr glaubte als seinem eigenen Bewußtsein, sich selbst bezichtigte und gegen alles Bisherige wütete, die Art, wie es seit dem Zusammenbruch sich benahm und es trieb, hat uns verächtlich und gemein gemacht vor Gott und aller Welt. Wir hatten in bezug auf den Krieg, die Art der Kriegsführung, den Willen zum Frieden ein gutes Gewissen und haben es vor der Anschuldigung der nicht im geringsten besseren Feinde verleugnet und uns nur zu oft würdelos benommen. Darum rufe ich nach aufrechter Haltung, nach menschenwürdigem Benehmen vor Feinden und Fremden, nach mannhaftem Stolz in unserm Unglück. Das Heldentum unsers jahrelangen Ringens gegen eine Welt von Feinden müßte uns doch wahrhaftig ein erhebendes völkisches Bewußtsein geben. Und wenn wir uns auch dieser jämmerlichen, geistlosen, unfähigen Revolution schämen müssen, brauchen wir uns doch deshalb nicht selbst aufzugeben, sondern sollten uns aufrichten wie einer, der gefallen ist, und im Kampfe um ein neues völkisches Dasein Haltung gewinnen, um wieder unsrer Väter wert zu sein. Das furchtbare Schicksal, das über uns hereingebrochen ist und noch viel schlimmer droht, sollte uns mit heiligem Stolze erfüllen. Denn es ist eine Heimsuchung Gottes und ein Beweis seines Vertrauens, daß wir tragen und bewältigen können, was er uns auferlegt hat, ist eine göttliche Berufung zu einer Neubegründung völkischen Daseins und menschlicher Kultur. Meinen Sie nicht, daß unsre Politik anders aussehen würde, wenn uns mannhafte Haltung, völkische Würde und heiliger Stolz erfüllte? Das ist ganz unabhängig von unsern äußeren Zuständen. Mögen wir noch so elend und erbärmlich im Äußern werden, wir brauchen nicht aufzuhören, vornehm zu sein und uns so zu benehmen. Denn Vornehmheit ist eine innere Haltung, die durch keine äußerliche Armseligkeit beeinträchtigt werden kann. Sie gehört zum Stolz, denn ohne sie ist er hohl. Wenn man sich aber z. B. das traurige Schauspiel vergegenwärtigt, wie vor dem Untersuchungsausschuß Wichte unsre

Helden ausfragen, denen ganz Deutschland auf den Knieen danken
müßte, mindestens dafür, daß sie uns vor der Überwältigung durch
Rußland gerettet haben, dann sieht man nichts von Vornehmheit,
sondern das Gegenteil. Ich nenne das gemein.

Wir brauchen weiter einen lebendigen, feurigen, energischen
Geist. Was uns jetzt so furchtbar leiden und immer weiter herunter-
kommen läßt, das ist unsre Schlaffheit. Zuerst haben wir uns
damit beruhigt und entschuldigt, daß wir durch Unterernährung
geschwächt, durch Aufregungen zermürbt, durch Überanstrengungen
nervös abgespannt und erschöpft seien. Jetzt kommt dazu noch
eine gefährliche Niedergeschlagenheit und Apathie, die Stimmung:
es ist doch nichts zu machen; man muß es gehen lassen. Aber es
handelt sich jetzt nicht mehr um krankhafte Zustände und allgemeine
Schwäche, sondern um Zuchtlosigkeit und Trägheit, die überwunden,
um Gleichgültigkeit und Schlaffheit, die abgeschüttelt werden muß.
Wir müssen uns aufraffen und zusammennehmen und uns von
unserm nationalen Unglück zu rastloser Energie und höchster Leistungsfähigkeit auftreiben lassen. Laßt uns den trägen, verzagten und
verdrossenen Geist niederringen, damit sich unser Lebensgefühl
wieder in seinem eingeborenen Tätigkeitsdrang äußern kann. Laßt
euch nicht mehr unterkriegen von der Schwere der Zeit! Dann
steigert sie eure Widerstandskraft, dann werdet ihr an ihr wachsen.
Dann quillt euch Lebenslust auch aus dem Leiden. Wir müssen
uns mit intensivem Leben allem entgegenwerfen, was über uns
hereinbricht. Dann siegen wir auch im Zusammenbruch, und der
Geist triumphiert über das Schicksal. So wollen wir alle Kräfte
zusammennehmen, einsetzen und bis aufs äußerste steigern, um
Übermenschliches zu vollbringen. Dann wird sich die Übermacht
und Überlegenheit der Seele regen und ihre Energie und Freudigkeit auch über Elend und Mühsal strahlen lassen. Es genügt nicht,
daß wir arbeiten, soviel wir können. Wir müssen auch freudig
arbeiten. Nichts ist furchtbarer als lustlose Arbeit, als Unfreudig-
keit und Interesselosigkeit bei der Arbeit. Denn daran geht man
zugrunde. Solch seelenlose Arbeit zehrt förmlich auf, während die

freudige Arbeit aufbaut. Und wenn es tausendmal scheint, als ob
alles, was wir arbeiten, leisten, schaffen, umsonst wäre, so ist doch
solches Leben an sich nicht nur etwas Unverwüstliches, sondern
auch etwas Schöpferisches, und wir begründen damit doch, ob wir
es sehen können oder nicht, mit allen gleich tätigen Elementen den
Neuaufbau Deutschlands. Darum wollen wir nach einem neuen
Geiste trachten, der ein aus uns unwiderstehlich quellendes Leben
von ursprünglicher Kraft und strömender Fülle ist, der Mühsal,
Leid, Not und Unglück in Bausteine deutscher Zukunft verwandelt.

Nur wenn wir tapfer, aufrecht, energisch sind, werden wir
auch freien Geistes sein. Denn Freiheit des Geistes ist nicht eine
Sache des Wollens, sondern des Könnens, nicht des Verhaltens,
sondern des Seins. Man kann sich nicht freimachen, man gerät
dadurch nur aus einer Abhängigkeit in die andere, sondern man
muß frei werden. Selbständig ist nur, wer auf sich selbst stehen
kann, unabhängig nur, wer in sich selbst beruht. Freiheit ist nicht
Verneinung und Lösung, sondern in sich selbst begründet und verfaßt Sein. Freiheit ist unwillkürliche Widerstandskraft, unbewußtes
Eigenwesen, ursprüngliche Selbstäußerung, unmittelbare Überlegenheit. Noch nie wohl war ein Geschlecht so wenig innerlich frei
wie das unsre, obgleich keins so mit Freiheit kokettierte. Denn
noch nie war die Unselbständigkeit der Einzelnen so groß, der Einfluß der Verhältnisse, der Dinge, der Menge, der Parteien und
Richtungen, der Programme und Dogmen so übermächtig wie
heute. Die herrschende Blindheit für die wirklichen Verhältnisse
und Taubheit für das Notwendige, die Voreingenommenheit,
Gedankenbefangenheit, Urteilslosigkeit, Instinktlosigkeit und Widerstandslosigkeit sind die Beweise dafür. Die freien Geister von
heute sind einfach zum Lachen. Sie nennen sich frei, wenn sie von
einem radikalen Wahnwitz besessen sind, halten sich für frei und
sind doch Herdentiere, wollen frei sein und können ohne Rauchen
nicht leben, fühlen sich frei und sind doch Sklaven des Zeitgeistes,
des Betriebs, der Mode, der Tradition und Konvention, Knechte
ihrer Launen, ihrer Instinkte, ihrer Sünde. Zur Freiheit genügt

nicht Selbständigkeit. Es gehört dazu auch Selbstmächtigkeit. Wer
sich nicht selbst in seinem Tun und Sein beherrscht, ist unfrei.
Freiheit ist innere Notwendigkeit, wie sie sich aus dem tiefsten
Grunde unsers Wesens von selbst ergibt. Wo das nicht geschieht,
ist keine Freiheit möglich.

Sie sehen daraus: Freiheit gibt es nicht ohne Reinheit. Der
Geist, der heute in den Menschen lebt, ist ein unsaubrer Geist.
Wir müssen sauber, lauter, rein werden. Unser Geist ist ein süchtiger Geist. Solange Selbstsucht, Herrschsucht, Genußsucht, Hab-
sucht, Wollust, Gefallsucht in uns leben, bleiben wir unsauber.
Solange wir hinterhaltig und unwahr sind, solange Unvereinbares
in uns vermengt ist, sind wir nicht lauter. Solange wir begehren,
sind wir nicht rein. Denn dann wird unser Empfindungsleben
von unsern Instinkten verunreinigt. Solange unser Leben von dem
Nerv des Nehmenwollens getrieben wird, beschmutzt uns alles,
was wir erlangen. Erst wenn dieser Instinkt durch den Trieb des
Gebenwollens überwunden ist, wird alles, was wir empfangen
und erleben, zu einer Gnade und Gabe Gottes. Es gibt keinen
Notschutz gegen Unwahrhaftigkeit, gegen die Verunreinigung der
Selbstsucht, gegen die Vergiftung durch alles, worauf sich unsre
Gier erstreckt. Wir müssen ganz frei davon werden. Nichts brauchen
wir so in unsrer Zeit der sittlichen Verwahrlosung und Abstumpfung
als reine Menschen. Wir brauchen sie als Leuchten in der Nacht
des Unheils und als Führer zu einem neuen Aufschwung völkischer
Geschichte. Denn ohne Reinheit gibt es keine Redlichkeit, und nur
Menschen von unantastbarer Redlichkeit und fleckenloser Vorbildlich-
keit menschlichen Wesens können das deutsche Volk wieder aufrichten.

Das führt uns zu dem letzten Sinn, in dem wir vom Geiste
eines Menschen und Volkes sprechen, zu der Gesinnung, die uns
trägt und treibt. Auch hier brauchen wir einen neuen Geist.

Wir brauchen vor allen Dingen einen bejahenden Geist. Wir
leiden unter dem Geist des Nein. Sie wissen, wie ich zur Revolution stehe, ich habe es ja deutlich genug gesagt. Sie wissen,
wie ich die Entwicklung dieses Jahres ansehe, ich habe es Ihnen

nicht verhehlt. Und doch, wir müssen uns auf den Boden des Gegebenen stellen. Davon müssen wir ausgehen, nicht von dem Gewünschten, sondern von dem Gegebenen. Nur die Möglichkeiten,
die da vorliegen, können verwirklicht werden, nicht aber unsre
Wünsche, die in der Luft schweben. Es ist das Unfruchtbarste und
Unheilvollste, was es gibt, wenn wir jetzt an Stelle des Gegebenen
etwas anderes setzen wollen, sei es eine Wiederherstellung der
früheren Verfassung, sei es eine kommunistische Gesellschaftsordnung.
Dazu haben wir auf Jahre hinaus gar keine Zeit und Möglichkeit. Wir müssen jetzt dafür arbeiten und uns bemühen, daß wir
leben können. Wir müssen aufbauen auf der Grundlage, die vorliegt. Darüber darf es keinen Streit geben. Wenn wir das gegenwärtige Regime aus den Angeln zu heben suchen, statt es zu be-
festigen, es lebensfähig zu gestalten, in allem zu unterstützen, was
zu unsrer Rettung dient, so stürzen wir unser Volk nur ins Chaos.
Es ist doch wahrhaft verbrecherisch, wenn wir am Rande des Ab-
grundes uns gegenseitig herumbalgen, statt auf den gegenwärtig
gegebenen Verhältnissen das aufzubauen, was möglich ist. Was
ist das für eine Kraftvergeudung! Wir können ja gar nicht vorwärts kommen, wenn immer und immer wieder alles in Frage
gestellt wird. Ich bin überzeugter Monarchist, aber jetzt haben
wir die Republik, und da wollen wir sehen, was wir auf diesem
Boden erreichen und leisten können. Ich bin fest überzeugt, daß die
konstitutionelle Monarchie einmal wiederkommt, aber sie soll von
selbst wiederkommen als reife Frucht der Entwicklung, nicht aber
durch Gewalttat und Blutvergießen.

Zu solch positiv gerichtetem Geist gehört Eintracht. Wir haben
jetzt keine Zeit, uns zu streiten und herunterzureißen, und die Parteien haben Wichtigeres zu tun, als sich gegenseitig Anhänger ab-
zutreiben. Sie sollen in friedlichem Wettbewerb aufbauen, in fruchtbarer Ergänzung schaffen, sich zu gemeinsamer Arbeit vereinigen.
Nichts ist so notwendig als der Geist der Eintracht. Wir sind ein
einig Volk von Brüdern, mögen sie auch zu Millionen entartet
sein, und wenn es jetzt ums Leben geht, müssen wir uns zusammen-

tun, alle zusammenschließen und dem Vaterlande dienen, nicht den Parteien, dem allgemeinen Wohl, nicht den privaten Interessen. Davon sind wir weit entfernt. Dazu brauchen wir einen neuen Geist. Im Land und in der Nationalversammlung herrscht noch der Geist der Zwietracht, der Mißgunst, der Fraktionspolitik, der Interessen= gegensätze. Es ist unbegreiflich, daß jetzt solche leidenschaftliche Partei= kämpfe, solche politische Gehässigkeit möglich ist, wo alle zusammen= stehen sollten wie ein Mann.

Den Geist zur Eintracht brauchen wir auch zwischen Prole= tariern und Bürgertum. Die Proletarier begreifen längst, daß sie ohne das Bürgertum nicht durchkommen, also sollen sie sich mit dem Bürgertum zusammenschließen, statt es andauernd zu bekämpfen, da es ja erst recht nicht ohne die Arbeiterschaft existieren kann. Der Unterschied in der wirtschaftlichen Lage ist ja längst aus= geglichen, ja unser Volk ist umgeschichtet. Der neue Reichtum rekru= tiert sich zum guten Teil aus der untersten Klasse, der Arbeiter= stand steht sich besser als die akademischen Berufe, die notleidende Klasse sind jetzt die Beamtenschaft, Pensionäre, kleine Rentner und Hausbesitzer.

Es muß sich jetzt auch endlich die Kluft zwischen Arbeitgebern und Arbeitnehmern schließen. Wir haben ja bald beides nicht mehr, wenn es so weiter geht, die Arbeitgeber werden bald ärmer sein als die Arbeiter, und dann gehen diese doch auch zugrunde. Sie müssen beiderseits doch jetzt dahinterkommen, daß sie nur gemein= schaftlich sich behaupten und es zu etwas bringen können. Also auch hier heißt es Zusammenschluß und Eintracht, keine Kluft aufreißen, sondern schließen, sich verbinden, eingliedern, zusammen arbeiten, zusammen wirken.

Deswegen spreche ich auch gegen den Rassenhaß, der wieder ausgebrochen ist. Wir können jetzt wirklich eine antisemitische Hetze nicht brauchen, denn wir können die Juden zum Wiederaufbau Deutschlands nicht entbehren. Mögen viele von ihnen Schädlinge sein, unter uns gibt es auch gerade genug. Andrerseits gibt es viele Juden, die leidenschaftliche Deutsche sind und mit voller Hin=

gabe ſich für den Wiederaufbau unſers Vaterlandes einſetzen, das
auch ihre Heimat iſt. Warum ſie von uns ſtoßen und die andern,
die anders empfinden, noch mehr in ihrer Fremdheit beſtärken, ja
ſie in Feindſchaft verkehren! Ich verſtehe nicht, wie denkende
Menſchen jetzt in dieſer Zeit eine ſolche Hetze anfangen können,
wo wir mehr noch wie im Kriege Burgfrieden brauchen, und
alle zuſammenhalten müſſen, um das Vaterland zu retten. Nur wenn
wir einträchtig ſind und gemeinſchaftlich um die Zukunft ringen,
nur dann wird ſie unſer ſein.

Zu der neuen Geſinnung, die wir brauchen, gehört weiter
der Geiſt völliger und rückſichtsloſer Sachlichkeit. Die Unſachlichkeit
war der Krebsſchaden unſers ſtaatlichen und öffentlichen Lebens
vor dem Kriege, war die Fehlerquelle unſrer auswärtigen Politik,
die das Verhängnis des Weltkriegs über uns heraufführte, war
die Schwäche unſrer Kriegsführung daheim und draußen, im
ganzen und einzelnen, war die eigentliche Urſache unſrer Niederlage. Die Unſachlichkeit iſt der Grund unſers wirtſchaftlichen Zu-
ſammenbruchs, der Unfruchtbarkeit der Revolution, der Unfähigkeit,
die entfeſſelten böſen Geiſter zu bannen und die bevorſtehende
Kataſtrophe aufzuhalten. Überall, wo wir über heilloſe Zuſtände,
über Schwäche und Untätigkeit der Regierung außer uns geraten,
ſtoßen wir ſchließlich auf die Unſachlichkeit der Organe, ihres Betriebs, ihrer Methode, ihres Vorgehens. Sie herrſcht ebenſo in
den Miniſterien wie in den Parteien, in der Verwaltung wie in
den Gemeinden. Sie iſt das Grundübel, das immer das Rechte,
Notwendige verfehlen läßt, zu Halbheiten und Kompromiſſen führt,
Unzulängliches hervorbringt, gründliche Löſungen umgeht, oberflächlich ſich mit der Aufgabe abfindet, nur für den Tag lebt, ſich
beeinfluſſen und beſtechen läßt.

Sachlichkeit heißt alſo nicht nur, etwas um der Sache ſelbſt
willen tun, Ausſchaltung aller eigenſüchtigen Motive und Neben-
gedanken, volle, treue Hingabe an die Aufgabe. Es genügt nicht,
daß wir uns rückſichtslos gegen uns ſelbſt in den Dienſt deſſen
ſtellen, was uns aufgetragen iſt, und keine Geſichtspunkte zur

Geltung kommen laſſen, die ſich nicht aus der Sache ſelbſt ergeben, uns durch nichts beeinfluſſen laſſen, was außerhalb liegt: es ge- hört dazu auch, daß wir die Aufgabe im lebendigen Zuſammen- hang des Ganzen erfaſſen und ſie zum Beſten des Ganzen erfüllen. Einſeitigkeit, Oberflächlichkeit, Äußerlichkeit, Kleinlichkeit und alles Scheinweſen iſt ebenſo unſachlich wie alle ſelbſtſüchtige Beſtimmt- heit unſers Handelns. Beſchränktheit oder Eiferſucht eines Reſſorts auf das andere iſt ebenſo unſachlich wie jeder Bureaukratismus. Wahrhaftig, wir brauchen einen neuen Geiſt. Denn dieſer Geiſt der Sachlichkeit, ohne den wir nicht zu retten ſind, beſeelt uns nicht.

Ein Beweis dafür: Unter den Mitgliedern der Bodenreform gibt es einige, die Hauseigentümer ſind, ja ſogar Grundſtücks- beſitzer. Die werden von ihrer Umgebung ganz allgemein für nicht ganz zurechnungsfähig gehalten. Iſt das nicht ein Beweis, wie unſachlich man iſt? Wenn jemand begriffen hat, daß der un- verdiente Wertzuwachs, der Bodenwucher die hauptſächlichſte Urſache des ſozialen Elends iſt und die Bodenreform der vorläufig einzig mögliche Weg zur Löſung der ſozialen Frage, dann verſteht es ſich doch von ſelbſt, daß ſolch einer für die Bodenreform wirkt, ſelbſt wenn es noch ſo ſehr zu ſeinem eigenen Schaden wäre. Wenn man das in Deutſchland nicht verſtehen kann, ſo iſt das doch ein Beweis, daß man ſachliche Haltung nicht kennt.

Herrſchte Sachlichkeit, dann könnten ſich die Intereſſengegen- ſätze in den Volks- und Gemeindevertretungen gar nicht ſo geltend machen. Dann gäbe es nicht ſo viel vergiftende und lähmende Gegnerſchaft auf allen Gebieten. Dann würden ſich die Menſchen gegenſeitig leicht verſtehen, ergänzen und fördern, und alle die Kräfte, die jetzt im Kampfe gegen andere vergeudet werden, könnten produktiv wirken. Herrſchte Sachlichkeit, ſo gäbe es wirk- lich freie Bahn für die Tüchtigen und Gefolgſchaft für alle echten Führer. Dann käme jeder an ſeinen Platz, und alle unfähigen und dekorativen Elemente verſchwänden wie Drohnen oder würden ſolide Arbeiter an beſcheidenen Stellen werden. Herrſchte Sachlich- keit, ſo würde die Selbſtſucht zwar nicht überwunden, aber doch

zum Wohle des Ganzen eingedämmt. Gerade die letzten Jahre
haben aber unſer Volk mit egoiſtiſchen Tendenzen geradezu ver-
ſeucht, und wir ſind alle mehr oder weniger davon angeſteckt. Sie
brauchen nur in ſich hinein zu hören, wie ſich da die ſelbſtſüchtigen
Intereſſen regen, und Sie alles, was jetzt geſchieht, daraufhin
anſehen und beurteilen, ob Ihre Stellung, Ihr Einkommen, Ihr
Geſchäft davon beeinträchtigt wird oder verſchont bleibt. Sie ſind
für alles zu haben, was Sie verſchont, und leidenſchaftlich gegen
alles eingenommen, was Opfer von Ihnen verlangt. Das iſt Unſachlichkeit im Blick, im Urteil, in der Haltung und im Streben.
Wenn aber das Volk nicht ſachlich geſinnt iſt, kann es auch nicht
ſachlich geführt werden. Und darum gilt es nicht nur für die
Volksvertreter und die Regierungsorgane, ſondern geht das ganze
Volk an: wir brauchen einen ſachlichen Geiſt.

Zu dieſer ſelbſtverleugnenden Sachlichkeit werden wir aber
nie durch Selbſtüberwindung gelangen, ſondern nur wenn die
Selbſtſucht in uns durch den völkiſchen Geiſt, durch das lebendige
Gliedempfinden gegenüber dem Volksganzen entwurzelt wird. Wenn
dieſes Gliedgefühl uns beſeelt, dann verſteht es ſich ganz von
ſelbſt, daß der Sinn des Lebens dienen iſt und ſich opfern, Leben
geben, helfen, fördern, Organ und Werkzeug werden mit allem,
was wir ſind, können und -haben. Dieſen opferfreudigen, hilf-
reichen, dienſtbaren Geiſt brauchen wir, wenn wir aus der Tiefe
wieder empor in die Höhe kommen wollen. Sonſt ſind wir hoffnungslos verloren.

Aber wenn Sie ſich nun auf alles beſinnen, was ich Ihnen
von dem neuen Geiſte mannigfaltig ſagte, ſo werden Sie mir zu-
ſtimmen: Ausſicht, daß dieſer Geiſt im deutſchen Volke aufwacht
und zur Herrſchaft gelangt, iſt nicht vorhanden. Denn wir ſehen
davon überall jetzt das Gegenteil. Deshalb brauchen wir eine
Revolution der Seelen. Wir müſſen umgekehrt werden im Innerſten,
daß wir anders gerichtet werden, daß wir anders fühlen und
denken. Und die Vorausſetzung dazu iſt vorhanden: die Erſchütte-
rung im Innerſten. Laſſen wir uns doch von der Not unſers

XXII.   6

Volkes, von dem furchtbaren Schickfal unfers Vaterlandes, aber auch von der gewaltigen Aufgabe, die wir haben, gerade weil wir fo in die Tiefe gefchleudert worden find, durch und durch erschüttern! Dann wird fich das Innerste unfers Volkes wenden. Dann werden wir umdenken lernen, und ein anderer Geift wird über uns kommen, ein heiliger Geist, und durch ihn ein neues Werden.

Neuer Glaube

Die Welt windet fich in Krämpfen und Zuckungen. Nicht bloß Deutschland, Mitteleuropa, die ganze Kulturwelt erzittert darunter, alle Erdteile werden mit erschüttert von den Geburtswehen einer neuen Zeit. Glücklich preifen müßten wir uns, daß wir diese Zeit erleben, aber der Jubel darüber will feit geraumer Zeit nicht mehr recht aufkommen. Unfre Hoffnungen und Erwartungen find ge- funken, die Freude darüber, daß etwas Neues werden will, ift uns vor Schreck vergangen. Wer nicht Phantaft oder Fanatiker ift, fondern der Wirklichkeit ins Auge schaut und fich von dem, was möglich ift, Rechenschaft gibt, kann fich nicht verhehlen, daß es niemals eine neue Zeit, ein neues Geschlecht, eine neue menschliche Gemeinschaft geben wird, wenn es fo weitergeht wie bisher. Zweifel- los geht es um die Geburt einer neuen Welt. Aber es ift die furchtbare Frage, ob die Menschheit imstande ift, das hervorzubringen, was geboren werden soll. Dieser Zweifel legt fich bleiern auf uns: was wird werden? Kaum wagen wir zu hoffen, daß wirklich noch etwas Neues geboren werden wird. Faft scheint es nur die Alter- native zu geben: entweder Rückbildung oder Fehlgeburt. Beinahe fieht es fo aus, als ob fich die Frucht der Not zurückbilden wird, und wir einer unglückfeligen Wiederherstellung des Vergangenen entgegengehen. Sie wissen das ja felbft aus den Zeitungen. Wir nennen es das Anschwellen der reaktionären Bewegungen. Aber es handelt fich hier nicht um Parteifragen, fondern um das innerste Geschehen, und das ift gerade das Troftlose, daß etzt Millionen

verkennen, worum es eigentlich geht, und in kurzsichtiger Befangenheit nicht auf das eingehen wollen, was jetzt Neues geboren werden
soll zum Heile der Menschheit. Wenn es aber die Rückbildung gewinnt, dann wird es neue Erschütterungen, neue Krämpfe geben.
Aber wir wagen auch davon nichts zu hoffen, weil bis jetzt nichts
Lebensfähiges dabei herausgekommen ist. Die Revolution war selbst
eine Frühgeburt und hat unser Volk aufs fürchterlichste erschöpft.
Und seitdem ist es von einer Fehlgeburt zur andern gegangen, vom
Proportionalsystem des Wahlrechts bis zu den neusten wirtschaftlichen Maßregeln ein Fehlschlag nach dem andern. Nüchterne Menschen können sich auch damit nicht beruhigen, daß schließlich, wenn
alles zusammengebrochen ist, doch etwas Neues geboren werden
wird. Ich wenigstens glaube nicht, daß wir imstande sein werden,
noch eine lebensfähige Geburt zustande zu bringen, sondern bin
überzeugt, daß es noch viele Fehlgeburten geben wird, eine immer
schwächer und lebensunfähiger als die andere. Und was ist dann
das Ende? Was immer das Ende ist, wenn ein körperlicher Organismus es nicht zur Geburt bringen kann: gewaltsame Eingriffe
und Siechtum des ganzen Organismus, Zerrüttung und Untergang.

Das ist unsre Lage. Da erhebt sich die Frage: woher kommt
das? Es ist doch ein Lebensgesetz, daß gerade die schweren Nöte
Hebel der Entwicklung, Bahnbrecher des Fortschrittes, Anstöße
neuen Werdens sind. Warum versagt bei uns dieses Lebensgesetz?
Mir scheint es nur eine Erklärung zu geben: Unser Volk hat nicht
mehr die Lebenskraft zu einer neuen Geburt, nicht mehr das
schöpferische Vermögen, das ein neues Werden hervorbringt. Wir
sind alt, schwach, siech geworden, geschwächt durch den Krieg,
Körper und Nerven verelendet durch Hunger und Kälte, zermürbt
durch den tagtäglichen Kampf mit der Not. Es ist kein Vorwurf,
wenn man das ausspricht, daß unser Volk nicht mehr die Lebenskraft zu haben scheint, es wäre nach dem, was wir erduldet
haben, ein Wunder, wenn es anders wäre. Aber diese Erklärung
ändert nichts an dem Tatbestand. Zu einer neuen Geburt gehört
eine Lebenskraft, die imstande ist, das hervorzubringen, was ge-

6*

boren werden soll, und wenn diese Lebenskraft nicht vorhanden
ist, dann mag der elende Mensch noch so schuldlos sein, er geht
doch daran zugrunde.

Gewöhnlich heißt es: uns fehlen eben die bedeutenden Persönlichkeiten, die genialen Menschen. Aber das ist doch nur eine oberflächliche Auffassung dessen, was ich meine. Diese bedeutenden
Persönlichkeiten, das sind die repräsentativen Menschen, diese lebendigen Menschen, das sind die Brennpunkte im inneren Leben
eines Volks, die genialen Führer, das sind die persönlichen Verkörpe-
rungen der Volksseele, des Volksgeistes, seines Drängens und Trachtens.
Sind diese nicht da, so liegt es nur daran, daß dieser Werdedrang
nicht im Volk vorhanden ist, daß unserm Volke das schöpferische
Vermögen fehlt. Denn wo das ist, da finden sich auch Organe
dafür, die imstande sind, das dunkle Drängen und Werden-wollen
zu erfassen und umzusetzen in schöpferische Tat.

Was ist aber diese Lebenskraft? Was ist das schöpferische
Vermögen? Es muß etwas Besonderes sein; denn Lebenskraft an
sich fehlt uns nicht. Die Vitalität des deutschen Volks ist ebensowenig erschöpft wie seine geistige Kraft. Wir brauchen nur zu
beobachten, wie es in unsrer Jugend schwillt vor Drang und
Sehnsucht, Neues zu bilden, Neues zu schaffen. Aber es geht nichts
Lebensfähiges daraus hervor. Das echte schöpferische Vermögen
fehlt auch hier. Das liegt tiefer als Körper und Geist. Neues
Werden und neue Bildungen können nur aus der letzten Tiefe des
menschlichen Wesens hervorgehen, nicht aus der Oberfläche seines
Geistes. Deshalb ist das furchtbare Verhängnis, unter dem wir
leiden, daß sich diese Tiefen nicht regen wollen oder jedenfalls
nicht so stark regen und in Bewegung geraten, daß neue Kräfte
und Klarheiten daraus hervorgehen.

Die gewaltigen Lebensanstöße, die auf uns einstürmten, sind
von unsern Instinkten, von unserm Bewußtsein aufgenommen
worden, aber nicht von unsrer Seele, und solange es nicht zur
Empfängnis der Seele kommt, kann auch die neue Schöpfung nicht
geboren werden, mit der die Menschheit von der Not dieser Zeit

befruchtet werden soll. Die Seele, dieses göttliche Keimplasma, diese jenseitige Lebensquelle ist der Ursprung alles schöpferischen Vermögens, aller lösenden Klarheiten, aller bildenden Kräfte, aller möglichen Gestaltungen. Es gibt keine wesentlichen Wandlungen und Erneuerungen, keine Verjüngung, keinen lebensmächtigen Aufstieg, kein wesenentfaltendes und weltgestaltendes Vermögen, das nicht daraus entspringt. Hierin ist alles neue Werden begründet und verfaßt. Was sich nicht hieraus offenbart, kann niemals lebensfähig sein.

Aber aus dieser Tiefe hebt sich jetzt noch nichts empor. Sie bewegt sich kaum. Wie soll sie aber befruchtet werden, wenn sie nicht unter den Ereignissen lebendig erschauert! Darum sage ich: wir brauchen neuen Glauben, Glaube als Regsamkeit und Reizbarkeit, als Spürsinn und ursprüngliches Empfinden der Seele. Man zögert unwillkürlich, das Wort „Glaube" auszusprechen. Tut man es, so beobachtet man immer, wie sich eine befriedigte Beruhigung auf den Gesichtern ausbreitet. Man fühlt sich dann beruhigt, daß keine neuen Zumutungen an einen gestellt werden, daß man sich wieder in der alten Tonart und Weise bewegt, die bis zum Überdruß abgeleiert ist. Aber darin irren Sie sich. Ich meine nicht den herrschenden Glauben, sondern neuen Glauben. Welcher Glaube herrscht denn jetzt unter Bekennern und Leugnern? Woran glauben sie allzumal, was bewegt ihr Leben? Es ist der Glaube an die Materie, an die wesentliche Wichtigkeit der Dinge. Sie dienen alle Gott und dem Mammon. Sie glauben an den Mammon und sind überzeugt von Gott. Das ist allen gemeinsam: das Erschauern unter der suggestiven Kraft des Geldes, der überwältigende Eindruck von der entscheidenden Macht der Verhältnisse. Dieser Glaube herrscht wirklich. Ihm verdanken wir den Niedergang, den Krieg, die Niederlage, die Weltkatastrophe, die Revolution, den Zusammenbruch, die Zerrüttung durch lauter Fehlgeburten und die bevorstehende Katastrophe. Alles kommt daher.

Darum brauchen wir einen neuen Glauben, die Lebendigkeit der Seele. Ich meine also nicht, daß wir an etwas Neues glauben sollten, sondern einen Glauben anderer Art, anderen Ursprungs.

Der gewöhnliche Glaube ist eine Überzeugung von etwas, ein Vertrauen auf etwas. Daran hat es nicht gefehlt, und das ist heute
noch der Trost und die Zuversicht von Millionen. Aber das
hilft uns nichts. Überzeugungen sind zumeist etwas Oberflächliches,
Fragwürdiges. Wenn wir uns bewußt werden, wie wir zu ihnen
gekommen sind, müssen wir uns meist ihrer schämen. Und wenn
jemand von seinen Überzeugungen leben will, so wird er genau
so von ihnen gelebt wie ein anderer von seinen Instinkten. Nein,
diese Art Glaube ist eine subjektive Verfassung des Menschen, ein
Gedankengehalt und eine Befangenheit des Bewußtseins. Ich aber
meine etwas Objektives in uns, das ursprüngliche Empfinden der
Seele, das unser persönliches Leben trägt, treibt und gestaltet, das
sich unwillkürlich schöpferisch auswirkt, das mächtiger ist als alle
Überzeugungen und Vorsätze unsers Bewußtseins. Dieses quellende
Leben der Seele, das aus den unbewußten Tiefen unsers Wesens
entspringt, ist der neue Glaube, von dem ich spreche.

Erst wenn das aus seiner Schlaftrunkenheit und lethargischen
Benommenheit vom sinnlich-endlichen Lebensbetrieb erwacht und
unser völkisches Schicksal wirklich erlebt, wird sich die Seele unter
den erschütternden Eindrücken und Herausforderungen der Not in
uns erheben in ihrer Unbedingtheit, ihrer Machtherrlichkeit, ihrer
schöpferischen Kraft, ihrer Überlegenheit über alles, was von dieser
Welt ist. Denn sie ist nicht von dieser Welt. Sie ist göttliches Vermögen und elastisches Mittel seines Waltens. Wenn diese Bewegung
der Ewigkeit in uns von den Ereignissen erregt wird, dann wird
es in uns lebendig. Dann beginnt es zu tagen, dann bricht ein
neues Leben in uns an. Dann erhebt sich in uns eine Lebenskraft, die stärker ist als alles, was Menschen als Aufgabe gestellt
werden kann, die gewaltiger ist als alle Nöte und Schicksale, die
über uns hereinbrechen können, die so hoch, wie der Himmel ist über
der Erde, alle körperlichen und geistigen Kräfte überragt. Gott
erhebt sich in uns.

Die neue Schöpfung, die aus den Geburtswehen unsrer Zeit
hervorgehen soll, muß aus dem Schoße der Ewigkeit geboren

werden, der in uns liegt, aus den erwachten Seelen aller derer,
die nicht nur den Krieg als schreckliche und barmherzige Heimsuchung Gottes erlebten, sondern ihn auch in der Weltkatastrophe
erschauen, wie er durch alle Not hindurch das erlösende Ziel für
die Menschheit verfolgt, aus den erwachten Seelen, die glauben,
indem sie leben, die ein neues Gesicht für alles Geschehen haben:
sie sehen den göttlichen Hintergrund, einen neuen Geschmack für
die Dinge: sie schmecken das Eitle, Vergängliche und Sinnlose,
das diese an und für sich haben, ein neues Bewußtsein: der Mensch
lebt nicht vom Brot allein, eine neue Gewißheit: alles ist Gottes,
und wir sind in dem, was des Vaters ist. Wo das irgendwie
dämmert und spürt, da ist Glaube. Und wo Glaube ist, da ist
schöpferisches Leben.

Aber von diesem Glauben ist jetzt ebensowenig zu merken
wie in den fünf Kriegsjahren, so viel auch jetzt wie damals von
Glauben geredet werden mag. Dieser Glaube als Lebenselement,
das sich unbewußt und unmittelbar in einem anderen Sehen,
Schmecken, Innewerden und Verhalten äußern müßte, wenn er
da wäre, fehlt uns ganz und gar. Wer ihn irgendwie kennt,
merkt das überall. Das gegenseitige Anklagen, Vorwerfen, Ver-
antwortlichmachen für unser Schicksal, das Herumwühlen in der
Vergangenheit und Suchen nach Schuldigen wäre dann ebenso unmöglich wie das Widerstreben gegen eine kommende Neuordnung
aller Dinge oder der Götzendienst, der mit Theorien und Programmen getrieben wird. Das ganze politische Getriebe und das
öffentliche Gebaren des Zeitgeistes ist doch ein Beweis dafür,
daß man nichts von den unsichtbaren Strahlen Gottes sieht, mit
denen er in der schrecklichen Not und Gefahr sein Antlitz über uns
leuchten läßt, daß wir nichts von den schöpferischen Tendenzen
spüren, von denen unsre Zeit schwanger ist, und nicht der im
Verborgenen ringenden Wahrheit innewerden, die ins Leben treten
will. Alles, was die Menschen heute treiben, ist vielmehr Beweis
einer katastrophalen Gottverlassenheit. Man ahnt nicht einmal,
daß man ohnmächtig und unfruchtbar ist ohne Glauben, ge-

schweige daß man ihn hätte. Man bekommt nicht einmal an den
Worten Jesu von diesem Glauben: „Alles ist möglich dem, der
glaubt" oder: „Wenn du glauben könntest, du würdest die Herrlichkeit Gottes sehen", ein Verständnis dafür, daß wir so, wie wir
sind, unempfänglich und unfähig sind. Darum will ich Zeugnis
dafür ablegen, daß wir verloren sind ohne Glauben. Erst wenn
sich der Glaube in uns regt, wird Kraft in uns lebendig, springt
in uns auf und durchdringt uns wie ein Feuer aus einer anderen
Welt, verbreitet Halt und Mark, Spannkraft, Tragkraft, Stoßkraft,
Zeugungskraft, Schöpferkraft. Dann wird die Weltgeschichte zur
Offenbarungsgeschichte, und aus den gottergriffenen Menschen erhebt sich Genialität, Vollmacht, Heldentum, Führerschaft.

Aber kein Mensch kann sich diesen Glauben geben. „Wenn
ihr's nicht fühlt, ihr werdet's nicht erjagen." Man kann sich weder
da hineindenken, noch es herausdenken. Keine geistige Anstrengung,
keine sittliche Arbeit an sich selbst bringt ihn zuwege. Wenn es
nicht über uns kommt und aus uns quillt, ist es ein menschliches
Gemächte, Theorie, Einbildung, Wahn, Selbstbetrug. Glaube ist
Gottergriffenheit, schwingendes Leben der Seele, das von ihm bewegt wird, Empfänglichkeit für die Lebenswellen seines Waltens.
Wenn seine Willensäußerungen, wie sie in allen Ereignissen auf
uns eindringen, unsre Seele durchzittern und ihr Leben werden,
dann ist der Glaube da, das ursprüngliche Empfinden und Äußern
dessen, was dahinter liegt, das Verspüren des Wesens und Sinns
aller Erscheinungen und Vorgänge, das Wittern dessen, was aus
den furchtbaren Krämpfen der Zeit hervorgehen will. Wenn wir
diesen Glauben haben, dann haben wir die echte und unverwüst-
liche Lebenskraft. Dann strahlt aus unserm Geist eine erleuchtende
Klarheit, nicht nur die Unbefangenheit für die Wirklichkeit, sondern
auch der Tiefblick für ihr Geheimnis. Die theoretischen Gedankengänge zerstieben, der Dunst unsrer subjektiven Benommenheit weicht.
Wir erfassen alles aus der unmittelbaren Fühlung der Seele heraus
und werden befähigt, die Aufgabe des Tages, die Ansprüche des
Lebens, die Prüfungen der Not zu erfüllen.

Wir erleben aber den Glauben zutiefst als ein neues Lebensgefühl, das uns durchdringt. Jeder kennt ja das Lebensgefühl, das
in ihm lebt und waltet, wenn er es auch nicht definieren kann.
Es ist eine unmittelbare Äußerung der Verfassung, in der wir uns
befinden, unsrer Lebenskraft, Lebensbewegung, Lebensmächtigkeit.
Am stärksten ist es in der Jugend, wo noch alles treibt, wächst
und sich entfalten will. Es ist ein Gradmesser unsrer Gesundheit
des Leibes, des Geistes und des Lebens. Zumeist ist es ein wesentlich
sinnliches Lebensgefühl, das sich nur in unserm Bewußtsein und
Gemüt geistig äußert. Aber es kann auch eine Äußerung unsers
geistigen Lebens sein, das Leuchten der Ideen, die uns beschwingen,
der Ziele, die uns in Atem halten, der Fülle, die in uns lebt.
Aber Glaube ist das Lebensgefühl der Seele. Wir erfahren es als
den tiefen Instinkt, daß wir etwas Ewiges in uns bergen, und
Gott das Geheimnis alles Seins und Geschehens ist, daß wir im
wesentlichen unanfechtbar sind und allem gewachsen sein könnten,
als den Eindruck von einem Sinn in allem Geschehen und einem
Ziel alles Werdens, als das unmittelbare Bewußtsein, in der
Gnade Gottes geborgen zu sein und durch nichts aus seiner Hand
gerissen werden zu können, als die Lebenslust des Hintersinnlichen,
den Lebensdrang schöpferischer Gärung, das Gefühl der Klarheit,
des Könnens, der Vollmacht zu leben.

Meinen Sie nicht, daß wir jetzt diesen Glauben brauchen
wie nie zuvor, wo wir nicht nur von unsern Feinden unterdrückt sind, sondern auch unter ungelösten Problemen förmlich ersticken, wo sich überall Niedergeschlagenheit und Verzweiflung ausbreitet! Da brauchen wir das weltüberlegene Lebensgefühl der
Seele, damit wir uns aufrichten und unser Haupt erheben in dem
Bewußtsein, daß unsre Erlösung naht, Mut fassen und gewiß
werden: gewiß des Lebens, das ununterdrückbar in uns quillt,
gewiß Gottes, der unser Leben ist, gewiß der Zukunft, die unser
aus seiner Hand wartet, gewiß der Lebensmöglichkeiten, die keines
Menschen Auge sieht und kein menschlicher Verstand ausdenken
kann, aber Gott denen offenbart, die glauben. Diese Gewißheit

lebendigen seelischen Lebensgefühls brauchen wir und in erster
Linie alle, die heute Führer sein wollen. Denn sonst sind sie Verführer. Nur von Gott Berufene dürfen führen. Denn den Weg
finden wir nur durch Glauben, und nur ein Volk, das sich im
Glauben erhebt, vermag ihn zu gehen bis zum Ziele. Unser
sinnlich-geistiges Lebensgefühl ist jetzt erloschen und unser Auge umnachtet. Um so eher wird uns das himmlische Licht erleuchten
und unsre Seele sich erheben, wenn wir aus dem Moraft unsrer
Niedrigkeit und Gemeinheit uns erheben und uns auf die gewaltige Prüfung besinnen, die unser Schicksal für uns bedeutet.

Wenn das Lebensgefühl der Seele uns erfüllt und sich gegen
die Eindrücke des sinnlich-endlichen Geschehens, die uns gegenwärtig schier den Atem rauben, auflehnt, dann haben wir den
neuen Geist ohne weiteres, den Geist heldenhaften Mutes, kühner
Entschlossenheit, feuriger Energie, selbstloser Hingabe, heiliger Sachlichkeit, den positiv gerichteten Geist und den dienstwilligen opferfreudigen Sinn, den heiligen Geist mit einem Worte. Denn das
ist der Geist unsrer Seele. Dann wird unser Geist wesenhaftes
Empfinden, tiefes Erfassen und lebendiges Verstehen der Wirklichkeit. Dann werden wir geistig unabhängig, unbefangen, weit
und tief. Dann führt uns der Spürsinn des Glaubens die neuen
Wege der Erfüllung, die sich uns öffnen, indem wir Schritte tun
aus Glauben. In Kraft starken Lebensgefühls unsrer Seele werden
wir allem gewachsen, was wir erdulden müssen. Dann werden
wir als Märtyrer noch Sieger sein. Denn aus unserm Märtyrer-
tum wird die neue Zeit hervorgehen, die uns weit erhebt über
die Henkersknechte des Hasses und der Habgier, die uns hinrichten.

Dieser Glaube ist ja nicht nur ein unverwüstliches Lebensgefühl, sondern schöpferisches Vermögen, lösende und bildende Kraft,
göttliche Lebensmacht. Darum brauchen wir ihn jetzt, wo aus
dem Chaos eine neue Welt geschaffen werden soll. Das ist gegenwärtig mit Händen zu greifen, wo wir um und um über Unfähigkeit und Unzulänglichkeit verzweifeln, und eine allgemeine
Ratlosigkeit wie drückender Nebel auf uns liegt. Auch dem blödeften

Sinn geht es jetzt auf, daß wir mit dem bisherigen Geschäfte nicht durchkommen, geschweige der Schwierigkeiten Herr werden, die verfitzten Probleme lösen und Deutschland wieder aufbauen. Dazu brauchen wir schöpferische Fähigkeit, Genialität, Offenbarung. Das kann sich kein Mensch ausdenken und kein Ausschuß ausbrüten. Das muß aus der innersten Tiefe aufleuchten, mit göttlicher Kraft gestaltet und mit seelischem Feuer ins Werk gesetzt werden. Was hilft es uns, wenn wir unmittelbare Fühlung mit der Wirklichkeit gewinnen und sie geistig erfassen! Dadurch lösen wir nicht, was dahinter liegt, spüren nicht, was werden soll, und können nicht betreuen, was hervorgehen will. Wir erfassen dann immer nur die Oberfläche der Erscheinungen, und wer nur diese ins Auge faßt, der täuscht sich immer: denn die Oberfläche ist nur Schein. Wir müssen Fühlung gewinnen mit dem, was dahinter liegt, und das vermag nicht unser Geist mit seinen Fähigkeiten, sondern nur der Spürsinn unsrer Seele. Aus dem lebendigen Kontakt zwischen dem, was in den Nöten, den Schicksalen, der Weltkatastrophe, den eruptiven Ausbrüchen in der heutigen Menschheit gärt und keimt, und dem Letzten und Tiefsten in uns, zwischen dem Göttlichen außer uns und dem Göttlichen in uns geht schöpferisches Leben hervor. Diese lebendige Fühlung zwischen der Seele des Menschen und der Seele des Alls als tatsächliche Lebensverbindung, nicht als Gefühlsstimmung und Einbildung gemeint, ist die einzige Quelle schöpferischer Vorgänge auf dem Gebiete des Lebens und wird hergestellt durch den Glauben. Wo das eintritt, gilt das Wort: „Alles ist möglich dem, der da glaubt." Es ist ihm möglich, weil er den Anschluß an den Ursprung „aller Wirkenskraft und Samen" gewinnt, an „Gott", den Zusammenschluß mit der Tiefe, aus der alle irdisch-endliche Gestaltung hervorgegangen, mit der Kraft, die alles im Innersten zusammenhält und trägt, mit dem Leben, das allein wahrhaft Leben ist und solches verleiht, mit der Klarheit, die alles Bestehende, Vergangene und Kommende in seinem Gefüge durchschaut, mit dem Grundtrieb alles Werdens, der auf die Erfüllung aller verborgenen Bestimmung hindrängt.

Begreifen Sie nicht, daß die unmittelbare Fühlung des Gleich=
artigen die Möglichkeit in uns herstellt, daß sich die göttlichen
Schöpferkräfte durch die Seele des Menschen wie durch ein Organ
bewegen und äußern, treiben und schaffen, daß Gott so selbst in
der Welt wirkt und waltet? Das ist ja unsre Bestimmung: Organ
und Werkzeug Gottes zu werden. Das gibt allein unserm Dasein
Sinn. Aber solch ein Organ und Werkzeug können wir nur werden,
wenn der Glaube in uns lebendig wird. Geschieht das, dann
mag die Lage sein, wie auch immer, es gibt dann auch aus
dem tiefsten Abgrund einen Aufstieg, auch aus der aussichtslosen
Verzweiflung einen geraden Weg ins Heil, es muß uns auch das
Schrecklichste zum Besten dienen. Es ist wunderbar zu beobachten,
wie das beinahe naturgesetzlich geschieht. Es ist ja nicht so, daß
der Mensch die Kraft selbst hervorbringen müßte, sondern sie wird
ihm gegeben. Wenn wir die unmittelbare seelische Fühlung mit
den Aufgaben, Schwierigkeiten, Nöten, Schicksalsschlägen, Zusammen=
brüchen gewinnen, dann erzittern wir darunter bis ins Innerste.
Es kann ein unsäglich tiefes Leiden sein, aber dieses Leiden setzt
sich von selbst um in Kraft, wenn es wirklich Leiden der Seele
ist. Durch den lebendigen Eindruck dessen, was wir zu bewältigen
haben, wird uns die Kraft und Klarheit gegeben, die wir brauchen,
um die Lebensansprüche zu erfüllen, wenn wir nur mit ganzer
Seele dabei sind und unmittelbar aus dem ursprünglichen Empfinden
heraus handeln. Je größer die Herausforderung unsrer Seele,
um so größer die Offenbarungen von Licht und Kraft, zu denen
sie befähigt wird. Denn in allem, was uns in der Tiefe ergreift,
tritt Gott uns nahe und gibt uns, was wir brauchen, damit wir
erfüllen können, was er von uns haben will.

. Wenn das für jede Lage des Einzelnen gilt, so gilt es erst
recht für die Not eines Volkes, für die Katastrophe einer Mensch=
heit. Wenn sich überall die Seelen der Menschen diesem gnaden=
reichen Erguß göttlichen Lebens und himmlischer Kraft öffneten,
die uns aus allem quillt, was über die Welt ergeht, dann gäbe
es eine neue Erde und eine neue Menschheit, dann würde ein

Leben unvergleichlicher Herrlichkeit daraus hervorgehen und die
Erfüllung alles dessen eintreten, was an göttlicher Anlage und
Bestimmung in uns ruht, dann gäbe es eine Lösung aller noch
so verknoteten Verhängnisse und eine Erlösung und schöpferische
Entfaltung aller Menschenkeime, die in allen, auch in den ver-
wahrlosesten Existenzen verborgen sind.

Sehen Sie sich in diesem Lichte unsre Lage an, dann müssen
Sie erkennen: das ist die erlösende Botschaft für unsre Verzweiflung, für unsre Unfähigkeit, für unsre Ratlosigkeit, für unsre
Ohnmacht. Wollen wir uns nicht endlich darauf besinnen, wo
die Quellen des Lebens und der Kraft sind? Ich habe Ihnen im
letzten Frühjahr ausgeführt, daß unsre Kultur darum zusammengebrochen ist, weil sie gottlos war, ein menschliches Gemächte, daß
sich in krasser Weise das Wort erfüllt hat: „Irret euch nicht,
Gott läßt sich nicht spotten; was der Mensch säet, das wird er
ernten; wer auf das Fleisch sät, der wird vom Fleisch das Verderben ernten.“ Wir haben es geerntet, aber es will scheinen,
als ob die Menschheit nichts daraus gelernt hätte. Denn alle
Anstrengungen, die gemacht werden, um Deutschland neu aufzubauen, alle Bemühungen, eine gedeihliche Völkergemeinschaft zu
begründen, sind nichts als ein Säen auf das Fleisch, und darum
geht nichts daraus hervor. Schöpferisches kann nur hervorgehen,
wenn auf das Seelische, auf das Göttliche gesät wird.

Aber sprechen Sie einmal unsern Politikern oder unsrer Presse
davon! Dann wird man von Überspanntheit reden, von Mystik,
von Schwärmerei. So wenig Ahnung haben die Menschen von
dem Wesen der Dinge und alles Geschehens, so wenig kennen sie
das Geheimnis des Lebens und Werdens, und sie brauchten sich
doch nur zu fragen, ob sie willkürlich etwas schaffen können, ob
sie sich wirklich etwas Neues, Erfüllendes, Lösendes ausdenken
können; sie müssen dann doch ihre Ohnmacht bekennen. Darum
sage ich: nur ein neuer Glaube kann uns helfen, im Äußeren und
im Inneren. Auch in dem sittlichen Zusammenbruch unsers Volkes.

Es ist hier rein zum Verzweifeln. Denn niemand weiß, wie

ein Volk, das so völlig verwahrlost und entartet ist, Selbstzucht gewinnen, wieder moralisch aufgerichtet und in seinem Empfinden geläutert werden soll. Sie alle wissen, wie ohnmächtig alle Erziehung sittlicher Verwahrlosung gegenüber ist, wie nur völlige Ver-
setzung in andern Boden und andre Umgebung mit hingebender
Pflege etwas auszurichten vermag. Das ist doch aber hier gar
nicht möglich, wo das ganze Volk verseucht ist. Wer soll sich aber
dieser Macht des Verderbens, der Zersetzung aller Kultur, der
Ausschweifung aller Instinkte entgegenstellen, die jetzt die einzige
Macht zu sein scheint, die uns noch geblieben! Wer soll die be-
täubte und geschändete Seele zur Besinnung rufen, das Gewissen
wecken, die Menschlichkeit rühren, den Geschmack läutern, die Phantasie reinigen, das Verantwortlichkeitsgefühl entzünden, das Pflichtbewußtsein hervorrufen? Wir stehen ohnmächtig und verzweifelt
vor dieser Aufgabe. Es ist nur möglich, wenn wir eintauchen in
den Quell der Wandlung, und das ist der Glaube. Wenn die
Seele in uns lebendig wird, und wir aus ihrem reinen Empfinden
leben, wenn wir uns zu unsrer Seele bekennen gegenüber den ver-
führerischen Trieben unsrer Instinkte, dann ist es möglich, daß eine
Umkehr eintritt.

Paulus hat das tiefe Wort gesprochen: „Was nicht aus dem
Glauben ist, das ist Sünde." Sie können es auch umkehren: „Was
aus dem Glauben ist, das ist reines, lauteres, heiliges Wesen."
Wie wollen wir dieses Wesen wieder gewinnen, die lautere Menschlichkeit deutschen Geblüts, die jetzt so fürchterlich verwüstet ist, und
wo die ganz selten sind, die sie uns vorleben können? Wie wollen
wir sie wiedergewinnen, den anderen vorstellen und darleben, sie
dazu beeinflussen und erziehen, wenn sie sich nicht ganz von selbst
in uns erhebt? Das ist nur möglich, wenn sie sich aus unserm
Glauben heraus regt und entfaltet. Das ist der Quell der Erneuerung, der Wiedergeburt, der Verjüngung, der Läuterung, der Heiligung.

Nach Ausbruch des Krieges rief ich Ihnen zu: Wir müssen
uns heiligen für dieses große Werk, wenn es gelingen soll. Wir
haben uns aber entheiligt. Nun rufe ich wieder: wir müssen uns

heiligen für die Geburt einer neuen Zeit. Wenn wir uns nicht
dafür heiligen, soweit es an uns ist, dann ist es unmöglich, daß
der Glaube in uns lebendig wird. Denn wenn auch unsre Seele
aufs tiefste von der verzweifelten Lage ergriffen wird, sie wird
doch immer wieder betäubt von der sinnlichen Not, von der leiblichen Bedrängnis, von dem geistigen Wirrsal, von der Revolution
der Instinkte und Phantastereien, von der süchtigen Gier und dem
Hohn auf alles, was nicht gemein ist. Es ist ja jetzt geradezu
eine Qual, unter den Menschen zu sein und zu ihnen reden zu
müssen, weil einem fast überall nur der widerliche Hauch sinnlicher
Instinkte entgegenschlägt. Wenn wir da nicht mit der ganzen
Kraft unsrer Persönlichkeit entgegentreten und uns zu unsrer Seele
bekennen — und das verstehe ich darunter, wenn ich sage: wir
müssen uns heiligen für dieses neue Werk Gottes —, dann ist es
unmöglich, daß sich die Seele gegen die ganze arge Welt erheben,
behaupten, durchsetzen und in der Kraft Gottes ihre Aufgabe erfüllen kann. Darauf kommt es an. Dann kann es, aber auch nur
dann, eine Wiedergeburt für unser Volk geben.

Aber der Glaube hat auch einen ganz bestimmten geistigen Gehalt. Das Grundbewußtsein des Lebensgefühls der Seele ist ohne
Zweifel Glaube an Gott, Gott ebenso universell gemeint wie Mammon, sein Gegensatz. Glaube an Gott ist also Glaube an den Sinn in
allem Geschehen, an die unendliche Überlegenheit alles Wesentlichen,
an die Unmöglichkeit eines dauernden Zusammenbruches dessen, worauf
es mit der Menschheit angelegt ist, die unerschütterliche Überzeugung,
daß es unter allen Umständen ein erfüllendes, vollendendes Vorwärts gibt, wenn nicht durch uns, dann durch andere, durch solche,
die das Vermögen dazu haben. Glaube an Gott ist der Glaube
an die Überlegenheit der Seele des Menschen über alles äußere
Geschehen, ist das Abstandsgefühl und die Überlegenheit über Geld
und Gut, über alle äußeren Verhältnisse, ist die tief durchdringende
Überzeugung, daß nicht die äußeren Dinge die Macht haben, sondern
das, was in uns ist. Es ist der Glaube daran, daß der Mensch
nicht aus dem Irdischen stammt und davon lebt, sondern daß er

Gottes Sproß ist und aus seinem Eigensten leben muß, wenn er wirklich leben will, daß sein Reichtum nicht in äußeren Dingen liegt, sondern in ihm selbst, daß er sich nichts nehmen kann, sondern ihm alles gegeben werden muß, und alles ihm nur zum Heile dient, wenn er es „von oben" empfängt, daß alles aus seiner Seele quellen muß, was wirklich gut ist, was wahrhaftigen Wert hat, daß er von daher den Dingen Lebenswert gibt, daß er nur aus seiner Fühlung mit Gott heraus sein Leben schafft, sein Schicksal meistert, sein Gelingen begründet und seine wahre Gestalt gewinnt.

Glaube an Gott ist Glaube an den Menschen. Glauben wir an Gott, so glauben wir auch an den Menschen. Und wenn wir nicht an den Menschen glauben, so glauben wir auch nicht an Gott. Aber das ist ja der Unglaube unsrer Zeit, daß sie nicht an den Menschen glauben, sondern an die Verhältnisse, an die Schicksale, an das Geld, an die Sozialisierung, an den neuen Staat, an die Demokratie, an die Diktatur des Poletariats oder irgendeines Genies. Aber sie glauben nicht an den Menschen, nicht an sich selbst und ahnen gar nicht, was in ihnen steckt. Wer das spürt, was in dem Menschen ruht und worauf er angelegt ist, der weiß, daß hierin die Menschenwürde des Einzelnen be= gründet ist, eine Würde, die von nichts sonst abhängig ist, die ihm niemand nehmen kann.

Vielleicht werden manche sagen, das haben wir bis jetzt auch geglaubt. Theoretisch vielleicht, aber praktisch nicht. Haben Sie nicht so gelebt und sich angestellt, als ob Ihre Menschenwürde von allem möglichen abhinge? Gehört Ihnen nicht zum menschenwürdigen Dasein ein gewisser Komfort des Lebens, ein gewisses Ansehen bei ihren Mitmenschen, eine gewisse Unabhängigkeit, die übliche Bildung? Andrerseits fühlen Sie Ihre Menschenwürde nicht da= durch beeinträchtigt, daß Sie gefallsüchtig leben, daß Sie vom Gerede der Menschen abhängig sind, daß Sie ehrgeizig sind und meinen, ohne alles mögliche nicht leben zu können. Das ist doch ein Beweis dafür, daß vielen dieser Glaube an den Menschen fehlt, der aus dem Glauben an Gott strahlt. Darum ist es keine

Redensart, wenn ich sage: wir brauchen einen neuen Glauben. Ich
könnte allerdings auch sagen: wir brauchen den echten Glauben.

Erst aus ihm kann die Neuordnung der Dinge hervorgehen,
die des Menschen würdig, ihm angemessen und ihm dienlich ist.
Was bedarf es aber da für eine Umwälzung im Innern der
Menschen, wenn zunächst nur einmal alles das seine Existenzberech-
tigung verliert, was die Menschenwürde eindämmt, niederdrückt,
ersterben läßt! Und wie weit sind wir von der Erhebung des
Menschen über die Dinge! Diese Revolution gegen die Verhältnisse,
die Verhalten der Menschen sind, gegen herrschenden Wahn und
bannende Besessenheiten brauchen wir, diese Empörung des Innersten
gegenüber der Selbstvergewaltigung der Menschen durch die Jahrhunderte. Ich meine damit nicht nur die niederen Schichten, das Bürgertum führt noch viel mehr ein menschenunwürdiges Leben, ohne sich mit
äußeren menschenunwürdigen Verhältnissen entschuldigen zu können.

Der neue Glaube ist weiter Glaube an die Zukunft der Menschheit, daß wirklich schöpferischer Same in uns liegt, daß wir noch
nicht das sind, was wir sein sollen, und was wir werden können.
Das ist ja unser Trost, wenn wir jetzt sehen, wie wir es nicht
können, die Gewißheit: der kommende Mensch, der aus dem, was
wir eigentlich sind, hervorgehen wird, der wird es können. Und
darum werden wir ja auch von unsrer Ohnmacht, die wir jetzt
überall spüren, von den Fehlschlägen und Verkehrtheiten, die wir
jetzt überall sehen, so niedergedrückt, immer und immer wieder,
wenn wir überhaupt etwas von dem Lebensgefühl unsrer Seele
ahnen. Hier werden wir immer wieder auf uns zurückgeworfen:
hier ist der Punkt, der Angelpunkt des Schicksals, nicht nur für
dich, für dein Volk, sondern für die ganze Menschheit. Wenn es
hier nicht anders wird, wenn da nicht ein neues Leben anhebt,
und unter diesem neuen Leben ein neues Werden keimt und sich
daraus entfaltet, was dich und die Menschheit auf ein höheres
Niveau hinaufführt, dann ist alles vergebens.

Dieser Glaube breitet sich endlich aus zu dem Glauben an
eine neue Gemeinschaft unter den Menschen. Vielleicht ist dies das

einzige Zukünftige, von dem man schon etwas sprießen sieht, so wie
den ersten grünen Schein über einer toten Winterfläche, der Glaube,
der im Kommunismus zu tiefst treibt, der Drang und die Sehnsucht aus der Vereinzelung heraus, aus der Gegensätzlichkeit heraus
zur Gemeinschaft. Ich bin natürlich weit davon entfernt zu meinen,
daß dieser Glaube in allen Kommunisten lebte. Mir ist es sogar
fraglich, ob er überhaupt in einem Kommunisten lebt. Aber ich
bin überzeugt, daß diese Bewegung im letzten Grunde von diesem
unbewußten Glauben getragen und getrieben wird. Es ist der erschütternde Schrei der Sehnsucht von zertretenen und verwahrlosten
Menschen nach reiner Menschlichkeit und vertrauter Gemeinschaft.
Was da unbewußt sich regt und vielleicht niemals zu reinem Bewußtsein kommen wird, das muß in uns aufgehen und keimen,
das muß unser Glaube, unsre Zuversicht, unsre Hoffnung werden.
Dann erst sind wir imstande, Organ zu werden für das neue Werden.

Das ist gar keine Frage: aus dem Individualismus wird uns
eine lebensfähige Geburt einer neuen Zeit herausführen, und das
entscheidende Element wird neben der wirklichen Menschenwürde
zweifellos eine wahrhaftige Gemeinschaft unter den Menschen sein,
ein gemeinschaftliches Leben. Was wird das geben, wenn wir aus
unsrer gegenseitigen Befremdung und Unvertrautheit herauskommen!
Denken Sie nur einmal, wenn man einst so weit kommen wird, daß
man ganz unmittelbar geradeheraus jedem Menschen sagen kann,
was einem gerade kommt, ohne Befürchtungen haben zu müssen, ohne
Hintergedanken Was wird es geben, wenn es eine unmittelbare
Fühlung der Seelen gibt, ein unwillkürliches Hinüber- und Herüber-
wirken der Seelen, eine Wechselwirkung der persönlichen Kräfte, eine
gegenseitige Ergänzung! Das ist unsre Sehnsucht, unser Ziel, und daran
glauben wir. Freilich, alle diese Dinge gehen weit über unsern gegenwärtigen Horizont hinaus. Weil sie aber darüber hinausgehen, können
wir sie nicht durch geistige Konstruktion, durch sittliche Zucht, durch Konvention, durch Übung, durch äußere Machenschaften irgendwelcher
Art hervorbringen, sondern es muß offenbar werden durch Glauben.

Wie erlangen wir diesen Glauben? Das ist doch nicht Sache

menschlichen Wollens, sondern göttlichen Erbarmens. Niemand kann sich ihn aneignen. Er muß uns gegeben werden. Nur dann ist er echt, wenn er von Gott geweckt wird. Und doch können und müssen wir etwas dazu tun. Als Jesus verkündigte: „Das Reich Gottes ist nahe herbeigekommen", sagte er: „Ändert euren Sinn und glaubt an das Evangelium." Sinnesänderung ist die Voraus-setzung dafür, daß sich das Empfinden der Seele regen kann. Und unsern Sinn haben wir teilweise in der Hand. Es liegt bei uns, ob wir auf das Innere oder auf das Äußere aus sind, ob wir uns an der Oberfläche genügen lassen oder in die Tiefe streben, ob wir nach Gott fragen oder nach Geld, ob wir die äußeren Verhältnisse als das Wichtige, Entscheidende ansehen, an Ideen glauben und Programme anbeten, oder ob wir in der Seele des Menschen die Angel seines Schicksals, die Quelle seines Lebens und das Organ göttlichen Schaffens sehen und von der unausdenkbaren schöpferischen Entfaltung des göttlichen Geheimnisses die Lösung aller unsrer Not und die Erfüllung aller unsrer Sehnsucht erwarten. Wir haben es doch in der Hand, ob wir uns dem neuen Werden weihen, das jetzt unter Zusammenbruch, Elend und Gemeinheit nach Verwirklichung ringt, oder ob wir ihm widerstreben. Wie viele unter uns fühlen sich aber in der Hut des Mammons viel wohler als in der Hut Gottes! Sie wollen nicht die äußeren Sicherungen entbehren, wollen nicht die Not, das Abenteuer, das Opfer, die Bereitschaft für alles, was kommt. Wer hier nicht gegen den Strom schwimmt, wird niemals zum Glauben kommen.

Andererseits haben wir doch in der Hand, ob wir die Schuld an allem, was wir beklagen, auf andere schieben oder bei uns selbst suchen, ob wir eine Wendung bei anderen fordern oder in erster Linie bei uns selbst, ob wir andere bearbeiten oder in uns gehen und uns für das Ganze verantwortlich fühlen, ob wir uns unsers Volkes schämen oder unsrer selbst, ob wir anfangen, anders zu leben, oder in der alten Art weiter mitmachen. Wir müssen rechtschaffene Früchte der Buße bringen. Unsre Seele kann nur in der Luft der Wahrhaftigkeit atmen, sonst regt sich kein Glaube.

Diese Umkehr ist die Vorbedingung dafür, daß der Glaube
in uns erwacht und unser ganzes persönliches Leben durchdringt.
Wir dürfen uns doch wahrhaftig nicht wundern, daß es so wenig
Glauben gibt. Denn wir lebten bisher so, daß er sich nicht regen
konnte. Wenn Sie dies Urteil zu hart finden, so denken Sie doch
bloß an ein Wort Jesu wie: „Wie könnt ihr glauben, wenn ihr
Ehre voneinander nehmt!" und vergleichen Sie damit, wie sich
unsre „gläubigen Christen" nicht genug tun können, Ehre zu geben
und zu nehmen. Dann kann doch der Glaube nicht echt sein,
sondern nur ein subjektives Bewußtsein, ein Gemächte religiösen
Gefühls. Oder denken Sie an das Wort: „Ihr könnt nicht Gott
dienen und dem Mammon," und vergleichen Sie damit, wie pracht-
voll die Christen doch verstanden haben, beides miteinander zu vereinigen. Ist es dann ein Wunder, daß wir Gott nicht dienlich sein
konnten, daß die Seele nicht erwachen, und Gott nichts tun konnte,
weil ihm die Menschen fehlten, daß von den Christen nicht Krisen
ausgingen, die Gesundes und Faules, Echtes und Unechtes voneinander schieden, und nicht neue Wege gefunden wurden, die uns
vor dem Zusammenbruch hätten bewahren können, geschweige daß
sie die Sturmfahne einer neuen Entwicklung vorangetragen hätten.
Nein, es ist die notwendige Folge davon, daß wir den echten
Glauben nicht hatten. Hier handelt es sich um Gesetze des Lebens,
die unerschütterlich sind. Die heißeste religiöse Inbrunst bringt nichts
zuwege als Menschenwahn und Machenschaften. Nur wo Gott sich
offenbart und es werden läßt, da entspringt das Echte, das Leben
in sich trägt und schöpferische Kraft hat. Aber das hat seine Vorbedingungen, und das größte Hindernis, das unüberwindlich im
Wege steht, ist immer unser Ich. Solange unser Ich nicht aus
dem Wege geräumt wird, sind wir von Gott nicht zu brauchen.
Aber wenn wir uns selbstlos an das gewaltige Geschehen hingeben,
womit uns Gott heute begnadet, dann werden wir dadurch auch
von Gott ergriffen. Und wirkliche Gottergriffenheit ist Glaube.

So brauchen wir also, um gerettet zu werden, ein gläubiges deutsches
Volk, ein Volk der Gottergebenheit und Gottergriffenheit. Werden wir

das, dann können wir getrost und gewiß sein. Denn die Katastrophe wird uns dann zum Heile werden, die Krankheit ist dann nicht zum Tode, sondern zum Leben. Und wenn wir auch in dem Martyrium, das unsre Feinde über uns verhängt haben, äußerlich untergehen, so werden wir um so gewisser zu einem neuen Dasein auferstehen.

Neues Leben

Ahnen Sie etwas davon, wie ungeheuer schwer es ist, über unsre gegenwärtige Lage zu sprechen? Es ist einem wirklich so, als ob die Stimme versagte und man keine Worte fände, als ob eine Lähmung ausginge von all den Eindrücken, die tagtäglich auf uns eindringen. Man wehrt sich mit wahrer Todesangst gegen die Verzweiflung und greift nach dem Leben, aber man sieht kaum Möglichkeiten. Daß unsre Lage zum Verzweifeln ist, werden Sie ja selbst am stärksten empfinden, nicht nur in außerpolitischer Beziehung, wo jeder Tag einen neuen Schlag bringt, einen neuen Griff an unsre Kehle, um uns zu erdrosseln, wo jeden Tag sich die Nacht aussichtsloser um uns zusammenzieht und uns der Abgrund entgegengähnt, in dem wir untergehen müssen. Das allein würde mir aber nicht so schrecklich sein. Denn ein Untergang in Ehren ist nicht das Schlimmste, und von einer gottlosen Welt zugrunde gerichtet zu werden, kann für ein Volk der wundervollste Sieg sein. Aber die Eindrücke, die wir von unserm Volke selbst bekommen, die sind es, die kaum zu ertragen sind. Ich meine hier gar nicht die politischen Zustände, sondern die Verfassung des persönlichen Lebens der Menschen, die Niedrigkeit der Lebensführung, der Tiefstand der Menschlichkeit, das ist es, was so entsetzlich ist.

Wozu leben eigentlich jetzt die Menschen? Man bekommt den Eindruck: sie leben, um zu essen, und sie arbeiten nur gerade soviel, um zu leben, d. h. zu essen, zu genießen, sich zu amüsieren. Auf Verschlingen und an sich Raffen, auf Rausch und Betäubung geht der Lebensdrang, und wo das nicht alles andere erstickt, da

ist eine Oberflächlichkeit und Gleichgültigkeit eingekehrt, die einen
erst recht erschüttert. Ist es nicht ein Zeichen des Untergangs, daß
Unrast und Lebensgier das Leben verödet, alles Tiefere verschüttet,
die einfachen Freuden, z. B. am Heim, an den Kindern, vergällt und
die Arbeitslust erstickt. Wie hält es der Mensch aus, ohne zu
arbeiten, wenn er gesund ist? Aber erschütternder noch als die
Arbeitsscheu ist zu beobachten, wie die Menschen arbeiten, die es
tun. Das ist ein träges Hantieren, ein Nichtstun in der Arbeit.
Dies Verfaulen, Vertrotten, Gieren und Schlemmen ist doch kein
Leben mehr, das ist ein Vegetieren, ein stieres Hineinlaufen in den
Abgrund, ob sie sich zu Tode mästen oder sich in allem möglichen
Plunder ersticken oder sich von ihren Sinnen treiben lassen und
in Ausschweifungen zugrunde richten. Das ist kein Leben, das ist
Verwesen! Wie soll es dann eine Rettung für uns geben?

Eine Rettung kann nur hervorgebracht werden von der treiben=
den Lebenskraft im Volke. Wenn aber keine Lebenskraft mehr da
ist, sondern nur eine Verwesensenergie, was dann? Das ist mir
jetzt in diesen Wochen klar geworden: Aus diesem Leben, das
nicht den Namen Leben verdient, aus diesem menschenunwürdigen
Treiben, wie es jetzt in dem städtischen Deutschland herrscht, wird
niemals eine Erneuerung unsers Volks hervorgehen. Gewiß, es
gibt Hunderttausende und Millionen Menschen, die in ihren Stellungen aushalten unter Darben, unter äußerster Not und arbeiten.
Aber sehen Sie sich einmal die Arbeiter an: wo ist da die Freude
an der Arbeit geblieben, und was treiben sie in den freien Stunden,
die ihnen der Menschenwürde wegen gegeben wurden? Ich halte
es für eine verhängnisvolle Täuschung, wenn man sagt, sobald
erst einmal Ordnung hergestellt wäre, dann würde es sofort aufwärts gehen. Das wird es sicher nicht. Denn wenn wir Ordnung
ins Sterben bringen, so geht das Sterben ordentlich zu, aber es
geht weiter fort. Wir brauchen ungeheure Bewegungen wiederherstellenden Lebens und wissen nicht, woher sie kommen sollen.
Wir sehen nur, wie die Entartung rastlos in unserm Volke weiter-
frißt und immer neue Teile ansteckt und verdirbt. Wo soll da die

Gesundung herkommen? Man ruft immer: wir brauchen eine sittliche Erneuerung; aber ich weiß nicht, woher sie kommen soll, wenn
wir so wenig positive Lebenskräfte haben. Deswegen sollte man
jetzt überhaupt nicht mehr reden, jetzt muß gehandelt werden, gearbeitet werden, gelebt werden in neuem Sinne, und wenn ich
mich dazu zwinge, noch zu reden, so tue ich es nur, um Ihnen
zu sagen, wie wir in neuer Weise leben müssen, und daß nur aus
einem neuen Leben heraus eine Erneuerung des deutschen Volkes
hervorgehen kann. Kommt diese nicht, so gehen wir zugrunde.

Wir brauchen ein neues Leben, ein wirkliches, wahrhaftiges
Leben, das in den Menschen innerlich treibt, mit ursprünglicher
Naturkraft alles Krankhafte ausfiebert, das aufrechte Haltung,
Widerstandskraft, Wahrheitsinstinkt und Vollmacht verleiht. Dieses
Leben quillt aus dem Glauben. Was heißt das? Vor allen Dingen:
ein Leben aus der Ehrfurcht heraus. Sobald ich das ausspreche,
wissen Sie alle, wie wir uns damit sofort im Gegensatze zu der
großen Masse unsers Volks befinden, die keine Ehrfurcht mehr kennt.
Weder die Proletarier noch das Bürgertum, weder die „Gesellschaft"
noch die Intellektuellen. Solange es aber keine Ehrfurcht gibt als eine
unmittelbare innere Verfassung, als ein Beben unter den Geheimnissen
des Lebens, als ein Spüren der göttlichen Macht, ist keine Grundlage
für eine religiöse Erneuerung und eine sittliche Wiedergeburt vorhanden. Denn ursprüngliche Ehrfurcht ist primitives Gotteserlebnis,
und allein aus der Ehrfurcht heraus entfaltet sich Pflichtbewußtsein
und Verantwortlichkeitsgefühl. Wenn darum das Erzittern unter dem
göttlichen Geheimnis die tiefste Schwingung unsers Lebens werden,
und das berühmte deutsche, kantische, preußische Pflichtbewußtsein
wieder erstarken soll, so muß erst die Ehrfurcht wieder geweckt werden.

Vielleicht wird sie aus der Angst und Ohnmacht aufdämmern,
aus dem Versagen alles menschlichen Könnens, aus dem fassungs-
losen Entsetzen vor den blutigen Schrecken des Chaos. Dann werden
die einen verzweifeln und die anderen in Ehrfurcht erschauern.
So weit brauchte es aber nicht zu kommen, wenn die Menschen den
gegenwärtigen Gesamtzustand erfassen würden und sich zu Herzen

gehen ließen. Es ist die Schicksalsfrage für uns. Denn Ehrfurcht
ist die Grundlage aller Kultur, Ehrfurchtslosigkeit die Erschütterung
alles Begründenden. Nur der Ehrfürchtige weiß instinktiv, daß er
nicht für sich da ist, und sein Leben eine Bedeutung hat, die über
ihn hinausgeht. Darum fühlt er sich unwillkürlich verpflichtet und
verantwortlich, eingegliedert und zum Dienste bestimmt. Nur der
Ehrfürchtige ist empfänglich und fruchtbar. Denn seine Seele ist
aufgeschlossen, reizsam und erregbar. Sie kennt die lebendige Span=
nung und die Wonne der Lösung. Nur muß die Ehrfurcht un=
mittelbar in uns leben. Alles Unreflektierte ist unlebendig. Es ist
nur ein Gesichtspunkt, eine Beleuchtung, aber keine unmittelbare
Schwingung unsers Selbst.

Wer aber aus der Ehrfurcht heraus lebt, der lebt aus dem
Lebensgefühl seiner Seele heraus. Denn was ihn mit Ehrfurcht
erfüllt, ist das Schwingen feiner Seele unter den gewaltigen Ein=
drücken, die von allen Seiten auf ihn eindrängen. Und aus der
Seele heraus leben heißt: leben aus Glauben. Denn Glaube ist
das ursprüngliche Empfinden der Seele. Das ist das allein wahre
Leben. Denn es wurzelt im Ewigen, und in allen seinen Entfaltungen
und Äußerungen treiben und gestalten göttliche Lebenssäfte. In dieser
Begründung und Verfassung beruht seine Selbständigkeit und Eigen=
gesetzlichkeit, seine Widerstandskraft und schöpferische Selbstentfaltung,
seine Genialität und Weltüberlegenheit. Hierin wurzelt das Ge=
lingende, Erfüllende, Fruchtbare, Beglückende des wahren Lebens.
Das Werk des Lebens, das aus Glauben quillt, ist göttliche Schöpfung.
Es ist eine Äußerung seines Waltens, ein Ausdruck Gottes in mensch=
licher Gestalt und Weise, Beseelung und Bildung des Diesseits vom
Jenseits. Als solches offenbart es die Wahrheit des Menschen und
die lautere Menschlichkeit.

Nur aus dieser Seelenquelle heraus kann die Blutvergiftung
unsers Volks geheilt und die gemeine Lustseuche überwunden werden.
Nicht durch Zucht der sinnlichen Instinkte, nicht durch Umbiegen
des Selbsterhaltungstriebs, nicht durch Pflege geistiger Interessen,
sondern nur aus dem tiefen Empfinden unsers Innersten, das von

dem furchtbaren Schicksal unsers Volks ergriffen ist, das von Entsetzen über seine Entartung gepackt wird und aufs tiefste zerknirscht
ist über sich selbst. Denn jeder von uns ist ja schuld, und wer es
scheinbar am wenigsten ist, der ist es am meisten. Denn wem viel
gegeben ist, von dem wird viel gefordert.

Wenn wir aus dem lebendigen Empfinden der Seele heraus
leben, dann wird unser Leben ganz von selbst anders. Es wandelt
sich unmittelbar. Es kommt zurecht. Es löst sich seine Starrheit,
der äußerliche mechanische Betrieb, das gewohnheitsmäßige Gebaren,
die geistlose Machenschaft: es wird lebendiges ursprüngliches Geschehen von innen heraus. Und es gewinnt lebendigen Zusammenhang mit der Wirklichkeit. Es entsteht eine Lebensgemeinschaft mit
Natur und Schicksal, mit den Verhältnissen und Aufgaben, mit den
Menschen und Begebenheiten. Denn alles wird lebendig und äußert
Leben. So wird die Fühlung mit der Tiefe der Wirklichkeit gewonnen und der lebendige Zusammenhang mit der seelischen Menschheitsgeschichte. Das göttliche Geheimnis, das in allem waltet, wird
erlebt, und damit vollzieht sich die Empfängnis der göttlichen Lebensanstöße, aus der das schöpferische Leben hervorgeht. Das Verhängnis,
das unser Leben zum Sterben macht und uns verwesen läßt, ist
die Losgelöstheit von Gott, die Isolierung aus dem Zusammenhang seiner Lebensfülle, die in allem irdischen Geschehen verborgen
kreist. Das Heil, das uns Leben gibt, ist die Fühlung mit Gott,
dem Lebendigen. Darum muß Gott unserm Geschlecht wieder groß
und gewaltig werden — nicht in Gedanken, sondern im Leben —,
ja das Einzige, was dem Dasein Wesen und Wert verleiht. Von
ihm muß uns die Welt tagen, von ihm aus Leben quellen, von
ihm aus alles Sinn und Bedeutung gewinnen, damit die göttliche
Bestimmung erfüllt und dadurch alles zurechtgebracht wird, was außer
Rand und Band geraten und damit dem Verderben verfallen ist.

Sehen Sie doch die Menschen an und blicken Sie auf sich
selbst, wie umnachtet und hilflos sie sind. Ihr Leben ist ein an-
organisches Gefüge und Geschiebe, das sich durch Druck und Gegen-
druck bewegt, ein fortgesetztes Versehen, Verfehlen, Vergehen, Ver-

kehren, ein unfruchtbares und unbefriedigendes Mühen und Sich-
quälen, kein freies, elastisches Sichbewegen und Verhalten, kein
ursprüngliches Sichentfalten und Äußern aus dem organischen Zusammenhang mit der lebendigen Wirklichkeit heraus, keine Offenbarung quellenden Lebens, das sie ergreift und aus ihnen entspringt. Ihr Leben ist Willkür, nicht innere Notwendigkeit, reflek-
tiertes, konstruiertes Gemächte, nicht geniale Schöpfung: weil ihr
ganzes Streben, Tasten, Tun zusammenhanglos und wurzellos vor
sich geht, außer dem Kreislauf des Lebens, ohne den seelischen
Drang aus der Tiefe. Jeder ist für sich, ohne gliedliche Einordnung,
aus der göttlichen Lebensgemeinschaft gesondert, in einer wahn-
sinnigen Drehe um sich selbst begriffen, in sich beschränkt, verblendet,
verstockt, allem fremd gegenüberstehend, handelnd, sich wehrend
oder vollsaugend. So verdorren sie alle in einer furchtbaren Abgeschiedenheit von der Fülle des Lebens. Lebenszuflüsse ergießen
sich in uns nur von lebendigen Eindrücken, die wir von den Erscheinungen und Vorgängen, von unsern Verhältnissen und Lebensansprüchen, Schicksalen und Nöten empfangen. Aber das geschieht
nur, wenn unsre selbstsüchtige Verkrustung durchbrochen und eine
lebendige Verbindung mit den Dingen hergestellt ist. Dann sind
wir für alle Erlebnisse aufgeschlossen. Das sind die Rinnsale göttlichen Lebens. Aber davon werden wir im Innersten nur gespeist,
wenn wir durch unsre Erlebnisse Fühlung gewinnen mit der Lebensmacht, die alles trägt, die sich in allem schöpferisch entfaltet, von
der alle seelischen Kräfte, alle Lösungen und Gestaltungen stammen.
Darum müssen wir diese Fühlung mit aller Kraft suchen. Dort
allein liegt das Heil unsers Volkes. Und wir müssen es unserm
Volke vermitteln, jeder durch sich.

Wir gewinnen aber den festen Kontakt mit Gott, wenn wir
uns von ganzem Herzen durch Tat und Leben zu unserm Schicksal,
unsern Verhältnissen und Nöten, unserm Beruf und Lebensansprüchen
bekennen, mit voller Selbsthingabe darauf eingehen und dafür
allein leben. Dann erleben wir die göttliche Anziehungskraft, die
uns elementar die rechte Haltung unter allen Umständen, das

rechte Verhalten zu allem, was uns begegnet, und die rechte Beziehung zu unsrer Umgebung gibt. Wir erfahren sein ordnendes
Walten, unter dem sich unser Sein und Leben neu verfaßt. Ordnung ist aber Bedingung der Kraft und der Klarheit. Kraft ist
die dann sich unter dem Eindruck von selbst lösende Bewegung
der Seele und Klarheit das Aufleuchten unsers Bewußtseins unter
unsern Erlebnissen. So bildet sich das neue Leben aus der Fühlung
mit Gott für den Einzelnen, für die Gemeinschaft, für die Gesamheit.

Wir müssen also alles gläubig ergreifen, was uns das Leben
bringt, von dem furchtbaren Schicksal unsers Volkes an bis zu
der peinlichen Bedrängnis, in der wir Einzelnen stehen, es gläubig
ergreifen als ein Wort Gottes an uns, als seinen Vertrauens-
beweis und seine Gabe, und uns dann selbstvergessen dem hingeben,
was durch uns geschehen soll. Dieses freiwillige, freudige, gläubige
Eingehen auf alles, das nicht mehr jammert und klagt, sondern
das Bedrückende ebenso auf sich nimmt wie das Erhebende, das
ganz unabhängig wird von sich selbst und sich durchaus geweiht
fühlt für das, was gerade geschehen muß, das ist es, was wir
brauchen. Das ist Gottergebenheit, die alles als Gnade Gottes
empfängt und in schöpferisches Lebenswerk umsetzt.

Das darf aber nicht bloß eine Stimmung unsers Gemütes
sein, sondern muß ein Verhalten unsers Lebens werden. Dazu
haben wir jeden Tag Gelegenheit von früh bis abends. Im Augenblick jetzt, wo Sie hören, was ich sage, wie in der nächsten Stunde,
wo etwas anderes an Sie herantritt. Zu allem bereit, immer ganz
dabei, jedes Opfers fähig sollen wir jede Aufgabe zu erfüllen
suchen, auf alles, was über uns kommt, nachdrücklich eingehen,
uns keiner Herausforderung unsrer Seele versagen, sondern uns
für alles verpflichtet fühlen, immer Gottes in allem gewärtig.
Wenn wir aus diesem heiligen Ja heraus alles ergreifen, werden
wir auch von Gott ergriffen. Und erst dann, wenn das unmittelbar durch das Leben geschieht, bricht das echte volle Leben an.
Dann wird der Mensch Organ und Werkzeug Gottes, unbewußt,
indem er lebt, aber tatsächlich durch jede Lebensäußerung. Die

Vorbedingung dazu ist der geschlossene Zusammenhang mit der
Wirklichkeit, die Eingliederung in das große Gefüge des Lebens
und die direkte Fühlung mit dem Mittelpunkt und Ursprung alles
Geschehens durch alles hindurch. Dann kann Gott durch uns leben,
sich in uns entfalten und schaffen. Das ist die einzige Möglichkeit,
die ich für unsre Rettung sehe. Denn es ist unter allen Umständen
eine Wendung vom Tode zum Leben. Sobald sich göttliches Leben
in uns regt und aus uns quillt, ist nicht nur das Vegetieren vorbei,
sondern auch das Entarten und Verwesen des Menschen überwunden.
Dann verfaulen wir nicht mehr, wie es gegenwärtig geschieht,
sondern es tritt eine Heilung ein. Eine Welle der Gesundheit kommt
über uns. Und wenn wir auch noch so heruntergekommen, so elend
und verderbt sind — selbst aus den schauerlichen Fäulnissen und
Zerfallstoffen saugt die lebendige Seele treibende Säfte des Lebens.

Aber das ist nicht so einfach, wie es klingt. Es genügt nicht
der gute Wille, sondern es muß tatsächlich geschehen. Dieses Leben
muß gelebt werden. Das war ja das Verhängnis der Vergangen=
heit: wir hatten die herrlichsten Ideen und wundervollsten Ideale,
aber sie verwirklichten sich nicht. Man denke nur an das praktische
Ergebnis der Geschichte des deutschen Idealismus, das wir jetzt
vor Augen sehen. Was nicht zur Wirklichkeit wird, hat keinen Wert.
Jetzt gehen wir mit diesen Idealen und Ideen samt unserm gesamten
Volk zugrunde. Eine Rettung gibt es für uns nur, wenn das neue
Leben zur Tat wird. Darum kommt alles darauf an, daß wir, die
wir einen Eindruck, eine Ahnung von dem bekommen haben, worauf
es ankommt, jetzt nun unser Leben tatsächlich fo führen, soweit es
uns nur irgend möglich ist. Dann wird sich auch die geringste
Möglichkeit immer mehr entfalten und reiche Wirklichkeit werden.

Bitte nun nicht darüber streiten, ob das ein Mensch von sich
aus kann, oder ob es nicht durchaus Gnade ist. Dieser Einwurf
ist die gewöhnliche Ausflucht der Trägheit. Wir müssen uns jeden=
falls so verhalten, als ob wir es könnten, wenn wir nur wollen.
Das verlangt unser Gewissen. Gewiß ist alles Gnade, genau fo
wie die Luft das Element des Lebens. Die Gnade ermöglicht ja

nicht nur, daß wir das tun, was von uns aus geschehen muß,
sondern daß uns überhaupt erst der Sinn für die Tiefe und für
die Möglichkeit eines wahrhaften Lebens aufgeht. Aber das entbindet doch niemand davon, alle Kräfte dafür einzusetzen, um es
zu erlangen! Durch jedes Verhalten aus dem Ja heraus, durch
jede Bewegung der Hingabe ziehen wir die Gnade in uns ein wie
die Luft durch das Atmen. Infolgedessen kann zwischen Gnade
und Leistung in Wirklichkeit gar nicht geschieden werden. Das ist
theoretische Begriffsspalterei. Wenn sich der Mensch nicht durch
entsprechendes Leben der Gnade aufschließt, wenn er sich nicht so
stellt, daß er begnadet werden kann, so hilft ihm die Gnade ebensowenig wie die Luft dem Menschen, wenn er nicht atmet. Darum
laßt uns tief atmen, damit wir tief begnadet werden! Tief atmen
wir aber, wenn wir tief erleben und mit ganzer Seele den Lebensanspruch erfüllen. Wer von früh bis abends darauf aus ist, diese
erfüllende Haltung allem gegenüber, seiner Frau, seinen Kindern,
seinen Angestellten, einzunehmen, alle Aufgaben, Nöte und Ereignisse mit der Leidenschaft seiner Seele zu ergreifen, das Wort
Gottes, das darin an ihn ergeht, zu tun und davon zu leben, in
den strömen die Lebenswellen der Gnade ein, und ihm wird das
gegeben werden, was er sich mit glühender Seele ersehnt.

Freilich gehört dazu auch, daß wir alles lassen und aufgeben,
was unsern Glauben stört, lähmt und trübt, was unsre Seele betäubt, vergiftet und sich selbst entfremdet: was wider Gott, die
Wahrheit, die Natur und das Leben ist, alle Abhängigkeiten von
dieser Welt, alle Willkürlichkeiten, alle Eitelkeiten. Wir müssen uns
heiligen für die Gnade, um ihrer teilhaftig zu werden. Sonst sind
wir nicht dafür geschickt, fähig, empfänglich. Das ist immer und
überall die unerläßliche Vorbedingung. „Ärgert dich dein rechtes
Auge, so reiß es aus und wirf es von dir." Aber in der gegenwärtigen fürchterlichen sittlichen Verwilderung und Verseuchung
gilt es doppelt und dreifach: Hütet euch, wehrt euch, sagt ab!
Alle Halbheit und Schwäche macht uns unempfindlich für Gott.
Wenn wir uns nicht heiligen, erliegen wir der verdorbenen geistigen

Luft, die wir atmen, werden von unfern sinnlichen Instinkten mit-
fortgerissen, wenn die Reize auf sie eindringen, werden innerlich
zerspalten und durch alles mögliche fremde und eigene Gedankentreiben geistig gestört. Darum müssen wir uns säubern und läutern
für die Offenbarung des Göttlichen, nach der wir uns sehnen.

Aber kann sich denn der Mensch heiligen? Es gibt zwei
verschiedene Begriffe von Heiligung, den vorchristlichen und den
christlichen, den negativen und den positiven, die sich ergänzen.
Die Heiligung in der vorchristlichen Art besteht darin, daß sich
der Mensch absondert von dem profanen, schlechten, weltlichen,
widergöttlichen Treiben, um sich Gott zu weihen, seinem Willen
und Werk. Das ist es, was wir können und müssen. Und wenn
wir jetzt erleben, wie von allen Seiten die trübe Flut uns umringt
und die schlimmen Masseninstinkte in uns einzudringen suchen, dann
gewinnt diese Heiligung eine ganz neue Bedeutung für uns, nämlich den Charakter eines heißen tagtäglichen Kampfs ums Dasein,
um unsre Gesundheit und Sauberkeit, um unsre Redlichkeit und
Vornehmheit, daß wir nicht von der Seuche ergriffen, von den
Miasmen angekränkelt und von den geistigen Bazillen, die wir mit
allen Eindrücken in uns aufnehmen, angesteckt werden. Dagegen
müssen wir uns mit der Leidenschaft unsers Glaubens, mit der Widerstandskraft unsrer Treue, mit der Gefeitheit unsrer Gotteskindschaft
wehren. Laßt uns im Angesichte Gottes leben, damit wir den reinen
unverfälschbaren Geschmack für das gewinnen, was vor ihm besteht
und taugt, und den Abscheu für alles, was ihm abscheulich ist. Das
ist es, was uns nottut. Und wenn wir das tun, dann wird das
andere, was das Neue Testament unter Heiligung versteht, von selbst
eintreten. Dann werden wir erfüllt werden von dem heiligen Geist.

Das kann sich aber kein Mensch geben. Das muß empfangen
werden, entspringen aus der göttlichen Tiefe unsrer Seele, dieses
quellende Leben des Göttlichen in uns, das sich regt, wenn Gott
durch unsre Erlebnisse zu uns spricht. Der heilige Geist[1] ist die

---

[1] Vgl. Von Weihnachten bis Pfingsten S. 261 ff. C. H. Beck'sche Verlagsbuchhandlung München 1914.

Kraft und Fülle der urfprünglichen Empfindungen unfrer Seele
als neuer Gehalt unfers Bewußtseins, Gemüts und Willens, ift
die Genialität, der Charakter, der Mut und Lebensdrang der
Seele, das fchöpferifche Element des neuen Lebens, um das es uns
geht. Diefes göttliche Wefen und Leben in uns ift die Erfüllung
all unfrer Sehnfucht. Aber wir können es uns nicht erfehnen. Es
ift reine Gabe Gottes. Doch wenn wir uns nicht von dem Ich-
geift und Weltgift entäußern, um für diefen heiligen Geift frei zu
werden, wird er nie in uns leben und uns erfüllen. Erft in dem
Maße als das gefchieht, als der Spürfinn unfrer Seele, der Glaube,
lebendig, rein und ftark wird, fo daß er in allen Lebensanfprüchen
die unfichtbaren Strahlen Gottes erblickt und in allen Ereigniffen
des Tages feine Sprache vernimmt, wird ein neues Leben in uns
anheben, das in Wahrheit allein Leben ift, die fchöpferifche Entfaltung der göttlichen Macht in uns.

Wenn das aber wirklich in uns quillt und treibt, dann gewinnt unfre ganze Haltung und Verfaffung, unfer Leben, Streben
und Arbeiten einen ganz neuen Sinn und Zweck. Wofür lebt der
Menfch? Der Menfch, der zugrunde geht, lebt nur für fich, für
die Befriedigung feiner Wünfche, für fein Behagen, feine geiftigen
Intereffen, fein Glück. Wer aber aus Gott lebt, der lebt nicht für
fich, fondern für das Ganze. Das gehört zum Wefen des Organs
und Werkzeugs. Das ift nichts für fich, hat an fich keinen Sinn
und Zweck, fondern ift nur etwas in der Hand deffen, der es
braucht, und gewinnt nur von dem Wert und Bedeutung, wozu
es da ift. So fteht der Menfch zwifchen Gott und Gottes Werk,
und der Sinn feines Lebens ift, den Willen Gottes zu tun, das zu
erfüllen, was Gott durch ihn erfüllen will.

Steht es fo, dann verwirklicht fich das wahre Leben im Dienen.
Es dient Gott. Dient es aber Gott, fo dient es auch den Menfchen,
dem allgemeinen Leben, dem Gedeihen unfers Volks, dem Aufftieg
der Menfchheit. Je mehr es dient, um fo gefteigerter, völliger, ent-
falteter, reicher ift es, um fo mehr verwirklicht es fich nach Grad
und Art. Die Menfchen des gewöhnlichen Lebens wollen nicht

dienen, sondern herrschen. Sie arbeiten nicht, um zu dienen, sondern
um zu verdienen. Sie wollen nicht geben, sondern nehmen, nicht
sich einsetzen, sondern ausnützen, nicht opfern, sondern genießen,
nicht leisten, sondern davontragen. Das notgedrungene, eigennützige,
berechnende Dienen ist etwas ganz anderes als das seelische Dienen,
das aus dem kategorischen Imperativ des Glaubens entspringt. Wer
verdienen will, bringt sich ums Dienen. Der Adel des Dienens
besteht in der Freiwilligkeit ohne Lohn und Wiedervergeltung. In
der Unbedingtheit, mit der wir uns hingeben und unser Leben ein=
setzen, beruht unsre Menschenwürde. Sobald wir des Geldes, des
Dankes, der Ehre, der Selbstbefriedigung wegen dienen, werden
wir Knechte. Freie Kinder Gottes sind wir nur, wenn wir aus der
inneren Notwendigkeit des in uns treibenden Geistes Gottes für
die anderen leben. Das unmittelbare innere Muß, wo die rechte
Hand nicht weiß, was die linke tut, ist die unnachahmliche Art der
Kinder Gottes. Das allein ist der heilige Dienst: das Schenken=
müssen aus innerem Drang, aus der Fülle dessen heraus, was uns
gegeben wird, aus dem Gefühl der Verpflichtung, alles, was uns
anvertraut ist, in Leben für die anderen, für die Gemeinschaft um=
zusetzen, aus der Sehnsucht, Frucht zu bringen und Leben zu geben.
Je mehr, je tiefer und weittragender jemand dient, um so be=
deutender, um so größer und wertvoller ist er. Denn um so mehr
richtet Gott durch ihn aus. Darum ist es unsre Ehre zu dienen,
weil es unsre Bestimmung ist. Wir können aber nicht Leben geben,
ohne zu empfangen, nicht in die Weite uns auswirken, ohne in
die Tiefe Wurzel zu schlagen, nicht göttliches Leben vermitteln, ohne
uns schöpferisch zu entfalten, nicht in der Leistung zunehmen, ohne
an uns selbst zu wachsen. Darum ist der Weg des Dienstes auch
der einzige Weg zu menschlicher Größe und Kraft. Weil wir als
einzelne wesentlich Glieder sind, können wir unsre Vollendung nur
dadurch erreichen, daß wir völlig als Glieder leben. Nur muß
unser Dienen ursprünglich sein, aus seelischem Drang geboren, nicht
Anstrengung aus sittlichem Vorsatz. Das Dienen aus Glauben ist
etwas anderes als das Dienen aus Überzeugung. Nur das reli=

giöfe Dienen ift fchöpferifch und wirkt Leben gebend. Denn es ift
Lebensäußerung Gottes durch uns. Das ift die Erklärung dafür,
daß fo viel unfruchtbar gedient wird, und fo unzählige Menfchen
unter ihrem Dienen beften Willens verkümmern. Zur Schickfals-
wende für unfer Volk wird alfo ein Leben des Dienftes nur dann,
wenn es wahrhaftiges Leben und echter Dienft ift. Dann beginnt
überall da, wo es Tat und Wahrheit wird, fchöpferifche Gärung
und eine Krife der Wiederherftellung.

Diefes Leben wird fich aber nicht eher wie ein Strom der
Erneuerung über unfer Volk ergießen, ehe es nicht in vielen Rinn-
falen von Einzelleben, in denen es wahrhaft verwirklicht wird,
zufammenfickert und überall Quellen bildet, um fo an vielen Orten
emporzufprudeln und die Umgebung zu befruchten. Eher wird es
niemals anders mit uns werden. Dies ift das Wunder, das uns
allein retten kann. Diefes Wunder aber ift feelifches Wefen und die
feelifche Weltordnung, die in Menfchen geboren wird und zu einer
Neuverfaffung alles Menfchlichen führt. Es ift kein magifcher
Zauberakt, fondern ein neues Werden, göttliche Offenbarung, Erlöfung und Schöpfung im menfchlichen Leben. Es ift das, was
Jefus unter Reich Gottes verfteht. Das muß unter uns ins Leben
treten. Von diefer Welt gibt es keine Zukunft mehr für uns. Nur
wenn das Reich Gottes verwirklicht wird, gibt es ein neues deutfches
Volk, weil es dann zum erften Male ein wahres Volk gibt, gibt
es ein neues Deutfchland, das Reich Gottes und unfer wahres
Vaterland ift. Wenn das gefchieht, wird unfer Land und Volk in
einer Herrlichkeit aufblühen, von der wir uns jetzt gar keine Vor-
ftellung machen können. Denn wenn diefes Leben die Menfchen
erfaßt, fie durchdringt und aus ihnen quillt, dann gibt es eine
fchöpferifche Entfaltung der Seele, ein Zeitalter der Löfung aller
Probleme unfers Dafeins, der Erlöfung von allen herrfchenden
Mächten diefer Welt, der Erfüllung deffen, was an Anlage und
Beftimmung in uns liegt. Dann ift die neue Stufe erreicht, auf
die wir hinauf müffen. Und es ift eine Gnade von Gott, daß wir
auf dem gegenwärtigen Niveau keine Exiftenzmöglichkeit mehr haben.

XXII.   8

Auf diese Weise sind wir gezwungen, eine neue Höhe menschlichen Seins zu gewinnen. Der Vertrag von Versailles, der Untergang unsers Volkes zwingt uns hinauf.

Aber sehen Sie, meine Freunde, es hat doch nun gar keinen Sinn, daß ich Ihnen das alles vorrede, wenn Sie es nicht tun. Wenn Sie es nur in Ihr Inneres aufnehmen und in Ihrem Herzen bewegen, so bleibt es ebenso unfruchtbar für unsre Zukunft wie das Vegetieren der genußsüchtigen Schichten unsers Volks. Nur wenn es aus Ihnen heraus ins Leben tritt und sich als die Erscheinung eines neuen Wesens verwirklicht, hat es Wert und schöpferische Wirkung. Aber das geschieht bis jetzt nicht. Wie oft ist dazu aufgerufen worden! Es ist ja gar nichts Neues, was ich Ihnen sage. Aber es geschieht nicht. Viele treibt es innerlich dazu, aber über das „ich möchte" kommen sie nicht hinaus. Sie schlagen mit den Flügeln, aber erheben sich nicht vom Boden des gewöhnlichen Lebens.

Denken Sie daran, daß in den großen Städten Deutschlands Kinder verhungern, daß viele Kinder, die geboren werden, in Papier gewickelt werden müssen, weil es keine Wäsche für sie gibt, daß unzählige Volksgenossen, die die Wut unsrer Feinde aus Elsaß-Lothringen, aus den baltischen Ländern, aus den Kolonien, aus den slavischen Teilen Österreichs, aus den feindlichen Ländern vertrieben hat, obdachlos herumirren und im Elend verkommen. Denken Sie daran, und fragen Sie sich, was Sie aus Ihrem Überfluß für diese Armen getan, geschweige was Sie geopfert haben. Warum stehen nicht Zehntausende auf und sagen: Ich will ein Kind versorgen, ich will einen Flüchtling zu mir nehmen. Das wäre eine Tat. Und wir brauchen Taten. Alles andere hilft uns nichts. Durch die Tat beweist sich die Echtheit. Es ist doch die reine Verhöhnung Gottes, wenn Sie sagen, Sie wollen dienen und sich opfern, und Sie geben nichts her. Haben Sie nicht genug Sachen, die die Gier der Blutsauger und Schmarotzer unsers Volks reizen? Geben Sie sie hin und kaufen Sie Lebensmittel für die Notleidenden. Da fahren Sie empört auf: „Da hört sich doch alles auf!" Allerdings. Das träge Vegetieren und Sichgehenlassen in geistigen und seelischen Dingen, das hört dann auf. Das muß aber auch auf-hören. Denn wenn es nicht aufhört, dann wird nichts.

Tag und Nacht sollten wir die ernste Stimme Jesu in unsern Ohren klingen hören, damit wir nicht am jüngsten Tage vor ihr erzittern: „Ich bin hungrig gewesen, und ihr habt mich nicht ge-speist, ich bin durstig gewesen, und ihr habt mich nicht getränkt, ich bin unterwegs gewesen, und ihr habt mich nicht beherbergt, ich bin nackend gewesen, und ihr habt mich nicht bekleidet, ich bin krank und gefangen gewesen, und ihr habt mich nicht besucht . . . was ihr nicht getan habt einem unter diesen meinen geringsten Brüdern, das habt ihr mir nicht getan." Und in feurigen Lettern sollten wir Tag und Nacht die Worte vor uns flammen sehen: „Brich dem Hungrigen dein Brot, und die im Elend sind, führe in dein Haus. So du einen nackend siehst, so kleide ihn, und ent-ziehe dich nicht deinem Fleisch." Dann wird sich auch die Verhei-ßung erfüllen, die der Prophet daran knüpft: „Alsdann wird dein Licht hervorbrechen wie die Morgenröte. Deine Besserung wird schnell wachsen. Deine Gerechtigkeit wird vor dir hergehen, und die Herrlichkeit des Herrn wird sich deiner annehmen."

Wir stehen am Scheidewege. Ich werde oft gefragt: „Was erwarten Sie denn nun, was werden wird; haben Sie Hoffnung für das deutsche Volk?" Und ich muß immer bekennen: Ich weiß es nicht. Nach menschlicher Überlegung habe ich keine Hoffnung, einfach deshalb nicht, weil ich nicht die Menschen sehe, die alles daransetzen. Ich sehe nicht die zwei Millionen, die sich wie die draußen Gefallenen opfern mit Blut und Leben, mit Gut und Seele für ihr Volk. Wir haben Volksbünde und Vereine im Über-fluß. Alle möglichen neuen Gründungen schießen jetzt wie Pilze aus der Erde. Aber das sind alles nur Ausflüchte, wie man etwas von sich abschiebt und die Verpflichtung auf einen Verein, seine Angestellten und Anstalten abwälzt. Das ist alles gewiß sehr gut, sehr nötig und sehr wertvoll. Aber uns hilft nur die persönliche Tat, das persönliche Opfer, das Sichselbsthingeben, sagen wir es

8*

mit einem Worte: das Sterbenwollen für unser Volk. Und das
sehe ich nicht. Darum kann ich auch nach menschlichem Ermessen
nicht daran glauben, daß es eine Rettung für uns gibt. Wenn
ich doch darauf hoffe, so tue ich es nur aus dem Glauben an
Gott heraus, aus der Gewißheit, daß Gottes Barmherzigkeit größer
ist als die Jämmerlichkeit der Menschen. Aber immer mit einer
Einschränkung: Was kann die Barmherzigkeit Gottes tun, wenn
die Menschen sich in ihren Herzen nicht erweichen laffen? Und es
sieht fast so aus, als ob sich unser Volk nicht erweichen ließe. Es
ist Barmherzigkeit Gottes, daß wir in diese furchtbare Lage geraten sind, daß der ganze Organismus unsers Volfs in einer Krankheit auf Tod und Leben fiebert, um die Todesfermente auszustoßen.
Aber das ist den Menschen noch nicht aufgegangen. Es fehlt ihnen
in der furchtbaren Lage die Gottergebenheit und darum auch die
Gottergriffenheit. Würden wir durch das Schicksal unsers Volkes
aufs tiefste von Gott ergriffen werden, so würden wir damit hoch
aus dem Getriebe des gewöhnlichen Lebens, das zum Verderben
führt, herausgehoben, und alles das, was ich Ihnen ausführte,
würde sich Ihnen von selbst verstehen. Es würde Leben und Wirklichkeit werden aus einem inneren Drange heraus. Und damit be-
gönne eine neue Schöpfung.

Darum möchte ich alle aufrufen, die im Innersten von dem
Schicksal unsers Volkes erschüttert sind, daß sie in den Abgrund
springen. Dann wird er sich schließen. Sobald wir durch solches
Sterben das wahre Leben gewinnen, gibt es für unser Volk einen
neuen Lebensboden. Und wenn es sich in Tat und Wahrheit ausbreitet, wird es auch die zu den Ursprüngen des Lebens zurückführen, die jetzt im Weltbann, Weltwahn und Weltgift zugrunde
gehen. Dann allein gibt es für das deutsche Volk noch eine Zukunft und eine Sendung.

hatten — bei der Vervierfachung der Druck- und der Verfünf-
fachung der Papierkoften. Dabei höre ich, daß das neubeftellte
Papier wenigftens doppelt fo viel koften wird wie im vorigen Herbft.
So ftehen wir wieder vor der Not: entweder Erhöhung des Bezugs-
preifes oder Verringerung des Umfangs, wenn die Grünen Blätter
nicht ganz eingehen follen.

Das Heft enthält die drei erften meiner Berliner Vorträge
vom Herbft, die ich auch in Dresden gehalten habe. Ich habe
lange gefchwankt, ob ich fie bringen follte. Schließlich hielt ich es
doch für richtig, zumal ich nicht mehr darüber fprechen werde.
Ich litt damals fchon unter einer elementaren Abneigung gegen
alles Reden, die feitdem noch gewachfen ift. Infolgedeffen muß ich
fchweigen, bis ich wieder reden kann. Das ift der Grund, warum
ich alle Aufforderungen zu Vorträgen abfchlagen mußte. Ich bitte
meine Lefer und Hörer, diefen inneren Zwang zu fchweigen ebenfo
zu refpektieren wie das innere Muß, das mich reden ließ. Körperliche und geiftige Ermüdung ift jedenfalls nicht die Urfache. Eher
der Eindruck, daß es jetzt auf Taten und Ereigniffe ankommt, daß
nichts mehr zu fagen ift, ehe nicht die innere Erfchütterung durch
das Schickfal eingetreten ift, die für das Wort empfänglich macht.
Vielleicht muß erft die Kataftrophe über uns hereinbrechen, die alle
Nüchternen und Einfichtigen kommen fehen, wenn keine Revolution
der Seelen ausbricht.

Elmau, den 14. März 1920.

Johannes Müller

C. H. Beck'sche Buchdruckerei in Nördlingen

Gott

Erster Teil

Vierteljahrsheft der Grünen Blätter

Zeitschrift für persönliche und völkische Lebensfragen

von

Johannes Müller

Elmau

22. Band · Verlag der Grünen Blätter · 3. Heft

1920

Die Grünen Blätter, Vierteljahrsschrift für persönliche und völkische Lebensfragen, sollen — der persönlichen Fühlung des Verfassers mit seinen Lesern wegen — möglichst direkt vom Verlag der Grünen Blätter in Elmau Post Klais (Oberbayern) bezogen werden, sind aber auch durch den Buchhandel zu haben.

Der Preis beträgt für einen Jahrgang (einschl. Porto) für Deutschland 7.— Mk., für Österreich-Ungarn 10 Kr., Niederlande 2,30 G., Schweiz, Frankreich usw. 4,50 Fr., Dänemark, Schweden und Norwegen 3,50 Kr., Finnland 7 finn. Mk., Amerika 1 Dll.

Das Abonnement gilt bis zur Abbestellung, die nur nach Abschluß eines Bandes erfolgen kann.

Der Einzelpreis dieses Heftes beträgt 2,50 Mk.

Postscheckkonto Verlag der Grünen Blätter Nr. 1233 Nürnberg.

Inhalt

Mitteilungen

Dies Heft ist der Frage nach Gott gewidmet, die in unsrer Zeit wieder die Gemüter zu bewegen beginnt und auch das nächste wird sich damit beschäftigen. Der Abschnitt: „Das Besondere der Bibel" ist einem Vortrag von Karl Barth, „Biblische Fragen, Einsichten und Ausblicke", der im Verlag von Chr. Kaiser in München erschienen ist, mit gütiger Erlaubnis des Verfassers und Verlegers entnommen. Für die neu eingetretenen Leser möchte ich als Ergänzung zu diesen Aufsätzen noch auf das Heft: „Weltkatastrophe und Gottesglaube" verweisen, das zum Preise von M 1.50 vom Verlag zu beziehen ist.

Gott

Kürzlich sprach jemand sein Erstaunen darüber aus, daß ich an Gott glaube. Ich finde es nun allerdings sehr wunderbar, daß ich an Gott glauben kann, ebenso wunderbar, wie daß ich sehe. Aber es ist mir in keiner Weise erstaunlich, jedenfalls nicht erstaunlicher als alles andere, was sonst ist und geschieht. Es versteht sich mir von selbst, ebenso wie daß ich lebe und empfinde. Es wäre mir alles unbegreiflich, wenn ich nicht glaubte. Ich könnte nicht leben ohne diesen Glauben. Aber ich glaube nicht, weil ich sonst nicht leben könnte, sondern ich lebe, weil ich glauben kann. Ich lebe aus Glauben, auf Grund von Glauben an Gott. Und wenn ich sehe, wie allenthalben das Leben, das gegenüber der herrschenden Verwesung in Wahrheit Leben ist, noch ein verschlossenes Geheimnis ist, wie die Menschen es nicht entdecken, sich erschließen und seiner froh werden können, so sehr sie unter ihrem vorgeblichen Leben leiden, so verstehe ich das daraus, daß sie nicht glauben können. Das Erstaunliche und Unbegreifliche ist mir aber, daß es Menschen gibt, die nicht an Gott glauben können, da ja unsre ganze Existenz in ihm beruht.

Gott ist mir das Allerwirklichste, wahrhaft Seiende, Unfraglichste. Ich verstehe die Menschen nicht, die davon keinen Eindruck haben. Ich finde es seltsam und unbegreiflich, daß so viele an den trügerischen Augenschein der Dinge glauben und von der Voraussetzung alles Wahrnehmens und Denkens nichts spüren, daß sie in ihren Weltanschauungen sich verfangen und die Unbefangenheit des Glaubens nicht kennen, obwohl sie wissen, wie fragwürdig alle Formen unsrer Auffassungen sind. Ich finde es merkwürdig, daß die Menschheit an die Ergebnisse der Wissenschaft glaubt, obwohl gerade in unsrer Zeit der wissenschaftliche Begriff der Welt an fundamentalen Stellen erschüttert worden ist, und das Allergewisseste

übersehen, verkennen, verneinen. Ich verstehe nicht, wie zahllose
Gebildete an die Märchen höherer Welten, die ihnen ein Anthro-
posoph erzählt, bis zu den Grausigkeiten der schwarzen Magie
glauben, aber sich aufregen, wenn jemand wie ich an Gott glaubt.
Mich kann vielmehr die Eindruckslosigkeit und Ehrfurchtslosigkeit
der Atheisten aufregen, die doch ebenso wie wir andern allenthalben vom Geheimnis umringt und bedrängt werden und doch
kein Bedenken tragen, etwas zu verneinen, was über ihren Horizont
geht, was sie nicht kennen.

Alles das ist mir erstaunlich. Aber Gott, der Ursprung und
Lebensquell, der Walter und Erhalter alles Seins versteht sich für
Menschen, die es sind, doch wahrhaftig von selbst, und ihr Glaube
ist das Grundelement ihres Wahrnehmens und Lebens. Die nicht
an Gott glauben können, kommen mir vor wie die Blumen draußen,
die sich nach dem Lichte sehnen und strecken, das Licht ahnen und
in ihm in tiefen Farben erglühen, aber blind sind für die Welt,
die sie umgibt, die in Nacht leben, obwohl sie vom Lichte leben.
Dieser Eindruck kann einen aufs tiefste erschüttern. Aber ist es
nicht dasselbe, wenn Menschen von Gott und zu Gott leben, aber
nicht wissen, daß es Gott gibt, und infolge dieser Blindheit in
Nacht leben, statt daß ihnen in seinem Lichte die Welt aufleuchtete!

Ich gebrauche nicht gern den Ausdruck „an Gott glauben".
Denn ich glaube nicht im üblichen Sinn, in der herkömmlichen
Weise. Es ist keine Überzeugung von mir, die ich gewonnen, sondern
ein ganz elementares, unmittelbares Bewußtsein, das all meinem
Empfinden und Denken zugrunde liegt, ein ganz unwillkürliches
Wahrnehmen und Innesein Gottes. Es ist nicht das Ergebnis von
Forschungen, Erkenntnisverbindungen und Gedankengängen. Ich
glaube nicht an Gott, weil ich sonst nichts verstehe und in Sinn-
losigkeit vergehe, sondern ich lebe im Licht, indem ich die Augen
aufschlage, und dieses Licht ist Gott.

Um zu verstehen, wie ich das meine, vergleichen Sie Ihren
Glauben an das Leben. Das ist doch auch nicht eine Überzeugung,
die Sie gewonnen haben, auch nicht ein Ergebnis wissenschaftlicher

Forschung oder ein philosophisch ausgebrüteter Gedanke, sondern
ein unmittelbares Erlebnis, das Ihr Bewußtsein trägt. Sie sind
des Lebens inne, denn das Leben strömt in Ihnen, Sie denken
gar nicht darüber nach, sondern äußern es unmittelbar, und es
fällt Ihnen erst recht nicht ein, daran zu zweifeln. Ihr Zweifeln
wäre ja selbst eine Äußerung des Lebens. Genau so steht es mit
dem Glauben an Gott. Wir könnten gar nicht die Frage nach
Gott aufwerfen, an ihm zweifeln, uns gegen ihn verstocken, wenn
er uns nicht berührte, trüge, wenn wir nicht irgendwie in ihm ur-
ständeten. Wenn man daher Beweise für Gott wollte, so wäre der
Zweifel an Gott, der Sinn für das Unendliche, auch wenn er sich
dagegen kehrt, schon Beweis genug. Aber ich will das gar nicht.
Denn Gott beweisen wollen ist kindisch, wenn man nichts, was
existiert, beweisen, sondern nur erfahren kann und schließlich alles
glauben muß.

Glaube an Gott ist ein unmittelbares Bewußtsein, ein ganz
unwillkürliches (nicht gewolltes, erstrebtes), ursprüngliches (nicht
nachgefühltes, aus Inbrunst des Gemüts geschöpftes) Empfinden.
Infolgedessen kann man niemand dies Empfinden geben. Es stellt
sich nur ein, wenn wir im Innersten von Gott berührt werden.
Man kann es niemand klarmachen, ebensowenig wie dem Blinden
die leuchtende Welt der Farben. Es kann sich ihm nur von selbst
aufklären, wenn ihm das Licht Gottes aufgeht, indem es ihm die
Augen öffnet. Wir können ja auch sonst niemand etwas klarmachen,
sondern ihm nur dazu verhelfen, daß ihm etwas klar wird durch
Eindrücke und Erlebnisse. So auch hier. Glaube ist eine unmittelbare Klarheit, die dem Menschen aufgeht, ebenso wie ihm der Tag
aufgeht. Und wem es nicht tagt, dem ist nicht zu helfen. Man
kann ihm höchstens sagen: Es ist Tag, Freund, du aber lebst in
der Nacht, vielleicht daß etwas von dieser Kunde die Fühler seiner
Seele rührt, daß sie sich nach dem Lichte strecken und ihm der Sinn
aufgeht für das ungeheure Licht Gottes, in dem wir leben. Aber
schlüssig beweisen, erkenntnismäßig nachweisen ist absurd. Alle
Wissenschaft bleibt an der Oberfläche der Wirklichkeit. Wie sollen

9*

wir da vom wissenschaftlichen Boden aus etwas über Gott, die
Tiefe aller Wirklichkeit, sagen, ausmachen oder gar beweisen! Es
ist vollendete Torheit, wenn Sie überhaupt auf den Gedanken
kommen, daß hier eine Verbindung der Erkenntnis möglich sei.
Das sind zwei verschiedene Gebiete: Endlichkeit und Unendlichkeit.
Gott ist das Jenseits in allem und in uns, und wenn dieses Jenseits in uns lebendig wird, dann gehen uns die Augen auf und
wir sehen das Licht. Denn wenn wir Gott sehen, sehen wir ihn
nicht mit den Augen unsers Geistes — die sind kurzsichtig, endlich,
beschränkt, sinnlich befangen —, sondern mit dem Spürsinn der Seele,
des Göttlichen in uns.

Weil das so ist, hören Sie mich so selten über Gott reden.
Das Reden über Gott mutet mich an wie Gotteslästerung. Man
kann höchstens von Gott zeugen. Aber von Gott zu zeugen ist eine
furchtbar verantwortungsvolle Sache. Das sollte man nur bei ganz
besonderen Gelegenheiten tun, wenn es innerlich notwendig ist.
Aber aus allen meinen Äußerungen über irgend etwas strahlt das
Licht Gottes. Und wenn ich Ihnen etwas über die Geheimnisse
des Lebens offenbaren, wenn ich Ihnen Wege weisen kann, die
uns aus der Not herausführen, wenn ich etwas weiß vom Schicksal der Menschheit, so ist das alles Licht aus dem unerschöpflichen
Lichte Gottes. Wenn Sie das aber nicht merken, sondern für Entdeckungen oder gar für Hirngespinste von mir halten, so können
Sie mir bloß leid tun, denn dann hilft es Ihnen auch nichts.

Kann man überhaupt über Gott reden? Es ist, als ob die
Zunge gelähmt würde. Gott ist für uns unfaßbar. Jede faßliche
Vorstellung von Gott ist verkehrt, denn damit ist er schon endlich
gefaßt. Um wieviel mehr sind alle unfaßbaren Eindrücke und Klarheiten von Gott unsagbar! Darum dürfen Sie mich ja nicht so
mißverstehen, als ob ich mit Glauben an Gott irgendeinen Gottesbegriff meinte. Jeder Gottesbegriff ist mir absurd, ist mir eine
Unmöglichkeit, jeder Gottesbegriff ist ein Bild und Gleichnis von
Gott, das wir uns nicht machen sollen, weil wir uns damit Gott,
den Lebendigen verdunkeln, ist ein Fetisch, aus allzumenschlichen

Gedanken und Gefühlen gebildet, mit dem wir Götzendienst treiben, den wir wegwerfen, wenn er uns im Stich läßt: „Ich habe meinen Glauben verloren."

Davon will ich nichts wissen. Ich will das Geheimnis Gottes nicht begreifen und faßlich darstellen, sondern es fürs Leben erschließen und im Leben offenbaren. Das wahre Leben ist das Leben aus diesem Geheimnis, und wir werden nur in dem Maße Mensch, als wir mit diesem Geheimnis Fühlung gewinnen, als es in uns waltet und gestaltet. Darum lassen Sie ruhig alle Gottesbegriffe, die Sie ärgern und verführen, Gott zu leugnen, zusammenbrechen. Es ist wundervoll, wenn wir uns aus den Trümmern menschlicher Gedanken über Gott erheben und Auge in Auge mit der Wirklichkeit vor dem Geheimnis Gottes erschauern, von dem Wunder Gottes entzückt werden.

Gott ist der Ursprung alles Seins und Geschehens, die Energie, die das All im Innersten zusammenhält und bewegt, die tragende, treibende, bildende, schaffende Macht, die wir überall am Werke sehen, das Geheimnis der Konsistenz und des Lebens, die Angel und Achse aller Entwicklung und Wandlung, die alles bewirkende Kraft, der überall schwingende Wille zum Leben, der Drang nach Wiederherstellung aller Verirrung und Entartung, nach Verfassung, Beseelung und Vollendung alles Endlichen im Ewigen, nach Einheit, Eintracht, Einherrschaft in der Mannigfaltigkeit, die unüberwindliche Widerstandskraft gegenüber dem Sterben, dem die Menschheit durch ihre Abwendung von Gott preisgegeben ist, und den Verhängnissen, die sich von da aus alles Irdischen bemächtigt haben. Das ist Gott, das, was hinter allen Erscheinungen und Vorgängen waltet. Von allem gehen die unsichtbaren Strahlen der Gottheit aus und dringen auf uns ein, Wellen des Lichts, des Lebens und des Willens Gottes, die eine Fühlung herzustellen suchen zwischen dem Göttlichen in uns und dem, was in allem Sein und Geschehen waltet, damit aus diesem lebendigen Kontakt mit dem ewigen Grunde der Wirklichkeit das geboren wird, was werden und geschehen soll in der Welt.

Nur von hier aus wird mir der Mensch verständlich. Selbst wenn Sie die Welt begreifen könnten ohne Gott, würden Sie doch niemals den Menschen begreifen ohne Gott. Wie wollen wir denn das Geheimnis verstehen, das in uns verborgen ist, den unfaßbaren Quell persönlichen Lebens, den in den meisten verschütteten Born echter Menschlichkeit, das eigentümlich Menschliche, das uns überhaupt erst zum Menschen macht? Sie wissen ja, alle unsre Fähigkeiten sind nur Steigerungen dessen, was wir auch an Fähigkeiten im Tier finden, selbst unser Denken. Woher kommt nun das Seltsame, und was ist es, das den Menschen im Innersten zusammenhält, das das Geistige in ihm zum Geist verfaßt, zu dem Geist, der das Weltall umspannt und seine zahllosen Sonnensysteme beherrscht, aber auch in den Atomen Planetensysteme von Kraftkörpern entdeckt? Was ist das, was aus dem geistigen Widerspiegler schöpferischen Geist macht? Woher stammt der Instinkt für Wahrheit und Güte, für Schönheit und Vollkommenheit, woher der Sinn für göttliche Tiefe und ihre Offenbarung, z. B. in der Kunst? Alles geht hervor aus dem Sproß Gottes, der jeder Mensch ist. Seine Lebensäußerungen sind Offenbarungen Gottes. Wenn Sie von Schöpfungen wahrhafter Künstler gepackt werden, so werden Sie von Gott ergriffen. Ob Sie es ahnen oder nicht, Sie werden von ihm berührt, und das Göttliche in Ihnen flammt auf. So verstehen wir den Menschen nur von Gott aus und begreifen nur von ihm aus sein Los und seine Bestimmung. Darum kann aber diese Bestimmung nur erfüllt werden aus der Fühlung mit Gott. Denn alles, was der Mensch werden, leben und schaffen soll, geht allein aus dieser letzten Quelle hervor. Dagegen stammt alles Unheil und Verhängnis, alle Unzulänglichkeit, Entartung und Verwesung aus der Loslösung von Gott.

Der Zusammenbruch unsrer Kultur, den wir jetzt erlebt haben, hat es uns furchtbar vor Augen geführt: „Irret euch nicht, Gott läßt sich nicht spotten; was der Mensch säet, das wird er ernten. Wer auf sein Fleisch säet, der wird vom Fleisch das Verderben ernten." Und der geschichtliche Weltuntergang, der immer drohender wie eine unabwendbare Flutwelle der Vernichtung heranrückt, offenbart es uns erschütternd, daß die Menschheit ohne Gott dem Verderben verfällt. Sage ich damit etwas Besonderes und Ungeheuerliches? Das haben doch auch andere bezeugt, die nicht dogmatisch befangen waren. Denken Sie an Goethe: „Wir Menschen sind nur so lange produktiv, als wir noch religiös sind," oder an Nietzsche: „Ohne religiöse Grundlage führt die Moral notwendig zum Nihilismus." Das sind doch Stimmen, die uns den gegenwärtigen moralischen Zusammenbruch, die gegenwärtige trostlose Unproduktivität der hochberühmten Kulturmenschheit erklären. Aber das alles sollen keine Beweise für Gott sein. Das sind vielmehr Erleuchtungen von dem Lichte, das von Gott ausgeht.

Natürlich meine ich mit „Gott" nicht das All, die Lebenskraft, das Grundelement der Welt. Derartige Falschmünzerei dünkt mich geradezu verächtlich. Wenn die Menschen das an sich nichtssagende Wort „Gott" aussprechen, das nur in die Tiefe des Geheimnisses deutet, so meinen sie nicht bloß ein allgemeines Lebenselement, sondern den Herrn und Schöpfer alles Seienden und Geschehenden, um einen Ausdruck Nietzsches zu gebrauchen: „das einzig wahrhaft seiende Subjekt". Der Ausdruck „persönlicher Gott" ist ja verpönt. Also reden wir von der einzig absolut seienden, unbedingten, alles bedingenden Ichheit, die das Weltall durchwaltet und umschließt. Das Weltall ruht im Gottall, es hanget und lebt in Gott. Im Alten Testament heißt es einmal: „Israel, der Herr dein Gott, und unter dir die ewigen Arme." Wir sagen heute: Menschheit, der Herr, dein Gott, und unter dir die ewigen Arme. Wenn unser Herz und Auge sich auf ihn richtet, so meinen wir nicht ein unbewußtes Wesen, das in uns erst zum Bewußtsein käme, nicht eine Lebenskraft, die in uns erst persönliche Energie und schaffender Wille würde, nicht ein blind und dumpf treibendes Element, sondern Gott, den Lebendigen, der in unbeschränkter Selbstmächtigkeit, Selbständigkeit und Selbsttätigkeit das All bewußt beherrscht und alles Werden und Geschehen gestaltet, den übernatürlichen, überweltlichen, übermenschlichen Herrscher der Natur und Geschichte.

Er ist der Herr des Lebens, der alles beherrscht, von dem alles
stammt, zu dem alles drängt, in dem alles ruht, dem nichts verborgen ist, der jeden von uns kennt und liebt, der unsre Gedanken
versteht, ehe sie entspringen, und besser, als wir es vermögen, in
dessen Gnade wir atmen, des Licht unser Geist ist, des Wille uns
erhält, ob wir es ahnen oder nicht, in dessen Armen wir ruhen,
der für uns sorgt und uns unausgesetzt Leben gibt, so daß wir
nicht den Weg zu suchen, um nichts zu sorgen, nichts zu fürchten
brauchen, weil wir von ihm betreut und geführt werden.

Dieses persönliche Wesen und Weben eines höheren Seins,
dieses glühende Walten einer väterlichen Macht im All wie im
eigensten Leben ist meine sicherste Gewißheit, mein tiefstes Bewußtsein, meine lebenslange Erfahrung, die täglich neu ist, und die
Quelle alles Lebens in mir, das wahrhaft Leben ist und lösend,
klärend, heilend, begabend wirkt. Das Führen und Fügen Gottes
ist ein täglich neues Wunder, das sich nicht beschreiben läßt. Man
kann nur stammeln und flüstern von diesem geheimnisvollen Weben,
das uns zuführt, was nötig ist, das fügt, was zu einer organischen
Verbindung, die Leben in sich selbst trägt, gehört, das die Vorgänge
verspinnt, aus denen sich dann etwas entwickelt, was einen überrascht und über alles Wollen und Vornehmen weit hinausgeht.
Wenn ich Ihnen so oft gesagt habe: Der kommt am weitesten,
der nicht weiß, wohin er geht; nicht nach Programmen sein Leben
führen, sondern das Lebenswerk, den Lebenslauf sich von selbst
von einem Tag zum andern entwickeln lassen und nur dadurch
für die Zukunft sorgen, daß wir die Aufgabe der Gegenwart erfüllen — so sind das nur Ergebnisse der Erfahrung, daß Gott es ist,
der schafft und wirkt, daß Gott es ist, der das Wunder unsers
persönlichen Wesens offenbart und uns die Lebensbahn unsrer Bestimmung führt, wenn wir ihn nur walten lassen. Aber die meisten
Menschen lassen ihn nicht walten. Auch wenn sie „an Gott glauben",
meinen sie doch alles besser zu wissen und wollen alles selber machen.
Dann wird aber notwendig ein klägliches Machwerk daraus und
niemals eine Schöpfung, und sie selbst kümmern dahin, ein jämmer-

liches Geziefer, wie großartig sie sich blähen mögen,, aber werden keine Männer Gottes.

Das ist meine unmittelbare Erfahrung, die ich immer wieder bis ins kleinste mache. So mußte es sich gestern „zufällig" fügen, daß ich von dem Erstaunen eines Gastes über meinen Glauben an Gott hörte — es wäre nicht geschehen, wenn ich mich nicht ganz gegen meine Gewohnheit anlaßlos neben jemand auf die Bank gesetzt hätte —, damit heute gerade dieser Vortrag hervorgerufen würde. Und ich bin überzeugt, daß nachher viele sagen werden, daß dies gerade das Wort gewesen, das sie brauchten. Das ist doch Fügung! So ergibt sich alles von selbst, wenn wir Gott walten und führen lassen, und es fällt uns alles zu, wenn wir nicht danach trachten, sondern auf das Reich Gottes aus sind. Das ist natürlich für reflektierende Menschen nur ein Hände in den Schoß Legen; für Menschen aber, die das aus Erfahrung kennen, ist dieses Bewußtsein eine Energiequelle, aus der Lust, Kraft und Wucht des Lebens unerschöpflich entspringt.

Das gilt nicht nur für die Einzelnen, sondern auch für die Völker und die Menschheit. Kein Massengeschiebe wird trotz gleicher Sprache, Geschichte, Kultur und Schicksale Volk, wenn es nicht in Gott verfaßt wird, kein Völkerbund ist möglich, wenn er nicht aus Glauben entspringt und in Glauben beruht. Organisches Leben, organische Weltordnung gibt es nur aus Gott, aus der organisierenden Kraft und Gesetzmäßigkeit seines Geistes. Was sich von Gott löst, verfällt dem Chaos. Was Menschen auf eigene Faust unternehmen, trägt den Tod in sich, und was sie erreichen, ist niemals Erfüllung. Alle ihre Ordnungen waren immer nur Notschutz gegen das Chaos. Schaffen, erfüllen, erlösen, wandeln und lebendig fügen kann Gott allein. So geht das Abendland gegenwärtig an seiner Gottlosigkeit zugrunde. Denn wir leben trotz der Herrschaft des Christentums tatsächlich los von Gott, fern von ihm und ihm entfremdet. Der Kultus, den man mit einer Idee Gottes treibt, ist Götzendienst, aber nicht Herrschaft Gottes des Lebendigen. Die einzige Erklärung für alle Not unsers Daseins ist, daß wir

losgekommen sind von Gott. Wenn Gott die einzig wahrhaft
seiende Ichheit ist und alle Menschen nur abgeleitete Ichs, nur
Sprossen Gottes in der Endlichkeit, dann können sie das, was sie
als solche sein können und leisten sollen, nur werden und leisten,
wenn sie durch und durch Organe und Werkzeuge Gottes sind.
Aber die Menschen lehnen sich dagegen auf und wollen durchaus
Herrgöttle sein. Das ist der Ursündenfall, der sich in jedem Egoisten
wiederholt: das Sich-nicht-fügen-wollen, nicht Ergreifen-lassen, nicht
auf Gott einstellen, sondern Gott auf sich einstellen, selbst bestimmen
und selbst schaffen wollen. Wenn sich ganze Generationen, ganze
Völker loslösen von Gott, dann versinken sie als Volk in dieser
Absonderung von ihrem Lebensgrund immer mehr, verfallen, verirren und verwirren sich in Sünde, dann gewinnen alle Verhängnisse
der Gottesferne Gewalt über sie und reißen sie unwiderstehlich in
den Abgrund.

Das ist es, was wir heute erleben. Und wenn Sie darüber
entsetzt sind, daß wir keinen Widerstand leisten können, so ist das
sehr erstaunlich, denn wie sollen wir Widerstand leisten, wenn wir
unter der Herrschaft der Verhängnisse sind, wenn wir keine Gegen-
wirkung dadurch entfalten können, daß wir unter der Herrschaft
Gottes sind! Wer begibt sich denn in die Gewalt Gottes!
Wer ergibt sich seiner Macht und lebt infolgedessen aus seiner
Kraft! Jeder andern Gewalt geben wir uns hin, der Macht der
Lüge und der Phrase, der Macht wirtschaftlicher Interessen und
Lebensformen, der Macht einer Partei oder Konfession, aber
nicht der Macht Gottes des Lebendigen, was uns allein erheben
würde zu dem, was wir Menschen eigentlich sind und sein sollen,
und uns zu dem Leben, zu der Verfassung und Ordnung ver-
helfen würde, die uns vor dem Verwesen im Chaos erlöst. Das
ist die Umnachtung der Menschen, die wir jetzt in ihrer ganzen
Trostlosigkeit erleben.

Für wen aber die Gewißheit Gottes unmittelbares Bewußtsein ist, der steht mitten im Untergang des Abendlandes, im Zusammenbruch unsrer Kultur, im Selbstmord der Völker drin und

sagt sich: „Wenn ich schon wandere im finstern Tal, so fürchte ich kein Unglück, denn Du bist bei mir." Sofort ist man allem entnommen und steht darüber. Und wenn wir in unserm Endlichen, Vergänglichen noch so sehr der Vernichtung preisgegeben werden, in unserm innersten, eigentlichen Sein stehen wir strahlend darüber, unsers Gottes froh und gewiß. Je mehr unser Diesseitiges zertrümmert wird, um so mehr wird unser Jenseitiges offenbar. Und was sind die Leiden dieser Zeit, was bedeutet der Untergang dieser vergänglichen abendländischen Kultur, über die wir uns schon vor dem Kriege entsetzt haben, gegenüber der Herrlichkeit Gottes, die um so mehr aufgehen wird, je mehr die Werke des Wahnsinns der Gottlosigkeit in Trümmer stürzen! Darum „fürchte dich nicht, glaube nur"! Aber wenn in Ihr Auge ein Lichtstrahl Gottes dringt, wie das Licht durch einen Riß in einen finsteren Raum, so drängen Sie dem Lichtstrahl nach, um zum Licht zu gelangen. Tun Sie es um Ihrer selbst willen, damit Sie nicht Ihr Leben verbringen wie eine Blume, die nichts sieht von der Herrlichkeit der Wiesen, Wälder, Berge, Sonne, Wolken, Sterne, sondern blind im Lichte wächst und vergeht. Und wenn Gott Gnade gibt, so wird für Sie der Augenblick kommen, wo der Schleier der Endlichkeit zerreißt, und Sie Gott schauen.

Glaube an Gott

Der Glaube an Gott, den ich meine, ist weder ein Gedankending noch eine Gefühlsstimmung, so sehr er sich in einem eigentümlichen Bewußtsein und in einer eigentümlichen Gemütsverfassung äußern wird, sondern er ist die unmittelbar rege Empfindlichkeit der Seele für Gott und die unsichtbaren Strahlen seines Waltens, das elementare Lebensgefühl der Seele, des Göttlichen in uns, im Bereiche Gottes. Das hat man, oder man hat es nicht. Kein Mensch kann es sich aneignen, wenn es sich nicht in ihm regt. Es ist nicht eine Sache des Willens, sondern des Könnens, des

übersinnlichen Vermögens in uns. Weder unsre Erkenntnis noch
unsre Phantasie kann uns damit begaben. Es kann nur durch
Eindrücke von Gott geweckt werden. Der Sinn für Gott den
Lebendigen — womit ich den Gegensatz zur Idee Gottes und zum
Traum Gottes bezeichne — ist Gnade, ist Erlebnis wie etwa das
Wachwerden des musikalischen Sinns unter dem Eindruck einer
genialen Schöpfung eines Tondichters. Die Reizbarkeit und Reg-
samkeit der Seele dem Göttlichen gegenüber ist der Glaube an Gott.

Der Glaube wächst aber und waltet in der Unmittelbarkeit
des Lebens, des Erlebens und sich Betätigens aus der lebendigen
Fühlung mit Gott. Wenn sich der Mensch seinen Strahlen und Antrieben, von denen all unsre Erlebnisse voll sind, aufschließt und
sie ins Leben umsetzt, wird das Empfinden seiner Seele immer
stärker in ihm werden und walten, immer mehr sein Bewußtsein
erleuchten, sein Gemüt erfüllen, seinen Willen kräftigen, immer
lebendiger wird es sich in einem neuen Gesicht und Geschmack für
alles, in einem tieferen Spüren und schöpferischen Vermögen äußern.
Durch absichtliche gedankliche Beschäftigung damit, durch theoretische
Entfaltung, Ergänzung und Bereicherung des unmittelbaren Bewußtseins wird der Glaube geistig gestört und durch die sich vom
Erleben lösenden Gefühle und ihre Phantasiegebilde gefälscht, überwuchert und erstickt. Das ist eine hauptsächliche Ursache, warum so
wenig Menschen im Glauben zunehmen, weil sie das Keimleben
des seelischen Empfindens durch theoretische Zerlegung und Auf-
spannung zerstören und durch mystische Gefühlswucherungen entarten lassen. Die andere Ursache des Glaubensschwunds ist das
nicht gottgemäße Verhalten, wie z. B. alles egoistische Treiben,
die verneinende Haltung gegenüber Verhältnissen, Erlebnissen und
Aufgaben, das oberflächliche und verkehrte Handeln aus sinnlicher oder geistiger Befangenheit. Alles das lähmt das Empfinden
der Seele, weil es die gegensätzlichen Empfindungen stärkt und die
Instinkte der Seele unterdrückt.

Der Glaube entfaltet sich in Klarheiten und Kräften nur in der
Unmittelbarkeit seines eigentümlichen Lebens, weil er etwas objektiv

Vorhandenes in uns ist, das aus dem unbewußten göttlichen Kern unsers Wesens entspringt, ein unwillkürliches Innewerden und Gewahrwerden Gottes, das wir nicht hervorrufen und durch kein Gedanken- und Gefühlswesen ersetzen können. Ist er das, so erfahren wir ihn als eine seelische Schwingung, die in uns lebt, als ein schwellendes Lebensgefühl, als ein Beschwingtwerden aus einer geheimen Kraft, als eine Lebensenergie, die in uns glüht und aus uns strahlt. Aber das ist, so sehr wir es erleben, zunächst unbewußt, dann halb bewußt, bis es allmählich ganz bewußt wird, und bleibt an sich, in seinem Wesen und in der Art seiner Äußerung für uns immer ein Geheimnis. Aber es ist da. Es ist da als ein drängendes Leben, das wir in uns spüren und das sich aus uns äußert. Das ist Glaube.

Sie sehen, dieser Glaube hat zunächst gar keinen Inhalt, den man ausbreiten und aussprechen könnte. Er ist eine neue Art Leben in uns. Inhalt gewinnt er erst, wenn dieses Weben in uns uns als solches zum Bewußtsein kommt, und uns auf Grund dieses Bewußtseins alle möglichen Klarheiten darüber aufgehen. Dann gewinnt er Inhalt. Schon daß es sich bei der üblichen Beschäftigung mit dem Glauben eigentlich immer um den Gedankeninhalt und gar nicht um das Wesen dieser seltsamen Erscheinung handelt, ist ein Beweis, daß man den eigentlichen Glauben gar nicht hat, oder wenigstens nicht darauf aus ist, sondern es handelt sich da um einen Wahn der Gedanken und Gefühle, der durchaus von dieser Welt ist.

Wenn aber dieses Göttliche in dem Menschen schwingt, dann leuchtet es in ihm und strahlt von ihm aus. Das ist die Eigentümlichkeit der Menschen, die glauben können. Sie glühen von einem höheren Leben. Um sie ist ein Lichtschein, sie strahlen Wärme aus und Klarheit, sie teilen Leben mit, sie regen unmittelbar durch ihren Eindruck das Tiefste in uns an, daß es in uns zu schwingen beginnt. Sie haben etwas Lösendes, Stärkendes, Zurechtbringendes in ihrer ganzen Art. Sie ziehen an und entzünden das Beste in uns. Sie beglücken mit Scham und Sehnsucht. Sie sind wie ein-

Gruß und Ruf aus einer anderen Welt. So äußert sich der Glaube,
so wird er bemerkbar. Aber es geschieht ganz von selbst. Die
Menschen des Glaubens haben etwas Sonnenhaftes, ohne daß sie
es wissen. Es gehen Wirkungen von ihnen aus, von denen sie keine
Ahnung haben. Sie leben unbewußt von innen heraus und kümmern
sich nicht um das, was von ihnen ausgeht. Aber es wird als
etwas Besonderes empfunden, als ein außerordentliches Erlebnis.
Und das ist es auch. Denn es ist ein Erleben Gottes durch
Menschen Gottes.

Für die von Gott Ergriffenen selbst äußert sich der Glaube
in einem Lebensgefühl, das über das sinnliche und geistige Lebensgefühl erhaben und von allen irdischen Umständen unabhängig ist,
in einem sicheren Beruhen in etwas Unerschütterlichem, in einer
Lebensgewißheit ohnegleichen. Aber es versteht sich von selbst.
Man steht fest, ohne daß man fest hinzutreten braucht. Man ist
unanfechtbar, ohne daß man sich gegen Anstürme zu stemmen
braucht. Man wird nicht verwirrt, beunruhigt, unsicher, was
auch kommen mag. Man bleibt innerlich überlegen, ohne
daß man sich mühsam in die Höhe arbeiten muß. Das Selbstgefühl geht in diesem neuen Lebensgefühl ganz unter. Man ist
gegen Überhebung wie gegen alle Minderwertigkeitsgefühle gefeit.
Die Gottergriffenheit schließt das aus. So stark persönlich man
lebt, man ist doch in gewissem Sinne außer sich, weil man in Gott
ist. Man fühlt sich im lebendigen Zusammenhange des gewaltigen
göttlichen Geschehens als Element und Organ und lebt im Bereiche Gottes. Man steht im Sonnenschein seines strahlenden, wärmen-
den, durchdringenden Lebens und atmet in der Luft seiner Gnade.
Darum sind die Glaubenden von einer unvergleichlichen Frische
und Lebendigkeit, Elastizität und Widerstandsfähigkeit, von hohem
Mut und Lebensfreude. Es quillt in ihnen und strömt über von
Leben, Freude, Liebe.

Wer glaubt, lebt in und von der jenseitigen Welt. Er spürt
das Göttliche, das in allem verborgen ist und hinter allem waltet.
Er steht in der Lichtflut und Lebenssphäre seiner unsichtbaren

Strahlen. Er ist in der Sonne, gegenüber einem, der von alledem nichts spürt. Dem nicht Glaubenden ist die Welt umnachtet, so sehr er sie erleuchten mag. Auch die wundervollsten Leuchtkörper erinnern uns daran, daß es Nacht ist. Für den glaubenden Menschen aber ist der Tag angebrochen. Und seine Sonne ist eine Energie und Lebensquelle ohnegleichen. Man braucht sich ihr nur zu erschließen, um von ihr erfüllt zu werden. Wer das erfährt, der ist voll Lebensmut, Friede, Gewißheit, Zuversicht, Geduld trotz allem, auf Grund des Einen, der alles in seiner Hand hat. Über solchen grenzenlosen Optimismus schütteln die andern bedenklich den Kopf. Aber dieser Optimismus ist etwas anderes als der anderer Menschen. Glaubenslose Menschen sind Optimisten kraft ihres starken sinnlichen Lebensgefühls, wenn ihre daraus quellende Lebenszuversicht bisher noch nie durch Schicksalsschläge erschüttert und gebrochen wurde. Von solchen sagt man, sie seien oberfläch-lich. Und in der Tat, sobald einer tiefer ist, kann er allem Leid und Elend, der Blindheit des Schicksals und der Sinnlosigkeit des Daseins gegenüber diesen Optimismus nicht mehr aufrecht erhalten, sondern wird Pessimist. Aber wenn einer noch tiefer hineindringt und Fühlung mit der letzten Tiefe gewinnt, mit Gott, dann wird er wieder Optimist, dann ist kein Pessimismus mehr haltbar. Alles, was einen zum Pessimisten machen kann, das ist für solche Men-schen getaucht in die Gewißheit, daß hinter allem die Herrlichkeit Gottes steht und sich offenbaren will. Das ist der Optimismus des Glaubens.

Der Glaube äußert sich weiter in einer merkwürdigen Sicher-heit im Leben. Er traut sich, alles zu tun und auf sich zu nehmen, was kommt, unwillkürlich und unreflektiert, ohne Zweifel und Zaudern, ohne Umschweife und Bedenken, gradaus und grade-heraus. Unbekümmert und ruhig geht der gläubige Mensch durch Verhängnisse und Zusammenbrüche, leidend und tragend mit der Elastizität, Ausdauer und Spannung gottesgewisser Geduld Schritt für Schritt seinen Weg, der immer ein Weg des Heils ist, ohne Vergangenes zu beklagen, Gegenwärtiges schwer zu nehmen

und Zukünftiges zu umsorgen. Mit ganzer Seele dem Augenblick
hingegeben, erfüllt er die nächstliegende Aufgabe und gelangt dadurch von selbst weiter. Mit unmittelbarer Sicherheit und impul-
sivem Nachdruck lebt er aus der Genialität der Seele, aus der
Offenbarung Gottes heraus, wie sie ihn durch Eindrücke und
Klarheiten überkommt. So tut er in jedem Augenblick das innerlich Notwendige, wie es sich ihm aus seiner Fühlung mit dem jenseitigen Hintergrund der Dinge und Vorgänge aufdrängt. Und
aus diesen Punkten seiner Lebensakte, die jeden Augenblick als
selbstverständliche Lebensäußerungen hingestellt werden, ergibt sich
eine ganz gerade und sichere Lebenslinie, eine wunderbare, wachs-
tümliche Lebensentfaltung, der gegenüber alle ausgedachten und
vorgenommenen Lebensbahnen und Lebenswerke verpfuschte Gemächte sind. Er läßt sich führen, läßt es werden, wartet, was
wird, indem er jeden Lebensanspruch mit der ganzen Kraft seiner
Seele erfüllt, gewiß, daß fo Gottes Wille geschieht und ihm alles
zum Besten dienen muß.

So geht es Menschen, in denen der Glaube lebt. Er waltet
in ihnen als ein neuer Sinn und ein neues Vermögen, als der
Spürsinn und die Lebensvollmacht der Seele. Sie wittern das
innerlich Notwendige, das einzig Wahre, das Erfüllende und tun
instinktiv das Gute, Lösende, Lebensvolle, Schöpferische. Und was
sie wittern, wozu es sie drängt, das können und vollbringen sie
ganz von selbst mit der gesammelten Kraft ihrer dem Augenblicklichen hingegebenen Seele, aber ohne Anstrengung und Ermüdung.
Denn jede Lebensäußerung bringt ihnen Kraftentfaltung. Je mehr
sie geben, um so mehr empfangen sie. Unerschöpflich ist die ewige
Mitgift ihrer Seele, die nur gehoben wird durch Mitteilung des
Lebens und Opfern seiner selbst. Aber sobald der Glaube stockt,
stockt das unmittelbare Leben und verfehlt das einzig Wahre. Wie
der Skiläufer stürzt, sobald er bedenklich wird, fällt der Gläubige,
sobald er zweifelt. Die geistige Störung der Seele durch Bedenken,
Überlegungen, Anwandlungen von Selbstbewußtsein oder Minderwertigkeitsgefühle, Nebenabsichten und Rücksichten, Sicherungs-

beftrebungen und alles Begehren macht unficher. Das trübt das
Auge, verdirbt den Geschmack, läßt vergreifen, verfehlen, verirren,
und die grade, unkonstruierbare Lebenslinie wird verrückt. Was
nicht aus dem Glauben ist, das ist Sünde. Denn es ist nicht aus
Gott und darum wider Gott. Dann muß der Mensch erst wieder
die Fühlung mit Gott und die gottgewollte Lebensrichtung suchen
durch die Sehnsucht des gestörten Glaubens. So verhält es sich
mit dem Glauben. Er ist das wahre Lebenselement des Menschen.
Denn er ist das Leben der Seele, des Göttlichen in uns.

Wie kommt man zu solchem Glauben? Niemand kann ihn sich
geben. Er entspringt nicht unfern Gedanken, Gefühlen und Wünschen. Er ruht weder auf Erkenntnissen noch Entschlüssen, sondern
ist ein neuer Sinn in uns, die Reizbarkeit und Regsamkeit der
Seele, die Lebensfähigkeit dieses göttlichen Keims in uns. Wenn die
Seele unter dem Hauche Gottes erschauert, wacht der Glaube auf.

Warum können denn aber fo wenig Menschen glauben, wenn
doch jedermann eine Seele hat und Gott uns allenthalben umgibt? Ich sehe da im Hinblick auf unfre Zeit vor allem zwei
Einflüsse, die den Sinn für Gott den Lebendigen nicht aufkommen
laffen. Der eine ist die herrschende Gottlosigkeit, der Atheismus
der öffentlichen Meinung und des gewöhnlichen Lebens. Das ist
nichts anderes als eine Generationen alte Selbstverstockung der
abendländischen Kultur gegen das Göttliche. Wenn jemand von
Jugend auf Musik für ein unangenehmes Geräusch erklärt und
infolgedessen jeder Musik aus dem Wege geht, kann unmöglich
sein musikalischer Sinn erwachen. Wenn man durch Eindrücke
lebendiges Verständnis gewinnen will, muß man auf Eindrücke
aus sein. Man muß aufmerken, sich aufschließen und hingeben.
Das gilt auch vom Glauben. Aber seit hundert Jahren gilt es
doch in Europa als unerläßliches Zeichen eines aufgeklärten, gebildeten, modernen Menschen, Gottes Dasein zu leugnen, und es
versteht sich von selbst, daß man jede Anregung, nach Gott zu

XXII.   10

fragen, von vornherein ablehnt. Schlimmer ist es noch, daß die Frage nach Gott in diesem gottlosen Zeitalter nicht einmal geruht hat, sondern der Religionsunterricht die heranwachsende Jugend immer wieder zu bewußt Abtrünnigen machte, und der religiöse Anstrich aller Feierlichkeiten die Ablehnung des Gottesglaubens immer aufs neue herausforderte. So bildete sich im Unterbewußtsein der Europäer — und nicht nur der Bildungsphilister — ein förmlicher Komplex der Verstockung gegen Gott, der es unmöglich machte, die Frage nach Gott auch nur einen Augenblick unbefangen zu erwägen. Kein Wunder, daß die Fähigkeit, ihn wahrzunehmen und seiner inne zu werden, ganz geschwunden ist. Wahrlich, da bedarf es einer gründlichen Umkehr von dieser frechen Anmaßung, mit der belanglose Menschen das große Geheimnis des Daseins auswischen wollen, wenn ihnen der Glaube aufgehen soll. Aber freilich, wenn nicht nur die öffentliche Meinung, sondern selbst berühmte Gelehrte von dem Wahn erfüllt sind, daß alle Welträtsel gelöst seien, wie sollen sie da von Gott etwas merken, wenn sie nichts von dem Geheimnis ahnen, unter dem wir allenthalben leben! Denn das Geheimnis ist die Wolke, in der uns Gott zunächst naht. Wenn uns diese Wolke überschattet und bedrückt, blitzt möglicherweise der Strahl der Offenbarung auf und entzündet uns zu einem höheren Leben, das aus der Seele quillt. Aber wie soll der, der nichts vom Geheimnis merkt, etwas von Gott erfahren?

Dieser blinden Vermessenheit des Atheismus gegenüber sollten sich aufrichtige Menschen der Grenzen der menschlichen Erkenntnis und ihrer Urteile bewußt sein und nicht länger einen unhaltbaren Tatbestand behaupten, den man gegen den Ausblick auf Gott immer aufs neue aus argen Verkennungen aufbaut. Ein solches Mißverständnis ist es z. B., wenn man meint, sobald der Vorgang des Lebens in seinem Zusammenhang klargestellt sei, habe man das Geheimnis des Lebens begriffen, während man damit doch nur einen tieferen Einblick in das Wunder des Lebens gewonnen, aber das Geschehen selbst nicht im Geringsten erklärt hat. Ebenso meint alle Welt, die Naturgesetze brächten alles zuwege, ein Walten

Gottes würde die Naturgesetze durchbrechen. Gesetz ist aber nicht Kraft, sondern Ordnung. Das Naturgesetz zeigt die Ordnung im Naturgeschehen, bewirkt aber gar nichts, sondern besagt nur, daß überall, wo etwas geschieht, es in dieser Ordnung geschieht. Und diese Ordnung ist allerdings unerschütterlich. Das Kausalitätsgesetz besagt also im strengen Sinne nur, daß ein fester Zusammenhang im Geschehen besteht, daß bestimmten Erscheinungen immer bestimmte Dinge vorausgehen, aber bestreitet z. B. gar nicht, sondern bestätigt eher, daß ein Vorgang anders verlaufen muß, wenn ein andrer Faktor eingreift: er wird nur auch dann in den Ordnungen verlaufen, die die Verfassung alles Geschehens sind, wie auch der Billardball, der durch einen Eingriff aus seiner Bahn geschleudert wird, damit nicht aufhört gesetzmäßig zu laufen, nur eine andere Bahn. Können wir also mit der Einsicht in die gesetzmäßige Ordnung alles Seins und Geschehens auch nur irgendwie erklären, was die Welt im Innersten zusammenhält und alles fortwährend aus sich hervorgehen, leben, wirken läßt, was Leben, Kraft und Stoff ist? Überall stoßen wir auf unerklärliche Geheimnisse. Das Geheimnis aber ist das Erlebnis des verborgenen Gottes. Wollen wir etwas von ihm merken, so ist also die erste Vorbedingung, daß wir das Geheimnis anerkennen. Wenn wir uns aber durch den blauen Dunst menschlich allzumenschlichen Wahns darüber betören, können uns unmöglich die Augen für Gott aufgehen. Dann hilft uns auch nichts, daß der Wahn hier und da zerstört wird. Denn dann nimmt ein andrer nur zu bald seine Stelle wieder ein. Wir müssen vielmehr in Ehrfurcht das Unbegreifliche staunend auf uns wirken lassen.

Das andere Hindernis, daß der Glaube in uns aufkommen kann, ist der landläufige Glaube an Gott, d. h. die Benommenheit von einem Gottesbegriff. Die Theorie von Gott, in die man sich wie in eine Schutzhütte gegen die Wetter des Schicksals verkriecht, und das Leben aus und mit dieser Theorie hindert uns, Gott den Lebendigen zu spüren und seiner inne zu werden. Darum ist es kein Wunder, daß ich gerade bei den „gläubigen Christen" so viel Widerspruch finde, wenn ich über Glauben rede. Denn sie

merken, daß das etwas ganz anderes ist als ihr Glaube, und sind
entsetzt, das bei mir nicht zu finden, was sie ihren Glauben nennen.
Aber echter Glaube ist jedenfalls der Sinn für Gott den Lebendigen, das ursprünglich unmittelbare Empfinden des jenseitigen
Untergrunds alles irdischen Seins und Geschehens. Darum wird
unser Sinn und Empfinden durch jeden Gottesbegriff für den
Eindruck der Wirklichkeit Gottes benommen und gestört und jedes
tatsächliche Erlebnis Gottes läßt die Theorien über Gott in sich
zusammenbrechen. So muß also der Kultus, den man mit Lehren
über Gott treibt, ein ebenso schweres Hindernis für das Erwachen
des Glaubens sein wie der Atheismus. Beides ist Verblendung.

Sind diese zwei Hindernisse beseitigt, steht man unbefangen,
bescheiden, ehrfurchtsvoll Aug in Aug mit der Wirklichkeit, dann
löst sich aus dem Staunen über das Geheimnis das Fragen nach
dem, was wir mit dem Worte „Gott" andeuten, das Suchen nach
einer Fühlung mit der Quelle alles Lebens. Aber man suche ihn
nicht in Büchern und im Gerede über Gott. Das ist der Abweg
in die Welt der Theorie. Gott offenbart sich im Leben. Wo du
bist, da ist Gott, und nichts tritt an dich heran, in dem Gott dir
nicht nahe tritt. Ist das so, dann müssen wir alles, worin wir
stehen, wichtig und alles, was uns begegnet, merkwürdig nehmen.
Nichts, weder unsre Verhältnisse noch unsre Erlebnisse, sind belanglos und von ungefähr, unbedeutend und wertlos. Denn alles verbirgt Gott. Alles beruht in seiner Vorsehung, in allem lebt seine
Bestimmung und waltet sein Wille. Was uns die Augen für Gott
trübt, daß sie ihn nicht sehen, ist die Stumpfheit, die alles für
etwas Gewöhnliches, Zufälliges, Unwesentliches nimmt, die nichts
weiter darin findet, weil sie es gar nicht als etwas Besonderes
anschaut. Die Gewohnheit tötet das Staunen. Staunen aber ist
Empfänglichkeit für das Geheimnis. Alles müßte uns jeden Tag
neu sein wie ein erstes Erlebnis, und in allem, was uns begegnet,
müßten wir auf das einzigartig Eigenartige aus sein, das jedes
Vorkommnis ist, auch wenn es sich täglich wiederholt, da wir ja niemals dasselbe zweimal erleben. Wenn wir mit solchen Augen die

Dinge sehen und auf alle Lebensansprüche eingehen, dann kann
uns die Tiefe der Wirklichkeit aufgehen: die Tiefe der Ehe, die
Tiefe des keimenden Wesens in den Kindern, die Tiefe unsrer Begegnungen mit Menschen, die Tiefe unsrer Stellung im Leben,
die Tiefe der heimatlichen und weltgeschichtlichen Vorgänge, die Tiefe
der Aufgaben, Nöte und Schicksale. Die Tiefe der Wirklichkeit aber
ist Gott. Sind wir so gerichtet, dann sind wir auf Gott gerichtet,
leben wir so, dann leben wir auf ihn zu.

Mit dieser Haltung ist die positive, bejahende Stellung zu
allem gegeben. Leben wir aus ihr heraus, so stehen wir im Einklang mit Gott. Sind wir aber widerwillig, mißtrauisch, argwöhnisch dem Leben gegenüber, abwehrend, uns drückend und ver-
weigernd, schieben wir die Aufgaben ab, statt sie zu erfüllen, gehen
wir den Schwierigkeiten aus dem Wege, statt sie zu überwinden, lassen
wir uns vom Schicksal mißhandeln, statt es zu meistern, fliehen wir
vor den Menschen, statt ihnen zu dienen, dann herrscht Zwietracht
zwischen uns und Gott. Dann gehen wir nicht auf ihn ein, sondern weichen ihm aus und verfehlen ihn. Harmonie mit dem Endlichen ist die Vorbedingung der Harmonie mit dem Unendlichen.
Fügen wir uns in das Leben, in unser Los und Schicksal ein, geben
wir uns mit ganzer Seele, mit allen Kräften hinein, so wie es
uns ergreift, so werden wir in allem von Gott ergriffen. Unserm
Ergeben entspricht sein Ergreifen. Nur ergreift er uns längst,
ehe wir uns ihm ergeben, trotz unsers fortgesetzten Widerstrebens.
Aber die persönliche Fühlung mit ihm, in der der Glaube auflebt,
tritt erst ein, wenn wir uns ihm ergeben. Vorher ahnen wir nur,
daß eine höhere Macht sich um uns bemüht. Wir spüren, daß
alles ein eigentümliches inneres Leben hat, am deutlichsten bei
unsern Schicksalen, wie es ja auch Atheisten genug gibt, die von
Führungen und Fügungen reden unter dem Eindruck, daß die sinnlose Zufälligkeit der Umstände und Ereignisse nur die Oberfläche
der Erscheinungen ist. Dieses Ahnen entzündet sich zum Glauben,
wenn durch bejahendes, eingehendes, hingebendes Leben der lebendige
Kontakt mit Gott eintritt.

Wenn das so wenig geschieht, so kommt es nur daher, daß Einklang und Eintracht des Lebens mit Gott so selten ist. Das Leben
der meisten ist Widerstreben, Ausweichen, Verleugnen, Widerstand-
leisten, von Gott nichts wissen wollen. Sie wehren sich mit Händen
und Füßen gegen Gott und wollen nicht auf ihn, sondern auf sich
selbst hinaus, geschweige daß sie unbedingt auf das Leben ein-
gingen. Darum sind alle Egoisten, auch die „gläubigsten“ für Gott
unzugänglich, damit aber auch für die Tiefe aller Wirklichkeit,
z. B. der Kunst, der Gemeinschaft, der Liebe, des schöpferischen
Lebens. Das Leben ist ihnen ein Raub, kein Dienst, sie wollen
nicht Organe sein, sondern Urheber. Sie leben zentrifugal, und
solange sie von Gott wegstreben und abtreiben, ist es unmöglich,
daß sie von Gott angezogen werden, und ihr Inneres unter dieser
Anziehungskraft sich von selbst neu verfaßt, erlöst wird und seine
göttliche Konstitution gewinnt. Selbstloses Dienen, Gehorsam gegenüber der Forderung des Tages, selbstverleugnende Sachlichkeit,
gliedliches Leben, Mittragen und sich Einsetzen und Opfern: das ist
der Weg zu Gott, wenn es nicht willkürlich und berechnend geschieht, sondern aus innerer Notwendigkeit entspringt und unmittelbar geschieht, daß die Linke nicht weiß, was die Rechte tut. Wenn
wir diesen Weg gehen, so finden wir Gott. Denn er sucht uns
in der rastlosen Bewegung des Lebens, das auf uns eindringt.
Sein Suchen ist die tiefste Energie, die in unsern Leiden und Verhängnissen schwingt, die Bewegung, die uns innerlich nicht zur
Ruhe kommen läßt, sondern immer wieder in Sehnsucht auftreibt,
die Reue, die unsern Verirrungen folgt, der Auftrieb, der uns
nicht im Gemeinen versumpfen läßt. Alle Schicksalschläge und
Nöte sind Heimsuchungen Gottes. In allen unsern Verhältnissen
und Lebensansprüchen wartet Gott auf uns und wird nicht müde.
Kurz, alles ist Suchen Gottes. Und darum ist es möglich, daß
wir ihn finden, wenn wir aus unsrer Sehnsucht mit voller Hingabe leben. Dann wird die Fühlung unsrer Seele mit Gott lebendige Wirklichkeit, und aus ihr quillt der Glaube.

Die Offenbarung Gottes

Woher kommt uns die Klarheit und Gewißheit von Gott? Auf diese Frage kann man nur mit allem Nachdruck erklären: es gibt nichts, wovon nicht die Klarheit und Gewißheit Gottes aus- strahlt, wenn man die Augen dafür hat. Wo Glaube ist, da ist dies ein unmittelbares Erlebnis, das Grundelement des Lebens- gefühls. In der Natur erscheint er uns, nicht bloß in dem Ewig- keitsglanz der gewaltigen Berge und des unendlichen Meeres, in den Wundern der Sternenwelt und in den Geheimnissen der Atome, sondern in dem ganzen Bestand und Leben der Natur. Und in der Geschichte sehen wir den Wandel Gottes mit dem menschlichen Ge- schlecht durch Gericht und Gnade. Die Kulturentwicklung ist voll von Protuberanzen-göttlicher Kräfte, voll vom Leuchten verborgener Lichtquellen, voll von Schöpfungen, die nicht von dieser Welt sind. Aus der geheimnisvollen Lebensflut gehen immer wieder erstaun- liche Gebilde, Offenbarungen, Bewegungen hervor, unmittelbare Äußerungen Gottes, unbegreiflich in ihrem Ursprung, schwer faß- bar in ihrer Formbildung und immer wieder gleich ersterbend, so- bald sie feste Fassung gewonnen. Organe Gottes finden sich, die sein Werk tun, Stimmen erklingen, die von ihm zeugen, Männer treten auf, die feine Sache führen, schöpferische Menschen, die ihn in unendlicher Mannigfaltigkeit offenbaren. Aber stärker noch zeugt der Mensch als solcher von Gott in seinem ganzen persönlichen Bestand, das Geheimnis unsers Menschenwesens, die Sehnsucht nach Unendlichkeit, der Freiheitsdrang, das Erlösungsbedürfnis, das Verantwortlichkeitsgefühl: das alles sind Strahlen des gött- lichen Funkens in uns, weil sie nicht als Lebensäußerungen eines endlich sinnlichen Erzeugnisses zu begreifen sind, sind Symptome göttlichen Wesens, das irgendwie in einer unendlichen Mannig- faltigkeit von Individuen Fleisch geworden und den Menschen ge- schaffen hat. Und noch mehr merken wir von dem göttlichen Ge- heimnis in unserm Leben, wenn wir in der scheinbaren Sinnlosigkeit des Daseins und in dem mechanischen Getriebe des Geschehens die

wunderbar verschlungenen Pfade seiner Führung entdecken, und
sich der Sinn unsers Lebens bis ins kleinste enthüllt, wenn wir
die zurechtbringende und wiederherstellende Macht in unserm Innern
spüren, die immer in Gegensatz zu den Strebungen unsers Ichs
tritt. Dieser Kampf zwischen der Zentrifugalkraft unsers endlichen
Ichs und der Zentripetalkraft unsrer Seele ist doch ein ganz
unmittelbares Erleben Gottes.

Aber alles das ist doch nur verstreutes Licht, ist nur die Helligkeit einer verborgenen Lebensglut. Die Sonne, aus der sie in über-
schwänglicher Fülle strahlt und flutet, ist, soviel ich sehe, allein Jesus
Christus. Gott hat zweifellos, seit das Bewußtsein der Menschheit
erwacht ist, manchmal und auf mancherlei Weise zu den verschiedensten Völkern geredet. Aber Jesus allein ist die Offenbarung
Gottes. Denn durch ihn wird alles das offenbar und gewiß, was
wir ohne ihn nur dunkel empfinden und unsicher spüren. Das ist
kein konfessionelles Vorurteil. Es wird sich gleich zeigen, daß ich
Jesus ganz anders sehe, als die christlichen Konfessionen und nicht-
christlichen Religionen, und also nicht konfessionell abhängig und
befangen bin. Es ist vielmehr ein Ergebnis meiner religions-
historischen Erkenntnis und persönlichen Erfahrung, wenn ich sage:
Jesus ist die Offenbarung Gottes, des Lebendigen.

Jesus war zweifellos ganz anders, als man ihn heute
sieht, betrachtet und beurteilt, als man ihn darstellt und verehrt,
als ihn Theologie, Theosophie, Philosophie und Religionsgeschichte
auffassen. Jesus war vor allen Dingen kein Religionsstifter, das
steht absolut fest. Alles andere wollte er, nur nicht eine neue Religion. Eher kann man sagen, daß er die Menschheit von den
Religionen erlösen, über das Niveau der Religionen hinausführen
wollte in ein höheres Sein. Er war aber erst recht kein Lehrer
einer Weltanschauung oder der vollkommenen Moral. Es gibt keine
Lehre Jesu im üblichen Sinn. Die haben sich nur die Theologen
aus seinen Worten gemacht und zurechtgedacht. Jesus lehrte die
Menschen nicht anders, als wie eine Mutter ihre kleinen Kinder
lehrt. Er wies sie zurecht und klärte sie auf. Aber er war fern

von aller theoretischen Vermittlung. Denn er sprach ganz unmittelbar aus einem elementaren neuen Bewußtsein.

Jesus war ein neuer Mensch, wenn Sie wollen. Die Bezeichnung des Paulus „der zweite Adam" trifft viel eher zu als die Bezeichnung Religionsstifter, Lehrer, Weiser, religiöses Genie. Er war ein Neuanfang der Menschheit, der Mensch auf einer höheren Stufe, mit der ganzen Einfachheit, Unmittelbarkeit, ich möchte beinahe sagen Unbewußtheit und Selbstverständlichkeit eines neu Gegebenen, Geborenen. An einem kleinen Kind ist alles unmittelbar. Je mehr es heranwächst und in Beziehung zur Umwelt tritt, um so mehr wird alles Unmittelbare überwuchert und erdrückt durch das, was es erfährt, um so mehr wird sein Bewußtsein reflektiert, es entsteht ein verwickeltes Gedankengespinst aus dem inneren Bestand und aus der Eindrucksfülle seines Lebens. Das ist dann das Material oder Gebilde einer Weltanschauung und Lehre. Aber solcher Art ist nicht das Bewußtsein Jesu. Es ruht nicht auf Gedanken, sondern auf einem neuen Sein, es ist die Ausstrahlung einer neuen Wesensverfassung, kurz, das Bewußtsein eines neuen Menschen, der alles neu und anders erlebte, als es jemals sonst erlebt worden war. Gewiß hatte sich in ihm auch das Bewußtsein seiner Zeit und Vergangenheit niedergeschlagen. Er atmete z. B. in der Tempelluft, mit den Lehrschwaden darin, aber er empfand sie wie schlechte Luft, die er nicht vertrug, kraft eines neuen Empfindens, eines neuen Bewußtseins, das in ihm ursprünglich waltete und sich dagegen behauptete. So war er ganz unmittelbar in seinem Schauen, Reden und Handeln.

Jesu Aussprüche machen alle den Eindruck, unbeabsichtigte und unvorbereitete Äußerungen seines Innersten zu sein, die durch besondere Anlässe aus seinem unbewußten Lebensgrund hervorgerufen wurden, intuitive Klarheiten, die ihn oft genug selbst überrascht haben — wer ähnlicher unmittelbarer Geistesart ist, weiß wie oft wir auf eine Frage etwas antworten, was wir selbst bis dahin nicht wußten — Offenbarungen Gottes, die ihm in diesem Augenblicke aufleuchteten und ihre Strahlen wie Lichtkegel über ganze

Lebensflächen warfen. Aber als solche Lichtblitze aus einer andern
Welt, aus einem neuen Leben blendeten und erschreckten sie wohl
meist mehr, als sie erleuchteten und aufklärten. Wenn Jesus z. B,
als man sich darüber aufregte, daß seine Jünger gelegentlich mit un-
gewaschenen Händen aßen, dem Volke zurief: „Höret mir alle zu
und beherzigt es: nichts, was außer dem Menschen ist und in ihn
eingeht, kann ihn verunreinigen. Nur was aus dem Menschen
hervorgeht, das ist es, was ihn verunreinigt," ohne ein Wort
weiter darüber zu sagen, so hat ihn doch sicher niemand verstanden,
mußte er es doch sogar seinen Jüngern noch besonders erklären. Aber
auch die werden nicht ermessen haben, daß damit eine Umwälzung
im Empfinden der Menschen angebahnt wurde, die einer Weltkatastrophe gleichkommt, die auch heute noch einen Umsturz für das
Bewußtsein der Menschheit von Grund aus bedeutet. Oder wenn
er der ihm nachfolgenden Menge mit den vielen Mühseligen und
Beladenen darunter zurief: „Wer nicht hasset Vater, Mutter, Weib,
Kinder, Brüder, Schwestern und dazu sich selbst, der kann nicht
mein Jünger sein," so war das doch ohne jede weitere Erklärung
eine ungeheuerliche Paradoxie, die jedes einfache Empfinden zurückstoßen mußte und jedenfalls höchst unpädagogisch war, und doch
für jeden Verstehenden eine umfassende Aufklärung über das Geschickt-
sein zum Reiche Gottes enthielt. So sind alle seine Worte Wetter-
leuchten einer anbrechenden Weltrevolution im Inneren und Äußeren der Menschheit von seinen Antworten in der Versuchungs-
geschichte über die Redestücke der Bergpredigt hinweg bis zu den
Weltuntergangsreden. Worte wie: „Der Sabbath (die Religion)
ist des Menschen wegen da und nicht der Mensch des Sabbaths
wegen; so ist des Menschen Sohn ein Herr auch des Sabbaths,"
„Gebet dem Kaiser, was des Kaisers ist und Gott, was Gottes ist,"
„Gott nennt sich den Gott Abrahams, Isaaks und Jakobs, Gott
aber ist nicht ein Gott der Toten, sondern der Lebendigen" und unzählige andere sind für landläufiges Denken ganz unverständlich.
Man ist davon frappiert, der beste Beweis, daß sie nicht aus Reflexionen stammen, sondern unzulängliche Fassungen von Offen-

barungen find. Es find Lichtstrahlen aus der Quelle eines unerhörten Seins und Lebens, und was sich gerade bietet, muß Gefäß unsagbarer Klarheiten werden.

Aber auch die scheinbar lehrhaften Elemente der Verkündigung Jesu enthalten keine Lehre im herkömmlichen Sinn. Mit
diesem Vorurteil hat man sich jahrhundertelang um das wahre Verständnis namentlich der Bergpredigt gebracht. Sie enthält Erscheinungen eines neuen Wesens, Beispiele seiner verborgenen Lebensgesetze, ohne daß diese selbst ausgesprochen würden oder das neue
Wesen näher bestimmt würde. So werden in den Seligpreisungen
die zum Himmelreich Geschickten unwillkürlich mannigfaltig geschildert, aber keine Lehre über die Empfänglichkeit für Gottes
Werk entwickelt, und auch Sprüche wie: „Wenn ihr nicht werdet wie
die Kinder .." sind Schlaglichter in dieser Richtung, aber legen
nicht die seelische Verfassung dar, die sich für das neue Werden
eignet, geschweige daß diese Bedingung zur Teilnahme am Heil
psychologisch erklärt würde. Und wenn Jesus die Erfüllung aller
bisherigen Moral durch die Sittlichkeit des Reiches Gottes in Beispielen beleuchtet, so ist es das grotesteste Mißverständnis, wenn
man diese Beispiele als neue Gebote faßt, statt als anschauliche
Muster, wie sich das neue Wesen äußert, die uns das tief verborgene Lebensgesetz, das allgemein, nach allen Seiten gilt, verraten können, wenn wir nicht an dem Beispiel hängen bleiben,
sondern mit dem Sinn des neuen Wesens begreifen, was sich darin
ausdrückt. Wer das nicht versteht, der lese meine Ausführungen
darüber in meiner „Bergpredigt". Es ist dabei sehr fraglich, ob sich
Jesus selbst der tiefen Gesetze des neuen Wesens und Lebens als
solcher erkenntnismäßig vermittelt bewußt war; wahrscheinlich lebten
sie in ihm nur als ein unmittelbares Empfinden, als ein unfehl-
barer Geschmack, der ihn in jedem Falle die Klarheit des Reiches
Gottes über das einzig Wahre gab. Ich glaube nicht, daß er die
Tiefen seiner Worte intellektuell durchschaut: sie lebten unmittelbar
in ihm wie eine unerschöpfliche Lichtquelle. Sie äußerten sich ähnlich, wie man bei Kinderworten manchmal bestimmt sagen kann:

sie ahnen gar nicht alles, was sie damit sagen. Damit wird die
Größe Jesu nicht im geringsten beeinträchtigt, sondern in seiner
Eigentümlichkeit und Einzigartigkeit klargestellt, nämlich als Größe
im Reiche Gottes gegenüber aller Größe, die von dieser Welt ist.
Sie beruhte und bestand nicht im Endlich-geistigen, sondern im
Göttlichen. Gegenüber allem sinnlich-geistigen Schein von Gott, der
die Welt erhellt, offenbarte sich Gott in Jesus, in seiner persönlichen
Erscheinung und allen Lebensäußerungen unmittelbar. Wer ihn sah,
der sah den Vater, wer ihn hörte, der vernahm Gottes Stimme.

Als diese Offenbarung Gottes verkörperte Jesus ein neues
Menschsein, das wahrhafte, echte, das von Gott stammt und aus
der Fülle Gottes lebt, das reines Gefäß und Werkzeug der unendlichen überweltlichen Lebensmacht ist, die uns Jesus als unsern
Vater zeigte. Er ließ in seinem persönlichen Sein, in Wort und
Werk das Vaterantlitz Gottes über seinen Menschenkindern leuchten
und zeigte ihnen, wie Kinder Gottes leben und sich benehmen. Er
zerstreute den Wahn von Gott und ließ sie die Wahrheit Gottes
schmecken und sehen. Er half ihnen, sich in der Gnade und Liebe
Gottes zurechtzufinden, daß der Quell des versiegten Lebens in
der Fühlung mit Gott in ihnen aufsprang, und erweckte ihnen den
Glauben, die Empfänglichkeit für das Göttliche und die Vollmacht
des wahren Lebens. Von diesem neuen Wesen, das Jesus darstellt, und in seinen Worten wie mit einem Scheinwerfer beleuchtet,
bemerkt aber nur der etwas, in dem es sich regt. Alle andern finden
in den Evangelien nur den Niederschlag der Wirksamkeit eines
Religionsstifters, die Trümmer einer religiösen Weltanschauung
und Morallehre, die man rekonstruieren kann, wenn man sie gehörig ergänzt, behaut und auswechselt. Das gibt dann einen sehr
schönen Tempel für die Feierstunden einer Weltreligion mit einer
ewigen Lampe für den Idealismus aller Zeiten. Aber die Offenbarung Gottes in Jesus selbst ist nicht darin. Die waltet nur in
den Menschen, in denen das neue Wesen Jesu in allen Regungen
und Äußerungen ihres Daseins unmittelbar lebt.

Aber in alledem geht die Offenbarung Gottes durch Jesus nicht

auf, ja es war nicht einmal die eigentlich treibende Kraft seines
Auftretens. Jesus war der Beginn einer neuen Menschheit, der
Ausbruch eines göttlichen Lebens, aber er trat auf als Prophet
des Weltuntergangs und als Herold des Heraufkommens einer
neuen Schöpfung, des Reiches Gottes. Dadurch unterscheidet er
sich zum andern von allen Religionsstiftern, religiösen Genies,
Philosophen und Morallehrern. Er verkündigt das Hereinbrechen
einer Weltkatastrophe und das Heraufkommen einer Neuordnung aller
Dinge von Gott aus, der Herrschaft Gottes im Wesentlichen,
Eigentlich-Seelischen des Menschen und von da aus in allem, was
menschlich ist: Verhältnissen, Beziehungen, Gebilden, Einrichtungen,
Lebensmächten, Lebensfunktionen, Lebensmitteln. Das war die unvergleichliche Offenbarung Gottes durch Jesus, die über der andern,
die wir uns zunächst vergegenwärtigten, meist übersehen wird. Jesus
offenbarte nicht nur Gottes Haltung gegenüber allem, was Mensch
ist, sondern ein ganz bestimmtes schicksalhaftes Vorhaben Gottes,
des Lebendigen für die Menschheit. Die philosophisch oder theo-
logisch befangenen religiösen Menschen sehen in Gott die höhere
Macht, die alles durchdringt und beherrscht, die Menschen behütet
und begnadet, ihnen hilft und sie führt. Aber Jesus offenbarte
Gott den Vater, als den lebendigen Herrn der Geschichte, als den
Schöpfer der Menschheit, der mit leidenschaftlicher Wucht die Welt
durchwaltend darauf hinwirkt, daß alles, was nicht in ihm verfaßt ist, zusammenbricht, das Verkehrte wiederhergestellt, das im
Banne des Weltwesens liegende erlöst wird, und daß aus dem
Chaos hervorgeht, worauf Welt und Menschheit angelegt ist, das
Reich Gottes. Er offenbarte Gott nicht bloß als den treuen Vater,
der uns in seinen Armen hegt, sondern als den mit der überschwänglichen Glut eines unendlichen Lebens suchenden, drängenden, wirkenden Erlöser und Erfüller der Menschheit, der aus dem
Untergang der Welt menschlicher Verirrung und Ohnmacht die
Gottesordnung, die wahrhaftige Verfassung des geläuterten und
wiederhergestellten menschlichen Wesens und Lebens im Einzelnen
und in der Gesamtheit herauführt, nicht als ein Erzeugnis mensch-

lichen Dermögens, Arbeitens und Wirkens, auch nicht menschlicher
Arbeit an sich selbst und erzieherischer Beeinflussung anderer, sondern
als selbstherrliche Schöpfung Gottes durch Wiedergeburt zu neuer
Natur und neuem Leben. Dieses gewaltige Geschehen von Gott aus
verkündigte Jesus als das Ereignis des Tages. „Die Zeit ist erfüllt,
und das Reich Gottes ist herbeigekommen." Allen endzeitlichen
Träumen gegenüber handelt es sich bei ihm also um ein unmittelbares Jetzt und Hier. Don der Aktualität dieser Gottesoffenbarung
wird sich der, den sie nicht aus dem Evangelium heraus überwältigt, nur einen annähernden Begriff machen, wenn er sich die
Ansage des Weltuntergangs und des Anbruchs des goldenen
Zeitalters der Menschheit seitens unsrer Kommunisten vergegenwärtigt. Denn deren Verkündigung ist die verzerrte Fratze der
Gottesbotschaft Jesu vom kommenden Reich. Sie ist zugleich ein Gericht über das Christentum, das Jesu Verkündigung vom Reiche
Gottes in das Jenseits überträgt und jeden als einen Schwärmer
verachtet, der an das Kommen des Reiches Gottes auf Erden
glaubt. Da ist die Offenbarung Jesu von dem kommenden Gott
und der Sinn für Gott den Lebendigen überhaupt gänzlich verdunkelt.

Offenbarte Jesus als erster Mensch der Gotteszeit ein neues
Sein, so offenbarte er als Prophet der kommenden Neuordnung
aller Dinge ein neues Werden als ein göttliches Geschehen persönlicher Verwandlung und Entfaltung in den Menschen, das in keines
Menschen Vernunft, Gemüt und Willen steht, sondern aus Gott
geboren wird im Gegensatz zu allen subjektiven Machenschaften und
Treibereien, zu allem Jdeenkultus, aller religiösen Inbrunst und
aller sittlichen Selbsthilfe. Kein Mensch kann sich selbst erlösen, in
Gott begründen und sich neu hervorbringen. Nur was von selbst
wird, indem es von Gott geschaffen wird, ist echt und lebensfähig.
Der neue Mensch ist Gottes Werk und seine Seele ist Gottes Organ.
Gott handelt, und der Mensch wird und lebt, offenbart Gott und
wirkt seine Werke. Wo Gott in Menschen waltet, da ist die Erlösung und Schöpfung am Werk, die das Reich Gottes verwirklicht. Handelt aber der Mensch von Gott los, so verwest er und

wirkt verderblich. Wo Gott nicht ist, da ist Weltuntergang. Auch
für diese Seite der Offenbarung Jesu, für sein neues Werden
objektiver Art auf Grund göttlicher Aktivität ist das Verständnis
verloren gegangen. Unter der Hülle einer Lehre, daß alles Gnade
sei, arbeitet man an sich selbst und traktiert die Menschen, als ob
sie es selbst zuwege bringen könnten und müßten, sucht man das
Vorhaben Jesu durch geistiges Wirken zu erfüllen und ahnt nicht,
daß man es dadurch vereitelt. Nicht einmal die Empfänglichkeit
steht in eines Menschen Hand, geschweige die Befruchtung. Alles,
was Gott durch Menschen wirkt, stammt aus der unbewußten Tiefe
unsers innersten Wesens, nicht von der Oberfläche unsers Geistes,
nicht aus unserm Denken und Vornehmen. Darum ist es kein Wunder,
daß unter der menschlich allzumenschlichen religiösen Treibhauskultur
mit ihren Ersatzerzeugnissen das Reich Gottes nicht kommen konnte,
wiewohl es in Jesus anbrach. Es scheiterte an seiner Verweltlichung.

Aber die Offenbarung Jesu ist damit nicht vergangen, sondern
bleibt und wartet auf ihre Verwirklichung, die dann eintreten wird,
wenn die Menschen durch das Unheil ihres Daseins und die Not
der Zeit dafür bereitet sein werden, wenn die innere Verfassung,
die uns Jesus in den Seligpreisungen erkennen läßt, echt und
aufrichtig in ihnen lebt, wenn sie Verständnis für Gott den Lebendigen gewinnen und auf seine Erlösung und Schöpfung warten.
Vielleicht sind wir nicht mehr weit davon entfernt. Der Zusammenbruch der Kulturmenschheit macht den Eindruck, als ob wieder einmal die Zeit erfüllt sein könnte. Ihr frevlerisches Selbstbewußtsein
ist versunken in dem Gefühle der Nichtigkeit, Ohnmacht und Aus-
sichtslosigkeit. Sie merken, daß sie sich nicht mehr helfen können,
daß sie unaufhaltsam in den Untergang hineintreiben, und fangen
an, nach Gott zu fragen und zitternd auf seine Hilfe zu warten.
Wenn aber das Bewußtsein der Menschen von dem tiefen Grund-
ton getragen ist, daß Gott allein helfen kann, und die Menschheit
sich voll Reue und Buße ihm zu Füßen wirft und sich zu Gericht und
Gnade ganz in seine Hand gibt, dann ist seine Zeit gekommen.

Die auf den Herrn harren

Als ich in meiner Jugend einmal ein Jahr vollständig gelähmt war, und die Ärzte mich aufgegeben hatten, hing mein Vater
meinem Lager gegenüber den Spruch auf: „Die auf den Herrn
harren, kriegen neue Kraft, daß sie auffahren mit
Flügeln wie Adler, daß sie laufen und nicht matt werden,
daß sie wandeln und nicht müde werden." Das war sein
Glaube und wurde mein Glaube und meine Erfahrung, die sich
immer wieder in meinem Leben wiederholt hat.

Ich meine, dieses Wort müßte man heute über unsre Zeit
schreiben, über das Schmerzenslager unsers Volkes. Es ist wie ein
Lichtstrahl, wie ein Morgenrot der Hoffnung und der Erlösung,
nach dem wir jetzt ausschauen. Unser ganzes Volk liegt gelähmt
darnieder, mißhandelt von seinen Feinden, der Volkskörper aussichtslos in physischer, sittlicher und sozialer Selbstzersetzung begriffen,
die Volksschichten in erbitterter Zwietracht gegeneinander wütend.
Nirgends ist die Möglichkeit einer Wendung zu entdecken. Und
wenn wir die vielen Kräfte in unserm Volk am Werke sehen, die
sich dem Wiederaufbau widmen, dann werden wir erst recht niedergeschlagen, und es ringt sich aus unserm Herzen der Seufzer
empor: so geht es nicht. Wenn wir keine anderen Kräfte, keine
neuen Kräfte kriegen, dann sind wir rettungslos verloren. Wir
brauchen nicht zurückzublicken auf die vergangenen zwei Jahre,
sondern nur auf die vergangenen Wochen: nichts kann uns so die
absolute Ohnmacht vor Augen stellen, wie die Erlebnisse der letzten
Zeit, angesichts derer man sich wehren muß, um die Menschen,
unser Volk nicht zu verachten. Da gibt es nur eine Zuversicht, die
uns aufrichten kann: Die auf den Herrn harren, kriegen neue Kraft.

Was für das Ganze gilt, gilt auch für den Einzelnen. Tag
für Tag wird man vom Elend der Menschen bedrängt, immer
wieder neue fürchterliche Schicksale, Leiden, Nöte, Verhängnisse, die
einem vor die Seele treten, und die Menschen wissen nicht ein
noch aus, ohnmächtig und hoffnungslos sind sie schier am Ver-

zweifeln. Überall klopfen sie an und fragen, was sie tun sollen,
und laufen von einem zum andern, um sich Rat und Weisungen
geben zu laffen, aber es hilft alles nichts. Sie versuchen und
mühen sich ab, bis sie zugrunde gehen. Da möchte man immer
wieder rufen: Ihr braucht neue Kräfte, neue Kräfte der Heilung,
der Erlösung, der Stärkung, Kräfte des Wachstums und der
Wiederherstellung. Aber woher sollen die kommen? Die Menschheit tobt förmlich in ihren Anstrengungen und Mühen, aber Kraft
kann man sich nicht geben und aus sich herauspressen. Gesteigerte
Tätigkeit und Anstrengung ist nicht gesteigerte Kraft, sondern nur
aufgepeitschte Ohnmacht, die sich immer mehr erschöpft. Und mit
all ihrem Machen und Gschafteln bringen sie nur Machwerke hervor, keine Schöpfung. Wir brauchen aber quellende Energie und
schöpferische Kräfte auf allen Gebieten. Und diese neuen Kräfte
können wir uns nicht verschaffen und auch nicht durch fromme
Gedanken, Inbrunst und guten Willen erringen. Kein Mensch
kann sie uns einflößen. Gott allein kann uns damit begaben:
Die auf den Herrn harren, kriegen neue Kraft. Neue Kraft ist
es, was wir brauchen im allgemeinen völkischen Leben und im persönlichen Leben, die alten Kräfte sind erschöpft und versiegt und unsrer
Not jedenfalls gar nicht gewachsen. Neue, schöpferische Kräfte
müssen es sein, die Neues hervorbringen. Denn darüber sind sich
ja wohl alle ernsthaften, tief blickenden Menschen klar, daß es sich
nicht darum handeln kann, wieder herzustellen, was war, weder
im Volk noch im Einzelleben. Es muß etwas Neues hervorgehen:
ein Volk muß aus der Not der Zeit geboren werden, es muß
etwas geschaffen werden, was noch nie da war: ein neuer Mensch
muß geschaffen werden. Dazu brauchen wir Urkräfte. Und die
besitzt nur einer, Gott allein. Das ist die Grundlage des Wortes:
„Die auf den Herrn harren, kriegen neue Kraft."

Das wird vielen von Ihnen ganz verständnislos sein, denn
es fehlt unsrer Zeit der Sinn für Gott, den Lebendigen. Die
meisten glauben wohl an Gott, aber dieser Gott ist ihnen ein
fernes oder nahes Etwas, das einmal der Ursprung alles Seins

XXII.   11

war, der allmächtige Vater, der sich der Menschen annimmt und ihnen hilft, die verborgene Macht, die wir nicht fassen und er- forschen können, der wir in Demut dienen, das Unbegreifliche ehr- fürchtig verehrend. Aber sie wissen nichts von dem lebendigen Gott, der sich offenbart, der nicht bloß in der Entwicklung waltet, son- dern in Katastrophen und Rettungen eingreift, Schicksale wendet, göttliche Taten tut, unmögliche Wege bahnt, Knoten schürzt und löst, der nicht nur betreut und hilft, sondern hereintritt, schafft und Neues werden läßt. Sind sie gläubige Christen, so wissen sie von einer Offenbarungsgeschichte, die einmal war, aber längst vorüber ist, Gott offenbart sich nimmer. Es gilt als eine Ketzerei, daß nach der Nacht, da niemand wirken kann, wieder ein Tag Gottes anbrechen könnte. Das ist der Glaube unsrer Zeit. Dann aber hat der Spruch: „Die auf den Herrn harren, kriegen neue Kraft", nur den Wert eines Beruhigungsmittels, einer Vertröstung von einem Tag auf den andern, wobei man sich im Hintergrund seines Bewußtseins darein findet, daß es wesentlich doch nicht anders wird. Ja, wenn es auf natürlichem Wege anders werden kann, dann kann es geschehen. Aber auf übernatürlichem, göttlichem Wege! Ausgeschlossen. Wenn man nur das Wort „übernatürlich" ausspricht, wird dem modernen Menschen schlimm und übel, und er kriegt Angst, daß er nicht mehr modern sei, wenn ihm das für Gott natürlich und selbstverständlich wäre. Es ist auch gefähr- lich, daran zu glauben, denn vom Glauben zum Aberglauben ist da nur ein Schritt. Nur der kann an die übernatürliche Kraft Gottes glauben, in dem der Sinn für Gottes Sein lebendig geworden ist, in dem der Glaube erwacht ist.

So ist es nicht, daß Gott nur der Ursprung alles Seins und Werdens in einer unvordenklichen Vergangenheit wäre, und nun alles von selbst daraus hervorgegangen wäre und naturnotwendig weiter daraus sich ergäbe. Gott ist und will auch der lebendige Ursprung alles Tuns und Schaffens in der Gegenwart sein. Ja das ist es gerade, worauf es ankommt, daß alle unsre Lebens- äußerungen, all unser Tun und Handeln im Größten und Kleinsten

unmittelbar aus dem lebendig gegenwärtigen Ursprung alles Seins
entspringt, aus Gott, daß wir nicht nur vom Brot, dem endlich
sinnlichen Lebensgrund, sondern vom Wort Gottes, das er jetzt zu
uns spricht, leben, daß alles nicht nur von ihm getragen wird, so
wie unser Leben von einem unfaßbaren Lebenselement getragen
und getrieben wird, sondern daß er in jeder unsrer Lebensäußerungen zur Geltung kommt, daß er alles tut durch uns, daß
wir es nicht sind, die es tun, sondern daß wir die sind, die sich
von ihm gebrauchen lassen zur Erfüllung seines gegenwärtigen lebendigen Willens. Haben Sie denn schon bedacht, daß so Gott jetzt
in der Mitte steht und stehen will, und daß wir deshalb dem Verderben preisgegeben sind, weil wir losgelöst sind von diesem lebendigen Mittelpunkt alles gegenwärtigen und zukünftigen Geschehens,
das jetzt durch Persönlichkeiten, die von Gott ergriffen sind, Tat,
Wirklichkeit werden soll? Denken Sie auch nur an Gott in
unsrer Mitte? Blicken Sie auf ihn, suchen Sie Beziehung zu
ihm, stehen Sie in lebendiger Fühlung mit ihm? Oder ist nicht
vielmehr Ihr ganzes Leben getragen und getrieben von einer
Zentrifugalkraft, die Sie von dem Mittelpunkt losreißt und immer
mehr hinausschleudert in die Peripherie von absoluter Ohnmacht
und Unfruchtbarkeit, wo alles Denken, Reden und Tun Sünde ist?

Dieser Sinn für Gott den Lebendigen muß in uns wach
werden. Wenn das geschieht, verstehen wir ohne weiteres, daß
die Losung für alles, was uns bedrückt und quält, nur dieses Wort
sein kann: Die auf den Herrn harren, kriegen neue Kraft. Nichts
anderes können wir tun, das muß die Grundlage unsers ganzen Daseins werden: auf den Herrn harren. Das heißt nicht, die Hände
in den Schoß legen, heißt nicht, alles von Gott besorgen lassen
und sich um nichts kümmern. Harren ist kein Warten der Gleichgültigkeit, sondern ein Warten voller Sehnsucht und Spannung.
Das ist es, was in uns leben und durch alle Eindrücke, die wir
empfangen, genährt und gesteigert werden muß. Alles, was die
anderen niederschlägt, quält, zweifeln und verzweifeln läßt, alle unsre
Ohnmacht und Unfruchtbarkeit muß in uns das Harren steigern.

Das Bewußtsein, daß Gott allein es tun kann und wird, das Verlangen, daß er sich offenbaren möge, muß in uns aus diesem
Harren heraus aufflammen. Sie werden begreifen, damit legt man
nicht die Hände in den Schoß. Das ist keine passive Ergebung in das
Schicksal. Das reißt den Menschen empor, dieses Harren schon
allein. Wenn ich auf Gott den Lebendigen warte, so kann ich
nicht niedergedrückt und niedergeschlagen bleiben, dann reckt sich
mein Innerstes empor zum Herrn der Kraft, der Erlösung und der
Schöpfung. Das ist es, was uns allein schon die männliche Haltung gibt, die Sicherheit und Gewißheit, was uns die Sorge,
Furcht, Angst und Unsicherheit vertreibt, ob es sich um unser
Volk oder um unser Einzelschicksal handelt, was uns aufrichtet
und unsern Blick klärt, daß wir sehen, wie der Herr sein Antlitz über uns leuchten läßt mitten in der Nacht unsers Geschicks.
Dann kommen wir zur Besinnung unsers Selbst als Söhne
Gottes und werden unsrer Bestimmung bewußt, in seiner Art zu
leben. Das geschieht aber nicht, ohne daß wir durch dieses Harren
geläutert und geheiligt werden, nicht ohne daß die Sehnsucht
unsrer Seele in Ruf und Bitte zu Gott laut wird, und auf diese
Weise unsre Fühlung mit ihm in Rede und Gegenrede zu klingen
beginnt. Damit hebt der Vorgang der Berührung unsers Innersten
an, der uns für die Offenbarung Gottes geschickt macht und darauf
hinausläuft, daß wir reine Organe und Werkzeuge seines Waltens
werden.

Das große Problem alles menschlichen Lebens ist das Problem
der Empfängnis. Wie empfangen wir den göttlichen Willen und
die göttliche Kraft? Wie wird uns jedes Erlebnis zu einer fruchtbaren Empfängnis, aus dem unser Handeln hervorgeht wie eine
neue Geburt, daß unser Leben zu einem göttlichen Geschehen wird?
Dann wird jede unsrer Lebensäußerungen Schöpfung Gottes aus
der Tiefe unsrer Seele heraus; dann wird alles, was wir tun,
gut sein, erfüllt von der Güte Gottes, und jede Entscheidung, die
wir treffen, wird das einzig Wahre ins Leben treten lassen. Auf
diese Weise allein, durch solch unmittelbares Geschehen tritt das

Walten, Wirken und Schaffen Gottes in unſer Leben herein und
wirkt ſich aus. Daraus entſteht eine Neuordnung unſers perſön=
lichen Seins, und aus dieſer Neuverfaſſung geht ein neues Werden
hervor, und neue Kräfte quellen von ſelbſt in uns. Denn die Grund=
lage aller Kraft iſt die ungeſtörte Ordnung der Lebensverfaſſung
und Lebensvorgänge. Das iſt es, was wir erleben werden, wenn
wir auf den Herrn harren. Dann ſteigen in uns neue Säfte empor,
und neue Kräfte ſammeln ſich zu urſprünglicher Energie und
drängender Spannung. Dann fliegen wir auf wie Adler.

Aber man muß warten können. Alles von Gott erwarten,
das iſt den Menſchen, in denen Gottvertrauen lebt, aus der Seele
geſprochen. Aber nun auch darauf warten in lebendiger Spannung
und Geduld, ihm nicht vorgreifen und ſeine Gabe nicht vorweg=
nehmen wollen, das geht ihnen nicht ein. Der echte Glaube lebt
in der jedem gewöhnlichen Denken paradoxen Gewißheit, daß man
neue Kraft nur dann gewinnt, wenn man ſich nicht anſtrengt, was
ja immer ein Überanſtrengen, Überheben iſt, ſondern wartet, bis
Gott ſeeliſche, göttliche Kraft in uns quellen läßt, daß man der
Erlöſung aus übermenſchlicher Not nur dann dient, wenn man
nichts tut, bis Gott ſpricht und handelt, daß man aushält, trägt,
leidet und unabläſſig auf Gott harrt, bis ſeine Zeit gekommen iſt.
Aber die meiſten meinen, daß ſie, wenn ſie nur mit ganzer Seele
Gottes harren, daraufhin ſelbſt ſo handeln müßten, als ob ſie neue
Kräfte hätten, da ſie dann ſchon kommen würden, daraufhin ſelbſt
die Rettung unternehmen müßten, denn: „Hilf dir ſelbſt, ſo hilft dir
Gott", daß immer zu allem Gottes Zeit ſei. Sie meinen, auf
ihr Harren, ihren Glauben pochend, Gott zur Offenbarung ſeiner
Kraft und zu erlöſender Hilfe veranlaſſen zu können. Das iſt aber
nicht glauben, ſondern Gott verſuchen, nicht harren, ſondern nicht
warten können. Das iſt die Eigentümlichkeit unſrer Zeit und Kultur,
alles ſelbſt machen zu wollen und ſich vermeſſen, alles zu können,
im Gewande des „Glaubens". Man kann nichts mehr Gott an=
heimſtellen, ſondern nimmt ihn für alles, was man unternimmt,
unbedenklich in Anſpruch. Man nimmt ſeine Entſcheidungen und

Entschlüsse vorweg und sanktioniert sie gleichzeitig durch den Mißbrauch seines Namens dabei. Man weiß nicht mehr, daß unsre
Zeit allerwege ist, aber Gottes Zeit nicht. Das heißt: man kann
nicht auf Gott harren, weil man nicht an Gott den Lebendigen
glaubt. Man kann nicht warten, bis seine Zeit gekommen ist. Diese
seelische Spannung erträgt man nicht. Dieser absoluten Ergebung
in Gottes verborgenen lebendigen Willen ist man nicht fähig. Und
damit erweist man sich als unfähig und unempfänglich für seine Hilfe.

Zweifellos gehört es mit zu dem Schwersten, was es gibt,
ja zu dem für gewöhnliche Menschen ganz Unmöglichen, alles nur
auf Gott zu stellen und lieber zugrunde zu gehen, als von seinem
Vertrauen auf Gott zu lassen, etwa in einem Zustand der Erschöpfung auszuhalten, wenn die allgemeine Anschauung auf einen
einstürmt: du mußt dich eben überwinden, dich anstrengen, es ist
nur Trägheit, Willensschwäche, Kleinglaube, oder in der gegenwärtigen Todesnot unsers Volkes nicht nur mit dem Wort, sondern
mit der Tat, d. h. mit der Nichttat zu bekennen: Menschen können
hier nicht mehr helfen, sondern Gott allein und seiner Hilfe zu
warten und sich nicht in den gewaltigen Strom des Wirkens, Unternehmens, Organisierens, um unser Volk wieder hochzubringen, mit
hineinreißen zu lassen. Unser „besseres", pflichtbewußtes Ich reißt
ja am meisten an uns herum und treibt uns mit Peitschenschlägen
zum Handeln. Es hätte ja recht und alle hätten recht, die sich
jetzt in Überanstrengungen für unser Volk erschöpfen, wenn Menschen es tun könnten, wenn wir Deutschlands Zukunft auf menschliche Gemächte, auf Maßregeln, Einrichtungen gründen könnten.
Da aber kein Mensch uns helfen kann, bleibt uns nichts anderes
übrig, als Gott und seine Hilfe anzurufen, als auf ihn zu harren,
daß er uns neue Kräfte gibt, und er selbst durch seine Organe
Neues schafft. Steht man auf dem Entweder-Oder: Schöpfung
Gottes oder nichts, dann bleibt einem nichts anderes übrig als
auf den Herrn zu harren, bis er spricht und handelt. Dann treibt
und schafft er selbst. Und dann geht es von selbst. Dann regt es
sich in den seelischen Tiefen des Einzelnen und des Volkes. Dann

geht Neues hervor, dann kommt es zu Läuterungen, Wandlungen,
Klärungen, Entfaltungen, zu schöpferischer Kraft und treibendem
Leben. Damit ist nichts gegen die Notbehelfe im Elend, gegen den
Notschutz gegenüber dem Chaos, gegen den Zuspruch für die
Suchenden, Irrenden, Verzweifelten gesagt. Harren heißt nicht die
Hände in den Schoß legen, sondern tun, was vorliegt, was not-
wendig ist, aber warten auf die Erlösung und Neuschöpfung Gottes.

Geht uns das Geheimnis des Harrens auf den Herrn auf
als das Geheimnis des Lebens, dann verzweifeln wir nicht mehr
ob der Unfruchtbarkeit menschlicher Bemühung und Aufopferung,
die unfruchtbar sein muß, solange sie von Gott verlassen ist, dann
sind wir gegen die Versuchung gefeit, selbst etwas Entscheidendes,
Erlösendes, Schöpferisches zu unternehmen in der Erwartung, daß
Gott uns dabei nicht im Stiche lassen werde, sondern harren auf
Gott, suchen die lebendige Fühlung mit dem Ursprung alles des
Geschehens, das allein Leben hat in sich selbst; ergeben uns ihm
ganz und dem, was er über uns verhängt, und lassen uns von
ihm ergreifen, damit wir zu seiner Zeit neue Kraft kriegen und
in seiner Kraft auffahren mit Flügeln wie Adler. Tun wir das,
und tut das der gläubige Teil unsers Volks, dann wird die Lähmung aus unserm Volkskörper weichen und die Selbstzersetzung im
Innern wird überwunden werden durch wiederherstellende Kräfte,
durch neue Schöpfung, durch die Geburt eines neuen Volkes.

Das Besondere der Bibel
Aus einem Vortrag von Karl Barth

Die literarischen Denkmäler einer vorderasiatischen Stammes-
religion des Altertums und die einer Kultreligion der hellenistischen
Epoche, das ist die Bibel. Also ein menschliches Dokument wie ein
anderes, das auf eine besondere Beachtung und Betrachtung einen
apriorischen dogmatischen Anspruch nicht machen kann. Aber das
ist eine Einsicht, die heute als verkündigt in allen Zungen und

geglaubt in allen Zonen vorausgeset3t werden darf. Wir brauchen
diese offene Türe nun nicht immer wieder einzurennen. Dem fach-
lichen Inhalt dieser Einsicht bringen wir unsre ernste, wenn auch
etwas kühle Aufmerksamkeit entgegen, die religiöse Begeisterung
aber und das wissenschaftliche Pathos zum Kampf gegen „starre
Orthodoxie" und „toten Buchstabenglauben" bringen wir nicht
mehr auf. Es ist denn doch zu offenkundig, daß das vernünftige
und fruchtbare Gespräch über die Bibel jenseits der Einsicht in ihren
menschlichen, historisch-psychologischen Charakter anfängt. Möchte
sich doch der Lehrkörper unsrer hohen und niedern Schulen und
mit ihm der ohnehin fortschrittliche Teil der Geistlichkeit unsrer
Landeskirchen recht bald entschließen, ein Gefecht abzubrechen, das
seine Zeit gehabt, aber nun auch wirklich gehabt hat. Der sonder-
bare Inhalt dieser menschlichen Dokumente, die merkwürdige Sache,
um die es den Schreibern dieser Quellen und denen, die hinter
den Schreibern standen, gegangen ist, das biblische Objekt, das ist
die Frage, die uns heute bedrückt und beschäftigt.

Wir stoßen in der Bibel mit den Historikern und Psychologen
zunächst auf die Tatsache, daß es offenbar einmal Menschen mit
einer ganz außerordentlichen geistigen Haltung und Blickrichtung
gegeben hat. Es gibt zweifellos ein Mehr und Weniger dieser
Absonderlichkeit innerhalb der Bibel. Die biblischen Dokumente
haben Ränder, und an diesen Rändern kommen die Unterschiede
gegenüber der Haltung anderer Menschen ins Fließen. Eine gewisse Einheit auffallender Orientierung gerade dieser Menschen ist
darum doch nicht zu verkennen. Auch das ist sofort zu sagen, daß
uns die Tatsache gerade solcher Orientierung nicht nur aus der
biblischen Welt dokumentiert ist. Aber die Häufung, die Intensität,
die einheitliche Mannigfaltigkeit und mannigfaltige Einheit, in der
sie gerade auf dieser nach rückwärts im Dunkel des antiken Morgen-
landes, nach vorwärts im Düster des modernen Abendlandes sich
verlierenden geschichtlichen Linie auftritt, mit ihrem höchst rätselhaften Mittelpunkt an der Wende unsrer Zeitrechnung — das ist
darum nicht weniger bemerkenswert, weil die Spuren gleicher

Haltung und Blickrichtung auch in Griechenland, im Wunderlande Indien und im deutschen Mittelalter nachweisbar sind. Ich greife wahllos nach einigen Beispielen: Was war das für eine Geistes-verfassung, in der ein Buch von so gebändigtem Enthusiasmus wie der Prediger Salomo geschrieben werden konnte? Was war das für ein Mensch — und wenn es auch nur einer von den berüch-tigten Abschreibern gewesen ist! — der einen historischen Schnitzer von der Genialität begehen konnte, wie sie in der Verbindung der beiden Hauptteile des Jesajabuches zu einer Schrift liegt? Wie konnte jemand in die Lage kommen, so etwas wie I. Kor. 15 zu denken und zu Papier zu bringen? Was war das für ein Publi-kum, dem eine Erbauungslektüre vom Kaliber des Römer- oder Hebräerbriefes offenbar einmal zugemutet worden ist? Was für eine Konzeption von Gott und Welt, die es Menschen möglich machte, Altes und Neues Testament nicht nur nebeneinander zu er-tragen, sondern eins im Lichte des andern zu verstehen? Wir kennen wohl alle die Beunruhigung, die über uns kommt, wenn wir vom Fenster aus die Menschen plötzlich Halt machen, die Köpfe zurückwerfen und, die Hände an die Augen gelegt, steil gen Himmel blicken sehen nach einem Etwas, das uns durch das leidige Dach über uns verborgen ist. Die Beunruhigung ist überflüssig: es wird wahrscheinlich ein Flieger sein. Gegenüber dem plötzlichen Still-gestelltsein und steilen Aufwärtsblicken und angespannten Lauschen, das für die biblischen Menschen so bezeichnend ist, wird uns die Beruhigung nicht so leicht fallen. Mir persönlich ist es zuerst an Paulus aufgegangen: dieser Mensch sieht und hört ja offenbar etwas, was aus allen Vergleichen herausfällt, was sich meinen Beobachtungsmöglichkeiten und Denkmaßstäben zunächst ganz und gar entzieht. Mag ich mich zu dem Kommenden, nein Gegen-wärtigen, nein doch erst Kommenden, das er da in rätselhaften Worten zu sehen und zu hören behauptet, stellen, wie ich will, darum komme ich nicht herum, daß jedenfalls er, Paulus, oder wer er immer sein mag, der z. B. den Epheserbrief geschrieben hat, Auge und Ohr ist in einer Weise, zu deren Beschreibung Ausdrücke

wie Begeisterung, Entsetzen, Ergriffenheit, Überwältigung einfach
nicht genügen. Es erscheint mir da hinter dem Transparent eines
solchen Dokuments eine Persönlichkeit, die vom Sehen und Hören
dessen, was ich meinetwegen nicht sehe und höre, tatsächlich aus
allen üblichen Bahnen und vor allem aus ihrer eigenen Bahn
geschleudert, gerade als Persönlichkeit sozusagen aufgehoben ist, um
nun als Gefangener von Land zu Land geschleppt zu werden zu
seltsamem, hastigem, unberechenbarem und doch geheimnisvoll plan-
mäßigem Tun. Und wenn ich allenfalls zweifle, ob ich nicht selbst
halluziniere, so sagt mir ein Blick auf die gleichzeitige Profan-
geschichte, auf die im Kreis sich ausbreitenden Wellen des historischen Teiches, daß da in der Tat irgendwo ein Stein von un-
gewöhnlichem Gewicht in die Tiefe gegangen sein muß, daß unter
all den Hunderten von vorderasiatischen Wanderpredigern und
Wundermännern, die damals durch dieselbe appische Straße ins
kaiserliche Rom eingezogen sein mögen, gerade dieser eine Paulus
mit seinem Sehen und Hören wenn nicht alle, so doch die beträcht-
lichsten Dinge daselbst ins Rollen gebracht haben muß. Und das
ist ja nur der eine Einschlag, „Paulus“ mit Namen. Daneben der
wahre Wirbel von ganz eigenartigem und doch mit jenem auch
wieder gleichartigem Sehen und Hören, dem „Johannes“ den
Namen gegeben hat. Daneben ein so originales, Altes und Neues
kühn kombinierendes Auge wie das des Verfassers des ersten Evan-
geliums. Daneben des Paulus Freund und Schüler, der mehr als
„religiös-soziale“ Mediziner-Lukas. Daneben ein gerade in seiner
moralischen Nüchternheit um so beunruhigenderer Seher und Hörer
wie Jakobus. Dahinter namenlose und geschichtslose Gestalten in
Jerusalem und weiter zurück an den Ufern des galiläischen Meeres.
Aber immer dasselbe Sehen der Unsichtbaren, dasselbe Hören des
Unerhörten, dasselbe ebenso unbegreifliche wie unleugbare epidemische
Stillgestelltsein und Umgekehrtwerden der Menschen. „Diese 12
sandte Jesus aus.“ Oder waren es 70, oder 500? Wer gehörte
dazu? Wer gehörte nicht dazu? Genug, mögen sie alle für uns
in fremden Zungen reden, wir können nicht nicht sehen, daß da

fehr feltfam geöffnete Augen, fehr merkwürdig laufchende Ohren
find. Und nun diefelben Augen und Ohren, aller hiftorifchen Kau=
falität fpottend, fchon vorher, fchon in der Zeit vor der Zeit.
Ein Volk wie andere, gewiß, das Volk Jfrael-Juda, aber ein
Volk, in dem immer wieder in diefer Weife gefehen und gehört
wurde, ein Volk, in dem jene fteile Aufmerkfamkeit auf ein ganz
anderes nie ganz auslöfchen wollte: Oder erliegen wir wieder einer
hiftorifchen Halluzination, wenn wir das fagen? Der Blick auf das
unheimlich bewegte und bewegliche Volk der Juden und Juden=
chriften, wie es noch heute in unfrer Mitte lebt, mag uns dar=
über belehren, daß da einft auf alle Fälle neue befremdliche Dinge
im Werk gewefen fein müffen. Mögen fie Propheten fein, in der
fruchtbaren Mitte der biblifchen Linie, oder Priefter, mehr an den
Rändern, dort wo die Bibel aufhört, Bibel zu fein, mögen fie es
in Pfalmen oder Sprüchen fagen oder im behaglichen Strom hi=
ftorifcher Erzählung, das Thema ift in allen Variationen gleich
erftaunlich. Was kommt darauf an, ob Geftalten wie Abraham
und Mofe Gebilde fpäterer Mythendichtung find — das glaube,
wer's glauben mag! — es waren einmal, ein paar Jahrhunderte
früher oder fpäter, Menfchen, die glaubten wie Abraham, die
waren Fremdlinge im verheißenen Land wie Ifaak und Jakob und
gaben zu verftehen, daß fie ihr Vaterland fuchten, die hielten fich
wie Mofe an den, den fie nicht fahen, als fähen fie ihn. Es waren
einmal Menfchen, die wagten es. Mögen wir von dem Etwas,
mit dem fie es wagten, um das diefe Seher und Hörer fich be=
wegten, halten, was wir wollen und können, die Bewegung felbft,
in der fie alle, die Benannten, die Namenlofen und die Pfeudo=
nymen, fich befanden, können wir ebenfowenig in Abrede ftellen,
wie die Rotation des Fixfternhimmels um eine unbekannte Zentral=
fonne. Die Tatfache diefer Bewegung tritt uns in der Bibel in
unentrinnbarer Weife entgegen. Wir denken an Johannes den
Täufer auf Grünewalds Kreuzigungsbild mit feiner in faft un=
möglicher Weife zeigenden Hand. Diefe Hand ift's, die in der Bibel
dokumentiert ift.

Doch dieses Phänomen bedarf der Deutung. Indem wir die
zeigende Hand bezeichnen und beschreiben als Religion, Frömmigkeit, Erlebnis u. dgl., und wenn es mit noch soviel Sachkunde und
Liebe geschähe, ist für ihre Deutung noch nichts geleistet. Diese
wird vielmehr gerade davon auszugehen haben, daß der ganze
Vorgang mit den Kategorien der Religionskunde nicht einmal er-
schöpfend bezeichnet und beschrieben ist, geschweige denn, daß damit
etwas gewonnen wäre für das Verständnis der Sache. Es steckt
im biblischen Erlebnis ein entscheidendes Element, das läßt sich mit
keinen Mitteln psychologischer Einfühlung und Nachkonstruktion als
Erlebnis anschaulich machen. Die biblische Frömmigkeit ist nicht
eigentlich fromm; viel eher müßte man sie als eine wohl überlegte,
qualifizierte Weltlichkeit bezeichnen. Die biblische Religionsgeschichte
hat die Eigentümlichkeit, daß sie in ihrem Kern, in ihrer tiefsten
Tendenz weder Religion noch Geschichte sein will, — nicht Religion,
sondern Wirklichkeit, nicht Geschichte, sondern Wahrheit, könnte man
vielleicht sagen. Doch wir wollen nicht vorgreifen.

Wir stehen hier vor dem unterscheidenden Merkmal der biblischen Linie gegenüber all dem, was wir sonst Religionsgeschichte
nennen. Eine tiefste Tendenz der Jenseitigkeit, der weltlichen Sachlichkeit, der Ungeschichtlichkeit wohnt freilich letztlich allem inne, was
wir als „Religion" zu bezeichnen pflegen. Den Inhalt und nicht
nur eine Form, die Bewegung und nicht nur die Funktion des Be-
wegtseins, das Göttliche und nicht nur ein Menschliches, das Leben
und nicht ein Heiligtum neben dem Leben meinten und meinen sie
zu allen Zeiten an allen Orten. Nur daß auch immer und überall
die Untreue gegenüber dieser tiefsten Tendenz unverkennbar ist. Die
Religion vergißt, daß sie nur dann Daseinsberechtigung hat, wenn
sie sich selbst fortwährend aufhebt. Sie freut sich statt dessen ihres
Daseins und hält sich selbst für unentbehrlich. Sie täuscht sich und
die Welt über ihren wahren Charakter; sie kann es vermöge ihres
Reichtums an sentimentalem und symbolischem Gehalt, an inter-
essanten Seelenzuständen, an Dogma, Kult und Moral, an kirchlicher Dinglichkeit. Sie erträgt ihre eigene Relativität nicht. Sie

hält das Warten, die Pilgrimschaft, das Fremdlingsein, das allein
ihr Auftreten in der Welt rechtfertigt, nicht aus. Sie begnügt sich
nicht damit, hinzuweisen auf das x, das über Welt und Kirche
steht. Sie tut, als ob sie im Besitz überweltlicher und überkirch-
licher Goldbarren wäre, und sie fängt in der Tat an, klingende
Münzen, sog. „religiöse Werte" auszugeben. Sie tritt als konkurrenz-
fähige Macht neben die andern Mächte des Lebens, als vermeint-
liche Überwelt neben die Welt. Sie treibt Mission, als ob sie eine
Sendung hätte. Jene höchst außerordentliche Blickrichtung wird
eine mögliche, anerkannte, nicht unpraktische und darum auch nicht
unseltene Haltung neben andern. Gottvertrauen wird der erstaunten
Welt als ein durchaus erreichbares und ganz nützliches Requisit
fürs Leben empfohlen und für die erste beste Gründung unbedenklich in Anspruch genommeu. Die zeigende Hand Johannes des
Täufers wird eine nicht ungewohnte Erscheinung auf — Kanzeln.
Das Erlebnis des Paulus wird da und dort von ernsten jungen
Leuten auch gemacht. Das Gebet, diese letzte Möglichkeit, nach der
jene von Gott gefangenen Geister in höchster Not oder Freude
griffen, wird ein mehr oder weniger anerkannter Bestandteil bürger-
licher Haus- und Kirchenordnung. Ohne zu erröten, redet man
von „christlichen" Sitten, Familien, Vereinen und Anstalten. „Gott
in uns" — ich in dir, du in mir — warum nicht auch das? Der
religiöse Übermut erlaubt sich einfach alles. Als ob es so sein
müßte, reiht sich an die Physik eine Metaphysik. Die Form traut
es sich eben zu, für den Inhalt einzustehen. Das Erlebnis wird
zum Selbstgenuß, zum Selbstgenügen, zum Selbstzweck. Das Be-
wegtsein will selbst Bewegung sein. Der Mensch hat das Göttliche
in Besitz genommen, in Betrieb gesetzt. Niemand merkt es, niemand
will es merken, daß alles auf Supposition beruht, auf einem
enormen „Als ob" und Quidproquo. Wie kam es nur? Wer ist
verantwortlich? Das Volk, das in den Ruf nach Göttern ausbricht, weil es sich in der Wüste gar so verlassen fühlt, oder Moses
unvermeidlicher priesterlicher Bruder Aaron, der dem Volke nur
allzu gut zu sagen weiß, wie man zu solchen Göttern kommt?

Genug, die Religionsgeschichte, d. h. aber die Geschichte der Untreue der Religion gegen das, was sie eigentlich meint, beginnt.
Denn mit dem Moment, wo Religion bewußt Religion,
wo sie eine psychologisch-historisch faßbare Größe in der
Welt wird, ist sie von ihrer tiefsten Tendenz, von ihrer
Wahrheit abgefallen zu den Götzen. Ihre Wahrheit ist
ihre Jenseitigkeit, ihre Weltlichkeit, ihre Nicht-Geschicht-
lichkeit. Ich sehe hierin das entscheidende Merkmal der Bibel
gegenüber der Religionsgeschichte — zu der selbstverständlich vor
allem auch die christliche Kirchengeschichte gehört —, daß in der
Bibel eine ganz auffallende Linie von Treue, von Beharrlichkeit,
von Geduld, von Warten, von Sachlichkeit der unfaßbaren, un-
psychologischen, unhistorischen Wahrheit Gottes gegenüber sichtbar
wird. Das Geheimnis, auf das der Blick aller Religion gerichtet
ist, leistet in der Bibel den menschlichen Versuchen, es zu verraten
und zu kompromittieren, erfolgreichsten Widerstand.

Die biblische Frömmigkeit ist sich ihrer eigenen Schranken,
ihrer Relativität bewußt. Sie ist in ihrem Wesen Demut, Furcht
des Herrn. Sie weiß, indem sie über die Welt hinausweist, zugleich und vor allem über sich selbst hinaus. Sie lebt ganz und
gar von ihrem Gegenstand und für ihren Gegenstand. Am biblischen Erlebnis ist nichts unwichtiger als das Erleben als solches.
Es ist Amt und Auftrag, nicht Ziel und Erfüllung, und darum
elementares, seiner selbst kaum bewußtes Ereignis, das immer nur
ein Minimum an Reflexion und Konfession nötig macht. Die Propheten und Apostel wollen nicht sein, was sie heißen, sie müssen
es sein. Eben darum sind sie es. Gerade im Zentralpunkt des
typisch religiösen Interesses: in den Äußerungen über das persönliche Verhältnis des Menschen zu Gott ist die Bibel merkwürdig zurückhaltend, nüchtern, farblos, verglichen mit dem in allen
Regenbogenfarben verdrängter Sexualität schillernden Reichtum, mit
dem der Mythus und die Mystik diesen Gegenstand behandeln. Es
ist offenbar, daß das Verhältnis zu Gott, auf das die biblischen
Äußerungen hinzielen, nicht in den purpurnen Tiefen des Unterbewußten

stattfindet, nicht etwa identisch sein will mit dem, was die seelische
Tiefseeforschung unsrer Tage als Libidoerfüllung im engern oder
weitern Sinn bezeichnet. Man beachte gerade in diesem Zusammen-
hang die höchst umsichtige und distante Behandlung des der ganzen
Religionsgeschichte so wichtigen Opferbegriffs. Schon im Alten
Testament ein beständiges Hinausweisen über das Opfer auf ein
Letztes, Eigentliches, das mit dem größten und reinsten Opfer nicht
erledigt ist und das letztlich alle Opfer überflüssig macht. Nicht
Opfer will Gott, sondern — ja was denn? mochten die Religiösen
schon damals fragen! Gehorsam, Gerechtigkeit, Liebe, offene Ohren,
Dank, einen geängsteten Geist, ein zerschlagenes Herz! lauten die
rätselhaft negativen Antworten, bis es im Neuen Testament zum
Durchbruch kommt, daß durch ein Opfer alle Opfer erledigt sind:
„Wo Vergebung ist, da ist nicht mehr Opfer für die Sünde."
In bemerkenswerter Einsamkeit steht die Stephanuserzählung der
ganzen Flut christlicher Märtyrergeschichten gegenüber. Von der Erlösung durch Opfer, die wir zu bringen haben, kommt fortan in
der Bibel nichts mehr vor. Und so richtet sich die Polemik der
Bibel nicht wie die der Religionen bis auf diesen Tag gegen die
gottlose Welt, sondern gerade gegen die religiöse Welt, ob sie nun
unter dem Vorzeichen Baal oder Jahwe stehe, gegen die Heiden
nur, insofern ihre Götter eben jene ins Metaphysische erhobenen
Relativitäten, Mächte und Gewalten darstellen, die als solche dem
Herrn ein Greuel und in Christus abgetan sind. Im übrigen muß
im Alten und Neuen Testament gerade eine ganze Reihe von Heiden
einen Glauben bekunden, wie er in Israel nicht gefunden wird, und so
ad oculos demonstrieren, wie sehr der biblische Mensch vaterlos,
mutterlos ohne Geschlecht dasteht, immer wieder ein Neuling, ein Erst-
ling, aller Geschichte gegenüber nur auf sich selbst, auf Gott gestellt, Melchisedek, der König von Salem, sein klassisches Paradigma.
Auf der gleichen Linie liegt das auffallend geringe Interesse der
Bibel am Biographischen, am Werden ihrer Helden. Keine ergreifende Jugend- und Bekehrungsgeschichte des Jeremia, kein Be-
richt vom erbaulichen Sterben des Paulus. Zum Leidwesen unsrer

theologischen Zeitgenossen vor allem kein „Leben Jesu"! Was wir
von diesen Menschen hören, ist nie von ihnen aus erzählt, nie als
ihre „Leben, Taten und Meinungen". Der biblische Mensch steht
und fällt mit seiner Aufgabe, seinem Werk. Darum entfaltet sich
auch der biblische Schöpfungsgedanke nirgends zur Kosmogonie.
Auf ein solennes Distanzschaffen zwischen dem Kosmos und dem
Schöpfer, gerade nicht auf metaphysische Welterklärung ist es abgesehen. Gott sprach: Es werde! das ist alles. Alles Sein hat ein
Wort Gottes, alles Vergängliche ein Unvergängliches, alle Zeit
Ewigkeit zur Voraussetzung. Aber kein An-sich ist das Wort Gottes,
das Unvergängliche, die Ewigkeit, kein Etwas neben anderem.
„Wo will man die Weisheit finden und wo ist die Stätte des
Verstandes? Niemand weiß, wo sie liegt, und sie wird nicht gefunden im Lande des Lebendigen. Die Tiefe spricht: sie ist in mir
nicht! und das Meer spricht: sie ist nicht bei mir!" Die Grenze,
der Ursprung und das Problem der Welt, „der König aller
Könige und Herr aller Herren, der allein Unsterblichkeit hat, der
da wohnet in einem Lichte, da niemand zu kann" — das ist „Gott"
in der Bibel. Und gerade darum und von daher: alles, was Odem
hat, lobe den Herrn! Und so ist die biblische Geschichte eigentlich
im Alten und Neuen Testament gerade keine Geschichte, sondern von
oben gesehen eine Reihe von freien göttlichen Handlungen, von unten
gesehen eine Reihe von ergebnislosen Versuchen eines an sich
unmöglichen Unternehmens, unter den Gesichtspunkten von Entwicklung und Pragmatik im einzelnen und im ganzen schlechthin
unverständlich, wie jeder Religionslehrer, der nicht faule Künste
treibt, nur zu gut weiß. So ist die biblische Kirche bezeichnender-
weise die Stiftshütte, das Wanderzelt; von dem Moment an, wo
sie zum Tempel wird, existiert sie wesentlich nur noch als Angriffs-
objekt. Man lese einmal nach, wie in der Stephanusrede der
Apostelgeschichte die Summe des Alten Testamentes gezogen wird.
Das zentrale Interesse der beiden Testamente ist unleugbar nicht
dem Aufbau, sondern dem notwendig drohenden und eintretenden
Abbruch der Kirche zugewendet. Im himmlischen Jerusalem der

Offenbarung endlich ist nichts bezeichnender als ihr gänzliches Fehlen: „Und ich sah keinen Tempel darinnen." So ist die Eigenart biblischen Denkens und Redeus; daß es aus einer Quelle fließt, die über den religiösen Begriffsgegensätzen z. B. von Schöpfung und Erlösung, Gnade und Gericht, Natur und Geist, Erde und Himmel, Verheißung und Erfüllung liegt. Wohl setzt es ein, jetzt auf dieser, jetzt auf jener Seite der Gegensätze, aber es führt sie nie pedantisch zu Ende, es beharrt nie bei den Konsequenzen, es verhärtet sich weder in der Thesis noch in der Antithesis, es versteift sich nirgends zu endgültigen Positionen oder Negationen. Es hat kein Verständnis für das, was unser schwerfälliges Zeitalter „ein ehrliches Entweder-Oder" heißt. Es liegt ihm am Ja immer so viel und so wenig als am Nein; denn die Wahrheit liegt nicht im Ja und nicht im Nein, sondern in der Erkenntnis des Anfangs, aus dem Ja und Nein hervorgehen. Es ist ein ursprüngliches Denken und Reden, ein Denken und Reden vom Ganzen her und aufs Ganze hin. Es wird sich mit jeder ihres Namens werten Philosophie ausgezeichnet zu verständigen vermögen, mit sämtlichen Psychologismen von der gröbern und von der feinern Sorte niemals. Denn es will immer völlig ernst, aber nie beim Wort genommen sein. Es will nicht akzeptiert, sondern verstanden werden: πνευματικοῖς πνευματικά, Geist durch Geist. Es ist durch und durch dialektisch. Caveant professores! Die biblische Dogmatik ist die grundsätzliche Aufhebung aller Dogmatik. Die Bibel hat eben nur ein theologisches Interesse und das ist rein fachlich: das Interesse an Gott selbst.

Das ist's, was ich die Jenseitigkeit, die Ungeschichtlichkeit, die Weltlichkeit der biblischen Linie nennen möchte. Ein Neues, Unvergleichliches, Unerreichbares, ein nicht nur Himmlisches, sondern Überhimmlisches: Gott hat die Aufmerksamkeit dieser Menschen auf sich gezogen. Gott verlangt ihr volles Gehör, ihren ganzen Gehorsam. Denn er will sich selbst treu sein; er will heilig sein und bleiben. Er will nicht an sich gerissen, in Betrieb und Gebrauch gesetzt sein, er will nicht dienen. Er will herrschen. Er will selbst

XXII. 12

an sich reißen, beschlagnahmen, betreiben, gebrauchen. Er will keine
anderen Bedürfnisse befriedigen als seine eigenen. Er will nicht
Jenseits sein neben einem Diesseits, er will alles Diesseits verschlingen ins Jenseits. Er will nicht Etwas sein neben Anderem,
sondern das ganz Andere, der Inbegriff aller bloß relativen Ander-
heit. Er will nicht Religionsgeschichte begründen, sondern der
Herr unsres Lebens, der ewige Herr der Welt sein. Darum handelt
es sich in der Bibel. Auch anderswo? Gewiß, auch anderswo.
Nur daß das, was anderswo das Letzte, ein erhabener Hintergrund, ein esoterisches Geheimnis und darum doch nur eine Möglichkeit ist, in der Bibel das Erste ist, der Vordergrund, die Offenbarung, das eine, alles beherrschende Thema. Wohl lassen sich für
alle genannten Merkmale der biblischen Linie auch biblische Gegen-
beispiele anführen. Die biblische Linie ist ja nicht identisch mit dem
Bibelbuch. Sie liegt in der Bibel selbst ungeschützt mitten in der
allgemeinen Religionsgeschichte und kaum ein Punkt, wo sie nicht
von andern, fremdartigen Linien geschnitten würde. Jene Ränder
in der Bibel, wo die biblischen Menschen nicht nur andern Menschen,
sondern religiösen Menschen sehr ähnlich sehen, sind besonders
im Alten Testament oft verwirrend breit und fehlen auch im Neuen
Testament durchaus nicht. Die Fülle der Variationen läßt strecken-
weise das Thema fast vergessen. Die Meinung, es sei auch die
Bibel nur ein Teil des allgemeinen religiösen Chaos, ist also begreiflich. Aber nicht unvermeidlich! Nicht unvermeidlich wenigstens
in einer Zeit, der die Relativität des Christentums, sofern es Erlebnis, Metaphysik und Geschichte ist, so handgreiflich, so unverkennbar vor Augen gestellt, der die Frage nach einem Neuen, nach
dem ganz Andern, nach der Realität Gottes so auf der Zunge
liegt, wie unsrer Zeit. Wir könnten in der Lage sein, den Charakter und die Richtung der biblischen Linie nicht unvermeidlich
mißzuverstehen, nicht unvermeidlich unsre religiösen Velleitäten in
sie hineinzulesen. Eine auch sonst sehr lichtvolle Kirchenordnung
aus der Reformationszeit, der Berner Synodus von 1532 trägt
als Motto das sehr unkirchliche paulinische Wort: „Ob wir auch

Chriſtum nach dem Fleiſch gekannt haben, ſo kennen wir ihn
doch jetzt nicht mehr." Bibliſche Einſicht iſt alſo trotz ihrer Ver-
dunkelung durch die chriſtliche Kirchengeſchichte auch ſpäteren Jahrhunderten nicht unzugänglich geweſen.

Wir laſſen wieder Grünewald reden. Neben der gewaltig
zeigenden Geſtalt ſeines Johannes ſtehen die Worte: Illum oportet
crescere, me autem minui.[1] Das iſt des Propheten, des Gottes-
mannes, des Sehers und Hörers Einſtellung gegenüber dem, dem
ſein mächtiges Zeigen gilt. Der Gegenſtand, die Sache, das Göttliche ſelbſt und als ſolches in wachſender, die Funktion, die Frömmigkeit, die Kirche als ſolche in abnehmender Bedeutung! Das iſt's,
was man bibliſche Linie, bibliſche Einſicht nennen kann.

Nachwort vom Herausgeber

Warum teile ich dieſe Ausführungen meinen Leſern mit? Weil
ſie in unübertrefflicher Weiſe das Eigentümliche der Bibel vor
Augen ſtellen. Und das iſt gerade heute ſehr nötig, weil dafür
heutzutage faſt jedes Verſtändnis fehlt, obwohl die Bibel gegenwärtig mehr denn je von den verſchiedenſten Seiten beurteilt wird.
Die religionsgeſchichtliche Betrachtungsweiſe hat den Sinn dafür
ebenſo getötet wie die orthodox-dogmatiſche Auffaſſung der Bibel.
Und von der Verſtändnisloſigkeit für das Einzigartige der Bibel
zeugt ebenſo ihre Verwerfung durch die antiſemitiſche Bewegung
wie ihre Verurteilung wenigſtens des Alten Teſtaments durch die
Lehrerſchaft, die damit im Religionsunterricht nichts anzufangen
weiß. Und doch iſt gerade die Offenbarungsgeſchichte des Alten
Teſtaments mehr als alles geeignet, den Sinn für Gott den Lebendigen zu wecken. Darum möchte ich die Ausführungen Karl Barths
meinen Leſern ganz beſonders ans Herz legen. Denn ſie ſind wirklich geeignet, das Auge für das Beſondere der Bibel zu öffnen.

Das Beſondere der Bibel iſt gerade, daß ſie kein religiöſes
Buch, kein Kanon iſt. Beides iſt ſie erſt geworden durch Miß-

---

[1] Er muß wachſen, ich aber muß abnehmen.

brauch, durch Verkennung ihres Sinns. Sondern das Alte Testament ist die gesamte Nationalliteratur des Volkes Israel und das Neue eine Sammlung von ganz verschiedenartigen Darstellungen und Urkunden einer seelischen Eruption in den Mittelmeerländern zur Zeit der untergehenden Antike. Was diese beiden ganz verschieden-zeitlichen und verschiedenartigen Schriftensammlungen eint und sie von aller sonstigen Literatur unterscheidet, ist dieses, daß die Bibel von Gott als objektiver Macht, die in die Geschichte eines Volkes immer und immer wieder stoßweise eingriff, und von dem kosmischen (in dieser Bedeutung braucht Barth das Wort „weltlich") Er-eignis der Offenbarung eines Gottesreiches auf Erden Kunde gibt.

Schloß Elmau, für das sich doch wohl alle Leser schon deshalb interessieren, weil aus ihm die meisten Beiträge der Grünen Blätter stammen, hatte in diesem Sommer einen gewaltigen Andrang von Gästen zu bestehen. Viele konnten wegen Mangel an Platz nicht aufgenommen werden. Die unvermeidliche Preiserhöhung hat die Zusammensetzung und das Niveau der Gäste gar nicht beeinflußt. Auffallend viel Ärzte sind da, gegenwärtig z. B. 20, aber sie waren immer schon sehr zahlreich vertreten. Leider konnte ich mich den Gästen nicht so widmen, wie ich gewünscht hätte, weil ich zu sehr von dem äußeren Betrieb in Anspruch genommen war. Aber ich hoffe mich für die Zukunft ganz davon lösen zu können. Das Schloß wird am 22. Dezember wieder geöffnet und soll es bis Mitte März bleiben, wenn unser Heizmaterial bis dahin reicht. Fragen und Anmeldungen usw. bitte nicht an meine Adresse, sondern an die Schloßverwaltung Elmau zu richten.

Überhaupt bitte ich, in den nächsten Monaten mir nicht persönlich zu schreiben, da ich mich Mitte September wieder nach Finnland und Schweden begeben werde und erst im November zurückkehre. In dieser Zeit lasse ich mir keine Briefe nachsenden. Sie bleiben liegen, bis ich von Berlin zurückkehre, wo ich am 11., 16. und 19. November) drei Vorträge im Saale der Hochschule für Musik halten werde. Wer Helferin werden will, wende sich direkt an Fräulein Elsbeth Krause in Elmau. Alle anderen Zuschriften erbitte ich an die Schloßverwaltung oder an den Verlag. Am 6., 9. und 11. Dezember halte ich drei Vorträge in der Wiener Urania.

Von den Elmauer Vorträgen ist Nr. 2 „Heroische Lebensführung" erschienen und zum Preise von M 1.50 vom Verlag der Grünen Blätter zu beziehen. Für alle Abonnenten, die ihren Beitrag für den laufenden Jahrgang noch nicht entrichtet haben — es ist ungefähr die Hälfte! —, liegt diesem Heft eine Zahlkarte bei.

Unsre Besucher vom vorigen Sommer wird es interessieren, daß Dr. med. Saathoff in Oberstdorf (Algäu) seine Schulgründung für neue Jugenderziehung, über die er damals vortrug, inzwischen vollendet hat und am 15. September zu eröffnen gedenkt. Das Erziehungsprogramm ist von ihm frei zu beziehen.

Johannes Müller

Gott

Zweiter Teil

Vierteljahrsheft der
Grünen Blätter

für persönliche und völkische Lebensfragen

von

Johannes Müller

✠

Elmau

Verlag der Grünen Blätter

1920

4. Heft

Die Grünen Blätter, Vierteljahrsschrift für persönliche und völkische Lebensfragen, sollen — der persönlichen Fühlung des Verfassers mit seinen Lesern wegen — möglichst direkt vom Verlag der Grünen Blätter in Elmau Post Klais (Oberbayern) bezogen werden, sind aber auch durch den Buchhandel zu haben.

Der Preis beträgt für einen Jahrgang (einschl. Porto) für Deutschland 7.— Mk., für Österreich-Ungarn 10 Kr., Niederlande 2,30 G., Schweiz, Frankreich usw. 4,50 Fr., Dänemark, Schweden und Norwegen 3,50 Kr., Finnland 7 finn. Mk., Amerika 1 Dll.

Das Abonnement gilt bis zur Abbestellung, die nur nach Abschluß eines Bandes erfolgen kann.

Der Einzelpreis dieses Heftes beträgt 2,50 Mk.

Postscheckkonto Verlag der Grünen Blätter Nr. 1233 Nürnberg.

Inhalt

Mitteilungen

Als Ergänzung zu den beiden Heften über Gott möchte ich die Leser auf den 3. Band meiner Reden Jesu: „Vom Vater im Himmel" aufmerksam machen. Sie werden dort auf alle Fragen Antwort finden, die ihnen beim Lesen dieser beiden Hefte kommen mögen. Das Inhaltsverzeichnis dieses Buchs findet sich auf der vierten Seite des Umschlags.

Leider läßt sich eine Erhöhung des Jahrespreises der Grünen Blätter nicht länger aufschieben. Die Kosten sind wieder bedeutend gestiegen, das Porto ist verdoppelt. Im vergangenen Jahr sind die Mehrkosten des Papiers durch besondere Spenden unsrer Leser aus Ländern mit hohen Valuten gedeckt worden, um die ich sie

Gottesvorstellung

Die Gewißheit von Gott bedarf weder eines Begriffs noch einer Vorstellung von Gott als Halt und Grundlage, sondern sie ruht auf einer ursprünglichen Empfindung des Geheimnisses von Gott, wenn nicht auf der unmittelbaren Erfahrung des lebendig sich offenbarenden und wirkenden Gottes. Sonst wäre sie unmöglich. Denn wir können Gott weder begreifen noch uns vorstellen. Das müßte eigentlich von vornherein einleuchten. Denn wir Menschen haben wohl einen Sinn für das Unendliche kraft des Unendlichen, das in uns ist, aber unser Vorstellen und Erkennen ist durchaus endlich bedingt, geartet und begrenzt. Das Gotterkennen, von dem die Bibel redet, ist etwas wesentlich anderes, als was wir unter Erkennen verstehen. Es ist vielmehr Erfahrung Gottes. Es ist das Erlebnis, daß wir von Gott erkannt, d. h. ergriffen werden. Ich glaube, je stärker der Eindruck ist, den man von Gott hat, je mehr man unter ihm steht und von ihm lebt, um so mehr versagt unser Vorstellungsvermögen gegenüber diesem unbegreiflichen Geheimnis. Wir können voll der Klarheiten sein, die aus diesem Eindruck strahlen, aber wir können sie niemals „definieren" (umgrenzen), was heißen würde: verendlichen, geschweige aus ihnen eine Vorstellung von Gott zusammenfügen. Wir können uns das, was sie uns aufleuchten lassen und vergewissern, nicht vorstellen. Wir erfassen es nie an und für sich, sondern nur in seiner Bedeutung für uns, z. B. nicht die Wirklichkeit der Vaterschaft Gottes an sich, sondern nur ihre Beziehung zu uns, ihre Wirksamkeit für uns. Auch Jesus sagt uns nichts von Gottes Wesen, sondern nur von seinem Walten, von seinem Leben inbezug auf uns Menschen. Gewiß fliegen unter jedem solchen Eindruck immer Vorstellungen von Gott in uns auf, aber nie ohne daß sie jedesmal wieder in ihrer Unzulänglichkeit und Unmöglichkeit in sich zusammensinken

XXII. 13

wie eine flamme in einem Häufchen Asche. Immer wieder er=
schauert man über der wahnwitzigen Tollkühnheit jedes Versuchs,
sich das vorstellen zu wollen. Gott ist das uns schlechthin Undenk=
bare. Was uns an ihm denkbar ist, ist schon eine Verkennung
Gottes, ist endlicher Wahn. Solange wir darum in Gottesvorstel=
lungen leben, leben wir nicht in der Wirklichkeit, sondern im Wahn.

Welt und Gott! Können Sie sich die Welt vorstellen? Wie
wollen Sie sich Gott vorstellen! Haben Sie je versucht, sich die
Welt vorzustellen, das Weltall, von dem uns die Millionen Sterne
Kunde geben? Wenn Sie es versuchten, war es Ihnen gewiß, als
ob Ihnen die Sinne schwänden. Man kann ja überhaupt nur
einen Eindruck davon gewinnen, wenn man alle Maße unendlich
verkleinert. Sonst versagt unser Vorstellen von vornherein. Stellen
wir uns die Erde so winzig vor wie ein Senfkorn, so würde der
Sonne ungefähr ein großer Apfel in zehn Meter Entfernung ent=
sprechen. Die Planeten von der Größe eines fast unsichtbaren
Stäubchens bis zur Größe einer Erbse würden dann in 4—600 Meter
Entfernung von dem Sonnenapfel zu denken sein. Das ganze
Sonnensystem hätte dann Platz in einer Raumkugel von 1000 Meter
Durchmesser. Denken wir uns diese kleine Raumkugel in der Mitte
des Raums unsers Erdballs — die Sonne in der Größe eines
Apfels! — dann würden wir innerhalb eines so ungeheuren Raumes,
wie ihn unsre Erde ausfüllt, ungefähr nur noch drei bis vier Sterne
treffen. Alle anderen wären auch bei dieser Verwinzigung aller Maße
weit draußen in unendlichen Fernen. Wenn einem das anschau=
lich aufgeht, wird man aufs tiefste erschüttert von der geradezu
trostlosen Einsamkeit unsers Sonnensystems in der ungeheuren Mil=
lionenfülle von Sternen im All, die zum größten Teil Sonnen sind
wie unsre Sonne, nur meist viel größer als sie und vielleicht alle
umgeben von Systemen von Planeten, die uns unerkennbar sind
wie das Planetensystem unsrer Sonne ähnlichen Firsternen. Wie
weit diese fülle reicht, ist rein unvorstellbar. Denn wir würden

100000 Lichtjahre brauchen — das Licht durchläuft in der Sekunde 300000 Kilometer, umkreist also die Erde mehrmals zwischen dem Tick und Tack einer Taschenuhr: wer kann sich ein Lichtjahr vorstellen, die Entfernung, zu deren Durchmessung das Licht ein ganzes Jahr braucht! — wir würden, sage ich, 100000 Lichtjahre brauchen, um jenseits der uns bekannten Sternenwelt zu kommen. Haben Sie jetzt einen Eindruck vom Weltall? Ist es nicht für uns ganz unvorstellbar? Aber ebenso scheitert unser Vorstellungsvermögen, wenn wir die Atome, die unteilbar kleinsten Stoffelemente, ins Auge fassen. Denn diese Atome sind in Wirklichkeit auf engstem Raum zusammengedrängte Planetensysteme. Beides müßten wir zusammen sehen, wenn wir uns das Weltall vorstellen wollten: die Fülle der Sonnensysteme, deren Achse ungefähr in der Milchstraße liegt, und die Zusammensetzung des Weltallstoffs aus Atomen, die aus Planetensystemen von Elektronen bestehen! Das ist die unvorstellbare Welt!

Dieses Weltall schwebt nun im Gottall, von ihm getragen und durchdrungen, bedingt und bestimmt, bewegt und belebt — bis in die Elektronen hinein. Dieser Grund und Ursprung alles Seins und Geschehens, der das Weltall im Innersten zusammenhält, ihm Wesen und Bestand verleiht, der das Gesetz, der Nerv und die Kraft alles Lebens ist, dieses Ursein und Übersein — das ist Gott. Nun machen Sie sich eine Vorstellung von ihm. Bewiese nicht jeder, der es versuchte, unwiderleglich, daß er gar keinen Eindruck von Gott hat, ja nicht einmal von der Welt! Geht Ihnen nicht eine Ahnung davon auf, daß jede Vorstellung Gottes ein Verkennen Gottes ist? Dünkt es Ihnen nicht wahnsinnig, wenn Menschen der Erde über Gott etwas ausmachen wollen, daß er sei oder nicht sei, daß er so und nicht anders sei? Schauen Sie sich doch diesen Menschen einmal an im Weltall! Stellen Sie sich vor, Sie würden mit unvorstellbarer Geschwindigkeit von der Grenze des Weltalls durch alle die Sonnensysteme losbrausen: meinen Sie, daß Sie die Erde überhaupt finden würden, dieses mattbeleuchtete Sandkörnchen im All! Stießen Sie aber zufällig darauf und kämen Sie ganz nahe, so würden Sie Meere und Festland, Gebirge und

13*

Tiefland unterscheiden und schließlich auf dem Festland verstreute, von allen Naturbildungen unterschiedene seltsame Wucherungen entdecken, wie Schimmelbildungen, Städte und Dörfer, und in ihnen zuletzt einen winzigen Stabbazillus, der sie hervorgebracht hat. Das ist der Mensch. Das ist das Wesen, das sich Gott vorzustellen oder zu leugnen vermißt.

Aber wir wollen Gott und Welt nicht nur durch das Glas des Raums, sondern auch der Zeit anschauen. Es gibt wahrhaftig Menschen, die meinen, Gott habe sich die Winzigkeit der Erde extra als Thron seiner Herrlichkeit ausgesucht, um auf ihr mit Wesen seiner Art Gemeinschaft zu haben, während die ganze Fülle der Weltenkörper nur die Bedeutung hätte, Sternenhimmel für die Erde der Menschen zu sein. Das ist doch eine ungeheuerliche Beschränktheit und eine geradezu groteske irdische Kirchtumspolitik! Was wissen wir von der Entwicklung des Weltalls und von der Geschichte des Lebens, des Geistes, niederer und höherer Wesen und Seinsweisen im Weltall? Was wissen wir von den Schicksalen und Bestimmungen der anderen Weltkörper! Wir wissen nicht einmal in unserm Sonnensystem Bescheid. Wir wissen, daß vielleicht auf dem Mars Wesen ähnlicher Art wie Menschen sind, und können annehmen, daß sie auch ihre Geschichte haben. Wir wissen, daß sich die Venus in einem Zustand befindet wie die Erde vielleicht während der ersten „Schöpfungstage", also die ganze Lebensgeschichte der Erde noch vor sich hat. Mehr wissen wir nicht. Alle die Sonnenfixsterne haben wohl uns unerkennbar ihr Planetensystem. Aber von dem Werden und Vergehen dieser Planeten, von einer Entwicklung des Lebens auf ihnen und einer Geschichte bewußter Wesen ähnlich der Menschheitsgeschichte auf der Erde haben wir gar keine Ahnung. Aber warum soll die Erde und die Menschen auf ihr etwas Einzigartiges sein! Sehen Sie doch nun Gott inmitten dieses gewaltigen Weltallgeschehens als Träger und Leiter dieser unendlich vielen verschiedenartigen und verschiedenstufigen Weltgeschichten, die sich auf Millionen von Sternen abspielen. Vielleicht sind ja alle die Sonnen im All gar nicht das Wesentliche, sondern vielmehr

die Planeten, die sie umkreisen. Vielleicht geht die Bestimmung der
Sonnen darin auf, leuchtende, wärmende Lebensquellen für ihre
Planeten zu sein, damit auf diesen sich die Herrlichkeit Gottes in einer
unendlichen Mannigfaltigkeit endlich-sinnlichen Seins und Werdens
offenbaren kann. Wer kann das wissen! Aber wie es auch sein
mag — die alles umfassende, allem Wesen und Bestand gebende,
in allem lebende Wesenheit, die alles, was geschieht, bewegt, treibt,
schafft, aus sich hervorgehen läßt und in sich zurückzieht: das ist Gott.

* * *

So unvorstellbar aber dieses universale Urgeheimnis alles Seins
ist, eins ist klar: „Gott ist nicht ferne von einem jeden unter uns.
Denn in ihm leben, weben und sind wir". (Paulus). Alles, was
im Weltall lebt und geschieht, ist Erscheinung Gottes, ist Äußerung
Gottes. Unser Atmen und Empfinden ist Lebensbewegung Gottes
in endlich-sinnlicher Gestalt, unser Wesen und Werk ist irdische Ausprägung Gottes. Wir würden in nichts versinken, wenn Gott nicht
in uns wäre, in uns waltete. Das Sein und Wesen, welches das
Weltall ins Dasein rief und sich im Weltgeschehen auslebt, ist auch
der Urgrund unsers Seins, der Ursprung unsers Wesens. In ihm
urständet jeder von uns direkt und unmittelbar. Wir sind Sprossen
Gottes, in denen er sich irdisch entfaltet, seine Nervenenden, durch
die er auf Erden erlebt und wirkt, seine Organe, durch die er
schafft und sich offenbart. Also wo ist Gott? Da, wo wir sind.
Wo ist das Jenseits? Überall im Diesseits. Es ist allenthalben
das Göttliche, das dahinter liegt. Wo ist das Paradies? Überall,
wo wir leben. Denn alles ist Gottes Lebenselement, alles sein
Bereich. Nichts ist außerhalb Gottes.

Wenn wir von alledem einen lebendigen Eindruck haben, dann
empfinden wir unsre ganze Existenz, unser Leben und Schicksal ganz
anders. Es ist dann wenigstens einmal für unser inneres Auge
und Lebensgefühl die verhängnisvolle Isolierung von dem Ursprung
alles Seins, von der Quelle alles Lebens aufgehoben und der organische
Zusammenhang wiederhergestellt. Wir spüren übermächtig den Zug

zum Herrn und Vater alles Lebens. Alle Fasern unsers Wesens
strecken sich danach, in ihm Wurzel zu schlagen, alles in uns wird
durch seine lebendige Anziehungskraft neu verfaßt. Nur wenn wir
in diesem Zusammenhang stehen und aus ihm leben, dann leben
wir wirklich. Sobald wir uns aus ihm lösen, verlieren wir das
Leben. Was wir dann Leben nennen, ist in Wahrheit sterben, verwesen. Denn unser Wesen vergeht, wenn es nicht aus Gott lebt.
Und was in uns ist, lebt und treibt, das lebt überall, es webt
und waltet in allen Ereignissen und Entwicklungen der Weltgeschichte,
in dem flutenden Leben, das uns umgibt und auf uns eindringt,
in der Natur, in der Empfindungswelt des menschlichen Geschlechts,
in der rastlosen Gärung seines Geistes und in den schöpferischen
Äußerungen des Genius, es lebt in jeder Blüte, die uns entzückt,
und in jedem Menschen, dem wir begegnen. Alles steht in einer
universalen göttlichen Lebensgemeinschaft. Nur in diesem Zusammenhang göttlichen Geschehens, nur in dieser Gemeinschaft des Lebens
mit allem haben wir Fühlung mit dem Weltall und Gottall des
Lebens. Abgesondert, auf uns beschränkt versinken wir in den Tod.

Nun können wir uns ja gar nicht wirklich herauslösen —
selbst der Mensch, der Gott flucht und sich in den Abgrund
stürzt, fällt dann in die Arme seines himmlischen Vaters, und auch
der Menschenfeind und Pessimist lebt aus der Lebensgemeinschaft,
von der er nichts wissen will. Aber unser Empfinden dafür kann
taub und stumpf werden, und in dem Maße wird das Lebendige
für uns leblos. Gott wird uns zu einem Begriff und Phantom,
die Natur zur toten Materie, das Schicksal zu sinnlosem Zufall,
die Verhältnisse zu mechanischen Verhängnissen, die Menschen zu
Egoisten wie wir selbst, alles höhere geistige Leben zu einer Überspanntheit. Und in unserm Leben kann die Tendenz, sich zu sondern, zu lösen, auf sich selbst zu stellen und für sich allein zu leben,
herrschen, und dann isolieren wir uns durch unser Leben, trotzdem der
Zusammenhang unzerreißbar ist! Was ist aber ein Kontakt, wenn
er nicht lebendig ist! Er ist wie nicht vorhanden, und seine Bedeutung besteht nur darin, daß er die Möglichkeit bietet, Kraft-

leiter zu werden. Es hilft uns der objektive Bestand unfers Zu-
fammenhangs mit Gott und unfer Verfponnenfein in der Lebens-
gemeinfchaft mit allem nichts, wenn nicht der Zufammenhang und
die Gemeinfchaft perfönlich lebendig für unfer Empfinden wird.
Nur dadurch gewinnt fie Leben. Und nur in diefem Leben lebt
unfer Wefen auf und entfaltet fich. Ohne Zufammenhang mit
Gott und ohne Gemeinfchaft mit allem verdorren und verfaulen
wir an uns felbft. Unfer Wefen hört auf zu fein, was es ift,
Werkzeug und Organ Gottes, und wird ein von Selbftfucht und
Machtgier proftituiertes und ausgefogenes Nichts. Auch das alles,
was doch ein Gefchehen in Gott ift, können wir uns nicht vorftellen, und doch find es greifbare Tatfachen und Gefetze des Lebens,
deren Male jeder von uns an feinem Leibe trägt.

Wenn aber unfer Leben auf Erden ein Ende nimmt, hören
wir damit nicht auf zu exiftieren, fondern wir gehen nur ein —
in Gott. Die irdifche Epifode unfrer Ewigkeit ift zu Ende. Wir
haben unfre Aufgabe in der Erdengefchichte erfüllt. Wir werden
von Gott zurückgezogen. Wohin, das wiffen wir nicht. Aber jedenfalls ift unfer befonderes Sein damit nicht zu Ende. Wir tauchen
nur unter in die Wefensfülle unfers Urfprungs, um wieder auf-
zutauchen. Wo, das wiffen wir nicht. Viele meinen, daß fie wieder
auf der Erde geboren werden. Mir kommt diefe Auffaffung zu
erdenbefchränkt vor. Ich glaube auch nicht, daß fich Gott wiederholt. Er braucht fich nicht zu wiederholen bei feiner unendlichen
Fülle von Möglichkeiten. Darum glaube ich, daß wir eher wo
anders auftauchen, etwa auf dem Mars oder auf einem Planeten
irgendeines anderen Fixfterns, und in einer anderen Seinsweife, als
fie den Gefchöpfen der Erde eigentümlich ift. Vielleicht werden die
abfcheidenden Menfchen irgendwo anders hinberufen, wie während
des Kriegs die Regimenter von der Oftfront zur Weftfront geworfen
wurden, je nachdem wo fie nötig find und eingefetzt werden müffen.
Wir wiffen es nicht. Nur das eine wiffen wir: daß wir unver-
gänglich find, weil wir von göttlichem Wefen find und in Gott
leben. Der Tod kann es nicht vernichten, fondern nur aus feiner

irdischen Gebundenheit befreien. Der Tod ist ein Tor zum Leben, zu einem Leben höherer, gesteigerter Art. Aber das ist uns ebenso ein Geheimnis, wie Gott es ist, ebenso unvorstellbar wie er selbst, aber nicht weniger gewiß. Denn „Gott ist nicht ein Gott der Toten, sondern der Lebendigen. In ihm leben sie alle" (Jesus).

Überall versagt unsre Vorstellung. Wir können nur die Oberfläche eines kleinen Ausschnitts unsers ewigen Seins auf Grund unsrer Erlebnisse fassen. Aber schon seine Tiefe ist uns unvorstellbar. Denn seine Tiefe ist Gott. Darum hat es so wenig Wert und ist sehr töricht, wenn sich die Menschen die Köpfe über Gott zerbrechen, statt danach zu trachten, in allen ihren Lebensäußerungen Offenbarungen Gottes zu werden. Es ist nicht möglich, Gott zu erkennen, sondern nur ihn zu erleben. Darum kann unsre Gewißheit Gottes nicht auf Erkenntnis, sondern nur auf Erfahrung beruhen. Ist es aber dann nicht wahnsinnig, wenn die Menschen so tun, als müßten sie erst auf ihre Frage nach Gott eine erkenntnismäßig befriedigende Auskunft erhalten, ehe sie ihm selbst näher treten könnten, gleich als ob das ihre intellektuelle Redlichkeit verlangte! Im Gegenteil, die intellektuelle Redlichkeit des homo sapiens (des vernünftigen Menschen) verlangt das Bekenntnis, daß Gott jenseits unsrer Erkenntnis ist, daß er mit dem Organ des Intellekts nicht erreicht werden kann, sondern nur mit dem Tastsinn der Seele, des Göttlichen in uns, weil Unendliches nur von Unendlichem erfahren und erfaßt werden kann. Der Spürsinn der Seele gibt uns aber nur unmittelbare Klarheiten, die aus den Erfahrungen der Seele aufleuchten. Darum gibt es nur eine Möglichkeit, wie sich uns das Geheimnis Gottes offenbaren kann: daß Gott sich in uns äußert, daß er aus uns lebt, daß sein Empfinden in uns lebendig wird, und sein Wille in uns waltet, daß wir von ihm gebildet werden, und er das Werk unsers Lebens aus uns hervorgehen läßt.

Die Voraussetzung dazu ist aber nicht die richtige Vorstellung von Gott, die wir gar nicht haben können. Selbst unsre Eindrücke von Gott über seine Beziehungen zu uns nehmen wir doch alle menschenmäßig verkürzt, versinnbildlicht und subjektiv gefärbt auf.

Die Offenbarung Gottes in uns hängt gar nicht von den Vorstellungen ab, die uns erfüllen, die wir hegen und pflegen, sondern
von unsrer Lebenshaltung, nicht von unsern Auffassungen, sondern
von unsern Verfassungen und Entscheidungen. Der gottflüchtige
egoistische Zug und die subjektive individualistische Benommenheit
verschließt auch den frömmsten Menschen der Stimme Gottes auf
allen Gebieten. Aber die Unfähigkeit zu persönlicher Fühlung mit
dem Vater im Himmel hat noch nie Gott gehindert, sich zu offenbaren, wenn die seelische Verfassung der Empfänglichkeit: tiefes
Empfinden, Aufrichtigkeit und Demut, Sehnsucht und Hingabe vorhanden war. In solchen lebt und waltet Gott, auch wenn sie
allem widerstreben, was Menschen über ihn reden. Alle genialen
Lebensäußerungen, alle wahren Kunstwerke z. B. sind letzlich Überschwang göttlichen Lebens in Menschen. Ob dabei einer einem
Gottesbegriff flucht oder ihn anbetet, ist gleichgültig. Wenn er nur
von Ehrfurcht erfüllt ist und sich ganz dem Gewaltigen hingibt,
das in ihm werden will, dann ist er geschickt für Gott. Das gilt
aber von allen Menschen und von jedem Leben. Es kommt alles
darauf an, daß sich Gott in allen unsern Lebensäußerungen kundgibt, daß eine jede das Geheimnis unsers Wesens entschleiert, daß
in ihr die Wahrheit, das Gute Gottes zutage tritt, und sich Gott
so plastisch in unsrer Menschlichkeit ausdrückt. So wird Gott sichtbar. So wird er erkannt.

Aber das geschieht nicht dadurch, daß wir theoretisch leben.
Theologisches Leben ist nicht Leben aus Gott. Wenn wir uns
innerlich mit Lehren über Gott beschäftigen und die Dinge danach
ansehen und behandeln, wenn wir immer überlegen, was wir jeweils im Sinne Jesu zu tun haben, wenn wir uns einleuchtende
Gedanken über Gottes Absichten machen und uns seinen Willen
konstruieren, um ihn zu tun, dann offenbart sich nicht Gott, sondern
unsre Theologie, unser guter Wille und unser beschränkter Verstand,
dann kommt nicht Gott zur Geltung, sondern wir selbst und unsre
Religiosität. Wie es ein Künstler, der sein Werk aus einem Gedanken entwickelt und unter verschiedenen Gesichtspunkten konstruiert

und ausarbeitet, niemals über ein technisches Machwerk hinaus-
bringt, ebensowenig wird die reflektierende Frömmigkeit trotz aller
Inbrunst mit der Offenbarung Gottes begnadet werden, sondern
nur ihre religiösen Gedanken zum Ausdruck bringen, ins Leben
setzen. Was Offenbarung und Schöpfung ist, geht ursprünglich
aus der unbewußten Tiefe unsrer Seele hervor und gewinnt unmittelbar seine Form als den Ausdruck des empfangenen Eindrucks.
Darum kommt Gott im Verborgenen des Innersten zur Geltung,
wenn wir mit ganzer Seele dabei sind, die Aufgaben der Stunde
zu erfüllen, in denen er uns nahe tritt. Dann wird sein Walten
in uns lebendig, dann offenbart sich uns das Gute wie ein ursprünglicher Trieb, dann tritt das einzig Wahre ins Leben, dann
quillt Kraft in unsre Äußerungen, die nicht von dieser Welt ist.
So offenbart sich das Geheimnis Gottes.

Darum kann es für alle, die Gottes innewerden wollen,
nur eine Losung geben: Heraus aus der Isolierung und Drehe
um sich selbst und hinein in den Zusammenhang des göttlichen
Geschehens und in die Gemeinschaft des Lebens, um seine Tiefe
zu gewinnen. Nicht nur mit unsern Gedanken und Gefühlen, sondern mit der praktischen Stellung, die wir zum Leben einnehmen,
mit einem neuen Verhalten, mit dem wir alles ergreifen, uns hingeben, erleben und erfüllen. Hinein in die Eintracht und Fühlung
mit der Natur, hinein in den Zusammenhang mit unserm Volke,
hinein in das organische Gefüge unsrer kleinen Welt, hinein in die
Gemeinschaft mit unsern Verhältnissen, Schicksalen und Aufgaben,
damit alle unsre Lebensäußerungen aus solcher Gemeinschaft entspringen! Dann geben wir uns Gott ganz hin und lassen ihn sich
offenbaren durch uns.

Gott und Welt im Menschen

Die Welt ist in Gott, und Gott ist in der Welt. Aber Gott ist nicht die Welt, auch nicht das Urelement der Welt, und die Welt ist nicht Gott, auch nicht im Grund und Ursprung ihres Wesens. Sie stammt nicht aus Gott wie der Mensch, sondern sie ist aus dem Nichts geschaffen. Darum ist sie im Grunde nichts, ist vergänglich, scheinhaft. Das Wesen der Welt vergeht. Gott ist über Raum und Zeit, Stoff und Geist, Form und Schranken.

So besteht im Wesentlichen ein Unterschied, ein Gegensatz und eine Spannung zwischen Gott und Welt, obgleich sie in ihm beruht und sein Werk ist, eine ähnliche Spannung und Widerspenstigkeit wie zwischen dem Künstler und seinem Werk, in dem er darstellen möchte, was in ihm nach Ausdruck ringt. Es ist die Spannung zwischen Unendlichem und Endlichem, Ewigem und Vergänglichem, Gottwesentlichem und Sinnlichem, zwischen Einheit und Mannig-faltigkeit, Sein und Nichtsein, Leben und Sterben. Die Erdenschwere, die Trägheit der Masse, der Zug zum Nichts in der Welt hält dem Odem Gottes, der sie belebt, und seinem schöpferischen Drang, der sie bildet, die Wage. Aus dieser Spannung, aus diesem Zug und Gegenzug, Drang und Widerstand ergibt sich die eigentümliche Seinsweise der Welt.

Gott liebt die Welt, und zwar mit einer uns unvorstellbaren Glut, Energie und Hingabe, so daß er selbst in sie einging und Welt wurde in den Menschen, den Ausstrahlungen seines Wesens. Aber die Welt liebt nicht Gott, sondern sich selbst. Sie widerstrebt ihm und sträubt sich, ihm zu Willen zu sein. Sie lebt nicht in Hingabe, sondern in Selbstsucht. Das wird deutlich erkennbar, wo sie bewußt lebt und Willen gewinnt, in dem Menschen. Er sollte Gott lieben, wie Gott die Welt liebt, um durch die Liebe bildsam und empfänglich für Gottes Schaffen zu werden, damit eine gött-liche schöpferische Gärung in der Menschheit alles Werden trage. Aber er leugnet die Schöpfung der Welt aus nichts und behauptet die Ewigkeit der Materie. Er will nicht geschaffen werden und

Organ des göttlichen Waltens sein, sondern er will sich selbst entwickeln und tun, was er mag. In ihm will die Welt sein wie Gott.

In den Menschen wird Gott und die Welt offenbar. In ihnen
verkörpert sich das göttliche Wesen dauernd in einer unendlich
mannigfaltigen Fülle von irdischen Gestalten, die Erscheinungen
seiner Art, Kinder seiner Liebe, Ausdrücke seiner Gedanken, Träger
seines Willens sind. Aber sie sind Fleisch geworden, Welt, endlich-
sinnliche Wesen. Eingesenkt in die Leiblichkeit sind sie im Weltwahn
befangen, vom Weltwesen durchdrungen, im Weltgewebe versponnen,
werden getragen vom Strome des Weltgetriebes und stehen im
Banne der irdischen Lebensmächte. Darum wirkt sich in ihnen die
Welt aus, in ihrer Schwere, Trägheit und Selbstsucht, in ihrer
Dumpfheit und in ihrem Trieb zum Sterben. Aber dagegen wehrt
sich ihre Seele, die den Zug zum Vater spürt, unter der Verweltlichung leidet und sich der Entfremdung von ihrem eigentlichen
Wesen schämt, die nicht im Vergänglichen zur Ruhe kommen kann,
sondern aus dem Sterben heraus ewiges Leben sucht.

So herrscht in dem Menschen die Spannung zwischen Gott
und Welt, in welchem Grad sie ihm auch zur Empfindung und
zum Bewußtsein kommen mag, wie weit er auch in der Welt untergegangen und das Gefühl seiner Herkunft verloren haben mag.
Sein Inneres ist der Schauplatz des Ringens zwischen Gott und
Welt, des Suchens Gottes und des Widerstrebens der Welt, des
Glaubens Gottes und der Verneinung der Welt, der Liebe Gottes
und des Trotzes der Welt. Wie in den Kindern die verschiedenen,
entgegengesetzten Naturen der Eltern im Widerstreit liegen und so
lange um die Vorherrschaft kämpfen, bis sie im persönlichen Leben
der heranwachsenden Menschen die Harmonie gefunden haben, die
schon die Liebe in den Eltern suchte, so kämpfen in den Menschen
die göttliche und die weltliche Natur um die Übermacht, und ihr
persönliches Leben soll die schöpferische Vereinigung zwischen beiden
herstellen. Und ebenso wie die Kinder, die unter dem Widerstreit
der elterlichen Naturen in sich selbst leiden, nichts davon ahnen,
was sie hin und her reißt und so widerspruchsvoll macht, so ahnen

die Menschen nichts von ihrem Los und begreifen nicht den Sinn
und Zweck ihres Daseins, den Sieg Gottes über die Welt, die
Versöhnung der Welt mit Gott, die Offenbarung Gottes in der
Welt, die Beseelung und Verklärung der Welt durch Gott herbeizuführen. Denn in ihnen, in ihrer persönlichen Verfassung und in
ihrem Leben muß es dazu kommen. Durch sie, durch ihre Welt-
beseelung und Weltgestaltung muß es geschehen.

Dieses Ringen zwischen Gott und der Welt in den Menschen
ist der verborgene Sinn, die treibende Kraft und der wesentliche
Inhalt der Menschheitsgeschichte. In jedem Menschen und in jeder
menschlichen Gemeinschaft, in jedem Volk und in jeder Kultur spielt
es sich ab. Aus ihm allein ist das Schicksal der Menschheit zu verstehen, ein Ziel für ihre Entwicklung zu erkennen und eine Recht-
fertigung für ihr Dasein und Leiden zu finden. Bisher scheint es
die Welt gewonnen zu haben. Denn die Menschen sind ganz Welt
geworden, ganz auf- und untergegangen in der Welt, soweit daß
sie Gott selbst verweltlicht und ihre Seele verendlicht haben. Sie
sind ganz Organe und Werkzeuge der Welt geworden und haben
es durch Mißbrauch ihres göttlichen Vermögens wohl zu einer erstaunlichen schöpferischen Entfaltung aller in der Welt ruhenden
Anlagen, zu einer Verwirklichung der sinnlichen Möglichkeiten der
Weltnatur gebracht; aber alles das führte nicht zu einer Offenbarung des Lebens, sondern des Sterbens. Je mehr die Menschheit
sich der Welt hingab, um so mehr geriet sie in den Bann der
Welt und verlor ihr eigentliches Wesen in ihr. Je mehr die Welt
durch sie Leben gewann und wie Gott wurde, um so mehr wurde
die Menschheit gottlos und geriet unter die Herrschaft des Todes.

Aber dieser Sieg der Welt ist nur vorläufig und scheinbar.
Denn er ist in sich unhaltbar. Er ist nur von Gott geduldet. Ruht
er doch auf Gottes Welterhaltung und auf dem seelischen Ver-
mögen des Menschen, das Gottes ist, auch wenn es der Welt dient.
Und die Verweltlichung der Menschheit vollzieht sich trotz aller
Gottesferne in Gott, auch wenn kein Mensch davon etwas ahnt.
Daß die Welt samt der Menschheit nicht aus der Hand Gottes

geriffen werden kann, so sehr sie sich gegen ihn auflehnt und ihn
für nichts erklärt, ist die Bürgschaft dafür, daß diese Gottentfremdung
und Selbstpreisgabe der Menschheit nur eine vorübergehende Verirrung ist, die letzten Endes dem Vorhaben Gottes dienen muß.
Denn die Vollendung des Abfalls der Welt von Gott durch die
völlige Verweltlichung und Entseelung des Menschen führt die
Unmöglichkeit jeder gottlosen Existenz in dem Zusammenbruch der
Weltherrschaft vor Augen und offenbart den Ruin der Menschheit,
die sich selbst vergißt und Welt wird, die Gott verleugnet und
Organ des Weltwesens wird. In dieser Enthüllung gottloser
Geschichte und Kultur als Selbstmord der Menschheit stehen wir
jetzt mitten drin. Die Weltkatastrophe ist die Frucht des Siegs der
Weltherrschaft und damit schon die Verheißung der schließlichen
Gottesherrschaft.

Damit wird aber das Verhängnis des Sieges der Welt durch
den Abfall der Menschheit von Gott für diese nicht verringert. Daß
auch die Menschheit, die ihre Seele der Welt verschrieb, trotzdem
von der Gnade Gottes lebte, hinderte nicht, daß ihr Gott als
lebendige Wirklichkeit entschwand, daß er ihr praktisch ein Nichts
wurde, so sehr man der erhabenen Idee Gottes huldigen und
einen religiösen Betrieb entfalten mochte, daß sie in allem, was sie
dachte und tat, irrte und sündigte, so sittlich man leben, so tiefe
Wahnvorstellungen man hegen mochte, daß sie an sich selbst verweste
und nichtig wurde wie die Welt, von der sie ihr Wesen empfing, daß
sie im Banne der Welt in ihrem eigentümlichen Leben erstickte, weil
sie nicht mehr Gottes Leben einatmete, sondern den Dunst der Welt.
Daß die Menschheit trotz alledem in der Hand Gottes blieb, begründet nur die Möglichkeit ihrer Erlösung von der Welt und der
Wiedergeburt der Welt durch Gott, aber verringert nicht die Notwendigkeit der Erlösung und Wiedergeburt. Doch die Zurück-
bringung und Erneuerung der Welt geht nur durch den Menschen
hindurch. Nur wenn der Mensch erlöst und umgewandelt wird, kann
die Welt vom Fluch ihrer Gottlosigkeit errettet und ihrer ursprünglichen Bestimmung wieder gewonnen werden.

Es kommt alfo darauf an, daß der Menfch, der kraft feiner unendlichen Seele Vertreter Gottes in der Welt, kraft feines end-lichen finnlichgeiftigen Wefens Vertreter der Welt in Gott ift, feinen Schwerpunkt in Gott findet, in ihm beruht und Wurzel fchlägt, aus ihm und von ihm lebt und fich fchöpferifch entfaltet, und fo fein Weltwefen von feinem Gotteswefen verfaßt, gebildet, erfüllt und verklärt wird, daß er ganz und gar Organ und Werk-zeug Gottes wird, daß er mit jeder Lebensregung Gott erlebt und mit jeder Lebensäußerung ihn in der Welt offenbart und feinen Willen verwirklicht. Wo das ift und gefchieht, da waltet die Gottes-herrfchaft und die Schöpfung der Welt durch Gott breitet fich aus, da kommt das Reich Gottes.

Einmal hat das die Welt erlebt, fo wahrhaftig wirklich und fo urfprünglich vollkommen, daß uns auch heute noch daran das Verftändnis dafür aufgeht, wie es eigentlich fein müßte und ganz ficher einmal werden wird: an Jefus. Er lebte ganz und gar in Gott und aus Gott. Darum ward in und mit ihm die Gottesherrfchaft aufgerichtet, und das Reich Gottes kam auf die Erde. Das ift es, worin die kofmifche Bedeutung Jefu und die dauernde Aktualität feiner Erfcheinung befteht. In ihm erfchien der Menfch in feiner göttlichen Beftimmung leibhaftig auf Erden und begründete die Neuverfaffung der Menfchheit und der Welt in Gott.

*　*

Verhält es fich fo mit dem Menfchen: fteht er zwifchen Gott und Welt, Gott und Welt in fich vereinigend aus Gott entfprungen in die Welt hineingeboren, ift es feine Beftimmung, die fchöpferifche Synthefe zwifchen Gott und der Welt in fich herzuftellen, indem er in fich die Welt Gott unterwirft und Gott fich in ihr offenbaren läßt — dann kommt alles darauf an, daß er fich ganz und gar Gott ergibt und nicht der Welt. Nur wenn er ausfchließlich in Gott wurzelt, fo daß er rein aus ihm lebt, ift er der Welt ge-wachfen und ihrer mächtig. Sobald er fich ihr irgendwie hingibt und von ihr lebt, ift er in ihrer Gewalt, in ihrem Bann und verliert die Fühlung mit Gott, das Leben aus ihm, das Wesen von ihm, wird entseelt und versinnlicht. Darum muß er sich ganz radikal für Gott entscheiden. Nur so bleibt er Gottes Kind in Gottes Reich und wird fähig, die Welt von Gott aus zu beherrschen. Er kann die Selbstsucht der Welt und die Zentrifugalkraft des Welt= wesens in sich nur dadurch überwinden, daß er sich unbedingt und restlos zu Gott bekennt, allein seinem Willen lebt und ihn über alles liebt. Er kann die Welt nur Gott unterwerfen, wenn sein Schwerpunkt in Gott ruht, und er von Gott aus in der Welt lebt. Er kann die Wahrheit nur ins Leben treten lassen, wenn er in Gott das Wesentliche, Ewige und Wahre, in der Welt aber das Unwesentliche, Vergängliche und Scheinbare sieht. Er durchtränkt nur dann die Welt mit dem Leben Gottes, wenn er der Offen= barung seines Willens und seiner Herrlichkeit dient. Und er kann die Welt nur dadurch mit Gott versöhnen, daß er sie von Gott aus beseelt, erfüllt, gestaltet und verklärt durch seine von Gott glühende schöpferische Seele.

Das alles geht himmelhoch über menschliches Vermögen. Aber der Mensch braucht es ja auch gar nicht zu vollbringen. Gott tut und bewirkt das alles selbst, sobald sich der Mensch für ihn ent= scheidet. Dann geschieht alles andere von selbst, d. h. von Gott durch ihn. Durch die Entscheidung für Gott stellt er sich ihm ganz als sein Organ zur Verfügung, und sogleich lebt und schafft Gott durch sein Organ. Genau so wie sich der Mensch für Gott ent= scheidet, vollzieht sich die schöpferische Offenbarung Gottes durch ihn. An sich ist der Mensch ganz unfähig. Er kann nicht einmal sich selbst bekehren und ändern, nicht sein, wie er will, und tun, was er möchte, geschweige das Gute tun, das Wahre vollbringen, etwas Lebendiges schaffen in der Welt. Alles muß Gott tun. Er kann es allein. Aber das geschieht auch wirklich, sobald sich der Mensch für Gott entscheidet.

Das geschieht aber nicht, wenn wir uns innerlichst in unsern Gedanken, Gefühlen und Vorsätzen auf die Seite Gottes stellen, in uns fest und entschlossen werden, ihm zu gehören und ihm allein

zu dienen. Diese Selbstbesinnung und Selbstentscheidung hat nur
Wert als Auftakt zum Leben, als Ausholen zur Tat. Durch unsre
persönliche Haltung gegenüber allem, durch die Art unsers Lebens,
durch die seelische Aufgeschlossenheit für alles, was uns umgibt und
begegnet, durch die Orientierung aller unsrer Lebensbeziehungen
von Gott aus und die Einstellung aller unsrer Lebensäußerungen
auf Gott müssen wir uns für Gott entscheiden. Die Menschen sind
und leben gewöhnlich ganz von der Welt umfangen, benommen,
durchdrungen, bestimmt. Ganz ahnungslos werden sie, von ihr
gelebt, von dem ganzen herrschenden Lebensbetrieb dieser gott-
entfremdeten Welt, der sich ihre Instinkte dienstbar gemacht, die ihm
entsprechenden Bedürfnisse herangezüchtet und sie in lauter ihm
dienlichen Gewohnheiten gebunden hat, so daß die Welt ganz
und gar ihr Auge, ihren Geschmack, ihren Willen, ihr Ich beherrscht. Dagegen soll sich nun der Mensch in der Kraft seiner
erwachten Seele auflehnen und nach Verleugnung seines verwelt-
lichten Ichs und dieser Lebensart durch den Bann der Gewohnheiten, den Zwang der Bedürfnisse und Triebe durchbrechen, um
radikal von Gott aus zu leben, damit seine Seele ihm neue Sinne,
Instinkte, Triebe, neue Haltung und neues Benehmen verleihe, das
Gott dient und ihn allenthalben zur Geltung bringt.

Solchen Menschen geht ein neues Licht des Lebens auf, dasselbe, das aus den Worten Jesu wie: „Was hülfe es dem Menschen,
wenn er die ganze Welt gewönne und nähme Schaden an seiner
Seele!" und „Ihr könnt nicht Gott dienen und dem Mammon"
strahlt, aber sich über das ganze Leben ergießt, alles ganz anders
erscheinen läßt und eine Gottesordnung für die Welt und unser
Leben darin offenbart. Wenn wir in diesem Lichte mit jedem
Blick und Gesichtsausdruck, jedem Empfinden und Wollen, jedem
Gedanken und jeder Tat leben, dann bekennen wir uns zu Gott.

Wir bekennen uns zu Gott, wenn wir aus dem Bewußtsein
heraus leben, daß das Seelische das Wesentliche ist und nicht das
Sinnliche, und demgemäß allem Körperlichen samt seinen geistigen
Abstraktionen und Einkleidungen nur eine verhältnismäßige Be-

XXII.   14

dentung und fragwürdige Rolle zuerkennen. Die Seele ist es, die
den Körper gestaltet, lebendig und gesund erhält. Der Mensch
lebt nicht vom Essen und Trinken, sondern von der Gabe Gottes,
die er darin empfängt. Die Kleidung und Behausung soll dem
Körper und damit dem Menschen dienen, aber nicht der Körper
und der Mensch der Kleidung und Wohnung. Unser Eigentum
und unsre Fähigkeiten sind anvertraute Gaben und Aufgaben Gottes.
Geld und Güter, alles Gedinge sind an sich fremdes, totes Zeug,
das uns besitzt, belastet, erstickt, vernichtet, wenn wir es nicht seelisch
bewältigen, für Gott in Beschlag nehmen, mit Leben erfüllen und
dem Leben dienstbar machen. Dasselbe gilt vom Wissen und
Können und allem geistigen Genuß, von Kunstwerken, Gedanken-
tümern, Weisheiten und Offenbarungen. Das ist auch an sich nur
von Gott in Selbstsucht entfremdete Welt, die einhertritt auf eigener
Spur und Gott selbst sein möchte, womit die Menschen Götzendienst
treiben, statt sie durch jedes Eingehen darauf, jede Beschäftigung
damit Gott zu unterwerfen, sie von ihm aus zu erfassen, zu begreifen und aus seiner Vollmacht Wahrheit daraus zu schöpfen,
zu gestalten, zu verwirklichen. Sobald wir solche Dinge lesen und
hören, muß das von uns aus geschehen, indem wir sie von Gott
aus vernehmen, wobei ganz von selbst alles, was nicht vor ihm
besteht, verbleichen und versinken wird. Jedes Reagieren darauf
in Empfindungen, Gedanken und Worten muß ein Sichten, Erlösen, Zurechtrücken und Enthüllen von Gott aus sein.

Menschen, die sich zu Gott bekennen, sind ihre Verhältnisse
der ihnen von Gott gegebene Lebensboden, ihre Erfahrungen
Lebensmitteilungen Gottes, ihre Schicksale Heimsuchungen Gottes,
ihre Abenteuer Führungen Gottes, ihre Berufe in der Welt Be-
rufungen und Sendungen Gottes, ihre Nöte Zugänge zu seinem
Leben, ihre Leiden Prüfungen, Läuterungen, Bereitungen Gottes.
Ihr Trachten geht darauf, Organ und Werkzeug Gottes zu sein,
ihr Lebensgefühl ist Glaube, das ursprüngliche Verspüren der in
allem pulsierenden göttlichen Lebensenergie. Aus diesem Glauben
heraus müssen wir uns fortgesetzt zu allem stellen, es aufnehmen

und darauf eingehen, darin Wurzel schlagen und daraus Leben
schöpfen voll Freudigkeit und Gewißheit. So lassen wir Gott walten
und sich schöpferisch auswirken.

Dann wird das Leben ganz anders. Wir sehen in unsern Mitmenschen Kinder Gottes, Brüder und Schwestern. Die Fremdheit
weicht und Gemeinschaft lebt auf. Die Verwandtschaft im Wesentlichen macht sich geltend, auch wenn sich von der andern Seite nichts
davon regt. Man sieht die Menschen anders an, geht anders auf
sie ein und erwidert alles anders, was man von ihnen erfährt.
Welch seelisches Leben quillt aus der Tiefe der Geschlechtlichkeit,
welch Paradies wird die Ehe, welche Offenbarung Gottes die
Kinderschar, wenn wir aus Glauben leben! Und unser Haus und
Garten, Beruf und Verkehr, Arbeit und Muße: alles wird ent-
weltlicht und vergöttlicht, dem Sterben und Verderben entrissen und
dem wahrhaftigen Leben, seiner Herrlichkeit und Fruchtbarkeit gewonnen, wenn wir uns überall zu Gott bekennen.

Wir bekennen uns zu Gott, wenn wir überall auf das aus
sind, was dahinter liegt, auf den geheimen Sinn, die verborgenen
Möglichkeiten, auf das Neue, das werden will, um es herauszuleben,
zu erfüllen, zu verwirklichen. Alles oberflächliche, äußerliche, gewohnheitsmäßige, sinnlose Leben ist Verrat Gottes an die Welt.
Wollen wir ihn in der Welt durchsetzen, so müssen wir persönlich
leben: seelisch empfänglich in all unsern Erfahrungen, hingebend
und erfüllend gegenüber allen Lebensansprüchen, überall bestimmend, befruchtend, meisternd, schaffend. Wer sich gehen läßt und
über sich ergehen läßt, treibt im Strom der Welt in immer dunklere
Gottesferne. Sind wir aber immer voll Glauben, selbstloser Hingabe und opferfreudiger Dienstbereitschaft mit ganzer Seele bei der
Sache und leben aus den Antrieben, Kräften und Klarheiten, die
dann aus den unbewußten Tiefen unsers Innersten entspringen,
rückhaltlos und rücksichtslos, unbeirrt durch unsachliche Neben-
gedanken und hereinspielende „weltliche" Interessen, so leben wir
aus Gott, wie er sich aus uns offenbart.

Unser Bekenntnis zu Gott wird sich dann in einer unerschütter-

14*

lichen Ruhe und Gewißheit, Gelassenheit und Besonnenheit in aller
Unruhe und Unsicherheit der Welt zeigen. Wer sich fürchtet, sorgt
und bekümmert, wer zweifelt und tragisch nimmt, sich ärgert
und außer sich gerät, huldigt der Welt. Wer sich für Gott entschieden, der hat sich auf Tod und Leben Gott ergeben und fühlt sich
in seiner Hand geborgen, der glaubt in allem, daß Gott es kann
und tut und lebt darauf hin. Der benimmt sich nicht, als ob wir
es uns ausdenken und es selbst machen müßten. Der lebt von dem,
was ihm von Gott zufällt, aufgeht, widerfährt, gegeben wird. So
empfängt und tut er das Einzigwahre in jedem Augenblick. So
geht er mutig Schritt für Schritt in das Dunkel, um zu erleben,
daß es unter seinem Schreiten licht wird. Er berechnet und konstruiert nicht, macht keine Programme und Pläne, sondern tut,
was vorliegt, und wartet, was wird, d. h. was bei solchem Verhalten von Gott aus geschieht. Was dann wird, ist gleich, wenn
nur Gott „dabei herauskommt". Jede Selbstsucht ist ausgeheilt
durch Selbsthingabe, und alles, was Welt ist, ist nichts gegen Gott.

Die Bekenner Gottes leben in der Welt, aber nicht von der
Welt und für die Welt. Um Gott zur Geltung zu bringen, dürfen
sie die Welt nicht verlassen, fliehen, verachten, sich ihr entziehen,
sondern müssen hinein, um sich ihrer zu bemächtigen, sie zu überwinden und mit Leben zu erfüllen. Sie dürfen sich nicht wehren
noch mit ihr abfinden, sondern müssen wehrlos widerstehen und die
göttliche Überlegenheit bewähren. Sie dürfen die Welt nicht hassen,
sondern müssen sie lieben. Denn sie ist Gottes. Mit der er-
barmenden, suchenden, rettenden, Leben gebenden Liebe Gottes
müssen sie alles Weltliche in Göttliches verwandeln, wenn anders
sie Organe und schöpferische Energien Gottes sind. Was auch in
der Welt ist und haust, ursprünglich ist alles Gottes, und darum
muß es aus seinem Ursprung heraus die Erfüllung seiner Bestimmung in Gott finden.

Askese und Weltflucht ist eine Anerkennung der Welt, als wäre
sie etwas, als einer Größe Gott gegenüber. Aber ihm gegenüber ist sie nichts. Sie wird fortwährend von ihm aus dem Nichts

geschaffen, und wir sollen mit schaffen. Darum dürfen wir uns ihr nicht entziehen, sondern müssen uns in sie versenken als göttliche Fermente. Entsagung mag für uns nötig sein, soweit wir noch Weltkinder sind. Für Gottes Kinder schickt sich das nicht. Ihnen gehört alles, weil es des Vaters ist, und sie bekennen sich zu Gott, indem sie in allem leben als in dem, was des Vaters ist.

Um so mehr aber müssen sie immer die göttliche Art wahren und sich vor der weltlichen Art hüten. Sie dürfen nicht Böses mit Bösem vergelten, jemand zu Gefallen leben, mit den Wölfen heulen und weltlich werden. Sich zu Gott bekennen und übel-nehmen, nachtragen, richten, neiden, grollen, Böses nachreden, eitel, ehrgeizig, geldgierig, herrschsüchtig, rechthaberisch sein schließt sich aus wie Feuer und Wasser. Das versteht sich von selbst. Da-gegen wird oft verkannt, daß man ebensowenig das Gute und Göttliche mit den Mitteln dieser Welt fördern darf, wenn man es nicht vereiteln und selbst verweltlichen will. Alle Macht, die für die Sache Gottes in Dienst gestellt wird, ist Verleugnung Gottes. Alle religiösen Vergewaltigungsversuche und Fangkünste, alle krummen Wege und diplomatischen Schliche in Worten und Werken sind Gott ein Greuel. Immer wieder stehen die Kinder Gottes vor der dritten Versuchung ihres Herrn: „Dies alles will ich dir geben, wenn du niederfällst und mich anbetest," die Herrschaft Gottes über die Welt mit Weltmitteln aufzurichten, und immer wieder erliegt man ihr ganz allgemein und betet die Welt an statt Gott. Der Zweck heiligt nie die Mittel, sondern die unheiligen Mittel vereiteln den Zweck. Mit weltlichen Mitteln wird man der Welt dienstbar und verrät Gott, auch wenn man damit z. B. eine Kirche gründet.

Was aber hier gilt, das gilt überall: der Mensch muß sich immer und immer wieder mit jedem Augenblick aufs neue für Gott entscheiden. Mit einer einmaligen oder nach jedem „Fall" wiederholten Bekehrung zu Gott ist es nicht getan, sondern nur mit einer in jeder Lebensbewegung geschehenden Entscheidung für Gott, weil alles, was wir erleben, was uns in Anspruch nimmt und

irgendwelches Verhalten veranlaßt, immer eine Versuchung und
Anfechtung, ein Reiz und eine Verführung ist, uns der Welt hinzugeben, von ihr und für sie zu leben, ihre Art anzunehmen und
in ihr aufzugehen. Darum heißt es „wachen und beten, daß wir
nicht in Anfechtung fallen. Der Geist ist willig, aber das Fleisch
ist schwach." Das ist ein fortwährender Kampf um unser Dasein
als Kinder Gottes, ein fortgesetztes Ringen, Gott die Treue zu
halten, ein immer neues sich ihm Ergeben und ein trotziger Widerstand gegen die unausgesetzte Infektion mit Weltwesen. „Ihr habt
noch nicht widerstanden bis aufs Blut" schreibt Paulus einmal.
Das gilt allgemein. Sonst wäre das Reich Gottes weiter auf Erden.

Dieser Widerstand ist deshalb so schwer, weil die Welt nicht
nur um uns, sondern auch in uns ist, in unserm „Fleisch", in unserm
endlich sinnlichen Sein. Das ist nicht nur unser Körper, sondern
auch unser irdisches Geisteswesen, unser Ich. Unser Ich ist Welt
und will Welt. Es ist voll Selbstsucht der Welt und sein Wollen
wie Gott. So ist es das Medium alles Weltwesens und seiner
Energien. Aber auch Gott ist in uns, in unsrer Seele. Dies Keimplasma ewigen Wesens, dieser Sproß göttlicher Herkunft ist die
Quelle der Sehnsucht nach Gott, des Verspürens Gottes und des
Lebens aus ihm. So rückt die Entscheidung für Gott in unser
Innerstes. Wir müssen mit jeder Regung und Äußerung unsers
Lebens unser Ich verleugnen und für unsre Seele einstehen. Das
ist leicht gesagt, aber, was es enthält, schwer erkannt und noch
schwerer getan. Daß wir die Lüste des Fleisches, alle gemeine Gier
und Hoffart, alle Wollust und Selbstsucht unterdrücken müssen,
sieht der Mensch schließlich seufzend ein, aber daß alle Wünsche,
alles Begehren, alle Ansprüche, alle Regungen, die aus unserm Ich
aufsteigen, erstickt oder wenigstens überwunden, beherrscht, niedergehalten werden müssen, weil sie Weltleben sind, und nur das in
uns walten darf, was der Geist Gottes in unsrer Seele bewegt,
das wird schwer begriffen. Und deshalb vollziehen sich die Entscheidungen für Gott meist nur in den Außendingen und an der
Oberfläche unsers Lebens, aber dringen nicht bis in das Innerste

unfers Wefens. Und doch wird hier erft die Welt wirklich überwunden, und hier erft Gott wirklich zur Herrschaft geführt. Erft wenn unfer Ich ganz Gott-unterworfen und von unfrer Seele erfüllt und neu geftaltet ift, wird in uns die Welt mit Gott verföhnt, von Gott erlöft, gefchaffen und verklärt. Und erft dann wirkt fich das, was in uns gefchehen ift, aus in der Welt, die uns umgibt.

Durch die andauernde Entscheidung für Gott gewinnt unfer Leben eine beftimmte Richtung, die Richtung des Trachtens nach dem Reiche Gottes, und einen beftimmten Charakter, den Charakter der Ausprägung Gottes. So wie fich der fauftifche Drang in der abendländifchen Kultur in Kunft, Wiffenfchaft und Leben, in Wirt-fchaft und Völkergefchichte auswirkte und allem feine eigentümliche Geftalt und Weife gab, fo muß fich der Wille zur Offenbarung und fchöpferifchen Beherrfchung, Darftellung und Entfaltung Gottes in allem, was menfchlich und weltlich ift, in allen Lebensäußerungen ausprägen, unnachahmlich und unverkennbar, wie alles von innen heraus urfprünglich Gewordene. Je mehr aber diefe Richtung des Verhaltens eingehalten und diefer neue Stil der Lebensart gewahrt wird, um fo mehr gewinnt unfer Leben eine organifche Verfaffung in Gott, und je tiefer und umfaffender fich unfer Dafein in Gott verfaßt, um fo mehr leben wir ganz von felbft in der neuen Richtung, und unfre Art hat in jedem Zug unwillkürlich den neuen Stil. Das alles gefchieht aber nicht, ohne daß das Göttliche in uns immer mächtiger Leben gewinnt und fich fchöpferifch entfaltet. So erlangt die Seele ihre endlich finnliche Geftalt durch ihr gotterfülltes Leben. Das ift die Erlöfung und Schöpfung der Welt durch Gott in uns. Aber von uns breitet fich diefe Erlöfung und Schöpfung Gottes dann aus durch unfer Leben, um eine Neuordnung aller Dinge herbeizuführen und fo die Welt mit Gott zu verföhnen und Gottes Herrlichkeit in der Welt zu offenbaren.

Die Quelle der Wahrheit
und der Weg zur Wahrheit

„Meine Lehre ist nicht mein, sondern des, der mich gesandt hat. Wenn jemand will des Willen tun, so
wird er inne werden, daß meine Lehre von Gott ist,
und ich nicht aus mir selbst rede."

Dieses Wort Jesu ist in vieler Beziehung bedeutsam. Es läßt
uns in Verhältnisse der seelischen Welt hineinschauen, für die wir gewöhnlich keinen Blick haben. Schon der erste Satz ist auffallend:
„Meine Lehre ist nicht mein, sondern des, der mich gesandt hat."
Sonst betonen die Männer, die in der Welt etwas über die tiefsten
Fragen des menschlichen Bewußtseins lehren, daß es ihre Lehre
sei, und wachen eifersüchtig darüber, daß immer, wenn etwas von
ihnen weitergegeben wird, dazu bemerkt werde, daß es von ihnen
stamme. Wir haben sogar ein moralisches und gesetzliches Urheber-
recht, wonach jeder, der etwas zuerst ausgesprochen, entdeckt oder
geschaffen hat, als Eigentümer davon gilt und als solcher namhaft
gemacht werden muß und auf Grund seiner Urheberschaft ein Ver-
fügungsrecht über seine Leistung besitzt. Bei Jesus ist das ganz
anders. Er sagt: Meine Lehre ist nicht mein, sie gehört mir nicht,
ich bin nicht der Urheber, sondern ich bin nur der Vermittler, der
Gesandte. Sie selbst stammt von Gott.

Das ist von größter Bedeutung. Denn von hier aus fällt
ein Licht auf die ganz eigentümliche Lage, in der wir uns der
Wahrheit gegenüber befinden. Woher stammt die Wahrheit, stammt
sie von Menschen oder von Gott? Können wir sie uns ausdenken,
oder muß sie uns offenbart werden? Mir ist seit Jahrzehnten, seitdem mir der Blick für die Dinge aufgegangen ist, wie sie wirklich
liegen, ganz klar, daß es in keines Menschen Macht steht, die Wahrheit oder eine Wahrheit auszudenken. Alles, was sich ein Mensch
ausdenkt, ist immer ein Irrtum, ist immer unwahr. Die Wahrheit
schwebt nicht irgendwo in der Luft, daß wir sie herunterspekulieren
könnten, sie ist nicht etwas, was wir aus Gedankengängen heraus

kristallisieren können, sie ist kein Schluß aus Voraussetzungen, kein Werk der Untersuchung und Logik, sondern sie ist etwas Wesenhaftes, das in den Dingen liegt, hinter der Erscheinung, in der Tiefe der Wirklichkeit. Sie ist das Wesen und der Sinn aller Erscheinungen und Vorgänge und damit die wesentliche Grundlage für alle Er-kenntnisse, die nicht Irrtümer sind. Als solches innerstes Sein ist sie etwas Verborgenes, das nicht durch geistige Tätigkeit aus-gebrütet werden kann, sondern allein durch Leben zur Entfaltung kommt und damit Erfahrung wird. Darum ist es immer eine Offenbarung, wenn einem Menschen etwas von der Wahrheit auf-geht, eine Offenbarung aus dem Leben, und zwar aus einer tief-gehenden Erfahrung heraus. Indem er etwas von der Tiefe der Wirklichkeit im Innersten erlebt, indem er schöpferische Eindrücke empfängt und aus ihm Lebensäußerungen entspringen, leuchtet ihm die Wahrheit auf, die in diesem Augenblick in seinem Erleben und Handeln offenbar wird. Die Wahrheit ist also nie mein in dem Sinne, daß sie aus mir entspringt, sie muß uns immer gegeben werden, wir müssen sie empfangen. Nur durch Empfängnis wird sie unser. So allein kommen wir zur Wahrheit.

Natürlich unterscheiden wir hier zwischen Wahrheit und Richtig-keit. Dinge und Verhältnisse auf der Oberfläche der Erscheinung können wir zum Teil durch wissenschaftliche Untersuchung feststellen. Aber das hat mit der Wahrheit, mit dem, was wir unter Wahr-heit meinen, wenn wir nach der Wahrheit trachten, nichts zu tun. Infolgedessen können wir durch die wissenschaftliche Forschung die Wahrheit niemals erreichen, sondern nur einzelne Richtigkeiten fest-stellen. Denn auch von der größten Fülle der Richtigkeiten gibt es keinen Weg zur Wahrheit. Gewiß kann sich durch die Welt der Erscheinungen Wahrheit offenbaren. Aber sie offenbart sich dann nicht dem Gelehrten als solchem kraft seiner Erkenntnis und seines Wissens, sondern dem Menschen kraft des Spürsinns seiner Seele, nicht auf Grund gelehrter Forschung, sondern auf Grund innerer Anschauung. So können ihm Wahrheiten aufgehen. Aber die hat er dann nicht hervorgebracht, sondern sie haben sich ihm offenbart. Wo wir Wahrheit aufleuchten sehen, handelt es sich immer um die Selbstoffenbarung der Wahrheit in empfänglichen Menschen. Das liegt dem Worte Jesu zugrunde: „Meine Lehre ist nicht mein, sondern des, der mich gesandt hat."

Alle Strahlen der Wahrheit stammen aus Gott. Denn Gott ist die Wahrheit, die immanente Wahrheit, die keine Theorie, sondern Leben ist. Er ist das Wesen alles Seins und der Sinn alles Geschehens, der alles trägt, bewegt und erfüllt, der hinter allem waltet und sich in allem offenbaren will. So wie das ge= schieht, tritt die Wahrheit ins Leben und wird gespürt, geschaut, erlebt, erkannt.

Hieraus ergibt sich, daß diese Offenbarung der Wahrheit durchaus nicht auf einzelne hervorragende Menschen beschränkt ist, sondern mehr oder weniger jedem zuteil werden kann, wenn er den Sinn dafür und die Sehnsucht danach hat. Überall, wo eine lebendige unmittelbare Fühlung mit dem Leben waltet, und der Spürsinn der Seele sich regt, werden Strahlen der Wahrhrit aus dem Leben aufleuchten. Bei den meisten kommt es allerdings dann nicht zu klarem Erfassen der verborgenen Tatsachen und Gesetze, sondern es bleibt ein dunkles Fühlen und Ahnen, etwas Unfaß= bares, Unsagbares. Hier und da merken sie etwas, wie wenn eine Hand sie in eine Richtung hinführen will, wie wenn sie eine Stimme hörten und der Klang sie dann verfolgt, wie wenn plötzlich ein Licht aufgeht und sie eine dunkle Lebenslage in ganz neuer Be= leuchtung sehen. Oft ist solch eine Klarheit wieder verschwunden, ehe sie ihrer inne wurden, so daß sie sich hinterher sagen: „so ist es wirklich, das war die Wahrheit, aber ich weiß nicht mehr, wie es war." Nun gibt es aber unter den Menschen einige, die ein starkes Empfinden für die verborgene Wahrheit haben. Wahr= scheinlich hängt es damit zusammen, daß sie stärker und tiefer er= leben, feiner empfinden, weiter sehen, daß sie mehr auf das Wesent= liche gerichtet sind und die Spannung ihres Suchens und Sehnens aufs höchste gesteigert ist. Das macht sie für die Wahrheit emp= fänglicher als die andern. Infolgedessen wird sie von ihnen klarer

erfaßt, und unter ihrem lebendigen Eindruck bildet sich ein deutlicher Ausdruck von dem, was sie innerlich schauten, der auch den
undeutlich Spürenden zu klarem Bewußtsein bringt, was sie bis
dahin nur dunkel empfanden.

Gegenüber dieser Selbstoffenbarung der Wahrheit, die durch
alle Zeiten und Zonen geht und hier und da in Gesandten Gottes
sonnenhaft aufleuchtete, daß ihr Licht Jahrhunderte und Jahrtausende erhellte, sehen wir das Suchen der Menschen mit ihren
Gedanken auf eigener Spur: das Phantasieren über die Geheimnisse, das Grübeln über den Problemen, die Einbildungen ihrer
Wünsche, das Nachbilden der Welt in Begriffen, das Schaffen von
Weltanschauungskunstwerken mit dem Trugschluß, daß das Einleuchtende wahr sein müsse, daß eine widerspruchslose einheitliche
Weltanschauung die Wahrheit enthalte. Daß die Schöpfer solcher
Gedankenkunstwerke auf ihre Leistungen stolz sind und ihr Urheber-
recht wahren, läßt sich begreifen. Sie haben ganz recht, wenn sie
sagen: das stammt von mir, und das anerkannt sehen wollen. Nur
ahnen sie nicht, daß sie grade dadurch ihre Weisheit entwerten,
ja in ihrer Nichtigkeit aufweisen. Weil es von ihnen stammt, deshalb verhüllt es die Wahrheit, statt sie zu enthüllen. Dagegen
wird kein Mensch, dem die objektive Wahrheit aufleuchtete, die
Anmaßung besitzen zu sagen: das stammt von mir. Denn er weiß,
daß es ihm gegeben wurde, daß er es sich weder erdacht, noch
errungen hat. Ja er wird nicht einmal behaupten, es zuerst ausgesprochen zu haben (die „Priorität dafür beanspruchen"); denn
er kann gar nicht wissen, ob es nicht gleichzeitig von vielen empfangen und ausgesprochen wurde, oder gar schon längst einmal
eine Zeit erleuchtet hat, aber wieder untergegangen ist. Habe ich
es doch selbst erlebt, daß ich einmal meinte, etwas zuerst ausgesprochen zu haben, und später fand ich es bei dem uralten
chinesischen Weisen Laotse.

Wem nun die Wahrheit irgendwo aufleuchtet, der hat Fühlung
mit ihr gewonnen, und es kommt nun darauf an, daß er in Fühlung mit ihr bleibt, in Fühlung mit ihr lebt, daß ihr Einfluß sich in

feinem Leben geltend macht und durchfetzt. Er hat fie dann an einem Zipfel gepackt: nun muß er fie ganz in fein perfönliches Leben hereinziehen. Er ift von ihr befruchtet worden: nun muß fie fich fchöpferifch in feinem Leben äußern, auswirken, Geftalt ge= winnen, Werk werden. Es ift aber auch möglich, daß fich aus der aufleuchtenden Klarheit nur eine Überzeugung bildet, und fie nicht im Leben, fondern nur in der Theorie Geftalt gewinnt. Dann wird aus ihr ein fubjektives Gedankending, und fie verliert ihr eigenes, eigentümliches Leben. Sie wird Begriff, Lehre, Dogma. Man kann fie mitteilen, erklären, verbreiten, verehren, aber zu einem lebendigen Samen der Wahrheit wird das Wort nur dort, wo die Wahrheit, die es in fich birgt, von empfänglichen Seelen erlebt wird. Sonft ift es wie ein leuchtender Kriftall, wie ein glänzender Edelftein, deffen Wert man kennt, aber nicht erfährt, mit dem man gedanklich fpielt, ohne Leben davon zu gewinnen, mit dem man Götzendienft treibt, aber nicht die Gabe Gottes emp= fängt, von der es zeugt. Darum droht immer der Verluft der Wahrheit, wenn fie nicht ins Leben, fondern in die Theorie tritt. Auch dort, wo man diefes Verhängnis theoretifch erklärt und warnend vor Augen ftellt. Die Wahrheit darf nicht vom Leben gelöft werden. Sie muß wefenhaft bleiben, fonft verliert fie ihr Wefen und wird Wahn.[1]

Auf dem Hintergrunde diefes Sachverhalts verftehen wir nun den zweiten Teil des Wortes Jefu: Wenn jemand will Gottes Willen tun, der wird erkennen, ob meine Lehre von Gott ift, oder ob ich von mir felbft rede.

Diefes Wort bezeugt das, was ich vor Augen zu ftellen fuchte, mit der Anwendung, daß man zur Gewißheit über den Urfprung und Wert der Lehre Jefu nicht auf verftandesmäßigem Wege, fondern durch praktifch tätiges Leben gelangt. Aber es will noch mehr und etwas anderes als dies fagen. Es weift die Zweifelnden

---

[1] Gründlicher und allfeitig ift diefer Sachverhalt in dem Auffatz „Was ift Wahrheit?" in meinem Buche „Von den Quellen des Lebens" (5. Aufl. C. H. Beck'fche Verlagsbuchhandlung, München 1918) S. 1—67 behandelt.

und Bedenklichen, aber ebenso die Zustimmenden und Begeisterten
auf den empirischen (erfahrungsmäßigen) Weg der Vergewisserung:
Glaubt mir nicht, sondern überzeugt euch selbst. Laßt euch nicht durch
den Eindruck meiner Worte gewinnen, sondern probiert es aus. Es
läßt sich experimentell feststellen, ob meine Lehre von Gott ist, ob
sie die Wahrheit ist oder nicht. Ihr braucht nur Gottes Willen
zu tun, dann wird sich herausstellen, ob das, was ich lehre, denselben Ursprung hat und damit übereinstimmt oder nicht, ob ihr
damit eben dahin gelangt, wohin ich weise, oder wo anders hin,
ob euch die gleiche Wahrheit aufgeht, die meine Worte verkündigen,
oder eine andere. Das werdet ihr merken, d. h. unmittelbar spüren,
praktisch erfahren.

Aber was ist Gottes Wille? Die gewöhnliche, oberflächliche
Antwort ist: die göttlichen Gebote, wie sie die Bibel enthält. Mir
scheint aber diese Auffassung nicht zum Ziele zu führen, denn wie
wenig Menschen sind auf diesem Wege zu einer unerschütterlichen
selbsterlebten Gewißheit gekommen, obgleich sie mit heißem Bemühen darauf aus waren, nach den Geboten der Bibel zu leben.
Vor allem aber können diese Gebote so verschieden aufgefaßt und
befolgt werden, daß es auch bei redlichstem Willen keine Sicherheit gibt, ob man damit den Willen Gottes tut oder vielleicht
nur seinen eigenen Willen. Ich vergesse nie, daß mir einmal in
meiner Jugend jemand sagte: „Immer, wenn du Lust zu etwas
hast, sagst du, es sei Gottes Wille." Der Schrecken über dieses
Wort ist mir mein ganzes Leben lang nachgegangen und ist vielleicht mit daran schuld, daß ich mich bei der gewöhnlichen Auffassung nicht beruhigen konnte. Es ist doch tatsächlich möglich,
allerlei Ungehöriges und Verkehrtes hinter „Gottes Willen" zu
verstecken, auch wenn wir seine Gebote im Auge haben, weil alles
davon abhängt, ob unsre Einstellung richtig, und unser Auge kein
Schalk ist. Wenn ein naiver Egoist den Geboten Jesu gehorcht,
so faßt er alles eigennützig auf. Ist nicht das landläufige, gläubige
Christentum durchaus egoistisch? Sucht man nicht im Gebet Gott
auf sich einzustellen, statt sich auf ihn? Macht man ihn nicht zum

Diener feiner Wünfche, ftatt nach feinem Willen zu fragen? Ift nicht das „nur felig“ der klaffifche Ausdruck chriftlicher Selbftfucht geworden? Und ift es nicht eine gottesläfterliche Erfüllung feiner Gebote, wenn man fonntags Gott und wochentags dem Mammon dient? Hieraus ergibt fich, daß man nicht auf diefe Weife dazu kommt, Gottes Willen zu erkennen und zu tun, wenn man den Worten Jefu zu gehorchen fucht.

Vor allem aber wird man noch einen Einwand machen: Es hat doch gar keine Beweiskraft, wenn man den Willen Gottes, wie er in den Worten Jefu angeblich gefaßt ift, tut, und es ftellt fich dann heraus, daß diefer Wille Gottes mit der Lehre Jefu übereinftimmt. Das kann doch gar nicht anders fein, wenn man ihn der Lehre Jefu entnimmt. So hat es aber zweifellos Jefus auch nicht gemeint, fonft hätte er wie fonft gefagt: „Wer meine Rede tut“, wer‘ „meine Gebote hält“. Aber er fagt ganz allgemein „den Willen Gottes tun“. Daraus ergibt fich, daß er den leben= digen Willen Gottes meinte, wie wir ihn im Leben erfahren, nicht aber biblifche Gebote und Satzungen, in denen der Wille Gottes konfeffionell und ftatutarifch gefaßt ift.

Der Wille Gottes ift vielmehr ein lebendiges Drängen des Geiftes und Lebens Gottes, das allem zugrunde liegt und in allem waltet, das in allem, was uns begegnet, auf uns eindringt. Wie wir fagen können: es gibt keine Erfcheinungen und Vorgänge in der Welt, von denen nicht unfichtbare Strahlen Gottes ausgehen, weil er das ift, was überall dahinter webt, fo gilt auch, daß nichts in unferm Leben gefchieht, aus dem nicht der Wille Gottes zu uns fpräche. Von hier aus muß man das Wort Jefu verftehen: Wenn jemand darauf aus ift, immer den jeweiligen lebendigen Willen Gottes zu tun, dann wird er inne werden, daß meine Lehre von Gott ift, und ich nicht von mir felbft rede. Dann erweitert fich das Gebiet des Willens Gottes über alles, was menfchlich ift. Es gibt nichts in unferm Leben, in dem Gott nicht an uns heran= träte, Gehorfam heifchte und Erfüllung verlangte. Jeder Lebens= anfpruch, jede Aufgabe, jede Schwierigkeit, jede Not, jedes Schickfal,

jede Begegnung, jeder „Zufall" enthält eine Willensäußerung
Gottes.

Bei diesem Verständnis vom Willen Gottes gewinnt nun allerdings das Verfahren, zu dem Jesus hier auffordert, eine überwältigende Beweiskraft, namentlich für uns, die wir fast zwei Jahrtausende nach ihm in ganz andern Verhältnissen als Kinder einer
ganz andern Nation, Zeit und Kultur leben. Wenn wir heute
uns bemühen, den Willen Gottes zu erfüllen, wie wir ihn tagtäglich erleben und kommen dann überall den Lebensgesetzen und
Lebenswinken Jesu auf die Spur, so ist das allerdings ein schlagender Beweis, daß seine Lehre nicht von ihm selbst stammt, sondern von Gott, mit andern Worten, daß die Wahrheit, die sie
verkündigt, allem menschlichen Sein und Leben zugrunde liegt, daß
sie ursprünglich göttlich ist.

Wie erfüllen wir aber diesen gegenwärtigen lebendigen Willen
Gottes, der in jedem Augenblicke neu ist? Er ist verborgen in
allem, was wir erleben. Wir können ihn nicht von vornherein
wissen, und niemand sagt ihn uns ausdrücklich. Wir müssen ihn
spüren, unmittelbar seiner inne werden, wenn wir der Wirklichkeit
ins Auge schauen. Da gibt es nur einen Weg: in jedem Augenblick
mit ganzer Seele bei der Sache sein, sich davon einen tiefen Eindruck machen lassen und darnach trachten, die Aufgabe, die uns
dann lebendig wird, mit voller Hingabe zu erfüllen, den Lebenswert des Begebnisses für uns und andere zu heben, die fruchtbaren Möglichkeiten zu verwirklichen, die Wahrheit, die darin aufleuchtet, ins Leben treten zu lassen, die Welt zu überwinden und
Gott zur Geltung kommen zu lassen: so wie es uns aufgeht und
möglich ist. Dann werden wir von Mal zu Mal immer deutlicher,
sicherer, zutreffender und tiefer den augenblicklichen Willen Gottes
spüren und ihn immer reiner und völliger verwirklichen.

Man wird einwenden, daß dieser Weg gar keine Bürgschaft
dafür biete, daß man den Willen Gottes erkenne, sondern im
Gegenteil die subjektive Willkür auf den göttlichen Thron erhebe.
Das kann aber nur jemand sagen, der diesen Weg noch nicht mit

redlichem Sinn, heiligem Ernst und sehnender Seele gegangen ist.
Jeder, der wirklich versucht und sich bemüht hat, auf diese Weise
Gottes Willen zu erfahren, weiß, daß man da gerade von der
Willkür zur inneren Notwendigkeit der jeweiligen wirklich vorliegenden Aufgabe und aus der subjektiven Befangenheit in die
klare Luft objektiver Sachlichkeit gelangt. Denn jede solche restlose
sachliche Hingabe, die unbefangene Fühlung mit der Wirklichkeit
sucht, ist eine Bewegung der Unterordnung unter das Gegebene,
ein Wille zum Gehorsam gegen das, was sich daraus ergibt, wenn
wir uns rücksichtslos dagegen, wie es uns gefällt, in den Dienst
der Erfüllung der Aufgabe stellen, eine unwillkürliche Verleugnung
unsers Selbst mit seinen Wünschen und Begierden, wenn wir uns
dem weihen, was uns offenbart wird, was geschehen soll. Ich
gebe gern zu, daß Subjektivität, Willkür, Egoismus und andere
Abhängigkeiten nicht sofort aufgehoben sind. Aber sie verschwinden
naturnotwendig, je völliger uns diese Art zu leben gelingt. Denn
das ist der einzige Weg in die Objektivität, in die innere Notwendigkeit der verborgenen Bestimmung, in die Fühlung mit Gott
und in das Erlebnis seines Willens. Es ist die einzige Möglichkeit, wie wir aus dem Ja heraus leben und dadurch Fühlung
gewinnen mit dem Geist, der stets bejaht, wie unser ganzes Leben
Tiefgang gewinnt und dadurch die Tiefe aller Wirklichkeit erreicht,
wie wir empfänglich werden für das, womit uns Gott durch unser
Erleben in jedem Augenblick befruchten will.

Wie können wir denn anders den Willen Gottes erfahren!
Ich sehe ganz ab von der subjektiv-willkürlichen Auffassung und
Anwendung aller Gebote Gottes und Worte der Schrift: wie
können sie mir sagen, ob ich eine Frau heiraten, eine Stelle annehmen soll oder nicht, wie viel ich von dem Meinen für mich
verwenden darf, ob ich ein Kind gewähren lassen oder eingreifen
soll, ob ich jemand mit Geld helfen darf oder ihn auf sich selbst
weisen soll, ob ich meine schwierigen Verhältnisse tragen oder aus-
wandern soll und die zahllosen tagtäglich neuen Fälle, für die es
gar keine Gebote Gottes, wohl aber einen sehr bestimmten lebendigen

Willen Gottes gibt? Nur dadurch, daß ich positiv gerichtet, sachlich
eingestellt, redlich dienstbeflissen mit ganzer Seele bei der Sache
bin, um auf diese Weise innerlichst zu erfahren, was geschehen soll,
wird mir offenbart, was in jedem Augenblick und in jeder Lage
das einzig Wahre, das echt Gute, der Wille Gottes ist.

Wenn wir so auf den lebendigen Willen Gottes aus sind,
dann machen wir die Erfahrung, daß sich in ihm dieselben Tatsachen und Gesetze des Lebens offenbaren, die wir in den Worten
Jesu entdecken. Wenn wir z. B. merken, daß Selbstverleugnung
die unwillkürliche Voraussetzung jeder sachlichen Hingabe ist, so
wird uns damit das Wort Jesu bestätigt: „Wer mir nachfolgen
will, der verleugne sich selbst." Und in dem unbedingten Ja zu
unsern Verhältnissen, Nöten, Anfeindungen finden wir seine Weisung,
unser Kreuz auf uns zu nehmen, wieder. Oder wir geraten dadurch, daß wir dem lebendigen Willen Gottes gehorchen, in Widerspruch mit religiösen „Geboten", mit der christlichen Sitte, mit Einrichtungen und Ordnungen, da geht uns die Wahrheit des Wortes
Jesu auf: „Der Sabbath ist des Menschen wegen gemacht und nicht
der Mensch des Sabbaths wegen; also ist der Mensch ein Herr
auch des Sabbaths."

Es ist das umgekehrte Verfahren, als wenn man alles im Lichte
der Worte Jesu ansieht. Man ist ganz und gar darauf aus, in
jedem Augenblick, in jeder Lage den lebendigen Willen Gottes in
tiefster Seele durch den Eindruck dessen, worum es sich gerade
handelt, zu vernehmen, und wird dann davon überrascht, wie
einem unter diesen Erlebnissen und feinen Klarheiten, unter dem
Vollbringen ihrer Impulse immer wieder ein Wort Jesu aufleuchtet
und jetzt erst unerhörtes Leben gewinnt, jetzt erst in seiner Tiefe
und Tragweite verständlich wird. Das ist meine Erfahrung durch
Jahrzehnte. Mitten unter dem intensiven Leben, wenn ich gar
nicht an Jesus dachte, fielen mir immer und immer wieder Worte
von ihm ein und ergriffen mich mit einer ganz unglaublichen Lebendigkeit, mit einem neuen, tiefen Sinn und unendlichen Horizonten.
Alle die Reden Jesu, die ich in den drei Bänden behandelt habe,

XXII.   15

find mir nicht durch hingebende Beschäftigung mit ihnen auf=
gegangen, sondern sie sind mir unabsichtlich überraschend aufgeleuchtet,
indem das, was sie enthalten, in meinem persönlichen Leben geschah
und offenbar wurde. Deshalb werden auch meine Leser begreifen,
daß und warum ich absolut gewiß bin, daß die Lehre Jesu nicht
von ihm oder andern Menschen stammt, sondern von Gott, dem
Lebendigen, daß sie die Offenbarung der Wahrheit in einer Tiefe
und Fülle ist, wie wir es heute im allgemeinen noch gar nicht ahnen.

Was wir am nötigsten brauchen

Was wir am nötigsten brauchen, ist eine Gemeinschaft ur=
sprünglicher Jünger Jesu, die es im Geist und in der Wahrheit,
d. h. wesentlich und wirklich sind.

Ich meine etwas anderes als Nachahmung vorgestellter, aus
den Evangelien herausgestrichelter Jüngerbilder oder des unvor=
stellbaren Meisters selbst, etwas anderes als religiös=sittliche Selbst=
gemächte, die irgendein Frömmigkeitsideal darzustellen suchen. Ich
meine neu geborene und gewordene Menschengebilde, in denen die
Seele, das göttliche Keimplasma des wahrhaftigen Wesens zu derselben
schöpferischen Entfaltung kam, wie in dem Herrn und seinen echten
Jüngern. Ich meine Erscheinungen des neuen Wesens Jesu, wie
es in unsrer Zeit in den Menschen von selbst und eigentümlich
Gestalt gewinnen muß, wenn sich das verwirklicht, was Jesus=
wollte, damit er vielfach, in mannigfaltiger Gestalt und Betätigung
unter uns lebt, wirkt, schafft, um auf diese Weise auf allen Lebens=
gebieten Quellen ewigen Lebens entspringen und alles neu werden
zu lassen.

Nachgemachte Jünger Jesu haben wir genug. Wir verehren
und bewundern sie in ihrer Redlichkeit und Treue, aber sie können
uns nicht helfen. Nur ursprüngliche, in denen das neue Wesen
Jesu in allen Lebensäußerungen unbedacht, ja ihnen selbst un=
bewußt in unnachahmlicher Art und Weise heraustritt, sind Er=

scheinungen und Organe des Reiches Gottes, nach dem unsre Sehnsucht geht. Deshalb sage ich: Was uns nottut, sind Jünger Jesu,
die es wesentlich und wirklich sind. Sie mögen noch so unentwickelt
sein, wenn sie es nur wesentlich und wirklich sind. Und wären sie
es erst im Keimen, sie sind dann doch ursprüngliche Jünger Jesu,
auch gegenüber vollkommenen Imitationen, die niemals echt werden
können, es sei denn, daß sie in ihrem religiösen Gemächte zusammenbrechen und von neuem geboren werden.

Wer ist ursprünglicher Jünger Jesu? Wer ganz ursprünglich
aus Glauben lebt, d. h. aus dem unwillkürlichen Empfinden der
göttlichen Tiefe der Wirklichkeit. Wer im Lichte der unsichtbaren
Strahlen Gottes, die von allen Erscheinungen und Vorgängen ausgehen, den lebendigen Willen des Vaters, der sich darin äußert,
verwirklicht, wer so überall in dem ist, was des Vaters ist, und ihn
zur Geltung kommen, sich offenbaren, wirken und schaffen läßt,
indem er lebt, und die Richtung des Lebens Jesu verfolgt, d. h. darnach trachtet, daß die göttliche Verfassung alles menschlichen Seins
und Lebens verwirklicht wird, in ihm selbst, in seinen Beziehungen,
Verhältnissen und Lebensäußerungen und darüber hinaus in seinem
Volk und in der Menschheit — wer dadurch und darunter werdend
und wachsend das reine Gebilde seines ewigen Selbst in irdischer
Gestalt, das Ebenbild Gottes in endlicher Fassung wird: der ist ein
ursprünglicher Jünger Jesu. Nicht das Bewußtsein (der Glaube,
was man herkömmlich darunter versteht), nicht die Gesinnung (die
Grundsätze), nicht der gute Wille ist es, was entscheidet, sondern
die Herkunft des neuen Seins und Lebens, ob es aus Gott geboren ist und aus der Seele quillt, das innere Muß des besonderen Verhaltens in jedem Augenblick und das Können der neuen
Art Leben aus der Vollmacht der erlösten Seele heraus.

Ob das bei unsern frommen und gläubigen Christen in ihren
besten Erscheinungen zutrifft, kann niemand beurteilen als Gott
allein. Denn alles das liegt im Verborgenen. Aber ebenso sicher
ist, daß „nichts verborgen ist, was nicht offenbar wird", wenn
es wirklich vorhanden ist. Es muß sich äußern, es muß zutage

15*

treten, es muß aufblühen und Früchte bringen. Denn es muß
leben, wenn es Leben in sich hat. Und zwar ganz von selbst, ohne
Vorsatz, Überlegung und Anstrengung: d. h. ursprünglich. Dann
muß aber die Haltung und Lebensführung solch eines Menschen
den Eindruck eines eigenartigen, unnachahmlichen, ihm ebenso selbst-
verständlichen, wie anderen erstaunlichen Seins und Geschehens
machen. Ganz abgesehen von der anderen Art Leben, die ja
nachgemacht werden kann, muß solch ein Mensch den Duft und
Schmelz alles ursprünglich Gewordenen, die ungestörte Naivität
einer neuen Natürlichkeit und die unwillkürliche Ausstrahlung des
seelischen Lebens an sich haben. Grad und Reinheit wird von der
Entwicklungsstufe des neuen Wesens abhängen. Aber jede fromme
Manier und Routine, jedes gleichförmige Gehabe und Getue ist
hier unmöglich. Das läßt sich natürlich nicht feststellen und beweisen, sondern ist Sache des Empfindens, des mehr oder weniger
entwickelten Sinns für Wahrheit. Was ursprünglich ist, schmeckt
gut; was gemacht ist, schmeckt fad; was nachgemacht ist, schmeckt
widerwärtig.

Aber darüber hinaus gibt es ganz bestimmte Symptome, an denen
jedermann erkennen kann, ob jemand Jünger oder Anhänger Jesu ist.

Vor allem tritt alles Ursprüngliche unmittelbar zutage. Deshalb ist die Unmittelbarkeit in der neuen Art Leben ein sicheres
Merkmal seiner Echtheit. Der Jünger Jesu lebt unmittelbar aus
den Kräften und Klarheiten seiner Seele, die ihm fortwährend aus
der Fühlung mit der ihn umgebenden, auf ihn eindringenden Wirklichkeit entspringen. Alles geht mit innerer Notwendigkeit aus dem
unbewußten Kern seines Wesens, aus dem göttlichen Hintergrund
seines Lebens hervor. „Welche der Geist Gottes treibt, die sind
Gottes Kinder." Der Jünger Jesu lebt nicht aus Erwägungen,
was augenblicklich im Sinne Jesu geschehen müsse, was jetzt Gottes
Willen sei, sondern aus innerem Drang. Er tut nichts um Gottes oder
Jesu willen, auch nicht um des Guten oder des Idealen willen, sondern
erfüllt ohne Rücksicht und Vorsicht die Aufgabe des Lebensanspruchs,
wie es geschehen muß, um das darin beschlossene Lebensproblem zu lösen,

oder mit andern Worten, um die darin verborgene Herrlichkeit Gottes
zu offenbaren. Man könnte mit einem Wortspiel sagen: nicht Motive,
sondern Motore bewegen ihn. Sein Leben quillt aus der Berührung
des Objektiven in ihm und um ihn, wodurch es zum Kontakt der
Seele und Gottes kommt. Da ist nichts Gesuchtes, Betontes, Ver-
stiegenes, sondern unmittelbares Geschehen, das aus der Erregung
im Unbewußten durch das jeweilige Erlebnis geboren wird.

Gewiß werden nicht gleich alle Lebensäußerungen so von selbst
aus dem Glauben entspringen. Zunächst wird es nur hier und
da geschehen, und sonst wird alles noch bewußt nach Ordnung
und Gesetz gerichtet werden müssen. Aber auch dies wird von der
elementaren Bewegung der Seele getragen und allmählich immer
mehr überströmt werden. Es ist nicht schwer zu unterscheiden, ob
einer die Gebote nur hält oder erfüllt, ob er ihnen gehorcht, oder
durch den Schwung der Seele darüber hinausgetragen wird. Vorsatz
und Willen erstreckt sich bei dem werdenden Jünger Jesu auf die
grundsätzliche neue Lebenseinstellung als solche, auf Grund deren
dann die einzelnen Lebensäußerungen ganz von selbst die Richtung
der Wahrheit nehmen müssen, wenn man sich selbst treu bleibt.

Ein anderes Kennzeichen ist das Unbedingte in der persönlichen Haltung und Lebensführung der Jünger Jesu. Sie leben
auf jeden Fall und unter allen Umständen aus dem ursprünglichen
Empfinden ihrer Seele heraus, aus dem, was in ihnen lebt, treibt,
quillt und schafft. Sie gehorchen unbedingt dem inneren „Gesetz des
Geistes des Lebens in Christus Jesus". Das hat sie frei gemacht
von Begriff und Gesetz, von Buchstaben und Form, von Tradition
und Gewohnheit. Unabhängig von Menschen und Dingen tun sie
rücksichtslos, was sie innerlich müssen, unbeeinflußbar und unbeirrbar
gehen sie ihren Weg und tuen ihre Schritte ohne Markten und
Feilschen, ohne Zaudern und Umschweife, ohne Vorbehalte und
Einschränkungen, geben sich rückhaltlos hin und setzen sich vollkommen ein für die Erfüllung der Aufgabe der Stunde. Immer
ganz echt, aufrichtig, gradheraus und sachdienlich verhält und
äußert sich der Jünger Jesu, wie es ihm gegeben wird. Er läßt

Gottes Walten in ihm und aus ihm durch nichts beeinträchtigen, zurückhalten oder umbiegen. So fraglos seine Gewißheit, so unanfechtbar seine Bestimmtheit. Er kann nur Gott dienen und auf nichts anderes hören.

Das setzt etwas anderes voraus, was den Jüngern Jesu eigentümlich ist. Sie sind erlöst, wirklich erlöst von der Welt, von der Vergangenheit, von der Sünde und von sich selbst. Hierauf ruht ihre Unabhängigkeit, Unbefangenheit und Unanfechtbarkeit allem gegenüber, was von dieser Welt ist. Sie glauben nicht bloß, erlöst zu sein, sondern sie sind es wirklich. Es ist tatsächlich etwas Umwälzendes, Befreiendes, Verwandelndes mit ihnen vorgegangen. Die Welt mag sie noch so sehr in ihrem Strom tragen, — man denke, wie jetzt der Zusammenbruch auch alle Lebensverhältnisse der Christen erschüttert und sie unter allem leiden läßt, worunter das ganze Volk leidet — die Vergangenheit mag noch so sehr ihr Leben beeinträchtigen, die Sünde mag immer noch in ihrer Phantasie und ihren Instinkten wühlen, und das Ich sich noch so peinlich immer wieder bemerkbar machen: im innersten Sein und Wesen sind sie frei von aller Macht, allem Bann, allem Verhängnis: erlöste Seelen, die durch nichts aus dem Bereiche Gottes entwurzelt werden können, deren seelischer Instinkt untrüglich auf die Wahrheit und das Gute Gottes geht, deren Widerstandskraft allen Anfechtungen des Widergöttlichen standhält. Und wenn die Wellen der Welt und der Sünde über ihnen zusammenschlagen, sie werden nicht von ihnen mit fortgerissen, sondern tauchen unerschütterlich wieder aus ihnen empor.

Sie sind wirklich erlöst von sich selbst. Die Selbstsucht ist ausgeheilt wie eine Seuche. Mögen auch hier und da noch derartige Anwandlungen auftreten, so werden sie doch als solche erkannt und verabscheut. Wo noch naiver Egoismus herrscht mit seinem Eigennutz, seiner Beschränktheit und Befangenheit, wo ein selbstsüchtiger Geschmack dem Menschen unbewußt alles treibt und entscheidet, wo noch persönliche Empfindlichkeit immer wieder rege wird, da ist der Mensch noch nicht erlöst, und wenn er alle Geheimnisse des Himmels

und der Erde kennte. Darüber wollen wir uns doch keiner
Täuschung hingeben. Ebensowenig aber ist ein Erlöster noch Asket.
Er entzieht sich nicht der Welt, weil er sie überwindet, gestaltet,
durchdringt und beseelt. Er entsagt keiner Sache, weil er alles
für Gott mit Beschlag belegt. Er kann alles genießen, weil er
alles verträgt. Er bejaht alles, weil er alles zurecht bringt und
erfüllt. Er ist kein Kopfhänger und Duckmäuser, sondern „freut sich
in dem Herrn allewege" und liebt alles als Erlöster.

Damit stehen wir vor dem letzten Kennzeichen der Jüngerschaft, das uns Jesus selbst genannt hat: „Daran wird jedermann
erkennen, daß ihr meine Jünger seid, so ihr Liebe untereinander
habt." Liebe als unwillkürliche Glut und Hingabe des Herzens, als
Überschwang der Seele, der wie ein goldener Überfluß dem andern
entgegenströmt: das ist das Eigentümliche des Lebens der Jünger
Jesu, das unbedingt und wahllos jedem entgegenleuchtet und dem
sich schenkt, der seiner bedarf. Dieses sonnenhafte Wesen, das liebt,
weil es nicht anders kann, das weder nach Würdigkeit noch nach
Wiedervergeltung fragt, das nur geben, helfen und beglücken will,
ist das sicherste Merkmal der Jünger Jesu. Hier ist Übelnehmen,
Nachtragen, Verurteilen und Richten, Neiden und Grollen, Rechten
und Meistern eine reine Unmöglichkeit, so sehr sich heiliger Zorn
und flammende Leidenschaftlichkeit gegenüber allem Gemeinen damit
vereinigen kann. Denn diese Liebe ist nicht sentimentale Weichlichkeit der Gefühle, sondern Kraft eines höheren Lebens. Es ist die
Liebe des Vaters im Himmel, die aus gottergebenen und von Gott
ergriffenen Herzen entspringt.

Es ließen sich noch manche Kennzeichen echter Jüngerschaft
aufführen, z. B. die Ruhe und Kraft, die von ihnen ausgeht, die
Sicherheit, Sorglosigkeit und Quellfrische ihres Lebens. Aber wer
nicht verstockt ist, weiß jetzt, was ich unter echten Jüngern Jesu
verstehe. Er weiß auch, daß dieses neue Wesen unnachahmlich ist
und Leben in sich selbst hat, das nicht von dieser Welt ist.

Solche Jünger Jesu, sage ich, ist das, was heute die Welt
am nötigsten braucht. Sie sind die einzige Rettung, die es für die

Menschheit gibt. Denn sie allein können den lebendigen Kern einer
neuen Welt in dem gegenwärtigen Chaos bilden. Sie allein haben
das Leben, das der allgemeinen Zersetzung widersteht und sie überwinden kann. Sie allein können die besessene Menschheit erlösen,
die verseuchte Gesellschaft ausheilen, die zerrissene Volksgemeinschaft
versöhnen, die Wahnumnachteten zur Klarheit führen und die in
der Irre Gehenden zurechtbringen: nicht durch Reden und Agitieren,
Wirken und Organisieren, sondern durch Existieren, durch vorbild-
liches Leben, Helfen und Führen.

Alle, die nicht zu der Masse des Verderbens gehören, glauben,
daß noch etwas zu machen ist, und mühen sich fieberhaft ab, zu
retten, was zu retten ist. Sie reden und schreiben, klären auf und
debattieren über das Verhängnis, seine Ursprünge und sein Unheil,
zeigen Mittel und Wege, wie es gewendet werden kann, wirken
und organisieren, damit etwas in dieser Richtung geschieht. Und
es ist doch nichts zu machen. Alle Gegenwirkungen sind umsonst,
alle Mühe vergeblich. Es wird nichts. Und doch kann uns nur
ein neues Werden helfen, das eine andere Grundlage, einen andern
Ursprung hat als alles, was heute in ein Chaos zerfällt.

Am ehesten sehen wir noch ein neues Treiben und Spüren,
das sich von selbst regt und durch kein Wirken künstlich hervorgerufen ist, in einem Teile unsrer Jugend. Aber ist es nicht ein
Jammer, dieses wirre Durcheinander edelsten Strebens, das nicht
weiß, wo es hinaus soll, überall herumtastet und in die Irre geht,
dieses Hasten und Haschen nach allem möglichem Belanglosen, dieses
sich Verrennen und Verbeißen in alle möglichen Probleme (wie
z. B. das Sexualproblem), die sich ganz von selbst lösen, wenn die
Wahrheit des Wesens und Lebens gewonnen wird, aber anders
nicht gelöst werden können! Wer aber offenbart der glühenden
Jugend die Wahrheit menschlichen Wesens und Lebens? Wer stillt
ihre Sehnsucht nach reiner Menschlichkeit? Das läßt sich doch nicht
aus der Weisheit aller Zeiten herauspressen und mitteilen, das
kann man doch nicht auseinandersetzen und beibringen, das kann
man nur zeigen und geben, nur offenbaren und in empfänglichen

Seelen wecken, daß es sich von selbst in ihnen regt und aus ihnen keimt. Und das können allein die echten Jünger Jesu, in denen die Wahrheit des Menschen ins Leben getreten ist, durch den Anschauungsunterricht ihres Daseins, durch die Ausstrahlung ihres Wesens, durch die heilende Kraft ihres Lebens. Was wäre das für eine Erlösung, wenn gegenüber all den modernen Verkündigungen, Bestrebungen und Bewegungen, die immer neue Gedankenwirbel aufwühlen und die Menschen verwirren, Anhänger werben, Zeitschriften gründen, Orden und Bünde schaffen, einmal Menschen auftreten würden, die einfach das Geheimnis des Lebens offenbaren, indem sie es darstellen und darleben!

Und wenn wir erst an all die religiösen Bewegungen unsrer Zeit denken, die durcheinanderwogen und die Menschen in ihre Strudel ziehen: ist es nicht ein Jammer, daß immer noch so viele meinen, eine neue zeitgemäße Religion erzeugen oder aus den alten Religionen bereiten zu können, und damit unzählige hungrige Seelen betrügen! Ist es aber nicht noch viel mehr ein Jammer und eine Schmach, daß man heute selbst unter den Anhängern Jesu noch nicht einmal einen Eindruck hat von der Einzigartigkeit und Universalität der Offenbarung Jesu, daß man meint, ihn modernisieren zu können und zu müssen, daß man ihn mit Mystik und Theosophie, mit indischem Geist und allerlei fremdem Religionswesen zusammenbringt! Was kann uns von diesem unfruchtbaren und schädlichen Treiben erlösen, wenn nicht die Wiederkunft Christi in seinen Jüngern, wenn nicht das Reich Gottes, das auf die Erde kommt, und durch sein Erscheinen alle mystischen Versenkungen und religiösen Hirngespinste als das enthüllt, was sie sind! Darum brauchen wir nichts so wie echte Jünger Jesu, unter deren Eindruck es wenigstens den aufrichtigen Menschen vergeht, sich mit ihren Gedanken in höheren Welten herumzutreiben, in neuen Begriffsbildungen Leben zu suchen und sich in Gefühlswirkungen des Kultus Gotteserlebnisse vorzutäuschen, weil das alles zu den vielen Künsten gehört, die uns nur weiter von dem Ziele bringen, Gott ergebene und von Gott ergriffene neue Menschen zu werden. Echte

Jünger Jesu brauchen wir, deren Erscheinung und Wesenswirkung
die suchenden Menschen von dem Einfluß der blinden Blindenführer
befreit, weil sie ihnen die Augen für das öffnet, was sie eigentlich
suchen, deren Sein und Leben den Sinn für Gott den Lebendigen
weckt und demütige Seelen zu dem Erlebnis des Vaters führt.
Wenn wir jetzt die vielen Bemühungen im Christentum sehen, die
christliche Religion durch eine Reform des Kultus, der Gemeinschafts-
pflege, der Lehre, der kirchlichen Verfassung und Arbeit neu zu
beleben: schreit diese Not und ihre unfruchtbaren Notbehelfe nicht
nach dem Einzigen, was helfen kann, nach Leben aus Gott, das
in Menschen der Wahrheit sich verkörpert, nach Jüngern Jesu, in
denen ihr Herr Gestalt gewinnt! Gibt es einen andern Weg, daß
die Kirche ihre Bestimmung erfüllt, als den, daß das Reich Gottes
in ihr kommt! Und ist das auf eine andere Weise zu bewirken,
als dadurch, daß Menschen von neuem geboren werden und aus
Glauben leben! Wenn das doch endlich begriffen würde in und
außer der Kirche! Uns helfen keine Bewegungen und kein geistiger
Betrieb, keine Verbesserungen und Änderungen, keine neuen Auf-
machungen der Anschauungen und des Lebens, überhaupt keinerlei
Gedankentümer, gleichgültig welchen Gehalts und Stils, keine Lebensreform, auf welchem Gebiete auch immer, keine neue Gesellschaftsordnung und Volksverfassung, sondern nur neue Menschen göttlicher Herkunft und Lebensart. Darum tut uns nichts so not, als
eine Gemeinschaft echter Jünger Jesu.

Sie allein können uns auch aus unsern völkischen Nöten befreien, die unlösbaren Probleme lösen, Wege des Lebens finden
und führen, die uns Rettung bringen. Für den Jünger Jesu ist
jede Not produktiv, voll neuen Lebensgehalts, eine Offenbarung
von Wahrheit und Leben, eine Spannung, deren Lösung weiterbringt,
ein Engpaß, der in Neuland führt. Sie verstehen, ihren Segen zu
heben, entdecken das Not-wendige und vollbringen es. Darum wirken
sie wie eine schöpferische Gärung im Chaos, in aller Not und
jeder Bedrängnis. Und wenn die Lage noch so verzweifelt ist:
alles ist möglich dem, der glaubt. Darum haben sie auch die Voll-

macht, die Probleme zu lösen, an denen alle andern scheitern müssen. Sie lösen sie nicht durch intellektuelle Kunststücke, nicht durch Maß-regeln und Behelfe des gesunden Menschenverstands, sondern durch den Spürsinn ihrer Seele. Sie lassen sie sich selbst offenbaren, indem sie darunter leiden, sie zur Not ihrer Seele werden lassen und sich dadurch von ihnen befruchten lassen. Ihnen werden die genialen Lösungen gegeben, die sich kein Mensch ausdenken kann. Das ist es aber, was wir heute brauchen: die rettende Offen-barung Gottes durch seine Organe und Werkzeuge. Wie ein Licht-schein liegt es über der gequälten Welt, aber es fehlen die Menschen, die das zerstreute Licht brennglasartig sammeln und damit alle Dunkelheiten erleuchten. Wir brauchen Jünger Jesu, die die ge-scheiterte und zerschlagene Menschheit aus ihrer Verkommenheit und Heillosigkeit Wege zum Leben führen können, weil sie die Wege kennen und das Leben haben. Anders ist uns nicht zu helfen.

Ich sage aber, wir brauchen eine Gemeinschaft ursprüng-licher Jünger. Nicht eine Sammlung, Vereinigung und Organisation, sondern eine lebendige Fühlung, Gemeinschaft, Ergänzung und Wechselwirkung im Geist und Leben, eine innere Einigkeit und seelische Eintracht im Wesentlichen, aus dem gemeinsamen neuen Gesicht und Geschmack für alle Dinge heraus. Sie brauchen nicht zusammen zu hausen, kaum miteinander zu verkehren, sie müssen nur von einander wissen und in seelischer Gemeinschaft stehen. Die Einsamkeit im Empfinden, Sehen, Schmecken, Verstehen, Urteilen ist schlimmer als alles Alleinsein. Darum brauchen die Jünger Jesu um ihrer selbst willen Gemeinschaft, sonst verkümmern sie in der fremden Welt. Aber diese Gemeinschaft läßt sich nicht machen, sondern muß sich von selbst bilden durch die magnetische Anziehungs-kraft des Glaubens und die unmittelbare Vertrautheit, die das gleichartige Leben ganz von selbst mit sich bringt. Alle frommen Anbiederungen und tiefen Aussprachen entfremden nur, so sehr man sich verstehen mag. Innerliche, wesentliche Fühlung gewinnt man nicht durch Reden, sondern durch Schweigen. Doch das sage ich nur, um das Mißverständnis abzuwehren, als ob eine neue

„Gemeinschaft der wahren Jünger Jesu" gegründet werden solle. Nein, das, was ich meine, vollzieht sich im Verborgenen, in einer andern Welt und entfaltet sich und seine Wirkungen im Verborgenen aus einer andern Welt.

Aber diese Gemeinschaft echter Jünger Jesu brauchen wir. Denn nur so kann es zu einer schöpferischen Gärung neuen Werdens in unserm Volke und der Menschheit kommen. Nur so bildet sich ein neuer Kosmos, der aus der toten chaotischen Masse neues Leben schafft. Nur so kommt das Reich Gottes auf die Erde und mit ihm die Erlösung für die leidende und irrende Menschheit.

❦

Der Stein der Weisen

Vor vielen hundert Jahren war einmal ein Mann; der fand den Stein der Weisen, nach dem die Weisen der Völker seit Jahrtausenden gesucht hatten. Denn von seinen Wirkungen erwartete man den Anbruch des goldenen Zeitalters. Und was damals geschah, erfüllte wirklich die Sehnsucht der Menschen. Der Mann, der ihn besaß, war ein göttliches Wunder vor aller Augen, und erstaunliche Kräfte gingen von ihm aus, die viele im Innersten erschütterten und erlösten, von ihren Krankheiten heilten und zurechtbrachten. Eine Erneuerung der Menschen brach an und eine Neuordnung aller Dinge.

Wie ein Lauffeuer ging die Kunde von dem Stein durch alle Länder, und alle, die es hörten, wollten an ihm teilhaben. So galt er bald als der große Zauber gegen das Leiden der ganzen Welt und als das Unterpfand des Heils für alle Menschen. Wie ein Kleinod von unendlichem Wert wurde er gehütet und verehrt. Voll gläubigem Eifer und Anbetung seiner Größe bereitete man ihm die kostbarste Fassung, die sich denken läßt, so wunderbar, so alles umfassend und in unendliche Einzelheiten gegliedert, daß er von ihr schließlich ganz verdeckt wurde.

Es war aber eine Eigentümlichkeit des Steins, daß er Kraft

und Wesen verlor, wenn er nicht in Tätigkeit war, und da er das
von der goldenen Fassung ganz eingeschlossen nicht mehr konnte, so
verschwand er. Und niemand merkte es. Man sah ihn ja schon
längst nicht mehr hinter dem Wunderwerk menschlicher Kunst und
Verehrung. So konnte man sich einbilden, ihn immer noch zu haben
und seine Kraft zu erfahren. Je weniger man ihn aber sah und
merkte, um so mehr legte man Wert auf die kostbare Fassung, um
so mehr wurde an ihr weitergebildet. Es wurde ein Tabernakel
dafür geschaffen, in herrlichen Domen wurde sie verehrt. Aber den
Stein der Weisen hatte man verloren.

Allmählich jedoch regten sich die Menschen darüber auf, daß
es nicht mehr so war, wie es in den alten Urkunden über die ursprüngliche Wirkung des Steins berichtet wurde. Die Schuld daran
schob man teils auf die Fassung des Kleinods, teils auf die Art der
Verehrung. Der Streit darüber erfüllte die Jahrhunderte. Immer
wieder entbrannte der Kampf, ob die Fassung des Kleinods richtig
sei, ob man sie genau so, wie sie von den Vätern geschaffen worden,
lassen oder verbessern oder modernisieren müsse, ob die Verehrung
zu vereinfachen oder zu vermehren sei. Die einen wollten die kostbare Monstranz in die Welt hinaustragen und überall hinbringen,
daß der Stein seine Wirksamkeit entfalte, die andern wollten ihn in
dem Heiligtum verwahren, daß er nicht durch die böse Welt entheiligt werde. Darüber brachen furchtbare Feindschaften und Kriege
aus. Menschen wurden deshalb geächtet und getötet, Völker zerrissen,
Familien gespalten und die ersehnte Wirkung des Steins in ihr
Gegenteil verkehrt.

Immer mehr traten aber auch erst einzelne und dann viele auf,
die gar nicht an die ganze Sache glaubten, weil sie nichts davon
merkten. Sie sagten: das ist ja Unsinn, Aberglaube, Wahn; das ist
ja gar kein Stein der Weisen, das ist nur Schale. Und sie lachten
über die andern, die sich einbildeten, es stecke hinter den goldenen
Schnitzereien wirklich der Stein der Weisen: den gibt es ja gar nicht.
Wies man sie aber auf die großen Wirkungen hin, die doch immer
noch von dem kostbaren Gefäß ausgingen, so sagten sie, das sei

Suggestion. Der Stein der Weisen sei die Einbildung. Die uralte
berühmte Fassung des sagenhaften Kleinods sei wohl ein herrliches
Kunstwerk, aber in Wirklichkeit sei nichts daran und nichts darin.
Aber sehr viele ließen sich in ihrem Glauben nicht irre machen. Je
mehr man zweifelte, spottete und lästerte, um so eifriger beteten sie
ihr Kleinod an bis auf den heutigen Tag. —

Diese Geschichte ist die Geschichte des Christentums, seiner Entstehung, seiner Entwicklung und seines gegenwärtigen Bestands. Das
ist es, worüber man immer wieder in Erstaunen gerät, daß das
Wunderbare, das Jesus einst fand und offenbarte, verloren gegangen
ist, und keiner seiner Bekenner hat es bemerkt.

Jesus war die Erscheinung und schöpferische Auswirkung Gottes,
des Lebendigen, auf der Erde, der die Menschheit in ihrer Verlorenheit
sucht und aus der tödlichen Gottesferne und Weltsucht erlösen, der
das ursprünglich Göttliche im Menschen entbinden, ausheilen und
zur Entfaltung bringen, der das Reich Gottes in dieser Welt verwirklichen will. Das geschah damals in ihm und trat aus seiner
Person heraus. Es strahlte nicht nur aus, sondern faßte auch in
andern Menschen Fuß. Dieses göttliche Geschehen aber verschwand
bald hinter der Kunde davon und dem geistigen Treiben der Menschen, das sich damit beschäftigte und das unsagbare Geheimnis
dieses Wunders von Gott zu fassen und zu bewahren, zu verehren
und heilig zu halten suchte. Es ging verloren in allen möglichen
Fassungen dessen, was Jesus war und wollte, in einer Weltanschauung,
wo alles umfassend und organisch gegliedert bis ins Kleinste und Feinste
ausgebildet wurde, so daß sie den denkenden Geist tief befriedigte,
in einer Sittenlehre, die ein herrliches Ideal voller Blüten und
Früchte vor Augen stellte, so daß sich die Menschheit von Geschlecht
zu Geschlecht immer wieder daran begeisterte, in einem Kultus von
tiefem Sinn und wunderbarer Schönheit, der das Gemüt erschütterte
und beruhigte, sehnsüchtig stimmte und erhob. Aber das wesenhafte
wirkliche Geschehen von Gott aus hatte aufgehört. Als Ersatz hatte
man dafür die geistige Beschäftigung damit, die Nachbildung der
Vorgänge in Begriffen, die mystische Versenkung in die gewähnten

Geheimnisse, das Nacherleben in Gefühlen, die Auswechslung der
göttlichen Lebensäußerungen durch Vorsätze und Tun als ob. Dieser
Ersatz Gottes durch religiösen Betrieb befriedigte so sehr, daß man
ganz vergaß, daß es sich bei Jesus um empirische wesentliche Änderungen in den Menschen, in ihrem Leben und in allem, was
menschlich ist, handelte, und zwar um so radikal umwälzende Vorgänge, daß man sie nur als eine neue Schöpfung recht versteht.

<hr>

Nachtrag

Die Menschen haben in der Not der Zeit wieder angefangen,
nach Gott zu fragen, und vielleicht ist die Zeit nicht mehr fern,
da die Menschheit allgemein nach ihm fragt. Früher frug man nur
nach dem Sein Gottes, jetzt nach seinem Walten und Tun, nicht
mehr bloß nach seiner Wirklichkeit, sondern nach seiner Wirksamkeit,
nach Gott, dem Retter und Schöpfer, nach Gott, dem Lebendigen.

Daß man Sinn für Gott, den Lebendigen, gewinnt, hat zur
Voraussetzung, daß man sich vor ihm beugt. Früher mußten die
Propheten sagen: Gehorsam ist besser als Opfer, heute müssen
sie sagen: Gehorsam ist besser als Glaube, als Ehrfurcht vor
dem Unbegreiflichen, als Anbetung der erhabenen Idee Gottes, als
Kultus und jede religiöse Tätigkeit — Gehorsam gegenüber dem,
was Gott uns durch Jesus gesagt hat, wie dem, was er uns
heute sagt. Man stelle einfach das ganz gewöhnliche tägliche Leben
unter die Worte Jesu und tue, was er sagt, man höre auf die
Stimme Gottes in den Ereignissen unsrer Zeit und frage sich, was
er von uns will. Aber hieran scheitert die Frage nach Gott: bei
dem Konservativen wie bei dem Kommunisten, bei dem Besitzenden
wie bei dem Armen. Solange wir uns aber nicht nach Gott
richten, werden wir gerichtet. Man kann Gott, dem Lebendigen, nicht
aus dem Wege gehen. Wir erleben ihn immer in Gericht oder in
Gnade. Aber Gericht von ihm ist suchende Gnade, und Gnade
von ihm ist erlösendes Gericht.

Die Voraussetzung des Gehorsams aber ist Buße tun, d. h. umkehren und sich schuldig bekennen, bereuen und an das Erbarmen
Gottes glauben. Aber wie wenige haben einen Eindruck unsrer
allgemeinen und ihrer persönlichen Entfremdung und Absonderung
von Gott, der Gottesferne unsrer gesamten Kultur, Politik und
Wirtschaft, unsers Zeitbewußtseins und des Lebens der Menschen
für sich und untereinander, in den Familien, in der Erziehung, im
sozialen Leben! Alles liegt in einem Klima, wo die Sonne nicht
scheint. Darum müssen wir uns aufmachen und umkehren, um die
Sonne für unser Dasein zu suchen.

*

In der Gottesferne ist Religion wohl möglich. Ja es ist die
Frage, ob sie nicht ein Gewächs dieses Zustands ist. Wo im Menschen
der Sinn für Gott, den Lebendigen, erweckt, wo sein lebendiges
Wort vernommen und sein jeweiliger Wille getan wird, da gibt
es Heilsgeschichte, Offenbarungsgeschichte. Wo man nichts von ihm
merkt, da gibt es Religion. Je mehr er in die Vergangenheit
zurücktritt, um so eifriger wird die Religion, um so mehr wird sie
ausgebaut, gepflegt und ausgebreitet. Je ferner Gott ist, um so
größer ist der religiöse Betrieb.

Wie mögen sich die christlichen Dogmen und das Papsttum,
die Lehrkünste und theologischen Begriffsspaltereien, die Religions-
psychologie, der Religionsunterricht, die Predigtkunst, der Kultus
ausnehmen von Gott aus? Was würde Jesaia, Jesus, Paulus
und Johannes, „der Theolog", dazu sagen? Mir macht das alles
den Eindruck der Gottesferne. Alles menschlich, allzumenschlich.
Leuchtwerke in der Nacht. Aber doch Erhellung, Orientierung,
Wegweisung. In der Religion werden die Menschen beschlossen
und bewahrt auf die Zeit, wo ihnen der Sinn aufgeht für Gott,
den Lebendigen. Wenn aber der Glaube offenbart wird, werden
sie mündig und treten aus der Erziehungsanstalt heraus in das
freie Leben aus Gott.

gebeten hatte. Aber auf die Dauer ist dieser Weg natürlich nicht möglich. Der Bezugspreis muß für Deutschland auf 10 Mark erhöht werden, für Österreich-Ungarn und die früher zu ihm gehörigen Länder auf 30 Kronen. Um den Minderertrag, der auch bei dieser Erhöhung für Österreich (bei dem gegenwärtigen Valutastand nur etwa 4 Mark) entsteht, auszugleichen, soll der Bezugspreis für die nichtdeutschen Länder auch geringfügig erhöht werden. Wem der neue Bezugspreis unerschwinglich ist, dem stehen die Blätter zu dem bisherigen auch weiter zur Verfügung. Er braucht es nur dem Verlage mitzuteilen. Die Zahl der regelmäßigen Bezieher der Grünen Blätter hat im vergangenen Jahre das 7. Tausend bedeutend überschritten.

Der nächste Band der Blätter soll in erster Linie die Vorträge über Leben und Schicksal (darunter z. B. „Der Trick des Lebens") bringen, die man schon so lange gedruckt zu sehen wünscht.

Schloß Elmau wird in diesen Tagen eröffnet und bleibt es vorläufig bis zum 20. März. Wenn sich genügend Interesse dafür kundgeben sollte, auch noch bis über die Osterwoche.

Meine Vorträge in Finnland und Schweden, Berlin und Wien sind planmäßig verlaufen. Der Besuch war überall sehr zahlreich und die Teilnahme sehr lebendig. Namentlich in Stockholm. Es war mir dort geradezu beglückend, aus einer tiefen inneren Fühlung heraus mit persönlich fast ganz unbekannten Menschen sprechen zu können. In Berlin und Wien haben die Vorträge über den „Untergang des Abendlandes", die „Probleme der Weltrevolution" und „Gott und die Not der Zeit" die Menge der Zuhörer, die die Säle nicht fassen konnten, aufs tiefste ergriffen und erregt. Nur wurde allgemein bedauert, daß die Anregungen, die sie boten, weder in die maßgebenden Kreise noch in die Öffentlichkeit dringen könnten, da keine Zeitung darüber referierte.

Die nächsten Monate bleibe ich jedenfalls in Elmau.

Allen Lesern der Grünen Blätter wünsche ich, daß Ihnen das Licht von Weihnachten über dem neuen Jahre leuchten möge.

Elmau, Weihnachten 1920

Johannes Müller

Johannes Müller

Vom Vater im Himmel

(Der Reden Jesu 3. Band)

Gebunden M 11.—

Inhalt: **Vom himmlischen Vater.** 1. Die Sendung Jesu. 2. Der Vater im Himmel. 3. Von Gottes Walten. 4. Von Gottes Fürsorge. 5. Vom Suchen Gottes. 6. Der wirkende Gott. 7. Gott, der einzig Gute. 8. Gott, der Lebendige — **Von den Kindern Gottes.** 1. Die Heimkehr aus der Fremde. 2. Das Lebensgesetz der Kinder Gottes. 3. Die Art der Kinder Gottes. 4. Die Ebenbürtigkeit der Kinder Gottes. 5. Die Freiheit der Kinder Gottes. 6. Die Reinheit der Kinder Gottes. 7. Das Selbstgefühl der Kinder Gottes — **Vom Glauben.** 1. Der Glaube als Lebensgefühl der Seele. 2. Der Glaube als unmittelbare Lebensbewegung. 3. Der Glaube als Bedingung des Heils. 4. Der Glaube als Lebensvollmacht. 5. Die Seltenheit des Glaubens — **Vom Gebet.** 1. Das Gebet als Sehnsucht der Seele. 2. Das Gebet im Glauben und seine Erhörung. 3. Die Gottergebenheit des gläubigen Gebets. 4. Das kindliche Gebet. 5. Die Fürbitte.

Von der Nachfolge

(Der Reden Jesu 2. Band)

6.—10. Tausend   Gebunden M 11.—

Inhalt: **Die Nachfolge — Die Vorbedingungen der Nachfolge.** 1. Die rücksichtslose Bereitschaft. 2. Der Wille zur Not. 3. Die Leidenschaft des Entsagens — **Die drei Hauptsachen der Nachfolge.** 1. Das Herzwerk der Nachfolge. 2. Die größte Gefahr für die Jünger. 3. Leben und Werden in der Nachfolge — **Die Tugenden der Nachfolge.** 1. Einfachheit. 2. Freiwillige Armut. 3. Reinheit. 4. Bescheidenheit. 5. Wachsamkeit — **Der Jünger Trost.** 1. Es bleibt nichts verborgen. 2. Es kann uns nichts geschehen. 3. Das Reich muß uns doch bleiben. 4. Es geht uns nichts verloren.

Von Weihnachten bis Pfingsten

Reden auf Schloß Mainberg

Gebunden M 10.—

Inhalt: Weihnachten — Die Weihnachtsgeschichte — Die Sendung Jesu — Nächstenhilfe — Zum neuen Jahr — Teilnahme am Werke Jesu — Das Bekenntnis des Petrus — Das Abendmahl — Die Fußwaschung — Der Tod Jesu — Die Auferstehung — Das Licht des Lebens — Das Gespräch Jesu mit Nikodemus — Die Himmelfahrt — Pfingsten — Vom heiligen Geist.

C. H. Beck'sche Buchdruckerei in Nördlingen

Die Liebe

Vierteljahrsheft der Grünen Blätter

chrift für perſönliche und völkiſche Lebensfragen

von

Johannes Müller

Elmau
nd Verlag der Grünen Blätter 1. Heft
·1921

Die Grünen Blätter, Vierteljahrsschrift für persönliche und völkische Lebensfragen, sollen — der persönlichen Fühlung des Verfassers mit seinen Lesern wegen — möglichst direkt vom Verlag der Grünen Blätter in Elmau Post Klais (Oberbayern) bezogen werden, sind aber auch durch den Buchhandel zu haben.

Der Preis beträgt für einen Jahrgang (einschl. Porto) für Deutschland 10.— Mk., für Österreich-Ungarn 30 Kr., Niederlande 2,75 G., Schweiz, Frankreich usw. 5 Fr., Dänemark, Schweden und Norwegen 4 Kr., Finnland 10 finn. Mk., Amerika 1,25 Dll.

Das Abonnement gilt bis zur Abbestellung, die nur nach Abschluß eines Bandes erfolgen kann.

Der Einzelpreis dieses Heftes beträgt 3.— Mk.

Postscheckkonto Verlag der Grünen Blätter Nr. 1233 Nürnberg.

Inhalt

Mitteilungen

Nur zögernd und nicht ohne Bedenken lasse ich dieses Heft hinausgehen. Ich habe die Aufsätze aus einem inneren Drang heraus geschrieben, der mich auch die beabsichtigte Veröffentlichung der Vorträge über das Leben hinausschieben ließ. Aber als schon fast alles gesetzt war, kam ein Augenblick, wo ich mich fragte, ob es nicht richtiger wäre, über die Liebe und ihr Leben zu schweigen, weil es für die Menschen viel zu hoch ist, viel zu fern liegt wie ein Geheimnis und Wunder, das sie gar nicht fassen können. Aber ich lasse sie doch hinausgehen, weil es wichtig ist, daß die Menschen auch einmal einen plastischen Eindruck von dem Ziel, nennen wir es drittes Reich oder Reich Gottes, bekommen, daß ihnen aufgeht, wie das wahre Übermenschentum aussieht, und daß nicht eine neue fragwürdige Stufe der Menschheitsentwicklung auf Grund theosophischen

Grüne Blätter

Eine Vierteljahrsschrift für Lebensfragen

von

Johannes Müller

Dreiundzwanzigster Band

Elmau
Verlag der Grünen Blätter
1921

C. H. Beck'sche Buchdruckerei in Nördlingen

Inhalt

Die wahre Liebe

Wie wir im Winter nach der Sonne frieren und von ihrem Höhersteigen den Frühling erwarten, so sehnen wir uns in der Nacht und Kälte der Gegenwart nach einem Eisaufbruch und leuchtenden Tag der Seele, nach der schöpferischen Glut und treibenden Kraft der Liebe. Nur die Liebe schafft aus dem Chaos eine neue Welt. Denn die Liebe ist erlösende, wiederherstellende, verjüngende Lebenskraft, ist fruchtbare Vereinigung, ist der schöpferische Hauch Gottes. Aus dem Leben der Liebe gehen neue Menschen, eine neue Gemeinschaft, eine Neuordnung aller Dinge hervor. Das begreifen jetzt sogar die Politiker von rechts und links. Aber vorläufig rechnen sie nur mit einer Unbekannten, oder sie rechnen auch nicht damit, weil sie die Unbekannte für eine Utopie halten. Und so ist es überall. Von nichts wird so viel geredet wie von Liebe, und nichts ist so wenig bekannt und wird so wenig erfahren wie Liebe. Was man davon kennt, ist Schein oder Ersatz, wenn nicht das Gegenteil davon. Ich spreche natürlich nicht von ehelicher Liebe oder der Liebe zwischen Eltern und Kindern, nicht von der Freundesliebe und der gegenseitigen Anziehung der Geschlechter, sondern von der allgemeinen Menschenliebe, von der um so mehr geredet wird, je weniger man sie kennt.

Die Zuneigung, wie sie sich gewöhnlich zwischen Menschen findet, ist eine Äußerung des Bedürfnisses nach Gemeinschaft, der Sehnsucht nach Menschen. Es ist der Durst der ausdörrenden Selbstsucht nach Lebenszufluß, der Zug der fröstelnden Beschränktheit in sich selbst nach der „animalischen" Wärme anderer Menschen. Es ist die Flucht vor sich selbst, die bei anderen Unterschlupf sucht, das Unbefriedigtsein in sich selbst, das sich an persönlicher Teilnahme erquicken will, das Minderwertigkeitsgefühl, das einem gefallen und wert sein will, die Schwäche, die Halt braucht, die Beschränktheit, die sich durch Aussprache Erleichterung schaffen möchte, die Unruhe, die in der Gegenwart eines Menschen zur Ruhe kommen will, ob es Furcht oder Ängstlichkeit oder Zerfahrenheit ist.

Oft ist die gewöhnliche Liebe im Grunde nur Habgier. Man will einen Menschen haben, sich mit ihm verbinden, ihn für sich festlegen und sich aneignen. Oder sie ist Genußsucht. Man will ihn genießen, sich anregen lassen, wenn es nicht vielmehr so ist, daß man sich selbst am anderen genießen möchte, sich selbst zu gefallen sucht, indem man sich vor ihm aufspielt, sich selbst erheben will, indem man sich über ihn erhebt. Man liebt den Zuschauer, für den man etwas vorstellt, sich wichtig und interessant macht. Man genießt die Wollust, bemitleidet oder bewundert zu werden. Man sucht die angenehme Reibung. Man läßt sich streicheln und verwöhnen. Solche Liebe ist die entartete Sehnsucht der Seele nach Erquickung, die sich narkotisch betäubt. Oder die Zuneigung ist nur der Wunsch, geliebt zu werden. Man erträgt die Einsamkeit nicht. Man will aus seiner Absonderung, wie sie das egoistische Unwesen zur Folge hat, heraus und findet als Egoist keine andere Rettung, als einen anderen Menschen in seine Isolierung hereinzuziehen. Darum sucht man den, zu dem man sich hingezogen fühlt, für sich allein zu gewinnen. Man erträgt es nicht, wenn er auch anderen nahe steht. Man leidet, wenn jemand dabei ist. Man wird von Eifersucht gequält.

Das alles ist nicht Liebe, sondern Äußerung der ungestillten Sehnsucht, die in allen Menschen lebt, des unruhigen Drangs nach Wahrheit und Leben, wie er aus dem tiefen Gefühl quillt, daß man das Leben nicht hat, daß unser eigentliches Wesen umkommt, daß unsre Stellung zu allem nicht richtig ist. In diesem Zustande des Erstarrens, Verdorrens, Verdurstens, Zerfallens und Verwesens sucht der Mensch etwas Lebendiges, was die lechzende Qual seiner Seele stillen kann. So sehnt er sich danach, von anderen Menschen geliebt zu werden, sie für sich zu haben, an ihrem Leben zu fangen, Menschen, denen man etwas ist und bedeutet, wenn man auf sie eingeht, denen es wohltut, wenn man bei ihnen ist, Menschen, bei denen es einem warm wird, wo die Zeit vergeht, und die Qual

des Daseins gelindert wird. Alle diese Liebe ist schließlich nichts
anderes als der Notschrei der Selbstsucht, der Beschränktheit in sich
selbst, der Isolierhaft mitten in der Welt, in die man durch die
Drehe um sich selbst geraten ist. Aber diese Liebe ist natürlich ein
leerer Wahn, eine vergebliche Betäubung, eine Selbsttäuschung des
Egoismus, die sein Verhängnis nur steigert. Denn diese Liebe
befestigt und verhaftet nur noch mehr in der Selbstsucht. Sie ist
ein süßes Gift, das gut schmeckt, aber die Beziehungen zwischen
den Menschen, die sie herstellt, verdirbt.

Was ist echte Liebe? Vor allem kein bloßes Gefühl. Sie ist
wesentlich, im Grunde etwas anderes. Sie äußert sich in Gefühlen,
aber entspringt nicht darin und geht nicht darin auf. Die Gefühle
sind die begleitende Stimmung, die mitschwingende Erregung des
Gemüts. Ebensowenig wie der Sonnenschein die Sonne ist, ist die
Erfüllung, Erleuchtung und Erwärmung unsers Gefühls die Liebe.
Wir verwechseln hier wie so oft die subjektive Erscheinung mit dem
objektiven Vorgang. Die echte Liebe ist die hervorbrechende Glut
der Seele, der überquellende Lebensdrang dieses wahrhaft Göttlichen in uns, das unser ganzes geistleibliches Sein belebt und im
Innersten zusammenhält. Liebe ist also eine elementare Lebensäußerung aus der letzten Tiefe unsers Seins, kein Trieb süchtiger
Instinkte unsrer sinnlich-geistigen Menschlichkeit. Sie ist Überschwang
der Seele, ein Außersichgeraten und Sichergießen des quellenden
Lebens in uns, das nicht von dieser Welt ist. Sie ist Selbsthingabe
und Lebensmitteilung, aus sich Herausgehen, Übergehen, Eingehen
in das, was sie ergreift. Liebe ist also ein elementarer ursprünglicher Vorgang, ein inneres Muß, das über den Menschen kommt,
eine Naturgewalt seines himmlischen Wesens, eine Lebensäußerung
Gottes aus seinen menschlichen Sprossen und der Kreislauf des göttlichen Lebens durch seine menschlichen Organe, die schöpferische Glut
und Bewegung Gottes, aus der alles stammt, die zur Vollendung
seines Werkes aus Menschen entspringt.

Wo sich das von selbst in Menschen regt und rührt, da ist
schon Liebe, auch wenn es nicht aus dem Herzen überquillt. Wenn

es nur in der Seele ſickert und unter ihren Regungen rinnt,
dann iſt die Quelle ſchon in ihren Anfängen da, in der die Liebe
emporſteigen und überſtrömen wird, wenn ſie an Mächtigkeit gewinnt.
Vielleicht äußert ſie ſich zunächſt nur in einem ſtillen Entzücken des
drängenden und ſich ſpannenden Lebensgefühls der Seele oder in
einem leuchtenden Blick voll Teilnahme und Wärme oder in einem
Sichaufſchließen für das Leben oder in einem Widerhall des Herzens
für Blumen, Vögel und Menſchen und die ganze wundervolle Welt.
Wo es in der Seele zu klingen beginnt unter ihrem ſchwingenden
Leben, da löſt ſich die Liebe aus der Tiefe unſers Weſens und
beginnt ihre unendliche Melodie.

Aber von ſelbſt muß es ſich regen. Die echte Liebe iſt wie
die wahre Lebensfreude ohne Anlaß, ſo groß die Fülle alles deſſen
ſein mag, worauf ſie ſich erſtreckt. Die gewöhnliche Liebe der
Menſchen entſteht durch Anregung von außen, durch Eindrücke und
Erlebniſſe. Sie wird von anderen hervorgerufen, die uns ſympathiſch
ſind, durch Freude an ihnen oder Mitleid mit ihnen. Das rührt
unſer Herz und weckt die Liebe. Das iſt Liebe als Gemütsaffektion.
Die wahre Liebe iſt quellender Überfluß des Lebens, unwillkürliche
Ausſtrahlung des Weſens, ſonnenhafte Glut der Seele. Sie braucht
nicht einmal unerläßlich Menſchen und iſt nicht auf ſie beſchränkt.
Sie ergreift das Leben, alles Lebendige, das uns umgibt, und über-
ſtrömt auch das Lebloſe mit Leben. Sie liebt die Verhältniſſe und
Lebensanſprüche, die Schickſale und Abenteuer, die Aufgaben und
Nöte, kurz, alles, was iſt und kommt, ſo ſehr ſie ſich am liebſten
in Menſchenherzen ergießt und das gleiche Feuer in ihnen entzünden
möchte. Sie ſucht Menſchen, die von ihrer Fülle nehmen, aber nicht
bloß um der Menſchen willen, ſondern weil ſie ihre Fülle nicht
faſſen kann. Sie kann nicht anders, weil ſie ſich ergießen muß.

Die urſprüngliche Liebe iſt jenſeits von Bewußtſein und Wille,
ſo ſehr beides in ihr aufgeht, von ihr getragen und erfüllt wird.
Sie iſt aber kein Verhalten, das mit Bewußtſein und Willen unternommen wird, ſondern ein unwillkürliches Geſchehen, das ſich begibt.
Sie iſt keine ſittliche Leiſtung, ſondern ein religiöſer Vorgang. Denn

sie ist naturnotwendige Lebensäußerung der Seele. Darum ist sie kein Verdienst, sondern Gnade, kein Erzeugnis, sondern Offenbarung, keine Erregung durch ein Ideal, sondern eine Quelle, die im Unbewußten entspringt.

Weil die Liebe eine unwillkürliche, anlaßlose Bewegung ist, äußert sie sich unbedingt. Sie ist ganz unabhängig von unsern Verhältnissen und unsrer Umgebung, ebenso wie der Sonnenschein von alledem, worauf kein Licht fällt. Was sich in dem Lebenskreise des Menschen befindet, liegt im Sonnenschein seiner Liebe. Ob die Verhältnisse schwer, das Unglück groß, die Not undurchdringlich ist, ob die Erlebnisse wehtun oder wohl: es wird alles sonnig in der Liebe. Auch die Menschen. Sie erscheinen anders und werden anders, wenn sie von der Liebe beleuchtet werden, ganz gleich, wie sie sind. Es gibt keine Häßlichkeit, keine Gemeinheit und kein Laster, das die Liebe verschluckte, die darauf strahlt, ebenso wie die Sonne aufgeht über Böse und Gute, Gerechte und Ungerechte und sie in gleicher Weise erwärmt. Die Menschen können ihr gegenüber empfindungslos und unempfänglich bleiben, aber die Liebe umfängt sie doch. Vielleicht nicht ausdrücklich, wenn nichts entgegenkommt, aber ohne Worte und Gebärde als unmittelbare seelische Ausstrahlung. Die Liebe ergreift also jeden, der ihr nahetritt. Ob freundlich oder feindlich ist ebenso gleich, wie ob er uns dankt oder nicht dankt. Die gewöhnliche Liebe setzt Neigung voraus, beruht auf Wiedervergeltung, verlangt Gegenliebe. Die echte Liebe ist unbedingt. Das gehört zur Natur ihres göttlichen Wesens. Sie liebt ohne Lohn, denkt nicht an Selbstbefriedigung, läßt sich nicht dämpfen und zurückschlagen, weil sie unbedingt ist und kein Erzeugnis dieser Welt.

Echte Liebe ist nicht verkappter Egoismus wie die gewöhnliche, sondern der äußerste Gegensatz aller Selbstsucht. Sie ist Selbstverleugnung, aber Selbstverleugnung durch Selbstentfaltung, Selbsthingabe, Selbstäußerung durch Erfüllung der tiefsten Bestimmung des Selbst, was allein den Menschen wahrhaft beglücken kann. Sie ist das Gegenteil der Beschränktheit in sich selbst, denn sie geht aus sich heraus und ergreift die Menschen ohne Wahl und Grenzen. Sie rafft nicht an sich und frißt nicht in sich hinein, um groß, stark und reich zu werden, sondern strömt den Reichtum über, der unerschöpflich in ihr quillt, solange sie waltet. Sie teilt sich mit und geht auf alles ein, sie will nicht nehmen, sondern geben, nicht haben, sondern begaben, nicht sich erhalten, sondern sich verwandeln in Leben der anderen.

Dieses quellende Leben der Seele braucht natürlich Land, das es befruchten kann, Menschen, die es umfangen kann. Darum ist es voller Sehnsucht nach Menschen. So sehr es alles bestrahlt und belebt, was uns nahetritt und angeht, so erfüllt sich die Liebe doch erst in ihrer Hingabe an Menschen. Denn wirkliche, volle, tiefe Lebenshingabe gibt es nur an Menschen gleicher Art, gleichen Seins und gleichen Loses. Wahrhafte Liebe schafft Gemeinschaft und braucht Gemeinschaft. Sie offenbart gerade dadurch erst das Wunder und Geheimnis unsers Daseins, daß sie uns zu gemeinschaftlichem Leben führt. Sie erschließt die Wechselwirkung der Kräfte und den Kreislauf des Lebens, der dadurch entsteht, daß Menschen ihre Seelen ineinanderfalten, und ihr Leben sich vereinigt.

Aber diese Gemeinschaft ist Lebensgemeinschaft, nicht Gefühlsgemeinschaft. Sie hat nichts zu tun mit sentimentaler Wollust aneinander, wo jeder genießen und haben will. Sie ist nicht erbärmliches Behagen im Beisammensein, sondern gemeinschaftliche Erfüllung unsrer Bestimmung, gemeinschaftliches Lebenswerk, gemeinschaftliches Wachstum, gemeinschaftliches Erfahren, Empfangen und Erleben Gottes. Deshalb ist sie ganz unabhängig von Sympathie und Antipathie. Sympathie und Antipathie geben Kunde von der Distanz zwischen den Menschen, von dem Unterschied der Art, von der Verwandtschaft oder Fremdheit des innersten Schicksals. Die Liebe hebt diese Entfernungen, Unterschiede und besonderen Eigentümlichkeiten der Einzelnen nicht auf, sondern verbindet die Menschen darüber hinweg. Sie ergreift Nahe und Ferne und hat nicht nötig, sie an sich zu ziehen, um sich hinzugeben. Sie gewinnt unmittelbare Fühlung mit dem Fremdartigsten und wird mit ihm vertraut,

ohne sich ihm anpaffen zu müffen. Aber fie geht jedem entgegen,
fühlt fich in feine Art ein und geht auf feine Not ein. Sie tritt
ihm zur Seite und nimmt die Laft auf fich, auch wenn man fich
gar nicht verfteht, und abftoßende Eigenheiten es hindern möchten.
Sobald man jemand in Liebe ergreift, empfindet man fie nicht
mehr, auch wenn man fich ihrer bewußt bleibt.

Die Liebe ift Hilfe und Lebenseinfluß im eigentlichften, tiefften
und umfaffendften Sinne. Aber fie ift unwillkürlicher Einfluß und
Hilfe als unmittelbarer Beiftand und innerlich notwendige Lebens=
äußerung. Die Liebe ift fchöpferifch, aber nicht gewalttätig, ift fie
doch durchaus voll Glauben und freudiger Bejahung. Sie richtet
nicht, fondern ergreift. Sie fetzt fich nicht auseinander, fondern in
eins. Sie ift leidenfchaftlicher Wille für den andern, in dem Ehr=
furcht und Güte gegenüber der anderen Art und Entartung ver=
borgen find. Die echte Liebe will den anderen nicht beeinfluffen, um
ihn anders zu machen. Alle abfichtliche Beeinfluffung ift ihr als
Vergewaltigung ein Greuel. Sie will ihm nur zum Leben ver=
helfen. Sie liebt ihn fo, wie er ift, und flößt ihm Leben ein, daß
er werden möchte, was aus ihm werden kann, was er werden
foll, daß er erlöft und ausgeheilt wird, und daß er zu fchöpferifcher Ent=
faltung und wahrhaftiger Bildung feines Wefens, zu einer neuen
Art Leben und zur Erfüllung feiner Beftimmung gelangt. So liebt
fie in feiner Wirklichkeit feine verborgene Wahrheit und Möglich=
keit, die fie nicht fieht, fondern höchftens ahnt, aber an die fie
glaubt, die fie nicht beftimmen noch vorzeichnen, fondern nur in
ihrem Werden betreuen und fördern will. Darum ift die Liebe
nicht eigenfinnig, treiberifch, gewalttätig, herrfchfüchtig, fanatifch,
fondern tragend und aufrichtend, duldfam und geduldig. Sie ver=
langt nichts, fondern liebt das Vorhandene. Sie fieht nicht auf
Erfolg, fondern ift fröhlich in Hoffnung. Sie tut, was vorliegt,
und wartet, was wird. Sie ift nicht zudringlich, fo leidenfchaftlich
es in ihr drängt. Sie ift ja Fernwirkung der Seele. Sie leuchtet
nur und wärmt, zieht an und regt an, um zu geben, wenn fich
Hände ausftrecken. Sie verfteift fich auf nichts und will nichts

erzwingen, sondern erwartet alles von Gott und will nichts sein
als das himmlische Leben, in dem sich Gott offenbart zu Erlösung
und Schöpfung der Menschheit.

Wer in den Lichtkreis der Liebe tritt, wird von ihr bestrahlt,
auch wenn er nicht persönlich mit dem verkehrt, der ihn bescheint.
Er spürt die Lebensströmungen wie magnetische und elektrische
Kräfte und wird dadurch belebt. Aber sie dringt natürlich ganz
anders auf einen ein, wenn sie sich persönlich zu ihm wendet. Das
vornehmste Organ der Liebe ist das Auge, das in das Auge des
andern taucht und ihm ins Herz leuchtet, das eine wunderbare
geheimnisvolle Fühlung von Seele zu Seele herstellt. Unbeholfener ist die
Miene und Gebärde, am unzulänglichsten das Wort, das nur durch
die unmittelbare innere Fühlung Leben gewinnt und verständlich wird.

Das Maß des Empfangens ist verschieden. Es hängt von
der seelischen Fühlung und Empfänglichkeit ab, die die Liebe findet.
Wie einer die Liebe annimmt und sich ihr aufschließt, bestimmt den
Grad und die Fülle der Liebe, die er empfängt. Ein Egoist kann
von den Lichtwellen der Liebe umspült werden, aber er wird nichts
davon haben, weil er für diese Art Liebe unzugänglich ist. Sie
ist ihm zuwider. Er ist nur zugänglich für die Liebe, die seine
Selbstsucht befriedigt, seinen Ansprüchen gerecht wird, seiner Eitelkeit
schmeichelt und sich auf ihn beschränkt. Die Liebe seelischer Wesensausstrahlung, die sich unbesehen und rücksichtslos jedem zuwendet,
mit keinem besonderes Aufheben macht, kann er einfach nicht vertragen, davon will er nichts wissen, ja die könnte er geradezu
hassen. Nur solange er sich einbilden kann, daß sie ihm besonders
gilt, oder daß es seine Liebenswürdigkeit ist, die sie erregt, solange
er sich davon gehoben oder verwöhnt fühlt, geht er darauf ein,
aber nur mit der Bedingtheit und Zurückhaltung, wie sie sich aus
dem Egoismus von selbst ergibt, bis er etwas übelnimmt und seine
Enttäuschung durch Abneigung rächt.

Je empfänglicher oder bedürftiger aber jemand ist, um so
mächtiger schwillt die Liebe an, um so leidenschaftlicher ergreift
sie ihn. Nicht die Liebenswürdigkeit, sondern die Liebebedürftigkeit

zieht die Liebe an, wenn sie sich ihr erschließt. Das bleibt immer
die Voraussetzung. Es gibt auch einen Stolz und Trotz der Armseligkeit, der nichts von der freien, grundlosen Liebe wissen will.
Wie oft hört man: „Ich will kein Mitleid"! Man will seiner
selbst wegen geliebt werden und ahnt nicht, daß man sich damit
als Egoist offenbart, der nur von Egoisten geliebt werden will.

Von der Aufgeschlossenheit für das Erlebnis des Menschen
hängt die Empfängnis der Liebe ab. Nur wer sich ihr öffnet,
wird ihrer zuteil. Aber auch Zwischenschichten hemmen die Erfahrung und Befruchtung. Wenn sich Nebel zwischen uns und die
Sonne schieben, scheint die Sonne nur bleich. Wenn eine Wand
uns die Wärmequelle verdeckt, wird es uns nicht warm. Wenn
sich ein Mensch in sich und in seinen Kummer verkriecht und nicht in
die Sonne geht, bleibt er im Schatten. Wenn er in den Gedanken
verbohrt ist: „Für mich ist der nicht da, zu mir steht er in einem
anderen Verhältnis, von mir will er nichts wissen", so verschließt
er sich den Strahlen seiner Liebe, die ihn sucht. Wie allgemein ist
das verbreitet! Es braucht nur jemand einer anderen sozialen
Schicht anzugehören, so meint er, er käme gar nicht als Mensch
für jemand in Betracht, der „über ihm steht". So getrauen sich
viele Dienstboten gar nicht die Strahlen der Liebe aufzunehmen,
die von ihrer Herrschaft auf sie fallen. Aber auch sonst erlebt man
es oft genug, daß der liebevolle Blick abgelehnt wird, und der andere
sich in Fremdheit und Unnahbarkeit hüllt. Wenn wir also noch so wenig
von dem Leben und der Kultur der Liebe erleben, so liegt es nicht nur
daran, daß so wenig Menschen lieben können, sondern auch daran, daß
unzählige für diese Liebe gar keinen Sinn haben, oder daß sie wohl darauf
eingehen, sie aber süchtig verunreinigen. Wenn der Strahl der Liebe von
einem egoistischen Spiegel zurückgeworfen wird, so kommt er getrübt
zurück, und dadurch wird die Liebesäußerung gestört, gedämpft. Die
ursprüngliche Lebensbewegung der Liebe erschrickt in sich und hört
für den Augenblick auf zu quellen. Gewiß geht die Stockung immer
gleich vorüber, aber die Wechselwirkung des Lebens entfaltet sich
nicht, wenn die Liebe abgewiesen oder mißbraucht wird.

Wer aber zugänglich und geschickt dafür ist, der erlebt die belebende, stärkende, läuternde und erlösende Wirkung der Liebe. Die Liebe ist unser eigentliches Lebenselement. Fehlt die Liebe, so verkümmern und entarten die Menschen. Leben sie von ihr, so gedeihen sie und bleiben jung. Je wärmer das Klima der Liebe ist, um so tropischer ist die Vegetation der menschlichen Gaben, um so gesünder, stärker und reicher die schöpferische Entfaltung ihres Wesens. Alle Liebe, die wir empfangen, steigert unser Leben, erhöht seine Intensität, beschwingt das Lebensgefühl. Liebe als Glut der Seele wirkt direkt auf die verschüttete, gebannte und verlorene Seele, läßt sie aufatmen und sich regen, wie die Sonne im Frühling die schlafenden Triebe weckt. Sie löst ihren Bann und läßt sie die süchtige Verkrustung durchbrechen. Sie erlöst die Menschen von sich selbst und vom Zauber des Weltwahns, zieht sie aus ihrer Vereinzelung heraus, bringt sie in die Gemeinschaft des Lebens mit anderen und in die unbewußte Fühlung mit Gott. Sie löst ihre Beschränktheit in sich selbst und schließt sie auf, daß sie ihre Schüchternheit und Verzagtheit, ihren Trotz und Eigensinn aufgeben und zutraulich aus sich herausgehen, daß sie sich vergessen und unwillkürlich die ersten Schritte zum Leben tun. Die Liebe schließt Wunden und besiegt Schwächen. Sie heilt alte Übel aus und dämpft entartete Instinkte. Sie lockt alles Ursprüngliche heraus und löst die Menschen aus ihren Verwicklungen, Verfitzungen, Zerrissenheiten und Verfahrenheiten. Liebe schafft Ordnung und Friede in den Menschen und unter ihnen. So ist sie die betreuende, hilfreiche, wiederherstellende, schöpferische Macht, die Wunder wirkt und den Himmel auf Erden offenbart.

Aber alle diese Wirkungen hat allein die wahre Liebe und nur in ihrer reinen Art und ursprünglichen Äußerung. Nur wenn sie als eine unwillkürliche Bewegung in uns lebt wie der Atem, nur wenn sie sich unbedingt und wahllos hingibt, nur wenn sie unmittelbar waltet, daß die Rechte nicht weiß, was die Linke tut, ist sie fruchtbar, weil sie nur fruchtbar ist, wenn sie echt ist. Nur dann wirkt sie schöpferisch, weil sich nur dann Gott in ihr offenbart. Wir können die Liebe weder nachmachen noch herauspressen. Sie ist die Glut der Seele. Nur wenn die Seele lebt, wird man unwillkürlich lieben. Wie die Sonne leuchten und wärmen muß, solange sie glüht, so muß der Mensch lieben, wenn er mit der Seele lebt. Nicht nur daß er dann leuchtet und Wärme ausstrahlt, sondern er streckt dann auch naturnotwendig feine Fühler aus nach anderem Leben. Denn wir können nicht isoliert leben. Isoliert können wir nur sterben. Alles Leben der Seele drängt in den Zusammenhang des Lebens. Darum ergießt es sich in Liebe, um überzuströmen in die anderen.

So ist das Geheimnis der Liebe das Geheimnis des Lebens. Wenn sich das Geheimnis des Lebens löst, erblüht das Wunder der Liebe. Wenn wir das Leben gewinnen, verschenken wir uns in Liebe. Wie sich das Leben in uns entfaltet, so wachsen wir in der Liebe. Was das Leben der Seele beeinträchtigt, stört und hemmt auch die Liebe. Was aber aus der Seele stammt, ist getragen und durchdrungen von Liebe und enthüllt alle ihre Strahlen: Lebensfreude, Glauben, Güte, Vertrauen, Erbarmen, Hochherzigkeit, Großmut, Geduld und Heiterkeit der Seele.

Das neue Gebot

Nach dem Johannesevangelium sagte Jesus in einer seiner letzten Reden zu seinen Jüngern:

Ein neu Gebot gebe ich euch, daß ihr euch untereinander liebt, wie ich euch geliebt habe, auf daß auch ihr einander lieb habt.

Man muß das Wort richtig verstehen. Nicht darum handelt es sich, daß die Jünger sich untereinander lieben sollten. Das wäre kein neues Gebot gewesen, denn schon seit Jahrhunderten wurde gelehrt: Liebe deinen Nächsten wie dich selbst. Der Ton fällt auf den Vergleich: Liebt euch, „wie ich euch geliebt habe". Damit ist es auf einmal ein neues Gebot, ein ungeheures Gebot, das uns auf eine Höhe weist, die gänzlich über den Horizont unsers Ver-

standes und Vermögens hinausgeht, auf die Höhe, die nur durch
Gnade, das heißt durch Offenbarung und Erlebnis, durch innere
Entfaltung des Göttlichen in uns möglich ist.

Wie liebte Jesus die Menschen? Unwillkürlich sieht man seine
Gestalt, wie sie uns aus den Evangelien entgegentritt, und fragt
sich: Wie liebte er? Wir haben seit Jahrhunderten alles getan,
um sein Bild mit allen Farben, mit aller Leuchtkraft der Liebe zu-
füllen. Aber ich glaube nicht, daß es uns auf diese Weise aufgeht.
Denn was wir uns da auch an Liebe vorstellen mögen, mit was
für Gefühlen wir ihn da erfüllen: alles das ist doch nur die höchste
Steigerung der Liebe, die wir kennen. Ich habe aber viel mehr
den Eindruck, daß Jesus den Menschen eine Liebe offenbarte, die
sie noch nicht kannten, die ganz anderer Art war, als sie uns
gewohnt ist. Deshalb ist es unvorsichtig und irreführend, wenn
man einfach aus der Erscheinung Jesu entnehmen will, wie seine
Liebe war. Denn der Eindruck seiner Persönlichkeit ist gebrochen
durch unser Denken, Fühlen und Wollen, durch unsre Phantasie
mit ihrer Trübung, kurz durch unfern subjektiven Dunstkreis mit
all seinen Dunkelheiten, wie er unser tiefstes Empfinden umgibt.
Wir müssen uns vielmehr die Worte Jesu vergegenwärtigen, wo
er über das Verhältnis der Menschen untereinander und von
Liebe spricht.

Wenn wir das tun, bekommen wir den Eindruck, daß die Liebe,
die Jesus durch seine ganze Erscheinung und die Schlaglichter
seiner Worte offenbarte, eine ganz selbstlose, uninteressierte Liebe
ist, eine Liebe, die nicht an sich selbst denkt, sondern an die anderen,
die nicht das Ihre sucht, sondern das, was des anderen ist, die
nicht Menschen an sich zieht, um sie festzuhalten, sondern sich hingibt, um sich ihnen mitzuteilen. Sie ist tatsächlich etwas ganz anderes
als irgendwelche Äußerung warmer Gefühle. Sie ist emporquellende
Bewegung aus dem tiefsten Kern des Menschen heraus, eine Eruption
des Lebens, die mit dem ganzen Ungestüm eines Naturvorgangs
überströmt. Und weil sie ein seelischer Naturvorgang, eine unmittelbare Lebensäußerung ist, deshalb ist sie ganz unreflektiert.

Es ist ganz gleich, wie die Menschen sind, und wie sie sich zu
einem stellen, ob sie einem gefallen oder nicht, ob sie einen wieder-
lieben oder nicht. Der Gedanke an jede Vergeltung, sei es Dankbarkeit oder Lohn, an Gottes Wohlgefallen, Menschenlob oder
Selbstbefriedigung liegt gänzlich außer Betracht und hat gar keinen
Einfluß auf diesen Vorgang, der sich mit innerer Gewalt vollzieht.
Die Liebe Jesu ist unbedingte, grundlose, unmotivierte, unbeabsichtigte und keine weiteren Zwecke verfolgende Liebe und schon deshalb
eine außerordentliche Erscheinung, die uns über das endlich-sinnliche
Bereich, wo alles bedingt ist, hinausweist. Man liebt, weil man
lieben muß, weil man nicht anders kann. Man liebt ebenso, wie
man atmet, weil man atmen muß, um zu leben. Der Mensch, in
dem diese Liebe lebt, kann gar nicht anders als lieben. Er würde
ersticken an dem, was in ihm drängt, wenn er es nicht ausströmte.

Aber die Tiefe der Liebe Jesu ist damit noch nicht erreicht.
Sie war nicht nur eine Äußerung und ein Ebenbild der Liebe
Gottes, der seine Sonne aufgehen läßt über Böse und Gute, über
Gerechte und Ungerechte, ein Abbild seiner überschwenglichen Lebens-
glut, die mit rastlosem Willen zum Leben, mit nie ermattender
Schaffensenergie, mit unerschöpflichem Wiederherstellungsdrang alles
Sein umschlingt und durchdringt, sondern auch eine Erscheinung
und Auswirkung der Liebe des Vaters im Himmel, der wie ein
Hirt auch das einzelne verirrte Schaf sucht, den verlorenen und
verkommenen Sohn in die Arme schließt, die gebannten und gebundenen Seelen erlöst und in sein Lebensbereich erhebt, der „seinen
eingeborenen Sohn gab, damit alle, die an ihn glauben, nicht verloren werden, sondern ewiges Leben haben". Die Liebe Jesu ist
Erbarmen, Treue, Hingabe, Mitleiden und Erlösung, ist suchende,
anziehende, heimholende Gnade, behütende, helfende, zurechtbringende
Fürsorge, Retten, Bergen, Einpflanzen des Menschen in das Reich Gottes.
Das ist doch noch etwas anderes als die Liebe als unbedingter Überschwang der Seele ohne Wahl und Grenzen. Dieses elementare
seelische Leben, von dem in der Bergpredigt die Rede ist, hat etwas
Unantastbares, Überlegenes, ich möchte sagen: Selbstherrliches an

sich. In dieser Unantastbarkeit, Überlegenheit und Selbstherrlichkeit
über alles Gewöhnliche und Gemeine, über alles Widergöttliche
und Widerstrebende gießt sich der Mensch aus und setzt sozusagen
mit den Fluten seines Lebens, das aus ihm quillt, alles unter Wasser.
Die Liebe der Bergpredigt ist Selbstentfaltung im höchsten Sinne,
die natürlich nur dem möglich ist, der sein wahrhaftes Selbst gewonnen
hat. Sie ist eine naturhafte Lebensart der Seele. Demgegenüber
ist die Liebe Jesu, wie er sie als Ebenbild der Glut des Vaters
unter den Menschen lebte, von der er in den Gleichnissen und anderen
Worten zeugte, persönlich im tiefsten Sinn und höchsten Grad. Sie
ist nicht nur Selbstentfaltung, sondern Selbsthingabe. Beides zusammen: der überquellende Lebenserguß der Seele persönlich gefaßt
und persönlich gewandt, Heil offenbarend und Heil mitteilend, das
ist die Liebe Jesu.

Wahrhaftig eine neue Art Liebe, die wesentlich und ursprünglich anders ist als die sonst vorhandene Liebe unter den Menschen,
auch wenn diese sittlich geläutert, gehoben und bestimmt ist. Sie
ist himmlische Liebe gegenüber jeder Art irdischer Liebe. Diesen
Unterschied, ja Gegensatz zwischen der seelisch-göttlichen Liebe Jesu
und der sinnlich-geistigen Liebe der Menschen auf allen Stufen sittlicher Kultur darf man nicht verkennen. Das tut man aber nicht
nur, wenn man meint, die irdische Liebe zur himmlischen steigern
zu können, sondern auch wenn man von ihr die Wirkungen irdischer
Liebe erwartet, nur in gesteigertem Maße. Das ist grundverkehrt.
Das Eigentümliche der irdischen Liebe ist, um es ganz allgemein
zu bezeichnen, Lustauslösung in sich und in den anderen. Mag sie
noch so innerlich und geistig sein, die Berührung, Fühlung, Gemeinschaft und Wechselwirkung löst Lust aus. Seliges Behagen entzückt
alle, die sich so lieben. Aber in der Liebe, die Jesus offenbarte,
geht es nicht um Auslösung von Lustgefühlen, sondern um Leben
Geben, um sich Schenken, um Dienen und sich Opfern. Die Gefühle,
die man dabei hat, sind ganz belanglos. Es ist gleich, wie man
von jemand berührt wird. Man gibt sich ihm hin und teilt ihm
das Leben mit, das er braucht. Alles Irdische, Sinnlich-geistige an

ihm ist etwas, was überwunden, was durchdrungen werden muß.
Wenn wir so lieben, wie Jesus liebte, strecken wir die Fühler unsrer
Seele aus nach dem innersten Lebensgrund des anderen, werfen
das Feuer unsrer Seele hinein, um ihn im Innersten zu entzünden,
daß seine mit dem Schlafe ringende Seele erwacht und zu leben
beginnt. Geschieht dies, so tritt die Liebe hinzu und steht bei, damit
der Mensch sich aufrichten und die ersten Schritte auf dem Wege
des Lebens tun kann. Das ist eine unmittelbare Lebensäußerung
ohne Worte und Gebärden, eine Liebe beinah unbewußter Hingabe.
Schweigend leuchten die Strahlen der Liebe durch das Auge in das
Innerste des anderen, und indem er spürt, wie ihn die glühende
Seele umfängt, atmet er im tiefsten Grunde auf. Dann ist der
Kontakt hergestellt, durch den ihm das Leben zuströmt, das er braucht.
Es läßt sich nicht schildern. Aber zweifellos vollzieht es sich in einer
Sphäre, die über allem Gefühlsdunst, der uns umgibt, über allen
Lustregionen gelegen ist. Es ist nicht einmal eine Wollust der Seele.
Sobald sich so etwas regen würde, wäre die Liebe verunreinigt.
Dann müßte die rechte Hand, was die linke tut. Aber die echte
Liebe ist keine Selbstbefriedigung, sondern Selbsthingabe, Selbstver-
gessen, Außer sich geraten.

Deshalb ist es aber auch verkehrt, von ihr dieselben Wirkungen
wie von der irdischen Liebe zu erwarten: Lustgefühle, vielleicht nur in
reinerer Form, wie wenn sich zwei Menschen finden. Es darf also
keiner, der einsam ist, weil er allen antipathisch ist, meinen, daß
er durch solche Liebe das irdische Glück gewönne, nach dem er sich
sehnt, und in den Jüngern Jesu nun Menschen fände, die ihn mit
Liebe umschließen, weil er ihnen überwältigend sympathisch wäre.
Alle diese Reize fallen weg und mit ihnen ihre Wirkung. Die neue
Liebe Jesu ist eine unmittelbare Lebenswirkung auf die anderen,
die trotz der stärksten persönlichen Glut durchaus sachlich ist und
darum auch nicht sentimental, sondern nur sachlich wirken kann,
denn sie ist heroische Selbsthingabe für den anderen. Würde der andere
über solch Erlebnis der Liebe in Tränen der Rührung zerfließen,
so zeigte er damit nur, daß er das Göttliche in allzumenschliche

Erbärmlichkeit und seichte Empfindsamkeit herabgezogen hat. Wenn
er sich dann nicht fassen kann vor Dank, dann ist diese Liebe ebenso
entweiht, wie wenn der Liebende auf Dank ausgehen würde. Diese
ganze Sphäre ist überwunden. Sie liegt unter Jesus.

Daß damit tatsächlich etwas wesentlich anderes gemeint ist,
als wir unter Liebe verstehen, geht vielleicht am überzeugendsten
daraus hervor, daß sich mit der Liebe Jesu Entrüstung, Zorn und
Rücksichtslosigkeit durchaus vertrug. Derselbe Jesus, der seine
Feinde liebte und am Kreuze für sie betete, nannte die Pharisäer
Schlangen und Otterngezüchte, trieb die Wechsler und Händler mit
der Geißel aus dem Tempel, fuhr Petrus an, als er ihn vor
Jerusalem warnte: „Hebe dich weg, du Teufel, du bist mir ein
Ärgernis", und schreckte die Armen und Elenden, die ihm nach-
folgten, mit Worten zurück, wie: „Wer nicht hasset Vater und
Mutter und auch sein eigenes Leben, der kann nicht mein Jünger
sein", ohne ihnen diese Paradoxie zu lösen. Durch nichts kann
schlagender bewiesen werden, daß die Liebe Jesu kein sittliches Verhalten war, sondern Leidenschaft der Seele, kein Wohltun im höchsten
Sinne, sondern eine göttliche Glut, die je nachdem strahlte, wärmte
und entflammte oder wetterleuchtete und einschlug, die nicht nur
die Arme ausbreitete: „Kommet her zu mir, die ihr mühselig und
beladen seid, ich will euch erquicken", sondern auch siebenfaches
Wehe über die Heuchler rief, die anziehend und abstoßend wirken
mußte, die als Offenbarung Gottes Gnade und Gericht war, die
eine Krise der Wahrheit zum Leben oder zum Tode unter den
Menschen entfaltete. Das eine wie das andere war Äußerung der
Liebe. Darum war die Liebe Jesu eine Glut heiliger Sachlichkeit,
aller persönlichen Empfindlichkeit ebenso wie jeder sentimentalen
Rücksicht bar, welche die innere Notwendigkeit des einzigwahren
Verhaltens in jedem Momente nicht störte, sondern verbürgte, nicht
hemmte, sondern erfüllte und in Gericht und Gnade den Vater
offenbarte, wie er die Welt liebt.

Das eine wie das andere muß man vor Augen haben, beides
in eins sehen als ein Hervorbrechen des göttlichen Lebens, wenn

man Jesu Wort hört: „Ein neu Gebot gebe ich euch, daß ihr euch
untereinander liebt, wie ich euch geliebt habe." Aber dann muß
man sich weiter vergegenwärtigen, bei welcher Gelegenheit Jesus
dies Wort sprach. Nach dem Abendmahl bei dem letzten Zusammen-
sein mit seinen Jüngern war er aufgestanden, hatte seine Kleider
abgelegt, einen Schurz umgegürtet und, nachdem er Wasser in ein
Becken gegossen, der Reihe nach den Jüngern die Füße gewaschen.
Danach sagte er den Erstaunten, die nicht wußten, was ihnen geschah: „Wißt ihr, was ich euch getan habe. Ihr heißt mich Meister
und Herr und tut recht daran, denn ich bin es auch. So nun ich
euer Herr und Meister euch die Füße gewaschen habe, so sollt ihr
auch euch untereinander die Füße waschen. Ein Beispiel habe
ich euch gegeben, daß ihr tut, wie ich euch getan habe."[1]

Das ist gegenüber dem Hintergrund der Liebe Jesu, wie er
sie lebte und bezeugte, der Vordergrund des Wortes: „Ein neu
Gebot gebe ich euch, daß ihr euch untereinander liebt, wie ich euch
geliebt habe."

Die Liebe, die in Jesus lebte, kann man nicht gebieten, denn
sie ist ein seelisches Geschehen, das aus göttlichen Tiefen quillt und
in den begnadeten Menschen persönliche Fassung gewinnt. Das
Wort Jesu an seine Jünger setzt sie voraus und sagt, was mit
ihr geschehen soll. Die himmlische Liebe, die Jesus gegenüber aller
irdischen Liebe offenbarte, soll nicht ein elementares seelisches Geschehen bleiben, das sich unwillkürlich auswirkt, sondern es soll zur
persönlichen Tat gesammelt und mit Bewußtsein und Willen zur
treibenden Kraft des Lebens gemacht werden, um so eigentümliche
Wirkungen hervorzubringen. Das kann geboten werden, und das kann
jeder vollbringen, in dem dieses Leben quillt, das vom Himmel stammt.

Die Tat aber, zu der die Liebe werden soll, heißt Dienst an
den Brüdern. Das hat Jesus durch die symbolische Handlung der
Fußwaschung deutlicher und nachdrücklicher, eindringlicher und greif-
barer, als es Worte vermögen, allen gesagt, die seine Jünger sind.
Und solange die Erde steht, wird diese Geschichte unmißverständlich

---

[1] Vgl. „Die Fußwaschung" in „Von Weihnachten bis Pfingsten".

Zeugnis davon ablegen, was Jesus seinen Jüngern geboten hat.
So wie unser Leben Liebe ist, soll es Dienst werden. Darin sah
Jesus den Sinn und Zweck seines Lebens. „Des Menschen Sohn
ist nicht gekommen, daß er sich dienen lasse, sondern daß er diene
und gebe sein Leben zur Erlösung für viele." Durch sein ganzes
Leben war er seinen Jüngern dafür ein Beispiel gewesen. Hier
gebietet er ihnen, daß sie leben sollen wie er. Was es heißt, so
leben, daß man sich nicht dienen läßt, wie es die Selbstsucht tut,
sondern dient und sein Leben hingibt, habe ich an anderem Orte
dargestellt.[1])

Mit diesem Lebenszweck ist eine ganz neue und allem bisherigen Leben entgegengesetzte Einstellung gegeben, und diese ist
Sache des Willens. Der Wille muß rechtsumkehrt machen und die
neue Richtung festhalten. Darum kann dieses Verhalten und Tun
geboten werden. Aber die unerläßliche Vorbedingung dafür ist die
ursprünglich quellende und waltende Liebe, denn sie ist die Lebenskraft dieses Dienstes. Wenn der Dienst nicht echte Lebenstat göttlichen Ursprungs ist, dann ist er menschliche, allzumenschliche Machenschaft, sittliche Leistung und Selbstüberwindung. Dann kann er etwas
Großes sein, aber er ist etwas Großes in einer anderen Welt als
der, die die Liebe Jesu erschließt.

Durch die Fußwaschung wollte Jesus seine Liebe als Dienst
in ihrer eigentümlichen Art unmißverständlich darstellen. „Wenn ich
als euer Herr und Meister euch die Füße gewaschen habe, so sollt
ihr es auch tun." Dies Beispiel sagt, daß es wohl ein Hoch und
Nieder, ein Mehr und Weniger in dem Liebesbereich gibt, daß aber
diese Rangordnung der Reife und Vollmacht des neuen Wesens
nicht von dem Liebesdienst entbindet oder ihn beschränkt, sondern
je mehr einer durch die Gnade Gottes geworden ist, um so mehr soll
er dienen. Denn um so mehr kann er dienen, wie es an anderer
Stelle ausdrücklich heißt: „Wer unter euch groß ist, der sei aller
Diener, und wer unter euch vornehm ist, der sei aller Knecht."

---

[1]) Vgl. im zweiten Band der Reden Jesu „Von der Nachfolge" das
Kapitel „Das Herzwerk der Nachfolge" (S. 155 ff.).

Es gibt keinen Dienst der Liebe, der eines Menschen nicht würdig wäre, für den einer zu gut wäre. Auch der geringste Dienst entwürdigt nicht, sondern erhebt, wenn er die Liebe des Vaters offenbart. Das ist aber das Wesentliche des Dienens Jesu und seiner Jünger, daß alles Liebesäußerung der Seele ist. Durch diesen Ursprung und Gehalt wird jede Dienstleistung auf die Höhe der Kinder Gottes gehoben, nicht nur das Waschen der Füße.

Ist das Dienen der Jünger Jesu dieser Art und Herkunft, dann wird ihr Dienen sein wie ihre Liebe: vor allem ein Lebensdrang aus innerem Muß, der sich gar nicht genug tun kann, der der Not und dem Bedürfnis bis auf den Grund geht, der die Aufgabe wirklich erfüllt, eine Hingabe, in der der ganze Mensch sich einsetzt und ohne Maß gibt, ein Mitteilen und Eintreten, das nicht nach Liebenswürdigkeit fragt und keinen Dank oder irgendwelche Wiedervergeltung erwartet, eine Tat, die nicht gefallen, sondern helfen will, die sachlich und nicht süchtig ist, die nicht schmeichelt noch verwöhnt, die kein Behagen, sondern Erlösung will, eine Hingabe an die Menschen, die unbedingt, ohne Auswahl und Vorzug, ohne Zaudern und Bedenken, ohne Rücksicht und Vorsicht überall waltet und wirkt, wo es sich mit innerer Notwendigkeit aus der göttlichen Fügung des Lebens ergibt, ein heiliges Werk, das nichts von Leistung und Verdienst, sondern nur von Gabe und Gnade weiß.

Jesus sagt, daß er seine Jünger so geliebt habe, „auf daß auch ihr einander lieb habt". Er hat sie nicht geliebt, um einen vollkommenen Gehorsam zu leisten oder eine Versöhnung mit Gott zu bewirken, sondern damit sie sich ebenso liebhaben. Das ist der Zweck seiner Liebe. Die Jahrtausende haben Jesus und die Menschen immer mehr auseinandergerückt. Jesus aber stellt sich unter die Menschen. Er will nicht etwas Außerordentliches sein, sondern er will, daß das Außerordentliche, das er ist, die Seinsweise der Menschen überhaupt werde. Wir sollen uns so lieben, wie er uns geliebt hat. Diese Hingabe an die anderen, die sich ganz aufgibt und vergißt, die ihr Leben gibt und sich opfert, soll uns gemeinsam mit ihm fein. Nicht nur die Strahlen und die Wärme unfers Wefens follen die anderen empfangen, fondern unfer Leben felbft. Das ift das neue Gebot für die neue Liebe.

Jefus fetzt noch hinzu:

Daran wird jedermann erkennen, daß ihr meine Jünger feid, wenn ihr Liebe untereinander habt.

Diefe dienftbare Liebe ift der Beweis der Zugehörigkeit zu dem feelifchen Reich, das Jefus verkündigte und brachte. Das „untereinander" darf man aber nicht preffen. Es ift nicht fo ge= meint, daß wir uns mit diefer dienenden Liebe auf die befchränken follten, die das gleiche in fich erleben oder auf dem Wege dazu find. Das wäre ein grobes Mißverftändnis. Denn Jefus hat alle Menfchen geliebt und fich für alle dahingegeben. Er will damit nur fagen, daß diefe Liebe auf ein gegenfeitiges einander Geben angelegt ift, und daß man daran inne wird, ob man zu ihm gehört und in den neuen Lebensorganismus eingefügt ift, in dem diefes Lebenselement waltet und diefer Lebensaustaufch herrfcht. Die Jünger Jefu werden nicht daran erkannt, daß man „Herr" zu ihm fagt, fondern daß man feine Gebote hält. Das Gebot der Liebe ift aber das Zentralgebot, das alle andern in fich fchließt. Wenn wir Reben an ihm als dem Weinftock fein follen, muß derfelbe Lebens= faft in uns kreifen und diefelben Früchte bringen, wie er in Jefus lebte und aus ihm wirkte. Solange wir diefe Liebe noch nicht haben, find wir noch nicht wahrhaft feine Jünger. Darum wollen wir fie fuchen und Gott bitten, daß er fie uns fchenkt.

Das Hohelied der Liebe

In der Gemeinde von Korinth herrfchte Streit und Eiferfucht über den Wert der verfchiedenen Gaben. Der eine erhob fich über den anderen, weil er feine Gabe für etwas ganz befonderes hielt, und fah mitleidig auf die andern herab, die das nicht konnten. Und die andern ftritten wieder für ihre Begabung, die fie gerade hatten.

Solche aber, die nichts Besonderes hatten, dessen sie sich rühmen
konnten, kamen sich vor wie armselige Hascherl, die von Gott
vernachlässigt seien, und vergingen fast vor Sehnsucht, vor Wünschen
und Anstrengungen, auch irgendeine Gabe zu gewinnen und es
den andern gleichzutun. Darüber schreibt nun der Apostel Paulus
im ersten Korinther-Brief:

Es sind mancherlei Gaben, aber es ist ein Geist. Und es sind
mancherlei Ämter, aber es ist ein Herr. Und es sind mancherlei
Kräfte, aber es ist ein Gott, der da wirket alles in allem. In
einem jeglichen erzeigen sich die Gaben des Geistes zum gemeinen
Nutz. Einem wird gegeben durch den Geist zu reden von der
Weisheit, dem andern wird gegeben zu reden von der Erkenntnis nach demselbigen Geist, einem andern der Glaube in
demselbigen Geist, einem andern die Gabe gesund zu machen
in demselbigen Geist, einem andern Wunder zu tun, einem
andern Weissagung, einem andern Geister zu unterscheiden,
einem andern mancherlei Sprachen, einem andern die Sprachen
auszulegen. Dies alles aber wirket derselbige einige Geist und
teilet einem jeglichen seines zu, nachdem er will.

Dann zieht er zum Vergleich den menschlichen Körper heran,
der aus vielen Gliedern besteht, von denen jedes seine besondere
Bestimmung, seine besondere Fähigkeit hat. Und doch ist kein Ehrgeiz und keine Eifersucht unter den Gliedern, und doch kann man
nicht sagen, daß ein Glied, das besonders wichtig wäre, eine besondere Ehre am Körper genösse, sondern es wäre gerade so, daß
die verborgenen und die für schimpflich gehaltenen Glieder einen
ganz besonders wichtigen Lebensdienst hätten. Genau so sei es mit
der Gemeinde: sie ist der Leib Christi, und die Einzelnen sind
die Glieder:

Denn gleichwie ein Leib ist, und hat doch viele Glieder, alle
Glieder aber eines Leibes, wiewohl ihrer viel sind, sind sie
doch ein Leib: also auch Christus.

Und Gott hat gesetzt in der Gemeine aufs erste die Apostel, aufs
andre die Propheten, aufs dritte die Lehrer, darnach die Wunder-

täter, darnach die Gaben, gesund zu machen, Helfer, Regierer, mancherlei Sprachen. Sind sie alle Apostel? Sind sie alle Propheten? Sind sie alle Lehrer? Sind sie alle Wundertäter? Haben sie alle die Gabe, gesund zu machen? Reden sie alle mit mancherlei Sprachen? Können sie alle auslegen?

Dadurch sucht er den Gemeindegliedern vor Augen zu führen, daß gerade in der Mannigfaltigkeit die Bedeutung der Gaben beruht, denn aus der Mannigfaltigkeit ergibt sich die gegenseitige Ergänzung. Wenn das aber so liegt, dann soll sich jeder genügen lassen an dem, was er hat, und das schätzen. Und dann soll man vor allen Dingen kein Wesen machen von diesen oder jenen Gaben, denn es sind alles Gaben. Der Mensch kann nichts dafür. Es ist weder seine Leistung noch sein Verdienst. Und alle sind nötig, ja unentbehrlich zum Gedeihen des Ganzen.

Gilt das nicht auch heutzutage, gilt es nicht für uns alle? Wieviele schauen mit Neid, Betrübnis, ja beinahe vorwurfsvoll gegen das Schicksal, immer auf andre und seufzen innerlich darüber, daß sie diese oder jene Gabe nicht haben oder sich gar keiner besonderen Fähigkeiten erfreuen können. Dabei überschätzt man immer gerade die Gaben, die man nicht hat, und hält die eigenen Fähigkeiten für gering und wertlos. Und wie viele gibt es erst, die sich Jahrzehnte quälen, irgendwelche besondere Fähigkeiten aus sich herauszuzüchten, zu entwickeln und auszubilden: wissenschaftliche Fähigkeit, musikalisches Vermögen, künstlerisches Können! Wir brauchen nur an unsre Jugend zu denken. Wie viele sehen wir da auf Laufbahnen, auf denen sie niemals das Ziel erreichen können, weil es gar nicht ihren Gaben entspricht. Aber sie meinen, durch Fleiß und Ausdauer könnten sie es doch zu etwas bringen, wie man so sagt. Dem liegt der große Irrtum zu Grunde, als ob sich der Mensch durch eigene Kraft etwas aneignen, etwas werden könnte und müßte. „Ein Mensch kann sich aber nichts nehmen, es werde ihm denn gegeben", und wo nichts ist, da kann auch nichts werden. Das, was wir ursprünglich sind, haben und können, das ist unser Eigentümliches, dort liegt unsre Bestimmung und Entfaltung.

Oder blicken Sie von diesen Darlegungen des Paulus einmal auf unser öffentliches Leben. Was wird da mit einzelnen Menschen für ein Wesen und für ein Umtrieb gemacht, weil sie etwas Besonderes, Hervorragendes, an Wirkung und Tragweite Bedeutendes leisten, dem eine neue Perspektive aufgegangen, der eine bahnbrechende Entdeckung gemacht hat! Der eine ist ein großer Gelehrter, der andere ist ein großer Künstler, der die Menschheit mit erstaunlichen Schöpfungen beschenkt, der dritte versteht in merkwürdiger, wunderbarer Weise Menschen zu helfen, sie brauchen nur mit ihm in Berührung zu kommen, dann ist ihnen geholfen; der vierte ist ein Staatsmann, der sein Volk mit nachtwandlerischer Sicherheit Wege zur Höhe führt. Ein anderer hat einen starken, unerschütterlichen Glauben, durch den er mit allem fertig wird, mit dem er Tausenden einen Halt gibt. Derartige hervorragende, Außergewöhnliches leistende Menschen sind in aller Munde. Sie werden förmlich als höhere Wesen betrachtet. Es wird ein wahrer Kultus mit ihnen getrieben. Ist das nicht ein Unfug? Ist das nicht eine Verkennung der Verhältnisse? Solch ein großer Gelehrter ist auch nicht mehr wert als irgendein unscheinbarer Mensch, der täglich in Treue sein Tagwerk tut. Ihm ist nur viel gegeben. Daß er es zutage fördert, versteht sich von selbst. Wehe, wenn er es nicht täte! Denn jeder Gabe entspricht die Verpflichtung. Und seine Gabe ist nicht sein Verdienst. Darum darf man nicht von Verdiensten reden, sondern nur von Treue. Kein menschlicher Schöpfer ist Urheber, sondern nur Organ, eine Stimme der Wahrheit, ein Werkzeug der Vorsehung, ein Repräsentant seines Volkes. Aber jeder unscheinbare Mensch, der in Treue sein Tagwerk tut, seiner Gemeinde dient, seine Familie betreut, ist ebenso bedeutend. Wir sind ein Volk, und jeder Einzelne ist ein Glied dieses Volkes. Der Volkskörper kann aber nur gedeihen, wenn jedes Glied seinen Lebensdienst im Ganzen für das Ganze leistet. Das unscheinbare Glied ist dabei ebenso wichtig wie das hervorragende, in die Augen fallende. Wozu also der Ehrgeiz, was soll das Vergleichen, wo alles relativ ist, wo man nur die Treue vergleichen könnte, wenn man sie be-

urteilen könnte! Wie unsinnig ist der Neid! Wir müssen uns doch
sagen, daß wir das, was der andre hat, gar nicht brauchen könnten,
weil die Voraussetzungen dazu nicht in uns liegen. Es wäre doch
wahnsinnig, wenn alle Menschen Hindenburge sein wollten. Das
ist doch ganz unmöglich, dann gingen wir unter allen Umständen
zugrunde. Das gilt aber doch allgemein. Und wie verrückt ist es, jemand
wegen seiner besonderen Gaben und Leistungen zu verehren! Alle
Bewunderung hat dem Geber der Gaben zu gelten. Nur vor der
Treue möchte ich mich in Demut neigen, aber überall, wo ich sie
finde, ja mehr vor der Treue im Unscheinbaren als vor der Treue
im Auffälligen. Denn jene ist meist reiner als diese, die nur zu
oft von Ehrgeiz oder Habgier getrübt oder gar ersetzt wird.

Aber alles das gilt nun auch auf dem Gebiete des menschlichen
Wesens und Lebens, auf dem sittlichen, seelischen, religiösen Gebiet.
Da ist aber gerade allgemein die Überzeugung verbreitet, wenn in
einem die Seele lebendig wird, so müßte er damit alle Fähigkeiten
bekommen, die Menschen möglich sind. Aber auch hier gibt es Gaben.
Auch hier kann man sich nichts erringen, was man nicht empfängt.
Diese Tatsache wird heute ganz besonders verkannt. Die Theosophie
will den Menschen einreden, jede regsame Seele müsse hellsehen,
fernwirken und andere okkulte Fähigkeiten entfalten können, jeder
Geheimschüler gelange zu übersinnlichem Schauen, durchdringe Vor-
weltliches und Nachweltliches, niedere und höhere Welten mit seinem
Blick, wenn er nur dem Meister folge. Nehmen wir an, daß es
wirklich solch okkulte Gesichte gibt, und es sich nicht nur um Hallu-
zinationen eines Geistersehers handelt, die wesentlich nichts anderes
als Träume einer Somnambulen vom Mars und seinen Bewohnern
sind, so ist das eben eine besondere Gabe, die nur der haben kann,
dem sie ursprünglich gegeben ist, und es ist eine unfruchtbare und
schädliche Quälerei der Menschen, wenn man sie dazu antreibt,
diese Gaben sich anzueignen, und eine seltsame Verirrung, auf andere
herabzublicken, die diese Gaben nicht haben. Es gibt auch auf
dem religiösen Gebiete Pfadfinder und Vorläufer, Führer und
Nachfolger, Suchende und Beharrende, Erwerber und Bewahrer,

Erzeuger und Verarbeiter. Auch hier kann sich niemand zu etwas
machen, was er nicht ist, nichts unternehmen, wozu er nicht berufen ist, sich nicht eine andere Verfassung geben, wenn ihn Gott
nicht umwandelt. Er kann sich auch nicht wählen, was er leisten
will, nicht in einer bestimmten Art dienen, die ihm gefällt, sondern
er kann nur leisten, wozu er beanlagt ist, und mit der Gabe dienen,
die ihm gegeben ist. Aber wie viele reden und haben doch nichts
zu sagen! Wie viele führen und gehen selbst in der Irre! Wie
viele wollen andern helfen und wissen sich selbst keinen Rat!

Das gilt aber auch auf dem Gebiete des Lebens. Wie viele
gute Christen grämen sich, daß sie nicht in derselben selbstlosen,
aufopfernden, persönlichen Weise dienen können, wie sie andre dienen
sehen, und quälen sich ab, es auch zu können. Aber das ist auch
eine Gnadengabe. Den einen ist es gesetzt, direkt zu dienen, den
andern indirekt, den einen, den Seelen zu helfen, den andern, den
Geist zu nähren, den dritten, den Körper zu pflegen, den vierten
im äußeren Gedinge für das Wohl des Ganzen zu wirken. Aber
wie viele machen sich oder andern den Vorwurf, daß sie sich nicht
mehr der Menschen annehmen, ihnen nicht wesentlich helfen: „das
muß jeder und das kann jeder, und wenn er es nicht kann, dann
ist es ein Beweis dafür, daß er noch sehr weit zurück ist." Das ist aber
auch etwas, was man sich nicht geben kann, sich in einen andern hinein-
zuversetzen, in einem andern aufzugehen. Gewiß kann jeder nach dieser
Richtung hin leben. Aber das Vermögen dazu, diese Fähigkeit des Anpas-
sens, des sich förmlich verwandeln Könnens, das ist nicht jedem gegeben.

Auch mit dem Glauben ist es nicht anders. Das überrascht uns
am meisten, daß Paulus den Glauben unter die „besonderen Gnadengaben" rechnet. Gewiß: jeder, in dem die Seele lebendig ist, der
glaubt, der spürt etwas von dem eigentlichen, wesentlichen Hintersinnlichen, das überall verborgen waltet, von den göttlichen Strahlen
und Willensbewegungen in der Welt. Aber der Grad, wie sehr
er das spürt, ist ebenso verschieden, wie bei den Menschen der musi-
kalische Sinn verschieden ist. Der eine hat, wenn er ein Konzert
hört, nur das Empfinden eines wunderbaren Wellenspiels ergreifender

Klänge, die seine Seele in rhythmische Bewegung versetzen. Der andre
spürt etwas von dem organischen Leben, das in der Flut der Töne
auf ihn eindringt, und nimmt es auf wie eine Schöpfung, die er
erlebt. Dem dritten wird es zu einer Offenbarung des Genius,
der sich darin ausspricht, der unter Jauchzen und Qualen in diesen
Klängen und Weisen sagen muß, was sich aus ihm emporringt.
Wer das erfaßt, erschaut und empfängt, der tritt beim Anhören
einer Beethovenschen Symphonie in unmittelbare Fühlung mit der
Seele Beethovens und hat die besondere Gabe, die unmittelbare
Sprache des Genius in den Tönen zu verstehen. Aber er kann
vielleicht nichts davon sagen, weil es ihn unmittelbar, unsagbar
erfüllt. Ein andrer hat wiederum die Gabe, auszulegen und
mitzuteilen, was sich in dem Genius in jenen Stunden seelischer
Empfängnis gestaltete und äußerte. So ist es auch mit dem Glauben.
Alle, in denen die Seele lebendig geworden ist, kennen das Ver=
spüren der Seele, den Tastsinn für das, was dahinterliegt. Aber
wie weit er sich entfaltet, welche Stärke er gewinnt, welche Trag=
weite oder Wirkenskraft, wie groß seine Empfänglichkeit für Gottes
lebendiges Wort, seine Heimsuchung und Offenbarung ist, mit welchem
schöpferischen Vermögen und welchem Vollbringen und Erfüllen er
begnadet wird, das ist verschieden. Das ist Charisma, Gnadengabe.

Und nun, nachdem Paulus das der Gemeinde vor Augen
gestellt hat, fährt er fort:

„Strebet aber nach den besten Gaben; und ich will euch noch
einen köstlicheren Weg zeigen. Wenn ich mit Menschen= und
mit Engelzungen redete, und hätte der Liebe nicht, so wäre
ich ein tönend Erz oder eine klingende Schelle. Und wenn ich
weissagen könnte, und wüßte alle Geheimnisse und alle Er=
kenntnis, und hätte allen Glauben, also daß ich Berge ver=
setzte, und hätte der Liebe nicht, so wäre ich nichts. Und wenn
ich alle meine Habe den Armen gäbe, und ließe meinen Leib
brennen, und hätte der Liebe nicht, so wäre mir's nichts nütze."

Damit tritt Paulus aus dem Bereich der Gaben heraus und führt
seine Leser in die Herzkammer menschlichen Seins. Aus dem Gebiete der

menschlichen Fähigkeiten und der göttlichen Vollmachten führt er sie in die Tiefen des menschlichen Wesens, des göttlichen Wesens. Vor diesem Wesen und seiner Äußerung, Entfaltung, Offenbarung und Auswirkung verbleicht alles, was es an Gaben gibt. Denn hier entspringt die Liebe. Liebe im Sinne des Paulus ist keine Anlage, keine besondere Fähigkeit, kein eigentümliches Temperament, sondern Leben der Seele. Gegenüber der schöpferischen Ausstrahlung und Entfaltung dieses Lebens sind alle Gaben, die ein Mensch haben kann, schließlich zweiten Ranges, Lebensäußerungen von geringerer Tiefe und Bedeutung. Deshalb sagt er: Was hülfe es, wenn ich mit Menschen- und Engelzungen reden könnte! Erst die Liebe erfüllt die Worte mit göttlichem Leben. Ohne Liebe sind alle Worte nichts als Worte, leere Schemen und Begriffe. Das gilt nicht nur auf religiösem Gebiet, sondern für alle Möglichkeiten menschlichen Ausdrucks, für die Welt der Weisheit wie der Kunst, für Dichtung, Musik und bildnerische Darstellung. Unsre ganze Ausdruckskultur ist leeres Wortspiel, hohler Klang und lebloses Bildwerk, wenn sie nicht von der Liebe beseelt und erfüllt wird. Was nützt es, wenn ich reden kann, daß es den Menschen vorkommt, als wenn sich der Himmel öffnete und die Herrlichkeit Gottes herniederkäme, und ich hätte nicht der Liebe? Dann öffnet sich nicht wirklich der Himmel, und die Güte Gottes erfüllt nicht die Seelen, sondern es scheint nur so, und alles, was die Menschen davon haben, ist nur Einbildung und Begeisterung.

Das will uns zunächst nicht eingehen. Wenn man es liest, hat man vielmehr den Eindruck: Paulus überstürzt sich, überschlägt sich. Aber wenn man sich vergegenwärtigt, was das Wesen des Menschen im Grunde ist, ein göttlicher Sproß in irdischer Gestalt, dann ist die Liebe persönliche Offenbarung Gottes selbst, Ausstrahlung seiner Lebensglut, während unsre ganze Ausdruckskultur und unser ganzes Ausdrucksleben in Wort und Schrift, in Tat und Gebärde ohne diese Liebe nur Schaumschlägerei unsrer Geistigkeit ist, Luftblasen und Farbenspiele des endlich-sinnlichen Scheinwesens. Kunst und alle Äußerung des Geistes ohne das Leben der Seele

ist Faſſung, Form, Geſtalt. Erſt die Liebe gibt ihnen wirklichen Gehalt.
Was iſt aber das Gefäß ohne Inhalt, was iſt der Schein ohne
Sein, was iſt die Form, wenn ſie nicht Ausdruck und Faſſung des
Lebens iſt! Darum gilt für alle Sprache der Menſchen: Wenn ich
mit Menſchen- und mit Engelzungen redete und hätte der Liebe
nicht, ſo wäre ich ein tönendes Erz oder eine klingende Schelle.

„Und wenn ich weiſſagen könnte und wüßte alle Geheimniſſe“,
die vorweltlichen und nachweltlichen, die geiſtigen und die okkulten,
und ‚hätte alle Erkenntniſſe‘, nicht nur aller Wiſſenſchaften, ſondern
auch der Wiederverkörperung und Schickſalsketten der Menſchen
und hätte der Liebe nicht, was wäre ich dann? Ein Rieſenfern-
rohr in die vierte Dimenſion. Weiter nichts. Wiſſen an ſich iſt kein
Leben und führt nur zur Blähung des Geiſtes, ja bringt uns ums
Leben und taucht uns in Wahn, ganz gleich, ob es ſich auf irdiſche
oder himmliſche Dinge bezieht. Wiſſen iſt ein kaltes Licht, das nur
Erſcheinungen zeigt, aber nichts Weſentliches erleuchtet, das dem
Leben nur dient, wenn die Liebe es verwertet, das nur mit Leben
erfüllt, wenn es die Liebe empfängt. Wiſſen ohne Liebe iſt die
Welt ohne Sonne. Erkenntnis ohne Liebe iſt Anatomie des Toten
und läßt uns unter lebloſem Material erſticken.

„Und wenn ich Glauben hätte, alſo daß ich Berge verſetzen
könnte, und hätte der Liebe nicht“, was wäre ich denn dann? Ein
Motor mit unendlichen Pferdekräften, ein Schöpfer ohne Idee, ein
Demiurg ohne Sinn und Zweck, eine Energie ohne Seele. Und
wenn einer Macht hätte über die Sinne und Seelen, daß die
Menſchen Wachs wären in ſeiner Hand und ſie ihm folgten wie
die Herde dem Hirten und ihn vergötterten wie einen Heiland,
und er hätte der Liebe nicht, ſo wäre er ein Zauberer, der ſie
vielleicht in Fabelweſen verwandelte, aber ihre Menſchlichkeit ver-
derbte, ein Verführer, der ſie in die Wüſte führte und dort ver-
ſchmachten ließe, der ſie bannte, fanatiſierte, verwirrte und dem
Wahn und Unheil preisgäbe.

Und wenn einer „alle ſeine Habe den Armen gäbe und ließe
ſeinen Leib brennen“, alſo eine Aufopferungsfähigkeit beſäße bis

zum Äußersten, ja bis zum Tode, und hätte der Liebe nicht, so
wäre das doch ein Opfer, dem gerade das Wesentliche fehlte: die
Seele, ein Opfer, das kein Opfer ist, ein Sterben, das kein Leben
entbindet. Erst die Fühlung von Seele zu Seele begründet und
verfaßt die Nächstenhilfe in eine lebendige Ordnung voll Glut und
Kraft der Seele, voll Leben spendendem und schöpferischem Vermögen. Geben ohne Liebe entwürdigt, denn es macht den Empfänger
zum Bettler. Geben aus Liebe erhebt, denn es ist freiwilliges hingebendes Dienen. Warum scheut man sich, Geld von anderen zu
nehmen, wenn man es braucht? Warum wollen die Menschen kein
Mitleid? Nur weil es an Liebe gebricht.

Was ist alles Heldentum der Nothilfe aus Überzeugung und
Pflichtgefühl, und wenn es an Entsagung und Hingabe übermensch-
lich wäre? Nur eine unmenschliche, widernatürliche Selbstvergewaltigung, die in Wirkung und Rückwirkung nichts taugt, leblos und
unfruchtbar, verletzend und nicht heilend, befremdend statt anziehend,
die nicht löst und erhebt, sondern bedrückt und verstockt, nicht Liebe
weckt, sondern peinlich wirkt, ja Haß erregt. Kein Mensch verträgt
Hilfe ohne Liebe. Alle kalten Wohltaten sind unerträglich. Die
Unfruchtbarkeit und Haßerregung liebeleerer Wohltätigkeit und herz-
loser Fürsorge schreit doch gerade in unsrer Zeit zum Himmel.
Nirgends ist die Erbitterung der Besitzlosen gegen die Besitzenden
so groß als dort, wo man am meisten für die Armen, Verlorenen
und Elenden gesorgt hat, weil der Mensch eher Hunger verträgt
als Kälte und nichts so frieren läßt als Wohltätigkeit ohne echte
Herzlichkeit, als Aufopferung ohne Liebe.

Das ist die Bedeutung der Liebe, die erst allen Gaben der
Menschen Leben gibt und alle Fähigkeiten fruchtbar macht, denn
sie ist das schöpferische, erfüllende, lösende Leben der Seele selbst.
Alle Fähigkeiten der Menschen ohne diese quellende Liebe sind
Schmarotzer der Seele, die von ihrem genialen Vermögen zehren
und es mißbrauchen. Nur die Liebe gibt ihnen das wahre Leben,
den göttlichen Gehalt, ihr echtes und eigentliches Wesen und ihre
himmlische Gnade und Herrlichkeit.

Diese Liebe aber, die keine Gnadengabe entbehren kann, ohne
zu verkümmern — das ist das geradezu Erschütternde, Wunderbare, vor dem man nur anbeten kann — ist keine besondere Fähigkeit,
keine außerordentliche Gnadengabe und wählerische Bestimmung,
sondern sie ist das Leben der Seele und darum das Grundver-
mögen, ja der tiefste Lebenstrieb und Drang eines jeden Menschen,
der eine Seele hat. Gibt es aber einen, der keine hätte? Auch
der armseligste, nichtigste, ja verkommenste Mensch, der einsamste,
der zerbrochenste und verkrampfteste, ja der Menschenfeind und
Menschenverächter, der Pessimist und Skeptiker, der Verzweifelnde,
der aus Lebensüberdruß Hand an sich legt: jeder hat eine Seele,
und jede Seele kann eine Quelle der Liebe werden.

Aber diese Liebe ist natürlich etwas anderes, als wie wir sie
gewöhnlich kennen. Es ist nicht die Liebe der Habgier und Genußsucht, nicht die Liebe, die auf Gegenseitigkeit beruht und von Wiedervergeltung lebt, nicht die Liebe, die von Sympathie erregt wird
und Dankbarkeit erwartet, sondern die unbedingte, unwillkürliche,
absichtslose Liebe, die absolute Liebe, ja man möchte beinahe sagen:
die gegenstandslose Liebe. Es ist die quellende Liebe gemeint, die von
selbst entspringt und notwendig sich ergießt, weil sie nicht anders
kann. Gäbe es keine Menschen, so würde sie die Tiere überströmen,
gäbe es keine Tiere, so würde sie Pflanzen und Bäume umarmen,
und gäbe es keine Bäume und Pflanzen, so würde sie die Welt
umschlingen. Es ist die Liebe, in der die Seele überströmt, weil sie
ihr quellendes Leben nicht fassen kann. Gegenüber diesem Wunder
und Geheimnis, gegenüber diesem quellenden Leben aus einer anderen
Welt verbleicht alles, was menschlich ist, denn es ist die Offenbarung
des tiefsten Geheimnisses unsers Wesens. Erst wenn diese Liebe im
Menschen glüht, aus ihm strahlt und flutet, tritt zutage, was der
Mensch eigentlich ist. Solange sie nicht in uns lebt, sind wir ein
erkalteter Stern. Wenn sie aber die Glut unsers Lebens ist, sind
wir Sonnen der Welt. Und wie das Licht und das Feuer der Sonne
den ganzen Weltkörper überströmt, daß man nichts davon sieht als
Licht und Glut, so wird die Liebe den Menschen überströmen und

in Glut aufgehen laffen, daß alles Eigene zurücktritt gegenüber diesem reinen göttlichen Leben. Dann ist der Mensch ganz
eingetaucht in Offenbarung Gottes, und was sich aus ihm äußert,
ist Offenbarung Gottes. Paulus sagt einmal: „Die Liebe Gottes
ist ausgegoffen in unser Herz." Das ist wahrhaftig ihr Ursprung,
und aus den Menschen strömt und strahlt sie wieder hinaus. So
ist also die Liebe die reine Offenbarung Gottes im Menschen, und
persönlich kann man ihn nur in solcher Liebe erleben. Darum konnte
ja auch Jesus von sich sagen: „Wer mich sieht, der sieht den Vater,"
denn in seiner Liebe erlebten die Menschen den Vater im Himmel.

Dieser Liebe ist jeder Mensch fähig, ja jeder trägt sie in sich
als eine Möglichkeit seines Wesens, als schlummerndes Leben seiner
Seele. Sobald die Seele aus ihrem Bann erlöst wird, entspringt
die Liebe und strömt über, fo daß das Überquellen der Liebe der
empirische Beweis ist, daß Gott einem feine Sünden wirklich vergeben, die Erstarrung der Seele wirklich gelöst hat. Darum wird
dieses Wunder der Liebe jedem zuteil, der die Fühlung mit Gott
gewinnt und aus ihr lebt. Warum bewundert oder beneidet man
dann aber andere wegen dieser oder jener Gaben und Künste,
Wirkungen und Werke, mit denen sie begnadet sind, und fühlt sich
ihnen gegenüber armselig und minderwertig, statt darüber zu staunen
und davon ergriffen zu werden, was wir selbst sind, und was in
uns ruht! Und warum gieren, haften und schweifen die Menschen
umher, um alles mögliche an sich zu raffen, sich mit Wissen zu
füllen, mit Künsten zu bilden, damit sie mehr haben, können und
werden: das sind doch alles klägliche Armseligkeiten gegenüber dem
ungeheuren Schatz, den wir in uns tragen! Alles andere ist doch
eitel und vergänglich! Aber die Liebe, die aus uns quillt, ist göttlich, ist ewig. Die wundervollsten Offenbarungen des Genius, die
Strahlen der Wahrheit, die einer der Menschheit mitteilen kann,
sind doch nur unzulängliches Gestammel gegenüber den strömenden
Wellen göttlichen Lebens, die in der Liebe aus uns fluten.

Auch auf die Wirkungen gesehen verbleichen ihr gegenüber
alle besonderen Gaben und Fähigkeiten, weil diese Liebe schöpferisches

Leben ist, weil wir in ihr Gott erleben. Das kann man doch überall beobachten. Stellen wir uns einen armen, ratlosen Menschen vor, der Hilfe braucht. Da ist es gewiß sehr schön, wenn jemand die Gabe des Helfens hat und mit scharfem Blick seine Lage durch-schaut, seine innere Verfassung fühlt, wenn ihm aus tiefem Mit-leiden sofort aufgeht, was da geschehen muß, und er imstande ist, das auch dem anderen lebendig vor Augen zu stellen und ihm Mut und Anstoß zu geben, es auch zu tun. Das ist gewiß wundervoll. Aber es ist doch eine jämmerliche Nothilfe gegenüber der anderen Möglichkeit, daß der Arme einem Menschen begegnet, der ihn nur anschaut und, indem er ihn anschaut, ihn mit Liebe umflutet und einen Strom seelischen Lebens in ihn ergießt. Da wird es dem Un-glücklichen sein, als wäre er auf einmal in eine andere Welt ver-setzt, und das, worunter er leidet, löst sich ganz von selbst. Denn in ihm fängt es an zu treiben und zu keimen, es ist wie ein Wunder, das mit ihm geschieht. Da kommt etwas aus ihm heraus, was er selbst im tiefsten Grunde ist, wovon er nur bisher keine Ahnung hatte, und auf einmal ist ihm geholfen. Auch das Schreck-lichste offenbart sich als Heil und alle Verhängnisse als unwesentlich und nichtig, und es wacht in ihm eine Vollmacht des Lebens auf, die allem gewachsen ist. Das ist ein Wunder der Liebe, demgegen-über alle Fähigkeiten des Helfens minderwertige Nothilfe bleiben.

— Und so ist es doch auch sonst. Wenn einem unter der Liebe etwas von dem eigentlichen Wesen und Leben der Menschen auf-geht, wenn sich da das ganze Dasein lichtet und es allenthalben tagt: was bedeuten diesem Sonnenaufgang des heraufziehenden Tages gegenüber alle Möglichkeiten der Aufklärung, mit denen wir die Nacht der menschlichen Existenz wie mit Leuchtkörpern erhellen! Oder was ist und vermag einer, der sich für die anderen restlos aufopfert, gegenüber einem, der sie einfach lieben kann und sie dadurch Gott erleben läßt! Wollen wir darum nicht auf die Liebe unsre Augen richten, statt alle möglichen Unzulänglichkeiten nach-zujagen, auch wenn sie noch so sehr von den blinden Menschen bewundert werden? Wollen wir nicht nach dieser Liebe trachten?

Hier brauchen wir uns nicht in unerfüllbarer Sehnsucht zu verzehren wie gegenüber allen Fähigkeiten, die uns nicht gegeben sind.
Nach der Liebe können wir trachten, weil jeder, der eine Seele hat,
die Möglichkeit dazu in sich trägt.

Aber liegt es denn wirklich in unsrer Hand, daß wir diese
Liebe gewinnen? Gewiß zum Teil. Ich bin weit davon entfernt,
zu verkennen oder abzuschwächen, daß dieses Geschehen und Leben
in uns Gottes Tat ist, die in keines Menschen Macht und Willen
steht. Wenn Gott nicht durch sein lebendiges Wort und seine Heimsuchung die Seele in uns weckt und rührt, wenn er uns nicht erlöst
aus dem Zauber des Weltwahns und aus dem Bann der Sünde,
aus der Lähmung unsers Wesens durch das Weltgift und aus der
Verkrustung durch unsre Selbstsucht, bleibt all unser Sehnen und
Trachten unfruchtbar. Nur wenn er uns unsre Sünden tatsächlich
vergibt und uns der Last unsrer Schuld entledigt, kann das Leben
der Seele in uns quellen. Das Wort Jesu von der großen Sünderin,
die sich vor Liebe nicht fassen konnte: „Ihr sind viele Sünden vergeben, weil sie so stark liebt; wem aber wenig vergeben ist, der
kann nur wenig lieben," hat mir einst diese Vorbedingung der
Liebe blitzartig erhellt.[1] Aber doch kann sich der Mensch nach Liebe
sehnen und danach trachten. Nicht nur dadurch, daß er um Vergebung der Sünde fleht, wenn er ihr Verhängnis spürt, sondern
auch dadurch, daß er positiv danach strebt. Er kann und soll aus
der Sehnsucht nach Liebe heraus mit den Menschen verkehren, und
wenn er einem begegnet, immer mit ganzer Seele dabei sein und
jeden so nehmen, wie er ist. Er kann und soll aus Ehrfurcht,
Wohlwollen, Güte und Bereitschaft mit den Menschen leben. Das
ist Sache des Willens. Man kann sich zusammennehmen und darauf
richten, sich von allem Gegenteiligen zurückhalten und den guten
Regungen des Herzens freien Lauf lassen. Man kann sich einem
Menschen verschließen oder aufschließen, auf ihn eingehen oder sich
zurückhalten. Ich weiß, daß es Anwälte Gottes gibt, die das als

---

[1] Vgl. „Das Erlebnis der Sündenvergebung." im 1. Band meiner
„Reden Jesu" S. 153—167.

XXIII.

menschliches Machwerk verachten und behaupten, daß damit Gottes Werk an uns erschwert werde, weil unser eigenes nichtsnutziges Werk Gottes Gnade hindere. Aber die wissen nichts vom Suchen Gottes, das in unsern Seelen Scham und Sehnsucht, Reue und Anderswerdenwollen wirkt, und vergessen, daß Jesus selbst gesagt hat: „Trachtet am ersten nach dem Reiche Gottes," wozu doch auch die Liebe gehört. Darum sollen wir unbedenklich mit aller Macht die Sehnsucht nach Liebe in uns walten lassen, sonst wider= streben wir Gott, der sie uns schenken will. Mit allem, was wir in dieser Richtung tun, erlösen oder begaben wir uns keineswegs selbst, sondern gehorchen nur Gott, folgen dem Zug des Vaters und wenden uns seiner Gnade zu.

Ob und wann uns Gott mit seinem quellenden und über= strömenden Leben begnadet, liegt freilich nicht in unsrer Hand und ist in keiner Weise Sache unsers Eifers, sondern allein seines Er= barmens. Aber wer echt und aufrichtig nach der wahren Liebe trachtet, so gut er kann, wird bald etwas davon merken, wenn es auch nur zunächst wie ein Regen, Rinnen und Rieseln in der Seele ist und nur hier und da etwas von echter Güte aus seinem Herzen tropft.

Ob das aber die echte, die wahre Liebe ist, können wir immer daran erkennen, daß sie von selbst entspringt und unbedingt waltet. Wie die Sonne über Gute und Böse, Schöne und Häßliche, Würdige und Unwürdige scheint, läßt die echte Liebe das Antlitz des Vaters im Himmel über jedermann leuchten. Denn sie ist eine Lebensglut voll Licht, Wärme und Kraft, die um sich eine Lebenssphäre bildet und jedem, der in diesen Umkreis tritt, Leben gibt, wenn er dafür empfänglich ist, aber auch den Unempfänglichen anstrahlt und ein= hüllt. Die Sonne hat keine Wolken, sie verhüllt sich nie. Aber die Erde bildet Wolken und bedeckt sich oft ganz. Dann können die Strahlen der Sonne nicht hindurchdringen. Aber unausgesetzt und wandellos hüllt die Sonne auch die umwölkte Erde in ihre Lebens= glut. So können sich auch die Menschen der Liebe gegenüber ver= hüllen, verstocken, ja mit Händen und Füßen dagegen wehren, daß nichts von ihr hindurchdringen kann. Aber die Liebe leuchtet ihnen trotz alledem unbekümmert und strahlt Wärme aus wie die unverbitterliche, unbedingte, wandellose Gnade Gottes, deren Erscheinung sie ja im letzten Grunde ist. Wenn wir davon einen lebendigen Eindruck haben, verstehen wir, was Paulus weiter über die Liebe sagt:

Die Liebe ist großmütig und gütig. Die Liebe ist nicht fanatisch, sie macht nichts vor, sie blähet sich nicht, sie benimmt sich nicht anstößig. Sie sucht nicht das Ihre, sie läßt sich nicht verbittern, sie rechnet das Böse nicht zu. Sie freut sich nicht der Ungerechtigkeit, sie freut sich aber mit der Wahrheit. Sie verträgt alles, sie glaubt alles, sie hofft alles, sie duldet alles.

Wenn das eine Schilderung der Herrlichkeit der Liebe sein sollte, so würde es nur zeigen, wie unsagbar diese ist. Aber es sind nur Züge der Liebe, die dem Apostel Paulus unter dem Eindruck der Verhältnisse in der Gemeinde zu Korinth unwillkürlich einfallen. Die spricht er aus, wie es ihm gerade kommt. Was er da aber bezeugt, sind alles Äußerungen der Liebe, die sich von selbst verstehen. Darum stellt er sie nur fest, ohne sie weiter zu begründen. Wer etwas davon bestreiten würde, der bewiese nur, daß er die Liebe nicht kennt.

Die Liebe ist großmütig und gütig. Großmut ist die gegenüber allem Ungehörigen, Kleinlichen, Widerwärtigen, Gemeinen, Feindseligen erhabene und wandellose Zuneigung, die bedingungslos, schrankenlos und unbedenklich für jeden zu haben ist, Güte ist die lautere für den anderen glühende Herzlichkeit und sich einfühlende rückhaltlose innerlichste Hingabe des ganzen Menschen: zwei Seiten der einen seelischen Glut der Liebe, die ihre himmelhohe Unanfechtbarkeit und ihre quellende göttliche Gnade ans Licht bringen.

Die Liebe ist nicht fanatisch. Alles Gewalttätige, Zwangmäßige, Treiberische, Eifernde, Rechthaberische ist ihr fremd. Denn sie ist lautere Güte und milde Gnade. Sie läßt Gottes Angesicht

leuchten und darunter die Menschen genesen, aber fährt sie nicht
an, redet nicht in sie hinein, schüchtert sie nicht ein, vergewaltigt
sie nicht. Sie kann zusehen und warten, was wird. Sie will nicht
herrschen und bestimmen, sondern dienen und betreuen. Sie meistert
und maßregelt nicht, sondern tritt zur Seite, behütet und hilft. Sie
macht nicht abhängig, sondern selbständig, sie bindet nicht, sondern
löst, sie unterwirft nicht, sondern führt in die Freiheit. . Die Liebe
macht nichts vor. Sie ist schöpferische Ausstrahlung der lebendigen
Wahrheit, Überquellen des Herzens in der ganzen unbewußten Unmittelbarkeit eines elementaren Dranges. Alles absichtliche, berechnete,
gemachte Gehabe und Getue ist nicht in der Liebe. Denn sie ist
eine naive Äußerung der göttlichen Gnade, die sich um so mächtiger
offenbart, je schwächer und unfähiger sich der Mensch fühlt, je un-
möglicher ihm alle eigenen Machenschaften sind. Sie gebärdet sich
weder als Anwalt noch als Nothelfer Gottes, sondern läßt ihn
walten in seinem Erbarmen, wie es ihm gefällt. Die Liebe bläht
sich nicht auf. Sie tut nicht groß und macht kein Wesen von sich
und ihrem Tun. Ihre Äußerung ist ja für ja und nein für nein.
Sie unterstreicht nicht und stellt nicht ans Licht. Sie spielt sich nicht
auf und will nicht imponieren, sondern der Liebende will verschwinden und vergessen werden über Gott. Auf ihn sollen die
Menschen merken und sich nicht weiter um sein Organ kümmern.
Die Liebe ist unscheinbar und glüht im Verborgenen. Sie ist nicht
auf Eindruck und Anerkennung aus. Sie fühlt sich nicht und befriedigt sich nicht, sondern die linke Hand weiß nicht, was die rechte
tut, und fühlt Demut und Dankbarkeit, wenn Gott Gnade gibt.
Die Liebe benimmt sich nicht anstößig. Sie ist immer voll
Takt und Rücksicht. Denn sie quillt aus unmittelbarer seelischer
Fühlung und ist feinstes Empfinden für die anderen, für ihre Art
und Verfassung, für ihre Lage und Bedürftigkeit. Darum ist ihr
alles Ungehörige, Unpassende, Verletzende, alle Aufdringlichkeit und
Grobheit unmöglich, und wenn sie wehtun muß, was bei ihrer
heiligen Sachlichkeit oft genug vorkommt, stillt sie durch sich selbst
den Schmerz und gießt Balsam in die Wunden.

Die Liebe sucht nicht das Ihre, denn sie macht jede Selbstsucht unmöglich. Sie will nicht sich dienen laffen, sondern dienen,
nicht haben, sondern geben, nicht aussaugen, sondern überströmen.
Liebe ist Selbsterhaltung durch Selbstvergeffen, Selbstentfaltung durch
Selbsthingabe, Selbstfinden durch Sichselbstverlieren, Fürsichselbstleben
durch Fürdieandernleben. Das Ich vergeht in der Glut der Seele.
In der Liebe sterben wir an uns selbst, um neu geboren und seelisch
verwandelt aufzuerstehen. Weil die Liebe nicht das Ihre sucht,
darum läßt sie sich auch nicht verbittern. Alle persönliche Empfindlichkeit schwindet vor der Liebe wie der Wiesenrauch vor der
Sonne. Man kann den Liebenden weder kränken noch vergrämen
noch ins Gegenteil verkehren. Er ist in feinem Verhalten ganz unabhängig davon, wie man ihm begegnet, und was man ihm erwidert. Er bleibt sich selbst treu, darum ist er unanfechtbar, un-
verwundbar, unantastbar. Denn er muß lieben. Der Selbsterhaltungstrieb der Liebe macht ihn gegen alles gefeit. Ebensowenig,
wie man eine Quelle verstopfen kann, kann man die Liebe ersticken
oder in ihr Gegenteil verwandeln. Ihre Süße löscht alle Bitterkeit
aus, mit der man sie vergällen möchte. Darum läßt sie das Böse
sich an ihr erschöpfen. Sie rechnet es nicht zu und vergilt es nicht.
Sie leistet nicht Widerstand dem Bösen, geschweige daß sie sich
dafür rächte, sondern überströmt es und schwemmt es hinweg. Sie
nimmt es nicht übel, sondern empfängt es und birgt es in ihrer
Güte. Sie betrachtet es nicht als Schuld, sondern übersieht es. Sie
trägt es nicht nach, sondern vergißt es. Sie braucht gar nicht zu
vergeben, weil sie niemand beschuldigt und sich nicht beleidigt fühlt.

Die Liebe freut sich nicht der Ungerechtigkeit, sondern
freut sich mit der Wahrheit. Die Liebe ist nicht parteiisch und
wählerisch. Sie setzt nicht zurück und zieht nicht vor, sondern nimmt
jeden, wie er ist, und gibt sich hin, wo man ihrer bedarf. Sie
kann nicht ungerecht sein, weil sie nicht auf Geschmack und Urteil
beruht, sondern auf innerem Drang und Überfluß. Aber sie wird
jedem gerecht, weil sie eine Fühlung von Seele zu Seele herstellt
und in den anderen eingeht, indem sie ihn ergreift und sich hin-

gibt. Darum leidet sie unter der herrschenden Ungerechtigkeit in der
Welt. Aber nicht nur unter der Ungerechtigkeit im Denken und
Verhalten der Menschen, sondern auch unter der Ungerechtigkeit in
ihrer Verfassung und in ihren Verhältnissen. Alles ist ihr erträglich,
nur nicht das Widereinander unter den Menschen, die gegenseitige
Gewalttat, Unterdrückung, Ausbeutung, Bedrängung und Vernichtung, das Leiden unter dem Leben und die leibliche und seelische
Not unter allen Verkehrtheiten, die es in der Welt gibt, und unter
der Mißwirtschaft und Entartung alles menschlichen Seins und Lebens.
Je mehr sie aber darunter leidet, um so mehr freut sie sich mit
der Wahrheit, die überall einen heimlichen Kampf gegen die Ungerechtigkeit und Unwahrheit der Lebensweise und aller Verhältnisse
führt. Denn die Liebe ist ja die Wahrheit menschlichen Lebens.
Wo also Wahrheit keimt und sich durchsetzt, gärt und verwandelt,
Ordnung und Eintracht schafft, ob in einzelnen Menschen oder in
der menschlichen Gemeinschaft oder im menschlichen Gedinge, da ist
die Liebe die Lebensmacht, die es betreut, belebt und stärkt wie
die Sonne das neue Werden im Frühling. Sie hilft der Wahrheit
zur Offenbarung und dem Recht zum Durchbruch, sie wirkt zur
Verständigung und Einigung zwischen Menschen und Völkern und
arbeitet für eine Neuordnung aller Dinge und eine neue Art Leben,
die die Wahrheit des Menschen in ihrer göttlichen Herrlichkeit ans
Licht bringt.

Die Liebe trägt alles. Was kann mächtiger, schwerer,
drückender sein als die lebende, tragende und sprengende Kraft
dieses göttlichen Lebens! Die Liebe ist stärker als der Tod, denn
sie ist ewiges Leben, stärker als alles Leid, denn sie ist himmlische
Seligkeit, stärker als alle Not, denn sie ist die Vollmacht der Not-
wende, die Gott feinen Kindern gegeben hat. Und sie hält alles
aus, sie wird nicht müde und schwach. Je mehr ihr zugemutet
wird, um so stärker entfaltet sie sich. Je länger sie tragen muß,
um so mehr wächst sie. Sie glaubt alles. Darin ruht ihre
Allmacht. Denn „alles ist möglich dem, der glaubt". Und die Liebe
ergreift alles, ob Menschen, Dinge oder Verhältnisse, mit Glauben.

Glauben ist ihr Verhalten allem gegenüber. D. h. sie erlebt und bewirkt alles aus dem ursprünglichen Empfinden der Seele heraus, das in allem Gott spürt und zur Geltung, Auswirkung, Erscheinung kommen läßt. In der Liebe waltet das freudige, zuversichtliche Ja des Glaubens allem gegenüber, was man erfährt, allen Menschen gegenüber, die einem begegnen, das Zutrauen zu allen Erlebnissen und das Sichgetrauen gegenüber allen Lebensansprüchen und allen inneren Impulsen, das aus dem Glauben von selbst quillt, das sonnige Wesen, das alles in Licht hüllt und licht macht. Und darum hofft sie alles. Sie ergreift alles aus Hoffnung heraus, d. h. aus der tiefen Sehnsucht der Seele nach Wahrheit und Leben und aus der Erwartung der Offenbarung Gottes in allem. Die Vermählung dieser Sehnsucht und Erwartung in gläubiger Gewißheit ist die Hoffnung der Liebe, von der alle ihre Regungen und Äußerungen erfüllt sind. Und sie duldet alles. Geduld ist die Lebenszähigkeit der Liebe. Es ist damit mehr gemeint als grenzenlose Leidens- fähigkeit, unerschütterliche Widerstandskraft und unermüdliche Frische ihres unverwüstlichen Lebens. Geduld im biblischen Sinne ist höchste Aktivität. Es ist nicht nur die siegreiche Ausdauer, die alles erschöpft und überwindet, was Widerstand leistet, sondern die lebendige Span- nung auf Erfüllung, die alle Kraft zu sprengender Wucht ballt und dadurch allem gewachsen und über wird, so daß sie es schließ- lich immer gewinnt. Das ist die Geduld der Liebe als lebendige Spannung der Seele.

Diese Äußerungen der Liebe können uns eine Ahnung geben von ihrer unfaßbaren Lebensfülle. Wir können unmöglich alle ihre unendlichen Strahlen vereinzeln und aneinanderreihen, sondern müssen einen Eindruck von der gesamten Licht- und Lebensflut ge- winnen, die solche Liebe ist. Man muß ihre Äußerungen in ihrer einheitlichen Geschlossenheit erleben als die welterhaltende und ge- staltende, Leben schaffende und mit Leben erfüllende Gnade und Offenbarung Gottes. Darum wollen wir uns nach dieser Liebe sehnen, danach trachten, darauf richten. Es gibt so wenig Menschen, die dafür Sinn haben und darauf aus sind. Und doch ist es das

Höchste, Wertvollste und Fruchtbarste, was es gibt. Erst in und
mit dieser Liebe kann der Menschheit wirklich geholfen werden.
Denn sie ist das göttliche Heil, das alles Unheil der Welt verschlingt. Sie ist der suchende und erlösende Vater im Himmel, wie
er durch Menschenseelen lebt. Sie ist der wiederherstellende, um-
wandelnde und vollendende Gott, wie er durch Menschenseelen
schafft. Durch diese Liebe allein kommt der Himmel auf die Erde
und das Reich Gottes in eine neue Menschheit.

—◦◦◦—

Die Liebe
als Ursprung und Seele aller Tugenden

Ich finde es nicht nur töricht und armselig, sondern geradezu
verhängnisvoll, daß sich die Christen mit dem begnügen, was gerade in der Bibel steht, was uns zufällig von Äußerungen Jesu
überliefert ist, was Paulus notgedrungen in seinen Briefen behandeln mußte, und es in unendlichen Variationen auslegen und
anwenden. Erst recht aber ist es zu bedauern, wenn man sich gerade nur auf das beschränkt, was die Worte enthalten, statt alle
Äußerungen nur als Durchblicke in eine ganz neue Welt zu nehmen,
um diese zu entdecken und aufzuschließen, statt das Verhalten, von
dem die Rede ist, als eigentümliche Erscheinung, Gestalt und Äußerung eines neuen Wesens zu würdigen und nun auf die schöpferische
Entfaltung, Bildung und Auswirkung dieses Wesens nach allen
Seiten aus zu sein und es sich so gerade auch in alledem offenbaren
zu lassen, worüber in der Bibel zufällig nichts gesagt ist, statt durch
die Beispiele der neuen Lebensart das verborgene innere Gesetz des
neuen Wesens zu erkennen und sich zu fragen, wie es dort zur
Geltung kommt, wo Jesus und Paulus keine Erfahrungen hatten
oder wenigstens nichts davon mitgeteilt haben, z. B. in der Ehe,
im Verhältnis zwischen Eltern und Kindern, in Bildung und Lebensführung, in der Stellung zum Beruf, zur Kultur, zum Staat, zur
Kunst und Wissenschaft, zum wirtschaftlichen Leben und zur Politik.

Ich meine damit aber etwas ganz anderes als die jetzt so beliebte unheilvolle Anwendung gar nicht hergehöriger Worte Jesu auf die Politik, sondern ich meine die Offenbarung der inneren Gesetze schöpferischer, erfüllender Politik, die sich aus der immanenten Wahrheit ergibt, die durch die Entfaltung des neuen Wesens Jesu ins Leben tritt.

Wer nicht versteht, was ich mit dieser meiner Klage meine, den könnte ich auf mein Buch über die Bergpredigt verweisen, wo dieses Verfahren bewußt und grundsätzlich eingeschlagen ist, nachdem mir der Durchblick durch die Worte Jesu in die Tatsachen und Gesetze des neuen Wesens und Lebens geschenkt worden war. Auch alle Bände der Grünen Blätter können das anschaulich machen, da ihr Inhalt zum größten Teil auf diese Weise gewonnen wurde. Aber ich möchte es einmal an einem hervorragenden Beispiel ganz deutlich vor Augen führen, an dem berühmten Hohelied der Liebe, mit dem wir uns in dem vorangehenden Aufsatz beschäftigt haben. Auch hier dürfen wir nicht meinen, daß Paulus mit seinem Hymnus die Herrlichkeit der Liebe erschöpft habe. Auch hier können wir die Erfahrung machen, daß es uns gerade, wenn wir nicht bei den Worten stehen bleiben, sondern darüber hinaus schauen, ein Geheimnis aufhellt, das uns heute noch verschlossen ist.

In Korinth hätte ebenso ein Streit über den Wert und Vorrang der verschiedenen christlichen Tugenden sein können. Dann hätte Paulus vielleicht den Korinthern folgendes geschrieben: Strebel nach allen Tugenden. Ich will euch aber den einzigen Weg dazu zeigen: Wenn ich rein und heilig wäre wie ein Engel und hätte der Liebe nicht, so wäre ich klar wie Eis und vollkommen wie ein Kristall. Und wenn ich echt und aufrichtig wäre, daß mein Wesen ungetrübt ausstrahlte, und hätte der Liebe nicht, so wäre ich ein kaltes Licht und eine frostige Armseligkeit. Und wenn ich wahrhaft wäre in allen meinen Lebensäußerungen und hätte der Liebe nicht, so wäre ich leer, hart und ein Ärgernis. Wenn ich gerecht wäre wie ein unbestechlicher Richter und hätte der Liebe nicht, so wäre ich grausam

und ein Hinrichter. Und wenn ich treu wäre wie Gold und
unerschütterlich in meinem Vertrauen und hätte der Liebe nicht,
so wäre ich ein Heiliger ohne Leben. Und wenn ich mich ver-
leugnete, daß ich mich selbst nicht mehr fühlte und hätte der
Liebe nicht, so wäre ich ein Nichts, und die Menschen hätten
nichts davon. Und wenn mein Leben ein Werk der Hilfe wäre,
wenn ich alles hingäbe und mich selbst aufopferte und hätte
der Liebe nicht, so würde ich die Menschen zurückstoßen, ver-
wunden, verderben und selbst das Leben verfehlen.

Die Liebe ist die Quelle und das Leben aller Tugenden, die
Seele und der Atem jeder wahren Sittlichkeit. Ohne sie ist alles
sittliche Verhalten nichts als formale Korrektheit, gemachtes Benehmen und abgeschmackte Bravheit, blutleer, leblos, anorganisch,
eine äußerliche Prägung, keine lebendige Bildung, kernfaul und
keimlos, unfruchtbar und ohne plastische Kraft. Alles, was man
es sich kosten läßt: Arbeit an sich selbst, Entsagung, Selbstverleugnung und Opfer, ändert nichts daran. Auch die unter heißen
Bemühungen gewonnenen Tugenden sind dann nur Gewohnheiten,
Ergebnisse von Gewöhnung und Entwöhnung, zurechtgerichtetes
und festgelegtes Benehmen, keine lebendigen Äußerungen ursprünglichen Empfindens, sondern Wirkungen erzieherischer Komplexe des
Unterbewußtseins, in Fleisch und Blut übergegangenes Tun, als ob
man so wäre, während man eigentlich ganz anders ist und bleibt,
ja unter der tadellosen Haltung innerlich verwahrlost. Solche Sittlichkeit ist Heuchelei, nicht des Bewußtseins, aber des Wesens.

Alle Sittlichkeit, die nicht aus der echten Liebe entspringt, ist
von Selbstsucht durchdrungen und von Beschränktheit in sich selbst
befangen, auch wenn sie sich auf Selbstüberwindung und Selbstverleugnung gründet. Gerade die Notwendigkeit, sich selbst überwinden zu müssen, die so allgemein gilt, daß man nur das für
sittlich erklärt, was Selbstverleugnung voraussetzt, ist der Beweis
dafür, wie sehr diese Sittlichkeit im Banne der Selbstsucht bleibt.
Es ist ja doch auch ein Wahn, wenn man meint, sich durch siegreiche Überwindung egoistischer Impulse und Neigungen davon er-

lösen zu können. Man kann ihnen Widerstand leisten und sich das
entgegengesetzte Verhalten abringen, man kann sich ihrer schlechten
Manieren entwöhnen, aber alles Denken, Fühlen und Wollen, Benehmen und Tun bleibt dabei selbstsüchtig geartet und befangen,
das ganze sittliche Leben vollzieht sich trotzdem in dieser Luft und
in diesem Bann. Auch wenn man sich um den anderen bemüht,
sucht man das Seine. Auch wenn man sich selbst überwindet, tut
man es um seiner selbst willen, seiner Grundsätze und Ideale wegen.
Man will sich selbst befriedigen und glücklich werden, wenn man
nicht der Achtung und Geltung bei den anderen wegen sittlich lebt.
In allem sittlichen Verhalten entdeckt man immer schließlich den
egoistischen Nerv, der alles bewegt, nicht zuletzt in der Liebe, die
hier möglich ist. Und alles sittliche Bemühen mit seinem Denken,
Fühlen und Wollen ist selbstsüchtig geblendet und befangen. Das
kann gar nicht anders sein.

Erst wenn die erwachende Seele die süchtige Verkrustung durchbricht und das Ich durch seine Einfügung in das Bereich Gottes
neu verfaßt, löst sich dieser Bann, und die überquellende Liebe
erlöst den selbstsüchtigen Hang durch den Drang, für die anderen
zu leben. Die Anziehungskraft des Ichs, die die ganze Welt um
sich kreisen läßt, wird aufgehoben durch die Sprengkraft der Liebe,
die alles Erreichbare mit ihrem Leben erfüllen muß. Dann erlöschen
alle Äußerungen der Selbstsucht: Habgier, Neid, Verkleinerungssucht,
Eitelkeit, Überhebung, Widervergeltung, Mißtrauen und Argwohn.

Die Liebe offenbart die ursprüngliche Natur der Seele, das
tief verborgene Ebenbild Gottes im Menschen. Wie verwandelt
sich der Mensch, wenn er in echter Liebe erglüht und sich selbst
vergessend überströmt! Da tritt seine ursprüngliche Wahrheit und
Schönheit ans Licht wie eine Offenbarung aus einer anderen Welt.
Mit dem ganzen Schmelz und Duft unbewußter Unmittelbarkeit
enthüllt sich die Herrlichkeit der Menschenseele. Das feine Empfinden für den anderen, die lauterste Güte, die hingebendste Treu-
herzigkeit und das reinste Sehnen, sich zu schenken, zu helfen und
zu beseligen, quillt aus diesem unerschöpflichen Born. Das Herz

strömt über in tiefer Rührung über den anderen, neigt sich mit
lebendigem Spürsinn zu seinem Herzen und gibt sich in dieser Fühlung
ganz hin. Die Liebe bestrahlt mit Lebensfreude, ergreift mit Glauben
und umfängt mit Gnade. So löst sie die Erstarrung der Herzen,
den Bann der Welt, den Krampf der Selbstsucht. Die Liebe gibt
Leben und löst Leben. Sie neigt sich in die äußerste Tiefe voll
Erbarmen und hebt die Verlorenen in himmlische Höhen in der
Kraft des Glaubens. Das ist die Erfüllung aller Tugenden gegen
den Nächsten mit göttlichem Gehalt durch die Liebe.

Wer wahrhaft liebt, der sündigt nicht, denn er lebt aus Glauben,
wenn anders Liebe Leben der Seele ist. Er lebt unwillkürlich aus
dem Gesicht und Geschmack für das Eigentliche und Gehörige
heraus und empfängt in jedem Augenblick von Gott die Klarheiten
und Kräfte, aus denen heraus er das Einzigwahre und Erfüllende
tut und so das Gute Gottes offenbart.[1]) Alle Einflüsse und Regungen,
die uns zum Versehen, Vergehen, Verkehren und Vereiteln führen,
werden von der Liebe nach Maßgabe ihrer Echtheit ausgeschaltet.
Je mehr und je dauernder sie aber ausgeschaltet werden, um so
mehr verlieren sie an Macht, um so unempfänglicher werden wir
für sie. Unsre Gedanken, Gefühle und Begierden, der ganze trübe
Dunst der Vergangenheit schwindet vor dem quellenden Leben der
Seele, das sich in der Liebe entfaltet, und kann uns in ihren
Äußerungen nicht irremachen. Auf diese Weise wirkt aber die Liebe
wiederherstellend auf unser ganzes Sein. Unter ihrem Leben verwelkt das Unwesen und die Unarten fallen ab. Alle Entartungen
werden durch die ursprüngliche Art, alle Widernatur wird durch
die wahre Natur überwunden, alles Fremde durch die Kraft der
auflebenden Eigentümlichkeit ausgeschieden. So wird der Mensch
gereinigt, geläutert, veredelt, wenn er liebt. Die Liebe läßt seine
Wahrheit ans Licht treten und seine Schönheit Gestalt gewinnen.
Die Liebe heiligt den Menschen; denn sie beseelt ihn mit heiliger
Glut in allen Fasern seines Wesens. Sie erfüllt ihn mit Leben,

---

[1]) Vgl. „Gott, der einzig Gute" im 3. Band meiner Reden Jesu
S. 101—111.

das nicht von dieser Welt ist, und macht ihn zum Organ und Werkzeug Gottes. Jesus schließt in der Bergpredigt das Gebot der
Liebe mit den Worten: „auf daß ihr vollkommen seid, wie euer
Vater im Himmel vollkommen ist." Wir begreifen es jetzt: Liebe
ist der Weg zur göttlichen Vollkommenheit.

Die Liebe macht den Menschen aufrichtig und wahrhaftig,
denn sie erfüllt ihn mit einem lauteren guten Willen, der wahrhaftig und redlich sich äußert, wie es ihm ums Herz ist, und sich
rückhaltslos gibt, wie er ist. Ihr ist jede Täuschung, Verhüllung,
Hinterhältigkeit, Berechnung und Vorsicht einfach unmöglich. Alles,
was die Liebe fühlt, denkt und sagt, ist echt, denn sie ist ursprüngliches Empfinden der Seele in unmittelbarer Äußerung. Es mag
noch so viel Unechtes am Menschen sein: in der Liebe lebt das
Echteste, was in ihm ist, und drückt sich aus, so daß uns selbst
erst die wahre Liebe unser ursprüngliches Wesen offenbart. Und alle
möglichen Trübungen durch das Bewußtsein mit seinen Gedankengängen, Gesichtspunkten, Gefühlen, Stimmungen, Wünschen und
Interessen zerstreut die Liebe durch die Übermacht ihres Lebens-
ausbruchs über alle subjektiven Hemmungen. Der Mensch gerät,
wenn er in Liebe überströmt, außer sich. Das ist die objektive Begründung seiner Wahrhaftigkeit. Er kann nicht anders als wahr
sein. Wahrhaftigkeit gehört zum Charakter der echten Liebe.

Ebenso wie die Treue. Die Liebe hält stand. Denn sie ist unerschöpflich, widerstandsfähig gegen alle Anfechtungen, stetig und
unerschütterlich, voll Hingabe und unbedingter Bereitschaft für die
anderen. Aber es ist eine andere Treue, als sie unter egoistischen
Menschen gesucht und gepriesen wird. Sie hängt sich nicht an den,
den sie liebt, und gerät nicht in Abhängigkeit von ihm. Sie läßt
sich nicht binden und festlegen. Ihre Treue besteht in der Erfüllung
ihrer Aufgabe, in der Mitteilung der Gnadenhilfe Gottes, die sich
in ihrem Verhalten vollzieht. Sie dient nicht dem süchtigen Behagen
und läßt sich nicht für eitle Gelüste mißbrauchen. Sie bleibt un-
wandelbar in ihrer Gesinnung, aber wandelt sich in ihrer Betätigung. Der Dienst der Liebe wechselt, er erstreckt sich immer auf

den Nächsten. Die Nächsten aber kommen und gehen. Aber die Liebe bleibt und ergreift immer den, der gerade ihrer bedarf. Sie ist Gott treu, der sich in der Liebe der Menschen erbarmt. Sie läßt sich nur von seinem Willen, seinem Lenken und Fügen durchwalten.

Die Liebe strahlt in ungetrübter Lebensfreude, denn sie ist das tiefste Leben der Seele in intensiver Glut. Sie glaubt unerschütterlich an die Menschen. Denn sie spürt und erreicht das göttliche Wunder und Geheimnis, das in jedem Menschen verborgen ist und wirft dahin den Anker ihres Vertrauens. Dadurch gibt sie ihm Halt und Antrieb zum Guten. Aus der Fühlung mit seiner Seele gewinnt sie für jeden Verständnis, das hellseherische lebendige Verständnis von innen heraus, was an sich schon eine unvergleichliche Hilfe ist. Darum wird sie jedem gerecht, aber nicht mit dem Blick für Ver-dienst und Schuld, sondern mit dem Blick für Gnade und Schicksal. Darum verargt und verurteilt sie nicht, sondern erbarmt sich und hilft zurecht. Die Gerechtigkeit der Liebe besteht im Erlösen, Heilen, Aufrichten, Zurechtbringen, Heimsuchen der Verirrten, Entarteten, Gebannten und Vergifteten, in dem Erweichen und Versöhnen der Übeltäter und im Lobpreis Gottes über alles Gute, Wahre und Schöne, das sie im Menschen findet.

Die Liebe erfüllt den Menschen mit heiliger Sachlichkeit und mit dem genialen Sinn für das innerlich Notwendige. So wenig sie sich durch Eigennutz und Gefühle bestechen läßt, so wenig läßt sie sich durch Gesichtspunkte, die außerhalb der Sache liegen, be-irren. Sie lebt nicht zu Gefallen, sondern zum Heil. Sie begehrt nichts, sondern geht auf in Hingabe und Mitteilung. Sie läßt sich nicht ausnützen, sondern dient nur zum Leben, zum Besten der anderen, ob es ihnen recht ist oder nicht, ob es ihnen wohl oder wehe tut. Sie bleibt gelassen und besonnen, wie man ihr auch be-gegnet, in voller Spannung ihrer Aufgabe geweiht, immer positiv in ihrer Haltung, auf alles eingehend, auf dem Gegebenen Fuß fassend, das Mögliche verwirklichend, frei und ganz in allem, was sie tut.

Aus dem Überschwang der Liebe strömt ein unvergleichliches Lebensgefühl: Gottesgewißheit, Lebenszuversicht, Liebe zum Schicksal,

ein hoher Mut und eine ftählerne Tapferkeit, höchfte Spannung
der Seele und fprengende Luft zu leben. Diefes Lebensgefühl ift
die Quelle eines unvergleichlichen Heldentums. Gegen alle Anfechtungen der Faffung und Haltung der Seele, die fich durch die
Liebe bilden, feitens der Welt, ift man gefeit. Nur wer von der
Welt abhängig ift, wird von ihr beunruhigt. Die Liebe macht frei
und felbftändig in dem ewigen Grund, aus dem fie quillt. „Furcht
ift nicht in der Liebe, fondern die völlige Liebe treibt die Furcht
aus,“ fagt der Apoftel Johannes in feinem erften Brief (4, 18).
Ebenfowenig Sorge und Kummer. Wer fo wie der Liebende vom
Vater im Himmel befeelt ift, der weiß fich in ihm geborgen, von
ihm behütet und geführt. Und wer folch himmlifcher Seligkeit voll
ift, der kann nicht bekümmert und elend fein. Denn die Liebe vertreibt das Gefühl der Wehmut und den Geift der Trauer. Wer
liebt, zweifelt nicht, fondern ift in jeder Lebensäußerung gewiß,
der ift nicht unficher und fchüchtern, denn die Liebe befiegt alle
Hemmungen und läßt ihn mit unbeirrbarer Sicherheit tun, was
fachlich notwendig ift. Alle genialen Äußerungen haben eine un-
fehlbare Sicherheit des Ausdrucks an fich. Liebe ift die Genialität
des Herzens. Trägt fie unfer Leben, fo begibt fich unwillkürlich
und unbewußt das Einzigwahre, und diefes göttliche Gefchehen
vollzieht fich mit der naiven Selbftverftändlichkeit, die den Kindern
Gottes eigentümlich ift.

Das ift das Lebensgefühl und die Lebensart der Liebe. Ift
es noch nötig zu bezeugen, zu welcher Wachheit des Bewußtfeins
und Bereitfchaft des Willens, zu welcher Energie und Zähigkeit
des Lebens fie führt, wie fie den Menfchen innerlich in Ordnung
bringt und alle in ihm ruhenden Möglichkeiten verwirklicht! Die
Liebe ift die Bürgfchaft höchfter Tüchtigkeit und Leiftungsfähigkeit,
die Grundlage eines gelingenden, aufbauenden, fruchtbaren, erfüllenden Lebens. Sie führt zur Vollmacht zu leben und zur Meifte-
rung des Schickfals. So ift die Liebe die Quelle aller Tugenden.
Alle empfangen von ihr den lebendigen Gehalt und die höchfte
Vollendung. Ohne Liebe find alle Tugenden leere Formalitäten,

Gewaltſamkeiten, an denen man ſich verhebt, künſtliche Haltungen,
die man mühſam aufrecht erhält. Erſt die Liebe macht ſie zur
Natur und offenbart dadurch ihre Wahrheit und Schönheit. Denn
ſie ſind Eigenſchaften der Seele. Die Liebe iſt die Innerlichkeit,
das treibende, blühende und fruchtbare Leben, die göttliche Seele
aller Tugenden, die ſie vom Fluch der Eitelkeit erlöſt und ihnen
ewigen und ſchöpferiſchen Wert verleiht.

Wenn einem dafür die Augen aufgehen, ſo begreift man die
Unzulänglichkeit aller Moral und die Unfruchtbarkeit aller ſittlichen
Erziehung, auch den Bankrott des deutſchen Idealismus im
deutſchen Volke. Das ſind alles Gemächte ohne Leben in ſich ſelbſt,
äußerliche Willensgewöhnungen, Abrichtungen, künſtliche Haltungen,
die in ſich hohl und faul ſind, Bildungen, die nicht gewachſen,
ſondern aufgeprägt ſind, Bewußtseinskultur, nicht Weſenskultur.
Kein Wunder, daß ſie nichts taugen, ſondern immer wieder in
ihrer Nichtigkeit offenbar werden. Wie zerſchliſſene Gewänder und
brüchige Masken, wie bloßer Firnis iſt die Sittlichkeit in unſern
Tagen von Unzähligen abgefallen und hat die darunter ruhende
Gemeinheit ans Licht gebracht. Kein Wunder aber auch, daß ſich
der geſunde Menſch vor ſolcher Abrichtung wehrt, daß er ſich
ſolchen Benehmens ſchämt, daß ſich nur angekränkelte Exiſtenzen
moraliſch ſchienen und renken laſſen! Und doch gibt es ohne alle
die herrlichen Tugenden, von denen unſre Propheten und Dichter
zeugen, keine wahre Menſchenwürde, keinen Adel des Weſens und
keine Tüchtigkeit des Lebens. Aber wir müſſen die Menſchen zu
der Wahrheit führen, die Leben iſt. Wir müſſen ihnen die Quelle
erſchließen, aus der die Tugenden von ſelbſt entſpringen. Und das
iſt die Liebe, die alle keimhaft enthält.

Man begreift aber auch den Widerwillen gegen die Moral,
den man nicht bloß bei Materialiſten, ſondern gerade auch bei
höherſtehenden Menſchen, bei Künſtlerſeelen und Kindernaturen
findet. Die Häßlichkeit und Kläglichkeit der moraliſchen Menſchen
ſtößt ſie ab. Auch wenn dieſe keine Phariſäer und Heuchler, Pe-
danten und Fanatiker, keine ſelbſtgerechten Richter über andere und

Verläſterer der Natur ſind, ſondern Menſchen, deren Eifer, Treue
und Redlichkeit in der Arbeit an ſich ſelbſt man bewundern muß,
ſpürt man ein heimliches Grauen vor dieſen Erzeugniſſen mora-
liſcher Theorie und Praxis. Es lehnt ſich in uns etwas dagegen
auf, das uns deutlich ſagt, daß dies nicht das Wahre ſein kann,
daß die Erfüllung der göttlichen Sehnſucht, die ſich in dem ſittlichen
Streben ausſpricht, nicht in dieſer Richtung liegt, nicht auf dieſem
Wege erreicht werden kann. Alles Abſichtliche iſt geſchmacklos, alles
Gewaltſame, Mühſame, Affektierte erſt recht. Es iſt unſerm innerſten
Empfinden zuwider. Alle echten Erſcheinungen der Wahrheit dagegen ſind ſchön. Aber zu ſolcher lebendigen Bildung und Dar-
ſtellung der Wahrheit des Menſchen führt nur die plaſtiſche Kraft
der Seele, wenn ſie in der Liebe wirkſam wird und das urſprüngliche Weſen ſich ſchöpferiſch entfalten läßt. Darum werden nur die
aus der Liebe hervorgehenden ſittlichen Geſtalten auf die anderen
eine anziehende und bildende Wirkung ausüben. Nur die aus der
Liebe geborenen und erwachſenen Tugendhelden ſind, ohne es zu
wollen, lebendige Vorbilder für alles ſittliche Streben.

Man begreift aber endlich auch von hier aus den Gegenſatz
zwiſchen Moral und Glauben. Ricarda Huch ſagt von Luther:[1)]

„Unter Verzweiflungsqualen machte er die Erfahrung, daß man zugleich in ſeinen Handlungen gut und in ſeinem Innern unſelig ſein kann;
daß zwiſchen Handeln und Sein eine unüberbrückbare Kluft beſteht, ſolange
die Handlungen aus dem bewußten Willen fließen, daß ein Zuſammenhang
zwiſchen Handeln und Sein nur da iſt, wenn die Handlungen aus dem unbewußten Herzen, eben aus dem Sein entſpringen, kurz, daß nur die Taten
der Seele zugute kommen, die man tut, weil man muß. Alles Guthandeln,
das nicht mit Notwendigkeit aus dem Innern fließt, ſondern das der bewußte Wille macht, rechnete Luther unter die Werkheiligkeit, eine Vollkommenheit, die nur Schein iſt, weil ſie auf das Sein des Menſchen gar
keinen Bezug hat. Er wies alle derartigen Handlungen als ungöttlich, d. h.
nicht aus dem Sein fließend, aus dem Gebiet der Religion in das Gebiet
der Moral, womit nur die Welt, aber nicht Gott zu tun habe; ja er trennte
nicht nur die Moral vom Reiche Gottes ab, ſondern behauptete und wies
nach, daß ſie in einem feindlichen Gegenſatz zu Gott ſteht."

[1)] „Luthers Glaube", Inſel-Verlag zu Leipzig 1916, S. 8.

Nur die Sittlichkeit ist echt und wahr, die kraft eines inneren
Muß aus dem ursprünglichen Wesen des Menschen, aus seiner
Seele entspringt, die eine Äußerung des Ebenbildes Gottes in
uns ist. Alles, was nicht aus Glauben, aus dem Empfinden der
Seele hervorgeht, ist Sünde, auch wenn es moralisch tadellos erscheint. Alle Anlagen und Bestimmungen der Seele werden aber
lebendig durch die Liebe, das quellende Leben der Seele. Darum
werden alle Tugenden, die der Wahrheit des Menschen eigentümlich
sind, durch die Liebe zutage gebracht und treten mit Notwendigkeit
in ihrer göttlichen Ursprünglichkeit ins Leben. Es gibt also keine
wahre Sittlichkeit ohne lebendige Offenbarung Gottes durch die
Seele, keine Entfaltung der Sittlichkeit in der Mannigfaltigkeit der
Tugenden ohne das Leben der Seele, die Liebe.

Wie wahrhaft gottverlassen und verrückt erscheinen dann alle
die Bestrebungen, die gegenwärtig darauf ausgehen, die Moral
von der Religion zu trennen! Man hackt den Baum an der Wurzel
ab und stellt ihn auf den Boden grauer Theorie. „Da sie weise
sein wollten, sind sie zu Narren geworden," trotz der Warnung
Nietzsches: „Moral ohne Religion führt notwendig zum Nihilismus."
Der Weg in die Wahrheit und in das Leben geht in der entgegengesetzten Richtung. Wir müssen die Quelle der Sittlichkeit in der
Seele erschließen und sie durch die Liebe aufleben lassen.

Alle moralische Erziehung, die mehr sein will als Oberflächen-
kultur und Veredlung der Gesinnung, die lebendige Bildung des
Wesens, Adel der Seele, sittliches Sein, gewachsene Tugenden und
eine wesenhafte Vollmacht des Lebens erstrebt, ist aussichtslos. Das
erleben wir heute, wo uns der moralische Zusammenbruch unsers
Volks zu sittlichem Wiederaufbau treibt, und uns die Erfahrungen
mit dem sittlichen Idealismus seit Kant und Fichte geradezu niederschlagend die Oberflächlichkeit und Widerstandslosigkeit der bloßen
sittlichen Gesinnung vor Augen geführt haben. Sittliches Sein,
wesenhafte Tugenden kann man den Menschen nicht beibringen.
Das ist nur zu erzielen durch die Entbindung und schöpferische Entfaltung des ursprünglichen menschlichen Wesens. Darum ist die Er-

löfung als objektiver feelifcher Vorgang die Vorbedingung jeder Wefenskultur[1]) und das Wachstum der Wahrheit aus der lebendigen Seele der einzig mögliche Weg zu einer wirklichen Wefenskultur. Wenn sich Gott darin schöpferisch offenbart, fo quillt die Seele über in Liebe, die alle Tugenden in sich schließt und alle Entartungen ausheilt.

Einer trage des anderen Laſt

Wir finden in dem Briefe des Paulus an die Galater einen Satz, der fehr merkwürdig und in feiner Bedeutung wohl noch gar nicht genug erkannt ist: „Einer trage des anderen Laſt, fo werdet ihr das Gefetz Chriſti ganz erfüllen." Mir scheint, wir ftehen hier vor der Pforte des Neulandes Gottes, das uns Jefus erschließen wollte. Denn wir werden auf ein Verhalten hingewiesen, das das Gefetz Chriſti voll erfüllt.

Das Gefetz Chriſti ift die Neuordnung der Dinge im dritten Reiche, in der feelifchen Weltordnung, im Reiche Gottes, im Gegenfatz zu dem mofaischen und jedem Sittengefetz, das in dem zweiten Reich, in der fittlichen Weltordnung das Verhalten der Menschen beftimmt: Es ift kein äußeres Gefetz fittlicher Gebote und Pflichten, fondern ein inneres Gefetz des Seins, eine Verfaffung des Wefens und Ordnung des Lebens, die sich von felbft offenbart, wo diefes neue Sein befteht und das ihm eigentümliche Leben daraus quillt. Es ift die feelifche Verfaffung und Lebensweise der Menschen in ihrer inneren Notwendigkeit, der Charakter Gottes in menschlicher Form und Seinsweise.

Diefes Gefetz wird erfüllt, d. h. lebendig verwirklicht, wenn einer des anderen Laſt trägt. Denn in diefem gemeinschaftlichen Tragen tritt die göttliche Neuverfaffung des Menschen und feines Lebens zutage, in ihr offenbart sich Gottes Art. Wo alfo echt und

---

[1]) Vgl. „Erlöfung als Vorbedingung jeder Wefenskultur" in meinen „Neuen Wegweifern" S. 64—87, zuerft erschienen im 14. Band der Grünen Blätter.

urfprünglich, unwillfürlich und aus innerem Drang einer des anderen
Laft trägt, da waltet die feelifche Weltordnung, da ift Reich Gottes.

Aber damit ift natürlich nicht gemeint, daß diefes innere Gefetz
Chrifti darin aufginge, daß man des anderen Laft trägt. Das
Gefetz des Geiftes des Lebens in Chriftus Jefus, wie es Paulus
Röm. 8₂ nennt, ift vielmehr eine Neuordnung des gefamten Seins
und Lebens, aller Beziehungen und Verhältniffe. Sie tritt überall
zutage und macht alles neu. Sondern es will fagen: wo aus einem
inneren Muß heraus einer des anderen Laft trägt, kann man daran
erkennen, daß das Gefetz Chrifti ganz erfüllt wird, da lebt und
waltet es wirklich umfaffend. Offenbar ift dies Verhalten nicht
bloß für die feelifche Weltordnung fo wefentlich und eigentümlich,
fo innerlichft zufammenhängend mit allem anderen, fondern auch
fo grundlegend und weittragend, daß es auch all das andere neuartige Verhalten verbürgt, das es nicht in fich begreift. Darum
kann man fagen: wenn das gefchieht, fo ift das Gefetz Chrifti ganz
und gar erfüllt, ganz nicht dem Maße nach, fondern in feiner Art.

Es handelt fich alfo hier um eine neue Wirklichkeit, nicht um
Jdeen und Jdeale, die man zu erreichen, denen man wie fittlichen
Geboten zu gehorchen fucht. Jft diefe neue Wirklichkeit vorhanden,
fo entfaltet fie fich organifch in einer neuen Art Leben. Das wird
viel zu wenig beachtet. Das Evangelium Jefu ift keine idealiftifche
Weltanfchauung, fondern es verkündigt die Offenbarung der feelifchen
Weltordnung. Es handelt fich nicht um menfchliche Jdeale, fondern
um göttliche Realitäten. Sind diefe gegeben — von oben gegeben,
d. h. aus dem göttlichen Kern des Menfchen keimhaft entfproffen
und von dem finnlich-endlichen Bann erlöft — fo entfalten fie fich
nach ihrem inneren Gefetz ganz von felbft. Sind fie aber nicht
gegeben, fo ift das fittliche Streben danach unfruchtbar und nicht
ungefährlich, weil es nur zu fittlichen Machenfchaften führt, die
der Geburt der neuen, göttlichen Art Leben hinderlich find, wenn
fie fich damit verwechfeln. Der Jdealismus führt inbezug auf die
neue Art Leben des dritten Reichs nur zu einem Tun als ob.
Denn die fittliche Leiftung führt nie zur religiöfen Begründung.

Diese ist reine Gnade, empfangendes Erlebnis, befruchtende Tat
Gottes.

Wo Menschen auf Grund der seelischen Weltordnung neu verfaßt werden, ist damit die Sonderung des Einzelnen mit ihrer
Selbstsucht und Beschränktheit in sich selbst, mit ihrer Voreingenommenheit und ihrem berechnenden Verhalten, ihrem instinktivem Widereinander und aller Art Wiedervergeltung aufgehoben und an ihre
Stelle die Vereinigung mit den anderen in gliedlichem Zusammenschluß mit gemeinschaftlichem Leben auf Grund seelischer Fühlung
aus instinktivem Füreinander und unbedingter Hingabe getreten.[1]
Da lebt dann der Einzelne nicht mehr für sich, sondern nur für
die anderen, weil er nichts für sich ist, sondern sich selbst nur in
der gliedlichen Gemeinschaft mit den anderen findet. Nur so entfaltet sich sein Wesen und erfüllt sich seine Bestimmung.

Infolgedessen ergibt sich hier ohne weiteres, daß einer des
anderen Last trägt. Aber es ist nicht so, daß des einen Pflicht des
anderen Recht wäre, wie es nach der Ordnung der Gegenseitigkeit
sein würde: hier handelt es sich weder um Pflichten noch um Rechte,
sondern um eine neue Verfassung, wo sich dem einen, was er innerlich muß,
wie dem anderen, was von ihm erlebt wird, von selbst versteht, um die
Erfüllung einer Bestimmung, die innerlich begründet ist und sich bei
dem gegebenen Anlaß naturnotwendig verwirklichen muß. In der sittlichen Weltordnung gibt es Pflichten und Rechte, in der seelischen dagegen
Offenbarungen und Erlebnisse auf Grund organischer Gemeinschaft.

Das wird sehr deutlich, wenn wir das Wort aus dem Zusammenhange verstehen. Dann läßt es uns einen überraschenden Blick in
das dritte Reich tun, das uns noch so ferne ist. Paulus sagt:
Liebe Brüder, so ein Mensch etwa von einer Verfehlung über-
eilet wird, so bringt ihn wieder zurecht mit sanftmütigem Geist,
ihr, die ihr vom Geiste erfüllt seid, und sieh auf dich selbst,
daß du nicht auch irregeführt werdest. Einer trage des anderen
Last, so werdet ihr das Gesetz Christi ganz erfüllen.

---

[1] Vgl. „Gemeinschaftliches Leben" (Bausteine für persönliche Kultur,
Viertes Stück).

In der Gesellschaft, wie wir sie kennen und mitbilden, herrscht ein ganz anderes Verhalten. Wenn da einer von einem Fehl über-eilt wird, so bricht man den Stab über ihn und wirft Steine nach ihm. Dadurch bekennt man sich gegenüber dem Sünder zur Moral. Das ist die Lebensordnung in der sittlich-geistigen Weltordnung. Je mehr man darin Fuß gefaßt hat und sich über der sinnlichen Weltordnung erhaben fühlt, um so entrüsteter ist man über jede sittliche Verfehlung, um so entschiedener richtet man den, der einen Fall tat, ohne ein Gefühl dafür, wie man ihn auf diese Weise in seine Sünde förmlich hineinstößt. In der Gemeinschaft der seelischen Weltordnung gilt aber ein ganz anderes Verhalten. Da bringt man den, der gefehlt hat, zurecht mit sanftmütigem Geist. Die Er-innerung des Paulus: „die ihr geistlich seid", führt den Galatern vor Augen, daß sie ja gar nicht anders können, wenn der Geist Gottes sie erfüllt. Denn Gott will nicht verdammen, sondern retten, nicht richten, sondern erlösen, nicht verstoßen, sondern an sich ziehen. Gewiß äußert sich der heilige Geist auch in einem inneren Gericht, aber das besorgt er selbst, und dieses Gericht ist Gnade. Er ver-haftet den Menschen nicht in seiner Sünde, sondern reinigt und heilt ihn, indem er der Wahrheit in ihm zum Leben verhilft. Daraus ergibt sich das Verhalten derer, die der Geist Gottes treibt. Sie erbarmen sich derer, die gestrauchelt sind, richten sie auf und helfen ihnen zurecht. Dies Verhalten erleben die Gefallenen als Gnade und Gericht. Es kommt über sie als Scham und Sehnsucht, als Abscheu und Reue, als Besinnung und Glaube. Aber diese Vorgänge der Seele dürfen nicht Menschenwerk, sondern müssen Gotteswerk sein. Darum sollen wir nicht darauf aus sein, sondern nur zurechthelfen mit dem Geist wahrhafter Liebe.

Wie verhalten wir uns, wenn wir jemand sich versehen oder ver-gehen sehen, wenn jemand einen Fehltritt tut oder gar fällt? Daran können wir erkennen, ob wir uns im zweiten oder im dritten Reiche befinden. —

Paulus sagt: „Siehe auf dich selbst, daß du nicht auch versucht werdest." Wir stehen immer in der gleichen Gefahr, fehlzutreten, zu straucheln und zu fallen, uns zu versehen und zu vergehen.

Denn alles, was für uns eine Aufgabe ist — und was gibt es, was dies nicht wäre! — ist auch für uns eine Versuchung, ihr nicht zu gehorchen, sich damit oberflächlich abzufinden, ihr aus dem Wege zu gehen, oder etwas zu mißbrauchen, einem schlimmen Reiz zu erliegen, uns für die Welt, statt für Gott zu entscheiden. So ist alles für uns gleichzeitig eine Willensoffenbarung Gottes und eine Anfechtung des Teufels. Wenn uns das aufgeht, dann wissen wir auch, wie oft wir erliegen, auch wenn wir im dritten Reiche Wurzel geschlagen haben. Dann vergeht es uns gründlich und endgültig, über andere zu richten und sie dadurch von uns zu stoßen. Denn wir würden uns damit nur selbst richten und Gottes Gnade lästern, die uns von Fehltritt zu Fehltritt vorwärts hilft.

Darum ist uns nichts anderes möglich, als die Sündenlast des anderen auf uns zu nehmen und mitzutragen, und wir sind dankbar, wenn auch andere an unsrer eigenen mittragen helfen. Die Menschen des dritten Reiches sollen gemeinschaftlich leben und leiden, kämpfen und siegen, so daß niemand Schwäche und Stärke vergleicht, sondern jeder der Notdurft hilft und für den Versagenden eintritt, daß Fehl und Niederlage des Einzelnen gemeinsame Sache ist.

Die Last des andern tragen heißt mehr, als Mitleid mit ihm haben. Es heißt hier, wo es sich um Schuld handelt, die Sünde des andern als feine eigene sich zu Herzen zu nehmen und ihren Druck auf sich lasten fühlen, dieses Schicksal zu unserm Schicksal, diese Not zu unsrer Not, dieses Leiden zu unserm Leiden machen. Wenn Jesus die Sünde der Welt trug, so erfüllen wir fein Gesetz nur völlig, wenn wir auch die Übeltaten der anderen auf uns nehmen, als wären es die eigenen. Denn es sind die unsern. Nur unsre Vereinzelung läßt uns das verkennen. Sobald wir nicht mehr für uns selbst leben, sondern im Zusammenhang des Ganzen, sind wir für alles mit verantwortlich und an allen Sünden, die geschehen, mitschuldig. Wären wir anders, so wäre es nicht geschehen. Wir bilden mit die Luft, den Lebensstrom, die persönliche Menschenverfassung und ihre Gemeinschaft, in der so etwas möglich ist. Jede Sünde, die geschieht, ist eine Schuld der Gemeinschaft. Darum soll einer des andern Last tragen.

Paulus spricht hier nur von einer Art Last, von der Sünde.
Sein Wort gilt aber für jede Art. Ob es Leiden oder Schicksale,
Krankheit oder Not oder unüberwindliche Schwierigkeiten sind:
Einer trage des andern Last. In den seltensten Fällen können wir
den andern seiner Last entledigen. Es wäre ihm dadurch auch
meist gar nicht gedient, denn wir brächten ihn dann um den Segen
der Not. Aber wir können sie innerlich auf uns nehmen, sie mittragen und sie ihm dadurch seelisch erleichtern. Geteilte Last ist
halbe Last. Wir bieten ihm dadurch Rückhalt und Gemeinschaft.
So wächst seine Widerstandskraft. Er fühlt sich nicht mehr allein.
Die Befangenheit des Drucks weicht von ihm. Die Spannkraft
nimmt zu. Er gewinnt neuen Lebensmut. Und wir können ihm
helfen, wenn wir ihm zeigen, wie er sich dazu stellen, wie er es
anfassen muß, und ihm sagen, was für Heil in dem Unheil verborgen liegt, was er gewinnt, wenn er aushält, seiner Not mächtig
wird, sein Schicksal meistert. Das ist gemeinschaftliches Leben. Durch
solch gemeinschaftliches Leben gewinnt der Einzelne die Vollmacht
des Lebens. Nur gemeinschaftlich werden wir die Höhe der neuen
Art Leben in der seelischen Weltordnung erreichen.[1]

---

[1] Vgl. zu diesem Aufsatz und auch zu den vorhergehenden „Das dritte
Reich" im 2. Heft des 21. Bandes der „Grünen Blätter", abgedruckt in den
„Neuen Wegweisern".

Geheimwissens uns zur Erfüllung alles menschlichen Sehnens führt, sondern nur die Offenbarung und Verwirklichung dessen, was Jesus wollte und brachte.

In zweiter Auflage ist meine Schrift über Theosophie erschienen. (Verlag der Grünen Blätter Elmau, Preis 2,50 M.) Sie ist leider noch bitter nötig. Wenn auch die sachliche Kritik immer mehr dieser Zeitkrankheit zu Leibe geht, wird doch die Verherrlichung Steiners und die Anpreisung seiner Anthroposophie als Geheimmittel für alles immer ausschweifender. Proklamiert ihn doch Rittelmeyer hartnäckig als den Menschen der Zukunft und den Messias einer neuen Menschheitsstufe. Darum ist meine Warnung immer noch sehr am Platz. Die Verwirrung und Verblendung, die in weitesten Kreisen angerichtet wird, ist furchtbar genug.

Als Ergänzung dieses Heftes verweise ich ausdrücklich auf den vierten Baustein für persönliche Kultur „Gemeinschaftliches Leben", der zunächst das gegenwärtige Leben der Menschen untereinander analysiert und dann das künftige Gemeinschaftsleben aus der unmittelbaren seelischen Fühlung entwickelt.

Schloß Elmau wird am 1. Mai wieder eröffnet. Dank einer Stiftung ist es uns möglich, immer zehn unbemittelte Gäste aus dem Kreis der Grünen Blätter-Leser für 25 M. täglich (alles in allem) aufzunehmen. Im übrigen ist der neue Prospekt jederzeit von der Schloßverwaltung zu beziehen.

Da viele Leser trotz der Mitteilung im letzten Heft auch für dieses Jahr wieder den bisherigen Bezugspreis eingeschickt haben, mache ich nochmals darauf aufmerksam, daß er von jetzt ab 10 M. beträgt. Die entsprechende Erhöhung für die Ausländer, von der auch dort die Rede war, ist aus der Preisangabe am Kopf der zweiten Seite des Umschlags ersichtlich. Der Verlag hat jetzt endlich auch wieder Einbanddecken für den 20.—22. Band herstellen lassen. Sie sind zum Preise von M. 2,50 zu haben. Gebundene Bände dieser Jahrgänge kosten 12 M. Das Porto versteht sich besonders. Die Vorträge über das Leben möchte ich in einem Doppelheft der Grünen Blätter bringen, das voraussichtlich nicht vor Ende September verschickt werden wird.

Elmau, Ostern 1921

Johannes Müller

üne Blätter

ür perſönliche und völkiſche Lebensfragen

von

Johannes Müller

Elmau
Verlag der Grünen Blätter   2. und 3. Heft
1921

Inhalt

Die Mitteilungen befinden sich auf der 3. Seite des Umschlags

Der Untergang des Abendlandes
Von August Pauli

Unter dem Titel: „Der Untergang des Abendlandes,
Umriſſe einer Morphologie der Weltgeſchichte" läßt Oswald Spengler
ein Werk erſcheinen, deſſen bisher vorliegender 1. Band berechtigtes
Aufſehen in allen gebildeten Kreiſen erregt hat. Schon der buch-
händleriſche Erfolg iſt ein für derartige Werke ganz ungewöhnlicher.
Und das iſt um ſo bemerkenswerter, als das Buch alles eher denn
eine leichte Lektüre iſt. Man kann getroſt ſagen, daß eine das
Durchſchnittsmaß weſentlich überſteigende Bildung dazu gehört, um
alle Ausführungen des Verfaſſers verſtehen und vollends auf ihre
Haltbarkeit hin beurteilen zu können. Das gilt gleich vom 1. Kapitel
über den „Sinn der Zahlen", das eine Vertrautheit mit dem Gebiet der höheren Mathematik vorausſetzt, wie ſie nur den wenigſten
Gebildeten eigen ſein dürfte. Und ich muß mir das Recht, über
das Werk Spenglers ein Wort zu ſagen, von vornherein erkaufen
mit dem Zugeſtändnis, daß ich mich durchaus unzuſtändig fühle,
die mathematiſchen, geſchichtlichen und ſonſtigen einzelwiſſenſchaft-
lichen Aufſtellungen des Verfaſſers kritiſch nachzuprüfen. Wenn
unſereiner doch ein Wort darüber ſagt und das Buch nicht einfach
den Männern der Fachwiſſenſchaften überläßt, von denen allein es
in allen Einzelheiten beurteilt werden kann, ſo berechtigt uns dazu
der Umſtand, daß es im Ganzen etwas durchaus anderes ſein
will als eine fachwiſſenſchaftliche Leiſtung. Es wendet ſich gar nicht
an die Fachwiſſenſchaft, ſondern an die ganze geiſtig intereſſierte
Mitwelt und will ihr etwas Bedeutſames ſagen. Ja es will geradezu
als eine kulturelle Tat gewertet ſein. Der Verfaſſer ſelbſt ſieht
in ihm „einen Gedanken, der nicht bloß in eine Epoche fällt,
ſondern der Epoche macht und etwas ausſpricht, was dem Denken
und Fühlen der Zeitgenoſſen, wenn auch unbewußt, zugrunde liegt".

XXIII.

Handelt es sich aber bei dem Werke Spenglers um eine kulturelle
Tat — gleichviel, ob wir diese Tat begrüßen oder sie unselig
nennen mögen —, so muß jeder, der die Zeit nicht gedankenlos,
sondern mit lebendiger innerer Teilnahme miterlebt, sich mit den
Grundgedanken Spenglers gründlich auseinandersetzen. Und von
diesem Gesichtspunkt aus können wir es auch; die einzelwissenschaft-
lichen Voraussetzungen, auf denen der Verfasser fußt, nehmen wir
dabei zunächst einfach als gegeben an.

Es muß natürlich Aufsehen erregen, wenn jemand in einer
ohnehin so tief erregten Zeit noch die Losung vom bevorstehenden
„Untergang des Abendlandes" ausgibt. Übrigens meint dieser
freilich sensationelle Titel nicht, daß nun etwa das gesamte Abendland in gewaltigen äußeren Katastrophen, sozusagen in „Blut, Feuer
und Rauchdampf" untergehen werde. Es wird nicht überflüssig
sein, im voraus zu bemerken, daß Spenglers Werk durchaus nicht
aus einer pessimistischen Stimmung entstanden ist, die durch die dem
Weltkrieg folgenden Niedergangserscheinungen geweckt worden wäre.
Das Buch war in seiner ersten Niederschrift bereits vollendet, als der
Weltkrieg ausbrach. Es wurde dann bis zum Frühjahr 1917 nochmals
umgearbeitet und ist im Herbst 1917 erstmalig erschienen. Der Titel
stand dem Verfasser bereits 1911 fest, also zu einer Zeit, wo wir
anderen noch nichts weniger erwarteten als einen Untergang, vielmehr noch an geradlinigen Aufstieg unserer Kultur glaubten. Das
Buch ist also nicht aus der Bewertung augenblicklicher Zeit-
erscheinungen entstanden, sondern aus einer umfassenden Beobachtung des Werdegangs unsrer gesamten abendländischen Kultur, verglichen mit dem Werden und Vergehen
früherer Kulturen, und will zeigen, daß unsre abendländische Kultur
ihren inneren seelischen Gehalt, ihre schöpferische Kraft und Fruchtbarkeit einzubüßen im Begriff sei, um schließlich ganz abzusterben
und andersartigen, neu aufkommenden Kulturen den Platz zu
räumen, wie das auch das Schicksal aller früheren Kulturen gewesen ist. Es nimmt nicht zu bloßen Tagesfragen Stellung, sondern
enthält eine eigenartige Geschichtsphilosophie und will die Um-

riſſe einer Morphologie, d. h. einer Geſtaltenlehre der Weltgeſchichte,
zeichnen. Damit bildet es freilich, wie der Verfaſſer ſagt, auch
einen Kommentar zu der großen Epoche, unter deren Vorzeichen
die leitenden Ideen ſich geſtaltet haben, und muß die Richtigkeit
ſeines Schauens auch ſchon an den heutigen Zeitereigniſſen erhärten.
Doch bin ich der Meinung, daß Spenglers Werk auch dann epoche-
machend bleiben würde, wenn die Prognoſe, die er der abend-
ländiſchen Kultur ſtellt, ſich als nicht zutreffend erweiſen ſollte,
weil er etwa doch nicht alle in Betracht zu ziehenden Umſtände
richtig überſchaut und gewertet hätte. Denn er bietet auf jeden
Fall eine neuartige und tiefere Betrachtung der Geſchichte, als wir
ſie gewöhnt ſind, die jedem, der ſie einmal erfaßt hat, unverlierbares
gibt, auch wenn im ganzen oder im einzelnen daran noch ſo vieles
korrigiert werden müßte. Goethe ſagt gelegentlich, daß die Weltgeſchichte immer von Zeit zu Zeit einmal umgeſchrieben werden
müſſe. Das wird wohl auch nach Spenglers Untergang des Abendlandes geſchehen müſſen. Und das iſt etwas ſehr Bedeutſames, denn
es geht nicht nur die Wiſſenſchaft von der Geſchichte an, ſondern
berührt unſer ganzes kulturelles Denken und Handeln, ja unſer
innerſtes Lebensgefühl.

1. Laſſen Sie mich nun verſuchen, Ihnen die Grundgedanken
Spenglers in der gebotenen Kürze zu umreißen. Wir ſind gewohnt,
die Geſchichte einzuteilen in Altertum, Mittelalter und Neuzeit. Dieſes Schema, das ſchon an dem Mangel an Ebenmaß in
ſeinen Gliedern leidet — denn einer Neuzeit von wenigen Jahrhunderten ſteht ein Altertum von ſo und ſo vielen Jahrtauſenden
gegenüber —, deſſen Einteilung auch immer geändert werden mußte,
hindert uns an jedem tieferen Begreifen der Geſchichte. Es geht
von der naiven Vorausſetzung aus, daß Weſteuropa die Achſe iſt,
um die die ganze Welt ſich dreht, und unſre Zeit das Ziel, das
von der ganzen vergangenen Menſchheitsgeſchichte gemeint war.
Der geſchichtliche Stoff von Jahrtauſenden ſchrumpft wie ein entfernter Gegenſtand in der Landſchaft zu Miniaturen zuſammen,
gehaltvolle Geſchichten wie die von Altägypten oder Babylon

5 *

werden als bloßes Vorspiel zur Antike betrachtet, die großen amerikanischen Kulturen, weil ohne Zusammenhang mit uns, nicht einmal erwähnt. Das ist eine Geschichtsbetrachtung ähnlich der Weltansicht, für welche die Erde den Mittelpunkt des Weltalls bildete, und Sonne, Mond und Sterne nur dazu da waren, uns Menschen freundlich zu leuchten — ein Zweck, für den die etwa 35 Millionen Sonnensysteme der Milchstraße, zu schweigen von den ungezählten anderen Systemen, die wir zum allergrößten Teil nicht einmal mehr wahrnehmen, denn doch ein unverhältnismäßiger Aufwand wäre. Und so wäre es auch ein unverhältnismäßiger und zweckloser Aufwand, wenn die ganze Geschichte ferner Jahrtausende großer, begabter und hochentwickelter Völker und wertvoller Kulturen nur den Auftakt bilden sollte zur Geschichte von Westeuropa. Um so mehr als der größte Teil dieser abgelaufenen Geschichte in keiner auch noch so fernen erkennbaren Beziehung steht zu der unsrigen. In ihr selbst liegt die Bedeutung dieser Geschichte und nicht in dem, was sie für uns gewesen oder nicht gewesen ist. Wir müssen also, wie wir das ptolemäische mit dem kopernikanischen Weltsystem vertauscht haben, so auch eine neue, von dem zufälligen Standpunkt des Beschauers unabhängige Betrachtung der Weltgeschichte gewinnen, für die alle diese verschiedenen Geschichtsepochen als wechselnde Erscheinungen und Ausdrücke des einen Lebens einander gleichstehen, und Antike und Abendland neben Indien, Ägypten, Babylon, China keine bevorzugte Stellung einnehmen.

Diese neue, sozusagen kopernikanische Geschichtsbetrachtung bietet Oswald Spengler, indem er vor uns das Bild der verschiedenen in sich selbst geschlossenen Kulturkreise entrollt, deren jeder, einer mütterlichen Landschaft entsprossen, seine charakteristische Eigenart entfaltet und die in ihm ruhenden Möglichkeiten verwirklicht in einer organischen geschichtlichen Entwicklung, die ihren nachweisbaren Anfang, ihren Höhepunkt und ihr unvermeidliches Ende hat, also von der Jugend über die Mannesreife zum Greisenalter und endlich zum Tode führt, dem unentrinnbaren Endschicksal alles Lebendigen. Denn diese Kulturen — die chinesische, die indische,

die babylonifche, die altägyptifche Kultur, die Kultur der Antike,
die des Abendlandes, und welche da noch zu nennen wären —, find
lebendige Wefen, die umfaffendften und kompliziertesten Organismen,
die wir kennen. Die Lebensgefchichte diefer verfchiedenen, in fich
beruhenden Kulturen, das ift die Weltgefchichte. Alles Völkerleben,
das außerhalb diefer Kulturorganismen verläuft, ift belanglos,
keine Gefchichte, bloßer Rohftoff für Kultur oder — Schlacke. Es
gibt Urvölker, Kulturvölker, Fellachenvölker. Urvölker, das find
Völker, die ihre Kultur noch nicht erlebt haben, die dem Tag erft
entgegenträumen, an dem der zündende Funke in fie fällt, der belebende Hauch fie anweht, das göttliche: es werde! über fie ge-
fprochen wird, das fie zu Kulturvölkern macht. Was dann von
ihnen übrig bleibt, wenn ihr Lebenstag abgelaufen ift, der ent-
feelte Leichnam, die ausgebrannte Schlacke, das find die Fellachenvölker wie die heutigen Bewohner Ägyptens oder Vorderafiens
oder Griechenlands. Die eigentliche Aufgabe einer echten Gefchichts-
philofophie, zu der erft wir von unfrem umfaffenden Weltüberblick
aus fähig find, ift nun die einer Morphologie der Weltgefchichte, d. h. die Aufgabe, die Lebens- und Wachstumsgefetze
einer folchen Kultur, die Geftalten, die fie auf den verfchiedenen
Altersftufen mit Notwendigkeit annimmt, durch den Vergleich der
verfchiedenen uns zugänglichen Kulturen herauszuftellen; zeitigen
doch die Kulturen auf je derfelben Altersftufe gleichartige, oft mit
verblüffender Genauigkeit einander entfprechende Erfcheinungen.
So find z. B. Alexander der Große und Napoleon Erfcheinungen,
die die nämliche Altersftufe ihrer Kultur ausdrücken und in diefem
Sinne gleichzeitig zu nennen find. Mit diefen Lebens- und Ent-
wicklungsgefetzen der Kulturorganismen haben wir nicht nur den
Schlüffel in der Hand zum Verftändnis der vergangenen Gefchichte,
fondern auch die Möglichkeit, den mit innerer Notwendigkeit
kommenden Verlauf einer gerade lebenden Kultur mit weitgehender
Sicherheit vorauszuberechnen. Und auf Grund diefer Betrachtungs-
weife glaubt Spengler fagen zu können, daß unfre gegenwärtige
abendländifche Kultur, deren Geburt er ungefähr auf das Jahr

1000 n. Chr. anſetzt, jetzt in ihr greiſenhaftes Stadium eingetreten
ſei und in einem oder zwei Jahrhunderten vollſtändig abgelaufen
ſein werde.

Jede Kultur hat ihre eigene Seele. Was iſt überhaupt
Kultur? Kultur iſt der eigenartige und einheitliche Stil ·in allen
Lebensäußerungen eines Volks, der aus einem tiefen gemeinſamen
Lebensgefühl herauswächſt, aus der beſonderen Art, wie gerade
dieſe Menſchen übereinſtimmend ganz unwillkürlich und unbewußt
das Leben und die Welt empfinden müſſen. Dieſes die Kultur
erzeugende tiefe innere Lebensgefühl, das iſt ihre Religion. Es
gibt keine lebendige Religion, die etwas anderes wäre als eben
die Seele einer beſtimmten Kultur. Dieſe Kulturſeele prägt ihre
Eigenart in allem aus,· was das Leben eines Kulturvolkes aus-
macht, in ſeinem Kultus, ſeinen Sitten, ſeiner Kunſt und ſeiner
Wiſſenſchaft, ſeinem Naturgefühl, ſeiner Geſchichtsbetrachtung, in
ſeiner Politik, in ſeinem Wirtſchaftsleben. Sie ſchafft unbewußt,
inſtinktiv; wird ſie erſt bewußt, dann iſt eine Kultur ſchon überreif
und ſteht vor ihrem Ende. Leben heißt die vorhandenen inneren
Möglichkeiten entwickeln. Hat ein Kulturorganismus die in ihm
ſchlummernden Möglichkeiten nach allen Seiten hin verwirklicht, ſo
erliſcht ſeine ſchöpferiſche Kraft, ſeine Seele ſtirbt. An die Stelle
der Seele tritt der mittlerweile hochentwickelte Intellekt, die Durch-
ſeelung des Lebens weicht der bloßen Durchgeiſtigung; das bisher
nach innen gerichtete Leben wendet ſich nach außen in einer rein
expanſiven Tätigkeit, die einen tieferen inneren Sinn nicht mehr
hat. M. a. W.: Die Kultur wird zur Ziviliſation. Dieſer
Übergang der Kultur zur Ziviliſation fand für die Antike im
3. Jahrhundert v. Chr. ſtatt, für die Kultur des Abendlandes begann ſie mit dem Jahr 1800 und bildet den eigentlichen Inhalt
der Geſchichte des 19. Jahrhunderts. Er iſt in allen Kulturen
gleichförmig bezeichnet durch Auflöſung des alten organiſch. ge-
gliederten Volkslebens, an deſſen Stelle die anorganiſchen Maſſen
der mittlerweile herangewachſenen Großſtädte treten, die nunmehr
die eigentlichen Träger der weiteren Geſchichte ſind. Wie jede

Kultur ihrem Wesen nach religiös, so ist jede Zivilisation ihrem Wesen nach irreligiös, rein verstandesmäßig, ohne Tiefe. Das also wäre die Erklärung des von allen tiefer Blickenden unter uns schon lange erkannten und beklagten Prozesses der Veräußerlichung und Verflachung unsres Volkslebens, der sich besonders in der zweiten Hälfte des vergangenen Jahrhunderts bemerkbar machte und seinen Ausdruck fand sowohl in dem theoretischen Materialismus einer Wissenschaft, die, aller metaphysischen Betrachtung der Dinge abhold, auf rein exakte Naturforschung gerichtet war, wie in dem praktischen Materialismus eines bloß auf äußere Erfolge gerichteten Lebens. Es ist — nach Spengler — der Übergang unsrer Kultur zur bloßen Zivilisation und damit der Anfang vom Ende.

Spengler stellt vor allem zwei Kulturen in überaus anschaulicher Weise einander gegenüber, die der Antike, deren Seele er nach Nietzsches Vorgang die apollinische Seele nennt, und die des Abendlandes, deren Seele er die faustische Seele heißt. Nur nebenher gewinnen wir noch einigen Einblick in die Seele der altägyptischen Kultur und in die von ihm „magisch" genannte Seele der arabischen Kultur, die zu Beginn unsrer Zeitrechnung in Vorderasien entstanden sein soll und der merkwürdigerweise sowohl das Urchristentum wie der Islam zugerechnet wird. Die Gegenüberstellung der antiken, apollinischen, und der abendländischen, faustischen Kultur, die — man kann sagen: das eigentliche Thema des ganzen Buches bildet, ist von allergrößtem Interesse. Sie will zeigen, daß die Verschiedenartigkeit der Kulturseelen so tief geht, daß jede eine völlig andere Welt aus sich heraus gestaltet, und daß es für alle Menschen gleicherweise gültige Werte und Wahrheiten nicht gibt, weshalb sich auch die verschiedenen Kulturen gegenseitig nie wirklich verstehen können. Auch die Geistesgebiete, denen wir unbedingte Allgemeingültigkeit zuzuschreiben gewohnt sind, wie die Mathematik, der Begriff der Zahlen, existieren in derselben Weise jeweils nur für einen und denselben Kulturkreis. Selbst die von Kant aufgestellten apriorischen Formen der Anschauung, Raum und Zeit, oder seine Kategorien des Denkens

sind allgemein gültig nur für die Menschen unsres Kulturkreises,
geschweige daß wir uns etwa über das Wesen des Schönen, über
die Gesetze der Moral, über Sinn und Zweck des Lebens mit den
Angehörigen fremder Kulturen verständigen könnten. Es gibt eben
keine Menschheit — Menschheit ist ein leerer, unwirklicher Begriff;
es gibt nur Kulturen, deren Bedeutung nicht etwa in dem geistigen
Erbe liegt, das sie als Ertrag ihres Daseins der Menschheit
hinterlassen, sondern allein in ihnen selbst, in ihrem Dasein, in der
Verwirklichung der in ihnen vorhandenen Möglichkeiten.

So zeigt sich nun bei genauerer Betrachtung, daß die apollinische Seele des alten Griechentums allein auf die sinnlich
greifbare Nähe und Gegenwart gerichtet war und alles
darüber Hinausliegende als das Nichtseiende verneint und mit
einer gewissen Angst von sich fernzuhalten sucht, während umgekehrt die Seele der abendländischen Kultur darum die faustische
heißt, weil ihr auf allen Gebieten die Sehnsucht und das Streben
nach dem Unendlichen eigen ist, etwa im Sinne des Hölderlinschen
Wortes: Uns ward gegeben, auf keiner Stufe zu ruhen. Dieser
grundverschiedenen Einstellung auf das ganze Dasein entsprechend
ist für den Griechen alles anders als für uns. Für ihn ist der
Gegenstand der Mathematik der umgrenzte, meßbare Körper, für
uns der unendliche Raum; für ihn ist der Sinn der Zahlen die
Bestimmung von Größen, für uns, die wir mit unendlichen und
unbestimmten Zahlen rechnen, nicht die Bestimmung von Größen,
sondern von Verhältnissen, von Funktionen. Aus demselben Geist
heraus führt ganz folgerichtig die Entwicklung der antiken Kunst
über die Vorstufe der Freskomalerei hinüber, die den Raum ignoriert,
zu ihrem Höhepunkt, der frei und ohne Beziehung zu ihrer Umgebung stehenden Statue, denn die Statue ist das Symbol der für
die Antike allein existierenden sinnlich greifbaren Nähe, während
das Abendland die perspektivische Malerei ausgestaltet, deren eigentlicher Gegenstand der unendliche Raum ist, und als Höhepunkt
ihrer Kunstentwicklung die den Raum erfüllende, die reine Bewegung darstellende kontrapunktische Musik, die im Streichquartett

ihr Wesen am reinsten offenbart. Und wiederum aus demselben
Geist heraus ist für den Griechen das ethische Ideal die gute
Haltung, die Unerschütterlichkeit inmitten sinnloser Schicksalszufälle,
während es für den faustischen Menschen in der schöpferischen Tat
liegt. Doch genug dieser Andeutungen.

Daß wir aber imstande sind, die Eigenart unsrer, zunächst doch
rein aus dem Unbewußten schaffenden Kulturseele selbst zu erfassen, deutet nun darauf hin, daß unsre Kultur nach allen Seiten
hin ihre inneren Möglichkeiten schon erschöpft hat. Sie hat
ihre Mathematik ausgebildet; es gibt hier kein Darüberhinaus mehr.
Sie hat sowohl in der Malerei wie in der Musik, den beiden ihr
spezifisch eignenden Künsten, ihr letztes Wort gesprochen; was wir
heute noch an Kunstschöpfungen erleben, beweist nur die eingetretene
Unfruchtbarkeit. Die Dichtung des Abendlandes hat in Dante,
Shakespeare und Goethe ebenso ihren Höhepunkt hinter sich wie
die Philosophie in Kant und Hegel; nach der metaphysischen hat
sich auch die ethische Philosophie als letzte mögliche Stufe in Schopenhauer und Nietzsche erschöpft; das 20. Jahrhundert hat an ihre Stelle
die Praxis wirtschaftlicher Tagesfragen gesetzt. Kurz, wir sind in
der Niederung der reinen Zivilisation angelangt, aus der wir so
wenig zu jenen Höhen zurückkehren können wie der Fluß zu seinem
Ursprung. Es gibt jetzt für uns nur noch einen möglichen philosophischen Standpunkt, das ist der Spenglers selbst, der historisch-
psychologische Skeptizismus, der weder die Wahrheit erkennen noch
das Gute feststellen zu können meint, dem vielmehr Metaphysik
wie Ethik nur noch geschichtliche Erscheinungen sind; es gibt für
uns nur noch eine Kulturaufgabe, die von Spengler selbst in An-
griff genommene Morphologie der Weltgeschichte — man möchte
sagen: die Leichenrede unsrer Kultur.

2. Das ist das Ergebnis, zu dem Spengler gelangt. Ein
tieferschütterndes, ein niederschmetterndes Ergebnis, das un-
widerrufliche Todesurteil unsrer Kultur. Man ist versucht zu sagen:
Das hat uns gerade noch gefehlt, daß uns in dieser Zeit, in der
wir den Niedergang der europäischen Kultur und speziell unsres

Volkes als Folgeerscheinung des Krieges täglich vor Augen haben
und schwer innerlich ringen müssen, um die Hoffnung auf eine
bessere Zukunft und damit den Mut zur Arbeit für sie uns aufrecht
zu erhalten, noch wissenschaftlich bewiesen wird, daß dieser Niedergang unaufhaltsam und unwiderruflich ist. Wie ein lähmender Alp-
druck legt sich diese Vorstellung aufs Gemüt. Wir haben uns ja
nie der Illusion hingegeben, als ob unsre Kultur oder unser Volksleben einen verbrieften Anspruch auf ewigen Bestand habe. Alles
Gewordene muß vergehen. Alles Lebendige fällt notwendig einmal
dem Tode anheim. Wer hätte nicht schon, wenn er etwa von der
Ruinenstätte einer antiken Weltstadt wie Ephesus las, deren geo-
graphische Lage sogar lange Zeit unsicher war — so tief war sie
versunken — unwillkürlich von einer Zukunft geträumt, wo auf
der Stätte des ehemaligen Münchens wieder Schafe weiden, oder
wo Altertumsforscher der Zukunft die kümmerlichen Reste des
Brandenburger Tores wieder aus dem Schutt ausgraben? Aber
das war noch ein müßiges Gedankenspiel; noch glaubten wir uns
im Aufstieg begriffen; da hat der Gedanke an Tod und Vergehen
etwas sehr Unwirkliches. Er wirkt ganz anders, wenn wir erfahren,
daß wir, ohne es zu wissen, schon lang im Niedergang begriffen
waren, und der Tod schon an die Pforte klopft. Auch wir unterschieden Kultur und Zivilisation. Dieser Gegensatz ist uns an und
für sich nicht neu. Aber unsre Annahme war die, daß alles, was
wir bisher gehabt, nur Zivilisation und noch keine wahre Kultur
gewesen sei, daß wir zur echten Kultur erst hinaufsteigen müßten.
Spengler lehrt uns, daß die Zeit unsrer Kultur hinter uns liegt,
daß wir sie auch nicht wieder herstellen können; denn Kultur kann
der Mensch überhaupt nicht schaffen; sie wird, sie wächst aus
Lebenstiefen, die der Einsicht und dem Willen des Menschen verschlossen sind, und alles, was er zielbewußt erstrebt, ist eo ipso
nicht Kultur, sondern bloße Zivilisation. Man möchte fragen:
Warum sagt er uns das alles? Warum läßt er uns nicht wenigstens
die beglückende Illusion? Warum gabst du mir zu sehen, was ich
doch nicht wenden kann? Er mußte wohl. Solch ein Buch schreibt

nicht der bloße Vorwitz. Innere Nötigung, fein, fei es guter, fei es
böfer Dämon drängte ihn dazu. Es war feine Miffion, das alles
dem Geschlecht diefer Tage zu fagen. Es wird Sache des Geschlechts
fein, dazu fo oder anders Stellung zu nehmen, und es wird feinen
inneren Wert vor dem Forum der Geschichte u. a. auch darin zu
erweifen haben, wie es fich dazu stellt.

Wie stellen wir uns dazu? Spengler fagt uns, daß fich
an diefem Ausgang nichts ändern läßt, daß man dies wollen
muß oder gar nichts, daß man dies Schickfal lieben oder am Leben
verzweifeln muß. „Wenn unter dem Eindruck diefes Buches", fo
fagt er wörtlich, „fich Menschen der neuen Generation der Technik
statt der Lyrik, der Marine statt der Malerei, der Politik statt der
Erkenntniskritik zuwenden, fo tun fie, was ich wünsche, und man
kann ihnen nichts Befferes wünschen." Dem kann man in gewiffem
Sinne zustimmen. Wer fich nämlich der Lyrik zuwendet aus eigenem
freien Willen, wer nicht dichtet, einfach weil er muß, weil „es"
in ihm dichtet, weil ihn ein Gott zwingt, zu fagen, was er leidet,
fondern weil er gerne ein Dichter fein möchte, der tut ficherlich
beffer, fich der Technik zuzuwenden. Und was die Malerei betrifft,
fo habe ich fchon lange mich gefragt, was eigentlich unfre heutigen
Künstler in ihrer übergroßen Mehrzahl noch wollen. Sie überschlagen fich ja fchon völlig in tollen Phantastereien als Futuristen
und Kubisten, nur um noch etwas Neues bringen zu können und
nicht längst beffer Gefagtes noch einmal und noch einmal zu fagen.
Es gibt keinen deutlicheren Beweis dafür, daß fie der Welt nichts
mehr zu fagen haben. Sie würden gewiß am besten tun, nach dem
Vorbild von Kellers Grünem Heinrich fich dem Verwaltungsdienst
oder meinetwegen der Marine zu widmen. Aber das ist's nicht
eigentlich, worum es fich handelt. Kultur haben heißt doch nicht
etwa nur malen oder dichten. Man kann auch als Verwaltungs-
beamter, als Techniker oder Kaufmann ein innerlich lebendiger
Mensch fein, ein Mensch, der Tiefe hat und der durch den Sinn,
in dem er feine Arbeit als einen Dienst an der Gefamtheit vollbringt, fie zur perfönlichen Tat macht. Man kann auch in eine

ganz mechanische Handarbeit Seele hineinlegen. Und wer das kann,
der ist ein Mensch, der nach innen lebt und nicht nur nach außen,
in dem das Gemüt regiert und nicht der bloße Intellekt, der innere
Kultur hat und nicht bloße Zivilisation. Wenn also Spengler es
als unser unentrinnbares Schicksal bezeichnet, in Zivilisation zu
versanden, so spricht er uns auch die Möglichkeit ab, in diesem
Sinne hinkünftig noch Kultur zu haben. Er sagt ja auch
ausdrücklich: Zivilisation ist ihrem Wesen nach irreligiös, bloße
Zivilisation haben heißt, keinen eigentlichen, tieferen Sinn mehr
in seinem Leben haben. Und dies sollen wir nun wollen oder gar
nichts, dies Schicksal lieben oder am Leben verzweifeln? Ich für
meine Person finde es dann sinnvoller und geschmackvoller, am
Leben zu verzweifeln. Ja, wer ein bloßer Zivilisationsmensch ist,
der keine Tiefe hat, der nichts kennt als äußere Erfolge und in
Ekstase geraten kann über einen Fortschritt wie den, daß wir nun
auch das Fliegen gelernt haben, den wird diese Prognose freilich
nicht anfechten, denn er kann nicht einmal verstehen, wovon ge-
redet wird. Wem aber der Sinn, der Wert, die Schönheit des
Daseins im inneren Leben liegt, so daß er allen bloß technischen
Errungenschaften gegenüber nie die Frage hat unterdrücken können:
Was ist nun eigentlich damit gewonnen? dem starrt aus der
Spenglerschen Prognose nur das versteinernde Medusenhaupt der
Sinnlosigkeit des ganzen Daseins entgegen. Nein, das ist kein
Schicksal mehr, das man lieben, das man wollen kann. In dem
Verzicht auf innere Größe liegt keine innere Größe mehr. So wie
Spengler will, können wir uns also jedenfalls nicht zum Untergang
unsrer Kultur stellen.

Aber ist denn dieser Untergang wirklich ein unwiderrufliches
Schicksal, eine bereits vollendete Tatsache? Man kann sich natürlich
nicht dem Eindruck verschließen, daß Spengler in weitgehendem
Maß recht hat. Daß unser mathematisches System ausgebaut ist
und ihm nichts Wesentliches hinzuzufügen ist, daß wir keinen neuen
großen Baustil mehr schaffen, keine große Kunst und Musik und
am Ende auch keine bedeutenden metaphysischen Systeme mehr

hervorbringen werden, das mag fein. Es drückt ſich darin wohl
ein gewiſſes Verſiegen der jugendlich ſchöpferiſchen Kraft aus, und
man mag das mit demſelben Bedauern feſtſtellen, mit dem der
älter werdende Mann feſtſtellt, daß ihm die quellende Schaffens-
kraft der jüngeren Jahre abhanden gekommen iſt. Man könnte
freilich auch, was dieſe Dinge betrifft, noch die Frage ſtellen, ob
es wirklich ausgeſchloſſen iſt, daß uns auf dieſen Gebieten noch
einmal neue Männer erſtehen, die wieder Bedeutſames zu ſagen
haben. Wir können uns im voraus nicht ausdenken, in welcher
Richtung ſie die ſcheinbar abgelaufene Entwicklung etwa noch
weiterführen können. Aber welche Geſtalt des Lebens hätte ſich je
der Menſch im voraus ausdenken können, ehe ſie das quellende
Leben nicht ſelbſt aus ſeinem unergründlichen Schoße gebar und
in ihrer vollendeten Eigenart vor ihn hinſtellte? Dann glauben
wir ja immer zu erkennen, daß es ſo kommen mußte; aber das
iſt doch etwas wie vaticinatio post eventum. Mag aber Spengler
darin recht haben, daß nach allen dieſen Seiten hin unſre Kultur
die in ihr liegenden Möglichkeiten erſchöpft hat. Daraus folgt
meiner Meinung nach noch nicht, daß nun unſre Kultur überhaupt ihre
inneren Möglichkeiten erſchöpft hätte und keine Aufgaben
mehr für uns enthielte. Mir ſcheint vielmehr, daß unſre Kultur
ihre eigentliche und reifſte Frucht erſt bringen muß.

War denn das eigentlich ſchon eine Kultur, die darin
beſtand, daß einzelne große ſchöpferiſche Geiſter auf den verſchiedenen
geiſtigen Gebieten große geniale Werke ſchufen, während die Groß-
zahl der Menſchen, unfähig, dieſe gewaltigen Schöpfungen zu begreifen, in dumpfer Unbewußtheit ihr Daſein fortſpann? Ich meine,
von Kultur kann man doch nur in dem Maße ſprechen, als jenes
tiefe Lebensgefühl, das die großen Werke wie Symbole feiner ſelbſt
aus ſich herausſetzte, das Leben des ganzen Volkes beherrſcht und
alle Seiten des Volkslebens aus ſich heraus regiert und geſtaltet.
Nun würde Spengler freilich ſagen: das war bei uns der Fall,
etwa bis zum Ausgang des 18. Jahrhunderts; in den großen
ſymboliſchen Geſtaltungen der Religion, der Moral, der Sitte, die

ja nichts weiter sind als Ausgestaltungen des verborgenen Lebensgefühls, die das Volksgemüt in unbewußtem Schaffen aus sich
heraussetzt, beherrschte es das Volksleben. Das Zeitalter der
Zivilisation aber, in das wir eingetreten sind, bedeutet die Auflösung dieses Lebensstiles. Sicherlich bedeutet es eine ungeheure,
bis auf den Grund gehende Kulturkrisis. Warum konnte diese eintreten? Spengler sagt: weil die Lebenskraft unsrer Kultur erloschen
war. Ich meine: weil sie erst auf ihrer vorletzten und noch nicht
auf ihrer letzten und höchsten, auf ihrer Reifestufe angelangt
war. Reif sind wir dann, wenn wir das, was wir aus Anlage
und Bestimmung heraus sein müssen, bewußt erfassen und unser
ganzes Leben danach gestalten, wenn wir uns nicht von der
dunklen Gewalt in unsrem Innern nur leben lassen, sondern selbst
leben und unser Schicksal nicht in dumpfer Unbewußtheit bloß erleiden, sondern verstehen, bejahen, lieben und mit Willen erfüllen,
kurz gesagt: wenn wir uns selbst ganz tief innerlich gefunden haben.
Wer sich selbst hat, steht auch nicht mehr in der Gefahr, durch
äußere Einflüsse aus der Bahn zu geraten und an Fremdes sich
zu verlieren. Offenbar stand jene frühere unbewußte Volkskultur,
von der Spengler redet, noch nicht auf dieser reifen Stufe, sonst
hätte sie sich doch nicht wieder verlieren können. Warum gibt denn
z. B. heute der Bauer, nach Spengler der letzte organische Mensch
in Zeiten der Zivilisation, Stück für Stück seiner ererbten boden-
ständigen Kultur preis, warum verkauft er sein Erstgeburtsrecht
um das Linsengericht der fragwürdigen Zivilisationsprodukte, die
die Stadt ihm abgibt? Offenbar, weil er sich selbst nie verstanden
hat und sich darum blenden läßt von dem Schein der Überlegenheit,
mit dem die Stadt ihm gegenübertritt. Das ist das Verhalten von
Kindern; da kann doch von Reife noch keine Rede sein. Zu wirk-
licher Reife haben es bisher, wenn ich recht sehe, immer nur
einzelne Bevorzugte gebracht. Was wir aber bisher an Kultur des
Abendlandes als solcher gehabt haben, das scheint mir zu wirk-
licher Reife überhaupt noch nicht gekommen zu sein.

Infolgedessen harren die wichtigsten Kulturaufgaben

innerhalb unfres Kulturkreifes erft ihrer Löfung. Es handelt fich
da nicht mehr darum, große künftlerifche Werke oder gedankliche
Syfteme zu fchaffen; es mag wohl fo fein, daß an folchen Aufgaben
eine werdende Kultur ihre Jugendkraft erprobt. Für die reifende
Kultur ift die eigentliche Kulturaufgabe der Menfch felbft und
fein Leben. Sind wir denn bisher wirklich Menfchen gewefen, d. h.
nicht bloß jene zweifelhaften Ergebniffe aller möglichen Einflüffe
von Abftammung und Vererbung, Milieu und äußeren Umftänden,
fondern felbftbewußte, felbftmächtige, verantwortliche Wefen, die
wiffen, was fie wollen, und wollen, was fie aus innerer Notwendigkeit heraus müffen? Oder hat nicht Nietzfche recht, wenn
er fagt, daß das, was wir heute den Menfchen nennen, etwas ift,
was überwunden werden müffe? Wir brauchen das, was werden
foll, nicht den Übermenfchen zu heißen. Aber Menfchen im
wahren Sinne des Wortes müffen wir jedenfalls erft werden.
Heute ahnen wir ja beftenfalls erft, was Menfchfein eigentlich be-
fagen will. Von diefem innerften Punkt aus müffen dann alle die
einzelnen Gebiete des Lebens erft erobert und neugeftaltet werden.
Hier erheben fich die von Spengler mit Unrecht fo wegwerfend
behandelten Fragen der leiblichen und feelifchen Lebensführung,
dann die Fragen der Berufstätigkeit, der Ehe, der Erziehung des
nachwachfenden Gefchlechts, der Volksbildung, die Fragen der Ge-
ftaltung des fozialen, wirtfchaftlichen, politifchen Lebens aus dem
Geifte unfrer Kultur heraus. In allen diefen Dingen lebte die
noch mehr in dumpfer Unbewußtheit dahinlebende frühere Zeit
von Traditionen, die dem Einzelnen das fchützende Gehege waren
gegen die Ausbrüche feines bloßen Trieblebens. Diefe Traditionen,
die teils dem genialen Schauen einzelner großer Geifter, teils der
vereinten Erfahrung langer Gefchlechterreihen entfprungen fein
mögen, find an und für fich von hohem Wert und üben auf das
Ganze des Volkslebens eine gewiffe heilfame, bewahrende Wirkung
aus. Aber fie find zuletzt doch nur das, was man einen „Notfchutz
gegen das Chaos“ genannt hat, keine wirkliche Löfung der hier
vorliegenden Aufgaben, die eben in jedem einzelnen Fall wieder

neu und ganz von innen heraus aus dem lebendigen Empfinden
der vorhandenen Notwendigkeiten sich ergeben muß. Die wirklichen
Lebensaufgaben sieht der in bloßen Traditionen gebundene Mensch
gar nicht, weil der eigentliche Sinn des Lebens sich immer nur
dem entschleiert, der sich selbst fand. Wie primitiv und barbarisch
übrigens die meisten traditionellen Lebensordnungen in ihrer gewöhnlichen Anwendung noch waren, wie hart und grausam, wie
sinnlos lebenzerstörend sie wirken konnten — man denke nur an
die unzähligen innerlich unmöglichen, aber gesetzlich legalisierten
Ehen, an die Mißgriffe in der Berufswahl und an die Stümperei
in der Berufserfüllung, an die Mißhandlungen der Kinderseelen
durch die Verständnislosigkeit unsrer Erziehungspraxis —, wie man
überhaupt mit dem köstlichsten aller Kulturgüter, dem Menschen
selbst, bisher gehaust hat, das weiß jeder tiefer veranlagte
und feiner empfindende Mensch aus eigener schmerzlicher Erfahrung.
Nach allen diesen Seiten hin hat unsre Kultur ihr letztes Wort
noch nicht gesprochen, ihr Ziel noch nicht erreicht. Gleichviel ob
sie es tatsächlich noch erreicht oder nicht mehr erreicht, jedenfalls
hat sie ihre inneren Möglichkeiten noch nicht erschöpft, solange
noch so große Aufgaben uns bedrängen, so hohe Ziele uns winken
und unser Streben, unser Hoffen entflammen. Was nicht mehr zu
den inneren Möglichkeiten einer Kultur gehört, dächte ich, kann
in ihrem Umkreis auch nicht mehr als Aufgabe verstanden werden,
nicht mehr als Ziel erscheinen. Was wir da meinen, ist etwas
ganz anderes, als was Spengler die Durchgeistigung des Lebens
nennt, die der hochentwickelte zivilisatorische Intellekt vornimmt,
indem er das Leben verstandesmäßig konstruiert und auf seine
Zwecke hin anlegt, nachdem die kulturelle Durchseelung des Lebens
ihr Ende erreicht hat. Eben diese vom Intellekt ausgehende und
auf äußere Zwecke gerichtete Rationalisierung und Mechanisierung
des Lebens ist das größte Hindernis einer wahren Kultur. Es
handelt sich für uns darum, den tiefen Sinn, den wir im Leben
finden, den wir nicht konstruieren, sondern der uns aufgeht, und
der darum der Ausdruck unsres eigenen innersten Wesens ist, zu

verwirklichen. Anders ist kein Problem wirklich zu lösen. So wird
z. B. die heute so brennende soziale Frage nicht wieder zur Ruhe
kommen, sondern die ganze Kulturwelt in den Abgrund ziehen,
wenn wir sie nur als ein Zivilisationsproblem, d. h. bloß als eine
Frage der zweckmäßigsten Gestaltung unsrer Volkswirtschaft betrachten und sie nicht als ein Kulturproblem aus echt sozialer Gesinnung heraus, menschenwürdig und ihrem tiefsten Sinn entsprechend zu lösen wissen. Solcher Art sind die Aufgaben der ihrer
Reife entgegengehenden Kultur. Sie fallen vielleicht nicht mehr so
ins Auge wie die Werke, in denen die Seele einer Kultur in ihrer
Frühzeit sich auslebt, der Bau gotischer Dome oder gewaltiger
Gedankensysteme, das Schaffen wunderbarer Gemälde und Musik-
werke — der Strom, der in die Ebene getreten ist, stürzt nicht
mehr in imposanten Wasserfällen zu Tal und erregt nicht mehr
mit lautem Brausen Aufsehen, aber er trägt Schiffe und befruchtet
das Land —, so scheint die Aufgabe der reifenden Kultur weniger
großartig, ist aber fruchtbarer und wertvoller.

3. Doch Spengler würde sagen: Das sind Provinzlerideale,
Ideale abseitsstehender Menschen, die das Rad der Entwicklung nach
ihrem Gefallen drehen möchten, während die wirkliche Geschichte
in großartiger Unbekümmertheit um unsre Wünsche ihren ehernen
Gang weitergeht. In der Tat drängt sich uns auch ganz unwillkürlich die Frage auf: Besteht denn irgendeine Aussicht, daß
das, worin wir die Reife unsrer Kultur sehen wollten, wird?
Sonst hat es auch kaum Sinn, danach zu streben, und Spenglers
Mahnung besteht zu Recht, nicht nach dem zu sehen, was nach
unsrer Meinung kommen sollte, sondern nach dem, was aller Vor-
aussicht nach kommen wird.

Nun können wir ja auf manche verheißungsvolle Ansätze hinweisen. So schien es z. B. schon etwas zu verheißen, als
nach Jahrzehnten, in denen ganz seelenlose, nur auf das äußerlich
Nützliche oder auf unwahren Prunk gerichtete Bauwerke entstanden,
etwa seit der Jahrhundertwende wieder eine beseeltere Bauweise sich
zeigte, die an die abgebrochene Stilentwicklung wieder anknüpfte

XXIII.

und sie einigermaßen weiterführte. Und noch mehr verhieß das auf allen möglichen Gebieten des Lebens zu beobachtende Erwachen gesünderer, reinerer, tieferer Instinkte. Verheißungsvoll war die Bewegung, die durch einen Teil unsrer Jugend ging; in nicht wenigen Familien konnte und kann man beobachten, daß die Kinder seelisch wacher sind als ihre Väter und über sie hinauswachsen, während natürlich auch tausend andere sind, bei denen nur der gute Vätersinn in den Kindern verloren geht. Verheißungsvoll ist auch der Eindruck, als ob eine neue eigenartige Religiosität in der Entstehung begriffen sei. Sie darf nicht verwechselt werden mit dem religiösen Eklektizismus, der der liberalen Bildungsschicht im ausgehenden 19. Jahrhundert eigen war und zum großen Teil heute noch eigen ist, wo ein jeder sich nach Gefallen aus daher und dorther übernommenen Gedanken etwas wie einen Glauben zurechtzimmert. Das ist eine Niedergangserscheinung. Die neue Religiosität, die wir kommen sehen, ist nicht eine aus den überlieferten geschichtlichen Religionen herausdestillierte Vernunftreligion; sie ist kein Erzeugnis unsres Geistes und Willens; die von ihr ergriffen sind, wissen, daß sie aus tiefen Ursprüngen in ihnen erwacht ist. Sie erwacht heute in Menschen ohne Unterschied der Konfessionen und Weltanschauungstheorien, ist noch keusch und zurückhaltend in ihren Äußerungen, ungestaltet in ihren Formen, tastend und suchend nach sich selbst — denn es ist noch nicht erschienen, was sie sein wird; gleichwohl ist sie so weit heute schon in ihrem Wesen erkennbar, daß sie in der tiefen Ehrfurcht besteht vor der Größe, Heiligkeit und Schönheit des Lebens als solchen, wie es ohne den Schleier überlieferter Dogmen angeschaut und erlebt wird. So greifen wir immerhin so viel von der Art der Christen der kommenden Zeit, daß auch sie Tatmenschen sein werden, aber in viel tieferem Sinn als die, die wir gewöhnlich so nennen; sie werden Leute sein, deren Christentum nicht in Glaubensanschauungen und moralischen Grundsätzen besteht, sondern in der lebendigen und tiefen Empfindung des Daseins und der daraus quellenden, die Aufgaben des Lebens erfüllenden Tat; bei denen Religion nicht mehr als etwas Besonderes

neben dem Leben hergeht, sondern das Leben selbst ist. Wir haben
in der jüngeren Generation manchen gesehen, der uns auf dem
Wege schien, diesen neuen Typus religiösen Lebens zu verwirklichen.
Um endlich unter den verheißungsvollen Ansätzen der Zeit auch
etwas zu nennen, was uns zeigt, daß nicht nur Einzelne, sondern
auch das Volk als solches fähig ist, von einem großen Geist durch-
flutet zu werden, sei daran erinnert, was wir erlebten, als der
Krieg ausbrach. Kein nachheriger Zusammenbruch kann mich irre
machen in der Anschauung, daß das starke völkische Schicksalsgefühl
mit der aus ihm geborenen Kraft des Heldentums und der Opfer-
willigkeit, das damals wie ein einheitlicher Strom das Volk durch-
flutete, wirklich etwas Bedeutsames und Verheißungsvolles war.
Es ist, durch die Schwere und Erfolglosigkeit des Krieges erschüttert
und von anderen Strömungen durchkreuzt, uns wieder verloren
gegangen, aber es bleibt trotzdem ein verheißungsvolles Erlebnis,
das die Hoffnung wecken kann, daß wir — vielleicht! — auch
noch einmal Größeres erleben werden.

Wir sind also gewiß nicht von allen guten Geistern verlassen.
Aber alle diese Dinge, die wir da genannt haben und noch nennen
könnten, man mag sie so hoch einschätzen als man will, sind doch
nur Ansätze, und von hier aus bis dahin, daß unsre Kultur als
solche ihre wirkliche Reifestufe erreichte, ist noch ein weiter Weg.
Ja, wenn man sich die Frage vorlegt, ob wir aufs Ganze gesehen
und abgesehen von erfreulichen Einzelerscheinungen dem Ziel
wenigstens näher gekommen sind, wird man sehr zweifelhaft. Es
ist doch offenbar, daß unsre Kultur jedenfalls nicht geradlinig
zu ihrer höchsten Stufe aufstieg. Das letzte Jahrhundert hat
vielmehr, wenn nicht, wie Spengler meint, ihr Ende und ihr Versanden in bloßer Zivilisation, so doch eine sehr auffallende und
bedenkliche Stockung der Entwicklung gebracht. Diese Stockung
rührt möglicherweise von einer noch nicht überwundenen Hemmung
her, vielleicht aber deutet sie wirklich auf ein langsames Versiegen
der inneren Kräfte. Wir denken nicht bloß an das Aufhören der
großen Kunst, Philosophie oder Dichtung — diese Erscheinungen

6*

müffen wohl einmal ihren Höhepunkt überschreiten . —, sondern
vielmehr daran, daß fraglos das Volk an dem von den Vätern
ererbten seelischen Gut außerordentlich verarmte, ohne bisher aufs
Ganze gesehen besseres Neues dafür zu gewinnen. Wir denken an
den Mangel an Tiefe, der sich ebensosehr in dem vom Materialismus beherrschten Geistesleben offenbarte wie in der praktischen,
ganz auf das äußerlich Nützliche eingestellten Lebensführung, an
die Auflösung der alten Volkssitten, an die Entkirchlichung breitester
Volkskreise, an die Anhäufung anorganischer Massen in den Großstädten mit allen ihren notwendigen Wirkungen, nicht zum wenigsten
an den wachsenden Anhang des marxistischen Sozialismus, der als
rein verstandesmäßige Konstruktion die Entleerung des Lebens von
allem seelischen Gehalt zu vollenden geeignet ist, jedenfalls da,
wo er nicht nur Wirtschaftsform sein, sondern das Ganze des
Lebens beherrschen will. Denn so gewiß der Marxismus bei den
Massen die Stelle der Religion eingenommen hat, so gewiß ist er
seinem Wesen nach irreligiös. Dieser Prozeß der Entleerung unsres
Volkslebens nahm trotz Volksbibliotheken und Volkshochschulkursen,
trotz Dürerbund, trotz ländlicher Wohlfahrtspflege, trotz Dorfkirche
und wie diese Bestrebungen alle heißen, seinen unerbittlichen Fortgang, und heute scheinen wir dem ersehnten Ziel einer wirklichen
Kulturreife ferner als je; denn mittlerweile haben Krieg und Revolution auf allen Gebieten des Lebens einen so reißend fort-
schreitenden Niedergang gebracht, daß, der Gedanke, das großen-
teils bereits in der Zersetzung begriffene Leben von innen heraus
neu beseelen zu wollen, beinahe wie Aberwitz erscheint. Angesichts
dieses raschen Niedergangs, dieser scheinbar unaufhaltsamen Auflösung, die sich heute vor unsren Augen vollzieht, müssen wir uns
wohl oder übel fragen: Hat Spengler nicht am Ende recht mit
seiner Behauptung, daß etwas, was die Kulturseele nicht in unbewußtem Schaffen mühelos und wie von selbst aus sich heraus-
stellt, etwas, was sich uns erst einmal zum Problem verdichtet,
um dessen Lösung wir uns mühen zu müssen glauben, damit allein
schon sich als nicht mehr zu den inneren Möglichkeiten einer Kultur

gehörig erweist? Ist's nicht etwas innerlich Unmögliches, wenn
wir meinten, diese letzte Stufe einer reifen, sich selbst in ihrem
innersten Wesen bewußt erfassenden und von da aus gestaltenden
Kultur schaffen zu können?

Wir können's wirklich nicht schaffen. Doch ist damit nicht alles
verloren. Man kann Lebendiges überhaupt nicht machen. Es muß
werden. Hiervon aber gilt genau das Wort Jesu: Bei den Menschen
ist's unmöglich, aber bei Gott sind alle Dinge möglich. So viel ist
jedoch gewiß: Wir stehen in einer ganz ernsten und bis auf den
tiefsten Grund hinabreichenden Kulturkrisis. Hier hilft kein Augen-
verschließen, kein Fortwursteln, keine Reformen; wenn die Kultur
des Abendlandes von dem ihr jetzt unheimlich nahe drohenden Tode
errettet werden soll, so kann es nur durch eine aus jenseitigen
Lebenstiefen stammende Wiedergeburt geschehen, denn mit ihrer
natürlichen Lebens- und Wachstumskraft ist sie sicher bald am Ende.
Wir brauchen angesichts dessen nicht zu verzweifeln; denn es ist
im Einzelleben so und muß folglich auch bei einem ganzen Kulturorganismus so sein, daß die letzte und höchste Entwicklungsstufe,
das ganz zu sich selbst Kommen, die innere Reife ohnehin nicht
auf direktem Weg, sondern nur wie durch Tod und Wiedergeburt
hindurch erreicht wird. Nicht der erste, sondern der zweite Trieb,
nicht die Geburt aus dem Fleisch, sondern die aus dem Geist entscheidet. Aber wenn die bisher ihrer selbst so gewisse, mit sich so
zufriedene, in sich so satte Kultur des Abendlandes nicht von einem
ganz neuen Geist ergriffen wird, wenn sie nicht durch die Krise
der Gegenwart innerlich so tief erschüttert und so gründlich an sich
irre wird, daß sie sich ganz aus der Tiefe nach Gott ausstreckt
und in ihm sich selbst neu und damit erst wirklich gewinnt, so steht
ihr allerdings nur ein nahes Ende bevor. Wir dürfen um die
furchtbaren Erschütterungen der Gegenwart froh sein; denn wenn
etwas unsre Kulturwelt noch zu sich selbst bringen kann, dann
sind's diese. Ohne sie wären wir gewiß innerlich versandet. Aber
wir müssen uns auch den vollen Ernst unsrer Lage klar machen
und keinem bloßen Optimismus huldigen, damit wir uns nicht

beruhigen, wo tiefſte Beunruhigung allein am Plaße iſt. Darum möchte ich recht nachdrücklich ſagen: Glauben an die Zukunft unſrer Kultur kann unter den gegenwärtigen Verhältniſſen nur der, der es vermag, an den Gott zu glauben, der auch Tote wieder lebendig machen kann. Jede bloße optimiſtiſche Einſchäßung unſrer Lage iſt Oberflächlichkeit und Blindheit. Und wir dürfen Spengler dankbar dafür ſein, daß er ſeine Prognoſe ſo unerbittlich auf den Untergang des Abendlandes ſtellt, der uns, wenn nicht ein Wunder geſchieht — und jede Wiedergeburt iſt ja ein Wunder —, auch ſicher bevorſteht. Wir können den direkten Rat, den Spengler uns gibt, das Schickſal unſres Niedergangs ſelbſt zu wollen, nur ab‐ lehnen; wir müſſen die niederdrückende und lähmende Wirkung, die von ſeinem Buch unwillkürlich ausgeht, in Kräften des Glaubens zu überwinden wiſſen. Aber für den unerbittlichen Ernſt, mit dem Spengler uns die heutige innere Lage unſrer Kultur klar zu machen imſtande iſt, müſſen wir dankbar ſein. Denn Rettung und neues Leben gibt es für uns nur dann, wenn wir alle Lethargie, alle Trägheit, Gleich‐ gültigkeit, Leichtfertigkeit abſchütteln, allem ganz und gar nicht mehr angebrachten Kulturſtolz entſagen und uns auf die Kräfte beſinnen, aus denen wir allein neues Leben gewinnen können.

4. Nun ergeben ſich für uns noch einige bedeutſame Ausblicke, die auf die entwicklungsgeſchichtliche Lage, in der wir uns zur‐ zeit befinden, ein ganz überraſchendes Licht werfen.

Die Lage hat nämlich für uns eine Parallele in der Geſchichte, die freilich von Spengler nicht erwähnt wird: es iſt die des jüdiſchen Volks zur Zeit des Auftretens Jeſu. Auch dieſes Volk, das eine eigenartige und in ſich geſchloſſene nationale Kultur repräſentierte, hatte anſcheinend deren Höhepunkt ſchon lange über‐ ſchritten und war, mit Spengler zu reden, in das Stadium der Zivil2iſation eingetreten. Seit Jahrhunderten war der Quell der Prophetie verſiegt, die Reihe der eigenartigen, großen prophetiſchen Erſcheinungen abgebrochen; an Stelle der Prophetie, die aus jen‐ ſeitigen Tiefen ſchöpfte, trat die verſtandesmäßig ausgeklügelte Theo‐ logie der Schriftgelehrten, an die Stelle der wie ein Wildwaſſer

strömenden alten Volksreligion das einem wohl regulierten künst-
lichen Kanal vergleichbare Gesetzestum der Pharisäer. Mit einem
Wort: die Seele dieser-Kultur schien gestorben. Und da mit einem
Male, schroff und unvermittelt, wacht sie noch einmal auf in zwei
mächtigen Gestalten, in Johannes dem Täufer und danach in
dem Größeren, der ihm folgte, in dem das Lebens- und Schicksalsgefühl dieses Volks ganz zu sich selbst kam, Jesus von Nazareth.
Er kam, „als die Zeit erfüllet war", als die innere Lage dazu
drängte, das Volk als Ganzes zur Besinnung auf sich selbst, zur
bewußten Erfassung seiner schicksalsmäßigen Bestimmung aufzurufen.
In ihm waren die jenseitigen Kräfte der Wiedergeburt für dieses
Volk verkörpert. Er war der Höhepunkt, die Erfüllung, die Reifefrucht dieser Kultur, darum aber auch die endgültige Entscheidung
ihres Geschickes. Es ist nun gewiß nicht zufällig, daß heute so viele
von uns das instinktive Gefühl einer bevorstehenden Wiederkunft
Christi haben. Wir meinen das nicht in äußerer Buchstäblichkeit.
Aber wir haben das Gefühl einer der damaligen entsprechenden,
also nach Spengler gleichzeitigen inneren Lage: die Reife, die Erfüllung und Vollendung unsrer Kultur müßte jetzt anbrechen, der
Christus wieder einmal zu den Seinen kommen, wie man sich das
auch vorstellen möge. Ist aber an diesem Gefühl etwas Richtiges,
so ist damit auch unsrer Kultur die entscheidende Schicksalsfrage gestellt.

Die Juden haben ihren Christus gekreuzigt. Das mußte
nicht so sein. Das hat Jesus selbst von Anfang an sicher nicht erwartet. Schon sah er im Geist den Satan vom Himmel fallen wie
einen Blitz, schon sah er das Reich Gottes kommen in Kraft. Aber
die Mächte des Widerstands waren zu stark, er fiel ihnen zum
Opfer. Wie es weitergegangen wäre, wenn Israel seine Schicksals-
stunde verstanden hätte, das kann man nicht einmal ahnen. Hierfür
gibt es keine geschichtlichen Analogien. Denn dergleichen war in
der Weltgeschichte noch nicht da. Jedenfalls war dies Volk von
der Vorsehung dazu bestimmt, daß an ihm die anderen Völker des
Weltkreises zu sich selbst, zu Gott kommen sollten. Israel hat seine
Stunde nicht erkannt. Da starb seine Seele. Was übrig blieb, der

heute noch unter uns umgehende ewige Jude, der sich selbst über-
lebt hat und seine Ruhe nicht finden kann — vielleicht ja auch nicht
finden sollte, wenn Paulus recht hat, der ihm noch eine Zukunft
verheißt — das ist jedenfalls vorläufig nur die ausgebrannte Schlacke
einer einst so verheißungsvollen Kultur. Wir aber mögen, wenn
nun unsre Stunde kommt, an dieser geschichtlichen Analogie ermessen, welche Entscheidungen von unendlicher Bedeutung, welche
atemraubenden Perspektiven sich da eröffnen. Es ist nicht das
unentrinnbare Schicksal einer Kultur oder eines Volkes,
daß seine Seele stirbt, mag's mit allen uns bisher bekannten
Kulturen so gewesen sein. Wenn ein Volk die Stunde erkennt,
darin es heimgesucht ist, und seine schicksalsmäßige Bestimmung erfüllt, dann wird es nicht sterben, sondern leben. Es ist wie im
Leben der einzelnen Menschen: die meisten leben ein nur vegetatives
Dasein, das zwischen 30 und 40 Jahren seinen Höhepunkt erreicht
und dann unerbittlich absteigt. Wer aber aus jenseitigen Kräften
heraus seine Wiedergeburt erlebte und sich selbst in Gott fand, für
den gibt's kein inneres Sterben, für den fängt damit ein neues
Leben, ein zweites, vertieftes Dasein an, das wächst und reift von
Stufe zu Stufe, auch noch über den leiblichen Tod hinaus. Wie
die äußere Zukunft eines Volkes sich gestalten muß, das in entscheidender Stunde seinen Gott bewußt ergreift, das wissen wir nicht,
das war noch nicht da in der Welt, wir können es uns darum nicht
vorstellen, nicht ausdenken; aber das heißt nicht, daß es nicht kommen
kann; jedenfalls soll es kommen. Kommt es einmal, so ist eines
gewiß: dieses Volkes Seele stirbt nicht nach den ungefähr 1000
Jahren, die Spengler als die Lebenslänge eines Kulturorganismus
herausgerechnet hat, sondern sie lebt und wird zur Schicksalswende
für die ganze übrige Menschheit, für die damit eine neue Entwicklung anhebt, die sich durch keine geschichtliche Analogie errechnen
läßt, weil sie etwas völlig Neues in der Weltentwicklung ist.

Eine Schicksalswende für die ganze Menschheit — denn
es gibt eine Menschheit, trotz Spengler. Wir verkennen nicht die
tiefgehenden Unterschiede in der Seelenstruktur der verschiedenen

Kulturen. Aber wären sie so absolut trennende Scheidewände, wie
er uns glauben laffen will, dann wäre nicht nur jede gegenseitige
Befruchtung der einzelnen Kulturen unmöglich, dann könnte ja er
selbst nicht einmal seine Morphologie der Weltgeschichte schreiben,
die doch die verstehende Einfühlung in die fremden Kulturen zur
Voraussetzung hat. Mit dem nämlichen Recht könnte man sagen,
daß auch jeder einzelne Mensch sich seine eigene Welt schafft, und
daß es keine Brücke des Verstehens von einem zum andern gibt.
Wir aber erleben, daß wir neben allem Verschiedenen, worin wir
uns nicht verstehen, doch auch immer Gemeinsames haben, worin
wir uns verstehen. Auch mit Menschen entfernter Kulturen. Wie
wäre es sonst möglich, daß etwa ein althebräischer Psalm, also die
Worte eines so weit von uns entfernten, nach seiner geschichtlichen
Außenseite uns absolut fremden Menschen, einen solchen Widerhall
in unsrer Seele wecken kann, daß es uns ist, als spräche er besser
aus, was in uns ist, als wir es selbst je vermöchten? Gerade in der
Tiefe, im eigentlich Menschlichen liegt das Verbindende zwischen
den Menschen. Wer hier sich selbst recht verstand, der versteht in
intuitivem Tiefblick die andern. So sehr auch hier immer das Individuelle, Einmalige und nicht Wiederholbare den Einschlag bildet,
so ist doch gerade in diesem Innersten und Tiefsten, im Verhältnis des
Menschen zu sich selbst und zu Gott das allgemein Menschliche der Aufzug
des Gewebes. Das macht uns noch auf etwas Bedeutsames aufmerksam. Je mehr eine Kultur sich ihrem Reifezustand nähert, je
mehr Schleier und Hüllen fallen, desto mehr allgemein menschliche Seiten entwickelt sie, desto mehr allgemein gültige Wahrheiten und Werte entdeckt sie — denn es gibt doch allgemein
gültige Wahrheiten und Werte, wenn sie sich auch nicht in Begriffe faffen laffen, und ein historisch-psychologischer Skeptizismus
wie der Spenglers, der in alledem nur noch historische Phänomene
sieht, ist nicht das Licht der eigentlichen Wahrheit, sondern bedeutet
nur sein Verlöschen. Religion in ihrer höchsten Entwicklung und
reinsten Ausprägung ist nicht mehr nur die Seele einer Kultur,
sondern die Seele der Menschheit. Darauf gerade beruht die Be-

dentung, die der Glaube Jesu für uns hat. In Jesus hat nicht
nur der Jude, in ihm hat der Mensch sich selbst gefunden, und
er nennt sich nicht mit Unrecht „des Menschen Sohn", d. h. den
Menschen, es ist auch keine Anmaßung, wenn er als Sachwalter
der Menschheit vor Gott tritt. Er selbst ist für uns die entschleierte,
oder doch nur noch von einem ganz dünnen Schleier geschichtlicher
Bedingtheit umgebene Wahrheit des Menschen. Darin liegt es begründet, daß die reifende Religiosität unsres Kulturkreises, nachdem
sie sich in Luther von der Kirche des Mittelalters zum paulinischen
Christentum zurückgefunden hatte, sich nun mit zielsicherem Instinkt
noch über Paulus zu Jesus selbst zurückgetastet hat. Darum kleidet
sich für uns auch unwillkürlich das neue tiefe Erleben, das wir
im Anzug spüren, in den Gedanken, daß Christus wiederkommt.
Es hat, nachdem Israel seine Stunde verkannte und seinen Meister
verwarf, eines weiten Umwegs bedurft, bis Christus selbst zu uns
kommen konnte. Da außer Israel damals kein Volk vorhanden
war, das reif gewesen wäre, die Religion Jesu in ihrer reinen
Form aufzunehmen — die eben überhaupt keine Religion mehr ist,
d. h. nicht mehr etwas Besonderes neben dem Leben, sondern das
lebendige Leben selbst —, so mußte Paulus sie zunächst ins Helleni-
stische übertragen, wo sie zwar nicht mehr den bereits zerfallenden
Kulturkreis der Antike regenerieren konnte, aber in der Form des
Gemeindechristentums sich zu erhalten vermochte, um endlich die
neu entstehende abendländische Kultur zu befruchten, mit der sie
nun wuchs durch ihre verschiedenen Altersstufen hindurch, bis sie
jetzt wieder in ihrer ursprünglichen Reinheit, in ihrer allgemein
menschlichen Gestalt zu erscheinen im Begriffe ist. Spengler läßt
sich nirgends über die Lebensentstehung der Kulturorganismen aus.
Er spricht wohl von dem mütterlichen Boden der Landschaft, aus
dem eine Kultur emporwächst, aber nicht von dem befruchtenden
Samen, der in diesen Boden fällt, und ohne den die Entstehung
einer solchen Lebensentwicklung nicht denkbar ist. Irre ich mich in
der Annahme, daß es eben der Einfluß des in jenen Jahrhunderten
in das Germanentum eindringenden Christentums war, der den

Lebensprozeß der abendländischen Kultur in seiner Eigenart entstehen ließ? Keinesfalls irre ich mich aber mit der Behauptung,
daß nur im Geiste Christi eine Kultur ihre letzte Reife gewinnen
und den Durchbruch ins rein Menschliche finden kann, der ihre
Seele vor dem Absterben bewahrt und ihr ewiges Leben gibt.
Darum sind alle früheren Kulturen gestorben, weil ihnen diese
Kräfte der Wiedergeburt nicht zur Verfügung standen. Darum
aber bedeutet die Analogie dieses immer wiederholten Sterbens
für unsre Kultur, die in Christus diese Kräfte finden kann und
ihre letzte Entscheidung noch vor sich hat, nichts.

Summa summarum: wir lassen uns, ohne die wertvollen,
von Spengler ausgehenden Anregungen zu verkennen, durch seine
mit so apodiktischer Sicherheit auftretende Behauptung vom notwendigen Untergang des Abendlandes nicht entmutigen. Den ungeheuren, gar nicht zu überbietenden Ernst dieser weltgeschichtlichen
Stunde verkennen wir am wenigsten. Doch anders als er deuten
wir die Zeichen der Zeit — man muß sich aber schon der lapidaren
Sprache der Bibel bedienen, um es auszudrücken: „Die Zeit ist
erfüllt, das Reich Gottes nahe herbeigekommen! Er ist
schon mitten unter euch, den ihr nicht kennt. Es ist schon die Axt
den Bäumen an die Wurzel gelegt; welcher Baum nicht gute
Früchte bringt, der wird umgehauen und ins Feuer geworfen. Er
hat seine Wurfschaufel in der Hand und wird seine Tenne fegen;
den Weizen wird er in seine Scheune sammeln, aber die Spreu
wird er verbrennen mit ewigem Feuer." Und brennt dies Feuer
nicht schon? Toben nicht schon die Stürme des Vorfrühlings, die durch
den Wald fahren und die morschen Zweige von den Bäumen
schütteln? Gehen nicht schon Gottes Gerichte durch die Welt?
Man müßte blind sein, wollte man das verkennen. Der Weltkrieg
hat die tatsächliche Gefahr des Untergangs des Abendlandes in
greifbare Nähe gerückt. Die Staatsgewalt verfällt, die Moral löst
sich auf, das Wirtschaftsleben scheint in Zersetzung begriffen, der
Wahnsinn der gegenseitigen Vernichtungswut der Völker wie der
Klassen feiert immer tollere Orgien; der natürliche Lebensmut der

Menschen schwindet, schon verzichten sie darauf, in Kindern fort-
leben zu wollen; ratlos stehen die Führer, und die Füße derer, die
sich anschicken möchten, diese ganze Kultur zu begraben, rauschen
schon vor der Tür. Die Menschen verschmachten vor Furcht und
vor Warten der Dinge, die da kommen sollen, oder sind blind
und ohne Ahnung dessen, was über sie hereinbrechen will, wie
die in den Tagen Noahs. Da helfen keine Reformen, keine kleinen
Mittel, diese Krisis reicht hinab bis auf den tiefsten Grund. Nur
eins kann uns retten, die Kräfte einer Wiedergeburt aus der jenseitigen Welt. Wenn unser Volk und unsre Kulturwelt die Zeit
ebensowenig versteht wie einst die Juden die ihre, dann allerdings
wird der Untergang des Abendlandes noch lange vor dem von
Spengler angenommenen Termin vollendete Tatsache sein. Und viel,
sehr viel stirbt heute schon, muß unerbittlich sterben. Uns würde das
völlige Sterben unsrer abendländischen Kultur ein Schmerz sein wie
einst die Verstocktheit des Judenvolks dem Paulus, der seine Seligkeit
hergeben wollte, wenn er damit seines Volkes Heil hätte erkaufen
können. Gottes Reich kommt doch. Gott, der einst den befruchtenden
Lebensstrom durch die Kanäle des paulinischen Gemeindechristentums
weiterzuleiten wußte, wird auch in diesem Fall Mittel und Wege
finden, um ihn weiterzuleiten. Aber sein Weinberg wird anderen
Weingärtnern als uns gegeben werden, die seine Früchte bringen.
Eine andere Kultur wird aufwachsen, die vielleicht einmal zu ihrer
Zeit die von ihr geforderte Reifefrucht bringt.

Doch noch ist's nicht so weit. Noch ist unser Tag. Aber
nicht das ist seine Forderung, wie Spengler meint, das Schicksal
unsrer Entseelung, unsres inneren Sterbens selbst zu wollen und
den Sinn unsres Daseins fortan in der Sinnlosigkeit zu finden.
Sondern sie lautet wie in den Tagen der Zeitenwende: Metanoeite,
werdet anderen Sinnes, besinnt euch ganz tief auf euch selbst
und auf euren Gott und macht Bahn, daß euer Christus zu euch
kommen kann, der schon vor der Türe steht!

Das Heilsame des Wechsels

Es liegt eine große Wahrheit in dem Wort: Abwechslung muß sein. Ich glaube, daß die Gesundheit, Frische und Leistungs=
fähigkeit des Menschen auf allen Gebieten auf Abwechslung beruht. Der Wechsel schafft den Rhythmus im Leben. Denn Rhythmus ist der eigentümliche Charakter im Wechsel der Bewegung. Wir wissen, daß dieser Rhythmus durch die ganze Natur geht, bis in den anorganischen Stoff hinein. Alles beruht auf rhythmischer Be=
wegung, und alles Leben vollzieht sich in rhythmischer Bewegung. Diesen Rhythmus des Lebens sehen wir in dem Wechsel von Tag und Nacht, von Licht und Finsternis, von Leben und Sterben, von Keimen, Blühen, Reifen, Abfallen, von Einatmen und Ausatmen, von Wachen und Schlafen, von Aufbau und Abbau im Körper, von Erleben und Ausleben, von Empfangen und Schaffen: überall herrscht diese innergesetzliche Abwechslung, ein rhythmischer Gang in der Bewegung des Lebens. Darum sind schon viele Menschen nicht nur auf den Gedanken gekommen, sondern haben es auch durch die Erfahrung richtig befunden, daß es zur Gesundheit des menschlichen Daseins gehört, daß dieser Rhythmus des Wechsels im Leben durch unser ganzes Sein und Verhalten geht, überall zur Geltung kommt und durch nichts beeinträchtigt werden darf. Da=
durch, daß wir auf wechselnde Daseinsbedingungen gestellt sind und von ihnen abhängen, wie z. B. Tag und Nacht, ist schon gesagt, daß dieser Wechsel auch in unserm Leben herrschen soll, und daß wir uns ihm nicht entziehen dürfen.

Das gilt schon für unser körperliches Leben. Sommer und Winter ist nicht nur für die Natur nötig, sondern auch für den Menschen, und es ist schon oft darauf hingewiesen worden, daß man sich diesem Wechsel nicht entziehen soll. Es ist nicht gut, im Winter ein Klima aufzusuchen, wo es Sommer ist, und auf diese Weise sich zu ermöglichen, daß man dem Winter entgeht. Wir brauchen den Wechsel zwischen Hitze und Kälte, und je größer der Wechsel ist, um so gesünder fühlen wir uns. Wir leiden unter einem Sommer, der nicht Sommer ist, und unter einem Winter, der nicht

Winter ist. Man entbehrt es, wenn man im Sommer nicht genug
Sonnenenergie in sich aufgenommen hat und im Winter nicht die
nötige Kälte genoß. Das macht den Menschen schlaff. Ebenso ist
für die menschliche Hautfunktion der Wechsel zwischen Geschlossenheit und Luft nötig. Wir müssen uns lüften und wieder warm
anziehen, also Wärmeausstrahlung hervorzurufen suchen und wieder
Wärme sammeln. Es ist ebenso verkehrt, wenn man sich immer
mit einer abschließenden Schicht von Kleidern umgibt, wie wenn
man meint, ganz ohne Kleider existieren zu wollen. Die Luftfanatiker
entdecken schließlich, daß sie blutarm geworden sind, weil sie zu
wenig anziehen. Das gilt auch von der Ernährung. Es ist sehr
heilsam für den Menschen, einmal seine Ernährung vollständig zu
wechseln, also wenn man vorher vorwiegend von Fleisch gelebt hat,
einmal ein halbes Jahr vegetarisch zu leben, und andererseits, wenn
man lange Vegetarier war, wieder einmal zur Fleischkost über-
zugehen. Dieser Wechsel hat eine ungeheuer auffrischende Wirkung
für den menschlichen Körper. Aber auch abgesehen von besonderen
Kuren ist es von der größten Bedeutung, mit der Kost zu wechseln.
Dazu führt schon die Natur, weil sie zu den verschiedenen Jahreszeiten verschiedene Nahrungsmittel bietet. Wer immer von Fleisch
lebt, der lebt gleichmäßig, der hat keinen Wechsel. Wer nur neben-
bei von Fleisch lebt und sonst sich an Früchte und Gemüse hält,
wird schon dadurch, daß die Natur nur in bestimmten Jahreszeiten
Gemüse, Obst und dergleichen hervorbringt, zum Wechsel in der
Ernährung geführt. Aber ebenso ist es sehr zuträglich, insofern
einen Wechsel in der Ernährung eintreten zu lassen, daß man
nicht immer gleichmäßig viel ißt. Dazu werden wir ja auch
durch die Jahreszeiten von selbst angeleitet, indem man z. B. im
Winter mehr nach Essen verlangt als im Sommer. Man sollte
aber auch hier und da fasten zur Reinigung und Erholung des
Verdauungsapparates und zur gesteigerten Aussonderung von
Fremdstoffen. Das sind einige Beispiele für die Bedeutung des
Wechsels auf körperlichem Gebiet. Wer auf die Natur zu hören
vermag und ihr gehorcht, wird immer mehr davon entdecken.

Erst recht gilt das natürlich für unser geistiges und persönliches Leben, für unser Arbeitsleben, für unser gemeinschaftliches Leben. überall kommt es darauf an, daß Wechsel herrscht. Der Wechsel erhält lebendig, denn er erhält uns beweglich und frisch, während alles Einerlei tötet. Es macht den Menschen steif, stumpf, leblos und unempfänglich und läßt ihn ermüden, altern, verfallen, rosten und eingehen. Der Wechsel erquickt und belebt, regt an und löst aus, erhält eindrucksfähig und impulsiv, er steigert die Rezeptivität wie die Produktivität, er erschließt das quellende, freudige, unmittelbare Leben. Er verhütet Manier und Routine, er erhält Eigenart und Ursprünglichkeit. Darum sollen wir den Wechsel lieben, auch wenn er zunächst unbequem erscheint, und wir ihn als Störung empfinden.

Es ist also z. B. nicht richtig, wenn wir das ganze Jahr hindurch gleichmäßig Lektüre pflegen, sondern alles will seine Zeit haben. Es gibt Zeiten der Aufnahme und Zeiten der inneren Verarbeitung. Diese Abwechslung darf man nicht dadurch unmöglich machen, daß man immerfort liest, liest und immer wieder liest. Tut man das, so bringt man sich um die innere Verarbeitung, Aneignung, Einverleibung. Es kommt dann zu keinem organischen geistigen Stoffwechsel, sondern die Ergebnisse der Lektüre schlagen sich anorganisch, mechanisch nieder und schieben und schichten sich wie Fremdstoffe in unserm Bewußtsein durcheinander. Die Folge ist, daß wir davon belastet werden, verworren werden und verschlacken, daß wir nachempfinden und nachreden, d. h. abhängig und verbildet werden. Außerdem verliert man auf diese Weise gänzlich die Fähigkeit des Selbstdenkens, weil man nie dazu kommt, selbst zu denken. Man denkt immer nur nach, was einem in den Büchern vorgedacht wurde, und hat genug damit zu tun, ja kommt gar nicht nach damit, weil es keine Pausen gibt, sondern man von einem Buch zum andern greift. Das ist gänzlich verfehlt. Man muß verarbeiten, was man aufnimmt, und es sich nach innen und außen auswirken lassen, bewußt und unbewußt dadurch, daß man auf die angeregten Gedanken eingeht und sie sich mit den bisherigen Anschauungen und Erfahrungen vereinigen läßt, und dadurch, daß man durch Arbeit und Verkehr, durch Erfüllung der Lebensaufgaben und Lebenseindrücke das sich auslösen läßt, was durch die geistige Aufnahme in einem untergegangen ist.

Ebensowenig darf man immer in gleich starker Weise mit Menschen verkehren. Auch hier muß der Wechsel herrschen. Wenn man das ganze Jahr in Gesellschaft geht, veroberflächlicht man notwendig. Man verlernt das Fürsichleben und lebt nur, wenn man mit andern Menschen zusammenkommt und durch sie angeregt wird. Das Fürsichselbstleben setzt immer mehr aus, man hört dann eigentlich auf, eine Individualität zu sein, wenigstens das individuelle geistige Leben nimmt außerordentlich ab. Man wird förmlich ein Reflexwesen, das in der Spiegelung anderer Menschen, Meinungen, Verhältnisse und Erlebnisse aufgeht und immer nur auf Reize, die von andern kommen, gegenwirkt. Es gehört deshalb zur Gesundheit der persönlichen Entwicklung, daß man Zeiten des Fürsichlebens, der Einsamkeit hat nach den Zeiten des Verkehrs. Je mehr dieser Wechsel herrscht, um so mehr werden die Zeiten der Geselligkeit lebendig und fruchtbar sein. Und andererseits, je mehr man zuzeiten Gelegenheit hat, mit Menschen in Berührung zu kommen und in Austausch zu treten, um so mehr werden die Zeiten der Einsamkeit voll Leben werden. Die Menschen bleiben nicht gesund, die sich ganz der Einsamkeit ergeben. Sie verbohren sich in sich selbst, sie verarmen, sie werden siech, es treten dann immer Degenerationserscheinungen auf, ein einseitiges Sichverrennen und Sichversteigen in irgendetwas, eine Zunahme der individuellen subjektiven Befangenheit, da man keine Reibungen mehr mit andern Menschen hat, die geeignet wären, diese Befangenheit aufzulösen. Am meisten hat uns ja diese Gefahr der Einsamkeit Nietzsche geschildert, der selbst am meisten unter dieser Gefahr gelitten hat und an der Einsamkeit als Philosoph gescheitert ist, weil er sich in ihr vereinseitigte, verstieg und verirrte.

Ebenso brauchen wir den Wechsel zwischen Reden und Schweigen. Wer nicht schweigen kann, der kann auch nicht reden, der kann nur schwätzen. Und wer nur schweigt und nicht redet, der wird von seinem Schweigen bedrückt, dem ist es wie einem Wesen, das der

Äußerungen beraubt ist. Darum muß der verschlossene Mensch Austausch
suchen und der Redselige schweigen lernen. Jener muß auf andere Gedanken eingehen, um nicht in die Gewalt seiner Gedanken zu kommen,
und dieser muß seine Gedanken für sich behalten lernen, um nicht
sein Inneres hinauszureden und damit sein Innenleben zu entleeren.

Unser Leben besteht darin, daß wir aufnehmen und uns
äußern. Auch auf diesen Wechsel müssen wir achten. Die menschliche Entwicklung beruht auf Erleben und Ausleben. Das ist
der große Rhythmus, der durch unser Leben gehen soll, daß
wir Eindrücke bekommen, denen dann wieder Impulse entspringen,
die sich äußern müssen. Je mehr dieser Rhythmus in uns herrscht,
je mehr und stärker der Wechsel ist, d. h. je stärker die Eindrücke
sind, die wir bekommen, und je stärker die Auswirkungen, die auf
diese Eindrücke folgen, um so stärker ist das ganze Leben in uns,
um so mehr sind wir voll Kraft. Wir haben dann einen kräftigen
Puls, eine elastische Spannkraft, eine wirksame Beweglichkeit. Es
könnte ja einer sagen: man kann sich doch keine starken Eindrücke
geben, es kommt darauf an, ob man in seinem Leben zu solchen
starken Erlebnissen kommt. Das ist wohl wahr, aber das gilt nicht
allein, sondern ebenso das andre, daß wir es in der Hand haben,
ob etwas auf uns Eindruck macht oder nicht. Schließlich kann alles
tiefen Eindruck auf uns machen, wenn wir es richtig nehmen und
ganz darauf eingehen. Auch die kleinsten Dinge können wir groß
auffassen und uns von ihnen einen tiefen Eindruck machen lassen.
Dann erleben wir alles ungewöhnlich, ursprünglich, lebensvoll.
Ebenso können wir auch die täglichen Pflichten mit Gleichgültigkeit
erledigen oder mit ganzer Seele dabei sein und sie infolgedessen
mit Leben erfüllen. Dann sind die Auswirkungen stark. Doch darauf
will ich jetzt nur hinweisen. Die Hauptsache ist, daß wir dafür
sorgen, daß dieser Wechsel in unserm Leben besteht. Es gibt viele
Menschen, die nichts zu tun haben, und die dann glauben, sie
sorgten am besten für geistige Anregung und für ihre Bildung,
wenn sie fortwährend anregenden Eindrücken nachgehen. Das ist
aber eine Täuschung. Diese Menschen, die jahraus, jahrein in

XXIII.   7

Konzerte und Vorträge laufen, auf Reisen gehen, die nichts vorübergehen laffen, die keinerlei Senfation vorbeigehen laffen, ohne dabei
beteiligt zu fein, ob es nun eine Reformtänzerin ist oder ein neuer
Prophet, werden dadurch nicht gebildet, fondern gehen daran zugrunde, weil ihnen das tätige Leben fehlt, die Erfüllung von
Pflichten, die Überwindung von Schwierigkeiten, große Leistungen,
intenfive, aufopfernde Arbeit. Wir dürfen nur fo viele Eindrücke
in uns aufnehmen, als wir vertragen, als wir verdauen und als
unfre Lebensäußerungen ihnen die Wage halten können. Das Leben
an und für fich, jeder Tag bringt schon fo viele Eindrücke, und
wenn es nur Menfchen find, denen wir begegnen, oder Lebens-
anfprüche, die an uns herantreten. Wir haben viel zu tun, um
auf diefe Eindrücke immer fruchtbar, wirkfam zu reagieren, für alle
andern fogenannten bildenden, geiftig anregenden Eindrücke, feien
es bedeutende Menfchen oder Premieren, haben wir nur unfre
freie Zeit übrig. Wenn wir aber nun auch unfre freie Zeit immer
dazu benützen, uns Eindrücke machen zu laffen, wo nehmen wir
denn dann die Muße her, um diefe Eindrücke zu verdauen? Und
wir haben diefe Muße doch noch zu ganz andern Dingen nötig,
vor allem dazu, um einmal in uns hineinzuhorchen, was denn da
eigentlich vor fich geht. Stellen wir uns das vor Augen, fo bekommen wir eine Ahnung davon, wie fparfam man fein muß mit
den fogenannten geiftigen Anregungen, die man fucht, und wie
behutfam man dafür forgen muß, daß auf Zeiten folcher geiftigen
Anregungen Zeiten der Ruhe folgen.

Wie viele Menfchen, um ein naheliegendes Beifpiel zu gebrauchen, haben mir nicht schon gefagt: die Hauptwirkung von
Mainberg hat man erft hinterher, wenn man weg ift. Das ift
ganz natürlich. Denn hier kommen fie unter der Fülle von Eindrücken kaum zum Verarbeiten, namentlich wenn fie fich hier keine
Zeit zum Verarbeiten fchaffen. Aber felbft wenn fie fo klug find
und fo viel Inftinkt für das Gefetz des Wechfels haben, daß fie
hier jeden Tag ftundenlang für fich allein find und auf diefe Weife
die Eindrücke der übrigen Tageszeit fich fetzen und klären, keimen

und Wurzel schlagen lassen, so ist es doch noch etwas ganz anderes, wenn sie dann nach Hause kommen und dann unter ihren gewohnten häuslichen Verhältnissen, im Beruf, in ihrer Umgebung das nachwirkt, was sie hier aufgenommen haben. Wer aber von hier nach Oberammergau geht und dann noch einen Ferienkurs mitmacht, und dann sich wieder in seine Arbeit stürzt, der darf sich nicht wundern, wenn danach das Ergebnis nur Übermüdung und Verwirrung ist, und er nervöser wird als zuvor.

Derselbe Wechsel soll in unserm Leben natürlich auch herrschen zwischen Arbeit und Ruhe. Das ist eine Wahrheit, die man unsrer Zeit nicht nachdrücklich genug sagen kann, unsrer Zeit, wo man vielfach von früh bis abends arbeitet bis zur Erschöpfung. Aber ich meine schon Arbeit und Ruhe für den Körper. Wir sind ja darauf angelegt, daß wir wachen und schlafen. Und sehr viele von Ihnen wissen leider, wie es uns geht, wenn dieser Wechsel nicht in Ordnung ist, wenn wir nicht mehr gut schlafen können. Es ist eines der ersten Gebote, das es für den Menschen gibt, daß er für guten Schlaf zu sorgen hat. Dem darf nichts vorgehen, auch nicht gesellschaftliche Verpflichtungen, sonst hat man das teuer zu büßen. Auch hier herrscht wieder ein Wechsel, daß man zu gewissen Zeiten mehr, zu anderen weniger schläft, im Winter z. B. mehr als im Sommer. Ich glaube, es ist das mit eine Ursache der herrschenden Nervosität, daß unzählige Menschen gerade im Winter nicht schlafen können, weil sie durch gesellschaftliche Verpflichtungen so oft bis tief in die Nacht in Anspruch genommen sind und dann doch früh bei der Arbeit sein müssen. Ich bin immer voll Staunen, wenn ich nach Berlin komme, was hier in dieser Beziehung geleistet wird. Beinahe bis in den Morgen herein sind die Leute in Gesellschaft, und früh sind sie doch wieder bei der Arbeit. Anfangs habe ich mich immer geschämt und gemeint, ich sei nicht so lebensfähig, aber jetzt glaube ich, sie halten es nicht lange aus, sie reiben sich auf. Dann werden allerhand künstliche Mittel angewandt, um trotzdem schlafen zu können oder trotz der Müdigkeit lebendig zu bleiben, aber diese schaden dem Organismus und schließ-

lich versagen sie ganz, und dann kommen die Zusammenbrüche der
Nerven und die schweren Depressionen. Sorgen wir also für den gesunden Wechsel von Wachen und Schlafen und von Arbeit und Ruhe.

Der Mensch braucht Ruhe, nicht nur um Kräfte zu sammeln
für seine Arbeit, sondern auch um Mensch zu sein. Wir sind ja
nicht der Arbeit wegen da, sondern die Arbeit ist unsertwegen da.
Sie soll uns dienen, aber sie soll uns nicht zugrunde richten. Das
Höchste ist immer wieder, daß wir als Menschen uns entfalten und
auswirken. Infolgedessen müssen wir uns gegen die Überlastung
durch Arbeit wehren. Wir tun das auch im Interesse der Arbeit
selbst. Je mehr wir zur Ruhe kommen können und als Menschen
etwas werden und in der Arbeit zur Geltung kommen, um so besser
wird auch unsre Arbeit sein. Ein überlasteter, erschöpfter Arzt wird
nicht so feinen Kranken dienen können wie ein Arzt, der ausruhen
kann. Also muß er schon im Interesse seiner Kranken dafür sorgen,
daß er die nötige Ruhe gewinnt. Und so ist es bei allen Berufen.
Ich besuchte einmal einen berühmten Theologen, mit dem ich gut
bekannt war. Er steckte natürlich bis über den Kopf in Arbeit,
kam weder zu sich selbst noch zu seiner Familie. Nun schilderte er
mir seinen Tageslauf und die Fülle seiner Pflichten. Als er fertig
war, sagte ich ihm ganz trocken: „Wielange führen Sie denn nun
schon diesen unsittlichen Lebenswandel?" Das Wort wirkte, er stutzte
und lachte und sagte dann: „Sie haben Recht, es ist unsittlich,
sich so zu überlasten und zu überarbeiten." Alles über die Kraft
Gehen ist eine Unwahrheit, und es gibt keine Unwahrheit im
menschlichen Leben, die sich nicht verhängnisvoll auswirkte, nicht
eine einzige. Und selbst wenn wir uns im Dienst unsrer Mitmenschen aufzehren, so wirkt sich auch diese Unwahrheit verhängnisvoll aus an uns selbst und an denen, denen wir dienen
wollen. Darum muß man für den gehörigen Wechsel zwischen
Arbeit und Muße sorgen. In der Mußezeit sammeln wir quellende
Kräfte für unsre Arbeit.

Aber auch sonst brauchen wir überall den Wechsel. Wir
brauchen z. B. den Wechsel zwischen Ernst und Heiterkeit. Es ist

ungesund, immer ernst zu sein, und es ist nicht weniger ungesund,
immer heiter zu sein. Beides muß abwechseln, beides hängt innerlich
zusammen. Die wahre Heiterkeit ruht auf ernstem Grunde, und der
Ernst bleibt nur frisch und lebendig, wenn er sich mit Heiterkeit
verbindet. Ernst ohne Heiterkeit hat einen bittren, und Heiterkeit
ohne Ernst einen sauren Nachgeschmack. Aber wenn wir diesen
Wechsel zwischen Ernst und Heiterkeit in unserm Leben haben, dann
fühlen wir uns wohl. Dieser Wechsel, der wie ein Rhythmus der
Stimmung durch unser ganzes Dasein geht, hat etwas ungemein
Beschwingendes. Der Ernst ohne Heiterkeit gewinnt sehr bald etwas
Drückendes. Man wird dann mit der Zeit wirklich kopfhängerisch.
Ich habe in dieser Beziehung meiner Natur immer nachgegeben,
wenn man auch sehr viel Anstoß daran genommen hat. In Berlin
haben sich meine Freunde nur sehr schwer daran gewöhnen können,
daß ich nach den Vorträgen immer gleich wieder zu Scherzen auf=
gelegt war. Darin äußerte sich nur das Bedürfnis der Natur nach
dem Gegensatz, nach dem Wechsel. Und wenn ich einmal ganz herunter
war infolge der großen Anstrengung durch die Vorträge, dann habe
ich häufig, wenn ich dazwischen einen Abend frei hatte, irgendeinen
lustigen Schwank aufgesucht, um mich wieder einmal recht gründlich
auslachen zu können. Das ist natürlich ein etwas radikales Mittel,
aber ich brauchte es, um mir den nötigen Wechsel zu verschaffen.

Aber auch sonst entdecken wir eine heilsame Wirkung des
Wechsels, wo wir es kaum vermuten. Auch in unsrer Gemeinschaft
mit Menschen soll der Wechsel walten. Gleichmäßig soll darin nur
der Wechsel sein. Ich glaube z. B., daß eine Freundschaft viel
gesünder und fruchtbarer ist, wenn die Vertrautheit nicht immer
gleichmäßig ist, sondern von einem fortwährenden Sich-nähern
und Sich-wieder-entfernen getragen und lebendig erhalten wird.
Es ist, als ob man den Freund auf eine Zeit entließe und jeder
eine Weile wieder seinen eignen Weg ginge, um dann wieder
zusammenzukommen und den Segen, den man durch diese zeitweilige,
natürlich nur relative Entfernung gewonnen hat, gegenseitig aus=
zutauschen. Dann bleibt die Vertrautheit voller Leben. Sie wird

niemals Gewohnheit werden, sie wird immer interessant bleiben.
Ich glaube sogar, daß es gut ist, wenn auch in der Ehe dieser
Wechsel von Ausdehnung und Zusammenziehung, zwischen dem
Zug zueinander und dem Zug zum Fürsichleben herrscht. Wenn
sich Eheleute gewaltsam, aus Angst, die Liebe könnte abnehmen
oder verloren gehen, in einer fortwährenden Vertrautheit des
geistigen Austausches festhalten, so ist das, glaube ich, nicht
natürlich. Ich glaube, daß auch jede gesunde Ehe ihre Zeiten hat,
nicht nur in geschlechtlicher Beziehung, sondern auch in geistiger,
seelischer, persönlicher Beziehung. Durch solche Ebbe und Flut in
der Ehe wächst die lebendige Gemeinschaft. Aber dieser natürliche
Wechsel wird durch die ängstlichen Eheleute verdorben, die immer
gleich fürchten, daß es zwischen ihnen nicht mehr so ist wie früher,
und dann sich zu beweisen suchen, daß es noch genau so ist wie
früher, ja noch viel besser. Aber alles Gewaltsame ist verderblich.
Man muß unter Umständen, um sich einen Freund zu erhalten,
ihn zeitweise laufen lassen. Sonst reibt man sich vielleicht so wund,
daß man ihn ganz verliert. Also nichts machen und erzwingen
wollen! Das gilt für alle Beziehungen zu Menschen.

Unser Leben ist ja auch sonst dem Wechsel unterworfen. Sie
kennen das bekannte Wort: Nichts ist schwerer zu tragen als eine
Reihe von guten Tagen. Ja warum denn? Man hätte ebensogut
sagen können: Nichts ist schwerer zu tragen als eine Reihe von
schlechten Tagen. Man braucht den Wechsel von guten und schlechten
Tagen. Man braucht Sonnenschein, Gewitter und Regenzeiten. Das
Leben gedeiht nicht, wenn immer Sonnenschein herrscht, aber das
Leben, wo es aus einem Gewitter ins andre geht, gedeiht ebenso=
wenig. Das Beste für das Leben ist also der Wechsel zwischen
Glück und Unglück. Es ist ganz verkehrt, danach zu streben, sich
immer glücklich zu fühlen. Wir brauchen den Wechsel, darum sollen
wir das Unglück nicht tragisch nehmen und das Glück nicht über=
schätzen, sondern für beides dankbar sein und von beidem Leben
empfangen. Glücklicherweise sorgt das Leben dafür, daß da immer
Abwechslung ist. Es ist wetterwendisch, bald gibt es Regen, bald

wieder Sonnenschein. Es kommt nur darauf an, daß wir den
Regen und die Gewitter ebenso froh aufnehmen, voll Freudigkeit
des Glaubens und der Lebensluft, wie die Aufklärung des Himmels
und den prachtvollen Sonnenschein in uns. Man redet so viel von
der Notwendigkeit des Leidens und dann wieder auch von der Notwendigkeit der Lebensfreude, die wir brauchen. Da ist jede einseitige Betrachtungsweise falsch. Wir brauchen beides, wir brauchen
den Wechsel, wenn wir gedeihen sollen. Wir brauchen Druck, um
zu wachsen, und wir brauchen Entlastung, um uns zu entfalten. Und
es geht uns am besten, wenn beides miteinander immer abwechselt.

Auch unsre seelische Entwicklung lebt vom Wechsel. Es ist wie
in der Natur, wo sich Frühling, Sommer, Herbst und Winter folgen,
und jede dieser Jahreszeiten ein unlösbares Glied im Zusammenhang des vegetativen Lebens ist. Auch für die Entfaltung unsres
inneren Menschen gibt es die verschiedenartigen Zeiten, und jede ist
unentbehrlich und fruchtbar: auch die Zeit, wo wir glauben, daß
alles in uns aus sei, daß es nicht mehr vorwärts gehe, daß das
neue Leben stocke, wo wir uns leblos vorkommen und zurück-
verlangen nach den Zeiten des gewaltigen Aufschwungs. Das sind
die Winterzeiten in unserm seelischen Leben. Und nach meiner Erfahrung sind sie die fruchtbarsten Zeiten, denn sie bereiten den
Frühling vor, und wer keinen Winter erlebt, erlebt auch keinen
Frühling. Wir müssen Zeiten der Erstarrung oder der Dürre, des
zurückgetretenen Lebens oder des erschöpften Lebens über uns geduldig ergehen lassen, ohne sie tragisch zu nehmen. Wir dürfen
sie nicht gewaltsam beseitigen wollen, dadurch etwa, daß wir uns
dann in besonders starke geistige Anregung hineinstürzen und eine
künstliche Lebendigkeit hervorrufen. Wir heben dann vielleicht den
Winter scheinbar auf und bringen einen vorzeitigen Frühling hervor, aber das ist doch nur Treibhauskultur, und ihre Sprossen
und Blüten gehen wieder zugrunde. Darum muß man warten
können, bis der Frühling kommt.

Auch im geistigen Leben des Menschen gibt es Ebbe und Flut.
Ohne diesen Wechsel ist das geistige Leben in uns nicht gesund.

Darum ist es verkehrt, wenn man in Zeiten der Ebbe produktiv
bleiben will und durch krampfhafte Anstrengungen und eisernen Fleiß
zu ersetzen sucht, was nicht mehr von selbst quillt. Dadurch macht
man sein Schiff nicht flott, daß man, wenn es auf dem Sand sitzt,
darauf herumrankert, sondern nur dadurch, daß man auf die Flut
wartet. Man muß die Zeiten der Ebbe abwarten, und die Sehnsucht muß sich in lebendiger Spannung in Kraft verwandeln, damit
diese, wenn die Flut kommt, das Schiff auf hohe See hinaus treibt.
Die Verkennung der Bedeutung des Wechsels für jede schöpferische
Tätigkeit hat sich in unsrer Kultur furchtbar gerächt. Denn es hat zum
Versiegen der schöpferischen Kraft geführt. Niemand ahnt etwas
von der geradezu verwüstenden Wirkung des Weiterschaffens,
wenn nichts über einen kommt und einen befruchtet, des Redens,
wenn man nichts zu sagen hat, des Schreibens, wenn es einen
nicht innerlich bedrängt, des Wirkens, wenn man innerlich darnieder-
liegt. Wir müssen wieder hinter die schöpferische Bedeutung des
Stilleseins, des Schweigens, des Nichtstuns, des Brachliegens
kommen, wenn wir die Unfruchtbarkeit unsrer Zeit auf allen
Gebieten des Schaffens überwinden wollen.

Auch innerhalb unsrer Tätigkeit und Arbeit ist der Wechsel
ein unvergleichlich belebendes, gesund erhaltendes Mittel. Wir
sollten nicht immer dasselbe tun, sondern wechseln. Das behütet uns
vor der Lähmung der Gewohnheit, vor Manier und Routine, vor
Einseitigkeit und Beschränktheit. Ich halte es für ein Unglück für
unser Volk und die Kirche, daß man den Pfarrern und Lehrern
auf dem Lande die bäuerliche Arbeit entzogen hat. Wo gesunde
Instinkte lebendig sind, drängt es den Menschen zur Abwechslung
in der Tätigkeit, sei es zwischen theoretischer und praktischer (z. B.
Forschung und Verwaltung), sei es zwischen mechanischer und
organischer (z. B. Fabrikarbeit und Gartenbau). Wir wären nicht
so theoretisch verblödet, begrifflich vernagelt, prinzipienhaft beschränkt, wir hätten nicht so den lebendigen Wirklichkeitssinn verloren, wenn wir im vergangenen Jahrhundert unter dem heilsamen Einfluß des Wechsels gelebt hätten. Aber auch innerhalb

einer Tätigkeit ist der Wechsel erfrischend und anregend. Es ist besser, sich mit zwei Problemen zu beschäftigen als mit einem. Das Leben meint es gut mit uns, wenn es uns oft aus der Arbeit herausreißt. Solche Störungen sind Erquickungen und Förderungen, freilich nur, wenn wir willig darauf eingehen und bei dem, was uns unterbricht, ebenso mit ganzer Seele dabei sind, wie bei der Arbeit, die wir liegen lassen mußten. Dann gedeiht sie weiter, während wir anderweit beschäftigt sind.

Für mich ist es jedenfalls eine Quelle der Erfrischung, daß ich in meiner Lage mit dem praktischen Leben nach allen Seiten hin immer in tätiger Fühlung bin und auf den verschiedensten Gebieten tätig sein muß. Das ist nicht vielen Menschen beschert. Aber dafür können alle sorgen, daß sie neben ihrer beruflichen Tätigkeit noch, soviel es geht, eine andere Tätigkeit suchen, die ihnen diesen Wechsel der Betätigung ermöglicht, und daß sie wenigstens in ihrem besonderen Fach nicht nur theoretisch, sondern auch praktisch tätig sind und umgekehrt. Wer dem Leben nicht aus dem Wege geht und sich seinen Ansprüchen nicht verschließt, wird ja ganz von selbst neben seiner beruflichen Tätigkeit eine Fülle von Lebens= aufgaben zu erfüllen haben. Darum sollte jeder dem Gesetz und der heilsamen Wirkung des Wechsels nachspüren und darauf aus= gehen: auf ihn eingehen und ihn sich schaffen, soviel es möglich ist. Dann wird das Leben reich und mannigfaltig. Dann ver= kümmern keine Anlagen in uns, sondern wir werden vielseitig, und die Verhängnisse der Gewohnheit und Einseitigkeit, der Unter= jochung unter das Tagwerk und der Beschränktheit in einem be= stimmten Interesse verschwinden von selbst. Dann kommen wir wieder zu quellendem Leben, zu Drang und Schwung, zu rhyth= mischer Bewegung und werden getragen, erfrischt und belebt von dem lebendigen Zusammenhang des gewaltigen Geschehens, dessen Organe und Werkzeuge wir nach allen Seiten, wo es uns in Anspruch nimmt, werden sollen. 1910

❧◆❧

Entspannung

Es ist ein Verhängnis schwerer Folgen und unabsehbarer Tragweite, daß den Menschen unsrer Zeit zumeist der Wechsel zwischen Spannung und Lösung verloren gegangen ist. Ich führe einen großen Teil der Entartung und Ohnmacht unsers modernen Lebens, der Abgespanntheit und Unfruchtbarkeit, der Erschöpfung und des Leidens unter dem Leben darauf zurück. Das Leben ist so schwer, weil dieser Rhythmus fehlt. Der Tageslauf ist ein rastloses Uhrwerk, eine atemlose Hetze, eine fortwährende Spannung. Man kommt nicht zu Atem, zum Aufatmen, zur Auslösung. Es fehlt uns die Entspannung als regelmäßige Funktion unsers Geistes.

Ohne immer wiederkehrende Entspannung können wir nicht leben und gedeihen: wir werden dann gelebt, aufgebraucht, aufgerieben, aufgezehrt. Unser Leben verliert dann den Charakter des organischen Lebens, es wird ein mechanisches Triebwerk, in dem wir von einer Welle über die andere laufen. Wir vertragen nicht das Unaufhörliche. Das weiß jeder. Es wäre entsetzlich, „wenn immer alles so bliebe". So vertragen wir auch nicht die unaufhörliche Betätigung, Beschäftigung, Erregung und Regsamkeit. Dauernde Spannung ruiniert den Menschen. Eine unendliche Melodie ist unerträglich. Wir verlangen nach Pausen und Fermaten, nach Hebung und Senkung, nach Erklingen und Ausklingen. Ein Buch ohne Kapitel und Abschnitte ist unverdaulich, ein rastlos redender Mensch ist unausstehlich. Jede maschinenmäßige Arbeit rädert den Menschen, wenn er innerlich immer ganz dabei sein muß. Aber im Leben haben wir es so weit gebracht, daß uns das Fehlen des Wechsels zwischen Spannung und Lösung meist nicht mehr unerträglich ist, sondern es gibt Unzählige, die gar nicht mehr wissen, was Lösung ist, die jede Pause fürchten, die fortwährend in Spannung sein wollen und nur die Spannungen wechseln: es treibt sie von einer Spannung zur andern. Sobald sich ihnen nicht die Spannung aus dem Leben von selbst ergibt, daß eine die andere ablöst, stellen sie sich künstlich eine Spannung her oder suchen sie auf, und wenn es nur ein spannender Roman oder Film ist. Sie drängen von Spannung zu

Spannung aus Angst vor dem Schweigen, der Leere, dem Für-
sichsein, das sie wie eine Stockung des Lebens empfinden. Das ist
schon ein Zeichen bedenklicher, schwer heilbarer Erkrankung.

Die Macht, die im modernen Leben die Menschen um die
natürliche Entspannung gebracht hat, ist der „Betrieb", der das
Leben unsrer Zeitgenossen beherrscht und ihm seine seltsame Verfassung gegeben, seinen eigentümlichen Charakter aufgeprägt hat.
Das Gesamtleben ist ein einziger ungeheurer Betrieb geworden,
von dem die Menschen bestimmt und getrieben werden, während
sie meinen, daß sie es selbst wären, die treiben. Der Einzelne ist
ihm eingefügt wie ein Rädchen oder Stift in der Maschine und
wird von ihm bewegt und gelebt. Es handelt sich dabei nicht nur
um das Arbeitsleben, um den wirtschaftlichen Betrieb, sondern alles
hat den Charakter des Betriebs gewonnen, auch das gesellschaftliche Leben, die Erholung, das Vergnügen. In diesem Betrieb
geht alles wahrhaft Menschliche, alles Ursprüngliche, Eigentümliche, Lebendige, Geniale, Fruchtbare zugrunde. Wir mögen machen,
was wir wollen, der Betrieb verflacht, veräußerlicht, entpersönlicht.
Manier und Routine, gewohnheitsmäßige Behandlung und sub-
alterne Art, Erledigung statt Erfüllung hat er zur Folge. Ob
es sich dabei um einen industriellen, kaufmännischen Betrieb oder
um Verwaltung, Unterricht, Rechtsprechung, ärztliche Praxis oder
um die häusliche Tätigkeit der Frauen oder um den Betrieb im
Leben und Wirken eines Künstlers, Gelehrten, Staatsmanns und
Pfarrers handelt, ist ganz gleich. Es ist ein Wahn zu glauben,
daß es geistige, „höhere" Tätigkeiten gäbe, die davon eine Ausnahme bildeten. Sobald die schöpferische Tätigkeit, die seelische Tätigkeit Betrieb wird, verliert sie ihre zeugende, Leben weckende Kraft.
Sie wird technische Machenschaft und fördert nur Machwerke zutage. Man sehe sich nur die betriebsmäßige Künstlertätigkeit oder
Reichsgottesarbeit einmal darauf an. Nicht anders macht aber der
gesellschaftliche Betrieb das gemeinschaftliche Leben ebenso unmöglich
wie der Sommerfrischenbetrieb die wahrhafte Erholung.

Dieser verhängnisvollen Macht des Betriebs müssen wir äußersten

Widerstand leisten und sie überwinden durch den Willen zur Ent-
spannung. Es geht hier um unsre körperliche, geistige und seelische
Gesundheit. Das dauernde Angespanntsein und Eingespanntsein,
die Unfähigkeit, sich Zeit zu lassen und zu verschnaufen, die Unmöglichkeit, den Treibriemen des Lebens einmal abzustellen, ist die
Ursache der allgemein herrschenden Nervosität und Neurasthenie.
Der nervöse Mensch ist der im Betrieb heißgelaufene Mensch, und
Neurasthenie ist die Veränderung der geistigen Verfassung, die dieses
Heißlaufen zur Folge hat. Der geistige Betrieb aber, ob er produktiv oder verarbeitend, tätig oder aufnehmend ist, verschließt und
verschüttet die Quellen des geistigen Lebens, spinnt den Menschen ein
und macht ihn beschränkt, führt zu Verranntheiten und Verstiegen-
heiten, in die Besessenheit von Begriffen und Vorurteilen, zu Spiele-
reien und Kuriositäten des geistigen Lebens und entfremdet die
Menschen der lebendigen Wirklichkeit und ihrem Horizont er-
weiternden, zu Vertiefung und neuen Entdeckungen führenden, die
geistige Entwicklung fördernden Einfluß. Das Quelleben der Seele
aber versiegt, wenn der Betrieb es verschüttet, und sie erstickt, wenn
sie nie Atem schöpfen kann. Die Entartung unsrer ganzen Kultur ist
eine Folge des atemlosen Betriebs. Darum müssen wir die heutige
Menschheit aufhalten in ihrem rastlosen Treiben und ihr beschwörend
zurufen: Sorgt für den Wechsel zwischen Spannung und Entspannung in euerm Leben, sonst ist es nicht Leben, sondern Tod.

Entspannung ist aber noch etwas anderes als Ruhe. Den
Wechsel zwischen Arbeiten und Ruhen finden wir ja bei allen denen,
die nicht vom Betrieb besessen und darum unersättlich nach immer
neuer Spannung sind. Aber sie kennen doch nicht die richtige Entspannung. Denn wenn sie ausruhen, geht doch der Betrieb weiter
in ihren Gedanken. Sie werden, auch wenn sie auf dem Sofa liegen,
den Umtrieb ihrer Geschäfte und Interessen nicht los, sie kommen
aus der Drehe um sich selbst nicht heraus. Der krampfhafte Zustand
bleibt, die Spannung löst sich nicht, das Leben schwingt weiter im
Innern. Die Gedanken setzen sich nicht, die Gefühle glätten sich nicht,
daß sich im klaren Spiegel der Seele die Wirklichkeit spiegeln kann,

die Wünsche kommen nicht zum Schweigen, die Interessen lösen sich nicht auf. Im besten Fall taucht etwas anderes auf, das den Menschen packt und in Spannung bringt. Aber der Wechsel der Spannung ist keine Entspannung. Wir müssen erst lernen, uns zu entspannen, unsre Glieder los und locker werden zu lassen, unsre Nerven zur Ruhe zu bringen, nichts zu tun, nichts zu wollen, nichts zu denken, uns körperlich und geistig auszudehnen und auszustrecken, uns nicht zu bewegen, sondern in Schweigen und Stille zu versinken. Man muß sich ausspannen, das schwingende Pendel abstellen, sich ab= wenden und vergessen, ziellos schlendern und sich ausschwingen lassen können. Wie sich die Glieder im Schlafe lösen, müssen unsre Gedankengänge, Bestrebungen und Instinkte sich beruhigen und von uns ablassen.

Diese Beschwichtigung des geistigen Umtriebs in uns, der uns auch in Stunden der Ruhe in Spannung erhält, ist nicht so ein= fach. Wenn man ihn dadurch los wird, daß man sich auf etwas anderes konzentriert, so wechselt man nur die Spannung. Man muß sich vielmehr innerlich davon abkehren, daß sich die Gedanken setzen und zur Ruhe kommen. Gewiß ist es uns unmöglich, gar nichts zu denken, bewußtlos zu werden, wenigstens uns Europäern nicht, während es den Indern ja gelingen soll. Aber wir können erreichen, daß wir ganz außer Beziehung zur Welt der Erscheinungen und Vor= gänge geraten, daß wir das Leben wie einen Strom vorüberrauschen lassen, daß wir in tiefer Ruhe auf alles blicken wie aus einer andern Welt. Wir denken dann nichts. Aber es denkt in uns. Wir tun es nicht, sondern erleben und erleiden es, aber nehmen es nicht wichtig. Wir merken nicht darauf, da wir es nicht wegwischen können. Wie leichte Wolkenstreifen über den blauen Himmel ziehen, Gestalt gewinnen und sich auflösen, ohne die tiefe Ruhe des blauen Him= mels zu stören, so lösen sich in der Entspannung Gedanken los und lösen sich auf.

Das muß man lernen. Es ist Sache des Willens, der Ge= wöhnung und Entwöhnung. Man muß sich, wenn man ruhen will, ob schlendernd oder liegend, von allem, was einen beschäftigt und

umgibt, innerlich zurückziehen, es fahren und fallen laffen. Man
muß sich für diese Stunde dem Nichtstun widmen, sich der Be-
schaulichkeit ergeben, andächtig werden, sich dem Treiben der Welt
verschließen und sein Innerstes zur Ruhe kommen laffen. Das
geschieht aber am besten, wenn wir ganz absehen und loskommen
von uns selbst, wenn wir aufgehen in der Natur, untergehen in
dem allgemeinen Lebensstrom, wenn wir uns einfühlen als Zelle
des Ganzen, uns empfinden als einen Halm und eine Blüte der
Erde, als einen Strahl im Lichtmeer Gottes und darin wunschlos
und von allem unabhängig werden. Dann spürt man den Atem
der Schöpfung und atmet mit. Dann geht man im All auf und
ruht darin aus. Es herrscht in uns das große Schweigen und um
uns eine tiefe Stille, in der unsre Seele aufatmet wie der Körper
und Geist nach des Tages Last und Mühe und entspannt ist von
dem Gedränge all ihrer sinnlichen und geistigen Anlagen und
Triebe, die ihre irdische Mitgift sind.

Die Entspannung ist von der größten Bedeutung für unser
Leben. Wenn wir die Beziehungen loslassen, die uns anspannen,
und die Krampfzustände und Gespanntheiten, die sich in uns gebildet haben, sich lösen, indem wir aufgeben, wozu sie drängen,
und uns von dem abwenden, womit sie belasten, beunruhigen und
quälen, wenn wir das Leben, in dem wir eingesponnen sind, förmlich von uns abfallen laffen und aus dem Betrieb innerlich heraustreten, dann kann unser Wesen sich regen, nicht mehr eingespannt,
verstrickt und verkrampft. Dann rührt sich sein Innerstes, die Stimme
unsrer Seele wird laut, aus unsrer verborgenen Tiefe kann etwas
hervorgehen. Wie sollen wir zu unmittelbaren Äußerungen unsers
ursprünglichen Seins kommen, wenn nichts aus ihnen entspringen
kann! Je mehr es uns gelingt, entspannt zu werden, um so mehr
kommt unser Eigentlichstes zu Wort. Es wird dadurch weder ganz
frei noch lauter, aber wir spüren es einmal, wir kommen zu uns
selbst, es äußert sich etwas, was nicht Reflex und Reaktion ist.
Und wir kommen zur Ruhe, wenn wir aus dem beunruhigenden
Wellenschlag des Lebens herauskommen. Es wird eine große Stille.

Alles Wesenhafte gewinnt dann in uns Luft. Es kommt uns
zum Bewußtsein, um so deutlicher und stärker, je mehr sich der
subjektive Dunst mit seinen Wallungen und Wollungen verzieht.
Es ist dann möglich, daß wir uns in die Tiefe strecken und in
ihr Wurzel schlagen. Wir können nicht fortwährend durch befruch-
tendes Erleben und tätiges Leben unsre Äste und Zweige ausbreiten.
Gerade dafür ist es von höchster Wichtigkeit, daß unser Wurzelwerk wächst und immer tiefer dringt. Solange es sich an der Oberfläche ausbreitet, werden wir durch die Stürme leicht entwurzelt.
Wer kennt nicht das Elend des wurzellockeren oder halbentwur-
zelten Daseins, das Vegetieren und langsame Absterben der ge-
stürzten Existenzen. Gewiß treibt der recht verfaßte und richtig
eingestellte Mensch unwillkürlich und unbewußt durch tiefes Erleben
und tiefe Hingabe an jede Aufgabe der Stunde seine Wurzeln in
die Tiefe. Aber dieser Tiefgang des Lebens muß erst gewonnen
werden. Und dazu verhilft uns die regelmäßige Entspannung, weil
sie uns zur Fühlung mit dem Grunde unsers Seins führt.

Wenn der Mensch die tiefe Ruhe in sich selbst und die volle
Lösung von allem, auch von seinem Ich, soweit es Organ des
Welttreibens ist, gewonnen hat, dann tauchen ganz von selbst die
Regungen der Seele auf und ihre Urlaute der Sehnsucht und des
Heimwehs dringen empor. Wir beten, ohne es zu wissen und zu
wollen. Das ist ein Beweis dafür, wenn es ganz ursprünglich in
uns lebendig wird, daß der göttliche Kern und Keim in uns — das
Geheimnis unsrer Seele — lebendige Fühlung mit Gott, dem Urquell alles Seins und Lebens gewonnen hat. Der Kontakt ist da
und macht sich geltend in dem Gefühle des sicher Beruhens und
Geborgenseins, in Schauen und Sehnsucht, in Ehrfurcht und Vertrauen. Der Glaube, das Lebensgefühl unsrer Seele, beginnt sein
wunderbares Walten. So schlagen wir Wurzel im Ewigen, im
Bereich der Gnade, im schöpferischen Urgrund und leben auf in
der Gemeinschaft und Vertrautheit mit dem Vater im Himmel.
Wenn das Geheimnis des schöpferischen und fruchtbaren Lebens
darin besteht, daß wir in unserm ganzen Sein und Leben Organ

und Werkzeug der gewaltigen göttlichen Macht werden, die sich
in allen Entfaltungen unsers Wesens und Äußerungen unsers Lebens
offenbaren will, wenn sich unser innerstes Schicksal nur soweit erfüllt, unser Lebenswerk nur soweit vollendet, und unsre Lebensbahn
nur soweit den großen und graden Zug ihrer Bestimmung gewinnt,
als „das einzig wahrhaft seiende Subjekt" durch uns lebt, dann ist
die Entspannung ein Zugang dazu und eine Bedingung dafür.

Wie viele Menschen meinen, sie könnten ihn durch einen besonderen darauf eingestellten Betrieb ihrer Gedanken gewinnen, durch
Meditation, durch erbauliche Betrachtungen, durch religiöse und
moralisierende Beschäftigung mit sich selbst, durch gedankliche Versenkung darein, wie es sein soll, und durch Wünsche, Vorsätze und
Gebote, die sich darauf erstrecken. Aber dieses Wurzelschlagen im Ursprünglichen, Eigentlichen, wahrhaft Seienden, Wesentlichen, Ewigen
ist ein Geschehen, das sich von selbst vollziehen muß in tiefen Vorgängen unsers Wesens, im objektiven Grunde unsrer Seele. Denn
es ist Gnade, Erfahrung, ein Ergriffen- und Verfaßtwerden von
Gott aus. Alle gedanklichen Bemühungen sind auch wieder nur
ein Betrieb, eine subjektive Ausdünstung der Oberfläche unsers
Geistes. Die wesenhafte Religiosität, das bodenständige im Göttlichen wurzelnde Lebensgefühl der Seele ist ja gerade am religiösen Betrieb zugrunde gegangen. Selbst wenn sich die Menschen
vor Gott sammeln wollten, konnten sie ohne erbaulichen Betrieb,
ohne Gerede, ohne selbsteigene Bemühungen nicht auskommen.
Sie mußten singen, hören, reden, Zeremonien vollziehen. Das
mag seinen Wert haben. Aber es kann niemals die Empfängnis
herstellen, zu der es in der tiefen Entspannung, in dem Schweigen
alles Irdischen, in der Lösung vom eigenen Ich kommt. In ihr
muß alles zur Ruhe kommen, was uns erfüllt. Was Goethe vom
ganzen Kosmos sagt, muß auch im Menschen geschehen:

Und alles Drängen, alles Ringen
Ist ewge Ruh in Gott dem Herrn.

Wenn wir aber diese tiefe Ruhe in Stunden der Entspannung gewinnen und immer wieder suchen, dann wird sie uns

auch bleiben, wenn wir uns wieder mit ganzer Seele und allem
Vermögen ins Leben hineinstürzen. Denn wir werden dann imstande sein, alle Erlebnisse und Lebensansprüche aus ihr heraus
zu erfassen. Wir verlieren sie nicht mehr in den Stürmen des
Lebens, in der Brandung der Aufgaben und Schwierigkeiten, in
der Bedrängnis der Nöte und Trübsale. Wenn dann auch an
der Oberfläche unsers Innern gewaltiger Wogengang herrscht,
und die Unruhe uns mit fortreißen möchte. Es ist wie im Meer:
nur wenige Faden tiefer liegt alles in unerschütterlicher Ruhe.

Diese ewige Ruhe in Gott dem Herrn ist die Grundlage einer
unanfechtbaren Überlegenheit, eines unantastbaren Gefeitseins gegen
alles, die Basis der inneren Unabhängigkeit und Unbefangenheit
gegenüber allen Dingen, die Bedingung der Vollmacht zu leben
und die Quelle aller Klarheiten und Kräfte. Hier ist der Zugang
zu menschlicher Freiheit und Größe. In dieser Ruhe ist die Widerstandskraft und Erhabenheit, die Sachlichkeit und der Abstand der
Seele gegenüber allem, was sie bedrängt und in Anspruch nimmt,
lebendige Energie und sieghaftes Wesen gegenüber allen Aufgaben
und Schwierigkeiten des Lebens begründet. In ihr ruht die könig-
liche Haltung der Kinder Gottes.

Alles das tritt aber nur dann ein, wenn wir nicht ganz im
äußeren und inneren irdischen Lebensbetrieb aufgehen, wenn wir
nicht verweltlicht und besessen wie von Dämonen von einem Tag
zum andern, vom Morgen bis zum Abend gehetzt werden und wie
ein Spiel der Wellen in der Flut des Lebens treiben, sondern in
Gott beruhen. Darin löst sich alle Unruhe des Lebens, und daraus geht eine unerschütterliche Verfassung und Haltung der Seele
hervor. Wir sind dann immer gefaßt und verlieren nie die Haltung. Man muß sich das praktisch vorstellen, um seine Bedeutung
zu ermessen. Wer sich ärgert und außer sich gerät, verliert die
Fassung, und wer aus dieser Erregtheit und Benommenheit heraus
redet und handelt, verliert die Haltung; ganz abgesehen davon,
daß er dann abhängig wird von dem, was ihn erregt, die Fühlung mit der Wirklichkeit unter dem Aufruhr seiner Gedanken und

XXIII.   8

Gefühle verliert und in seiner Befangenheit das denkbar Verkehr-
teste sagt und tut. Die meisten Menschen verlieren, wenn sie sich
aufregen, die Vornehmheit ihrer Gotteskindschaft und benehmen
sich, wie es für sie unanständig und gemein ist. Sie sind dann
hinterher oft genug auch unglücklich über sich selbst und schämen
sich, weil sie instinktiv fühlen, daß es nicht menschenwürdig war,
wie sie sich benahmen. Aber noch viel mehr geschieht das doch
großen Ereignissen gegenüber. Wie werden sie angesichts eines
Schicksalschlags, eines großen Verlustes, einer unüberwindlichen
Schwierigkeit, einer verhängnisvollen Not niedergeschlagen, verlieren den Kopf und verzweifeln! Das ist allzumenschlich, aber
für Kinder Gottes schmachvoll. Das sollte nicht sein und brauchte
nicht zu sein. Und es würde nicht eintreten, wenn wir die tiefe
Ruhe in Gott dem Herrn hätten, ohne daran zu denken und darauf aus zu sein, und sie ganz unwillkürlich wie eine verborgene
Verfassung überall zur Geltung käme.

Diese Fassung und Haltung unsrer Seele äußert sich in einer
tiefen Gelassenheit und Besonnenheit. Gelassensein ruht auf dem
laß, d. h. entspannt sein. Nur wenn man im Tiefsten entspannt
ist, gewinnt man die Widerstandsfähigkeit gegenüber dem Reize,
die Selbstmächtigkeit, Selbständigkeit und Selbsttätigkeit, Widerstandskraft und das Erklingen der inneren Stimme möglich macht.
Nur kraft dieser Gelassenheit können wir durch die unmittelbare
Fühlung mit der Wirklichkeit in die lebendige schöpferische Spannung zu allem geraten, was uns begegnet und in Anspruch nimmt.
Ohne sie geraten wir in die Spannung der Abhängigkeit von den
Dingen, Ereignissen, Aufgaben. Die Gelassenheit läßt unsre Seele
zur Geltung kommen, die Erregtheit nur die Gedanken, Gefühle und
Wünsche unsers Ichs. Die Gelassenheit macht uns objektiv, sachlich.
Wer hingerissen wird, gibt sich preis, wird befangen und beeinflußt.
Damit entscheidet sich, ob man lebt oder gelebt wird. Das Ge-
heimnis des Lebens besteht darin, daß wir gegenüber allen Ereig-
nissen und Lebensansprüchen in eine tiefgehende Spannung unsrer
Seele geraten, in der sie die Eindrücke empfängt und zu frucht-

baren Lebensanftößen werden läßt. Die Gelaffenheit verbürgt fo=
wohl, daß unfre Seele erreicht wird und nicht nur der fubjektive
Dunftkreis unfers Jchs, als auch daß wir das verfpüren, was
hinter den Ereigniffen und Dorgängen waltet. Darum ift die Ge=
laffenheit die Dorausfetzung der feelifchen Empfängnis, der Be=
fruchtung von Gott durch alle unfre Erlebniffe. Die Aufgeregt=
heit in unferm finnlich=geiftigen Wefen durch die Eindrücke der
finnlich=endlichen Oberfläche des Gefchehens verhindert die Em=
pfängnis. Wir reagieren dann nur, aber erzeugen nichts, weil
wir nichts empfangen. Nur wenn unfre Seele erregt und in
Spannung verfetzt wird, find wir empfängliche Organe der Offen=
barung Gottes.

Die Befonnenheit aber ift die Dorbedingung alles erfüllen=
den Handelns und Geftaltens im Leben. Denn fie ermöglicht
die Unbefangenheit und Klarheit des Geiftes, die Sammlung
und Derwertung all unfrer geiftigen Kräfte für das, was ge=
fchehen foll, die innere Überlegenheit und Dollmacht der Tat,
ohne die wir nicht gelingend und vollbringend ausführen können,
was aus unfrer Tiefe emporfteigt, um Geftalt zu gewinnen und
ins Leben zu treten.

Aber noch mehr. Die tiefe Ruhe der Seele ift der Brunnen
der Kraft. In den Stunden der Entfpannung fammeln fich un=
willkürlich die Kräfte der Seele. Eine Quelle entfteht dadurch, daß
von allen Seiten Rinnfale zufammenfließen und fich in einem Born
fammeln, aus dem fie dann vereinigt hervorquellen. So fammeln
fich in den Zeiten der Entfpannung alle Bewegungen unfers In=
nern, woher fie auch ftammen, in der unbewußten Tiefe unfrer
Seele. Wir wiffen doch, daß das geiftige Leben in uns weitergeht,
auch wenn wir uns feiner Bewegungen nicht bewußt werden, und
daß uns die löfenden Erkenntniffe und fchöpferifchen Klarheiten
immer unwillkürlich aufgehen, wenn wir uns nicht damit befchäf=
tigen. So fickern und riefeln verborgene Rinnfale in uns und
fammeln fich in Zeiten der Entfpannung, um als urfprüngliche
Kräfte und Klarheiten aus der Seele zu entfpringen. Es ift darum

8 *

kein Wunder, daß wir ſo wenig Urſprüngliches finden, daß auf
allen Gebieten des Lebens und Schaffens ſo viel Manier und
Routine herrſcht, ſo wenig Kraft und ſchöpferiſche Vollmacht zu
finden iſt: weil man ſich wohl geiſtig konzentrieren, aber nicht ſeeliſch
ſammeln und entſpannen kann. Darum kommt man nie zu quellendem Leben und Vermögen, zu ſtrömender Kraft und ſchöpferiſcher Vollmacht. Wie wenig ahnt man von dieſer Sammlung
und Entſpannung im Innerſten! Es iſt doch geradezu tragikomiſch,
wie ſolche, die es möchten, immer wieder dazu ein Buch brauchen
oder eine Idee, eine Sache, auf die ſie ihre Gedanken ausſchließlich richten. Dadurch ſammelt man ſich doch nicht, ſondern verliert
ſich gerade wieder an etwas. Dadurch gewinnt man doch nur
die Ruhe der Abhängigkeit in einer neuen Spannung!

Endlich iſt die ewige Ruhe, die wir immer wieder durch die
Entſpannung als ſchöpferiſchen Urgrund in uns ſuchen müſſen, der
Urſprung aller menſchlichen Wahrheit und Schönheit. Wenn das
einzig Wahre in jedem Augenblick nicht ausgedacht und konſtruiert
werden kann, ſondern von Gott empfangen, von ihm offenbart,
von ihm gewirkt werden muß, wenn die Seele das göttliche Keimplasma unſers urſprünglichen Weſens iſt, das ſich ſchöpferiſch entfalten muß, um das reine Gebilde unſers wahren Selbſt hervorzubringen, dann muß alles in unſerm Werden und Leben aus
dem Urgrund unſrer Seele, wo Gott vernehmlich und wirkſam
wird, hervorgehen. Alles, was uns von außen beſtimmt und bildet,
läßt uns verkümmern und entarten, läßt uns unſre Wahrheit im
Sein und Leben verfehlen. Unſre Schönheit iſt aber nur die Erſcheinung unſrer Wahrheit. Nur der beſeelte, ſeeliſch gebildete und
verklärte Menſch iſt ſchön. Je mehr die Seele dem Körper Geſtalt
gibt, indem ſie ſich in ihm ausprägt, um ſo ſchöner iſt er. Die
Erſcheinung der inneren Form macht ſchön, nicht die äußere Form
und Geſtalt. Das Leben der Seele iſt das Geheimnis der lebendigen, der göttlichen Schönheit. Von hier aus verſtehen wir auch die
Bedeutung des Anges für die Schönheit des Menſchen. Das Auge
iſt der Quellmund der Seele. Aus ihm leuchtet, ſtrahlt und flutet

feine Seele. Aber nur, wenn es mehr ist als ein Spiegel der Umwelt und Ausdruck des Innern, nur wenn aus ihm trotz aller
endlich-sinnlichen Trübungen und Beschattungen immer wieder das
göttliche Licht durchbricht, das aus der verborgenen Lebensquelle
der Seele leuchtet und sich in ihrer Ruhe sammelt, wenn sich in
tiefer Entspannung von allem Irdischen die unsichtbaren Strahlen
Gottes, die von allen Erscheinungen und Vorgängen ausgehen, in
ihr vereinigen. Wer verweltlicht wird, der wird häßlich, wer eingespannt und unterjocht ist, wird entstellt. Wer von einer Spannung zur andern gerissen wird, der wird abgehetzt, der verwahrlost
und verkommt. Aber wenn sich die ewige Schönheit unsers Wesens
aus der tiefen Ruhe unsrer Seele entfalten kann, in die wir immer
wieder eintauchen wie in einen Jungbrunnen, dann werden wir
Erscheinungen der göttlichen Herrlichkeit.

Befriedigung

Kürzlich fragte mich jemand:

„Sind Sie eigentlich von Schloß Elmau befriedigt?"

Ich antwortete: „Nein."

Darüber großes Erstaunen und dann die weitere Frage:

„Ja, warum geben Sie es dann nicht auf? Warum wenden
Sie nicht nur Zeit und Kraft, sondern auch so viel Geld daran?
Diese Opfer Jahr für Jahr! Sie könnten doch dann viel mehr
Vorträge in den Städten halten und viel mehr schreiben!"

Ich antwortete:

„Ja, Reden und Schreiben befriedigt mich auch nicht."

„Aber warum tun Sie es denn dann?"

„Weil wir nicht da sind, um uns zu befriedigen, sondern um
zu dienen."

Das möchte ich einmal allgemein aussprechen. Ich halte das
für eine verkehrte Stellung zum Leben, wenn man Befriedigung
sucht. Wenn jemand darauf aus ist, daß er sich befriedigt fühlt,

dann will er sich selbst dienen, aber nicht den andern. Deshalb ist mir das Verlangen nach Selbstbefriedigung äußerst verdächtig. Es ist auch nur eine Äußerung der Selbstsucht und der Beschränktheit in sich selbst. Es geht mir damit genau so wie mit dem Selbstbewußtsein. Schon seit Jahren begreife ich nicht mehr, warum die Menschen so auf Selbstbewußtsein aus sind und über Mangel an Selbstbewußtsein klagen. Ich finde, es ist eigentlich eine geradezu beneidenswerte innere Verfassung, wenn einer kein Selbstbewußtsein hat. Er darf sich nur daraus nichts machen, daß er keins hat. Er darf von diesem Mangel nicht eingenommen werden und ihn nicht tragisch nehmen, sondern muß diesen Zustand als etwas betrachten, was ganz in der Ordnung ist, was die günstigste Bedingung zum Leben, wenigstens zum eigentlichen, zum wahrhaftigen Leben ist. Denn je weniger ich Selbstbewußtsein habe, um so mehr kann Gott in mir zur Geltung kommen. Auch wenn statt des Selbstbewußtseins nur Selbstgefühl in einem lebt, wird meines Erachtens die Sache nicht anders. Alles Selbstgefühl ist bedenklich. Denn es stört und beeinträchtigt mein Leben. Wenn etwas mein Selbstgefühl steigert, so steigert es mein Ich und damit meine Beschränktheit in mir selbst, meine Wichtigkeit, meine Subjektivität, meine Selbstsucht, meine Drehe um mich selbst und verdirbt das, was ich tue, trübt das, was ich sehe. Es ist der Quell des Versehens, Vergehens, Vergreifens. Ich kann nur sagen, daß ich mich am wohlsten fühle, wenn ich mich nicht fühle, und finde, daß ich viel besser zurecht komme, wenn ich mich lediglich als ein Organ eines großen Geschehens empfinde, das für sich selbst gar keine Bedeutung hat, sondern nur für das Ganze, für die andern. Und wenn dann unter der Intensität des persönlichen, seelischen Lebens an Stelle eines Selbstgefühls ein sehr starkes Lebensgefühl tritt, so ist das etwas Wundervolles, fast möchte ich sagen: Göttliches. Aber dieses Lebensgefühl ist gar nicht in besonderer Weise auf mich bezogen und ergibt sich auch gar nicht aus mir selbst, sondern aus dem Leben, das mich ergreift, das in mir drängt und treibt und sich aus mir äußert.

Vielleicht wird man erwidern: Aber doch hat der Mensch ein

Verlangen danach, ſich befriedigt zu fühlen. Gewiß, das iſt auch
ganz berechtigt. Aber es muß nur recht verſtanden werden. Ich
möchte ſagen: der Menſch ſehnt ſich nach Frieden. Denn befriedigt
iſt man in Wahrheit nur dann, wenn man Frieden hat. Verhält
es ſich aber ſo, dann kann uns nichts befriedigen, was von dieſer
Welt iſt, weder etwas, was uns widerfährt, noch etwas, was
wir leiſten. Was uns widerfährt, kann uns deshalb nicht den
Frieden bringen, weil es nichts an unſrer perſönlichen Verfaſſung
ändert, und gibt uns nie volles Genügen, weil es ſich immer in
ſeiner Unzulänglichkeit erweiſt, vor allem in ſeiner Unzulänglichkeit, ja Gleichgültigkeit für unſer innerſtes Sein. Wer natürlich
die Befriedigung in dem Reiz ſeines Selbſtgefühls findet, wer ſich
nur erhoben fühlen oder reich vorkommen will oder über den
Schein glücklich iſt, den er wirft, den Eindruck, den er macht,
der wird ſich befriedigt fühlen. Aber das iſt nicht eine Befriedigung des Menſchen, ſondern nur eine Befriedigung ſeiner Eitelkeit. Es handelt ſich nicht darum, was unſre mehr oder weniger
fragwürdigen Inſtinkte befriedigt, ſondern was den Frieden in
unſerm Sein und Leben herſtellt.

Und das vermag auch nichts, was wir leiſten, und wenn es
das Höchſte wäre. Selbſt wenn wir uns damit genugtun, es erlöſt
uns nicht von unſerm Ungenügen an uns ſelbſt. Wir ſtürzen von
den höchſten Gipfeln, die wir gelegentlich erſteigen, in den Abgrund
des Unbefriedigtſeins und der Verzweiflung. Die höchſten Leiſtungen
ſind ſchöpferiſche Werke. Da möchte ich nun alle, die irgendwie
ſchöpferiſch tätig ſind, als Zeugen aufrufen, ob ihre Werke ſie jemals
befriedigt haben. Ich halte das für ganz ausgeſchloſſen. Wo das
geſchieht, handelt es ſich nicht um Schöpfungen, ſondern um Machwerke, Kunſtſtücke, die wiederum vielleicht die Eitelkeit befriedigen,
eine Eitelkeit, die nur auf Grund einer phänomenalen Beſchränktheit
in ſich ſelbſt und einer Verkennung des Schöpferiſchen möglich iſt.
Darum gibt es keinen Beruf, der uns befriedigt, keine Verhältniſſe,
die uns befriedigen, nichts, was uns wirklichen Frieden bringt.
Frieden gewinnen wir nur in uns ſelbſt, dadurch daß es ſo wird,

wie es fein foll, in unfrer Verfaffung und in unfrer Lebensführung.
Aber diefen Frieden können wir nicht machen, der muß werden,
eintreten, kommen.

Was ift Frieden? Ordnung und Einklang. Wenn Ordnung
in uns ift und Einklang in unferm Sein und Leben herrfcht,
dann haben wir Frieden, dann find wir be-friedigt. Wenn in
uns etwas nicht in Ordnung ift, dann haben wir dasselbe Gefühl,
wie wenn in unfern körperlichen Verhältniffen etwas nicht in Ordnung ift. Es fehlt uns dann etwas. Und da die meiften Menfchen
nicht darüber klar find, daß dann etwas in ihnen nicht in Ordnung
ift, und fie darauf ihr Unbehagen nicht zurückführen, fo entftehen
aus diefem Gefühl des Unbehagens, aus der Meinung, daß ihnen
etwas fehle, eine Fülle von Wünfchen. Sie meinen, wenn ihnen
diefe Wünfche erfüllt würden, würde das Unbehagen verfchwinden,
würde das Unbehagen befriedigt. Das ift die große, allem zugrunde liegende Täufchung, die das innere Leben der Menfchen
trägt. Da die Wünfche aber nur aus dem Unbehagen entftehen,
nur ein Mißverftändnis deffen find, daß der Menfch nicht in Ordnung ift, fo kann die Erfüllung der Wünfche nicht die Quelle des
Unbehagens fchließen. Denn folange er nicht in Ordnung kommt,
wird diefes Unbehagen immer da fein, und jede Erfüllung eines
Wunfches wird ihm nur eine zeitweilige Befriedigung gewähren,
die fich als Täufchung erweift. Es gibt alfo keinen andern Weg,
den Frieden zu finden, als in Ordnung zu kommen und damit
den Einklang zwifchen Sein und Leben, Wollen und Müffen,
Wollen und Sollen, Wollen und Können, Glauben und Erleben,
Hören und Tun zu gewinnen. Ein Haus, das in Ordnung
kommt, in dem Gemeinfchaft, Eintracht und Einklang unter den
Menfchen herrfcht, ift ein Haus des Friedens. Und ebenfo ift ein
Menfch, in dem innerlich alles in Ordnung ift, und der von dem
reinen Klang der Seele erfüllt ift, ein Kind des Friedens.

Was gehört zu diefer Ordnung? Es gehört dazu z. B.: daß
wir auf dem Boden des Gegebenen ftehen und leben. Das ift eine
Grundlage des Lebens. Es gehört dazu, daß wir aus dem Ja

heraus uns zu allem stellen und leben. Tun wir das nicht, so geht und gelingt das Leben nicht. Daraus entsteht das Unbehagen mit all den Wünschen und Sehnsüchten, und das Unbefriedigtsein ist eine dauernde Qual. Es gehört weiter dazu, daß wir uns auf das beschränken, was wir können, was uns gegeben ist. Wer über seine Kräfte hinaus will und über sein Vermögen lebt, kann nicht zufrieden werden, wird sich niemals befriedigt fühlen. Es gehört weiter dazu, daß unser Bewußtsein im Einklang ist mit unserm Leben. Wenn unser Bewußtsein, unsre Gesinnung, unsre Ideale nicht im Einklang mit unserm Leben stehen, werden wir aus einem Katzenjammergefühl nicht herauskommen. Es gehört auch der Einklang zwischen unsrer Seele und unsern Sinnen dazu. Ist der nicht vorhanden, so herrscht eine schrille Dissonanz in unserm innersten Sein. Zu der Ordnung in unserm Leben, in unsrer Haltung und in unserm Verhalten gehört aber auch, daß wir nicht für uns da sind, sondern für das Ganze, daß wir nicht für uns leben dürfen, sondern für die Erfüllung der Aufgaben, die uns Gott durch das Leben stellt, daß wir nicht nehmen, sondern geben sollen, daß der Sinn und Zweck des Daseins dienen ist und sich opfern. Wer das wahrhaftig und dauernd tut, der kommt in Ordnung, der kommt zum Frieden. Denn er tritt in Eintracht und Einklang mit Gott, und diese Harmonie mit dem Unendlichen schafft die Harmonie im Endlichen.

Darauf wird man erwidern: „Wenn der Einklang in unserm Sein und Leben die Voraussetzung ist, daß wir wirklich Befriedigung finden, dann ist für Menschen dieser Welt überhaupt kein Friede möglich. Denn es wird und muß immer Spannungen in uns geben, die wir nicht lösen können, wenn wir auch nach vielen Seiten hin in manchen Beziehungen die rechte Ordnung herzustellen vermögen. Aber vieles wird nicht zu beseitigen sein." Das ist richtig. Aber Spannungen in uns sind ganz in der Ordnung und das fruchtbare Leiden darunter ist es auch. Alles, was notwendig zu unsrer Entwicklung gehört, das können wir nicht beseitigen und dürfen es gar nicht, sonst würde ja unsre Entwicklung gestört. Unsre Entwicklung ergibt sich aber aus Spannungen, Gegensätzen und Widersprüchen. Widersprüche und Gegensätze gehören also zu unsrer inneren Verfassung als Mensch. Aber es gehört zur Ordnung, daß wir Herren sind über solche Spannungen und Dissonanzen, d. h. daß wir von solchen Spannungen nicht bedrückt werden, von unsern Widersprüchen nicht angefochten werden und unsre Dissonanzen ihrer Auflösung in Harmonie wegen lieben, daß wir es erleben und erleiden in der Klarheit über ihre organische Bedeutung in unserm Werden und Leben. Dann werden wir nicht nur unsre Spannungen und Widersprüche ertragen, sondern auch Geduld mit uns haben. Wir werden dann nicht dadurch in unserm Gemüt verdüstert und verängstigt, sondern vielmehr dadurch erfreut und gestärkt werden in dem Bewußtsein, daß in uns das Leben gärt, das unser Wesen zur Entfaltung bringt.

Brauchen wir aber eine innere Überlegenheit, die nicht nur, soweit es möglich ist, in Ordnung bringt und Einklang herstellt, sondern auch erträgt und fruchtbar werden läßt, was an Spannungen, Gegensätzen und Widersprüchen in uns lebt und gärt, dann kann der Friede nur aus dem in uns hervorgehen, das mächtiger ist als alles, was in der Welt ist, aus unsrer Seele, aus dem Göttlichen in uns. In dem Maße, als das zur Geltung kommt, als es alles durchdringt, durchglüht und verfaßt, als es in allem treibt und alles beherrscht, in dem Maße haben wir Frieden: eine tiefe Ruhe, Gewißheit, Sicherheit, Harmonie und Einigkeit mit sich selbst mitten in der Unruhe des Lebens, des persönlichen Werdens, der Kämpfe und Nöte, in denen wir stehen, solange wir leben. Wer also eine wahre Befriedigung sucht, der muß danach trachten. Es wird nur nicht jedem gleich möglich sein, diese letzte Quelle des Lebens zu gewinnen. Aber es ist jedem möglich, nach diesen inneren Voraus-setzungen des Friedens in uns zu trachten und die Befriedigung nicht mehr im Äußern zu suchen, sondern im Innern.

Wenn uns gar nichts weiter möglich wäre, dann wäre uns möglich, zufrieden zu sein, uns zufrieden zu geben, d. h. uns bei dem Gegebenen zu bescheiden, statt es uns durch eitle Wünsche zu verleiden, die uns davon loszerren und nach anderem trachten lassen.

Ich weiß wohl, daß die Zufriedenheit in neuester Zeit nicht mehr
so viel gilt wie früher, wo sie eine Grundtugend des Menschen war.
Aber ich glaube, man wird sie in ihrer Bedeutung und Frucht=
barkeit neu entdecken. Mir wenigstens ist die tiefe Wahrheit wie eine
Offenbarung aufgegangen und hat sich wunderbar bewährt: sich
bescheiden und nichts begehren. Unser Begehren entspringt daraus,
daß wir durch irgend etwas Befriedigung suchen. Ist das nun im
Grunde verkehrt, muß das immer auf eine Täuschung hinauslaufen,
dann können wir gar nichts Besseres tun als nichts mehr begehren,
ganz anspruchslos dem Leben gegenübertreten, damit wir immer
aufgeschlossen sind für das, was an uns herantritt, immer für das
empfänglich, was uns gegeben wird, und immer für das bereit,
wozu wir berufen werden.

Damit kommen wir von selbst auf das hinaus, wovon ich zu
Anfang ausging. Ich sagte, ich käme immer mehr dazu, gar nicht
mehr mein Selbst zu fühlen, sondern mich als Organ des großen
Geschehens, des allgemeinen Lebens anzusehen, das schließlich von
dem göttlichen Willen getrieben, getragen und gestaltet wird. Wenn
man nur Organ ist, dann hat man keine Wünsche, dann begehrt
man nichts mehr, dann ist man in jedem Augenblick gespannt auf
das, was einem gegeben wird, und auf das, wozu man berufen
wird. Das versteht sich dann ganz von selbst. Dann ist man also
schon in der Lage, wo das eintreten kann, was ich vorhin aus=
führte, daß wir im Innersten in Ordnung kommen und den Ein=
klang gewinnen mit uns selbst. Denn die Ordnung in uns und
der Einklang in uns selbst wird am meisten dadurch gestört, daß
wir immer hin= und hergerissen werden von allem möglichen,
was außer uns liegt und uns erstrebens= und begehrenswert er=
scheint. In dem Maße, als wir dem nachgeben, werden wir auch
Organ, aber nicht Organ unsrer Seele und Gottes, sondern Organ
des Endlich=Sinnlichen, der ganzen Flut endlich=sinnlicher Lebens=
regungen und Reize, die uns umspült; davon werden wir dann
getragen, hin= und hergerissen. Und dann ist es kein Wunder, wenn
wir immer unbefriedigt bleiben, weil wir den Hunger und Durst,

der uns auf diese Weise quält, nicht stillen können. Denn selbst, wenn wir alles, was die Welt bietet, verschlingen wollten, so wäre damit dem wirklichen Frieden in uns nicht gedient, weil der nur aus der schöpferischen Entfaltung und Auswirkung unsrer Seele entspringen kann.

Das ist also der einzige Weg, der zum Ziele führt. Und darum werden Sie es begreifen, daß mir in Fleisch und Blut übergegangen ist: der Mensch ist nicht dazu da, um sich selbst zu befriedigen, sondern um zu dienen; denn es gibt nichts, was so unsre Seele zur Lösung und schöpferischen Entfaltung bringt als der freiwillige und freudige Dienst, den wir leisten. Es kommt dann dabei gar nicht darauf an, in welcher Gestalt, womit wir den Menschen dienen, sondern nur, wie wir dienen, ob wir mit ganzer Seele dabei sind und uns ganz hingeben im Dienst am Leben. Tun wir das, so werden wir den Frieden gewinnen, der nicht nur höher ist als alle Vernunft, sondern auch tiefer als die ganze Welt.

Ist das Christentum optimistisch oder pessimistisch?

Es ist nicht ganz einfach, über diese Frage zu sprechen, denn wenn man von Optimismus und Pessimismus redet, kann man dreierlei im Auge haben: zunächst Optimismus und Pessimismus als Weltanschauung; etwas anderes ist Optimismus und Pessimismus als Gemütsstimmung, und noch etwas ganz anderes ist Optimismus und Pessimismus als Schlagworte. Das müssen wir uns von vornherein gegenwärtig halten.

Handelt es sich nun um die Frage, ob die christliche Welt-anschauung eine pessimistische oder optimistische ist, so kann es nur eine Antwort darauf geben: sie ist beides. Wir lesen am Anfang der Bibel: „Gott sah an alles, was er gemacht hatte, und siehe es war sehr gut." Das ist die Grundlage des christlichen Optimis-mus. Und gegen das Ende der Bibel lesen wir: „Die ganze Welt

liegt im Argen." Das ist die Grundlage des chriftlichen Peffimismus. Es handelt fich hier aber nicht um den Gegenfatz zwifchen
dem Alten und Neuen Teftament. Denn Sie brauchen nur im Alten
Teftament an die Worte zu denken: „Das Dichten und Trachten
des menfchlichen Herzens ift böfe von Jugend auf", fo haben Sie
auch dort den Peffimismus. Und wenn Sie andererfeits irgendeine
Rede Jefu nehmen, wie die: Sorget nicht, wo er von den Vögeln
und Feldblumen als Vorbildern fpricht, oder an den Glauben des
Paulus denken, daß Gott am Eude der Zeit fein wird alles in allem,
fo ift das der ausgefprochene Optimismus als Weltanfchauung.

Was heißt denn Optimismus und Peffimismus in der Weltanfchauung? Die peffimiftifche Weltanfchauung fagt: Wir leben in
der fchlechteften aller Welten, Erde und irdifches Wefen hat die
denkbár fchlechtefte Verfaffung; die optimiftifche Weltanfchauung dagegen fagt: Wir leben in der beften aller Welten, fie ift nach
Grundlage und Einrichtung vollkommen. Es find alfo radikale
Gegenfätze. In der Praxis der perfönlichen Weltanfchauung werden
die Gegenfätze natürlich gemildert, fobald wir fie aber philofophifch
durchdenken, kommen wir nur zu einem Entweder-oder. Wie verträgt fich aber damit, daß die chriftliche Weltanfchauung zugleich
optimiftifch und peffimiftifch ift? Es ift daraus zu erklären, daß fie
diefe Frage wirklich löft und durch ihre Löfung den tatfächlichen
Grundlagen beider Weltanfchauungen gerecht wird. Es leuchtet
doch jedem von uns ein, daß es ungeheuer viele Tatfachen gibt,
die uns zum Peffimismus treiben, wie andererfeits unendlich viele,
die uns zum Optimismus führen. Ich habe vor ein paar Jahren
wieder einmal nach Schopenhauer gegriffen und über feine peffimiftifche Weltanfchauung gelefen und war verblüfft über die Oberflächlichkeit, mit der er da den Peffimismus begründet, fo daß ich
nicht begreifen konnte, wie Schopenhauer folch ungeheuren Einfluß
ausüben konnte und noch ausübt. Andererfeits müffen wir aber
zugeftehen: fo ftark wir den Eindruck haben, daß in der Welt alles
aufs befte eingerichtet ift, fo viele Beobachtungen machen wir doch,
die dem zu widerfprechen fcheinen. Infolgedeffen gibt es für die

Menschen im allgemeinen nur die eine Möglichkeit, sich hauptsächlich auf das eine zu gründen und das andere zu übersehen.

Die christliche Weltanschauung hat eine andere Lösung dafür.
Hier herrscht der Glaube vor, daß alles, was existiert, aus der
Hand Gottes gut hervorgegangen ist, die denkbar beste Welt. Die
Welt und alles, was in ihr existiert, ist ursprünglich wesentlich gut.
Aber sie ist entartet, und infolgedessen ist das gute Wesen ver-
schlungen von dem schlechten und schlimmen Wesen. Aus diesem
Unwesen quillt das Böse und seine Wirkung, das Übel, und macht
aus der guten Welt eine Welt, die ganz im Argen liegt. Das ist
die einfache Lösung. Die Welt ist gut und muß gut sein, weil sie
im ganzen Gottes ist. Aus der Hand Gottes kann nichts Schlimmes,
Unzulängliches, Verkehrtes hervorgehen. Das ist die christliche Weltanschauung. Aber aus dem Menschenwesen muß sofort Verkehrtes,
Böses, Schlimmes, Leben-Zerstörendes hervorgehen, sobald das
Menschenwesen die Fühlung mit Gott verliert. Da nun aber die
Menschen diese Fühlung verloren haben, da die Zentrifugalkräfte
des Endlich-Sinnlichen, die auf die Menschen einwirkten, stärker
waren als die zentripetalen, die den Menschen zu seinem Ursprung
und zu dem Mittelpunkt des ganzen Lebenszusammenhangs zu ziehen
suchen, so ist das Schicksal der Welt gegenüber der Natur der Welt
dies, daß alles verdorben ist und erst alles wieder hergestellt werden
muß, damit die Welt das wird, was sie ursprünglich war und
eigentlich sein soll.

Darauf wird man einwenden: Aber die Welt ist doch im
Grunde nicht gut und kann nicht gut sein. Denn wenn die Möglichkeit des Bösen gegeben war, daß die Menschen so abirren
konnten, sich versehen, vergehen, verirren konnten, so ist damit doch
der Beweis geliefert, daß sie nicht die Beste der Welten ist. Aber
das ist solch eine kurzsichtige Oberflächlichkeit, wie sie gang und
gäbe ist bei der Beurteilung der Welt. Gewiß ist für uns theoretisch eine Welt denkbar, wo die Möglichkeit des Abweichens, Ab-
irrens, der Verkehrung der ursprünglichen Absichten Gottes, der
Verkehrung der Natur in Widernatur ausgeschlossen wäre. Aber

es ist ganz zweifellos, daß dann das, was durch die Welt- und
Menschenentwicklung erreicht werden soll, nicht erreicht werden
könnte. Die ganze Welt wäre damit auf ein niedriges Niveau gebannt geblieben, auf das tierische Niveau. Ich habe immer und
immer wieder auf diesen Vorwurf und Einwand erwidert: das ist
Geschmacksache, ob wir es besser finden, daß wir nur die Höhe
von Eseln und Affen erreichen, oder ob wir es besser finden, daß
wir darüber hinaus sollen. Es handelt sich hier um die Frage der
menschlichen Freiheit. Wenn wir im Naturinstinkt so gebunden
wären, daß wir nicht anders könnten, als es unsre Bestimmung
ist, so wären wir nicht Menschen, sondern Tiere. Was den Menschen zum Menschen macht, ist der göttliche Funke in ihm, der ihn
heraushebt über die endliche Sinnlichkeit und damit über die höchsten
sinnlichen Wesen, die es gibt. Mit diesem göttlichen Kern und Keim
war die Freiheit der Entscheidung gegeben, die wir immer noch
haben, die wir täglich anwenden, auch wenn wir sie leugnen, war
die Möglichkeit gegeben, daß der Mensch sein Schicksal selbst bestimmte, und damit war die Möglichkeit der Sünde, der Verirrung,
des Verderbens gegeben. Aber ursprünglich war das nicht so gemeint. Darüber läßt sich natürlich streiten, ob auch eine andere
Entwicklung möglich gewesen wäre, oder ob das Böse, die Sünde
und alles das, was sie zur Folge hat, eine Durchgangserscheinung
in der Entwicklung der Menschheit zu ihrer Vollendung ist. Das
kann man so und so ansehen. Ich stehe auf dem letzteren Standpunkt. Aber jedenfalls wird damit, mit der Möglichkeit des Ver-
irrens und Verkommens nichts gegen die Güte der Schöpfung gesagt. Denn wenn diese Freiheit zu irren fehlte, wäre sie minderwertig und unzulänglich, weil dann die höchsten Wesen der Erde
nur die Höhe von Tieren erreichten, aber nicht die Ebenbildlichkeit
Gottes. Das ist gerade das Große in der Welt und über menschliche Vernunft hinausgehend, daß es Menschen gibt, die göttliches
Wesen in sich tragen und es zur Entfaltung bringen können. Und
es geht erst recht über unfern Horizont hinaus, daß wir trotz
unfrer Verirrung, Entartung und Verderbnis infolge der verlorenen

Fühlung mit dem göttlichen Urſprung unſers Weſens und Lebens doch zur Erreichung dieſes Zieles kommen können.[1])

Sünde kommt von Sondern. Durch die Sonderung des Men-ſchen aus dem Lebenszuſammenhang, aus der Gemeinſchaft, aus der Beziehung zum Urgrund und Mittelpunkt alles Seins entſteht das Arge, z. B. vor allen Dingen der Egoismus. Das iſt ja die erſte und hauptſächlichſte Sonderungserſcheinung, und es läßt ſich genau nachweiſen, wie durch dieſe Selbſtſucht der Menſch als Menſch unter allen Umſtänden zugrunde gehen muß. Sobald das aber überwunden wird und die rechte Verfaſſung des menſchlichen Weſens und der menſchlichen Gemeinſchaft wiederhergeſtellt wird, tritt der Wiederherſtellungsdrang, der durch die ganze Natur geht, in Tätig-keit, es tritt eine Läuterung des Menſchen ein, eine Wandlung und Wiedergeburt, und dann kommt heraus, was eigentlich im Menſchen iſt.

Das mußte ich ausführen, um Ihnen zu zeigen, daß die Tat-ſache der Sünde, des Verderbens für Chriſten nicht im Wider-ſpruch dazu ſteht, daß alles im Grunde gut iſt. Und auch das Leiden, das Übel in der Welt als Folge dieſer Verkehrung der Weltordnung iſt letzten Endes etwas Gutes. Denn wenn dieſe Leiden nicht als Folge der menſchlichen Verkehrtheit und Entartung dauernd uns quälten, dann gäbe es nichts, was uns zurücktriebe und uns den Weg zur Umkehr ſuchen ließe. Alles aber, was wir in der Welt an Unglücksfällen und ſinnloſen Schickſalsſchlägen, dummen Zufällen ſehen, erſchüttert mich nicht darin, daß wir in der beſten der Welten leben, ſondern beweiſt es mir dadurch, daß uns alles zum Beſten dienen muß, wenn wir Gott lieben, d. h. wenn wir in Liebe unſer Schickſal ergreifen. Denken wir an die Tragik des Menſchenloſes, daß in uns etwas Ewiges eingeſenkt iſt in einen geiſt-leiblichen, endlich-ſinnlichen Organismus, der es bannt und hemmt, ſo brauchen wir das nur tief und gründlich anzuſehen, um zu erkennen, daß dieſer geiſt-leibliche Organismus das Organ

---

[1]) Vgl. hierzu das Kapitel „Von Gottes Walten" im 3. Band meiner Reden Jeſu („Vom Vater im Himmel") S. 45—65.

für die Auswirkung des Ewigen in der Welt des Endlich-Sinnlichen
werden muß, und daß durch den Kampf mit diesen Hemmungen,
durch die Aufgaben, die uns das Endlich-Sinnliche in uns und die
Umwelt um uns stellt, das Ewige im Menschen wachsen, sich
schöpferisch entfalten und auswirken kann. Alles Endlich-Sinnliche
ist das leblose, anorganische, widerstrebende Material für die plastische
Kraft der Seele, die es lebendig verfaßt und bildet. Oder betrachten wir die ungleiche Verteilung der Lose, die auch als Grund
pessimistischer Weltbetrachtung angeführt wird, so sehen wir, wenn
wir der Sache auf den Grund gehen, daß auf dieser Ungleichheit, auf dieser ungleichen Lagerung ungleicher Teile die Entwicklung der Menschheit überhaupt beruht. Wenn es gelänge, alle
Ungleichheit in Gleichheit zu verwandeln, würde das Leben stocken
und die Entwicklung zurückgehen. Aus der Ungleichheit der Herkunft
und der Lage ergibt sich die Mannigfaltigkeit und individuelle
Eigentümlichkeit der Menschen, ohne die die unendliche Fülle der
Möglichkeiten im Menschen nicht zur Entfaltung käme. Die andere
Tragik des Menschen aber, daß er in seiner Existenz abhängig ist
von „Zufällen" und ihnen preisgegeben ist, obgleich er in sich das
Gefühl der Überlegenheit über alles Irdische trägt, erweist sich als
von größter Bedeutung, denn nichts kann uns so zur innersten
Unabhängigkeit und Überlegenheit unsers eigentlichen Wesens ver-
helfen als die Tatsache, daß es jeden Augenblick ein Ende unsers
Lebens geben kann. So finden wir bei näherem Zusehen, daß
alles nur geeignet ist, den Menschen in die Höhe zu treiben, ihn
wieder zurückzuführen zu der rechten Verfassung, ihm die Möglichkeit zu geben, seine Bestimmung doch noch zu verwirklichen. Allerdings, ob das geschieht, hängt davon ab, welche Stellung der
Mensch dazu einnimmt. Stellt er sich positiv dazu, wird er daran
Mensch werden und das göttliche Wunder und Geheimnis, das
er ist, offenbaren, darstellen, stellt er sich aber negativ, so geht
er daran zugrunde. Was den einen niederschlägt, bringt den
andern in die Höhe. Daß dies aber von uns abhängt, in unsre
Hand gegeben ist, darin besteht unsre Menschenwürde. Wäre uns

XXIII.   9

diese Möglichkeit nicht gegeben, so hätten wir nur die Würde
des Tieres. Allerdings würden manche Menschen gern auf diese
Menschenwürde verzichten, wenn ihnen nur die Hühneraugen nicht
mehr schmerzten. Darauf kann man nur erwidern, daß man niemand
hindern kann, daß er sich so tief wie möglich einschätzt.

Wie steht es nun aber mit Pessimismus und Optimismus als
Gemütsstimmung? Da kann man nur sagen: das ursprüngliche
Christentum ist zweifellos wesentlich optimistisch. Pessimistisch erscheint es, sobald die Stimmung gegenüber der Welt der Wirklichkeit, wie sie damals war, zum Ausdruck kam, also gegenüber
dem Untergang der Antike. Aber das ist kein Pessimismus, sondern
nüchterne Erkenntnis der Wirklichkeit. Im Grunde ist die Stimmung
der ersten Christen immer optimistisch. Wir brauchen nur an das
Wort des Paulus zu denken, das er mitten im Gefühl, daß die
Welt vergeht, ausspricht: „Freuet euch in dem Herrn allwege, und
abermals sage ich euch: freuet euch!" oder an das andere, das
er trotz des Verderbens und der Trübsal in der Welt der Gemeinde
zuruft: „Seid allezeit fröhlich!" Worauf beruht diese optimistische
Stimmung? Zweifellos auf dem Glauben an Gott. Und Glaube
an Gott ist Glaube an den Sinn der Welt, daran, daß im Grunde
alles gut ist und gut werden kann, ist das Wissen der Erfahrung,
daß denen, die Gott lieben, alle Dinge zum besten dienen müssen,
ist die Gewißheit, daß hinter allem die Herrlichkeit Gottes verborgen ist, daß wir überall in dem sind, was des Vaters ist, und
daß am Ende der Tage Gott sein wird alles in allem. Aus dieser
Erhabenheit über alles, was von dieser Welt ist und in ihr
passieren kann, quillt das Gefühl: es kann mir nichts geschehen,
im Wesentlichen, Eigentlichen bin ich unantastbar, ich brauche nur
Fuß zu fassen auf dem Grund, auf dem ich stehe, so bin ich allem
überlegen, und in dem Maße, als ich Wurzel schlage in der göttlichen Tiefe meines Wesens, gewinne ich die Vollmacht zu leben aus
der Kraft und dem Willen Gottes. Dies Lebensgefühl waltet überall
im Neuen Testament. Fürchtet euch nicht, sorgt euch nicht, euch fällt

alles zu, was ihr braucht, mit der Begründung: „In der Welt
habt ihr Angst, aber seid getrost, Ich habe die Welt überwunden."
Solche Äußerungen eines weltüberlegenen Optimismus kennzeichnen
die Stimmung des ursprünglichen Christentums, und in dieser Stimmung gingen sie jauchzend in den Untergang der Welt hinein,
den sie vor Augen sahen. Das war ihnen alles weiter nichts.

Im späteren Christentum ist das anders geworden. Da breitete
sich der Pessimismus als Lebensstimmung aus. Es hätte sich niemals
die Askese, die Weltenthaltung und Weltflucht, das mönchische
Leben und die Lebensfeindlichkeit ausbreiten können, wenn nicht
eine pessimistische Weltanschauung Platz gegriffen hätte. Sie ergab
sich aus dem überwältigenden Eindruck, daß das, was in der
Welt ist, mächtiger ist als das, was in den Christen war. Und
das war es auch. Da das wahrhaft Göttliche in seiner erlösenden,
neuschaffenden, beseelenden und vollendenden Wirkung nicht heraus-
kam und die Welt umgestaltete, sondern alles menschlich, allzumenschlich blieb, mußte sich natürlich die ewige Armsünderstimmung
und das klägliche Gefühl des nichts Seins und Könnens, des fortwährend Versagens und Erliegens, der praktischen Gottesferne
und der Übermacht des Bösen ausbreiten, und damit war die
pessimistische Weltanschauung gegeben.

Es ist aber von allergrößter Bedeutung, daß diese pessimistische
Stimmung gehoben wird. Denn eine pessimistische Religion ist eine
Religion des Nichtglaubens, des Zweifels und der Verzweiflung.
Pessimisten sind Gottesleugner. Es ist mir ganz unfaßlich, wie ich
pessimistisch empfinden soll, wenn ich an Gott glaube. Dann ist
doch die Grundstimmung: alles in der Welt ist Gottes. Dann
herrscht die Gewißheit: aus der Gnade Gottes kann überhaupt
kein Mensch herausfallen. Wo sollte er denn hinfallen? Gibt es
etwas, wo Gott nicht ist? Und mit dieser Sicherheit die Überzeugung: alles, auch die Sünde, das Böse ist innerhalb Gottes,
ein Vorgang, der sich innerhalb seiner Lebenssphäre vollzieht. Wenn
das aber so ist, dann kann uns doch wahrhaftig nichts geschehen.
Und wenn wir in den tiefsten Abgrund des Verderbens stürzen,

so fallen wir doch direkt in die Arme Gottes! Andererseits steht
der Glaube unter dem Eindruck einer ungeheuren Überlegenheit
der göttlichen Kraft. Es ist ihm nur die Frage, wie wir Zugänge
dazu finden, welche Haltung uns ihr erschließt, daß sie uns erfüllt,
aus uns waltet, wirkt und schafft. Es handelt sich nur um die
seelische Empfängnis: wie werden wir für die göttliche Befruchtung
empfänglich, die durch alles erfolgen kann, was wir erleben, durch
jeden Eindruck in der Natur, durch jeden Menschen, dem wir begegnen, durch jeden Schicksalsschlag, durch jede Schwierigkeit, jede
Aufgabe, jede Not? Aber ob das geschieht oder nicht — wir haben
es ja nicht in der Hand, sondern es ist Gnade, so wahr wir uns
im Leben zu unsrer Sehnsucht danach bekennen müssen — und was
uns sonst passieren mag: wir sind geborgen in Gott. Niemand kann
uns aus seiner Hand reißen. Die Welt ist voll der Liebe des Vaters.
Er läßt sein Antlitz über uns leuchten, und dann ist alles gut.

Infolgedessen ist kein Raum für eine pessimistische Stimmung,
auch nicht in dem gegenwärtigen Zusammenbruch der Welt. Was
jetzt geschieht mit dem deutschen Volk, wohin wir auch geraten,
das alles ist doch schließlich im letzten Grunde lächerlich belanglos.
Es gibt auch hier unendliche Möglichkeiten des Lebens, wir sehen
sie nur noch nicht. Aber die wertvollsten Lebensmöglichkeiten gehen
uns ja immer erst dann auf, wenn sie durch uns sich zu entfalten beginnen, in Erscheinung treten und sich entwickeln. Aber wer Spürsinn für neues Werden hat, der wittert sie. Wer für die verborgen waltende Wahrheit empfindlich ist, der ahnt in Gericht
und Gnade die Offenbarung Gottes, die uns naht. Und darum
setzte ich z. B. am Schluß des achten Kriegsheftes „Kriegstrost"
den Aufsatz: „Seid allezeit fröhlich." Es muß nur die echte Fröh-
lichkeit und Lebensfreude sein, die aus der Urtiefe des menschlichen
Wesens quillt, nicht die Lustigkeit, die durch einen Reiz an der
sinnlich-endlichen Oberfläche des Menschen hervorgebracht wird.

Zum Schluß noch ein Wort über Pessimismus und Optimismus als Schlagworte. Die Menschen kommen mir heutzutage vor,

als ob jeder mit zwei Prügeln ausgerüstet sei. Der eine Prügel ist
Schlagwort Optimismus, der andere das Schlagwort Pessimismus.
So gehen sie herum und mit diesen zwei Prügeln setzen sie sich
mit den Menschen auseinander. Wenn einer ihnen auseinandersetzt,
wie schrecklich die gegenwärtige Lage ist, so wird er mit dem Prügel
des Pessimismus erschlagen; wenn einer dagegen vor Augen stellt,
was unsrer wartet, wenn erst die Katastrophe überstanden ist, wenn
er vom Volkwerden, von einer Neuordnung aller Dinge spricht,
so holt man mit dem Prügel des Optimismus aus und schlägt ihn
damit nieder, je nach Geschmack. Ich weiß das aus Erfahrung.
Man nennt mich abwechselnd einen unverwüstlichen Optimisten
und andererseits einen unglaublichen Pessimisten. Ich bin aber,
wie ich schon einmal sagte, weder Pessimist noch Optimist, ich bin
nur sehr nüchtern. Wenn ich nun ganz nüchtern sage, wie die
Dinge sind, so nennt man mich einen Pessimisten. Andererseits bin
ich gläubig. Sage ich nun aus meinem Glauben heraus, was
möglich ist, so nennt man mich einen Optimisten. Nüchternheit und
Gläubigkeit ist aber kein Gegensatz und Widerspruch, sondern beides
gehört zusammen. Ist man nur nüchtern, so gerät man in Skeptizismus und schließlich in Verzweiflung. Ist man nur gläubig, so
gerät man in Schwärmerei. Wir wissen auch aus dem Neuen
Testament, daß dies beides zusammengehört, denn es ist da den
Gläubigen nicht nur zugerufen worden: Wachet! sondern: Seid recht
nüchtern! Das muß sich also vereinigen. Nichts ist für den Menschen, der voran kommen will und des Lebens mächtig werden
soll, so verhängnisvoll als der Wahn. Alle Einbildungen ersticken
die keimende Wahrheit und ihre Lebenskraft. Dem Wahn, der
Einbildung wird aber heutzutage erschreckend gehuldigt. Es herrscht
geradezu ein seelischer Morphinismus, mit dem man sich beruhigt:
„es wird so schlimm nicht werden, es gibt sich." Sobald man etwas
liest über die schreckliche Entartung der Menschen, über unsre ver-
zweifelte Lage, nimmt man die Morphiumspritze, um sich unempfindlich zu machen für die Eindrücke der Wirklichkeit und tröstliche
Einbildungen vorzuspiegeln. Wir müssen aber aus allem Wahn-

wesen heraus. Denn das wahrhaftige, fruchtbare, gelingende und erfüllende Leben beruht nur auf der unmittelbaren, direkten Fühlung mit der Wirklichkeit. Um diese Fühlung zu gewinnen, müssen wir absolut nüchtern werden, nicht zuletzt uns selbst gegenüber, daß wir uns nichts einbilden, daß wir nicht von dem Gewünschten benebelt werden, sondern uns auf den Boden der Wirklichkeit stellen. Andererseits werden wir nie fertig werden mit dem Leben, wenn wir nicht gläubig sind, d. h. wenn der Sinn der Seele nicht in uns lebendig wird. Es braucht sich einer gar nichts religiös vorzumachen, wenn er nur den Spürsinn hat für das, was dahinter liegt im Grund der Dinge und Vorgänge, für das Reich der „Wirkungskraft und des Samens", wie es im Faust genannt wird. Denn nur wenn wir dort Wurzel schlagen, können wir in Wahrheit leben, sonst ist unser ganzes Leben nur ein fortgesetztes Sterben und Verwesen. Darum gehört beides zusammen, Glaube und Nüchternheit. Vereinigt sich das, dann stehen wir jenseits von Pessimismus und Optimismus. Denn der vulgäre Optimismus ist ja Oberflächlichkeit, ein Verhüllen der Augen vor dem, womit man innerlich nicht fertig wird. Aber der Glaube, der aus dem Empfinden des Göttlichen entspringt, ist Gottesgewißheit, das Siegesbewußtsein, das davon durchdrungen ist, daß alles möglich ist dem, der glaubt, daß das, was in uns lebt und quillt, mächtiger ist als das, was in der Welt ist, und daß denen, die Gott lieben, alle Dinge zum besten dienen müssen.

Darum wollen wir uns in Zukunft nicht durch die Schlagworte Pessimismus und Optimismus beirren lassen, sondern der Wirklichkeit fest und unverwandt ins Auge schauen. Aber seien wir auch dessen unerschütterlich gewiß, daß der Mensch ein Herr ist aller Dinge kraft dessen, daß er ein Kind Gottes ist.

Warum geht es so langsam vorwärts?

Warum geht es mit uns, in uns so langsam, so wenig oder überhaupt gar nicht vorwärts, warum bleiben wir so schwach und

kraftlos in den Anfängen stecken, und warum spüren wir so wenig
von einem wirklichen, ebenmäßigen, starken Fortgang des neuen
Werdens? Über diese Frage ist sehr schwer zu sprechen, weil sie
einen fortwährend beschäftigt. Es fehlt der Abstand dazu, um
darüber reden zu können. Ich glaube auch gar nicht, daß sie allgemein beantwortet werden kann. Die individuellen Verhältnisse
sind dazu viel zu verschieden, und die Ursachen, warum wir innerlich stecken bleiben, sind bei den einen diese, bei den andern jene.
Es kann sehr viele Ursachen geben, die zusammenwirken, es kann
aber auch eine einzige Ursache sein, die man kennt oder nicht
kennt. Kurz, es ist sehr schwer, darüber zu sprechen. Von verschiedenen Hindernissen und Hemmungen war ja in vier Aufsätzen
über Mainberg¹) die Rede. Aber daneben gibt es noch viele andere
Möglichkeiten, die ein neues Werden in uns ausschließen, aufhalten, stören, töten. Darum möchte ich jetzt nur versuchen, einiges
zu diesem Notstand im allgemeinen zu sagen. Vielleicht geht dann
jedem selbst auf, woran es bei ihm liegt.

Vor allen Dingen müssen wir uns klar vor Augen stellen,
um was es sich eigentlich handelt. Es geht uns um ein neues
Werden, wobei Werden ebenso zu betonen ist wie neu. Es handelt
sich um keine Art von Selbstbildung, von sittlicher Arbeit an sich
selbst, von moralischem Vorwärtskommen, sondern um eine neue
Schöpfung. Und Schöpfung ist etwas anderes als Arbeit. Arbeit
ist Tätigkeit, Energieleistung, Schöpfung ist Lebensentfaltung, Erlebnis. Wir müssen das ganz streng auseinanderhalten. Wenn die
Frage gestellt wird: warum kommen wir sittlich so wenig vorwärts?, dann ist die Beantwortung sehr leicht: weil ihr euch nicht
anstrengt! Gebt euch redlich Mühe, dann werdet ihr schon den
Berg hinaufkommen; ihr seid nur zu schlapp dazu. Aber darum
handelt es sich uns ja gar nicht, um sittliche Selbsterziehung, sondern
um eine neue Schöpfung, die sich in uns vollziehen soll.

Wenigstens bei mir handelt es sich nur um diese Frage. An
einer moralischen Vervollkommnung bin ich nicht interessiert. Das

---

¹) 14. Bd. der Grünen Blätter S. 57—100.

ift gewiß etwas fehr Schönes, Erftrebenswertes, etwas fehr Edles,
was ich gar nicht herabfetzen möchte. Aber mir liegt an etwas
wefentlich Anderem, und zwar fo viel, daß mir alles demgegenüber im Werte finkt. Mir, fage ich. Ich will damit gar nichts
für andere Maßgebliches ausfprechen. Mir liegt an einer Entbindung und Entfaltung des Genius im Menfchen, und mir liegt
daran allein, weil das allein nach meinem Empfinden eine Recht-
fertigung unfers Dafeins ift, weil das allein meinem Leben Sinn
und Zweck geben kann. Eine moralifche Dervollkommnung gibt
meinem Leben keinen Sinn. Wozu denn? Warum foll ich mich
nicht fo, wie ich bin, durchs Leben durchfchlagen, das ja doch keinen
Sinn hat? Das moralifche Streben erhöht ja nur die Qual meines
Dafeins und kann mich nicht befriedigen, weil es fich nicht ver-
lohnt. Andere mögen das anders empfinden, ich empfinde es fo.
Was mich aus der Derzweiflung an dem Dafein gerettet hat und
mir die Lebensfreudigkeit trotz aller Eitelkeit, Dergänglichkeit und
Sinnlofigkeit diefes Dafeins gibt, ift ausfchließlich diefes Eine, daß
wir in uns etwas Ewiges haben. Und darum ift das Problem
meines Lebens dies allein: wie wird diefes Ewige in mir erlöft,
entbunden, frei von dem Bann der Sinnlichkeit und allem eitlen
Weltwefen und Treiben, wie kommt es zu einer fchöpferifchen Entfaltung in mir, in meiner Perfönlichkeit und in meinem Leben?
Nur das meine ich mit der Frage: Woher kommt es, daß es nicht
weiter geht, daß es nicht vorwärts gehen will?

Darauf gebe ich mir zunächft eine beruhigende Antwort. Und
die lautet: es handelt fich ja um eine neue Schöpfung, um ein
neues Werden. Das ift nicht fo einfach und nicht fo leicht, wie
wenn ich mir z. B. vornehme, in Zukunft keinem Menfchen mehr
Anftoß zu geben, mich fo zu benehmen, daß fie alle nur Gutes
von mir empfangen. Das ift eine fehr einfache Sache. Zu diefer
gewiffen moralifchen Anftändigkeit kann es jeder Menfch von einigermaßen vornehmer Gefinnung bringen. Seinen Egoismus fo zu überwinden, daß der andere nicht darunter leidet, ift wirklich keine große
Sache, und wenn jemand fagt: das bringe ich nicht fertig, dann

würde ich bloß sagen: schäm dich. Aber hier handelt es sich um Schöpfung, und Sie wissen, schaffen können wir nicht. Das haben wir
gar nicht in der Hand. Alles Geschaffene muß von selbst werden,
und was nicht von selbst wird, das ist Machwerk. Und weil ich kein
Machwerk will, sondern nur neue Schöpfung, deswegen bin ich ziemlich gelassen in dem Leiden darunter, daß es nicht vorwärts geht. Denn
ich sage mir, du kannst es nicht machen. Ich sage mir sogar: du willst
es nicht machen. Denn sobald ich etwas machen will, stehe ich in
der Gefahr, daß ich die Schöpfung verderbe durch Machwerk. Und
lieber soll nichts sein, als daß etwas Unechtes von mir gemacht werde.

Es ist wirklich keine große Kunst, neue Menschen zu spielen.
Wenn man ein bißchen schauspielerisches Talent hat, kann man
das sehr leicht. Denken Sie einmal daran, wie viele Menschen
heutzutage Persönlichkeit spielen. Da kann man sich schon einigermaßen herrichten. Aber wenn eins gewiß ist, dann ist es dies, daß
die Wahrheit unter all dieser Schauspielerei, unter diesem affektierten
Wesen, unter diesen gemachten Lebensäußerungen nicht aufkommen
kann. Sondern das ist gerade das sicherste Mittel, um die keimende
Wahrheit im Keime zu töten. Und deswegen wäre wohl die Frage
angebracht, die sich einige auch gewiß bejahend beantworten
müssen: Haben Sie nicht vielleicht bis jetzt doch etwas neue Menschen
gespielt, oder wenn nicht neue Menschen gespielt, dann vielleicht
Suchende gespielt, eine große Sehnsucht affektiert? Man kommt
auf den Gedanken, wenn man Suchende findet, die emphatisch
suchen, aber wenn man sie etwas näher kennen lernt, zu der Frage
Anlaß geben, die einer einmal in paradox-humoristischer Weise so
ausgedrückt hat: Mein Fräulein, suchen Sie eigentlich Gott oder
einen Mann? Mit anderen Worten: das instinktive Suchen des
Menschen, sein wesentliches Suchen, geht oft nach einer ganz anderen
Richtung als das Suchen seines Bewußtseins, das er affektiert.
Wenn nun irgend etwas derartiges in uns ist von Affektation, so
können wir nicht erwarten, daß es zu einer neuen Schöpfung in
uns kommt. Zunächst also müssen wir uns dabei beruhigen: wir
können nichts direkt machen, wir müssen warten.

Und es ist weiter die Frage, ob überhaupt in unsrer Zeit diese
Schöpfung in Gang kommt. Vielleicht stehen wir in einer Vor-
bereitungszeit, und das neue Werden, das wir ersehnen, kann erst
in einer späteren Zeit kommen. Wir vergessen nur zu leicht, daß
wir in einem festen Lebenszusammenhang mit unserm Volke stehen
und Kinder unsrer Zeit sind, und daß kein Einzelner sein Dasein
und Schicksal loslösen kann aus dem Zusammenhang mit der Gesamtheit. Deswegen ist es ganz unmöglich, daß einer für sich zu
dieser neuen Schöpfung käme. Er kann nicht weit über das Niveau
hinauskommen, das überhaupt in seiner Zeit herrscht. Darum ist
es sehr leicht möglich, daß wir uns in Sehnsucht verzehren müssen,
um durch dieses Verzehrtwerden in Sehnsucht das allgemeine Niveau
zu einer Höhe zu bringen, wo es dann möglich ist, daß das neue
Werden in Gang kommt. Das kann sein, wir wissen es nicht.

Man muß ernstlich fragen: Was ist überhaupt heute für ein
Glaube möglich, was ist heute für Kraft möglich, was ist heute für
ein Leben möglich? Es ist die Gefahr der theoretischen Betrachtungsweise, daß man sich einen Begriff, ja, vielleicht den richtigen Begriff von Glaube und Kraft macht und nun meint, weil man ihn
erfaßt hat, deswegen müsse die Sache auch praktisch möglich sein.
Das ist ein Fehlschluß. Man kann das Empfinden für etwas haben,
aber es deswegen doch noch gar nicht besitzen, sondern das
Empfinden dafür ergibt sich nur aus der Anlage dafür, aus der
die Ahnung entspringt, was daraus unter Umständen hervorgehen
kann. Aber wenn nun die Umstände nicht da sind! Das ist die
Frage. Erzwingen können wir nichts. Ich habe im Herbst, als ich
über die Nachfolge Jesu sprach, die Frage aufgeworfen, ob wir
es schwerer oder leichter haben als die Menschen der Zeit Jesu,
und antwortete: wir haben es schwerer. Ich würde heute diese
Antwort nicht mehr so unbedingt geben, weil wir gar nicht wissen,
wie damals die Umstände waren. Was mich zu dieser Antwort
bewog, war nur die Einsicht, daß jedenfalls die Menschen und
die Verhältnisse heute viel komplizierter sind als damals. Wenn
nun eine Voraussetzung des neuen Werdens ist, daß wir werden

wie die Kinder, dann waren zweifellos die Menschen der damaligen
Zeit in einer besseren Situation als wir heute. Aber es ist mir
doch jetzt fraglich, ob es wirklich so ist. Es ist mir z. B. wahrscheinlich, daß ein damaliger Schriftgelehrter innerlich ebenso kompliziert
war wie ein Theologe von heute, und daß es wohl für einen
Pharisäer und Schriftgelehrten noch schwerer war, einfach zu werden
wie die Kinder, weil die Juden damals überhaupt nicht den Begriff des Natürlichen, des Harmlosen, des Unmittelbaren kannten,
weil bei ihnen alles religiös krampfhaft und reflektiert war.

Stellen wir nun die Frage: Woher kommt es, daß es nicht
vorwärts geht, nicht vorwärts zu gehen scheint, so müssen wir antworten — immer im Bewußtsein der Vorbehalte, die ich bisher gemacht habe, daß wir es nämlich direkt gar nicht erzwingen können —:
es kann nur daran liegen, daß die Vorbedingungen dafür nicht
in uns vorhanden sind. Das ist ja eine viel bessere Lage bei
einem neuen Werden als bei sittlicher Selbstzucht. Bei aller sittlichen Selbstzucht und Selbstvervollkommnung muß man sich wahnsinnig anstrengen, bei neuem Werden geht alles ganz von selbst,
wenn die Vorbedingungen dafür da sind. Da darf man sich nicht
einmal anstrengen, es muß von selbst werden, und was nicht von
selbst wird, hat gar keinen Wert. Also kann es sich hier nur darum
handeln, daß wir die Vorbedingungen besorgen, die wir in der
Hand haben. Wenn wir diese Vorbedingungen herstellen, dann
muß es von selbst gehen, und zwar dann unter allen Umständen.
Aber daran liegt es. Wir stellen die Vorbedingungen nicht her,
obgleich wir sie kennen. Jesus sagt: Wenn ihr nicht werdet wie
die Kinder, werdet ihr nicht ins Reich Gottes kommen. Also unmittelbar werden, einfach werden. Viele von Ihnen haben vielleicht die vier Aufsätze über Mainberg gelesen. Da handelt es sich
auch um die Frage: Warum kommt es hier zu keinem richtigen
Glauben. Und ich habe Ihnen da ausgeführt, daß das gar nicht
anders sein kann. An der Hand der Geschichte des Hauptmanns
von Kapernaum wurde da gezeigt, worin der rechte Glaube besteht, den Jesus preist, und daß wir zu diesem rechten Glauben

nicht kommen können, weil uns dazu die Unmittelbarkeit fehlt. Und auch hier, wo wir die Gelegenheit haben, in einziger Weise, unmittelbar zu leben und uns zu geben, tut man es doch nicht. Man lebt weiter kompliziert und reflektiert und hinterhaltig, mit Absicht, mit Rücksicht, mit Vorsicht, aber nicht unmittelbar. Da haben Sie gleich ein Beispiel dafür, daß wir nicht auf die Vorbedingungen aus sind, wir denken nicht daran. Und weil wir nicht einmal daran denken, die Vorbedingungen herzustellen, kann es doch kein neues Werden geben. Das ist ausgeschlossen.

Ebenso ist es mit dem Einfachwerden. Wir können uns natürlich nicht einfach machen, wenn wir kompliziert sind. Das geht nicht, das gäbe nur eine Affektation, und die Verfitzung unsers Inneren würde dadurch nur noch viel verwickelter. Aber dazu hat uns Jesus auch den Wegweiser gegeben — ich will es einmal gleich übersetzen: Wer einfach werden will, der muß einfach leben. Oder allgemein ausgedrückt: Wenn wir in einer bestimmten Richtung alles das tun, was wir in der Hand haben, dann wird ganz von selbst das in uns entstehen, was wir nicht in der Hand haben. Also wenn wir nicht wahr leben, so kann in uns die Wahrheit nicht aufkommen, die wir nicht in der Hand haben, weil wir sie gar nicht ahnen, denn sie ist das Unausdenkbare, Verborgene, das Göttliche, das in uns liegt. Aber dadurch, daß wir wahr leben, uns so geben, wie wir empfinden, so handeln, wie wir sind usw., schaffen wir Raum und Luft, daß die Wahrheit, die in uns wie ein Keim verborgen liegt, sich entfalten kann. Wenn wir uns aber anders geben, als wir sind, dämpfen wir diese Wahrheit, und dann kann sie sich nicht entfalten. Nun frage ich Sie: Wer lebt denn so wie er ist, wer gibt sich denn ganz so, gerade heraus, unmittelbar, wie er ist, wer gibt gar nichts vor zu sein, wer stellt nicht etwas dar, was er sein möchte, aber noch nicht ist? In der kleinen Broschüre über persönliches Leben habe ich ausgeführt, was alles dazu gehört, wahr zu sein. Und ebenso ist es mit dem Einfachwerden. Wie können wir einfach werden in unserm ganzen Empfinden, Denken, wenn wir nicht einfach leben? Wir können

doch nicht kompliziert leben und dann erwarten, daß wir einfach
werden. Aber wir leben nicht einfach, sondern wir leben weiter
kompliziert. Denken Sie doch an Ihren ganzen Lebensapparat, an
die Umständlichkeit Ihres Tageslaufs, an Ihr Essen, an Ihre
Kleidung — ist das einfach? Es gibt sehr viele Menschen, die
bereit sind, sich innerlich Arme und Beine auszureißen, um etwas
zu erreichen, aber äußerlich leben sie ebenso landläufig, befangen
und gebunden in den Konventionen, ebenso empfindungslos für
die Wahrheit, für die Einfachheit, für die wahre Schönheit wie
alle andern. Ja, wenn wir in unserm Leben uns nach der entgegengesetzten Richtung bewegen, wie die neue Schöpfung sich entfalten will, wie soll sie denn da aufkommen? Das ist aber nur
ein Punkt.

Nun fragen Sie sich doch einmal — über nichts ist so viel
in den Grünen Blättern gesagt worden wie über die Bedingungen
des neuen Werdens, die wir in der Hand haben, und die wir
schaffen müssen —, fragen Sie sich doch einmal, ob Sie Ihr Leben
auf alle diese Bedingungen gestellt haben, ob Sie es auf Grund
dieser Bedingungen führen. Ich glaube, Sie werden sich dann
nicht mehr wundern, daß es nicht vorwärts gehen will. So ist
es ja gar nicht möglich. Fragen Sie sich einmal, ob Sie ganz
davon frei sind, etwas vorstellen zu wollen, was Sie nicht sind;
ob Sie ganz davon frei sind, einen Eindruck machen zu wollen,
ob die Eitelkeit aus Ihnen heraus ist. Mainberg ist ja durchdrungen von einem Dunst von Eitelkeit. Sie finden das Urteil vielleicht hart. Aber ich sehe es an all den geschmacklosen Kleidern,
die eine Folge der Eitelkeit sind. Jeder unscheinbar lebende Mensch
wird ganz von selbst einen natürlichen Geschmack entfalten. Aber
wenn Sie sich ganz besonders geschmackvoll anziehen wollen, dann
werden Sie immer die Erfahrung machen, daß Sie sich geschmacklos
anziehen. Das ist immer die Folge, wenn man etwas Besonderes
vorstellen will. Das ist Eitelkeit. Aber wenn die in uns herrscht,
wie soll denn dann Wahrheit werden? Wie soll denn dann die
Wahrheit unsers Wesens und die Schönheit ihrer Erscheinung er-

blühen? Denn Schönheit ist nichts anderes als die Erscheinung der Wahrheit. Das gilt aber nach allen Seiten hin.

Doch jetzt etwas anderes. Die Frage trat auch in der Form auf: Warum sind wir fo kraftlos, wie bekommen wir mehr Kraft? Kraft bekommen wir nur durch Leben, dadurch, daß wir richtig leben: Kraft ist das schwingende Leben in uns. Sorgen Sie dafür, daß das Leben in Ihnen schwingt, daß es stark schwingt, dann haben Sie Kraft. Darauf wird man sagen: das kann man sich nicht geben. Gewiß nicht. Das kann einem auch kein anderer geben. Höchstens wenn er einen etwas mit in Schwingung versetzt. Aber das ist nicht eigenständige Kraft. Die kann man nur gewinnen durch richtiges Leben. Das aber haben wir wieder in der Hand. Sie wissen ja, was ich den Trick des Lebens nenne: ganz positiv aus dem Ja heraus sich zum Leben stellen, aus dieser Freudigkeit heraus leben, die dann entsteht, mit ganzer Seele in jedem Moment dabei sein und dann aus dem ursprünglichen Empfinden heraus handeln. Das ist das Geheimnis des Lebens. Wenn Sie fo leben, dann haben Sie Kraft. Sie haben dann immer die Kraft, die Sie brauchen. Und je mehr und je länger Sie fo leben, um so mehr wird die Kraft in Ihnen quellen. Aber da fehlt es. Woran fehlt es? Vor allen Dingen an der Gegenwärtigkeit. Wir sind nicht gegenwärtig in jedem Moment, wir sind meist wo anders. Manche sind immer in der Vergangenheit und werden nur mühsam in die Gegenwart hereingezogen, wenn die Anlässe des Lebens kommen. Andere treiben sich sonst wo herum in ihren Gedanken, sind aber nicht bei dem, was gerade vorliegt, mit ganzer Seele, und infolgedessen bekommen sie keine Eindrücke von dem Leben, von den Menschen. Und die Schwingungen in unserm Innern werden doch nur hervorgerufen durch Eindrücke und durch das Erbeben unsrer Seele unter den Eindrücken der lebendigen Wirklichkeit jeden Augenblicks. Das ganz Dabeisein und ganz Daraufeingehen ist eine Sache der Selbstzucht, der Trick des Lebens ist eine Sache der Übung, und die Eindrucks-fähigkeit, die Empfänglichkeit, die dann entsteht, ist eine Sache des Werdens. Aber wenn wir nicht in jedem Augenblick unseres Lebens

für die Gegenwärtigkeit sorgen, können wir nicht erwarten, daß
die Empfänglichkeit für die Eindrücke der Dinge und das, was dahinter liegt, in uns wächst, daß die Eindrücke immer tiefer dringen,
bis sie durchschlagen in unser Innerstes, und unsre Seele darunter
auffährt und leben muß, weil sie in Anspruch genommen wird.
Nun setzen Sie das fort. Wie soll sich unsre Seele entfalten, wenn
sie nicht erlebt und nicht auslebt? Aber sie wird niemals erleben,
wenn wir so wenig gegenwärtig sind, daß die Eindrücke des Lebens
immer nur Bewegungen in unserm Subjektiven, in unsern Gedanken,
Gefühlen und Interessen hervorrufen, aber nicht durchschlagen, daß
wir vertraut werden mit der Sache, um die es sich handelt, so daß
wir entzündet werden von dem Lebensanspruch, der uns ergreift.

Nun könnte ich noch vieles darüber sagen, woran es liegt.
Vor allen Dingen liegt es auch an unsrer Halbheit. Wir setzen
nicht ganz das Leben dafür ein, und deswegen wird nichts. Der
Weg zu neuem Werden ist der Weg der Nachfolge Jesu. Es
gibt keine andere Möglichkeit, als diesen Weg zu gehen. Und Sie
wissen ja, was dieser Weg von uns verlangt. Ich will Sie nur
an die Forderung der absoluten Selbstverleugnung erinnern, der
Verneinung unsrer Selbstsucht, der Verleugnung unsers endlich-sinnlichen Ichs. Und dann, daß wir uns und unser Dasein ganz in
den Dienst der andern stellen, in den Dienst des Lebens, der Lebensansprüche, die an uns herantreten, des aufsteigenden Lebens, das
sich überall in den Menschen regt, daß wir uns ganz vergessen
in diesem Dienst und schlechterdings nichts anderes vor Augen
haben, als dieses eine Ziel, das Reich Gottes, oder wie wir es
nennen wollen, nicht mehr unser Glück, unsern Glanz, unsre irdischen Ziele, nicht mehr irgendwelche Genüsse, sondern nur ganz
ausschließlich dieses Eine. Das sind Forderungen, die einem durch
Mark und Bein gehen, wenn man sie im geraden, eigentlichen,
praktischen Sinne nimmt. Denn es handelt sich hier wirklich um ein
Sterben, das notwendig ist. Das Sterben des ganzen Erzeugnisses
der Endlichkeit, Vergänglichkeit und Sinnlichkeit, das wir sind, ist
die Voraussetzung, die Vorbedingung dafür, daß die neue Schöp-

fung in uns beginnen kann. Und wenn Sie mich fragen: Warum
geht es mit der neuen Schöpfung nicht vorwärts? so kann ich Ihnen
nur die Antwort geben: Weil wir uns immer wieder um das Sterben
drücken. Wir möchten gerne neue Menschen werden, aber dabei
unser Ich glücklich machen. Wir möchten gern aus Gott geboren
werden, aber dabei sinnlich, endlich, vergänglich, eitel weiterleben.
Aber beides läßt sich nicht miteinander vereinigen. Das seelische
und das sinnliche Element sind zwei grundverschiedene Elemente.
Nur wenn wir dem Einen zum Siege verhelfen dadurch, daß wir
das Andere in den Tod geben, kann die neue Schöpfung entstehen.
Das ist die einzige Antwort, die ich Ihnen auf Ihre Frage geben
kann. 1911

Wie werde ich mit dem Leben fertig?

Das ist eine Frage, die jeden Menschen angeht, vielleicht die
am meisten, die glauben, sie würden mit dem Leben fertig. Denn
es gibt genug, die vom Leben geschleift werden und ahnen es
nicht, die vom Leben verzehrt werden und fühlen sich glücklich
und überlegen. Ein nachdenklicher Mensch wird aber kaum durchs
Leben gehen, ohne daß ihm nicht immer wieder dieses Problem
vor Augen tritt. Er wird leiden unter dem Leben, er wird darüber klagen, daß es zu schwer sei, er wird die Folgen seiner Verkehrtheiten merken, er wird sich oft genug unsicher fühlen und ratlos sein — und damit steht er vor dieser Frage.

Können wir denn überhaupt mit dem Leben fertig werden?
Viele meinen, das sei Glückssache: die einen würden vom Leben
getragen und kämen deshalb leicht mit ihm zurecht, es gelänge
ihnen alles, sie unterwürfen sich alles und wären immer auf der
Höhe der Situation, die andern würden vom Leben fortgerissen
und verschlungen, sie scheiterten und gingen unter. Aber das ist
eine oberflächliche Auffassung. In Wahrheit kann jedermann mit
dem Leben fertig werden. Das ist eine Vollmacht, die uns gegeben
ist. Sie liegt wie eine Anlage und Bestimmung in uns, sie muß

nur durch Erziehung geweckt und durch Übung entwickelt werden.
Sie beruht im letzten Grunde in unserm seelischen Wesen, das
göttlichen Ursprungs ist. Hierin ruht die Möglichkeit und Fähigkeit,
das Leben zu meistern: die innerste Unabhängigkeit und Widerstandskraft, der Sinn für das fachlich Notwendige, das schöpferische Vermögen und die Kraftquelle der Tat, die sich das Leben
unterwirft und es gestaltet. Aber das vollzieht sich nicht von selbst.
Die Voraussetzung dazu ist, daß der Mensch die richtige Stellung
dazu gewinnt, daß er das Leben meistern will. Es gibt ja genug,
die fühlen ganz deutlich, daß sie vom Leben getrieben werden,
aber sie lassen sich treiben, sie haben gar nicht den ernsten Willen,
die rücksichtslose Entschlossenheit, mit ihrer Widerstandslosigkeit, Abhängigkeit, Weichlichkeit und Charakterlosigkeit fertig zu werden,
mögen sie verhaftet sein, wem auch immer, dem Alkohol oder einem
liederlichen Leben, der Faulheit oder der äußeren Verwahrlosung
in ihrem Gedinge: sie wollen das nicht überwinden, sie fühlen sich
am wohlsten, wenn sie sich und alles gehen lassen. Und wenn es
manchmal peinlich und schmachvoll empfunden wird, so denken sie
schnell wieder: ach was, und lassen sich doch weitertreiben. An diese
wende ich mich auch nicht, sondern an die andern, die im Leben
eine Aufgabe sehen, zu der sie verpflichtet sind, deren Erfüllung zu
ihrer Menschenwürde gehört, die erst dem Leben Sinn gibt und
aus dem verfehlten Leben ein schöpferisches Lebenswerk machen
kann. Aber unter denen gibt es Unzählige, die ringen mit dem
Leben und werden doch nicht mit ihm fertig.

Woran liegt das? Es ist falsch, wenn man sagt: es liegt an
der menschlichen Schwäche und Unvollkommenheit. Es gibt kaum
einen unheilvolleren Unfug, als alles, was nicht so ist, wie es sein
soll, auf die menschlich-allzumenschliche Schwäche und Unzulänglichkeit zurückzuführen und sich und andere dabei zu beruhigen. Wozu
wir beanlagt und bestimmt sind, dazu sind wir auch fähig. Es ist
eine Schmach und Schande, wenn wir da versagen. Was wir vermögen, das müssen wir auch leisten, indem wir das Mögliche verwirklichen. Das Maß, wie weit wir es dazu bringen, mag ver-

XXIII.   10

schieden sein. Aber geschehen muß es. Es liegt auch gar nicht an
dem menschlichen Unvermögen, wenn man das Leben nicht meistert,
sondern daran, daß man es nicht versteht, daß man nicht weiß,
wie man es anfangen soll. Es liegt lediglich daran, daß der Mensch
das Leben falsch anpackt, wie es mit vielen Dingen so ist. Denken
wir nur an die verschiedenen Fertigkeiten beim Sport, wo es nicht
in erster Linie darauf ankommt, die Kraft zu etwas zu haben,
sondern zu wissen, wie es gemacht wird, hinter den Trick zu kommen,
der etwas gelingen läßt. Gewandtheit und Kraft ist Sache der
Übung. So ist es auch hier. Deshalb möchte ich auf einige Hauptsachen hinweisen, auf die es ankommt, wenn wir mit dem Leben
fertig werden wollen.

Das Erste und Wesentliche ist dies, daß man zu allem, was
einem vorkommt, sagt: Ich will. Man muß es bejahen, man muß
sich auf diesen Boden stellen und sehen, was darauf möglich ist.
Die meisten Menschen sagen aber: „ich will nicht", oder „ich muß".
Beides ist verfehlt. Man muß sagen: ich will. Das gilt vor allem
von uns selbst. Wir müssen uns so nehmen, wie wir sind, es hilft
nichts, wir müssen zu uns selbst ja sagen: ich will. Ich will so
sein, wie ich nun einmal bin. Damit ist nicht gemeint, daß man
nicht von der Sehnsucht durchglüht sein soll, anders zu werden,
vollkommener zu werden, das Unwesen in sich zu überwinden. Im
Gegenteil. Wer sich bejaht, der will sich so, wie er eigentlich ist.
Er bekennt sich zu seinem wahren Selbst. Das allein will er verwirklichen, nichts anderes. Aber das kann und will er nur von der
Basis dessen aus, was er vorläufig ist. Von seiner gegenwärtigen
Wirklichkeit aus will er seine ursprüngliche Wahrheit erreichen auf
dem Wege dessen, was möglich ist. Dazu gelangt aber keiner, der
vom Unwirklichen ausgeht und ins Unmögliche hinausschreitet: Der
muß immer scheitern und zusammenbrechen.

Ebenso muß man seine Verhältnisse nehmen, wie sie sind.
Die meisten Menschen werden nicht damit fertig, weil sie sich dagegen sträuben, darüber härmen, sie mißachten und unzufrieden
damit sind, statt sich getrost und willig, geduldig und hoffnungs-

voll hineinzuſtellen als auf den Lebensboden, der ihnen gegeben
iſt, ſtatt zu ſagen: ich will, mag es Armut und Not ſein, un=
glückliche Ehe oder Schwierigkeiten mit den Kindern, oder die Un=
möglichkeit mit ſeinen Gaben zur Geltung zu kommen, die Lebens=
bahn zu beſchreiten, zu der man ſich getrieben fühlt, oder Feind=
ſeligkeit in ſeinem Lebenskreis oder Krankheit oder allerlei Hem=
mungen im Leben und berufliche Widerwärtigkeiten. Mag das ſein,
was es will, man muß ſich dazu bekennen: als gegebene Lage, als
Ausgangspunkt, als Aufgabe. Nicht ausweichen, ſondern drauflos,
nicht beſeitigen, ſondern erfüllen, das Problem löſen, den Segen
der Not heben, die Schwierigkeiten meiſtern, die vorhandenen Mög=
lichkeiten verwirklichen! Nur durch das „Ich will", das darauf ein=
geht, und durch die Tat, die das Not=wendige vollbringt, werde ich
mit dem Leben fertig. Es iſt das große Verhängnis, daß alle Men=
ſchen ſich ihre Daſeinsbedingungen und Lebensmöglichkeiten ausſuchen
möchten, ſo wie ſie ſich ſie ausdenken und wünſchen, daß ſie glauben,
ſie wüßten genau, was ſie brauchen und was für ſie paßt, und dies
nun zu erreichen ſuchen, ſtatt ſich auf den Boden des Gegebenen
zu ſtellen, daß ſie meinen, es gebe Verhältniſſe, die überhaupt oder
für ſie gerade unfruchtbar ſeien, während wir aus jedem Boden
Lebensſäfte ziehen können, wenn wir darin Wurzel ſchlagen. Wir
können uns aber nichts nehmen, was uns nicht gegeben wird, nichts
erringen, was nicht von ſelbſt zu uns kommt, nichts aus uns machen,
was wir nicht im Grunde ſind, nichts ergreifen, was uns nicht
erreichbar iſt. Und daher das Unglück: ein Strom von Möglich=
keiten umflutet uns, aber davon wollen wir nichts wiſſen, ſondern
ſind auf das aus, was nicht da iſt, nicht kommt, nicht möglich iſt.
Dann kann man doch nicht mit dem Leben fertig werden. Das
kann nur geſchehen, wenn man auf das eingeht, was da iſt, und
die Möglichkeiten willig ergreift, die ſich bieten, um ſie zu verwirk=
lichen. Nur die Liebe zum Schickſal verſteht die jeweilige Lage und
begreift ihren Sinn, nur die Liebe zum Schickſal macht die Ver=
hältniſſe und Vorfälle fruchtbar, nur die Liebe zum Schickſal meiſtert
das Leben und läßt das Werk unſers Lebens wie eine Schöpfung

10*

aus Glück und Unglück, Not und Zufall, Widerständen und Förderungen hervorgehen.

Also denken wir z. B. an eine unglückliche Ehe: da muß jeder
Teil sich sagen: ich will diese Ehe leben trotz des Gegensatzes der
Natur, der Verschiedenheit der Interessen, des Auseinandergehens
der Neigungen, gerade in ihrer Schwierigkeit will ich sie leben.
In dem Willen zur Ehe soll das Widerstrebende vereinigt werden
zur Ergänzung, das Gegensätzliche anregend und förderlich werden
für das Eigentümliche. Das ist doch etwas anderes, als wenn einer
Tag und Nacht sich unglücklich fühlt und darunter leidet, daß der
andere so ist, wie er gerade ist, daß er immer anders will, als er
selbst! Die schwierige Ehe ist dann fruchtbarer als die leichte Ehe,
die unbefriedigte Ehe dient mehr der Entwicklung als die glückliche
Ehe. Die Ehe als Problem und Not treibt hinauf, die Ehe als
erbärmliches Behagen zieht herab. Das heroische Abenteuer erzieht
zum Heldentum. Aber nur wenn man es will. Und so ist es überall.
Wenn man sich fügt, das Schwere auf sich nimmt, um es zu tragen,
auf das Schicksal, das über uns kommt, eingeht, wenn man sich
zu seiner Not bekennt, dann gewinnen wir damit sofort eine Überlegenheit über unsre Verhältnisse, kraft derer wir sie bewältigen.
Dann ergreifen, durchdringen, beleben, lösen, entfalten und gestalten
wir sie persönlich, und dann geben sie uns genau so viel Leben,
als wir Leben, d. h. uns selbst hineingeben.

Alles, was uns an Aufgaben, an Schwierigkeiten, an Nöten,
an Übeln gegeben wird, muß von oben gepackt werden. Die
Menschen werden deswegen nicht damit fertig, weil sie es alle von
unten packen. Sie stehen immer darunter, unter ihren Verhältnissen,
unter der Not, unter dem Kleinkram des Tages. Sie nehmen das
alles viel zu schwer, deshalb lastet es auf ihnen. So wird man
bedrückt, wenn nicht erdrückt. Aber wenn wir darüber stehen, es
von oben packen, dann können wir es meistern. Wenn ein schweres
Schicksal über uns kommt, und wir stehen darunter, so werden wir
niedergeschlagen, wenn wir uns aber darauf stellen, wird es fruchtbarer Lebensboden, in dem wir Wurzel schlagen, und dann leben

wir davon. Gewiß, zunächst mag uns der Schlag arg treffen. Keiner möchte, daß ihm der liebste Mensch entriffen wird, oder daß ihm eine Hoffnung zerschlagen wird, die fein ganzes Leben trug, aber es hilft nichts, wir müffen dann imstande fein, auch allein zu fein, auch anders zu können. Es ist doch beffer, wir begraben eine Hoffnung, als daß wir in der Enttäuschung verfinken. Es ist doch beffer, ich fage zu etwas unfäglich Bitterem: ich will, als daß ich dadurch verbittert werde. Es ist doch beffer, einen anderen Weg gehen, als sich an einer Mauer den Kopf zerschellen. Gefetzt den Fall, daß einer Gelehrter werden möchte, aber er wird krank und kann nicht mehr viel geistig arbeiten. Dann kann es geschehen, daß er an diefer furchtbaren Enttäuschung zugrunde geht, weil er völlig mit Gott und dem Leben zerfällt. Aber es ist auch möglich, daß er sich fagt: Also da hinaus geht es nicht, fo will ich anderswo hinaus, daß er nach der Lebens- und Leiftungsmöglichkeit fucht, die sich mit feinem Leiden verträgt. Dann wird er eine ganz andere Lebensbahn geführt werden, und ganz neue Lebensmöglichkeiten tun sich vor ihm auf, die ihm fonft nie erschloffen worden wären.

Ein anderes Beifpiel. Ich kenne eine Frau, die sich felbft aufzehrt, ihre Ehe zur Qual gemacht und eine richtige Kindererziehung vereitelt hat, weil sie sich nicht in den Mann fügen konnte. Der Mann will feinem Reichtum entsprechend hochherfahren in Haus und Gefellschaft, und feine Frau foll eine glänzende Rolle fpielen. Sie aber ist einfach und anfpruchslos und möchte fozial leben. Sie hat lebenslang den äußerften Widerftand geleiftet und sich nicht gefügt, immer opponiert und ihre Grundfätze bekannt. Sie wurde die reine Märtyrerin, aber die Ehe und Familie ging an diefem dauernden Kampf zugrunde. Wie anders wäre es geworden, wenn sie sich felbft treu geblieben wäre, aber sich in den Lebensftil des Mannes gefügt hätte, wenn sie auf das Unwefentliche eingegangen wäre, um im Wefentlichen zur Geltung zu kommen! Müffen elegante Kleider die Menschen ändern, kann tiefes Leben nicht auch in oberflächlichen Gefellschaften ausftrahlen? Ich meine gar nicht, daß die Frau unrecht hat, im Gegenteil, der Mann hat unrecht, aber wenn der Mann nicht zur Vernunft zu kriegen war, so mußte sie sich sagen: Ich will diesen Mann in seiner Unvernunft, so wie er ist, es geht nun mal nicht anders. Dann gibt der Klügere nach, der Reifere. Damit wäre sie sich nicht selbst untreu geworden, sondern wäre auf das Wichtigste für sie, das Wesentliche ein= gegangen, auf die Aufgabe, die ihr mit dieser Ehe gestellt war, und hätte dieses schwere Problem gelöst zum Heil der Familie und des Mannes und wahrscheinlich auch aller der Armen, deren sie sich so gern angenommen hätte.

Oder etwas aus meiner eigenen Erfahrung. Glauben Sie, daß ich die ungeheure Last, die die Elmau darstellt, tragen könnte, wenn ich nicht tagtäglich sagen würde: ich will, und wenn ich mir das nicht immer wieder sagte, wenn sie mich auch zu Boden drücken will? Deswegen merkt niemand etwas davon. Deshalb habe ich auch keine Sorgen, weil ich es will, wie es kommt, gefaßt auf alles, bereit für alles. Weil ich die Last tragen will, stehe ich dar= über, so sehr ich sie empfinde.

Das freudige „Ich will" ist der erste Schritt, um mit dem Leben fertig zu werden. Der zweite heißt: „Tun, was vorliegt, und warten, was wird!" Wir sollen uns nicht kümmern und be= kümmern um das, was kommt, sondern das Nächstliegende tun, immer entschlossen zugreifen, um die Aufgabe der Stunde zu erfüllen und das Werk des Tages zu vollbringen, und abwarten, was daraus hervorgeht. Wir können immer nur den nächsten Schritt tun, um zu dem übernächsten zu gelangen. Aber es kommt darauf an, daß wir ihn sofort, entschieden und nachdrücklich tun. Sonst fehlt uns der Schwung und die Sicherheit zum nächsten. Sonst ergibt sich der zweite nicht von selbst aus dem ersten. Das Leben wird da= durch anstrengend und wirkungslos, unlebendig und unrhythmisch, weil wir nicht gleich und ganz tun, was jetzt und hier nötig ist. Je weniger das geschieht, um so mehr wird es ein mühsames, un= zulängliches Machwerk, je mehr, desto lebendiger geht es von selbst wie eine freie Schöpfung aus der unmittelbaren Fühlung der Seele mit der Wirklichkeit hervor. Je unbedenklicher und rücksichtsloser

wir zuversichtlich und gläubig tun, was vorliegt, die augenblickliche
Aufgabe sachlich erfüllen, das innerlich Notwendige vollbringen, um
so mehr kommt die Logik unsers Daseins, die sich aus unsrer Art
und Bestimmung ergibt, heraus, um so sicherer und grader werden
wir zu dem geführt, was werden soll. Dann wird uns die Frage,
wie wir mit dem Leben fertig werden, überhaupt nicht zum Problem, weil das Leben von selbst hervorgehen läßt, was die Erfüllung unsrer Bestimmung ist, wenn wir uns selbst in jedem Augenblick ganz einsetzen.

Dann braucht man keine Folgen vorher zu erwägen, keine
Möglichkeiten zu berechnen, keine Pläne zu machen und Zukünftiges
zu entwerfen, weil alles von selbst kommt und sich offenbart. Dann
brauchen wir uns nicht zu sorgen und zu fragen, ob wir dem
Kommenden gewachsen sind, denn wir wachsen an allem und werden
so feiner mächtig, ob wir die Fähigkeiten zu etwas haben: wenn
es uns in Anspruch nimmt, wird es die Fähigkeiten in uns entfalten. So verhilft uns das Leben selbst dazu, mit ihm fertig zu
werden, wenn wir tun, was vorliegt, und warten, was wird. Es
nimmt uns sogar die Qual der Wahl und die Not der Entscheidung ab, weil sich bei dieser Art Leben von selbst ergibt und offenbart, was geschehen muß, wenn wir uns nur Schritt für Schritt
durch die Tat zu dem bekennen, was sich auf Grund unsrer Erfüllung des jeweilig Vorliegenden ergibt.

Wie oft habe ich schon gesagt: Glauben Sie, daß ich diese
große Sache der Elmau angefangen hätte, wenn ich eine Ahnung
gehabt hätte, wie es werden würde, daß es Krieg geben würde
mit all den ungeheuren Schwierigkeiten des Baus, der Bewirtschaftung und Ernährung, daß die ungeheure finanzielle Erschwerung
des Transports und Verkehrs alle Voraussetzungen über den Haufen
werfen würde, und die wirtschaftliche Katastrophe das Ganze in ihrem
Strudel zu verschlingen droht? Ich hätte es dann natürlich niemals
unternommen, weil ich mir gesagt hätte: das ist glatt unmöglich,
das geht gänzlich über deine Kräfte. Es ist auch glatt unmöglich.
Aber alles ist möglich dem, der glaubt. Wir können scheinbar Un-

mögliches vollbringen, wenn wir es hervorgehen laſſen aus der
Verwirklichung deſſen, was augenblicklich immer möglich iſt. Wenn
wir aber vorher erwägen, wie das werden kann, was werden ſoll,
dann leben wir niemals für die Verwirklichung des augenblicklich
Möglichen. Wir laſſen uns dann ſtören in dem Blick auf das,
was vor uns liegt. Wir Menſchen ſind nun einmal ſo veranlagt,
daß wir nur im Augenblick leben können, weil wir nur den Augenblick in der Hand haben. Das Vergangene iſt uns entrückt, und
das Zukünftige hat man nur ſo weit in der Hand, als es ſich
aus dem Gegenwärtigen entfalten kann. Alſo tun, was vor uns
liegt, und warten, was wird! Dann geht alles hervor aus dem,
was wir augenblicklich leben, werden und leiſten. So reiht ſich
ein Tag an den andern, und aus der Reihe der Tage ſteigt die
Zukunft herauf. Dann machen wir keine Programme, konſtruieren
nichts und denken uns nichts aus, wie es werden muß, ſondern
wir ſind geſpannt und bereit für das, was wird und uns in Anſpruch nimmt. Ich wünſchte, ich könnte Ihnen einen Eindruck von
dem Lebenslauf und der Entwicklung eines Menſchen geben, der
alles ſich offenbaren läßt, ſowohl das, was in ihm iſt, als die
Möglichkeiten, die es für ihn gibt, und ihre Verwirklichung, der
ſich niemals etwas vorher ausdenkt, um es zu verwirklichen, ſondern
alles ſchöpferiſch werden läßt, niemals willkürlich etwas unternimmt,
aber auch nie aus dem Wege geht oder vor etwas die Flucht ergreift, ſondern immer zupackt, den Fuß darauf ſetzt und ſich immer
in der ganzen Vollmacht des Menſchen darauf erhebt, um die Aufgabe, die es darſtellt, zu erfüllen. Sie würden davon ganz überwältigt werden und etwas ſchmecken von der Seligkeit, die ſolch
ein Leben iſt. Und dieſe Fähigkeit iſt dem Menſchen gegeben. Tut
man das, was vorliegt, ganz empfänglich für das, was einem
gegeben wird, und ganz bereit zu vollbringen, wozu man berufen
wird, dann kann Gott das Seine tun. Aber wenn wir das tun
wollen, was Gottes Sache iſt, was wir weder wiſſen noch tun
können, hindern wir ihn und verſchließen uns ihm.

Ahnen Sie alle, die nicht mit dem Leben fertig werden, nicht, was das schon für eine Befreiung und Erleichterung ist, wenn man sich auf das beschränkt, was grade vor einem liegt, und dann zusieht, wie es weitergeht? Dann ist man doch aller Sorge ledig, dann fürchtet man sich auch nicht mehr, dann nimmt man nichts mehr schwer, dann wird man gar nicht unsicher, und dann ist man tief erfüllt von dem, was geschieht, und ganz in Anspruch genommen von dem, was man zu tun hat. Dann verschwindet die Trübung der Augen, die durch die Furcht, Sorge, Trauer, das Tragischnehmen, die Bedenklichkeiten entsteht, dann wird der Blick fest und klar, dann gewinnt man die unbefangene Fühlung mit der Wirklichkeit und wird mit dem Leben fertig, wie es auch ist.

Damit sind wir schon zu dem dritten Rat gelangt, den ich Ihnen geben möchte: Machen Sie sich keine Gedanken. Wir erschweren uns das Leben ungeheuer dadurch, daß wir uns vielzuviel Gedanken machen. Leben Sie naiv, unmittelbar, harmlos, ganz einfach gradeaus und gradeheraus und machen Sie sich keine Gedanken! Machen Sie sich vor allen Dingen keine Gedanken über sich selbst. Was ist das für eine Qual, und wie schwächen sich die Menschen dadurch, daß sie sich immer wieder über sich selbst Gedanken machen! Es ist ganz gleichgültig, was das für Gedanken sind, ob es Gedanken der Einbildung und der Aufgeblasenheit oder des Minderwertigkeitsgefühls, des Unbefriedigtseins mit sich selbst oder der Reue und Vorwürfe oder der Wünsche und Ideale sind. Alle diese Gedanken stören das Leben und schwächen uns. Warum werden denn so wenig Menschen mit dem Leben fertig? Weil sie sich gar nichts zutrauen. Und warum trauen sie sich nichts zu? Weil sie sich vorhalten: ich kann das nicht, ich bin zu schwach. Ja ihr törichten Menschenkinder, gewachsen sind wir alle nicht dem Leben, wenn wir geboren werden. Aber wir wachsen an allen Aufgaben und Schwierigkeiten. Das ist ja grade ihre Bestimmung: Je schwerer das Schicksal, um so größer das Wachstum, das es uns bringen kann. Je schwerer die Verhältnisse, um so besser werden wir uns entfalten auf Grund dieser Verhältnisse. Glauben Sie, es wird kein Mensch mit dieser Überlegenheit geboren. Es ist nicht

Temperamentsſache, ſondern eine Vollmacht, die durch Leben gewonnen wird. Jeder kann ſie gewinnen, weil jeder damit begnadet wird, der in dieſer Weiſe Gott durch ſich walten und wirken
läßt. Aber die einfachen, naiven, unmittelbaren Naturen gewinnen
ſie natürlich von ſelbſt, weil ſie ſich keine Gedanken machen. Sie
kennen das ja auch vom Sport. Wenn Sie bei einer Skiabfahrt ſich
Gedanken machen, ſo liegen Sie auch ſchon da. Machen Sie ſich
aber keine Gedanken, ſo kommen Sie glatt herunter. Wenn ich mir
bei Hochtouren Gedanken mache, ſo werde ich ſchwindlig, wenn
ich mir keine mache, merke ich gar nichts von den Gefahren. Alles
wirklich Gelingende, Vollkommene, Geniale im Leben hat zur Vorausſetzung, „daß die rechte Hand nicht weiß, was die linke tut", daß
es urſprünglich naiv von uns getan wird. Alle Gedanken, die wir
uns dabei machen, ſtören aber dieſe Unmittelbarkeit. Auch der Gedanke an unſer Unvermögen, an unſre Schwäche. Je ſchwächer
ich bin, um ſo größer iſt die Ausſicht, an den Anforderungen des
Lebens ſtark zu werden. Die Schwäche iſt kein Hindernis, um mit
dem Leben fertig zu werden. Alle Schwächeanwandlungen vergehen,
wenn wir an das Wort denken, das Paulus vernahm: „Laß Dir
an meiner Gnade genügen. Denn meine Kraft iſt in dem Schwachen
mächtig." Unſre Schwäche wird erfüllt von der göttlichen Kraft.
Alſo ſeien wir getroſt über unſre Schwäche. Gott gibt uns die
Kraft, die wir brauchen, und nicht knapp, ſondern ohne Maß.
Jede Not iſt Heimſuchung Gottes. Was er uns auferlegt, das hilft
er uns tragen. Was er von uns verlangt, das wirkt er durch uns.
Denn Gott iſt aufs Poſitive aus, nicht aufs Negative. Er will,
daß wir mit dem Leben fertig werden. Aber die Vorausſetzung
dazu iſt, daß wir glauben und uns trauen. Wer über ſeine Schwäche
klagt, glaubt nicht an Gott, ſondern meint, er müſſe es ſelbſt tun.
Wir ſollen freudig und wagemutig, ohne Umſchweife und Bedenken
drauflosgehen, ſtatt uns Gedanken über die ſchwierigen Verhältniſſe, über das, was alles über einen kommen kann, über den
Ausgang des Unternehmens zu machen.

Machen Sie ſich auch keine Gedanken über andere Menſchen,

vor allem nicht darüber, was sie von Ihnen denken. Nehmen Sie
doch alle so, wie sie sind, immer aus Ihrem guten Herzen heraus.
Wie unendlich viel Zeit verliert man dadurch, daß man sich mit
den Hintergedanken seiner Mitmenschen beschäftigt. Wenn wir das
tun, verirren wir uns in ein Labyrinth von Phantomen. Denn
es ist doch meist so, daß diese Hintergedanken gar nicht existieren,
wir tragen sie nur in sie hinein, oder ganz anders sind, als wir
vermuten. Wenn ich also niemals Sicherheit darüber gewinnen
kann, werde ich mich doch nicht damit beschäftigen, um mir das
Leben zu verleiden! Nein, immer die Menschen ganz geradeso
nehmen, wie sie sich geben, immer an sie glauben, mögen sie noch
so schlimm sein, glauben an das Gute in ihnen, das hinter ihren
Unarten und Schwächen liegt. Die Kinder kann man nur dann
erziehen, wenn man immer auf das Gute in ihnen vertraut. Und
sie sind doch so furchtbar ungezogen! Aber der rechte Erzieher sieht
über diese Unarten hinweg und glaubt unverrückt an das Gute, Edle,
Wahre, Göttliche in ihnen. Wenn man das tut, gedeiht ein Kind,
dann allein kann man ihm gerecht werden, aber wenn man nur
an seine Unarten glaubt, gedeihen nur seine Unarten, und man tut
ihm immer Unrecht. Was aber für die Kinder recht ist, das gilt
auch für die Menschen untereinander. Wenn man immer mißtrauisch den Menschen gegenübersteht, alles mögliche Schlechte bei
ihnen wittert, jede Äußerung für unecht hält und immer Unaufrichtigkeit hinter allem vermutet, wie ist da eine unmittelbare
Fühlung mit ihnen möglich, wie schade ich ihnen dann durch diesen
Geist, der stets verneint! Mag einer unecht und falsch sein, ich kann
ihm nur zur Aufrichtigkeit verhelfen, wenn ich ihn als schwach in
seinem ursprünglichen Wesen und in seiner aufrechten Haltung nehme.
Wenn ich mißtrauisch bin, bringe ich ihn auch um den beschämenden
Eindruck meines Vertrauens. Viele scheuen sich aber solcher Güte,
die sich treu bleibt und ihre Art ausstrahlt, gleichgültig wie die
Menschen sind. Sie wollen nicht für dumm gehalten werden. Aber
man ist dann doch nicht der Dumme, sondern der Kluge. Denn
man schließt sich die Menschen damit auf und hilft ihnen zurecht.

Auf diese Weise allein können wir gedeihlich mit unfern Mitmenschen
leben. Wir nehmen dann nichts übel und tragen nichts nach, richten
nicht, sondern suchen zu verstehen, stoßen nicht zurück und helfen
darüber hinweg und sind damit der Qual und Mühsal ledig, mit
der sich die Menschen das Leben untereinander zur Hölle machen.

Wenn Sie sich das alles vor Augen halten, dann sehen Sie:
eigentlich ist das Leben gar nicht so schwer. Es ist ganz leicht und
einfach. Aber wir machen es uns schwer, unerträglich und unüberwindlich dadurch, daß wir alles verkehrt anpacken und uns mit
überflüssigen Gedanken plagen und alles verpfuschen. Also wollen wir
es doch einmal einfach nehmen, wollen wir uns gradeheraus zu allem
stellen, wollen wir unser Schicksal lieben, wollen wir uns auf den
Boden unsrer Verhältnisse stellen, und wollen wir mit ganzer Seele
bei dem sein, was grade geschehen muß, um es ganz zu erfüllen,
und dann uns um nichts weiter bekümmern, sondern drauflosleben.

Das ist nach innen gesehen zugleich die Voraussetzung dafür, daß
die Regungen und Keime des seelischen, göttlichen Lebens in uns sich
entfalten können. Und wenn die sich in uns entfalten, dann steigt
die Kraft in uns empor, die imstande ist, auch das Größte, Schwerste
zu tragen und das Gewaltigste zu vollbringen. Aber wenn wir uns
dem Leben gegenüber sperren, uns allen Verhältnissen und Dingen
gegenüber verkehrt anstellen und uns immer benehmen, als ob wir
von Sinnen wären, dann kann sich das Göttliche in uns nicht entfalten und Gott nichts mit uns anfangen. So hängt Inneres und
Äußeres, Werden und Leben miteinander zusammen. Ihr Schicksal
ist Ihnen viel mehr, als Sie ahnen, in die Hand gegeben. So
heben Sie es empor und verwirklichen, erfüllen Sie es.

Vom Ringen und Kämpfen

Ich habe oft genug darauf hingewiesen, daß das, was aus
uns werden soll, in uns liegt, und daß es nur durch schöpferische

Entfaltung zutage tritt, daß wir es nicht zustande oder hervorbringen können. Kein Mensch kann sich selbst bilden, er kann nur
das Gebilde seines wahren Selbst werden, wenn dieses in ihm zur
Entfaltung kommt. Das geschieht aber nur, wenn wir in einer
neuen Art leben, eine neue Einstellung zu allem gewinnen, wenn
wir positiv uns zu allem stellen, sachlich leben, überall mit ganzer
Seele dabei sind und dann unmittelbar das äußern, was aus
unsrer Seele entspringt. Das ermöglicht die schöpferische Entfaltung, aber bewirkt sie nicht. Es ist ein Irrtum, wenn man meint,
die Arbeit an sich selbst, wozu ich alles sittliche und religiöse Bemühen rechne, könne schöpferisch sein. Das ist sie nicht. Aber die
Folge dieser Einsicht ist bei manchen gewesen, daß sie meinen, der
Arbeit an sich selbst bedürfe es überhaupt nicht mehr, es gehe
ganz von selbst, wir brauchten uns überhaupt nicht darum zu
bemühen. Das ist ein falscher Schluß aus dem Satz, daß nur
das, was von selbst wird, wirklich echt ist. Wenn wir nicht alles
das tun, was wir in der Hand haben, kann niemals das in
uns werden, was wir nicht in der Hand haben. Wir müssen also
dem neuen Werden in uns Bahn brechen, wir müssen es schützen
und betreuen, wir müssen die Folgerungen daraus ziehen und mit
Bewußtsein und Willen das ins Leben treten lassen, wozu es uns
innerlich aus der Seele heraus drängt. Aber auch damit ist unser
eigenes Trachten und Ringen noch nicht erschöpft. Wir müssen
danach ringen, daß wir uns selbst in die Hand bekommen und
einen Kampf gegen alles führen, was dem neuen Werden widerstrebt. Beides ist unerläßlich.

Vor allen Dingen müssen wir mit allen Mitteln und Möglichkeiten darnach ringen, uns selbst in die Hand zu bekommen. Wir
müssen absichtlich um die Kraft und Freiheit unsers Willens kämpfen.
Denn er ist zunächst nicht frei, sondern gebunden. Deshalb ist nicht
die erste Frage: wie werde ich energisch, sondern: wie wird mein
Wille frei? Denn solange er das nicht ist, ist er Organ einer
fremden Macht. Bei dieser Freiheit handelt es sich aber nicht nur
darum, daß wir nicht mehr in Abhängigkeit von anderen Menschen,

von unfern Verhältniffen und von den Lebensmächten der Zeit
find, alfo daß wir auf eigene Füße kommen, fondern auch darum,
daß der Wille frei wird von den Inftinkten und Neigungen, die
in uns walten und fich unfers Bewußtfeins bemächtigen, fobald
wir uns von den Geboten und Satzungen frei machen, die fie in
Schranken halten. Er muß aber auch frei werden von den Gewohnheiten, die fich in unferm Leben gebildet haben, und die viel
mehr über uns herrfchen, als wir ahnen. Schiller läßt Wallenftein
fagen: „Aus Gemeinem ift der Menfch gemacht, und die Gewohnheit nennt er feine Amme." Das wird viel zu wenig beachtet.
Daß tatfächlich infolge erblicher Belaftung viel Gemeines in uns
durch fchlimme Einflüffe um uns her großgezogen ift und dadurch
zu einer unheimlichen Macht wurde, daß es Gewohnheit wurde,
daß der Hang dazu mit feinen Gewohnheiten uns diefem Gemeinen
verhaftete und unterwarf, das brauche ich Ihnen nicht näher auszuführen. Sie wiffen das aus Erfahrung und Beobachtung. Dagegen muß fich der Menfch auflehnen und dafür forgen, daß er
wirklich Herr feines Willens wird, daß fein beftes innerftes Wefen
den Willen beherrfcht, daß er von der Seele bewegt wird, von
der Sehnfucht nach Leben, von dem Drang nach oben, von dem
Streben nach Wahrheit, und daß nichts anderes daneben den Willen
knechtet und beeinflußt. Soll es aber dazu kommen, fo müffen
wir mit aller Gewalt, Klugheit und Lift, die uns möglich ift, gegen
jeden fchlimmen Hang und Einfluß, gegen jede Herrfchaft der
Gewohnheit kämpfen.

Ich finde, daß namentlich die Gefahr der Gewohnheit als
Machtmittel des Gemeinen und als Lähmung der urfprünglichen
Äußerungen unfers Wefens noch gar nicht erkannt ift, und fich darum ihr Verhängnis ungehindert auswirkt. Wir müffen deshalb
darauf halten, daß wir nie und nirgends mehr gewohnheitsmäßig
leben, fondern daß wir die Gewohnheit in jeder Beziehung bekämpfen und immer darauf achten, daß, wenn wir unwillkürlich
die gewohnte Bahn des Tages laufen, wir uns immer wieder felbft
beweifen, daß wir auch anders können. Viele Gewohnheiten find

gewiß an fich ganz unfchuldig, ja erleichtern uns geradezu das
Leben. Denn es ift leichter, ganz unwillkürlich feinen gewohnten
Gang zu gehen, als immer wieder Initiative entfalten zu müffen.
Es ift bequemer, blindlings in einer gewiffen Manier und Routine
zu leben, als immer urfprünglich, quellhaft zu leben. Aber menfchen-
würdiger, vornehmer ift es zweifellos, fchöpferifch zu fein und zu
leben, als im gewohnheitsmäßigen Betrieb zu fterben. Die Gewohnheit ift aber auch eine verborgen fchleichende Macht, die es
über uns gewinnt und uns fo in die Hand bekommt, daß wir gar
nicht mehr anders können. In den lächerlichften Dingen kann fich
das zeigen. Wenn z. B. ein Junggefelle jeden Abend ausgehen
muß; er bringt es einfach nicht fertig, daheim zu bleiben. Er nimmt es
fich vielleicht immer wieder vor, einmal für fich zu bleiben, aber
wenn die abendliche Stunde kommt, dann kann er nicht anders,
die Gewohnheit gewinnt es über ihn, er muß ausgehen. Von
Freiheit des Willens kann hier doch gar nicht die Rede fein. Hier
hat fich doch der Menfch nicht felbft in der Hand, fondern die Gewohnheit. Ich meine nun, wir müffen, abgefehen von allen andern
Gefichtspunkten, uns danach richten, daß wir den Forderungen
unfers innerften Adels, unfrer Vornehmheit und Menfchenwürde
dadurch gerecht werden, daß wir uns nicht der Gewohnheit unterwerfen, fondern ihrer Herr werden, daß wir auch anders können
und anders tun, als wir gewohnt find. Das genügt aber nicht
allein, daß wir uns das vornehmen und es auch hier und da
durchfetzen, fondern wir müffen auch die Gewohnheiten und ihre
Wirkungen erkennen, die uns fchon zur andern Natur geworden
find. Wo wir fo etwas in uns entdecken, muß es für uns Ehren-
fache fein uns davon frei zu machen. Man denke an die einfachften
Dinge wie z. B. Rauchen, Trinken, Verkehr mit Menfchen. An
und für fich ift das ganz unfchuldig, wenn es in den Grenzen gefchieht, wo es dem Menfchen nicht fchadet, — aber ich meine, es
muß uns gegen die Ehre als Menfchen gehen, daß fo etwas Macht
über uns gewonnen hat. Unfer Ehrgefühl muß verlangen, daß wir
uns die Freiheit beweifen, indem wir auf dies und das, was wir

nicht laffen können, verzichten, ihm entfagen, reftlos, radikal, um
unfern Willen frei zu kriegen. Ich glaube wohl, daß mancher
darüber die Achfel zucken und lächeln wird. Man kann nicht begreifen, wie fo etwas von großer Wichtigkeit fein kann, weil man
fich nicht vorstellt, wie innerlich diefes Äußerliche wirkt. Es geht
eine bannende Macht von der Gewohnheit aus, und je mehr unfer
Wille der Gewohnheit unterworfen wird, um fo fchwächer wird er.
Klagen wir alfo über fchwachen Willen, fo müffen wir unter allen
Umftänden den Zwang der Gewohnheit brechen. Solange wir das
nicht tun, wird unfer ganzes Leben immer zwangsläufig bleiben.
Wir werden uns innerlich aufraffen, nach etwas anderem fehnen,
wir möchten gerne ein anderes Leben, aber nirgends können wir
die Konfequenz daraus ziehen, weil unfer Wille nicht frei ift, und
wir kein Rückgrat, keine Widerstandskraft haben, um ihn der Gewohnheit oder anderen Einflüffen zu entwinden. Haben wir aber
kein Rückgrat, haben wir keine Muskeln, fo muß es errungen werden.
Und es wird nur dadurch errungen, daß wir Widerstand leiften,
gegen die Gewohnheiten ankämpfen, fie überwinden, uns herum-
kriegen, unfre äußere Lebensart umkrempeln. Das ift Trainierung
des Willens. Brauchen wir aber den Willen, ift er fo ungeheuer
wichtig im Leben, fo können wir uns doch nicht mehr gehen laffen,
fondern müffen uns zufammenraffen und unter allen Umftänden das
durchfetzen, daß wir von alledem frei werden, daß wir nicht mehr
unter dem ftehen, was wir brauchen und gebrauchen im Leben,
fondern drüber ftehen; daß wir es fo verwenden, wie es uns zum
Beften dient, und es dort laffen können, wo es uns zum Schaden
dient. Das ift das Eine.

Das andere ift der Kampf. Zweifellos bleibt es beftehen,
daß eine wirkliche innere Wandlung des Menfchen fich von innen
heraus vollziehen muß, daß unfer Unwefen nur überwunden wird,
wenn unfer urfprüngliches, eigentliches Wefen fich entfaltet, daß
unfre Unnatur nur dadurch befeitigt wird, daß unfre Natur ftark
wird, daß die Wahrheit der Seele zur Entfaltung kommt und unfre
eigentliche Art offenbart. Das ift ganz richtig. Aber wenn wir das

alles, was in uns herrſcht und immer wieder über uns kommt, nicht bekämpfen und überwinden, ſo wird es ſo kommen, daß immer wieder die Unart, das Unweſen, die Widernatur unſer urſprüng= liches Weſen, die innere Wahrheit erſtickt, und dieſe daran zugrunde geht. Das können Sie ja bei ſich beobachten, bei dem Kleinſten und Größten, dem ſcheinbar Unwichtigen und Wichtigen.

Manche von Ihnen haben vielleicht ſchon einmal etwas in ſich von der quellenden Wärme erlebt, die ihnen aus dem Herzen ſtrömt und die Menſchen umfaſſen möchte. Und viele von Ihnen haben vielleicht Sehnſucht danach, daß ſie das erleben möchten. Aber wenn die alte Unart des Verhaltens den Menſchen gegenüber ſich immer wieder in einem entgegengeſetzten Verhalten äußert, ſo iſt es doch gar kein Wunder, wenn dieſe Liebe, die ſich in Ihnen regt, die etwas anderes iſt als die Selbſtſucht und Habgier der gewöhnlichen Liebe, immer wieder erſtickt wird, und Sie dann leer und öde ſind und ſchließlich gar nicht mehr daran glauben können, daß ſo etwas überhaupt möglich iſt. So ſpürt jeder Menſch, der überhaupt die Sehnſucht nach Leben kennt, hier und da unter der Lockerung dieſer Sehnſucht wie ein Sprießen und Sproſſen im Frühling von einem neuen Weſen. Aber wenn er es dann immer wieder tottritt! Die Lebenskraft der Seele iſt ja ungeheuer ſtark, ja man möchte faſt annehmen, daß ſie ſich nicht unterdrücken ließe, aber Sie können doch das Gleiche draußen in der Natur beobachten: wenn eine Spur durch die Wieſe getreten iſt, ſo wächſt ſchließlich nichts mehr darauf, weil alles, was herauskommen möchte, immer wieder von denen zertreten wird, die darüber gehen. Genau ſo iſt es mit unſerm inneren Leben. Immer wieder möchte es ſich entfalten, aber wir treten es immer wieder durch entgegengeſetztes Verhalten tot. Da= mit das nun nicht geſchieht, müſſen wir kämpfen gegen die alte, verkehrte Art, kämpfen gegen das Gemeine in uns, gegen die ent= arteten Inſtinkte und Neigungen, gegen den ſündigen Hang, und dürfen ihn nicht aufkommen laſſen, ſondern müſſen ihn mit Bewußt= ſein und Willen unterdrücken, wo wir auf ihn treffen. Nur wenige Menſchen ſtellen ſich vor, wie ſchwer das iſt, und begreifen ſo ſelten,

XXIII.   11

wie wichtig es ist. Aber denken Sie doch daran, was für eine
Macht die verdorbenen Instinkte in uns durch die Gewöhnung
werden, kraft der sie uns ganz durchwachsen, eine ganz unheimlich bannende, ja dämonische Macht. Wie wird z. B. der Mensch
auf dem geschlechtlichen Gebiete, wenn er der Versuchung erlegen
ist und immer wieder seiner Wollust frönt, beherrscht und immer
wieder widerstandslos mit fortgerissen! Für den, der es nicht kennt,
ist es einfach nicht zu begreifen. Aber wenn man es selbst erlebt
hat und darüber klar geworden ist, dann sieht man ein, daß es
gar nicht anders sein kann. Man hört ja oft harte Urteile über
solche, die immer wieder in einen derartigen Bann geraten, die
sich von dem verhängnisvollen Einfluß einer Frau, eines Mannes
nicht freimachen können; aber wer tiefer blickt, der erkennt, wie
wirklich von solchen zu einer Macht gewordenen Instinkten ein
bannender, lähmender Einfluß auf die Seele ausgeht, der vom
Gebannten selbst nicht zu brechen ist. Da braucht es Hilfe von außen,
Gewalt, Übermacht, Zwang, Eingriffe von Gott oder Menschen.
Die Gedanken, die sich dagegen erheben, erfüllen in der Stunde
der Anfechtung noch das Bewußtsein, aber sie verlieren unter dem
Zauber alle Kraft, und der Mensch ist ganz eingenommen von
diesen Instinkten und gibt ihnen nach, trotz des tiefen Widerspruchs
seiner Seele, den er in sich spürt. In der Jugend vollziehen sich
diese furchtbaren Anfechtungen, Kämpfe und Niederlagen in leidenschaftlicher Bewegung. Im Alter hat es die schlimme Gewohnheit
meist so gewonnen, daß gar nicht mehr dagegen gekämpft wird.
Aber die Menschen, deren Seele sich noch regt, erleben die furcht-
barsten Tragödien, sie verzweifeln hinterher darüber, daß sie der
Gewohnheit, dem Einfluß doch wieder erlegen sind, und raffen sich
immer wieder zum Kampf dagegen auf, solange sich die Seele über
diese schrecklichen Vergewaltigungen empört.

Auch hier glaube ich, daß die Seele nicht totzukriegen ist, aber
sie wird oft vollständig gebannt und vergiftet. Wie können wir
dann erwarten, wenn wir uns noch so sehr alles das vergegenwärtigen, wie es in dem Menschen sein sollte und müßte, wenn

wir für die neue Art Leben und die schöpferische Entfaltung der
Seele schwärmen, daß wir irgend etwas davon erleben? Gewiß,
Gottes Kraft ist unerschöpflich, die Wirkung des schöpferischen,
wiederherstellenden Lebens entfaltet sich immer aufs neue, aber wir
spüren nichts mehr von dem, was dahinter liegt, wir werden vollständig abgestumpft, die Empfänglichkeit dafür geht verloren: das
ist das Furchtbare. Darum müssen wir mit aller Gewalt dagegen
kämpfen und Widerstand leisten. Wir müssen es methodisch tun,
mit aller Klugheit und mit aller Gewalt, deren wir überhaupt
fähig sind. Wenn wir in dieser Beziehung nicht streng und hart
gegen uns sind, wenn wir nicht alles dafür einsetzen, so wird es
immer wieder der alte Hang über uns gewinnen, die Instinkte
werden sich immer mächtiger erweisen als unsre Seele. Man darf
vor allem nicht damit warten, bis eine gefährliche Versuchung
kommt, sondern muß den ersten Regungen Widerstand leisten, den
Gelegenheiten aus dem Weg gehen, die Möglichkeiten beseitigen,
daß wir von der bösen Lust entzündet werden können. Paulus hat
einmal gesagt: „Ihr habt noch nicht Widerstand geleistet bis aufs
Blut." Sie sehen, es ist ein Kampf auf Tod und Leben. Als solcher
muß dieser Kampf geführt werden. Und Jesus sagt in der Bergpredigt: „Ärgert dich dein rechtes Auge, so reiß es aus und wirf
es von dir." Mit diesem Radikalismus müssen wir gegen uns vorgehen. Je schwerer der Kampf ist, je mehr wir dem bösen Hang,
dem bannenden Einfluß unterlegen sind, um so stärker, elementarer
muß in uns die Empörung dagegen und der Haß gegen uns selbst
werden. Niemanden sollen wir hassen, nur uns selbst, so wie wir
geworden sind, aus der leidenschaftlichen Liebe zu dem heraus, was wir
eigentlich sind. Je mehr wir einen Eindruck haben von der Herrlichkeit
Gottes, die in uns liegt, um so flammender muß der Haß sein gegen
das Unwesen, das wir darstellen, gegen die Verzerrung, die Entartung des Gotteskindes, das in jedem Menschen verborgen ist. Aber
wir müssen Augen dafür gewinnen, für das eine wie für das andre.

Wenn man von den geschlechtlichen Lastern, von geheimen
Jugendsünden und dämonischen Verführern redet, das versteht jeder.

11*

Aber daß überall in unserm Lebenskreise derselbe Kampf wogen müßte, daran denken die wenigsten, und sie vergegenwärtigen sich nicht, wie sie infolgedessen immer mehr entarten. Sie denken nicht daran, wie sie innerlich verwahrlost und verschlampt, abgestumpft und erstarrt sind, und wie bei dieser Schlamperei des sittlichen Lebens unmöglich eine innere Ordnung und Neuverfassung ihres Seins entstehen kann, weil alle wiederherstellenden Regungen der Seele immer wieder darin zugrunde gehen. Jeder weiß, wo es hier bei ihm fehlt und was über ihn die Gewalt gewinnt. Jeder kennt die Anfechtung zur Oberflächlichkeit, zur Untreue, sich über das hinwegzusetzen, was die Aufgabe der Stunde ist, jeder kennt den Geist, der stets verneint, von dem er besessen ist. Aber die wenigsten kämpfen gegen die Trägheit im Innern, gegen die Gleichgültigkeit, gegen ihren Argwohn, ihre Klatschsucht und Böswilligkeit und setzen sich um so mehr dagegen ein, je mehr diese Trägheit und dieser gemeine Hang sie immer wieder umnebelt und lähmt.

Oder denken Sie noch an etwas andres. Wir haben so viel von dem Verhängnis der Selbstsucht, des Egoismus gesprochen. Fortwährend tritt die Versuchung an Sie heran, sich doch wieder selbstsüchtig zu verhalten, doch wieder sich zu Gefallen zu leben. Ja, wie ist es denn möglich, daß dieses Verhängnis beseitigt wird, wenn wir nicht dagegen kämpfen, wenn wir nicht dagegen vorgehen, wo wir der Selbstsucht und der Beschränktheit in unserm Leben an uns begegnen, wenn wir nicht umgekehrt leben, als sie uns veranlassen will! Das ist ein furchtbarer Kampf, denn es ist ein Kampf gegen uns selbst, das Ringen mit unserm Ich, das sich in uns wie ein Usurpator auf den Thron gesetzt hat und unsre Seele mit Füßen tritt, das nicht unser wahres Selbst ist, sondern nur der personifizierte Mischmasch unsrer Gedanken, Grundsätze, Gefühle und Begierden. Das müssen wir aufs äußerste bekämpfen, und da genügt nicht Selbstverleugnung, sondern die Selbstverleugnung muß zur Vernichtung führen. Das Ich muß sterben, denn:

„Solang du dies nicht haft,
dieses Stirb und Werde,
bist du nur ein trüber Gast
auf der dunkeln Erde."

Aber nun denken Sie daran, wie Ihr ganzes Leben fortwährend
eine einzige Verwöhnung und Verhätschelung Ihres Ichs ist. Dann
ist es doch kein Wunder, daß es immer größer und mächtiger wird und
die Seele immer mehr unterdrückt. Was hilft es dann, wenn Sie dem
innern Gebot Ihrer Seele folgen wollen, Sie können es einfach nicht,
denn Sie vernehmen ja nicht einmal ihre Stimme vor den lauten
Äußerungen Ihres Ichs. Und alles, was Sie in der Richtung des
wahren Lebens tun, wird unwillkürlich gehemmt und umgebogen,
es wird immer wieder selbstsüchtig gewendet und ausgenützt.

Und noch eins. Ich habe Ihnen hier und da von dem gemeinschaftlichen Leben geredet, von der Fühlung der Menschen untereinander, die wir von Seele zu Seele haben sollen, von dem Leben
aus dem Ja heraus, aus dem Glauben und Vertrauen den Menschen gegenüber und ihrem innersten Kern, ohne das sich wirkliche,
ursprüngliche Liebe gar nicht entfalten kann. Aber wie ist das
nun möglich, wenn Sie sich fortwährend entgegengesetzt verhalten,
wenn Sie immer aus dem Nein heraus leben, wenn sich immer
ein böser Wille äußert, so sehr Sie von Ihrem guten Willen überzeugt sind! Wir sind ja so sehr in Selbsttäuschung befangen, wir
spiegeln uns einen guten Willen vor. Wir haben ihn ja auch
irgendwo, irgendwie, aber diesem guten Willen gegenüber macht
sich ein böser Wille breit und bestimmt uns, ohne daß wir es ahnen.
Es ist doch nicht ein Leben mit unsern Mitmenschen aus dem
Ja heraus, wenn wir immer das Schlimme, das Häßliche sehen,
hinhalten, an den Pranger stellen, wenn wir immer auszusetzen
haben an den andern Menschen, ihre Schwächen entblößen, uns
über sie erheben, lustig machen, sie verurteilen, ihnen übelnehmen
und nachtragen. Wie ist es möglich, wenn wir das immer tun,
wenn wir dieser gemeinen Gewohnheit frönen, daß wir Blick gewinnen für das Gute, Edle, Schöne in ihnen, das vielleicht ver-

kümmert ist! Ich weiß nichts, was so unser Erbarmen im Herzen
löst, als wenn wir solch verkümmerte Schönheit sehen, die in Häßlichkeit ausgeartet ist, wenn wir den Menschen bedeckt sehen mit
allem möglichen Schmutz, so daß wir kaum etwas von der inneren
Reinheit spüren. Je mehr wir also derartige widerwärtige Eindrücke bekommen, um so mehr sollten wir uns doch erbarmen!
Aber das ist doch ganz unmöglich, wenn wir immer nur darauf
den Finger legen und darauf stieren, davon reden! Wie können
wir dann das Gute sehen? Aber nur wenn wir das Gute sehen,
daran glauben und darauf vertrauen, nur wenn wir aus diesem
Glauben und Vertrauen einen mit unsrer Liebe bestrahlen und in
unsrer Güte bergen, verhelfen wir ihm zum Leben. Das ist aber
ganz ausgeschlossen, solange wir nicht mit aller Gewalt einen unausgesetzten Kampf führen mit dieser Unart der Schadenfreude,
der Verkleinerungssucht, der Zerstörungswut, des Erniedrigens der
andern und des sich selbst Überhebens, solange wir nicht zum Grundsatz
nehmen: du willst nichts Schlechtes mehr sehen, und wenn du etwas
Schlechtes siehst, so willst du das schweigend bedecken, solange es
dir nicht möglich ist, es in deiner Güte, in deinem Erbarmen zu
bergen; du willst nicht ruhen und rasten, bis du in jedem Menschen das Gute findest, das drin steckt. Das setzt aber einen Kampf
voraus gegen diese allgemein herrschende Unart des Nörgelns, Ab-
sprechens, des Klatschens über die andern Menschen und ihre Häß-
lichkeiten, des Verurteilens und Verdammens, der wirklich mit der
äußersten Kraft des Willens und der ganzen Leidenschaft der Seele
geführt werden muß.

Nun frage ich Sie — hier handelt es sich ja um etwas, was
vor unser aller Augen liegt, was tagtäglich um uns und an uns
geschieht —, ob Sie dagegen gekämpft haben. Haben Sie überhaupt daran gedacht, dagegen zu kämpfen, haben Sie sich nicht
vielmehr mit Lust und Leidenschaft dem gewidmet? Ich frage nur,
ich urteile nicht. Aber es liegt das in der Luft. Man sieht und
hört das nicht nur, man riecht es förmlich. Das ist mir der Beweis, daß hier nicht gekämpft wird. Solange Sie aber diesen Kampf

nicht aufnehmen, folange bleibt alles das, was Sie hier erlebt
haben, für Sie unfruchtbar.

Da habe ich Ihnen in kurzer Präzifion den Feind gezeigt. Der
Kampf muß unter allen Umftänden aufgenommen werden, und der
Feind muß herausgeworfen werden aus unferm Bereich. Aber ich meine
damit nicht, daß das alle Pofitionen wären, die ich Ihnen vor Augen
ftellte. Wenn Sie aber einmal diefen Kampf aufnehmen und den Feind
aus den Pofitionen herauswerfen, von denen aus er Sie ganz beherrfcht, dann werden Sie alle feine Derfchanzungen, die er fonft noch
in Ihnen hat, entdecken, und dann dürfen Sie nicht ruhen, bis Sie
ihn auch daraus verdrängt haben. Damit brechen Sie dem neuen
Leben Bahn. Wenn das nicht gefchieht, ift alles andre umfonft.

Sorglofigkeit[1])

Jefus fagt in der Bergpredigt:

„Darum fage ich euch: Sorget nicht um euer Leben, was ihr
effen und trinken follt, auch nicht um euren Leib, was ihr anziehen follt! Ift nicht das Leben mehr als Nahrung und der
Leib mehr als die Kleidung? Seht die Dögel unter dem Himmel
an: fie fäen nicht, fie ernten nicht, fie fammeln nicht in die
Scheunen; und euer himmlifcher Dater ernährt fie doch. Seid
ihr denn nicht viel mehr denn fie! Wer ift aber unter euch,
der feiner Länge einen Zoll zufetzen könnte, ob er gleich darum
forgt! Und warum forget ihr um die Kleidung? Schauet die
Lilien auf dem Felde, wie fie wachfen; fie arbeiten nicht, auch
fpinnen fie nicht. Ich fage euch, daß auch Salomo in aller

---

[1]) Es handelt fich bei diefer Rede — einer der letzten diefes Sommers —
nur um Schlaglichter aus dem Leben in das Leben. Infolgedeffen bleiben
viele Gedanken und Fragen unerörtert, die dadurch geweckt werden. Ich ver-
weife deshalb auf die Behandlung diefer Rede im 3. Band meiner Reden Jefu
„Von Gottes Fürforge" S. 65 ff., Derlag von C. H. Beck, München (S. 274 ff.),
und den Auffatz „Dom Leben in der Hut Gottes" in den „Neuen Wegweifern" (ebenda) S. 340 ff., wo man die gewünfchte Aufflärung finden wird.

feiner Herrlichkeit nicht bekleidet gewesen ist als derselbigen eines. So denn Gott das Gras auf dem Felde also kleidet, das doch heute stehet und morgen in den Ofen geworfen wird: sollte er das nicht viel mehr euch tun? O ihr Kleingläubigen! Darum sollt ihr nicht sorgen und sagen: Was werden wir essen, was werden wir trinken, womit werden wir uns kleiden? Nach solchem allem trachten die Heiden. Denn euer himmlischer Vater weiß, daß ihr des alles bedürft.

Trachtet am ersten nach dem Reich Gottes und nach seiner Ge= rechtigkeit, so wird euch solches alles zufallen. Darum sorget nicht für den andern Morgen; denn der morgende Tag wird für das Seine sorgen. Es ist genug, daß ein jeglicher Tag seine eigene Plage habe."

Wir haben uns so an die Reden Jesu gewöhnt, daß wir sie nicht mehr lebendig, ursprünglich und empfänglich verstehen können. Sie sind so theoretisch behandelt worden, daß uns ihre praktische Bedeutung und Tragweite gar nicht mehr vor Augen tritt. Es müßte eigentlich doch jedem aufgehen, daß, wenn das gilt, was hier gesagt wird, unsre ganze Lebenshaltung und Lebensführung anders sein müßte. Aber trotzdem bringen wir das Kunststück fertig, uns dieser Rede bewußt zu sein, sie auswendig zu kennen und doch genau entgegengesetzt zu leben; so weit, daß wir es für geradezu un= möglich erklären, daß man sorglos sein könne. Sie finden vielleicht, daß das eine kühne Behauptung von mir ist, aber ich kann Ihnen versichern, es ist mir bis jetzt in der Elmau noch kein Mensch begegnet, der begriffen hätte, daß ich mich nicht sorge, weder um meine und meiner Familie Zukunft, noch um das äußere und innere Gedeihen des Schlosses und seine wirtschaftliche Möglichkeit in unsrer katastrophalen Zeit. Sondern alle wundern sich darüber und finden es geradezu unglaublich, ja sehen beinahe darin eine mora= lische Minderwertigkeit. Das ist doch ein Beweis. Ich denke aber bei dieser religiösen Groteske, Jesu Reden förmlich eine göttliche Ver= ehrung zuteil werden zu lassen und entgegengesetzt zu leben, gar nicht an dieses Wort allein, sondern an das meiste, was er gesagt hat.

Deswegen muß ich Ihnen diese Rede vergegenwärtigen, d. h. ich muß sie in Ihr Leben hineintreten lassen, damit Sie sie aus ihm heraus verstehen und begreifen. Man sollte meinen, das sei heutzutage gar nicht so nötig, weil sich in der gegenwärtigen Lage beinah alle sorgen: was werden wir essen, womit werden wir uns kleiden, wo werden wir wohnen, wie werden wir unsre Kinder versorgen? Und je näher die wirtschaftliche Katastrophe kommt, um so erregter werden diese Sorgen. Aber es handelt sich hier nicht bloß um unser äußeres Leben, sondern um alles, was uns angeht. Es ist ja auch davon die Rede, daß man durch Sorgen seiner Länge keine Elle zusetzen könne, um die Torheit, sich Sorgen zu machen, vor Augen zu stellen. Von allem, was zu unserm Wachstum gehört, was von selbst werden muß, gilt also das Gleiche. Gibt es aber überhaupt etwas in unserm Leben, was wir durch Sorgen bewirken oder auch nur fördern könnten!

Nun wohl, dann frage ich Sie: Warum sorgen Sie sich denn darum, daß Sie innerlich vorwärts kommen, warum sorgen Sie sich um die schöpferische Entfaltung Ihrer Seele? Sie können doch gar nichts dazu tun! Warum sorgen Sie sich darum, daß Sie vom Leben tiefe, befruchtende Eindrücke bekommen? Warum sorgen Sie sich um Ihre Bildung? Sie können sich ja doch nicht gestalten, ändern, verbessern! Sie mögen noch so sehr an sich herumzupfen, damit zerstören Sie nur. Bei allem, was werden und wachsen muß, ist die richtige Haltung die, daß man die Finger davon läßt, denn jedes Daranherummachen schadet. Sorgen ist Knospenfrevel, Verbrechen an keimendem Leben. Warum sorgen Sie sich um Ihr innerstes Schicksal, daß die einzigartige besondere Fassung Ihrer Seele und das innere Gesetz Ihres persönlichen Lebens rein und ganz zur Geltung kommt? Können Sie das machen? Was wissen Sie denn davon, was verstehen Sie von dem Geheimnis des Lebens und Werdens? Warum sorgen Sie sich also darum?

Warum sorgen Sie sich um die Erziehung Ihrer Kinder? Wer sich sorgt, ist zur Erziehung unfähig. Mit Sorgen können Sie Ihre Kinder nur verziehen, verbilden, verderben. Es muß von selbst

werden, was sie sind und aus ihnen werden soll. Sie wissen gar
nicht, was das richtige erzieherische Verhalten ist, und wenn Sie
es entdeckt und begriffen hätten, so wüßten Sie nicht, wann der
geeignete Moment da ist, wo Sie es erfolgreich anwenden können.
Sie haben die Entwicklung Ihrer Kinder absolut nicht in der Hand,
geschweige den Lebenslauf, den sie einmal einschlagen werden.
Weiter: Warum sorgen Sie sich um die Eintracht und den Einklang
in Ihrer Ehe? Trachten Sie am ersten nach dem Reiche Gottes,
dann wird Ihnen alles das zufallen, dann ergibt sich alles ganz
von selbst, ob es sich um die schöpferische Entfaltung unsrer Seele,
die Überwindung aller möglichen Hemmungen, um die Erlösung
von Lastern, mit denen wir unser ganzes Leben lang gekämpft
haben, oder um Nöte mit unsrer Frau, mit unfern Kindern, oder
um Schwierigkeiten, die richtigen Angestellten und Mitarbeiter zu
finden, handelt. Sorgen Sie sich doch nicht darum, bekümmern Sie sich
nicht darum, leiden Sie nicht innerlich so darunter, sondern trachten
Sie am ersten nach dem Reiche Gottes, so fällt Ihnen alles das zu.

Aber es gilt noch weiter. Warum sorgen Sie sich um den Erfolg in Ihren wirtschaftlichen, industriellen, künstlerischen oder anderen
Unternehmungen? Sie haben ihn ja doch nicht in der Hand.
Warum zittern Sie um die Wirkung, die eine Rede von Ihnen
oder eine künstlerische Wiedergabe oder sonst etwas, was Sie tun,
haben wird? Sie können es ja doch nicht machen. Es gilt hier
genau dasselbe wie bei allem, was wachsen und werden muß. Sobald man sich um die Wirkung sorgt, zerstört man sie, weil dadurch
die Unmittelbarkeit und damit die Sicherheit, die Treffsicherheit der
Äußerung gestört ist. Sobald man sich um den Erfolg sorgt, wird
man befangen, unsicher, fängt an zu zweifeln, und damit ist diese
nachtwandlerische Sicherheit der unmittelbaren Erfüllung der Aufgabe unmöglich gemacht. Warum sorgen Sie sich also um Ihr
Lebenswerk? Wenn es richtig steht, geht Sie das persönlich gar
nichts an, weil es Gottes Werk sein muß, wenn es nicht eine nichts-
nutzige, eigenmächtige Pfuscherei sein soll. Trachten Sie am ersten
nach dem Reiche Gottes und nach seiner Gerechtigkeit. Dann werden

Sie am ehesten ein geeignetes Organ und Werkzeug, durch das er schaffen, wirken und walten kann, was Ihre Lebensaufgabe ist.

Warum sorgen Sie sich um unser Volk und seine Aufgabe in der Welt, um seinen innern Wiederaufbau und die Überwindung seiner innern und äußern Feinde! Das treibt Sie höchstens zu allerlei organisatorischen und agitatorischen Machenschaften. Werden Sie ein lebendiges, in Gott verfaßtes und in der seelischen Weltordnung lebendes Glied unsers Volks, dann sind Sie eine schöpferische Zelle, von der aus sich die Wiedergeburt unsers Volks und die Erfüllung seiner Bestimmung vollzieht. Warum sorgen Sie sich um das Kommen des Reiches Gottes? Wir können es verkündigen, davon zeugen, es darstellen. Aber die Wirkung haben wir nicht in der Hand und sie geht uns nichts an. Das war jedenfalls die Meinung Jesu, wenn er sagte: Das Himmelreich ist gleich einem Säemann, der ausgeht zu säen seinen Samen. Und dann geht er heim und schläft. Unterdessen geht der Samen auf. Nun stellen Sie sich aber vor, wie viel Pfarrer, Lehrer, Volkserzieher, Vaterlandsfreunde sorgen und bekümmern sich, leiden und verzweifeln in der Unruhe und Angst, wie es mit unserm Volk vorwärts gehen, wie es zu einer religiösen Erweckung, zu einer moralischen Erhebung, zu einer Wiedergeburt kommen soll. Trachten Sie doch am ersten nach dem Reich Gottes, dann ergibt sich das alles von selbst.

Oder etwas anderes. Warum sorgen Sie sich um Ihr Glück? Wenn man das Glück sucht, findet man es nicht, aber wenn man nicht darauf aus ist, läuft es einem nach. Und wenn man nach dem Reiche Gottes trachtet, dann gibt es eine derartige Erfüllung all unsers tiefsten Sehnens und unsrer eingebornen Bestimmung, daß wir das Wort Glück darauf gar nicht mehr anwenden können, weil wir erfüllt sind von einer überschwenglichen Seligkeit.

Sie werden denken: Du hast gut reden, und damit haben Sie recht. Wenn man sich nämlich nicht sorgen kann, dann ist es sehr leicht, es den Menschen zu preisen und zu empfehlen. Aber wenn man sich sorgen muß, ist es sehr schwer, diesen Rat zu befolgen. Denn er ist gar nicht ohne weiteres zu befolgen. Jesus sagt: Nach alle-

dem trachten die Heiden — nach Nahrung, Kleidung, Wohnung,
das Fortkommen in der Welt usw. Wer sind denn die Heiden?
Heiden sind alle, die kein ursprüngliches Empfinden, kein unmittelbares Verständnis für Gott den Lebendigen haben. Wer diesen
Sinn nicht hat, der muß sich sorgen, so verrückt das Sorgen ist.
Man kann ja rein auf dem Wege der Vernunft nachweisen, daß
das Sorgen absolut nichts hilft, sondern im Gegenteil nur schadet,
stört und gerade das beeinträchtigt, ja unmöglich macht, was erreicht werden soll. Nun ist aber das Merkwürdige, daß die Vernunft hier vollständig versagt. Denn das sehen alle Menschen ein,
daß das Sorgen nichts hilft. Aber sie sorgen sich trotzdem weiter.
Es hat also eine andere Voraussetzung, wenn wir frei von Sorgen
werden wollen. Die ist nicht jedem Menschen gegeben. Die Heiden
können sich nicht so stellen, daß sie nicht sorgen. Denn die Vorbedingung dafür ist das Verständnis für Gott den Lebendigen, der
unwillkürliche Glaube an ihn, die Erfahrung seiner lebendigen, wirk-
samen, schöpferischen, zurechtbringenden, Leben und Wahrheit, Kraft
und Form offenbarenden Wirklichkeit und das rückhaltlose Vertrauen
auf seine Fürsorge. Die Vorbedingung ist Gottergriffenheit und
Gottergebenheit.

Infolgedessen hat Jesus das gar nicht allen Menschen gesagt.
Es ist eine ungeheuerliche Verkennung, die in dem größten Teil
der Christenheit herrscht, als ob alles, was in der Bergpredigt steht,
für alle Menschen gelte. Ganz und gar nicht. Es gilt nur für eine
ganz bestimmte Sorte von Menschen. Das geht deutlich aus dem
Zusammenhang hervor. Der Satz, der unserm Abschnitt voraus-
geht, heißt: „Ihr könnt nicht Gott dienen und dem Mammon,
darum sage ich euch . . . . ." Auf dem „euch" liegt der Nachdruck,
wie ja die ganze Bergpredigt nur an die gerichtet ist, die zu Anfang in den Seligpreisungen geschildert werden. Für die andern
gilt sie nicht. Sobald die sich danach richten, kommt etwas Verkehrtes
dabei heraus, soweit das überhaupt möglich ist, weil bei ihnen ja
die Voraussetzungen dafür fehlen. So ist die Voraussetzung dafür,
daß wir frei von Sorge sein können, die, daß wir nicht Gott und dem

Mammon dienen können. Es genügt nicht, daß wir nicht Gott und dem Mammon dienen wollen. Solche Menschen gibt es ja genug, auch solche, die aufrichtig meinen, sie täten es nicht, da sie ja von ihrem Überfluß andern abgeben, die in Not sind. Das ist aber eine ganz falsche Auffassung und große Selbsttäuschung. Nur solche dienen nicht dem Mammon, die bestimmt und bewegt werden von dem Trachten nach dem Reiche Gottes. Wer nach der Welt und allem, was zur Welt gehört, trachtet, wer sich selbst dienen will und nicht Gott, wer hier im Leben etwas erreichen und zur Geltung kommen will, wer auf Selbstbewußtsein und Selbstbefriedigung aus ist, der gehört in die gleiche Kategorie. Denn es stehen sich nicht nur Geld, Besitz, Eigentum und Gott gegenüber, sondern Welt und Gott. Sie wissen ja selbst, wie viele es gibt, die den andern Menschen dienen, die sich „aufzehren im Dienst für ihre Brüder", aber im letzten Grunde ist doch alles nur Selbstsucht. Und es sind nur die gemeint, die Gott und dem Mammon nicht dienen können, weil sie glauben, weil das lebendige Empfinden für Gott den Lebendigen ihr erfüllendes Lebensgefühl, die Quelle ihres Lebens ist. Das allein ist Glaube, das Verspüren dessen, was dahinter ist und waltet, der unsichtbaren Strahlen der lebendigen göttlichen Macht des Vaters im Himmel, der göttlichen Lichtwellen, die von allem ausgehen. Wer in diesem Sonnenschein lebt und davon, daraus und daraufhin lebt, der kann nicht dem Mammon dienen, der kann nicht auf sich und sein Wohl ausgehen, dem geht es auch nicht um feiner Seele Seligkeit, sondern dem geht es allein um Gott.

Und Sie werden begreifen, Menschen, bei denen alles darauf beruht, daraus quillt, die alles darauf gründen und nur darauf hinauswollen, ausschließlich darauf, die können sich einfach nicht mehr sorgen; denn die trachten eben unwillkürlich, selbstverständlich, triebhaft nach dem Reiche Gottes, nicht nur zuerst, sondern durchaus und ausschließlich, alles andre ergibt sich ja von selbst. Aber die Heiden müssen sich sorgen, alle, die dem Mammon dienen, die sich selbst dienen und dienen laffen, die das Ihre suchen, die auf Glanz und Befriedigung ihrer Eitelkeit, auf Glück, auf die Herrlichkeit ihrer Persönlichkeit, geschweige auf Genuß, Macht, Reichtum, Ehren, oder was sonst Weltliches möglich ist, aus sind, die müssen sich sorgen. Die Sorge ist die Geißel für die Menschen, die Weltkinder sind, die abhängig sind von irgendwelchen Dingen, Zielen und Interessen dieser Welt und infolgedessen notwendig darum in Unruhe sind. Diese Geißel werden sie nicht los. Aber die Gotteskinder, die nur Gott dienen und alles darauf setzen, die kennen sie nicht. Jene sind abhängig und werden gepeitscht, diese sind frei und unanfechtbar. Die Sorge ist die Beunruhigung von der Welt aus. Wer aber seine Sache ganz ausschließlich auf Gott gestellt hat, der kennt diese Beunruhigung nicht, weil er von der Ruhe in Gott durchströmt wird. Infolgedessen sorgt er sich nicht, weil er sich nicht sorgen kann. Für die Weltkinder ist die Sorge der Nerv des Lebens, für die Gotteskinder ist es der Glaube. Für die Weltkinder ist die Sorge sittliche Pflicht, für die Gotteskinder ist sie unanständig und gemein, widersinnig und schimpflich. Die Gotteskinder wissen, daß ihr Vater im Himmel alles und allein weiß, was sie bedürfen, alles und allein vermag, was nötig ist, alles und allein bestimmen kann, was für uns das Beste, Wahre, Notwendige und Erfüllende ist. Darum ist ihnen das Wort Jesu aus der Seele gesprochen: „Trachtet am ersten nach dem Reiche Gottes und nach seiner Gerechtigkeit, so wird euch solches alles zufallen."

Was heißt nun, nach dem Reiche Gottes und nach seiner Gerechtigkeit trachten? Was ist Reich Gottes? In allen Erscheinungen und Vorgängen waltet und gestaltet die unendliche Macht Gottes als ihr eigentliches Wesen, als ihr geheimer Sinn, als Ursprung aller Kräfte, als der lebendige Wille aller Anlagen und Bestimmungen. Dieses Treiben und Schaffen des göttlichen Wesens, von dem Unzählige nicht ahnen, daß es die Welt im Innersten zusammenhält und der Schöpfer und Durchwalter des Alls ist, wirkt sich in der Natur ganz direkt aus. Da ist die Verbindung zwischen dem Lebensgrund alles Seins und der Fülle der Erscheinungen ein unerschütterlicher Kontakt, so daß in jedem Lebensvorgang die

naturhafte Erscheinung und Offenbarung Gottes zutage tritt. Bei
den Menschen ist das anders. Gewiß walten auch in uns die
ewigen Kräfte, auch in uns drängt das wesenhafte Sein nach Entfaltung und Auswirkung. Aber was sich dort naturhaft und mechanisch vollzieht, muß im Menschen persönlich verfaßt und organisch
vermittelt werden durch das Organ der Seele. Das Leben und
Ausstrahlen, schöpferische Gestalten und Walten Gottes durch die
Seele in allem Sein und Tun der Menschen, das ist Reich Gottes.
Solange die Seele Gott verschlossen ist und im Banne der Welt-
macht dem Welttreiben preisgegeben ist, kommt das Reich Gottes
nicht auf Erden. Sobald aber die persönliche Verbindung mit Gott
und die Verfassung des Seins und Lebens in ihm eingetreten, sobald die Seele von ihm erlöst, ergriffen und befruchtet ist, wird
Reich Gottes in uns und um uns. Dann fassen wir im Lebensgrund der Ewigkeit Wurzel, dann schlägt unvergängliches Wesen
in uns aus, dann wirkt Gott schöpferisch in allen unsern Lebensäußerungen.

Reich Gottes ist also die Herrschaft Gottes auf Erden, d. h.
die Verfassung der Menschheit und von allem, was menschlich ist,
in Gott und die schöpferische Entfaltung und Auswirkung Gottes
im Sein und Leben der Menschen, was eine Erlösung der Menschheit von allem Weltbann, Weltwahn und Weltgift, von aller Entartung und allem Verwesen, also eine völlige Wiedergeburt mit
sich bringt. Reich Gottes ist die seelische Weltordnung gegenüber
der sinnlichen und der sittlichen Weltordnung, wie sie bisher herrscht.
Für alle, die glauben, ist der Sinn und das Ziel aller Geschichte,
aller Entwicklung, daß die göttliche Weltordnung verwirklicht wird
und eine vollkommene Neuordnung aller Dinge heraufführt. Wer
danach trachtet und dafür glüht, wer mit feinem ganzen Sehnen
und Streben darauf gerichtet ist, der trachtet am ersten nach dem
Reiche Gottes.

Wenn nun dieses Trachten nicht nur ein Ideal, eine Stimmung,
eine Anwandlung erbaulicher Stunden, sondern der bewegende und
bestimmende Nerv des Lebens bei einem ist, muß davon sein ganzes

perſönliches Sein und Leben beherrſcht, verfaßt und geſtaltet werden. Dieſe beſondere, außerordentliche Haltung und neue Art Leben iſt die Gerechtigkeit des Reiches Gottes, nach der wir ringen ſollen. Es iſt alſo mit dieſem Worte nichts andres geſagt als: Trachtet in der Weiſe nach dem Reiche Gottes, daß dieſes euer Streben, eure Sehnſucht, eure ſeeliſche Spannung in der Geſtalt eures Weſens und in den Äußerungen eures Lebens zur Entfaltung kommt, daß es alſo nicht bloß eine erleuchtende Idee iſt, ſondern wirklich das Bewegende in allem, was ihr empfindet, denkt, fühlt, wollt und tut.

Es gibt einen Prüfſtein, ob das wirklich der Fall iſt. Ein ſolcher iſt z. B. die einfache, aufrichtige Frage an uns ſelbſt: dienſt du Gott oder dem Mammon? Wenn wir Gott und dem Mammon dienen, was die Menſchen wahrhaftig in dem vergangenen Jahrhundert in einer Vollkommenheit gelernt haben, wie ſonſt nichts in der Welt, dann trachten wir nicht am erſten nach dem Reiche Gottes. Oder Jeſus hat geſagt: „Des Menſchen Sohn iſt nicht gekommen, daß er ſich dienen laſſe, ſondern daß er diene und gebe ſein Leben zur Erlöſung für viele.“ Es genügt die einfache Frage an uns ſelbſt: Iſt es auch bei uns ſo, oder iſt es andres?, um zu unterſcheiden, ob wir am erſten nach dem Reiche Gottes trachten. Oder wir brauchen uns nur zu fragen: Sorgſt du dich nicht mehr? Wenn wir uns ſorgen, dann trachten wir eben nicht am erſten nach dem Reiche Gottes, denn ſonſt könnten wir uns nicht ſorgen.

Trachten wir aber am erſten nach dem Reiche Gottes, dann wird uns alles das, wonach ſonſt die Menſchen trachten können, von ſelbſt zufallen, es wird ſich von ſelbſt ergeben, kommen, gelingen, werden. Das iſt das Wunder und Geheimnis, das hier beſteht. Ich kann es Ihnen nicht beweiſen, ich kann es Ihnen nur bezeugen. Ich kann es Ihnen nicht erklären, ich kann Ihnen nur ſagen: Sie werden das ſelbſt erfahren, ſobald Sie am erſten nach dem Reiche Gottes trachten. Sie kommen dann nicht nur in einen Zuſtand hinein, wo Sie ſich ſchlechterdings nicht mehr ſorgen können, ſondern Sie geraten auch in ein ganz merkwürdiges Erleben, wo förmlich alles, was Sie zum Leben brauchen, magnetiſch von

Ihnen angezogen wird, wo Sie das, worauf Sie aus sind, nur
zu ergreifen brauchen, wo alles, was Lebenswert hat, ins Gelingen gestellt ist, wo Ihnen immer die Kräfte und Klarheiten
gegeben werden, die Sie zum Leben nötig haben.

Sie werden vielleicht einwenden, das müßten doch jetzt in der
ungeheuren Lebensnot unzählige Menschen erfahren. Sie hungern
ja wirklich und sind in größter Not. Der Einwand beruht aber
auf einem Mißverständnis. Denn alle die glauben ja nicht und
trachten nicht zuerst nach dem Reiche Gottes! Es ist doch nicht gesagt: jedem Menschen fällt alles zu, sondern nur: dem, der am
ersten nach dem Reiche Gottes trachtet. Seine Jünger hat Jesus
einmal gefragt, ob sie je Mangel gehabt hätten, worauf sie ant-
worteten: Nie, keinen. Die hatten doch, wenn irgend je Menschen,
wahrhaftig ihre Sache auf Gott gestellt. Bei denen hatte es sich
also bewahrheitet: es fällt uns alles zu, es kommt uns alles, was
wir brauchen. Aber sonst hat es immer unzählige Menschen gegeben, die bitterste Not litten und auch oft genug elend daran
zugrunde gingen. Sie dürfen sich das auch nicht so vorstellen, als ob
uns dann gebratene Vögel in den Mund flögen, oder als ob es
Dukaten regnete. So ist das nicht gemeint. Einerseits schließt das
Trachten nach dem Reiche Gottes die redliche Arbeit nicht aus, sondern
treibt dazu. Andrerseits steht vorher: Euer Vater im Himmel weiß,
was ihr bedürft. Wir dürfen also nur erwarten, was wir wirklich
notwendig brauchen. Aber sehen Sie, das ist schon etwas Wunderbares, daß wir uns dann gar keine Gedanken zu machen brauchen,
was wir eigentlich bedürfen, weil das Gott viel besser weiß. Wir
sind in der schwierigen Lage, daß wir alle möglichen Bedürfnisse
uns einbilden und zu befriedigen suchen, und dessen, was wir wirklich
brauchen, werden wir uns oft gar nicht bewußt. Wir wissen nicht,
was uns gut ist, und was uns schadet. Wir ahnen nicht unfern
Weg und gehen immer in die Irre, wenn wir nicht geführt werden.
Was ist das für eine Erlösung für den Menschen, wenn er gar
nicht zu fragen braucht: was ist nun das Richtige?, wenn sich
das von selbst ergibt, wenn wir uns nicht den Kopf zu zerbrechen

XXIII.   12

brauchen: muß ich nun diese oder jene Richtung einschlagen?, sondern wir werden geführt und folgen dieser Führung. Wenn Sie
im Automobil fahren und neben dem Führer sitzen, so versteht es
sich von selbst, daß Sie sich nicht sorgen, weder wie er die Kurven
nimmt, noch welchen Weg er einschlägt, sondern Sie geben sich
ruhig dem Genuß hin, durch die Landschaft zu fliegen. Genau so
geht es dem, der glaubt, wenn er vor allem nach dem Reiche Gottes
trachtet. Ja, die ruhige Sicherheit, die unbekümmerte Naivität der
Lebenslust ist noch viel größer; denn der Chauffeur ist ein irrender
Mensch, aber unser himmlischer Vater weiß und kann und hat und
tut alles, was zu unserm Heile dient. Es gibt dann überhaupt keine
größere Weisheit für den Menschen, als sich unbedenklich führen zu
lassen. Und das beste Mittel, um sich so wirklich führen zu lassen,
ist dies, daß wir auf den Weg weiter gar nicht achten, sondern
nur nach dem Reich Gottes trachten. Indem wir das tun, werden
wir so geführt, wie Gott es will, und das ist immer das einzig
Wahre für uns, das Erfüllende, Beglückende, das, worunter unsre
Seele wirklich schöpferisch sich entfalten und gedeihen kann. Dann
werden alle Hemmungen gelöst und alle Hindernisse überwunden
und der Block, der uns im Wege liegt, wird uns zur Stufe, um
höher hinauf zu kommen.

Aber auch sonst fällt uns alles zu. Alle die Nöte, Schwierigkeiten, Schicksalsschläge, Widrigkeiten, Verluste, unter denen die
Menschen leiden, an denen sie verzweifeln, bleiben uns nicht er-
spart. Auch bei den Gläubigen gibt es Schwierigkeiten in der Ehe,
in der Kindererziehung, im Berufsleben, im Verkehr mit den andern
Menschen, in den Geschäften, alles das ist da, aber alles wird zur
fruchtbaren Aufgabe, zum heilsamen Erlebnis und löst sich von
selbst, wenn es Zeit ist. Alles dient uns zum Besten, und wenn
der Segen aus der Frucht herausquillt, dann ist es vorüber. Das
ist das große Wunder, die Offenbarung dieses Geheimnisses, das
größte Wunder, das es gibt, denn es ist das Erlebnis Gottes.
Wie viele Menschen trachten nach dem Erleben Gottes? Sie meinen,
es müßte ihnen in irgendeiner Stimmung, einer Verzückung, einer

himmlifchen Klarheit, die auf einmal über fie kommt, aufgehen, fo daß fie förmlich entrückt würden und außer fich gerieten. Derartige pfychifche Extravaganzen find mir fehr verdächtig. Finden Sie in der Natur folche Überfpanntheiten? Nie. Und im geiftigen Leben halten wir ähnliche Dinge für nervöfe Krankheitserfcheinungen. Darum glaube ich auch nicht, daß fich Gott auf myftifche Weife im inneren Leben der Menfchen offenbart. Aber wenn wir uns das Geheimnis feiner Fürforge und Führung im Leben offenbaren laffen, dann ftehen wir im dauernden Erleben Gottes und erfahren die tiefe Gemeinfchaft des lebendigen Kontakts, in dem wir unbewußt mit unferm Vater im Himmel ftehen.

Es wäre natürlich noch viel davon zu reden, wenn wir es zu erklären verfuchten, was in mancher Beziehung ganz einfach ift. Auch die Vernunft muß fchließlich einfehen, daß das Trachten nach dem Reiche Gottes und die Haltung, die dem entfpringt, das Allerbefte ift für alle Aufgaben, Schwierigkeiten und Lagen, in die wir jeweils kommen können. Aber das würde zu weit führen, und es hat auch keinen Sinn. Denn ich will Sie nicht aus Vernunftgründen dazu führen. Man kann überhaupt keinen Menfchen dazu führen. Wenn man einem durch die vernünftige Darlegung nicht einmal beibringen kann, daß er fich nicht forgt, fo kann man ihn noch weniger dadurch zum Glauben führen. Ich will nur auf eins hinweifen. Was für eine Erlöfung ift es für uns, wenn wir aus der Herrfchaft der Sorgen, Ängfte und aller Unruhe heraus kommen! Es gibt ja nichts, was uns fo um alle befruchtenden Eindrücke des Lebens, um alle Entfaltung unfrer Kräfte und Fähigkeiten, um Gelaffenheit und Befonnenheit, um Objektivität und fachliche Haltung bringt. Darum ift die Erlöfung von der Sorge und Angft die Vorbedingung eines fruchtbaren, gelingenden, erfüllenden und beglückenden Lebens. Selbft auf dem körperlichen Gebiete. Die moderne Nervofität ftammt wefentlich aus der feelifchen Unraft, aus dem Sorgen und ängftlichen Keuchen und fich Mühen. Das ift das, was uns angreift und zermürbt. Sogar die Urfache der Arterienverkalkung wird neuerdings von ärztlicher Seite in der

pſychiſchen Unruhe geſehen, die auf das Blut wirkt und ſo allmählich die Verkalkung herbeiführt. Von all dieſen Hemmungen,
Störungen und Erkrankungen des Lebens werden wir frei, wenn
wir am erſten nach dem Reiche Gottes trachten. Dann kommen
wir zu einer großen Ruhe, Sicherheit und Überlegenheit allem
gegenüber, was uns begegnet, zu einer überquellenden Lebensfreude, zu einer jubelnden Gottesgewißheit. Das gibt dann ein
ſieghaftes Leben, unter dem ſich unſre Seele ſchöpferiſch entfaltet,
in dem ſich Gott offenbart. So iſt das Trachten nach dem Reiche
Gottes der Weg zum Leben.

Wenn Sie aber dieſe Spur ſuchen wollen, weil Sie ſie noch
nicht haben, weil Ihnen das noch ganz fern liegt und fremd iſt,
ſo kann ich Ihnen nur raten, wagen Sie es doch einmal auf die
Zuſage Jeſu hin, d. h. nicht bloß ſich nicht mehr zu ſorgen, ſondern
auch, was die Vorausſetzung dafür iſt, nicht mehr Gott und dem
Mammon zu dienen, ſondern Gott ganz allein. Wagen Sie es
doch einmal trotz des Widerſpruchs Ihrer Vernunft, am erſten nach
dem Reiche Gottes zu trachten, und wagen Sie es, auf Jeſu Worte
zu vertrauen, daß Ihnen nichts abgehen wird, was Sie zum
Leben brauchen, wenn Sie nur auf Gottes Reich aus ſind. Dann
wacht vielleicht der Sinn in Ihnen dafür auf, es fängt an zu
dämmern in Ihnen und es wird immer heller, bis Sie auf einmal
im Lichte des Tages Gottes ſtehen, und Ihnen ſich dann die Für-
ſorge Gottes von ſelbſt verſteht.

Mitteilungen

Leider ist es mir nicht möglich gewesen, die Vorträge über das Leben für dieses Doppelheft zu bearbeiten. In dem ungeheuren Gedränge dieses Sommers, wo Schloß Elmau monatelang überfüllt, und ich ganz davon in Anspruch genommen war, konnte ich nicht die nötige Muße dazu finden. Aber die Vorträge aus Mainberg und Elmau, die ich dafür biete, gehen in derselben Richtung. Ich kam auch sonst zu gar nichts weiter, auch nicht zur Erledigung der Korrespondenz. Wer mich darüber schelten will, mag es tun. Ich kann nicht mehr leisten, als mir möglich ist, und kann nur bitten, mich mit allem zu verschonen, wofür ich nicht da bin, damit ich frei bin für das, was meine Aufgabe ist.

Mitte Oktober fahre ich zu Vorträgen nach Schweden. In Stockholm spreche ich am 20., 22., 25., 27., 31. Oktober und 2. November. Die übrigen Orte und auch Christiania sind noch nicht fest bestimmt. Auf der Rückreise habe ich am 21., 23. und 25. November Vorträge in Hamburg (Sagebiel), am 26. in Hannover (Aula), am 28. November, 2., 5. und 9. Dezember in Berlin, am 29. November, 1. und 10. Dezember in Dresden (Künstlerhaus) und am 11. Dezember in Chemnitz. Am 20. Dezember wird Schloß Elmau wieder eröffnet. Bitten um den Winterprospekt, Anfragen und Anmeldungen sind nur an die Schloßverwaltung Elmau, Post Klais (Oberbayern) zu richten. Während ich auf Reisen bin, werden mir keine Briefe nachgesandt.

Für alle, die den Jahresbetrag für die Blätter noch nicht eingesandt haben — es ist die größere Hälfte der Bezieher! —, liegt eine Zahlkarte bei, und ich bitte herzlich um umgehende Einsendung.

Das vierte Heft erscheint noch vor Weihnachten. Für das Fest und überhaupt mache ich die Leser darauf aufmerksam, daß die drei Bände Reden Jesu und „Von Weihnachten bis Pfingsten" noch in Friedensausstattung zu mäßigem Preis zu haben sind. Wer klug ist, halte sich dazu.

Johannes Müller

Anfang November wird erscheinen:

Mainberg

Aufzeichnungen aus zwei Welten

Von

Anton Fendrich

Gebunden etwa M 25. —

Elmau ist das aus der unterfränkischen Stromlandschaft an den Wetterstein verpflanzte Schloß Mainberg. Die Bilder der alten Burg grüßen von der Rückwand des sonnigen Unterhaltungsraums der neuen Heimstätte herab. Aber noch lebendiger sind die Erinnerungen vieler alter Freunde Johannes Müllers und Gäste auf Elmau. Sie schlagen die Brücke aus der Manneszeit dieses Höhenlebens in sein einstiges Jugendland. Es wäre falsch, in solchen häufigen, gehaltenen und ungehaltenen Gesprächen in Elmau ein sentimentales Aufwärmen von Reminiszenzen zu sehen. Unzähligen ist die Geschichte Mainbergs 1903—1914 nicht nur ein Großteil des Lebenswerks von Johannes Müller, sondern auch ein wichtiges Stück ihres eignen Lebens. Es ist Lebensbestand. Die drei Worte: Johannes Müller, Schloß Mainberg und die Mainberger gehören unzertrennlich zusammen. Daß der Glanz und das Leuchten des bestimmten Inhalts dieser Freiheit sich nur schwer in nüchterne Begriffe fassen läßt, das liegt in der Spannung zwischen Wesen und Wort. Nur ein dem Dichter verwandter Geist kann von diesem Inhalt lebendige Kunde geben.

Anton Fendrich, bekannt durch viele geistesfrische und gemütvolle Bücher, seit 1908 mit Johannes Müller eng verbunden, öffnet hier seine Aufzeichnungen und Briefe aus der Mainberger Zeit bis in die jüngsten Tage von Elmau. Er öffnet damit einen Teil seines Innersten, um in leichter Briefschilderung Schweres und Allerschwerstes aus der Entwicklung seines Lebens zu sagen, für die Johannes Müller und Mainberg von einschneidender Bedeutung waren. Aber bei alledem kein grüblerisches Buch. Viel Sonne liegt über diesen Seiten, und über dem Grund und über den Grüften der alten Burg blüht immer das farbige, weinblütige Leben jener Freistatt suchender Menschen. So wird das Buch aus einem Bekenntnis zum ewigen, tempellosen Leben auch zu einem Denkmal für Mainberg und Elmau und damit zu einem Wegweiser aus der deutschen Nacht. Besonders die heutige Jugend wird Wege, die sie selbst erst sucht, schon festen Schrittes betreten sehen.

Das Buch wird eine prächtige Weihnachtsgabe nicht nur für Mainberger und Elmauer Freunde, sondern für alle sein, die von der Menschwerdung allein das Heil unsrer Zeit erwarten.

C. H. Beck'sche Verlagsbuchhandlung
Oskar Beck / München

C. H. Beck'sche Buchdruckerei in Nördlingen

e Blätter

für perſönliche und völkiſche Lebensfragen

von

ames Müller

✤

Elmau
der Grünen Blätter   4. Heft
1921

Die Grünen Blätter, Vierteljahrsschrift für persönliche und völkische Lebensfragen, sollen — der persönlichen Fühlung des Verfassers mit seinen Lesern wegen — möglichst direkt vom Verlag der Grünen Blätter in Elmau Post Klais (Oberbayern) bezogen werden, sind aber auch durch den Buchhandel zu haben.

Der Preis beträgt für einen Jahrgang (einschl. Porto) für Deutschland 10.— Mk., für Österreich-Ungarn 30 Kr., Niederlande 2,75 G., Schweiz, Frankreich usw. 5 Fr., Dänemark, Schweden und Norwegen 4 Kr., Finnland 10 finn. Mk., Amerika 1,25 Dll.

Das Abonnement gilt bis zur Abbestellung, die nur nach Abschluß eines Bandes erfolgen kann.

Der Einzelpreis dieses Heftes beträgt 4 Mk.

Postscheckkonto Verlag der Grünen Blätter Nr. 1233 Nürnberg.

Inhalt

Mitteilungen

Leider muß der Bezugspreis der Grünen Blätter infolge der fortgesetzten Erhöhung des Portos, des weiteren Steigens des Papierpreises und der Druckkosten für Deutschland auf 15 Mark jährlich erhöht werden. Für die Länder des ehemaligen Österreich-Ungarn widerstrebt es mir, ihn zu erhöhen. Ich würde damit sehr vielen Lesern bei der furchtbaren Notlage, in der sie sich befinden, den Weiterbezug der Blätter ganz unmöglich machen. Es soll jeder zahlen nach seinem

Die Auslese

Viele sind berufen, aber wenige sind auserlesen.

Damit wird die Tatsache ausgesprochen, daß das Reich Gottes nicht durch Massenwirkung, sondern durch Auslese kommt.

Das ist jedem, der für das neue Wesen Verständnis hat, ohne weiteres klar. Denn dadurch, daß Menschen bewegt werden, werden sie nicht anders. Sie können durch starke persönliche Einflüsse wohl eine andere Haltung und Stellung gewinnen, aber sie bleiben das, was sie sind, trotz der inneren Bewegung, in die sie geraten. Sie werden nur anders gestimmt und gerichtet. Man kann ihnen Über-zeugungen, Gefühle und Entschlüsse einflößen. Aber wie soll ihr Wesen frei werden, wenn ihr Bewußtsein eingenommen wird! Geistige Massenwirkungen sind Massensuggestionen. Mag ihnen dann beigebracht werden, was will, es wirkt immer bindend, be-täubend, verführend, täuschend, verdummend. Man glaubt ja heute noch, auch auf geistigem Gebiete mit Massenbewegungen etwas ausrichten zu können. Denn man agitiert sogar in religiösen und philosophischen Dingen. Aber da geht es ja auch im Grunde nie um die Menschen, sondern nur um die Partei, nicht um die Wahr-heit, sondern um die Macht. Und darum entspricht das Verfahren ganz dem Zweck. Massen können nie zu sich selbst kommen, sondern nur mit fortgerissen werden, nie aufgeklärt, sondern nur überzeugt, umgestimmt, aus einer Gebundenheit in die andere geführt werden. Alles Epidemische beruht auf Infektion und ist Besessenheit. Massen-bewegungen sind mechanisch, auch auf geistigem Gebiete, darum sind sie unpersönlich und veräußerlichen. Alle organische Lebens-bewegung vollzieht sich auf individuellem Wege, denn sie verlangt ursprüngliche Empfindung und persönliche Empfänglichkeit. Und was in den Menschen Wurzel schlagen, selbständig aufgehen und

XXIII.

13

eigentümliche Gestalt gewinnen will, verlangt das erst recht. Man
kann den Samen wohl in die Masse werfen, aber er wird nie
massenhaft aufgehen.

Für das Werden des Reiches Gottes kommt aber noch eines
in Betracht: Alle Massenbewegungen sind von dieser Welt. Mit
Mitteln dieser Welt, auf die sie beschränkt sind, erreichen sie im
Menschen nur das, was in ihm von dieser Welt ist, nur das
sinnliche Ich, aber nicht die Seele. Was sie erreichen, das nehmen
sie in Anspruch, und indem sie es bewegen und in Anspruch nehmen,
stärken sie es. Darum versagen nicht nur alle Massenbewegungen,
wenn es sich um das Reich Gottes handelt, sondern sie wirken
ihm direkt entgegen. Man kann dies Verhängnis schon in der
Wirksamkeit Jesu beobachten: wie die unbeabsichtigten Massenwirkungen seines Auftretens ganz in das Sinnliche schlugen, und
wie er sich diesen Bewegungen zu entziehen suchte, wie er mit
ihnen kämpfte.

Jesus wußte, daß das Reich Gottes nicht eine Bewegung von
außen ist, die die Menschen ergreift und mit fortreißt, sondern ein
immanentes, ursprüngliches Geschehen, das in dem göttlichen Kern
ihres Wesens entspringt, schöpferisch entfaltend und stoffwechselnd
vorwärts schreitet, sie umgestaltet und untereinander verbindet und
sich naturnotwendig in allen Verhältnissen und Beziehungen auswirkt. Dies seelische Leben kann aber zunächst nur in wenigen entspringen. Das war die Erfahrung Jesu. Darum beschränkte er sich
immer mehr auf seine Jünger. Die extensive Tätigkeit trat vor
der intensiven zurück. Aus dieser Zeit stammt das Wort: Viele
sind berufen, aber wenige sind auserwählt.

Denn nur wenige sind zu brauchen. Wofür? fragen wir, denn
davon hängt das Verständnis des Wortes ab. Ergänzt man: für
die ewige Seligkeit, so ergibt sich die herkömmliche Auffassung:
viele hören das Evangelium, aber wenige glauben daran. Wer
nicht glaubt, der ist wohl berufen, aber nur wer glaubt, ist auserwählt. Das ist ein Irrtum. Denn nicht alle, die glauben, gehören zu den Auserlesenen, und nicht alle, die das Evangelium

hören, find berufen. In dem Maße nun, als man die Vielen in
Wahrheit als alle faßte, die eigentlich auch in Betracht kämen,
aber doch nicht auserwählt feien, verlegte man die Ursache der
Auswahl von den zeitlichen, individuellen Bedingungen, aus denen
fie fich ergibt, in einen vorzeitlichen, befonderen Ratschluß Gottes.
Man verstand das Wort also nicht organisch, sondern mechanisch,
und das Ergebnis war die Lehre von der ewigen Vorherbestimmung.

Diese theoretische Auffassung des Wortes aus einer Glaubens=
lehre heraus ist verkehrt. Wir müssen es lebendig aus der Erfahrung
Jefu heraus verstehen. Wenn im Anfang feiner Tätigkeit der Schein
entstehen konnte, als ob er es auf eine allgemeine Befeligung ab=
gefehen habe, fo zeigte der weitere Verlauf deutlich genug, daß er
etwas ganz anderes meinte. Er wollte eine neue Schöpfung unter
den Menschen hervorrufen, eine quellende schöpferische Bewegung
im Wefen der Menschheit wecken, die mit innergefetzlicher Not=
wendigkeit genau fo ficher vorwärtsschreitet, wie fich die Entwicklung
der Natur von den einfachsten Lebewefen bis herauf zum Menschen
vollzogen hat. Wollte er das aber, fo handelt es fich hier um einen
geschichtlichen Prozeß, der in Gang kommen und weitergreifen
follte. Diefer geschichtliche Prozeß der Menschwerdung geht natürlich
auf das Ganze aus, auf die Menschheit als folche. Aber er er=
streckt fich, je anfänglicher um fo mehr, nur auf wenige und er=
reicht eine größere Zahl nur nach Maßgabe eines Fortfchritts.
Er kann das Ganze nur dadurch erreichen, daß er von einzelnen
ausgeht und von ihnen aus immer weitergreift. Das Geheimnis
des Reiches Gottes befteht nicht in einer Bewegung, fondern in
einer Durchfäuerung der Maffe. Es ist ein Belebungsprozeß, der
von einigen organisch verbundenen, lebendigen Zellen ausgeht,
nach und nach immer mehr Maffenteilchen ergreift, belebt und
angliedert und fo allmählich die ganze Maffe in einen Organismus
lebendiger Zellen umwandelt.

Man muß das lebendig fehen, um das Wort Jefu zu ver=
ftehen, nicht etwa als eine geistige Propaganda, fondern als ein
neues feelisches Werden auf dem kosmischen Hintergrunde des

Menschheits-Schicksals, auf dem Hintergrunde der ungeheuren
Werdenot, unter der alles, was Mensch heißt, leidet, auf dem
Hintergrunde des gärenden, sich immer wieder selbst zerstörenden
Chaos, das wir äußerlich und innerlich nach allen Seiten hin darstellen. Dann bekommt man eine Ahnung, was es heißen will,
wenn in diesem von Dämonen gepeitschten, von Leiden gequälten,
sinnlos auf- und abwogenden Wirrsal unter menschlichen Lebewesen
an einzelnen Punkten eine schöpferische Bewegung beginnt, die
organisierend fortschreitet und allmählich das ganze Chaos in einen
lebendigen Kosmos umwandelt, in einen Organismus lebendiger
Seelengebilde. Diese Evolution der Seele im Wesen und Leben der
Menschheit wollte Jesus bringen. Gewiß hat er sich das anders
vorgestellt. Wie er es sich vorstellte, werden wir wohl nie feststellen können. Aber daß er das — diese Wirklichkeit, diesen Vorgang — meinte, wissen wir ganz genau. Und dafür, sagt er nun,
sind viele berufen, aber wenige auserlesen.

Viele sind berufen, nicht alle. Wenn wir die Menschen in
beharrende und suchende scheiden, so kommen nur die suchenden
für ein neues Werden in Betracht. Aber die sind durchaus noch
nicht alle berufen. Berufen ist nur, wer einen Ruf empfängt.
Hiernach ist nur der Suchende berufen, der den Ruf zum Leben
hört, und zwar der ihn nicht nur äußerlich, sondern innerlich, nicht
bloß mit dem Ohr, sondern mit der Seele hört. Die Seele, die
ihn lebendig vernimmt, gerät dadurch in schöpferische Bewegungen
ihrer selbst. Das ist kein theoretisches Verstehen und Anerkennen,
sondern ein unmittelbares Geschehen, das Erwachen der Seele unter
dem göttlichen Ruf zum Leben.

Alle die schlafenden Kirchengänger sind also durchaus nicht
berufen. Ebensowenig aber die verschiedenen Menschen, die durch
die Unruhe ihrer Seele in Kirchen oder Vorträge getrieben werden,
ohne daß sie den Ruf zum Leben hören, weil er ihnen hier gar
nicht vernehmbar ist. Aber in wessen Seele der Ruf zum Leben
einschlägt, mag dieser kommen, woher er will, mag er sich ausdrücklich in Worte kleiden oder in Ereignissen erfolgen, der ist be-

rufen. Es sind also eine ganze Menge Menschen gar nicht berufen, die an Jesus glauben. Andrerseits sind welche berufen, die gar nichts von Jesus wissen wollen, weil sie ihn nicht kennen oder ihn verkennen. Das Entscheidende, ob wir berufen sind oder nicht, ist nichts Subjektives, sondern ein objektives Geschehen in uns. Die Seele, die nicht leben und nicht sterben kann, der Mensch, der nicht aus noch ein weiß, empfängt durch einen Eindruck einen Lichtstrahl, der ihm mit einem Male seine ganze Lage klärt. Es durchzuckt ihn wie ein elektrischer Schlag: es gibt ein Leben, und dieses Leben ist die Lösung deiner Not und deiner Sehnsucht. Das kann über ihn kommen wie eine Katastrophe, die ihn gänzlich aus den Angeln hebt. Es kann ihn aber auch nur wie ein ferner Ton treffen, den er nicht wieder los wird, dem er nachgehen muß, bis er die Spur findet, oder wie ein Lichtstrahl, der durch einen Ritz in einen finstern Raum fällt und dem im Dunkel Gebannten nur sagt: da draußen ist Licht, Leben, Werden, da mußt du hinaus. Wie es vor sich geht, ist gleichgültig. Man hört jedenfalls den Ruf zum Leben, und wer ihn gehört hat, wird ihn nicht wieder los. Nur solch einer ist wirklich berufen worden.

Viele sind berufen. Denken wir an unsre Zeit, an die tiefe Unruhe, die in den Menschen gärt. Wie viele hören heute den Ruf! In einem Schicksalschlag etwa, der die Verschalungen ihrer Seele durchbricht, so daß ein Kontakt zwischen dem eintritt, was dahinter pocht, und dem verborgenen Wesen, das hinter allen Erscheinungen und Ereignissen webt. Da ist es ihnen, als ob sich ihnen eine ganz andere Welt auftäte. Oder es kommt einem auf einmal aus unbekannten Anlässen alles Gewohnte ganz erstaunlich vor, daß man ganz unsicher wird und in die größte Verlegenheit gerät. Die sinnliche Naivität ist gestört, weil man das Hintersinnliche spürte. Oder der Eindruck einer Persönlichkeit, aus der jenseitiges Wesen strahlt, geht wie ein Lichtschein über einen hin und läßt ihn verwundert auffahren. Oder wie es geschehen mag: während so die Seele erbebt und ein neues Leben wittert, hört man dann irgendwoher einen Laut, der die Richtung weist.

Das kann ein ganz einfacher Ton fein, etwa die Äußerung: „Wir brauchen ein neues Werden in uns, sonst kann uns nichts helfen." Dann weiß man sofort, um was es geht. Man hat die Witterung und wird nicht eher ruhen, bis man die Spur gefunden hat, die dazu führt.

Der Vorgang ist nicht so einförmig, daß nur der den Ruf zum Leben hört, der in solchen Momenten ausdrücklich die Botschaft von Jesus vernimmt. Das Evangelium, das wir von Jesus kennen, tritt heute in den verschiedensten Formen an die Menschen heran, und bei manchen dauert es lange, bis sie dahinter kommen, daß es der Ruf Gottes an die Seele war, dem Jesus zum erstenmal Ausdruck gegeben. Aber die Wirkung ist überall dieselbe: es wird hell in den Menschen. Es gibt eine Aussicht, ein Verstehen seiner selbst, des eignen Schicksals, des Schicksals der Menschheit, ein Licht auf die Zukunft der Menschheit und auf die Bedeutung, die das einzelne Leben und Werden dafür hat. Der Sinn unsers Daseins wird lebendig.

Wer aber so den Ruf hört, der gehört damit noch nicht zu den Auserlesenen. Das Hören ist die Empfängnis, aber es ist dann die große Frage, ob es im Menschen auch zur Geburt kommt. Das erst entscheidet die Auslese. Viele sind berufen, aber wenige sind aus-erlesen, weil bei den meisten die Empfängnis unfruchtbar bleibt. Was sie erlebten, ist eine taube Blüte, es kommt nicht zu einem neuen Werden, und das Entscheidende ist gerade das Werden, das von selbst Werden.

Viele machen etwas daraus. Aber dann schließen sie sich selbst aus, denn sie töten dadurch das Leben, das in ihnen keimt. Man kann ja sehr viel daraus machen: eine ganz neue Weltanschauung, auch neue Tafeln der Werte, ein Kulturprinzip, Richtlinien für alle Reformbestrebungen, die uns heute beschäftigen, und man kann dann für alles das wirken. Aber dadurch wird in einem selbst nichts daraus. Man befruchtet vielleicht mit seinem Erlebnis das geistige Leben seiner Zeit, das eigene Wirken, seinen Beruf, aber bleibt selbst unbefruchtet. Was uns zu Auserlesenen macht, ist allein

ein urſprüngliches Werden, das in uns aus ſich ſelbſt entſteht, daß
wir nicht nur von dem Ruf zum Leben bewegt werden und dieſe
Bewegung weitertragen, ſondern daß unter dem Leben weckenden
Eindruck in uns die ſchöpferiſche Entfaltung der Seele keimt. Wir
müſſen Quellen werden, aus denen unvergängliches Weſen entſpringt.
Dann nur gehören wir zu den Auserleſenen, die lebendige Zellen
in dem Schöpfungsprozeß der Menſchheit werden.

Aber wie kann das geſchehen, und woran liegt es, daß es
nicht überall eintritt? Es kommt wohl daher, daß die Menſchen
ſich verführen laſſen, ſich bei dem zu beruhigen, was ſie erlebten.
Sobald wir aufhören, Suchende zu ſein, gibt es keine Empfängnis.
Wer alſo in der Seligkeit über ſein Erlebnis aufgeht, der bleibt
unfruchtbar. Der Ruf zum Leben muß nicht nur durch die innere
Unruhe in uns aufgenommen werden, ſondern ſein ſchöpferiſcher
Eindruck muß durch die Gärung des Suchens in uns weiter-
getragen werden, bis er uns ganz durchdringt. Aber die meiſten
Berufenen ſind ſo überwältigt von der ungeheuren Gnade, die
ihnen widerfahren iſt, daß ſie nur dieſes höchſte Gut zu bewahren
ſuchen und zufrieden ſind, ſich an der neuen Klarheit freuen und
aus ihr leben. Damit bleiben ſie aber ſtehen. Sie werden nicht
anders, ſondern kommen nur in ein neues geiſtiges Klima und
genießen die tropiſche Fülle der geiſtigen Vegetation, die in ihnen
anbricht. Wer die nur genießt, der iſt nicht zu gebrauchen. Nur
wer die Antriebe ſeiner Seele lebt, gehört zu den Auserleſenen.
Nur wenn durch den Ruf zum Leben unſre Seele zu einem
ſchöpferiſchen Werden ihrer ſelbſt und zu einer ſchöpferiſchen Auswirkung der ganz neuen Art von Leben, die ſich daraus ergibt,
befähigt wird, ſind wir für die Menſchwerdung zu gebrauchen.
Wer begriffen hat, worin dieſe beſteht, der begreift auch, daß nur
ſolche Menſchen dafür Wert haben, weil ſie allein lebendige Zellen
in ihr werden.

Dieſes ihr Schickſal entſcheiden aber die Berufenen ſelbſt.
Denn wir haben es in der Hand, ob wir das, was in uns angeregt wird, ſofort in Lebensgeſtalt umſetzen, oder ob wir es wie

ein Kleinod bewahren, wie eine Reliquie in einem Schrein verschließen, Kultus damit treiben, uns darin bespiegeln und uns
daran freuen. Wenn sich also das Erlebnis in Theorie umsetzt,
dann ist man nicht zu gebrauchen. Oder wenn es sich in Stimmungen umsetzt, dann schwingt es aus in Gefühle, und darunter
bleibt alles beim alten. Oder wenn es in ein vielgeschäftiges
Wirken, Machen, Treiben ausschlägt, dann wird man selbst nicht
anders. Nur dort, wo jede Regung und Anforderung des Lebens
von der erwachten Seele empfangen wird, und alle Lebensäußerungen
von ihrer plastischen Kraft getrieben und gestaltet werden, nur dort
erhebt sich ein Auserlesener aus der Schar der Berufenen. Denn
der Ruf zum Leben muß in uns die Keimkraft des neuen Werdens
und Lebens wecken: das ist das Entscheidende.

Ich sage eines neuen Werdens und Lebens, nicht eines ver-
besserten. Wir haben dafür gar keine Vorbilder. Darum können
wir es selbst nicht erreichen und aufbauen, es muß sich von innen
heraus von selbst äußern und entfalten. Das geschieht aber, wenn
wir in jeder Bewegung aus der Berufung heraus leben. Wo
dieses neue Werden beginnt, kann man dann getrost sein, daß man
zu den Auserlesenen gehört. Man erfährt es ja, daß es ein objektiver Vorgang ist, der nicht nur neue Kräfte entbindet, sondern
auch zu neuen Klarheiten führt, die über den bisherigen Horizont
hinausgehen und die Tiefe der Wirklichkeit offenbaren. Man geht
dann tatsächlich von einer Klarheit zur andern und von einer
Vollmacht zur andern, aber auch von einer Wandlung und Entfaltung zur andern. Das Tote, Leere, Inhaltlose, Sinnlose in uns
wird in Lebendiges, Seelenvolles, Schöpferisches, Sinn Offenbarendes
umgeschaffen.

Die Tatsache, kraft eines neuen Werdens und Lebens zu den
Auserwählten zu gehören, bietet aber noch keine Bürgschaft dafür,
daß man es bleibt. Viele, in denen das neue Wesen Jesu keimte,
verkümmern und verkommen wieder. Die Seele schläft wieder ein.
Sie haben dann noch eine Erinnerung an eine Zeit, wo ihnen
ein quellendes Leben aus den Tiefen des Innersten entsprang

und Ungeahntes sich in ihnen regte, entfaltete und äußerte. Aber es ist ihnen wieder entschwunden, die Quelle ist versiegt. Manche suchen es darin wieder, aber finden es nicht. Es braucht dann eines neuen erweckenden Eindrucks, einer neuen Empfängnis durch eine ergreifende und befruchtende Heimsuchung Gottes. Und niemand hat das in der Hand, weder das Erleben noch das Empfangen.

Wenige sind auserlesen. Aber auf diesen Wenigen beruht die Zukunft der Menschheit, die Schöpfung wahrhaftigen Menschseins durch ihre Verfassung in Gott. Wielange das dauern wird, wissen wir nicht. Gerade weil es auf den Wenigen beruht, ist es sehr unwahrscheinlich, daß es rasch geht. Die vergangenen Jahrtausende zeigen mehr Stockung, Erstarrung, Verirrung und Verwesung als Entwicklung wahrhaftigen Lebens. Aber schließlich wird es den Wenigen doch einmal gelingen, wenn sie ganz rein und treu sind in dem, was in ihnen angebrochen ist. Dann kann sich das neue Wesen unter Umständen viel schneller ausdehnen und ausbreiten, als man jetzt für möglich hält. Wenn man bedenkt, wie sich Kraft und Wirkung steigert, sobald sich zwischen den Auserlesenen gemein= schaftliches Leben bildet, kann man sich vorstellen, daß einmal das treibende Leben, das von ihnen aus um sich greift, sehr rasch das Ganze durchdringen kann. Aber auch dann nicht durch Massen= bewegung, sondern durch organisches Wachstum im Zellengewebe der Menschen.

Allerlei Fragen[1]

1. Über das Verhältnis der Geschlechter

> „Warum sind die reizvollsten Frauen so ent= zückend unlogisch? Gehört die Unlogik zum innersten Wesen der Frau, oder ist sie eine Folge ihrer seit vielen Generationen falschen Erziehung?"

Die Frauen sind überhaupt nicht unlogisch. Ebensowenig und ebensosehr wie der Mann, glauben Sie mir das. Sie haben nur

---

[1] Im vergangenen Jahre hat sich in Elmau eingebürgert und viel Anklang gefunden, daß die Gäste Fragen, die sie beschäftigen, mir schriftlich

eine ganz andere Logik, d. h. dieselbe Logik, aber ihre Logik bewegt sich auf anderen Wegen. Die Männer haben die Logik des
diskursiven Denkens, die Frau die Logik des intuitiven Denkens.
Wir sagen, die Frauen denken mit dem Gefühl. Man stellt das so
hin, als ob das eine Herabwürdigung der Frau sei. Die Frauen
bilden sich das auch ein, deswegen haben sie Logik studiert. Das
ist sehr töricht. Wir brauchen nur daran zu denken, daß jeder
Künstler ebenso intuitiv urteilt. Sobald er auf den reflektiven Weg
des diskursiven Denkens gerät, wird ein Machwerk zustande kommen.
Die Frau steht der Natur näher. Sie ist dem Quellleben der Seele
näher, daher das Intuitive und Instinktive. „Der Mann muß
hinaus", auch im geistigen Leben, er hat immer hinaus gemußt
aus diesem seelischen Heim, und deshalb ist er zu dem Reflektieren
und Berechnen und Folgern gekommen. Aber die Logik ist hier
und da dieselbe, bei den Frauen eine unmittelbare Logik, bei den
Männern eine mittelbare. Darum ist die Frau mit ihrem logischen
Schluß auf Grund ihres Gefühls oft den Männern weit voraus,
weil der Mann mit seinem Reflektieren noch nicht nachkommt, und
dann sagt er, die Frau habe keine Logik. Es gibt natürlich Eigentümlichkeiten der Frauen, die wir als unlogisch bezeichnen. Diese
Eigentümlichkeiten der Frauen finden sich aber auch bei den Männern,
z. B. „weil ich mir das so wünsche, trifft es gewiß nicht ein." Wie oft
hört man das! Wenn ich so etwas höre, sage ich immer selbst: Frauen-
logik! Aber das kann man auch von Männern hören. Ich meine, das
sind Unarten, die eigentlich mit dem Denken nichts zu tun haben. Das
ist ein Rest von Aberglauben, den man überall findet. Im übrigen habe
ich oft genug konstatiert, daß in der Debatte die Frauen den Männern
über sind. Und Sie werden jetzt auch verstehen warum. Weil sie viel
schneller das Ziel erreichen als die Männer. Der Mann mit seiner
umständlichen Reflexion kann mit der Frau da nicht Schritt halten.

zustellen, die dann bei Gelegenheit im großen Kreis der Hausbewohner von
mir beantwortet werden. Ich gebe aus der Fülle von Nachschriften eine kleine
Auslese von Antworten, die sich auf verwandte Gebiete erstrecken. Streif-
lichter dieser Art auf andere Gebiete sollen gelegentlich folgen.

Und dann noch eins, wo sich die Frauenklugheit unbewußt geltend macht. Ich drücke das mit einem Bild aus. Sie kennen das Schachspiel. Wir Männer sind in der Diskussion den Frauen deswegen unterlegen, weil wir nur Läufer zur Verfügung haben. Die Frauen haben Läufer und Springer. Wenn Sie mit einer Frau diskutieren, und die Frau merkt, daß ihre Sache faul ist, springt sie sofort auf etwas anderes über, oder sie packt die Geschichte dann sofort mit einer unglaublichen Geschicklichkeit von einer anderen Seite an. Ehe der arme Mann dorthin gelangt, ist er längst geschlagen. Ich sage das auf Grund langjähriger Erfahrung. Das ist doch nicht eine Benachteiligung der Frau, sondern ein Vorteil, den sie vor uns voraus hat. Sie ist beweglicher, gewandter. Geht es so nicht, dann geht es auf eine andere Weise. Der Mann schämt sich, er gibt es auf, wenn er es auf seine vorgefaßte Weise nicht erreicht. Die Frau nimmt es von einer anderen Seite. Das kann man vielleicht unlogisch nennen, in Wirklichkeit ist es das aber nicht; denn die Dinge sind nicht einseitig, sondern immer vielseitig. Man kann sie von den verschiedensten Seiten anpacken. Darum ist es gut, wenn Mann und Frau miteinander geistig verkehren, sich austauschen, sie können gegenseitig viel voneinander haben, sie ergänzen sich auch hier, die männliche und die weibliche Logik.

Daß eine intellektuelle Rückständigkeit der Frau die Folge einer falschen seit Generationen erfolgten Erziehung wäre, ist eine unglaubliche Dummheit. Das wäre möglich, wenn die Frauen immer wieder nur Mädchen zu Kindern hätten und die Mädchen wieder nur Mädchen. Dann wäre es theoretisch denkbar, daß sich die geistige Vernachlässigung sozusagen herauszüchtete. Aber in Wahrheit ist doch die Sache so: die Frau kriegt doch auch Jungen. Und man sagt sogar, daß die Knaben eigentlich immer die Mutter geistig beerben und die Töchter den Vater. Dann müßten die Jungen immer die Unlogik von der Mutter kriegen und erst die Enkelin kriegt dann wieder die Unlogik von dem Vater. Es würde so sein, daß bestimmte Zwischengenerationen immer unlogisch wären. Sie sehen, wie närrisch diese Annahme ist. Ganz abgesehen davon, daß

es auf geiftigem Gebiete eine derartige erbliche Belaftung gar nicht
gibt. Was fich fortpflanzt, find die Befähigungen, aber niemals
die Ausbildung der Fähigkeiten, alfo das geiftige Vermögen, die
künftlerifche Anlage, der intellektuelle Scharffinn. Aber es ift nun
nicht nötig, daß in dem Kind, ob Junge oder Mädchen, das künftlerifche Vermögen der Mutter zutage tritt. Das kann verborgen
bleiben und umgekehrt. Was eine Tochter vom Vater ererbt, kann
verborgen bleiben ihre ganze Lebenszeit hindurch. Deswegen geht
es aber nicht verloren, wenn es nicht ausgebildet wird. In diefer
Beziehung überfchätzen wir den Wert der Ausbildung für den Beftand der Anlage; es ift beffer, wenn eine Anlage nicht ausgebildet
wird, als daß fie verbildet wird. Damit kann die Anlage mehr
gefchädigt werden. Vielleicht ift es auch fehr wünfchenswert, daß be-
fondere Anlagen in einer Generation ruhen, um fich von ihrer Ausbildung und Ausnutzung zu erholen. Und vielleicht gehört es zur
Ökonomie der menfchlichen Entwicklung, daß die bedeutenden Anlagen eines Mannes in feinen Töchtern unentwickelt und unver-
wertet bleiben und fich nur in einer ftarken Geiftigkeit kundgeben,
um dann in den Enkeln verjüngt und bereichert wieder hervor-
zutreten.

> „Gibt es eine Freundfchaft zwifchen Mann und
> Weib im gefchlechtsfähigen Alter, oder ift diefe fo-
> genannte Freundfchaft nicht immer Liebe?"

Darüber ift fehr fchwer zu fprechen. Wir befinden uns heutzutage dem Sexuellen gegenüber in einer fchwierigen Lage. Wir
haben hier kein natürliches Verhältnis zu den Dingen, fondern
alles Sexuelle ift feit Jahrzehnten überhitzt, entzündet, es fpielt im
Leben der Menfchen eine Rolle wie niemals zuvor. Infolgedeffen
können wir fehr fchwer ein Urteil darüber abgeben, wie es fich mit
diefen Dingen eigentlich verhält. Es kommt noch eins dazu. Ich
glaube, daß die Befangenheit dem Sexuellen gegenüber die
allerfchwerfte ift, die es überhaupt gibt, und daß man fie kaum
überwinden kann. Ob man da konfervativ, konventionell fteht
oder revolutionär, ift ganz gleich. Nach meinen Beobachtungen ift

hier Unbefangenheit äußerst selten zu treffen, und auch die Menschen, die sich als unbefangen geben, sind ahnungslos doch befangen.

Meine Stellung zu dieser Frage finden Sie in dem Buch „Beruf und Stellung der Frau" in dem Kapitel vom Verkehr zwischen Männern und Frauen, wo die Frage der Freundschaft zwischen Mann und Frau behandelt ist. Daraus können Sie erkennen, daß ich die Frage bejahe. Es gibt eine Freundschaft zwischen Mann und Frau im geschlechtsfähigen Alter, und sie ist etwas anderes, als was man sonst als Liebe zwischen den Geschlechtern bezeichnet. Ich stehe anders wie Nietzsche, der behauptet, daß Freundschaft zwischen Mann und Frau nur möglich sei, wenn eine körperliche Antipathie vorhanden ist.

Man muß dabei nur eins bedenken, daß alle Beziehungen zwischen den Geschlechtern den Menschen unbewußt erotisch schwingen. Ich will damit sagen, daß diese eigentümliche Art des aufeinander Wirkens von männlichem und weiblichem Wesen in allen Beziehungen zwischen Männern und Frauen mitspielt, auch zwischen Vater und Tochter, Mutter und Sohn. Das muß man sich gegenwärtig halten, um eine unbefangene Stellung zu der Frage der Möglichkeit einer Freundschaft zwischen Mann und Frau zu gewinnen. Also ist es selbstverständlich, daß eine solche freundschaftliche Beziehung den gewissen geheimnisvollen Reiz des Zusammenklangs von weiblichem und männlichem Wesen hat. Denn es ist unvermeidlich, daß dabei der Mann in männlicher Weise auf die Frau und die Frau in weiblicher Weise auf den Mann wirkt. Das Erotische beschränkt sich ja nicht allein auf das sexuelle Gebiet, sondern geht durch das ganze Geistesleben hindurch. Alles Fühlen, Denken, Wollen ist bei dem Mann männlich, bei der Frau weiblich geartet. Das ist in dem Zeitalter der Frauenemanzipation vielfach verkannt worden, sonst wäre es nicht möglich gewesen, daß die Frau gewünscht hätte, zu werden wie der Mann. Das ist unmöglich, sie wird immer Frau bleiben. Ich halte aber gerade deshalb den Verkehr zwischen Männern und Frauen für ungeheuer wichtig und fruchtbar. Denn beide Geschlechter ergänzen sich gegenseitig. Gerade für das geistige Leben und die innere Entwicklung des Menschen kann eine Frau dem Mann etwas bieten, was ihm kein Mann bieten kann, und um= gekehrt. Ich setze natürlich normales Empfinden voraus. Darum halte ich .es für sehr verhängnisvoll, daß Jahrzehnte hindurch die Geschlechter in einer Weise getrennt waren, daß ein geistiges Mit= einanderleben unmöglich war. Es ist sehr zu begrüßen, daß wir jetzt besonders durch unsre Jugendbewegung wieder einen rein sachlichen Verkehr mit aller persönlichen Färbung, die er haben kann, zwischen den Geschlechtern gewonnen haben.

Wenn das nun allgemein gilt, muß auch eine Freundschaft zwischen Mann und Frau möglich sein, denn solch eine innere Ge= meinschaft kann sich intensiver und dauernder gestalten, als wenn man nur hie und da miteinander verkehrt. Ich glaube durchaus nicht, daß das dann immer geschlechtliche Liebe ist. Das Charakteristische der geschlechtlichen Liebe ist das Begehren des andern. Die Frage stellt sich demnach so: ist eine freundschaftliche Beziehung zwischen Mann und Frau möglich, ohne daß die beiden einander begehren? Das bejahe ich durchaus. Allerdings gestehe ich zu, daß die Ge= fahr, wie ich's in dem Frauenbuch genannt habe, „einer Herzaffektion mit Schwindelanfällen" vorhanden ist, daß das persönliche Zusammen= sein und Zusammenleben dazu führen kann, daß sich die Vertraut= heit erotisch entzündet. Das ist aber eine Gefahr, die nicht ein= zutreten braucht, und die überwunden werden kann, wenn sie ein= tritt. Die Menschen dürfen nur nicht gleich den Kopf verlieren, sondern müssen ruhig der Gefahr ins Auge sehen. Dann werden sie die Gefahr auch überwinden. Wenn zwei solche Menschen die Erfahrung machen, daß sie füreinander entzündlich sind, müssen sie alles vermeiden, was dazu dienen kann, daß es zur Entzündung kommt. Sie werden sich unter Umständen auch auf lange Zeit trennen müssen, unter Umständen für immer, wenn sie merken, daß es einfach nicht geht. Aber das ist doch sonst auch bei Freund= schaften zuweilen der Fall, wenn es miteinander nicht mehr geht. Wir werden sie deswegen noch nicht an sich verwerfen dürfen.

Meines Erachtens gäbe es eine große Verarmung unter den Menschen,
wenn es wieder wie früher würde, daß nach dem Essen, wo die
eigentliche Unterhaltung beginnt, Männer und Frauen verschiedene
Zimmer aufsuchen. Ich finde das eine unglaubliche Armseligkeit
und Albernheit, die zweifellos sehr schlimme Folgen hat. Denn wenn
die Männer für sich sind, verwahrlosen sie, und die Frauen auch.
Das wäre kein Kulturfortschritt, sondern ein Rückschritt.

Aber die Gefahren solcher Freundschaft zwischen den Geschlechtern!
Die Gefahren sind kein Einwand; denn ich finde, das Gefährlichste, was
es überhaupt gibt, ist das Leben. Dann müßten wir auch darauf
verzichten. Und meines Erachtens ist viel gefährlicher als Freundschaft zwischen Mann und Frau die Ehe zwischen Mann und Frau.
Das ist vielleicht überhaupt die gefährlichste Sache im Leben. Wie
viele Menschen da zugrunde gehen, wie viele da Schaden an ihrer
Seele, an ihrer Geistigkeit und an ihrem Körper nehmen, darüber
schweigt man in der verhängnisvollsten Weise. Aber trotzdem wollen
und sollen alle heiraten. Darum meine ich, soll man die Freundschaft zwischen Mann und Frau wegen der Gefahr nicht verpönen,
sondern sich darüber klar werden, wie man ihr begegnet, und in
ihr stark werden, daß man an ihr wächst und sie überwindet.

> Darf der Mann auch dann Anregung und Freund-
> schaft bei dem anderen Geschlecht suchen, wenn seine
> Frau darunter leidet — oder umgekehrt?

Auf solche Fragen kann man keine direkten Antworten geben.
Es gibt da keine festen Regeln. Das wird von Fall zu Fall ganz
verschieden sein. Man kann nur auf die Lebensgesetze aufmerksam
machen, die in solchen Fällen zur Geltung kommen müssen, wenn wir
die Aufgabe erfüllen sollen, die in der ganzen Lage vorliegt. Wollen
wir das aber hier tun, dann ist es sehr gut, wenn Sie sich dessen
bewußt werden, daß es sich hier nur um einen besonderen Fall
einer Schwierigkeit handelt, die auch sonst oft genug vorkommt.

Ich will Ihnen die allgemeine Schwierigkeit an einem anderen
Beispiel zeigen: Darf der einzige Sohn ins Ausland gehen, wenn
er sieht, daß seine alte Mutter darunter leidet und unter Umständen

an dem Kummer darüber zugrunde gehen wird? Sie werden mir
zugeben, das ist genau derselbe Fall, nur in einer anderen Gestalt.
Die allgemeine Frage ist diese: Darf ich mich, wenn ich etwas
tun muß, durch die Rücksicht auf andere bestimmen lassen, daß ich
mich davon abhalten lasse, wenn ich bemerke, daß jemand anderes
darunter leidet? Sind wir Menschen verpflichtet, alles zu lassen,
worunter andere leiden? Gewiß nicht. Wir müssen uns sachlich
stellen, und wir müssen heroisch leben. Es kann nicht unsre Aufgabe sein, das Leiden aus der Welt zu schaffen. Das gehört zu
der ganzen Konstitution unsers Daseins. Das Leiden hat eine ungeheuer wichtige organische Bedeutung in der Entwicklung der
Menschheit. Das darf für uns gewiß nicht ein Anlaß sein, Leiden
zu schaffen. Aber wenn Leiden als Lebenswirkung eintritt, so darf
uns das nicht hindern zu tun, was wir innerlich notwendig müssen.
Dürfen wir uns selbst untreu werden, um einem anderen einen
Schmerz zu ersparen? Es läßt sich nicht vermeiden, daß wir einem
anderen Menschen weh tun, wenn wir wahrhaftig bleiben wollen.
Wenn ich jemandem wirklich dienen, zum Leben dienen will, so
muß ich ihm unter Umständen etwas sagen oder tun, was ihm
ungeheuer schmerzhaft ist. Mein Trost war immer der: Gott
tut uns auch weh. Also ich kann es auch nicht besser als der
liebe Gott.

Es handelt sich dann nur noch um die Frage: ist es innerlich
notwendig, dient es dem Leben, hat es Lebenswert? Für mich ist
es ein geradezu ungeheuerlicher Gedanke, daß ein Mann in den
besten Jahren, der sein Lebenswerk noch vor sich hat, mit Rücksicht
auf seine alten Eltern dies aufgeben sollte, damit er in ihrer Nähe
bleibt. Es ist durchaus nicht nötig, daß einer den Nordpol entdeckt.
Aber fühlt er den inneren Beruf dazu in sich, dann muß er es
doch. Ich weiß auch aus den Anfängen meiner Tätigkeit, daß
jeder Brief meines Vaters mit den Worten schloß: Gott gebe Dir
bald eine geregelte Tätigkeit und einen festen Beruf. Da ist es
doch für mich überhaupt gar nicht in Frage gekommen, daß ich,
um den Wunsch meines alten Vaters zu erfüllen, meine freie Tätigkeit,

wie fie fich mir ergab, aufgegeben hätte. Es tat mir natürlich
fehr leid, aber ändern konnte ich da nichts.

Das ift die allgemeine Bafis für die Würdigung und Löfung
der geftellten Frage. Es ift hier der Fall angenommen, daß ein
Mann nach feiner ganzen Anlage für fein perfönliches Leben nicht
alle Anregung, die er braucht, bei feiner Frau findet, fondern
noch Anregung von anderen weiblichen Wefen bedarf. Die Frau
leidet aber darunter. Was foll er nun tun? Soll er darauf
verzichten und verkümmern, oder foll er die Frau leiden laffen und
tun, was er innerlich muß? Ich fetze felbftverftändlich voraus, daß
es fich wirklich um rein freundfchaftliche Beziehungen handelt und
um nichts anderes, daß ihm dadurch eine ftarke geiftige Anregung
zuteil wird, die ihm dazu verhilft, feine Lebensaufgabe beffer zu
erfüllen, ihn reicher macht und ihn in feiner perfönlichen Entwicklung fördert. Da würde ich es geradezu für ein Verhängnis
halten, wenn er darauf verzichten müßte. Dann würde nicht nur
der Mann darunter leiden, fondern wohl auch feine Frau. Sie würde
von dem entbehrenden und verkümmernden Manne nicht das haben,
was fie fonft von ihm hätte. Ich glaube, daß der Mann in folch
einem Falle nicht nachgeben darf, fondern feine Aufgabe ift es nunmehr, daß er die Freundfchaft, die er gefunden hat, fo führt und
fich zu feiner Frau fo ftellt, daß alle Schwierigkeiten behoben werden,
daß diefe Not der Ehe ihren eigentümlichen Segen offenbart, und die
Ehe dadurch tiefer wird. Wird fie lockerer und oberflächlich, fo
ift das ein Beweis, daß es dem Manne nicht gelungen ift, das
Problem zu löfen, oder daß die Freundfchaft bedenklich ift, oder daß
die Frau nicht ihrer Aufgabe gewachfen ift, fondern fich im Kummer
verftockt. Denn wir dürfen nicht verkennen, daß dadurch eine fchwere
Aufgabe für die Frau entfteht. Aber je fchwerer fie ift, um fo mehr
wird fie daran wachfen, wenn fie ihr gerecht wird. Gerade in
folchen Lagen kommen die Frauen zuweilen zu einer Reife, einer
Weisheit, einer Güte, die ganz felten ift, fie werden dann etwas
Außerordentliches. Ich fage das auf Grund meiner Beobachtungen.
Es zeigt fich alfo hier dasfelbe, was überall gilt. Man foll niemals

XXIII.   14

den Schwierigkeiten und Nöten aus dem Wege gehen, sondern die
darin verborgenen Aufgaben erfüllen.

> „Ist es Egoismus oder zu große Empfindlich-
> keit, wenn man in der Wahl des Lebensgefährten
> so wählerisch ist, daß keiner den Ansprüchen an
> innerem Wert entspricht?“

Das ist eine sehr ernste Frage. Ich glaube, ich kann eine ganz
bestimmte Antwort darauf geben: Stellen Sie die Ansprüche genau
so hoch, wie Sie sie an sich selbst stellen. Ich kann Ihnen offen
gestehen, daß ich immer etwas nervös werde, wenn junge Mädchen
von den hohen Ansprüchen sprechen, die sie an den zukünftigen
Lebensgefährten stellen, oder was noch häufiger vorkommt, wenn
junge Männer, zumal, wenn sie etwas angejahrt sind, von den
Ansprüchen reden, die sie an ihre Lebensgefährtin stellen. Denn man
kommt immer auf den Gedanken: Willst du denn ganz unter den
Schlitten kommen? Ich frage mich dann immer nach dem inneren
Recht, mit dem man solche Ansprüche stellt. Und ich meine, es ist
jedenfalls verfehlt, wenn man von dem andern mehr verlangt, als
man selbst bieten kann. Ich glaube sogar, es ist besser, wenn man
von sich selbst mehr verlangt, als von dem andern.

Andrerseits meine ich, daß dieses Stellen von Ansprüchen von
vornherein ausschließt, daß es zu einer wirklich wahren, guten, gesunden, fruchtbaren Ehe kommt, weil es eine ganz falsche Einstellung, eine verkehrte Methode des Verfahrens ist. Man verkennt
dabei ganz den Charakter der Ehe. Die Ehe ist ein gemeinsames
Unternehmen, und zwar eines auf Lebenszeit. Da handelt es sich
also eigentlich nur darum, ob der andere Teil die Ehe auch so
auffaßt und sich ganz dafür einsetzt, um dieses gemeinsame Unternehmen durchzuführen, gemeinsam die Aufgaben zu lösen, die es
mit sich bringt. Wenn dieser Wille zur Ehe im tiefsten Sinne, zur
Lösung dieses wunderbaren Problems, das ja ein tiefes Geheimnis
verbirgt, in beiden vorhanden ist, dann sollen sie sich in Gottes
Namen so nehmen, wie sie sind. Denn wenn sie beide das auf-

richtig wollen und dafür sich ganz hinzugeben entschlossen sind, dann wird jedenfalls etwas Rechtschaffenes daraus werden. Natürlich unter der Voraussetzung, daß sie sich wirklich lieben, oder um es anders auszudrücken, daß sie voneinander magnetisch angezogen werden. Das ist die Voraussetzung dazu. Ohne gegenseitig voneinander angezogen zu werden, geht es nicht. Entsetzlicher Gedanke, daß man mit einem Menschen immer zusammen sein müßte, von dem man sich nicht wirklich unmittelbar und unwillkürlich angezogen fühlte, sein Leben in Eins zu setzen mit ihm, ohne mit ihm instinktiv vereinigt zu werden!

Daran erkennt man: Ansprüche stellen ist eine falsche Einstellung, eine falsche Methode. Denn das Reflektieren über den andern, das Vergleichen, Messen und Rechnen, was man doch muß, wenn man sich fragt: genügt er deinen Ansprüchen?, stört doch den elementaren Naturvorgang der gegenseitigen Anziehung. Das ist doch ein unmittelbares Geschehen, das man nicht durch derartige Untersuchungen stören darf. Da ist nur die Frage berechtigt: fühlst du dich in seiner Nähe wohl, heimisch, vertraut, beschwingt, befreit, erhoben, in deinem Lebensgefühl gesteigert? Möchtest du mit ihm einen Spaziergang machen bis ans Ende der Welt? Diese Frage bringt uns zum Bewußtsein, ob eine gegenseitige Anziehungskraft wirklich lebendig vorhanden ist. Aber wenn jemand überlegen kann, ob der andere auch alle die Eigenschaften und Interessen hat, die man sich wünscht, da wird nichts draus, da können sich die beiden natürlich verheiraten, aber sie werden trotz genauester vorheriger Untersuchung, die sie gegenseitig an sich vorgenommen haben, große Enttäuschungen erleben.

> „Soll eine Frau, die den Mann, zu dem sie sich magnetisch hingezogen fühlt, nicht findet, lieber allein durchs Leben gehen, oder soll sie auf guter Kameradschaft, gleichen Interessen und gleichen Lebensanschauungen eine Ehe aufbauen?"

Im Gegensatz zu Paulus sage ich: Heiraten ist besser als nicht heiraten; eine unglückliche Ehe ist besser als keine Ehe. Ich be-

14*

daure die Menschen, die nicht durch die Lebensoffenbarung einer
Ehe gehen, ob sie glücklich oder unglücklich ist. Ich fasse die Ehe
als eine Aufgabe auf, zu der wir verpflichtet sind. Meines Erachtens sind alle Junggesellen, die gesund und normal sind, pflicht-
vergessen, wenn sie nicht heiraten. Schon ihr völkisches Verantwortlichkeitsgefühl müßte sie zur Ehe treiben. Wenn wir nun aus
einer heroischen Lebensauffassung heraus die Ehe als eine der ge-
waltigsten Aufgaben ansehen, die wir mit Einsatz unsers ganzen
Seins zu erfüllen haben, so ist die Vorbedingung der Ehe nicht
eine Verliebtheit, die auf erbärmliches Behagen ausgeht und einen
Glückshafen vorspiegelt. Ich halte diese verkehrte Einstellung, diese
egoistische, weichliche, sentimentale Auffassung der Ehe, die das Idyll
will und nicht das heroische Lebensabenteuer, für die Grundursache,
daß es so viele unbefriedigte Ehen gibt. Fassen wir die Ehe als
eine der bedeutendsten Aufgaben im Leben, ahnen wir etwas von
dem Wunder und Geheimnis, das sie in sich birgt, dann stehen
wir in einer Höhenlage, die über das, wo verliebte Menschen sich
auf Lebenszeit verbinden, um glücklich zu werden, so erhaben ist
wie das Hochgebirge über dem Flachland. Freilich ist die Erfüllung
der Ehe ohne magnetische Anziehung zwischen den zwei Menschen
nicht möglich. Diese braucht aber nicht von der Stärke zu sein, daß
die zwei hemmungslos aufeinander zufliegen; es braucht keine Leidenschaft zu sein, es kann ein ganz stiller sanfter Zug zueinander
sein. Es geht doch darum, mit einem andern sein Leben in Eins
zu setzen, und das setzt voraus, daß man zueinander paßt, was
in der gegenseitigen Sympathie zum Ausdruck kommt.

Auch wenn als Gegensatz gefragt wird: soll man auf Grund
guter Kameradschaft eine Ehe aufbauen? Ich meine, daß gute
Kameradschaft ohne Sympathie auch nicht möglich ist. Wenn also
Sympathie nur in dem Grade vorhanden ist, wie sie zu einer guten
Kameradschaft gehört, so ist das meines Erachtens vollständig genug
zur Begründung einer Ehe. Denn Sie müssen bedenken, daß die
Quelle der ehelichen Liebe, die etwas ganz anderes ist als die Ver-
liebtheit, wie sie zwischen jungen Leuten spielt, erst durch die Ver-

heiratung selbst erschlossen wird. Sie entspringt aus der Vermählung! Interessengemeinschaft oder Weltanschauungsgemeinschaft gibt keine Bürgschaft dafür, daß eine Ehe gelingt, nur Gemeinschaft in der gemeinsamen Lebensaufgabe der Ehe selbst, der man sich rück- haltlos weiht. Vor diesem gemeinsamen Interesse sind alle anderen Interessen, die der Mann oder die Frau hat, letzten Ranges. Es ist absolut nicht notwendig, daß die Frau z. B. mathematisches Ver- ständnis hat, weil der Mann Mathematiker ist, oder der Mann musikalisch ist, weil die Frau Musik treibt.

Ich bin eher der Ansicht, daß die verschiedenen Interessen die Ehe reicher machen, als gleiche Interessen, und die verschiedene Weltanschauung für das geistige Leben in der Ehe sehr anregend ist. Nur die Lebensauffassung muß dieselbe sein. Sonst kann man nicht ein Leben führen und nicht gemeinsam die Aufgabe der Ehe erfüllen.

2. Über die Ehe

Wie äußert sich in der Ehe die wahre Liebe im
Gegensatz zu der egoistischen Liebe?

Darauf gibt es eine kurze erschöpfende Antwort: nicht egoistisch. Aber diese Antwort ist negativ. Positiv ausgedrückt lautet sie: so wie sich die wahre Liebe immer und überall äußert.

Die Anregung zu der Frage hat ja wohl das Grüne Heft „Die Liebe" gegeben, das in mannigfaltiger Weise das Wesen und Walten der wahren Liebe darstellt. Bei aller Zustimmung dazu meint man, in der Ehe lägen die Dinge doch anders. Denn die Ehe gründe sich schließlich doch auf Habenwollen, Fürsichwollen und Festhalten, also auf Egoismus, und deshalb müsse die Liebe hier jedenfalls egoistische Züge tragen.

Ohne Zweifel handelt es sich bei der Liebe in der Ehe wie in der Familie um etwas anderes als um Nächstenliebe, als um die allgemeine Liebe zu jedwedem anderen. Sie vereinigt sich hier mit Selbstliebe. Denn in der Frau und in den Kindern liebt man sich selbst. Aber Selbstliebe ist kein Egoismus. Das wird sie erst, wenn sie in Selbstsucht ausartet und zur Beschränktheit in sich selbst führt. Der beste experimentelle Beweis dafür, daß die Liebe zu Frau und Kindern nicht egoistisch sein darf, ist die Beobachtung, daß sonst die Ehe und Familie daran zugrunde geht. Die Gemein=schaft wird zerstört, und aus dem Paradies wird ein Ort der Qual.

Deshalb kann sich das Wunder und Geheimnis der Ehe nur dann offenbaren, entfalten und auswirken, wenn die Liebe, die hier zwei Menschen vereinigt, die wahre Liebe ist, wenn man den anderen liebt, weil man ihn lieben muß und nicht anders kann, aber nicht, weil man von ihm geliebt und beglückt werden will. Daß man lieben und beglücken darf, das ist die Seligkeit in der wahren Ehe. Darum ist sie auch hier Selbstmitteilung und Selbsthingabe, unbedingt und rückhaltlos. Zwei Flammen schlagen zusammen in eine Feuersäule, zwei Seelen vermählen sich zu einem Leben. Gegenliebe versteht sich von selbst, darum ist man nicht darauf aus. Widerliebe als Gegenleistung entwürdigt die Liebe. Wer die Liebe des anderen belohnen will, mag es noch so innerlich gemeint sein, der liebt ihn nicht wirklich, nicht aufrichtig. Treue ist keine Forderung, sondern innere Notwendigkeit. Sonst ist sie Bindung und nicht Freiheit, Zwang und nicht Verfassung.

All das ist dem Egoismus unmöglich. Hier ist alles anders, und wo die wahrhaftige Liebe lebt und waltet, wird sie durch jede egoistische Anwandlung vergiftet. Selbstsucht ist für die wahre Liebe tödlich, für die eigene, und für die des anderen ist sie das ge=fährlichste Ärgernis. Sie wird sich vielleicht nicht verbittern lassen. Aber wenn sie an der Selbstsucht, der sie begegnet, die sie aus=zunutzen und zu vergewaltigen sucht, erlahmt, ermattet, dann geht sie in ihrer ursprünglichen Naturgewalt zurück oder wendet sich den Menschen der Umgebung zu, um in empfängliche Seelen über=zufluten, statt sich dem Eigennutz und der Genußsucht preiszugeben. Ob dieser Stein des Anstoßes für die wahre Liebe Eifersucht oder Herrschsucht oder Habgier oder irgendwelche Bindung des freien Quellebens an bestimmtes Verhalten — und wenn es Liebkosungen wären — ist: es ist das Schwerste, was der Liebe zugemutet werden

kann, das Schlimmste, das sie am wenigsten verträgt, die größte
Anfechtung, die für sie denkbar ist. Denn wenn es ihr gelingt,
unbeirrbar und unverbitterlich weiter zu lieben, wird der Egoismus
des anderen dadurch fast nie beschämt und überwunden, sondern
nur zu hemmungslosen Wucherungen veranlaßt.

Aber der Zweck der Ehe ist nicht Liebesgemeinschaft, sondern
diese seelische und körperliche Vereinigung zweier Menschen ist die
Vorbedingung, die Begründung der Ehe. Die Bestimmung der
Ehe ist die Familie, oder drücken wir es anders aus: die Gemeinschaft des Lebens, die Schöpfung, die dadurch geschieht und daraus sich entfaltet. Zwei Menschen setzen ihr Leben in eins, und
daraus entsteht eine neue Menschheit. Die Liebe ist hier mehr als
gegenseitige Zuneigung, mehr als seelischer Wechselstrom, mehr als
Vereinigung zweier Menschen: die Liebe ist hier schöpferisches Element, schaffende Kraft, keimendes Leben, sobald sie das Leben der
zwei Menschen als eines trägt und durchdringt, sobald die beiden
nicht nur darunter aufblühen und sich entfalten, sondern die Früchte
der Ehe hervorbringen und die Familie sich ausbreiten laffen. Die
Liebe in der Ehe geht also nicht ineinander auf, sondern sie richtet
sich vereint auf das gemeinsame Unternehmen. Sie ist die Lebensglut des Abenteuers, zu dem man sich verbunden hat, sie ist die
Keimkraft der Menschheitszelle, die die Vermählten bilden.

Das alles ist unmöglich, wenn nicht die wahre Liebe hier
waltet. Der Beweis dafür sind die unzähligen Ehen, die die Aufgabe der Ehe nicht erfüllen können, weil sie die wahre Liebe nicht
kennen. Es muß jedem einleuchten, daß die Ehe samt ihrer Bestimmung nur verwirklicht werden kann, wenn die Liebe der zwei
Menschen zusammenflammt in der Glut für diese größte Lebensaufgabe, mit der die Menschen begnadet werden können, für diese
neue Schöpfung der Menschheit im Paradies göttlicher Liebe. Wenn
irgendwo, muß die Liebe hier vollkommen sein wie unser Vater im
Himmel vollkommen ist. Wenn irgendwo, muß sie hier die Quelle
und Seele aller Tugenden sein. Hier geschieht es doch von selbst,
wenn die Ehe geheiligt ist durch die Natur und durch die Wahr-

heit, d. h. begründet ist durch ursprüngliche Liebe und verfaßt durch die
Bestimmung, über sich hinaus zu schaffen, daß keins an sich denkt
und das Seine sucht, geschweige verlangt, daß das andere in ihm
aufgehe, daß keins aufs Nehmen aus ist, sondern aufs Geben, daß
jedes sich durch des anderen Existenz beschenkt und begnadet fühlt
und davon überwältigt ist, den Gefährten für sein gewaltiges Abenteuer gefunden zu haben, das auf die Schöpfung einer Welt im wieder-
gewonnenen Paradiese ausgeht. Hier fließen zwei Quellen zusammen
in einen Strom ins unbekannte Land. Da denkt man nicht an Austausch
und Wiedervergeltung. Denn da geht man nicht ineinander auf,
sondern gemeinsam in dem Großen, dem man sich geweiht hat.

Wie äußert sich nun in solcher Ehe die echte Liebe im Gegensatz zur egoistischen?

Sie stellt vor allen Dingen eine unmittelbare Fühlung von
Seele zu Seele her, ein wirklich einheitliches gemeinschaftliches Leben
im Unterschied zu dem nebeneinanderher und miteinander Leben
egoistischer Menschen, das immer den Charakter des Herüber und
Hinüber, des Kompromisses, der Verhandlung, des gewollten Aus-
gleichs zwischen zwei verschiedenen Wesen, die sich im Grunde fremd
sind und bleiben, darstellt. In der Ehe der wahren Liebe gehen
die Wesensäußerungen aus dem inneren Kontakt unmittelbar impulsiv hervor. Alles umständliche, indirekte, reflektierte Verhalten
mit Hintergedanken und verhüllten Absichten, alle „Behandlung",
alles so oder so Nehmen des Gatten ist ausgeschlossen. Es gibt
keine Rücksichten und Vorsichten, weil beide in allem, was sie tun,
immer in der gehörigen Weise zu Recht und Geltung kommen. Es
gibt keine Ängstlichkeit vor Mißverständnissen und Mißtrauen, weil
beides unmöglich ist. Aus der unmittelbaren seelischen Fühlung geht
ja ein lebendiges Verständnis des einen für den anderen, eine tiefe
Vertrautheit zwischen ihnen, ein feines ursprüngliches Empfinden für
Wesen und Eigenart des geliebten Menschen hervor und läßt das
innerlich Notwendige von selbst die Form gewinnen, die dem anderen
gemäß ist. Da waltet die heilige Sachlichkeit der wahren Liebe
und erfüllt in beglückender Weise die Aufgabe der Stunde.

Die wahre Liebe zersprengt in der Ehe die Beschränktheit in
sich selbst, die jedem Egoisten eigentümlich ist. Schon die unwillkürliche
Zuneigung, der magnetische Zug, der das Herz schlagen läßt, schließt
für den anderen auf, denn er geht ja von seinem besonderen Wesen
und seiner eigentümlichen Art aus. Aber die seelische Fühlung führt
zum vollen Erlebnis des anderen. Darum unterscheidet sich die
Ehe der wahren Liebe von der egoistischen durch die Leidenschaft
für das besondere Wesen und die eigentümliche Art des anderen,
für seine Eigenheit und Eigenschaft. Bei den egoistischen Ehen ist es
so, daß man vor der Verheiratung alles aneinander nett, reizend,
anziehend findet. Aber sobald man zusammenlebt, will man davon
nichts mehr wissen, sondern reibt sich gegenseitig an den Besonder-
heiten, sucht sie in dem anderen zu unterdrücken, sie ihm abzu-
gewöhnen, bis sich daraus ein heimlicher oder offener Kampf entwickelt, und sich jedes in seiner Art zu behaupten und durchzusetzen sucht.

Wo wahre Liebe vermählt, beruht die Ehe auf Ehrfurcht und
Güte, respektiert eins den anderen in seinem besonderen Sein und
seiner eigentümlichen Art, in seinem Recht auf eigene Existenz mit
seinen eigenen Bedürfnissen, Interessen, eigenem Lebensstil und
eigener Lebensweise, in seiner Freiheit und inneren Selbständigkeit.
Auch die feinste Form von Nötigung, Bedrohung, Erpressung und
allen Arten von Quälereien schließt die wahre Liebe aus. Nicht
einmal beeinflussen wollen wird man den anderen, sondern die
eigentümliche Fassung seiner Seele heilighalten, seine eigentümlichen
Lebensäußerungen hüten und die Möglichkeiten, die ihm gegeben
sind, ehrfürchtig achten. Man wird ihn lieben, für ihn sein, ihn
so wollen, wie er ist, auf ihn eingehen, das Rätsel seines Wesens
betreuen und warten, was wird. So quillt die Ehrfurcht über von
Güte. Aus ihr gehen alle Äußerungen hervor, nicht aus der Reizbarkeit der subjektiven Oberfläche, aus persönlicher Empfindlichkeit,
aus Rechthaberei und Eigensinn, aus Instinkten und Gewohnheiten,
in denen man sich oft in den Ehen gehen läßt wie sonst nie und nirgends.

Die egoistische Liebe in der Ehe äußert sich ganz unverkennbar darin, daß sie erstens Ansprüche stellt, zweitens alles wieder-

vergolten haben will und endlich abmißt und wägt, rechnet und
vergleicht. Das Bewußtsein dem anderen gegenüber hat hier zwei
Brennpunkte: das eigene Recht und des anderen Pflicht. Man be-
ansprucht den anderen nicht nur ganz und gar für sich, man will
auch, daß er so ist und sich benimmt, wie man es wünscht, daß er
tut und treibt, was einem gefällt. Man will ihn nur für sich
haben und festlegen, ausschließlich, fraglos, unbedingt. Man will
auch über ihn verfügen, ihn beherrschen, bestimmen, modeln. Die
ideale Frau ist hier „Wachs in der Hand des Mannes", und der
ideale Mann „sieht ihr alles von den Augen ab". Alles, was
einem gefällt, darauf hat man ein Recht, und das ist ohne weiteres
des anderen Pflicht. Diese Ansprüche führen zu einer Vergewaltigung des anderen mit allen Mitteln. Das Gemeinste ist der Appell
an die Liebe. „Du liebst mich nicht, wenn du das und das nicht tust,
wenn du nicht so und so bist, wenn du mir dies nicht zu Gefallen
tust und in jenem dich nicht nach mir richtest. Ich denke, ich bin
dein alles, also brauchst du doch das nicht. Wenn ich dich glücklich
mache, wozu Verkehr mit anderen?" Und so weiter. Wer nur
ein wenig Beobachtung und Erfahrung in Ehen hat, weiß, wie
jede Ehe durch solche Ansprüche unglücklich werden muß. Die Qual
beginnt meist sehr bald nach der Hochzeit. Wenn der erste Anspruch
laut wird, der von dem anderen nicht erfüllt werden kann, dann
wird man „nicht wirklich geliebt". Das ist die spezifische Logik des
Egoisten. Ob es dem anderen innerlich möglich ist oder nicht, bleibt
ganz außer Betracht. Die Ansprüche werden gestellt, und die Liebe
verpflichtet den anderen unbedingt, sie zu erfüllen.

Das andere Kennzeichen des Egoisten ist der Wiedervergeltungs-
standpunkt. Man liebt, um wiedergeliebt zu werden, erhitzt sich
darin, um noch heißer geliebt zu werden. Man tut dem geliebten
Menschen alles mögliche zuliebe, zu Gefallen, aber nicht aus Liebe,
weil man nicht anders kann, sondern um seine Gegenliebe zu wecken
und zu steigern. Man liebt, um belohnt zu werden. Es gibt
Egoisten, die sich nicht genug tun können, ihre Frau zu verwöhnen,
ihre Wünsche zu erfüllen, sie mit Luxus zu überschütten, ihnen das

Leben so bequem und unterhaltend wie möglich zu machen. Aber dafür wird erwartet, daß sie „lieb" ist, d. h. sich alles gefallen läßt, keinen eigenen Willen hat, keine eigenen Schritte tut, sondern immer tanzt, wie der zärtliche Gatte pfeift. Diese Liebe kann stark, ja im wahrsten Sinne des Worts furchtbar leidenschaftlich sein, aber sie ist in demselben Grade tyrannisch und eifersüchtig. In den Ehen egoistischer Liebe bewegt sich die Entwicklung immer in der Richtung von Herrn und Sklaven. Sie nutzt ihre Güte aus und verlangt Vergeltung, und wenn es nur überströmende Dankbarkeit ist. Aber der Egoist will auch, daß ihm von der anderen Seite dasselbe geschieht, und da er von dem, was er selbst tut und getan hat, einen überwältigenden Eindruck hat und ebenso überzeugt von sich ist wie beschränkt in sich selbst, so merkt er gar nicht, was der andere Teil für ihn opfert, wie er unter ihm leidet, Geduld mit ihm hat und sich in seine Willkür schickt. Das versteht sich für ihn alles von selbst. Er ist immer unzufrieden und verlangt immer mehr, weil er nichts erkennt und erst recht nicht anerkennt, beschränkt, wie er ist.

So kommt es ganz von selbst zu einem fortwährenden Abmessen, Vorrechnen und Vergleichen. Man hält sich Positives und Negatives vor und sucht sich darin zu überbieten. So entsteht der Streit mit dem Mißtrauen, der Verdächtigung, dem Übelwollen, der Verletztheit und der Erkältung, die er immer im Gefolge hat. Und dazwischen gibt es Versöhnungen mit dem unaufrichtigen halben Zugeben und Nachgeben um des lieben Friedens willen, die bei der nächsten Gelegenheit allen verstockten Eiter im Gemüt wieder ausbrechen lassen und den Beteiligten überzeugend vor Augen stellen, daß alles noch beim alten ist, wie es nicht anders sein kann, solange die eheliche Liebe egoistisch verseucht ist.

Meines Erachtens sind solche egoistische Mißhandlungen, gegenseitige oder einseitige, wenn irgend etwas ein durchschlagender Ehescheidungsgrund, mindestens in dem Maße wie körperliche Mißhandlung. Denn solche Ehen sind zerrüttet und unheilbar. Man kann sich schließlich auf Grund eines Abkommens miteinander leidlich vertragen und nebeneinander herleben, aber es wird niemals etwas Gescheites daraus werden.

Demgegenüber sind die Ehen der wahren Liebe so wie diese: Vereinigung von quellendem seelischen Leben, Ineinanderfalten der Seelen, dauerndes Geben und Empfangen, wo alles von selbst ungewollt und unaufgefordert geschieht, was sich aus dem einheitlichen gemeinschaftlichen Leben und seiner Wirkung auf die beiden Menschen ergibt. Da sind alle Äußerungen impulsiv, ursprünglich, und der Verkehr vollzieht sich in unreflektierter Unmittelbarkeit. Man ist zueinander, wie man auf Grund der Ehe aus der lebendigen Fühlung der Seelen sein muß: unbewußt und ungewollt, geradeheraus und ohne Hintergedanken, aufrichtig und wahrhaftig. Hier gibt es wohl Sehnsucht nacheinander, aber keine Ansprüche, einen Wechselstrom des Lebens, aber keine bewußte Wiedervergeltung, ein Geben mit überströmendem Maß, wo das Empfangen des anderen beglückt, kein Vergleichen und Abmessen, sondern sich selbst Überbieten. Hier sind die Brennpunkte des Bewußtseins des anderen Recht und die eigene Pflicht, hier lebt man nicht füreinander, sondern einig und innig verbunden für die Kinder. In diesem gemeinsamen Dienst vergißt und verleugnet man sich selbst und wird dadurch des größten Segens der Ehe zuteil, den sie für die persönliche Entwicklung des Menschen haben kann.

Denn das ist das größte erzieherische Wunder, das die Ehe an den Menschen bewirkt, die sich in wahrer Liebe einander geben: die Erlösung von sich selbst, von der Selbstsucht und der Beschränktheit in sich selbst. Damit bricht sie die Bahn zu einem neuen Werden für die schöpferische Entfaltung der Seele und ihre neue Art Leben.

Die Ehe bringt uns einen Menschen so nahe auf Lebenszeit, wie es sonst nie der Fall ist, also kann uns hier wie sonst nie das Verständnis aufgehen für eine andere Art, die ganz anders als die unsre ist. Wir können in der Ehe lernen, nie den anderen nach uns zu beurteilen. Wir können erleben, daß des anderen Gedanken andere sind als unsere, sein Empfinden sich anders äußert, sein Gewissen

ihm anders befiehlt, seine innere Stimme ihn uns unbegreiflich führt,
und daraus erkennen, daß, was mir recht ist, für den anderen nicht
ohne weiteres gilt, daß er manches tun kann, was ich nicht tun
könnte, daß er alles eigentümlich sieht und schmeckt. Das ist doch
von der allergrößten Bedeutung. Was entbehrt der Mensch, der
dies Erlebnis des andern nicht macht! Er ist ja des gemeinschaftlichen Lebens überhaupt nicht fähig. Wie verhängnisvoll ist es
nun aber für die Ehe, wenn die egoistische Liebe dies Erlebnis
ausschließt und damit die Ehe eigentlich überhaupt unmöglich macht.
Gewiß könnte ja auch das Leben für die Kinder zur Selbstverleugnung führen. Aber es überwindet nicht den Egoismus. Denn der
Egoismus beherrscht nur zu sehr und den meisten Eltern ganz
unbewußt das Verhältnis zu den Kindern. Man betrachtet und behandelt die Kinder wie sein Eigentum, meint, sie seien für die Eltern
da, statt umgekehrt, man will etwas von ihnen haben, statt sich
ihnen zu geben, man spielt und unterhält sich mit ihnen, wie es
einem paßt, und schiebt sie beiseite, wenn man keine Lust mehr hat,
man stutzt und dressiert an ihnen herum, bis man sie zu den Affen
gemacht hat, die einem gefallen. Wenn aber die beiden Menschen
von der wunderbaren Aufgabe ergriffen sind, die ihnen mit ihren
Kindern anvertraut ist, so ist am besten dafür gesorgt, daß ihre
Liebe immer aufs neue lebendig quillt unter dem Erlebnis der Kinder,
und daß alles Selbstsüchtige, was an ihnen noch hängen geblieben
ist, ganz aufgezehrt wird von dem Gemeinschaftsleben der Ehe.

Damit ist gar nicht gesagt, daß es gar keine Reibungen in solchen
Ehen mehr gäbe. Sie werden immer gelegentlich vorkommen, weil
es zwei verschiedene Menschen sind, und die Vereinigung kein einmaliges Geschehen, sondern ein wachstümlicher Vorgang ist, der
durch das ganze Leben geht, aber es sollen keine Reibungen persönlicher Empfindlichkeit sein, die dadurch entstehen, daß eins dem
andern nicht paßt, sondern Konflikte sachlicher Art, wenn ein Teil
in der Kindererziehung oder in der Führung des Haushalts und
des Lebens anderer Ansicht ist als der andere. Und man soll sich
dann dadurch verständigen, daß man jenseits aller Rechthaberei ge-

meinsam der Frage auf den Grund geht und sie sachlich zu lösen
sucht. Das ist eins der schwierigsten Dinge, die es im Menschenleben gibt. Aber gerade dies ist die Voraussetzung, daß die Liebe
in der Ehe gedeihen kann, denn all das verkehrte Verhalten bei
solchen Meinungsverschiedenheiten, ihr Austrag in Streit und Ver-
druß hat immer eine schlimme Rückwirkung auf die Liebe. Wenn
sich das öfter wiederholt, so stockt die Liebe, sie hört auf zu quellen.
Das ist sehr bedenklich. Denn die Liebe ist nun einmal etwas ganz
Ursprüngliches. Entweder sie entspringt, dann ist sie da, dann fließt
sie über und fließt auch über alles hinweg, was man von dem
andern vielleicht Leidvolles erfährt, oder sie versiegt, dann ist sie
nicht mehr da, und man sehnt sich vergeblich nach ihr. In wie
vielen Ehen ist infolge der Selbstsucht und Beschränktheit in sich
selbst, infolge der sentimentalen Auffassung der Ehe mit ihrer Weichlichkeit und Wehleidigkeit die Liebe unter all dem Peinlichen, in
dem solche Verkehrtheit und Unnatur ausschwärt, versiegt! Dann
fangen die Menschen an, sich gegenseitig zu drücken, um Liebe
herauszupressen. Aber das ist auch verkehrt. Dann heißt es, anders
werden, anders sich zueinander stellen und verhalten und warten,
ob sie wieder entspringt. Sie vergeht damit ja nicht, sie versickert
nur, es ist, als wäre sie nicht da. Aber das ist etwas, was die
egoistischen Eheleute nicht über sich gewinnen. Sie sehen das Unrecht immer nur bei dem andern, sie meinen, nur der andere müßte
anders werden, und zwar sofort. Sie können nicht warten, nach-
sichtig sein und Geduld haben. Sie wollen auf der Stelle grade
das haben, was sie sich einbilden, sie wollen, daß die Liebe so ist,
wie sie sich's vorstellen, und quälen nun den Partner um diese Liebe,
ohne zu ahnen, daß sie damit grade die Liebe, die in ihm vorhanden ist, noch mehr verdrängen und zerstören.

Ich habe schon zuweilen darauf hingewiesen, daß das Verhältnis zwischen den beiden Menschen in der Ehe auch im besten
Falle nicht konstant ist, sondern immer wechselt in Ebbe und Flut,
man kommt sich näher und entfernt sich wieder, ergreift sich dann
um so tiefer, um sich nach einiger Zeit wieder zurückzuziehen. Man

ift einmal nach außen gewandt und dann nach innen. Zuweilen do-
minieren die Kinder, dann wieder der Mann. Diefen Wechfel finden
die meiften Eheleute entfetzlich. Er ift aber nur natürlich. Wenn
in der Ehe die Bewegungsfreiheit herrfcht, die zu ihrem Gedeihen
gehört, dann muß man diefen Rhythmus des ehelichen Lebens, der
es lebendig erhält, in Liebe, Vertrauen und Geduld gewähren laffen.
Man wird fich bald genug von feinem Wert und Segen überzeugen. Sonft tut man dem Leben Gewalt an, und das verträgt
weder das Leben noch die Liebe.

Alles das gefchieht von felbft, wenn man nicht felbftfüchtig ift,
wenn in einem die Gefinnung lebt: Ich will nichts für mich haben,
ich will nur geben. Ich möchte gerne lieben. Ich verlange kein
Verftändnis für das, was mich befchäftigt, ich intereffiere mich aber
auf das Lebhaftefte für das, was den andern befchäftigt, ich gehe
darauf ein, ich gehe ihm nach, ich bleibe bei ihm ftehen und warte
auf ihn, auch wenn er fich wegwendet. Diefe Geduld, diefes Vertrauen, diefer Glaube, das ift das Leben, das die Liebe hervorquellen läßt, während das Herumreißen an dem andern, das Eindringen auf ihn, das Verlangen, die fittlichen Vorhalte und Vorwürfe ihm nur Unrecht tun, verletzen, abftoßen, in Gegenfatz bringen.
Warum find nur die Menfchen fo unverftändig! Ich forge doch
am meiften dafür, daß jemand bei mir bleibt, wenn ich ihn nicht
fefthalte. Ich habe einmal gefagt: Wenn man Freundfchaft als
Zwang empfindet, ift fie fchon aus. Wenn man fie als Druck,
Laft, Aufgabe empfindet, exiftiert fie doch nicht mehr. Sie ift doch
eigentlich nur da, folange man fie als Luft empfindet, alfo müffen
wir dafür forgen, daß wir die andern nicht belaften, feftlegen,
tyrannifieren, binden und befchränken. Und genau dasfelbe gilt
von der Ehe. Laffen wir doch dem andern die Bewegungsfreiheit,
und lieben wir ihn erft recht. Sorgen wir dafür, daß er, wenn er
aus dem Strahlenbereich unfrer Liebe hinaustritt, zu frieren anfängt,
dann treibt es ihn von felbft in die Wärme unfers Herzens zurück.

Das find fo einige Gedanken über diefes fchwere Problem.
Aber Sie werden wenigftens daraus entnommen haben, daß viel

Unverstand die Ursache ist, daß so viele Ehen so schwer sind, so unglücklich und unbefriedigt, und daß es gar nichts Besseres gibt, um sie zu erfüllen in dem, was sie sein sollen, und sie von Liebe durchquellen zu lassen, als nicht egoistisch zu sein.

3. Über Kindererziehung

> „Kann das zu innige Verhältnis zwischen Eltern und Kindern die Gefahr in sich tragen, diese dem Leben und den Menschen zu entfremden?"

Das Verhältnis zwischen Eltern und Kindern kann gar nicht innig genug sein. Je inniger es ist, um so besser ist es für die Kinder. Die Gefahr, daß dadurch die Kinder dem Leben wie den Menschen entfremdet werden, tritt nur dann ein, wenn die Innigkeit der Eltern egoistisch ist, wenn sie im Habenwollen, Festhalten, an sich Drücken besteht, wenn sie bindet, hemmt, unterdrückt, wenn sie herrschsüchtig ist. Dann werden die Kinder dadurch natürlich vom Leben zurückgehalten und ihm entfremdet. Die Eltern können es dann nicht vertragen, wenn sich die Kinder wo anders wohl fühlen. Dann wird das heruntergerissen, Schwächen aufgestochen, um es den Kindern zu verleiden. Oder die Interessen der Kinder, die die Eltern nicht teilen, werden verspottet und ihre Befriedigung unmöglich gemacht. Oder man läßt sie nicht über den Horizont und Umkreis des Hauses hinaus. Das ist natürlich eine Gemeinheit, wie sie nur der Selbstsucht möglich ist. Das ist das wirksamste Verfahren, um sich die Kinder zu entfremden, die persönliche Vertrautheit zu zerstören und statt der Liebe Abneigung hervorzurufen. Hier walten Lebensgesetze. Sobald die Eltern die Kinder egoistisch an sich festhalten, drängen diese mit demselben Ungestüm hinweg. Wenn Sie Ihre Kinder verlieren wollen, so brauchen Sie sie nur egoistisch festzuhalten, eigensinnig und herrisch zu behandeln, zu bevormunden und blinden Gehorsam zu verlangen, dann werden Sie sie los, und zwar für Lebenszeit.

Wenn aber das Verhältnis nicht egoistisch ist, wenn es so ist, wie es sein soll, daß eine tiefe innere Vertrautheit Eltern und

Kinder verbindet, die sich ganz von selbst nicht nur aus der äußeren
und inneren Verwandtschaft ergibt, sondern auch aus Herkunft und
Heim, daß das Kind unter dem Schutz, der Treue, der Fürsorge
der Eltern für sein Wohl aufgewachsen ist, so kann das innige
Verhältnis nicht lange genug bestehen. Es wird niemals eine Ge-
fahr für die Kinder werden, sondern wird immer eine Quelle des
Lebens, ein Rückhalt für alle Lagen, eine Grundlage für ihre ganze
Entwicklung sein. Es ist für einen Menschen immer schwer, keine
Mutter mehr zu haben, um sich einmal zu ihr flüchten zu können,
und keinen Vater mehr zu haben, bei dem man unter allen Um-
ständen das Verständnis findet, das sich aus der gemeinschaftlichen
Herkunft, aus dem Erbe der Vorfahren und der Tradition des
Hauses ergibt. Die Voraussetzung für diese lebenslange vertraute
Gemeinschaft zwischen Kindern und Eltern ist einerseits, daß die
Eltern auf die Kinder eingehen und mit ihnen gehen, daß sie sie
respektieren und ihnen vertrauen, daß sie an den Kindern jung
bleiben und an ihrer Entwicklung teilnehmen und ihnen, je selb-
ständiger sie werden, um so mehr volle Bewegungsfreiheit lassen,
andrerseits daß die Kinder die Eltern respektieren und sie zu verstehen suchen, ihr Bestes von ihnen empfangen und heilig halten,
nicht renegatenhaft das Eigenste verachten und sich dem Fernen und
Fremden preisgeben.

Dann treten natürlich auch Verschiedenheiten in der Entwicklung
ein, die Kinder werden hoffentlich ganz anders wie die Eltern. Aber
Eltern, die nicht egoistisch beschränkt sind, gewinnen Verständnis für
die Art der Kinder. Man geht in den Anschauungen, im Geschmack,
in der Lebensart auseinander, denn die Kinder gehen ihren eigenen
Weg und leben und handeln gewöhnlich anders, als die Eltern
handeln würden. Aber die innere Vertrautheit und Innigkeit des
Mitempfindens bleibt bestehen. Es entwickelt sich in den Eltern
eine Duldsamkeit und Güte, die die Eltern adelt und die Kinder
durch lebendige Teilnahme und Hilfsbereitschaft beglückt. Dann
strömt eine tiefe Dankbarkeit der Kinder zu den Eltern zurück. Sie
spüren das Leuchten und Wärmestrahlen der Elternherzen außer-

XXIII.   15

ordentlich ſtark. So wird die Gemeinſchaft zwiſchen Eltern und
Kindern für alt und jung eine Lebensquelle. Wenn aber die
Eltern in naiver Beſchränktheit in ſich ſelbſt aus den Kindern
Kopien ihrer ſelbſt machen oder ſich in ihnen verbeſſern wollen,
ſtatt ſie werden zu laſſen, wie ſie in ihrer einzigartigen Eigentümlichkeit ſind, wenn ſie die beſondere Faſſung der Seele ihrer Kinder
und das innere Geſetz ihres Daſeins ändern, wenn ſie Vorſehung
und Schickſal ſpielen wollen, wenn ſie nicht vertragen, daß die
Kinder anders denken und fühlen als ſie ſelbſt, wenn ſie die Liebe
und Anhänglichkeit der Kinder mißbrauchen, um ſie zu beherrſchen
und ſich ſelbſt untreu zu machen, ſo geht die vertraute Gemeinſchaft
trotz beſten Willens auf beiden Seiten unabwendbar zugrunde, und
es bleibt nur ein äußerliches Pietätsverhältnis, das das verborgene
Mißverhältnis zwiſchen Eltern und Kindern verdeckt. Wer alſo Vater
oder Mutter iſt oder werden will, der hüte ſich vor der ſelbſtſüchtigen Ausnützung dieſer beſonderen Gnade Gottes, die er in
ſeinen Kindern hat.

> „Wie verhält ſich bei der Erziehung von Kindern
> die bewußte und beabſichtigte Einwirkung des Er-
> ziehers auf die Willens- und Charakterbildung des
> Kindes zu dem Sichentfaltenlaſſen der in dem Kinde
> ſchlummernden Neigungen, Anlagen und Fähigkeiten?
> Wo liegt dabei die Grenze? Bis zu welchem Punkte
> darf man Kindern Freiheit laſſen, ohne erzieheriſch
> einzugreifen?“

Dieſe Frage iſt hervorgegangen aus einer früheren Erörterung
des Themas über Erziehung, worin ich dafür eingetreten bin, daß
die Kinder möglichſt in Freiheit aufwachſen ſollen, und erzieheriſche
Eingriffe nur in äußerſten Notfällen eintreten dürfen. Vor allen
Dingen ſprach ich damals gegen die bewußte Beeinfluſſung
und erklärte, daß ich ſelbſt jede abſichtliche Beeinfluſſung eines
Menſchen als einen Vergewaltigungsverſuch empfinde, und ſie mir
deshalb Kindern und Erwachſenen gegenüber unmöglich iſt, womit
natürlich nicht der Gehorſam der Kinder in der täglichen Ordnung
und Lebensführung gemeint iſt. Nun wird hier gefragt: Wann

muß man eingreifen, wie verhält sich die bewußte und beabsichtigte
Einwirkung des Erziehers auf die Bildung des Kindes zu dem
Sichselbstentfalten?

Ich kann darauf im allgemeinen nur die Antwort geben: ungefähr wie das Verhalten des Gärtners zur Pflanze. Genau so weit,
wie der Gärtner der Pflanze gegenüber geht, darf man in der
Erziehung der Kinder gehen. Und genau so, wie der Gärtner
von der eigenen Selbstentfaltung der Pflanze bestimmt und ge-
leitet wird, muß sich der Erzieher nach der Selbstentfaltung des
Kindes richten. Man sollte sich immer bewußt sein, daß man an
dem Kinde nichts direkt ändern kann. Man kann nur dafür sorgen,
daß an und in ihm etwas von selbst anders wird, indem man die
Anregung dazu gibt, indem man es zu irgend etwas hinführt,
etwas Wirksames erleben läßt und andererseits schlimmen Dingen
Widerstand leistet, ihnen den Boden abgräbt, die Nahrung entzieht,
indem man irgendwelche Wucherungen und Entartungen beschneidet,
d. h. ihre Betätigung unmöglich macht. So ungefähr stellt sich mir
das Verhältnis des Erziehers zum Kinde vor.

Wenn man fragt: wie weit darf man darin gehen, wie weit
soll man die Freiheit respektieren? so ist mein Grundsatz, dem Kinde
möglichst viel Freiheit zu lassen. Der Gesichtspunkt, wie weit das
geschehen darf, läßt sich theoretisch sehr einfach aussprechen: Soweit
ihm gut ist. Dabei muß nur bedacht werden, daß das etwas anderes
heißt, als soweit es den Eltern gut scheint. Die Eltern finden vielfach etwas bei den Kindern nicht für gut, was in Wahrheit für
die Kinder gar nicht schlimm oder sogar sehr gut ist. Es ist das
eine der größten Gefahren bei der Erziehung, daß die Eltern sich
zum Maßstab für die Kinder machen, ihren Geschmack, ihr Urteil,
ihre Grundsätze und Überzeugungen, ihre Neigungen und Gewohnheiten als Grundlage nehmen. Das halte ich für verkehrt.
Aber ich kann mir denken, daß es Eltern gibt, die so von sich durchdrungen sind, unter Umständen mit Recht, daß sie sich sagen: ich
kann gar nicht anders nach meinem Gewissen. So wie ich bin,
wie ich lebe, so wie ich es sehe, so ist es tatsächlich recht, und dazu

muß ich auch die Kinder erziehen. Das ist schließlich Sache der
Überzeugung, des Gewissens. Aber verkehrt und schädlich für die
Entwicklung der Kinder kann es trotzdem sein. Man denke an den
Zwang der Kinder zur Religion.

Ich kann das nicht. Mein Respekt vor den Kindern, ihrer
Eigenart, ihrer selbständigen Existenz verbietet mir das, abgesehen
von dem Bewußtsein meiner eigenen Unvollkommenheit. Das kann
ich nicht, mich da irgendwie maßgebend zur Geltung zu bringen.
Das gilt den kleinen Kindern wie den älteren gegenüber. Bei der
heranwachsenden Jugend ist mir immer bewußt, daß sie einer künftigen Generation angehören, und daß sie darum die Dinge anders
sehen und anders auffassen werden, als ich sie sehe. Dieses Keimen
der Zukünftigen darf ich nicht unterdrücken. Da gibt es Dinge,
die ich einfach nicht verstehe. Und es wird mir nun doch nicht einfallen zu sagen: das ist verkehrt, und ihnen aufzudrängen suchen, wie
ich es sehe. Sondern ich sage unter Umständen: Da kann ich nicht
mit, das verstehe ich nicht, da mußt du selbst zusehen, und in ähnlicher Weise. Aber ebenso geht es mir den kleinen Kindern gegenüber, daß ich da auch, wenn sich etwas anderes entfaltet, als es
mir gemäß ist, die andere Art gewähren lasse, die von irgendwelchen Voreltern her da ist und doch auch ihr Recht hat. Ich
sehe also zunächst mal zu, warte und vertraue und lasse es sich
entwickeln. Da meine ich nun, sollte man dem Kind so viel wie
nur möglich Bewegung und Entwicklungsfreiheit geben, selbst auf
die Gefahr hin, daß Entartungserscheinungen eintreten. Ich nehme
diese Unarten nicht so tragisch wie sehr viele Eltern und Erzieher.
Das sind meist vorübergehende Entwicklungsnöte. Ich meine ja
nicht, daß man dem gar nicht entgegentreten soll, sondern man soll
es zunächst mal herauskommen lassen, bis es klar wird, was es
ist. Manchmal tritt es dann ein, daß etwas, was wir vielleicht
bekämpft hatten, und wo wir unerquickliche Auseinandersetzungen
mit den Kindern gehabt hatten, ganz von selbst wieder nach einiger
Zeit verschwindet. Es ist, als ob die zunehmende Reife in dem
Kind selbst das Schlimme mit der Zeit abstößt. Es kann zwar

vorkommen, daß es -fpäter aufs neue in anderer Form erfcheint, aber auch da bin ich wieder der Anficht, das fchadet doch nichts. Dann foll man es auf diefer neuen Stufe wieder herauskommen laffen, es wird dann wieder von dem Wachstum des Kindes felbft überwunden werden. So ftehe ich den Unarten der Kinder mit gelaffener Ruhe und Duldfamkeit gegenüber. Beffer als alle Befferungsverfuche ift Glauben und Vertrauen. Und mich und andere habe ich immer mit dem Wort zu beruhigen verfucht: Das wächft fich aus. Es genügt, daß die Kinder fich bewußt find, unter Auffficht zu ftehen, und daß alles feine Grenzen hat.

Das kommt Ihnen vielleicht etwas merkwürdig vor. Und ich kann mir gut denken, daß es viele nicht verftehen und nicht billigen können. Aber Sie müffen es daraus begreifen, daß ich mich im Gegenfatz zu unfrer ganzen Bewußtfeinskultur befinde. Ich habe einen fo ftarken Eindruck davon, daß das Eigentliche im Menfchen nur aus dem unbewußten Wesenskern herauskommen kann, daß man das überhaupt nur erkennen kann, wenn es fich offenbart, daß man es fich vorher nicht vorftellen kann und fich infolgedeffen kein Bild davon machen kann, wie ein Kind eigentlich fein und werden foll, fondern man muß warten, was daraus wird. Infolgedeffen kommt mir das bewußte Eingreifen in die Entwicklung des Kindes wie Knofpenfrevel vor. Unfre landläufige Erziehung, wie fie geworden ift, kann ich nicht anders beurteilen, als ein fortgefetztes Verbrechen am keimenden Leben. Man ftört es immer durch das bewußte Hereinwirken in das innere Wefen des Kindes. Und dadurch, daß man fein Bewußtfein behandelt, beeinträchtigt man das keimende Leben, das von felbft fich entfaltet und zum Bewußtfein kommt. Und dadurch, daß man nicht warten kann, bis es fich entfaltet, daß man die Knofpe fich nicht erfchließen läßt, fondern fie gewaltfam aufblättert, wird das urfprüngliche Aufblühen und Reifen zerftört. So wird ja in unferm Religionsunterricht fortwährend feelifcher Knofpenfrevel getrieben. Da wird das naive religiöfe Erleben theoretifch aufgeblättert, und es werden den Kindern Lehren beigebracht, die vollftändig über das Niveau ihrer Erfahrung gehen.

Das gilt aber für alle Seiten der Erziehung. Für diese Lage der
Dinge muß man Blick haben, um die ganz neue Stellung einnehmen
zu können, von der ich Ihnen einen Eindruck zu geben suche. Sie
werden dann auch wie ich eine heilige Scheu vor der schöpferischen
Entfaltung des Kindes haben und sich lieber zu sehr zurückhalten
als zu wenig.

Ich weiß wohl: es gibt ein lateinisches Sprichwort: Princi-
pius obsta „in den Anfängen Widerstand leisten!" Das ist sehr
wichtig, aber bei der Kindererziehung gilt etwas ganz anderes.
Ich glaube, daß wir mit den Unarten der Kinder viel eher fertig
werden, wenn wir sie herauskommen lassen, wenn sie auch dem
Kinde bereits als solche aufgegangen sind. Denn bei dem bewußten
Eingreifen kommt doch alles darauf an, daß es geschieht in Fühlung
mit dem Kinde. Es ist das größte Verhängnis, ohne die innere
Fühlung mit ihm hergestellt zu haben, einwirken zu wollen. Das
gewöhnliche Zanken und Hadern ist von vornherein verfehlt. Das
Kind kann getan haben, was es will, wenn man ihm überhaupt
nahe kommen will, wenn man es aufklären will über ein Verhängnis, so müssen wir es für uns zu gewinnen suchen, wir müssen
erst unmittelbare Fühlung mit ihm haben. Sonst hat alles Reden
und Handeln keinen Sinn. Ist die Fühlung hergestellt, dann haben
wir den Zugang zu ihm, und dann ist es ganz leicht, das Kind selbst
dafür zu gewinnen. Denn die Kinder sind alle nicht böse von Natur.
Da stehe ich wieder im Gegensatz zur allgemeinen Anschauung. Im
allgemeinen meint man, daß der Mensch von Grund auf böse sei, und
denkt, man müßte ihn erst gut machen. Aber was wesentlich böse ist,
kann auch kein Gott gut machen, was böse ist, bleibt böse. „Ein fauler
Baum kann nicht gute Früchte bringen." Da aber unsre Kinder von
Grund aus nicht böse sind, sondern gut, so kann man alles Gute
aus ihnen herausholen. Und das ist gar nicht schwer. Es ist
nämlich merkwürdig, was viele Eltern nicht glauben können, daß
die Kinder selbst ein Interesse daran haben, gut zu sein, vorwärts
zu kommen, von anderen geachtet zu werden. Das wollen sie
doch. Und wenn es scheint, als ob sie es nicht wollten, so kommt

es nur davon; daß sie verbockt sind, unter Umständen durch die eigene Scham über das, was sie getan haben, was sie aber nicht zugestehen wollen, oder durch das törichte Verhalten der Eltern, die dann gleich auf sie losgestürzt sind und sie in Grund und Boden verdammt haben.

Wenn man aber die innere Fühlung erst hergestellt hat und das Kind für das, was man will, zu gewinnen sucht, dann kann man ihm durch direkte Eingriffe ganz außerordentlich helfen. Und diese direkte Beeinflussung, wenn wir es fo nennen wollen, — ich nenne es lieber Hilfe am Werden — ist natürlich unentbehrlich. Sie wird überall dort eintreten müssen, wo das Kind wirklich Hilfe braucht. In allen Fällen, wo das Kind allein fertig werden kann, sollen wir es allein fertig werden laffen. Alle überflüffige Hilfe ist vom Übel. Wir müffen die Kinder knapp halten, auch mit unfern Hilfeleiftungen. Für notwendige Hilfe ist aber niemand fo dankbar wie die Kinder selbst, wenn sie in richtiger Art und Weise erfolgt.

Diese Hilfe setzt weiter voraus, daß wir uns auf den Standpunkt des Kindes stellen und es in feiner Art und Anschauung ernst nehmen. Gewiß ist die Voraussetzung der gelingenden Erziehung die Ehrfurcht der Kinder vor den Eltern. Aber die muß sich von selbst einstellen. Die Eltern dürfen sich nie über die Kinder stellen, sondern neben sie. Sie müffen die Kinder auf die Arme nehmen, d. h. zu sich emporheben, das ist die richtige Stellung. Wer erst die Ehrfurcht herstellen will, dem wird es nie gelingen. Ehrfurcht ist etwas, was sich unmittelbar einstellt oder überhaupt nicht kommt. Ich meine also, man muß dem Kind entgegengehen, ihm zur Seite treten, sonst können wir ihm nicht helfen. Spürt das Kind unfre Hilfsbereitschaft, so ist es dankbar, und dann findet das, was wir zu ihm sprechen, eine gute Stätte. Es geht dann völlig auf das ein, was wir ihm an Maßregeln vorschlagen, die ergriffen werden müffen.

Nun ist es aber ein großer Fehler bei vielen Erziehern, daß man alles bei den Kindern sofort in Ordnung bringen zu müffen glaubt, daß man meint, die Kinder müßten in der Stimmung und Ge finnung, zu der wir ihnen verhalfen, bleiben und darin verharren. Das tun fie gewöhnlich nicht. Dann wird gleich wieder verzweifelt und der Stab über fie gebrochen, auf fie losgefahren und morali= fierend eingeredet. Das ift eine grobe Kurzfichtigkeit. Ebenfo, wenn man erwartet, fobald eine beftimmte Maßregel ausgemacht ift, alfo z. B. „wir machen es fo, daß du nach der Stunde immer das und das tuft", daß das Kind nun jeden Tag das gleich von felbft tun würde. Das ift fo unpfychologifch wie nur möglich. Wir ver= geffen ja doch oft felbft folche Dinge, die wir uns feft vorgenommen, aber von dem Kind wird erwartet, daß es folches nicht vergißt. Wir müffen vielmehr dafür forgen, durch immer wiederkehrendes zartes, feines Erinnern an das, was befchloffen wurde, daß es Tag für Tag regelmäßig durchgeführt wird. Denn die Gewöhnung. und Entwöhnung ift in der Erziehung alles. Dazu braucht das Kind die Eltern und die Erzieher.

Das ift natürlich viel fchwieriger und mühfeliger, als wenn es alle acht oder vierzehn Tage einmal eine dramatifche Ausein= anderfetzung zwifchen Eltern und Kindern gibt und nun dem Kinde alles mögliche befohlen wird, was es beftenfalls ein paar Tage tut und dann wieder nachläßt. Dann kommt wieder das Urteil: Aus dir wird doch nichts, mit dir ift nichts anzufangen. Glauben Sie mir, mit jedem Kinde wäre alles mögliche anzufangen, wenn es die Eltern und Erzieher verftünden. Und von manchen· hat es immer ftereotyp geheißen, daß nichts aus ihnen würde, weil fie fchon etwas waren.

Alfo alle Eltern, die Schwierigkeiten mit ihren Kindern haben, follen nicht fo kurzfichtig fein und nicht fo fchnell verzweifeln. Trotz ihrer Unfähigkeit zum Erziehen wird doch noch etwas aus ihren Kindern werden, weil fie im Grunde gut find, und ein tüchtiger Menfchenkern in ihnen fteckt, der fich durch Wachstum von felbft entfaltet. Und außer den Eltern und Erziehern gibt es ja noch eine erziehrifche Macht ohnegleichen, das ift das Leben. Da laffe ich mir viel lieber die Weisheit eines meiner Profefforen gefallen, die er vorbrachte, wenn er mit einem Schüler nicht weiter kam.

Da fagte er immer drohend: Jhnen wird das Leben fchon noch
einmal die Nafe wifchen! Das Leben wird fchon helfen, und der,
der hinter dem Leben fteht. Jnfolgedeffen follen wir auch unfre
mißlingenden Erziehungsverfuche nicht fo tragifch nehmen. Es wird
doch etwas Rechtes aus den Kindern. Aber darum wollen wir fie
weniger erzieherifch mißhandeln.

4· Über verfchiedene Familienverhältniffe

> „Wie erwehrt man fich des Mitleids bei der Pflege
> fchwer und unheilbar kranker Angehöriger, und wie
> weit darf man an feine eigene Gefundheit denken?"

Solche Fragen können einen in Verlegenheit bringen; denn
man fühlt dabei, wie man in einer ganz anderen Welt fteht. Mitleid ift gut, wenn es keine Schwäche ift, wenn wir mit leiden, wenn
wir das Leiden, das Schwere der andern auf uns nehmen und
mittragen. Deffen wird und darf man fich doch nicht erwehren,
wenn man es kann. Nur wenn es über unfre Kraft geht, wenn wir
nicht dadurch wachfen, daß wir ihm gewachfen werden, dann follen
wir uns nicht damit abgeben, weil wir dann zur Hilfe nicht zu
brauchen find. Mitleid als Schwäche fchwächt den Bemitleidens-
werten nur noch mehr. Sie ift nicht zur Hilfe und Pflege gefchickt.
Sie hilft höchftens durch Mitjammern und Mitklagen zur Ge-
mütsentlaftung des Leidenden. Sie tut ihm wohl, aber ftärkt, erhebt
ihn nicht. Sie richtet ihn nicht auf, fondern verknechtet ihn noch
mehr feinem Elend.

Aber nun wird hier gefragt, wie wir es mit dem Mitleid
halten follen bei der Pflege unheilbar kranker Angehöriger? Ja
ift denn das etwas anders als jedes Leiden eines Nächften? Unheilbar! Ja wir find doch eigentlich alle unheilbar. Wir fterben
doch alle über kurz oder lang, am Tode nämlich. Dem entgeht
doch kein Menfch. Ift das alfo fo etwas befonders Schreckliches?
Das ift unfer Menfchenlos. Und es ift gut, wenn man fich deffen
bewußt ift und darauf befinnt, ehe man diefes unheilbare Leiden,
das in uns allen ift, denn in uns allen wühlt der Tod, deutlich
an Schmerzen oder Verfall der Kräfte fpürt. Jch meine, wir müßten

dieſe Unbefangenheit dem Leben gegenüber gewinnen, daß wir uns
deſſen bewußt ſind, daß es nur eine vorübergehende Epiſode iſt.
Darein müſſen wir uns finden. Ich kann mir nicht denken, daß
wir überlegen über das Leben werden, innerlich unabhängig und
unantaſtbar, wenn wir uns nicht ſo zum Leben ſtellen. Irgend-
einmal kommt für uns der Moment, wo wir umſteigen müſſen aus
dieſem Daſein in ein anderes Daſein. Manche glauben, ſie ſteigen
dann ins Nichts. Dann ſollen ſie ſich dreinfinden. Aber man ſoll
das vor Augen haben und nicht außer Faſſung geraten, wenn man
ſieht, daß es bei einem andern über kurz oder lang bevorſteht. Wir
kommen vielleicht trotzdem noch viel eher daran.

Wenn man ſo ſteht, wird man zu einem falſchen Mitleid gar
nicht kommen, ſondern wird im Gegenteil dem Kranken ſagen: ſo
und ſo liegt die Sache, du mußt dich jetzt einrichten, die Geſchichte
geht hier zu Ende, du mußt umſteigen. Auf dieſe Weiſe kann man
ihm helfen und ihn vielleicht von der Befangenheit gegenüber dem
Tod befreien. Aber wenn ich ſelbſt in dieſer Befangenheit bin
und nun mitjammere und mitklage, mache ich ihn nur ſchwächer.
Und wenn ich nun fortwährend zu tröſten ſuche: es iſt nicht ſo
ſchlimm, es geht ſchon vorüber, du wirſt ſchon wieder geſund werden,
glauben Sie, daß das wirklich eine Hilfe iſt? Gewiß, es gibt
Momente, ich bin ſelbſt in dieſer Lage geweſen, wo man unter
Umſtänden ſogar einem, der kurz vor dem Sterben ſteht, weil der
Arzt ſagt, es ſei möglich, daß die Lebenskraft ſiegt, mit der ganzen
perſönlichen Wucht, deren man fähig iſt, den Glauben an das
Leben ſtärken muß, damit er dieſen toten Punkt, dem er ſonſt unter-
liegt, überwindet. Das iſt eine Sache für ſich. Aber ſonſt ſoll man
doch die Gelegenheit benützen und dem Leidenden dazu verhelfen,
daß er darauf gefaßt iſt und ſich nicht fürchtet, ſondern erhobenen
Hauptes durch das Tor des Todes geht. Ich finde es ſo furchtbar menſchenunwürdig, wenn man die Angehörigen dann ſchließlich ihrer Verzweiflung überläßt. Die meiſten Menſchen halten es
für das größte Verbrechen, das es gibt, wenn man einem Kranken
das Wort Krebs ausſpricht. Das hält man für etwas ganz Un-

glaubliches, weil Krebs etwas Unheilbares ist. Da täuscht und
verhehlt man bis zum Äußersten, und schließlich ist es doch nicht
länger zu verbergen, die Krankheit geht zu Ende, und nun läßt
man den armen Menschen verzweifeln; denn dann ist es zu spät.
Darum sage ich: haben Sie nicht das falsche Mitleid mit dem unheilbar kranken Menschen, sondern treten Sie ihm zur Seite, helfen
Sie ihm, daß er sich aufrichtet und dem Ausgang seines Lebens
gefaßt entgegengeht. So kann man ihm das Herz stark machen,
daß er menschenwürdig seine Seele Gott übergibt.

Dann fällt die Frage: wie weit darf man dabei an seine
eigene Gesundheit denken? weg. Das hat damit gar nichts zu tun.
Es könnte sich höchstens um die äußerliche Pflege handeln: wie
weit darf man darin gehen, daß man sich selbst aufreibt? Das hat
natürlich seine Grenzen, namentlich bei den Angehörigen. Ich habe
immer, wenn es sich um nächste Angehörige handelt, geraten, lieber
einen fremden Menschen als Pfleger zu nehmen. Denn dem Fremden
gegenüber nimmt sich der Kranke mehr zusammen. Den Angehörigen
gegenüber ist die Versuchung sehr stark, sich ganz gehen zu lassen
und sie zu quälen. Es ist das sogar eine sehr unschöne, um nicht
zu sagen gemeine Wolluft bei Schwerkranken, daß sie sich dafür,
daß sie so schwer krank sind, rächen, indem sie die Angehörigen,
die sie pflegen, recht quälen und mit nichts zufrieden sind. In diese
Lage sollte man einen Kranken nicht bringen, denn das wirkt
entsittlichend. Es ist viel besser, wenn sich die Angehörigen darauf
beschränken, den Kranken zu besuchen, und die Pflege einer ge-
prüften Pflegerin überlassen, die das mit Herzlichkeit, aber fachlich tut, und wo der Kranke um seiner selbst willen innere Fühlung
mit ihr sucht.

Bitte sagen Sie etwas über einsame Menschen.

Es ist echt menschlich, daß man darüber sprechen muß. Wir
Menschen sind wirklich sehr weit von der Natur entfernt, das geht
einem bei solcher Frage auf. Für die Natur existieren solche Fragen
überhaupt nicht. Wenn Sie draußen das Pflanzenleben beobachten, so

sehen Sie, daß jeder Baum in jeder außerordentlichen Lage, in die
er kommt, ganz von selbst instinktiv das unternimmt, was für sein
Gedeihen notwendig ist. Ob er durch den Sturm halb losgerissen
wird oder allein stehen bleibt und keinen Schutz von andern mehr hat,
er weiß immer sofort, was er zu tun hat, und tut es instinktiv.

Darauf werden Sie sagen: Ja wir sind eben keine Pflanzen,
sondern Menschen! Um so weniger sollte es bei uns vorkommen,
ratlos zu sein, denn bei uns müßten sich die Instinkte der Natur
zur Klarheit unsers Bewußtseins erheben, so daß wir uns, wie die
Pflanzen sich getrieben fühlen, bewußt, absichtlich, mit Willen helfen.
Es ist ganz eigentümlich, daß diese Stimme der Natur im Menschen
so gestört ist. Sie ist geistig gestört worden durch das Reflektieren
des Menschen und durch die Konvention, womit auch die Gewohnheit zusammenhängt. Man sollte meinen, ein Baum, der seine
Wurzeln gewohnheitsmäßig nach einer bestimmten Richtung streckt,
müßte, auch wenn durch einen Sturm diese Seite des Wurzelwerks
herausgerissen wird, weiter dorthin seine Wurzeln strecken. Er tut
es aber trotz der Gewohnheit nicht, sondern streckt sie um so intensiver nach der andern Richtung. Aber der Mensch nicht. Nehmen
Sie an, jemand hat mit einem Menschen gelebt. Der Mensch
stirbt. Man sollte meinen, er mache es nun wie der Baum, daß
er instinktiv feine Fühler nach etwas anderem ausstreckt. Nein, im
Gegenteil, immer nach derselben Richtung strebt er, nach dem Verstorbenen. Das ist doch sehr merkwürdig. Selbst wenn es den
Menschen zum Bewußtsein kommt, sie tun's doch nicht. Es kommt
dann manchmal noch ein gewisser Trotz dazu, sie wollen nicht. Bei
der Natur versteht es sich von selbst: das, was man muß, das
will man. Bei dem Menschen nicht.

Wenn Sie sich das vor Augen halten, werden Sie vielleicht
verstehen, was das für ein Unheil unter den Menschen ist. Daran
dachte ich, als mir die Frage vorgelegt wurde, über einsame
Menschen zu sprechen. Ja wenn der Mensch einsam geworden ist,
dann braucht er doch nicht einsam zu bleiben! Einsam ist man,
wird man nur, wenn man einsam sein will, wenn man sich ab-

ſondert durch eine Gewaltmaßregel gegen ſich ſelbſt. Denn unſer
ganzes Weſen ſehnt ſich und drängt in den Zuſammenhang mit
andern Weſen. Wie brauchen Gemeinſchaft und ſtrecken unſre
Fühler aus nach Gemeinſchaft. Und das ſollten wir nun unbedingt
tun und unter allen Umſtänden, weil das die Beſtimmung unſers
ganzen Daſeins iſt. Wir können nicht anders exiſtieren als in Gemeinſchaft. Allein, iſoliert können wir nur ſterben, verweſen. Das
mag ein ſehr ſchönes Sterben ſein, eine gewiſſe Wolluſt mag dabei im Spiele ſein — es gibt ja Menſchen genug, die glücklich
ſind in ihrer gewollten Vereinſamung —, aber es iſt doch ein
Sterben. Ich meine alſo, daß ein Menſch, der einſam geworden
iſt, dem alle Beziehungen zu den Menſchen abgeriſſen ſind, mit
denen er ſeither Gemeinſchaft hatte, nun die Fühler ausſtrecken
ſollte, um neue Beziehungen zu ſuchen und anzuknüpfen.

Darauf wird erwidert werden: Das kann man doch nicht,
man kann ſich doch niemandem aufdrängen! Das iſt auch gar nicht
nötig, das hat überhaupt nur Sinn und Wert, wenn es von ſelbſt
geſchieht. Aber es geſchieht von ſelbſt, ſobald wir nur die Fühler
ausſtrecken. Nehmen Sie einmal einen Menſchen an, der vom
Himmel in eine Großſtadt verſchneit iſt, der braucht doch nur durch
die Straßen zu gehen oder in einen Laden zu treten, ja auch in
ſeinem Hotel trifft er Menſchen genug. Er braucht nur die Menſchen,
mit denen er in Berührung kommt, herzlich anzuſehen, ſo dauert
es keine Woche, bis er Fühlung mit ihnen gewonnen hat. Und
wenn es weiter geht, und dieſe Fühlung von Auge zu Auge und
von Wort zu Wort zu einem gegenſeitigen Zuſammenſchließen
führt, ſo wird er bald hineingewachſen ſein in einen Organismus
von perſönlichem Leben.

Gewiß hat man heutzutage Schwierigkeiten, ſchon durch die
Konvention, die allgemein herrſcht. Die meiſten Menſchen vertragen
überhaupt nicht, daß man ſie freundlich anblickt, ſie ſehen einen
dann ganz befremdet und abweiſend an, aber das warme Gefühl
des Herzens überwindet das ſchließlich. Aber da, wo ſich etwas
von Seele zu Seele anknüpft, iſt die Fühlung hergeſtellt, und dar-

auf sollten wir unbedingt eingehen. Wenn wir natürlich Bedingungen stellen, daß das z. B. Menschen derselben Gesellschaftsklasse
sein müßten, daß sie im gleichen Alter oder etwa religiös sein
müßten usw., dann ist es unmöglich. Ich habe den Eindruck, daß
diese Fühlung ein organischer Lebensvorgang ist, der von selbst geschieht, und ein organischer Lebensvorgang darf niemals gestört
werden. Er wird aber gestört, wenn wir Bedingungen stellen.
Der Baum draußen kann sich auch nicht auswählen, wohin er
seine Wurzeln ausstrecken will, er streckt sie einfach dorthin aus,
wo er Erdreich findet, und nährt sich von dem, was er findet. So
sollte es auch beim Menschen sein. Dann ist die Einsamkeit schon weg.

Und diese Fühlung mit andern tritt gar nicht ein, ohne daß
Lebensansprüche an den Menschen herantreten, mit andern Worten,
ohne daß ihm nicht Gelegenheit gegeben wird zu dienen. Das ist das
zweite, das dazu kommen muß. Wenn wir nicht einsam bleiben wollen,
müssen wir dienen. Gelegenheit dazu gibt es in Hülle und Fülle.
Es ist dazu gar nicht notwendig, daß man einen bestimmten Beruf ergreift. Das wird sich ergeben. Solange man keinen bestimmten
Beruf findet, ist man Gelegenheitsarbeiter, d. h. man dient da, wo
es notwendig ist. So wird man ein nützliches Glied in der Ökonomie des menschlichen Lebens, und dann ist man doch nicht mehr
einsam! Auf diese Weise findet man Menschen, denen man nahe
tritt, und Menschen, denen man verbunden bleibt. Aber auch ebenso
Menschen, denen man vorübergehend etwas ist, weil man wieder
auseinandergeführt wird. Es gibt dann eine ungeheure Mannigfaltigkeit des Lebens, aber die Einsamkeit ist dann unter allen Umständen weg. Also einsam braucht niemand zu bleiben. Und das
ist sehr gut. Denn einsam soll niemand bleiben, ja darf niemand
bleiben, wir müssen in die Allgemeinheit hinein. Und wenn wir
da nur anspruchslos, aufgeschlossen und willig genug sind, so wird
sich alles ganz von selbst geben und finden.

„Hat ein Mensch das Recht, freiwillig aus dem Leben zu gehen, wenn er klar erkennt, daß seine körperlichen und seelischen Kräfte den Aufgaben des Lebens nicht mehr gewachsen sind, z. B. im Falle einer unheilbaren Krankheit mit unerträglichen Schmerzen? Der Kranke leidet darunter, andern Menschen zur Last zu fallen, ohne ihre Mühen vergelten zu können. Seine Kraft, Gott zu lieben, ist nicht so groß, daß ihm diese Prüfung zum Besten dienen könnte. Jeder Tag und jede Nacht wird zur Niederlage, es geht immer weiter abwärts. Wenn dieser Kranke nicht in einer Anwandlung verzweifelter Stimmung, sondern in klarer Erwägung seiner seelischen und körperlichen Kräfte und der Aufgaben, die ihm sein Leiden noch stellen wird, sich zu dem Entschlusse durchringt, diese menschenunwürdige Existenz freiwillig zu enden, hat da ein Mensch das Recht, ihn an der Ausführung dieses Entschlusses zu hindern, muß nicht sein Nächster, wenn er ihm recht dienen will, ihm die Ausführung dieses Entschlusses in Liebe und Ehrfurcht erleichtern?"

Meines Erachtens hat kein Mensch das Recht, freiwillig aus dem Leben zu gehen. Er verkennt dann die Lebenslage, in der er sich befindet, und erst recht die Aufgabe, die diese Lebenslage für ihn darstellt. Man vergißt immer, daß auch das Leiden eine Aufgabe ist. Dieses passive Leiden, das Nichtstunkönnen als Ertragen, Aushalten ist eine positive Lebensaufgabe, und zwar eine sehr wichtige, vielleicht die fruchtbarste, die es überhaupt für uns gibt. Wenn Sie meine zwölf Gebote[1]) kennen, so erinnern Sie sich des letzten: „Du sollst das Leiden lieben, um das Leben zu gewinnen. Das heißt: Du sollst das Leiden ebenso schätzen wie das schöpferische und erfüllende Leben. Denn Leiden entbindet, steigert und vollendet das Leben und läutert, entfaltet und bringt zur Reife dein wahres Wesen, wenn du es willig trägst, weil es im Grunde Gnade und Güte Gottes ist und dir zum Besten dienen muß, wenn du ihn in allem liebst." Das Leiden hat also eine ungeheuer wichtige Aufgabe, es ist „der schnellste Weg, der uns zur Vollkommenheit führt". Seine Wirkung geht nicht in die Breite, in die Höhe, sondern in die Tiefe, in das seelische Gebiet, in das Jenseitige, in das Wurzelwerk der Menschheit. Alle, die recht leiden, lassen das Wurzelwerk der Menschheit wachsen. Ohne Wachs-

¹) Neue Wegweiser S. 190.

tum dieses Wurzelwerks kann die Menschheit nicht wachsen, nicht
fruchtbar sich entfalten. Sie müssen endlich aufhören, immer den
einzelnen für sich zu nehmen. Wir erfassen uns nur richtig, wenn
wir uns im Zusammenhang des Ganzen sehen, begreifen, erleben.
Der eine hat die Aufgabe, tätig zu sein, der andere die Aufgabe,
zu leiden. Und die Aufgaben wechseln. Oft genug sind sie auch
miteinander verbunden. Der Tätige ist so gut stellvertretend tätig
für den Leidenden, wie der Leidende stellvertretend für den Tätigen.
Eins ist so wichtig wie das andere. Das Leiden des einen muß
auch dem andern zugute kommen. Alles ist dazu da, daß die Herrlichkeit Gottes geoffenbart wird, daß sein Wille verwirklicht wird
und sein Werk voran geht. Deshalb ist es das Thörichtste, was
man tun kann, wenn man von Wiedervergeltung spricht, die der
Kranke seiner Umgebung nicht zuteil werden lassen könne. Wenn ich
krank bin und meine ganze Familie Mühe mit mir hat, so ist es ihre
Pflicht und Schuldigkeit, mich zu pflegen, nicht weil es meine Verwandten und Angehörigen sind, sondern weil ich auch für sie leide.

Wenn aber einer die Aufgabe zu leiden hat, so hat er überhaupt nicht nach körperlicher Kraft für das tätige Leben zu fragen.
Das geht ihn nichts mehr an. Das ist jetzt für ihn ausgeschaltet,
er hat nur Interesse daran, daß er die Kräfte bekommt, die er
braucht, das Leiden menschenwürdig zu tragen und es fruchtbar
für sich und seine Umgebung werden zu lassen. Diese positive
Stellung sollen wir suchen. Ich verweise dabei auf einen Brief-
wechsel „Über das Verhängnis körperlichen Leidens" (10. Band
der Grünen Blätter S. 161). Wenn also einer ins Leiden geführt
wird, so suche er den Segen der Not zu heben und die göttliche Heimsuchung als göttliche Offenbarung zu erleben. Das ist seine Aufgabe.
Dann gehen von dem Krankenlager Ströme des Segens aus für seine
ganze Umgebung, dann wird die Herrlichkeit Gottes offenbart. Kann
man etwas Größeres seiner Umgebung, der Menschheit bieten?

Ist das so, dann wäre es doch ein Unglück, wenn jemand
diesem seinem Leiden durch Selbstmord ein Ende machen wollte.
Mag die Krankheit auch unheilbar sein, es kommt gar nicht dar-

auf an, mag fie eine Geiftesfrankheit fein und die Nacht des Wahn=
finns immer tiefer fich auf ihn fenken, auch das ift eine Aufgabe,
die wir erfüllen follen. Stellen Sie fich einmal vor, in menfchen=
würdiger Haltung mit innerer Überlegenheit in die Nacht des Wahn=
finns hineinzugehen und zu erleben, wie die fchwarzen Flügel einen
immer mehr befchatten, bis das Bewußtfein irre wird und verfinkt.
Das ift doch dann eine Offenbarung feelifcher Überlegenheit, die zu
einem Triumph des Göttlichen in uns wird wie kaum etwas anderes,
auch wenn wir es endlich geiftig nicht mehr fpüren und die anderen
nichts davon merken. Und da mir immer der Zufammenhang mit
dem Ganzen vor Augen fteht, fo fteht mir feft, daß ein derartiges
Gefchehen die Menfchheit einen Schritt weiter vorwärts bringt, auch
wenn kein anderer davon erfährt.

Es ift natürlich möglich, daß trotz dem Wunfche, folche pofi=
tive Stellung zum Leiden einzunehmen, trotz der Sehnfucht und dem
Verlangen, Organ und Werkzeug der göttlichen Offenbarung im
Leiden zu werden, der Menfch in der Qual zermürbender Schmerzen
verfagt: dann ift das menfchliche Schwäche. Wenn er fchließlich
die Haltung verliert, fo ift das nichts anderes, als wenn die Menfchen
des tätigen Lebens immer wieder verfagen, fich vergehen, verfehen.
Das ift alfo ebenfowenig tragifch zu nehmen wie diefe. Wer alfo
im Leiden ftürzt, der hat auch weiter nichts anderes zu tun, als
fich wieder aufzurichten, wenn es ihm möglich ift, und dann die
richtige Haltung wieder zu gewinnen. Dann wird er auch erleben,
daß Gottes Kraft in den Schwachen mächtig ift. Es ift ja nicht
fein Auftrag, abfolut Widerftand zu leiften, fondern nur relativ, fo=
weit es uns möglich ift, foweit er Gnade gibt. Das ift unfre Voll=
kommenheit. Und wenn einer dann erliegt und es fcheinbar mit
ihm innerlich abwärts geht, geht es feelifch vielleicht mit ihm auf=
wärts, ohne daß er etwas davon merkt. Diefe tief verborgenen
Vorgänge im Seelifchen zwifchen Gott und den Menfchen können
wir nicht verfolgen. Wir dürfen nur nicht oberflächlich meinen, daß das,
was dem Menfchen nicht ins Bewußtfein tritt, überhaupt nicht vorhanden
fei. Denn „das Bewußtfein ift nur die Oberfläche unfers Geiftes".

XXIII.

16

Mainberg

Aufzeichnungen aus zwei Welten von Anton Fendrich

Fendrichs Mainbergbuch, mit dem alle, die je mit mir irgendwie in Beziehung traten, überrascht werden, sind Briefe von seinen
verschiedenen, teils längeren, teils kürzeren Mainberger Aufenthalten.
Aber nicht etwa nur Aufnahmen dessen, was er dort sah und
hörte, sondern auch stärkste innere Reaktionen auf das, was er
dort erlebte. So wird aus der Berichterstattung ein Stück Selbst-
biographie, aus dem Zeugnis vom Mainberger Leben ein Be-
kenntnisbuch. Da es aber wirkliche Briefe sind, so wirkt auch die
Empfängerin durch ihre Antworten mit, und das führt zu Auseinandersetzungen, die manche Fragen gründlicher erörtern und eigen-
tümlicher darlegen, als es sonst geschehen wäre. Aber noch mehr.
Da das Buch über den Weltkrieg hinweg auch in die gegenwärtige
Elmauer Zeit reicht, und einzelne Briefe daraus im Kreise der Elmauer Gäste vorgelesen wurden, so ist es selbst in diesem Sommer in
Aktion getreten und hat Klärungen hervorgerufen, die sich wieder
in Briefen spiegeln, die den Abschluß des Buches bilden. So ist
das Buch rein literarisch betrachtet etwas ganz Merkwürdiges, wofür man in der Literaturgeschichte kaum Vergleiche finden wird.

Ich lernte einen Teil der Briefe bereits in Mainberg kennen.
Als damals die Frage auftauchte, ob sie irgendwie veröffentlicht
werden sollten, riet ich ab. Sie waren mir zu intim. Es widerstrebte mir, daß das verborgene Mainberg, das noch dazu durch
einen Wall mehr oder weniger böswilliger Sagen vor Unberufenen
geschützt war, öffentlich gezeigt werde. Als aber Fendrich in diesem
Jahr die Vollendung und Herausgabe der Briefe als ein inneres
Muß empfand, konnte ich nicht mehr widerstreben. Denn unterdessen war ja Mainberg, diese seltsame Insel mit eigentümlichem
Leben, in der Vergangenheit versunken. So mochte man denn ruhig
auch von seinem intimen Dasein in der Welt draußen hören wie
von dem intimen Leben eines Mannes nach seinem Tode. 7 1/2 Jahre

find vergangen, feit Schloß Mainberg bei Ausbruch des Weltkriegs endgültig feine Pforten schloß. Es wäre doch fehr schade, wenn es als Dokumente davon nur die Mainberger Dorträge in den Grünen Blättern und die drei Bände Reden Jefu, die ich ja den Mainberger Gästen als ein Denkmal gemeinschaftlichen Lebens gewidmet habe, gäbe und gar kein anschauliches Bild von dem, was damals dort war und geschah. So begrüßte ich den Entschluß des Verfaffers mit Freuden.

Beurteilen kann ich das Buch schwer. Dazu habe ich mich alle Zeit zu wenig mit meinem Sein und Tun, geschweige mit dem Eindruck und der Wirkung, die davon ausging, beschäftigt. Mir scheint es ein ziemlich treues Bild von Mainberg und feinem Leben zu geben. Aber natürlich kein vollständiges. Man muß nicht nur bedenken, daß Fendrich immer nur vorübergehend da war und nur das gerade aufnahm, dem er zugewandt und aufgeschloffen war, sondern auch daß alles gesehen ist durch das perfönliche Temperament des Verfaffers und aus der Faffung und dem Schicksal feiner Seele heraus entsprungen ist. Das ist die Schranke, aber auch die Stärke des Buchs. Es mischt sich in der Schilderung viel Einmaliges mit Typischem, Zufälliges mit Charakteristischem, Subjektives mit Objektivem. Wenn man sich einen Begriff davon machen will, wie alles durch ein starkes eigentümliches Temperament gesehen ist, fo braucht man nur die Dorträge, die er aus feinem perfönlichen Erlebnis wiedergibt, mit denen zu vergleichen, die er nach dem Stenogramm mitteilt.

Viele werden auch neugierig fein, wie ich mich felbst dargestellt finde. Ich kann da auch nur fagen: fo, wie er mich gesehen hat. Manches davon war mir felbst noch nicht aufgefallen, doch es mochte wohl stimmen. Das ist aber fehr unwefentlich. Das Buch handelt nicht von mir, fondern von etwas anderem. Das ist es, was die Lefer wichtig nehmen follten. Wenn fie darauf aus find, kann ihnen das Buch einen wertvollen Dienst leisten. Es kann ihnen für manches die Augen öffnen, daß fie dann auch mich beffer verstehen, wenn ich zu ihnen spreche.

16*

Das Buch ist also nicht nur eine Mappe von Erinnerungs-
bildern für die ehemaligen Mainberger Gäste, auch nicht bloß eine
angenehme Berichterstattung darüber, wie es in Mainberg war,
für die Elmauer Gäste, die davon hören, daß Schloß Elmau nur
das umgepflanzte, ins Gebirge versetzte und erweiterte Schloß Mainberg ist, und eine gefällige Einführung der vielen Fremdlinge, die
zu uns kommen, in das, worum es uns eigentlich geht: es ist überhaupt keine Zweckschrift, sondern ein Lebenszeugnis von dem Ringen
zweier Welten; es gibt Kunde von einer Stätte, wo sich in aller
Unscheinbarkeit und Anfänglichkeit seelisches Leben offenbarte, und
zeigt, wie es da zuging.

Es ist ein buntes Buch. Vielen wird es nicht gefallen, in
seinem Wechsel von Ernst und Heiterkeit, Schwere und Leichtigkeit,
in seiner Mischung von Milde und Härte, Güte und Bitterkeit,
Humor und Satire, Übermut und Demut, Ausgelassenheit und Ergriffenheit, Äußerlichem, Oberflächigem und Innerstem, Tiefstem. Aber
es ist ja nicht geschrieben, um Menschen zu gefallen, sondern es ist aus
dem Erleben des Verfassers rücksichtslos entsprungen und rückhaltlos
dargeboten. Es ist also kaum eine verkehrtere Stellung zu dem
Buche denkbar, als wenn jemand sagt: es gefällt mir, oder: es
gefällt mir nicht. Das möchte ich den urteilseligen Menschen von
vornherein verraten.

Der Verfasser hat das Buch unter qualvollen Leiden fertig
gemacht. Zwischen Leben und Tod hat er daran gearbeitet. Das
ist symbolisch für das ganze Buch. Denn in ihm geht es um
Sterben und Leben. Möchte es von den Lesern so ernst genommen
werden, wie es ist, und möchte von ihnen das heilig gehalten
werden, was ihnen der Verfasser darin aus dem Heiligtum seiner
Seele anvertraut hat!

Vermögen. Auch den deutschen Lesern, denen die Preiserhöhung die weitere Teilnahme unmöglich machen müßte, liefere ich gern die Blätter weiter zu dem alten Preis. Sie brauchen es nur dem Verlage mitzuteilen. Es wäre ja auch möglich gewesen, die Steigerung der Herstellungskosten durch Beschränkung des Umfangs der Hefte auszugleichen. Aber das läge nicht im Interesse der Leser. Sie werden lieber etwas mehr für die Grünen Blätter opfern. Diese sind ja auch zu dem neuem Preise noch viel billiger als andere Bücher und Zeitschriften.

Leider ist infolge der wachsenden Teuerung und Besteuerung meine Vortragstätigkeit ernstlich in Frage gestellt. Die Säle kosten das 4—6fache, die Annoncen und Plakate das 10fache, das Reisen selbst das 5—10fache als in der Zeit vor dem Kriege. Ich kann aber unmöglich die Eintrittspreise dementsprechend erhöhen, da diese ja ohnedies durch Billetsteuern verteuert werden. Ich bin gespannt, wie das werden wird. Aber jedenfalls werden dadurch die Grünen Blätter als Verbindung zwischen mir und den suchenden Menschen noch wichtiger als bisher. Sie müssen jetzt auch mehr noch mit zur Anknüpfung neuer Beziehungen dienen, was bis jetzt meist durch die Vorträge geschah. Darum möchte ich die Leser bitten, nach Kräften zu ihrer Verbreitung beizutragen. Es gibt Unzählige, die nichts von ihrer Existenz ahnen und glücklich wären, wenn sie sie kennen lernten.

Stockholm, den 31. Oktober 1921

Johannes Müller

Anton Fendrich

Mainberg Aufzeichnungen aus zwei Welten. Geheftet etwa M 18.—; gebunden etwa M 26.—. (Erscheint Ende November 1921)

Wir möchten hiermit darauf hinweisen, daß Fendrichs Mainberg-Buch geheftet und gebunden käuflich ist.

Johannes Müller

Liebe Inhalt: Die wahre Liebe — Das neue Gebot — Das Hohelied der Liebe — Die Liebe als Ursprung und Seele aller Tugenden — Einer trage des anderen Last (Im Druck). Auf holzfreiem Papier gedruckt und schön gebunden etwa M 18.—

Zahlreiche Leser äußerten den Wunsch, den edlen Gehalt dieser köstlichen Reden und Aufsätze Johannes Müllers auch in würdigem äußeren Gewand zu besitzen und weiter geben zu können. So bieten wir denn dieses Büchlein, ein feines, kleines Geschenkwerk, allen, die es verlangt, gleich in das Herzwert allen persönlichen Lebens geführt zu werden. Sein Glanzpunkt ist Joh. Müllers Auslegung des Hohenliedes der Liebe im 1. Korintherbriefe: „Wenn ich mit Menschen- und mit Engelszungen redete . . ."

Die Bergpredigt Verdeutscht und vergegenwärtigt. 6. Aufl. (27. bis 31. Tauf.) Geh. M 13.50, kart. M 17.50, geb. M 24.—

Die Reden Jesu Verdeutscht und vergegenwärtigt. Erster Band: Von der Menschwerdung. Neue Auflage im Druck. Zweiter Band: Von der Nachfolge (6. bis 10. Tausend). Geh. M 12.—, geb. M 20.—. Dritter Band: Vom Vater im Himmel. Geh. M 12.—, geb. M 20.—

Von Weihnachten bis Pfingsten Reden auf Schloß Mainberg. Geh. M 8.—, geb. M 14.—

Bausteine für persönliche Kultur 1. Das Problem des Menschen. 2. Aufl. (6. bis 11. Tauf.) Leicht gebunden M 6.— / 2. Persönliches Leben. 2. Auflage (6. bis 11. Tausend). Leicht gebunden M 6.— / 3. Das Ziel. 2. Auflage (6. bis 11. Tausend). Leicht gebunden M 6.— / 4. Gemeinschaftliches Leben. Leicht gebunden M 6.—

Wegweiser 2. Auflage (6. bis 11. Tausend). Neue Auflage im Druck

Neue Wegweiser Aufsätze und Reden. Geh. M 12.—, geb. M 20.—

Von den Quellen des Lebens 5. Auflage (13. bis 15. Tausend). Geh. M 10.—, geb. M 18.—

Hemmungen des Lebens 6. Aufl. (23. bis 27. Tauf.) Soeben erschienen. Geh. M. 8.50, kart. M 12.—, geb. M 14.50

Beruf und Stellung der Frau Ein Buch für deutsche Männer, Mädchen und Mütter. 7. Aufl. (31. bis 35. Tausend). Geh. M 8.—, geb. M 14.—

Die deutsche Not Erlebnisse und Bekenntnisse aus der Kriegszeit. Geh. M. 8.—, geb. M 13.50

C. H. Beck'sche Verlagsbuchhandlung Oskar Beck München

C. H. Beck'sche Buchdruckerei in Nördlingen

üne Blätter

Zeitschrift für persönliche und völkische Lebensfragen

von

Johannes Müller

Elmau

erlag der Grünen Blätter   1. Heft
1922

Die Grünen Blätter, Vierteljahrsschrift für persönliche und völkische Lebensfragen, sollen — der persönlichen Fühlung des Verfassers mit seinen Lesern wegen — möglichst direkt vom Verlag der Grünen Blätter in Elmau Post Klais (Oberbayern) bezogen werden, sind aber auch durch den Buchhandel zu haben.

Der Preis beträgt für einen Jahrgang (einschl. Porto) für Deutschland 25.— Mk., für Österreich-Ungarn 200 Kr., Niederlande 3.50 G., Schweiz, Frankreich usw. 6 fr., Dänemark, Schweden und Norwegen 5 Kr., Finnland 25 finn. Mk., Amerika 2 Dll.

Der Einzelpreis dieses Heftes beträgt (ausschl. Porto) 8 Mk.

Postscheckkonto Verlag der Grünen Blätter Nr. 1233 Nürnberg.

Mitteilungen

Leider muß ich meinen Lesern die schlimme Mitteilung machen, daß die im letzten Heft angekündigte Erhöhung des Bezugspreises bei weitem nicht ausreicht. Die Kosten für Papier, Satz, Druck und Buchbinderarbeit sind seit jener Entschließung so gestiegen, daß die Erhöhung nicht einmal die bloße Herstellung decken würde. Dazu kommt die riesige Erhöhung des Portos, infolge deren die Versendung der vier Hefte in Zukunft allein 4 Mark kostet, wenn das Heft nicht mehr als 100 Gramm wiegt; sonst verdoppelt sich sogar das Porto. Das bedeutet das Zwanzigfache des Portos seit vier Jahren.

Infolgedessen muß der Bezugspreis für Deutschland (einschl. Porto) auf 25 Mark, für Österreich-Ungarn auf mindestens 200 Kronen festgesetzt werden, während das Ausland infolge der Valutaverhältnisse nur in geringem Maße erhöht zu werden braucht. (Die verschiedenen Preise stehen oben auf dieser Seite.) Und ich muß die Leser, die ihren Beitrag für 1922 bereits bezahlt haben, bitten, den ergänzenden Betrag noch einzusenden. Alle Leser aber würden uns einen großen Dienst leisten, wenn sie mit der beiliegenden Zahlkarte uns den Bezugspreis sofort einsenden würden.

Leider erkrankte ich Anfang des Jahres an Grippe, von der ich mich sehr lange nicht erholen konnte. Da sie auch die Augen in Mitleidenschaft zog, was bis heute noch nicht ganz behoben ist, war es mir lange Zeit unmöglich zu lesen und zu schreiben. Ich bitte deshalb, das späte Erscheinen des Heftes zu entschuldigen.

In der zweiten Hälfte des Monats März werde ich im Rheinland Vorträge halten, und zwar am

Grüne Blätter

Eine Vierteljahrsschrift für Lebensfragen

von

Johannes Müller

Vierundzwanzigster Band

Elmau
Verlag der Grünen Blätter
1922

C. H. Beck'sche Buchdruckerei in Nördlingen

Inhalt

Die Religion Goethes
in der Epoche seiner Vollendung

(Nach zwei im Schloß Elmau im August 1921 gehaltenen Vorträgen) [1]

von

Adolf von Harnack

Der erste Vortrag

Es ist ein kühnes, ja in der Regel ein dreistes Unternehmen, über die Religion eines Mannes zu sprechen; denn die Religion ist etwas so Innerliches — wir reden hier nicht von der Theologie —, so Zartes und Verborgenes, daß sie nur in ihren Wirkungen deutlich und faßbar hervortritt. Auch kommt hinzu, daß sie, wenn sie überhaupt etwas ist, etwas ganz Ursprüngliches ist. Aber alles Ursprüngliche, wenn es zur Aussage kömmt, wird eben dadurch schon verändert, wie unsere natürlichen Triebe keine natürlichen mehr sind, sobald wir über sie sprechen. Ja es kann denen, die die Religion eines Mannes zu ermitteln versuchen, so gehen, wie jenen Ausgräbern: das, was sie ausgegraben haben, zerfällt alsbald an der Luft in Staub, oder wie jenen Photographen, deren Abzüge im Tageslicht nicht nur verblassen, sondern sogar auch die Konturen verlieren. Jedes tiefe Gefühl schließt uns den Mund, sei es, daß wir es selbst empfinden oder bei anderen wahrnehmen.

Aber Denker und Dichter sind uns geschenkt, für die das Gesagte nicht zutrifft — große Persönlichkeiten, denen es ein Bedürfnis ist und die die Fähigkeit haben, auch das Innerste, das in ihrer Seele lebt, auszusprechen. Sie selbst bekennen, daß alles, was von ihnen bekannt geworden, Bruchstücke einer großen Konfession sind, und

---

[1] Ich möchte dem Titel dieser Vorträge den Zusatz geben: „in elementarer Darstellung"; denn sie beabsichtigen nicht mehr, als die wichtigsten Aussagen Goethes, die wir hier besitzen, zu ordnen und ihr nächstes Verständnis sicher zu stellen.

XXIV. 1

der wahre Dichter darf sich rühmen: „Und wenn der Mensch in
seiner Qual verstummt, gab mir ein Gott zu sagen, was ich leide."
Und nicht nur was sie „leiden", auch was sie im Innersten bewegt,
was sie aus der Welt heraushebt und zu neuen Höhen führt, vermögen sie auszusprechen — Plato und Paulus, Augustin, Dante
und Milton und viele andere. Wenn sie uns ihre Religion enthüllen, so führen grade diese Bekenntnisse zu den tiefsten Einsichten
in den Kern und den Reichtum ihrer Persönlichkeit. Nur darf man
sie nicht sofort kritisieren wollen, mögen uns ihre Gedanken fremd
anmuten oder vertraut sein; man muß sie ruhig auf sich wirken
lassen. Es gilt auch hier: „Wer Ohren hat zu hören, der höre!"

Zu diesen Persönlichkeiten gehört vor allem auch Goethe;
es ist aber die schönste Fügung, daß es innerhalb der gesamten
Geschichte der Literatur, ja der Welt schlechterdings keinen gibt,
den wir, dank seinen Werken, besser und vollkommener kennen lernen
können als diesen erhabenen und reichsten Geist. Und wir lernen
ihn kennen sowohl in der langen Epoche seiner Entwicklung als
auch in der seiner Vollendung. Zwischen diesen beiden Epochen
sicher zu unterscheiden, hat freilich weder die Goethe-Philologie noch
die Goethe-„Gnostik" bisher ausreichend gelernt, und doch ist die
Unterscheidung eine höchst nötige, wenn man diesen Genius erfassen
will. Statt dessen spricht man, manchmal sogar etwas wegwerfend,
vom Goetheschen „Altersstil" oder vom „alten" Goethe und ver-
sperrt sich dadurch den Blick für die wichtigste Tatsache, daß Goethe
in den letzten zehn bis zwanzig Jahren seines Lebens — auf den
verschiedenen Linien seiner inneren und äußeren Arbeit tritt der
Abschluß nicht gleichzeitig ein — eine großartige, ja beispiellose
Vollendung erlebt hat.[1] Nichts von der Vielseitigkeit und Freiheit
seiner Entwicklungszeit hat er dabei verleugnet oder verloren, viel-

---

[1] Eine Ausnahme bildet das Werk meines verstorbenen Bruders
Otto Harnack „Goethe in der Epoche seiner Vollendung (1805—1832)",
3. Aufl. 1905. Das Werk erschien zuerst im J. 1886, und ich habe meinem
Bruder einst die Aufgabe und den Titel vorgeschlagen. Die Zeit der Vollendung
setze ich etwas später an als er. Mit seiner Auffassung stimme ich in den
Grundzügen überein und bekenne dankbar, von ihm gelernt zu haben.

mehr ift er noch reicher geworden, hat aber alles „aufgehoben"
und zu einer Einheit geführt — zur ftrengen Notwendigkeit des
Abgeftuften und des Erhabenen, des Werdenden und des Vollendeten.
Übrigens befitzen wir von Goethe felbft das Wort: „Das Leben
jedes bedeutenden Menfchen, das nicht durch einen frühen Tod abgebrochen wird, läßt fich in drei Epochen teilen, in die der erften
Bildung, in die des eigentümlichen Strebens und in die des Ge-
langens zum Ziel, zur Vollendung."

1.

Goethe und die Religion — noch heute wird uns von
angeblichen Goethe-Kennern gefagt, er habe überhaupt keine gehabt:
als Sinnenmenfch und Heide oder als Titane und Prometheus oder
als ein ftrenger Spinozift, vor allem aber als ein dezidierter Nicht-
chrift wird er vorgeftellt. Selbft für folche Perioden feiner Entwicklung, in denen er dem Chriftentum ganz abgewandt war, gelten
diefe Urteile nur fehr bedingt; denn zu allen Zeiten hat er fich bemüht, durch unabläffige Arbeit an fich felber ein feftes Verhältnis
zu den höchften und letzten Fragen zu gewinnen, und daher keine
von ihnen ganz preisgegeben. Sehr bezeichnend find hier die Worte
aus einem Briefe vom J. 1782: „Wenn Du eine glühende Maffe
Eifen auf dem Herde fiehft, fo denkft Du nicht, daß foviel Schlacken
darin ftecken, als fich erft offenbaren, wenn es unter den großen
Hammer kommt. Dann fcheidet fich der Unrat, den das Feuer felbft
nicht abfonderte, und fließt und ftiebt in glühenden Tropfen davon,
und das gediegene Erz bleibt dem Arbeiter in der Zange. Es
fcheint, als wenn es eines fo gewaltigen Hammers bedurft habe,
um meine Natur von den vielen Schlacken zu befreien und mein
Herz gediegen zu machen, und wieviel, wieviel Unrat weiß fich
auch noch da zu verftecken."

Richtig ift, daß bei Goethe in der Epoche feiner Entwicklung
verfchiedene Weltanfchauungen nebeneinander wie auf einer Fläche
ftanden. Teils wechfelte er noch zwifchen ihnen, teils wurden fie
in demfelben Zeitmoment von ihm erfaßt und ftießen unharmonifch

aufeinander, zusammengehalten und versöhnt nur durch sein großes und sicheres Lebensgefühl. „Und so spalt' ich mich, ihr Lieben, und bin immerfort der Eine." Aber in der Epoche seiner Vollendung ist es anders. Da gilt kein „Entweder-oder" mehr, sondern das „Sowohl-als auch". Alles schließt sich zu einem großen, herrlichen Gewölbe zusammen oder, um mit einem anderen seiner Bilder zu sprechen, zu einer Pyramide. Nicht nur die Außenwelt erscheint ihm nun als solche, sondern er spricht auch von seinem eigenen „Pyramidenleben". Damit ist die Vollendung erreicht.

Wie soll man Goethes Religion in dieser Epoche der Vollendung darstellen? Am liebsten reihte man ein Zitat an das andere und begnügte sich damit, aber damit würde man der Aufgabe doch nicht gerecht, weil Wichtiges im Unklaren bliebe oder unvermittelt erschiene. Eine förmliche Systematisierung darf man aber auch nicht versuchen; denn alles Religiöse widerstreitet einer solchen und Goethe selbst verbittet sie sich. Also muß man einen Mittelweg einschlagen und es mit einer elastischen und gleichsam schwebenden Systematisierung versuchen, die überall Raum läßt für die eigenen Worte des Dichters.

Schwierigkeiten gibt es auch dann noch, die die Durchführung der Aufgabe bedrohen. Goethe hat in der Epoche seiner Vollendung sehr vieles Bedeutende symbolisch ausgesprochen; ferner wurde ihm das Pädagogische immer wertvoller, und endlich liebt er es, tiefste Gedanken in Aphorismen und Maximen niederzulegen. Wer das Symbolische z. B. im letzten Akt des zweiten Teils des „Faust" wörtlich nimmt oder das Schwebende verkennt, muß den Sinn des Dichters notwendig verfehlen, und wer übersieht, welche Rolle in den „Wanderjahren", aber auch in so manchen „Gesprächen", die Absicht spielt, den Leser und Hörer zu erziehen, wird oft eine Betrachtung als für den Dichter definitiv annehmen, die doch nur pädagogisch gemeint ist. Am schwierigsten ist die richtige Stellung zu den „Maximen". Sie lauten in der Regel so absolut wie Sprichwörter, aber eben deshalb wollen sie, wie diese, aus einer bestimmten Situation heraus und für sie gedeutet und verstanden sein. Goethe hat uns das selbst gesagt: „Kurze, kaum zusammenhängende Sätze", schreibt er, „erscheinen, wenn wir nicht ihre Veranlassung wissen, als paradox, nötigen uns aber vermittelst eines umgekehrten Findens und Erfindens rückwärts zu gehen und uns die Filiation solcher Gedanken von weither, von unten herauf, wo möglich zu vergegenwärtigen." Ich erinnere an ein Wort wie: „Nur die Lumpe sind bescheiden." Aber auch auf dem uns hier beschäftigenden Gebiete gibt es solche genug. Am häufigsten wird da der Spruch zitiert: „Wer Wissenschaft und Kunst besitzt, hat auch Religion; wer jene beiden nicht besitzt, der habe Religion." Die kleinen Geister, die diese Worte gerne anführen, weil sie ihre Morgenluft hier zu wittern meinen, spüren die unwirsche Ironie des Spruchs nicht. Man braucht gar nicht daran zu erinnern, daß Goethe wirklich eine Sphäre und ein Sein kannte, für welche Religion, Wissenschaft und Kunst zusammenfallen — hier aber sollte doch schon der paradoxe Imperativ: „der habe Religion" (kann man Religion befehlen!) jeden belehren, daß der Dichter zudringliche Herzenskündiger und Proselytenmacher abweisen wollte. Übrigens — wer „besitzt" denn Wissenschaft und Kunst? Augenscheinlich nur die falschen Interpreten dieses Spruchs; denn die anderen werden Umstände machen, sich hier für „Besitzer" zu erklären.

2.

„Gott, wenn wir hochstehen, ist Alles; stehen wir niedrig, so ist er ein Supplement unserer Armseligkeit" — dieses Wort Goethes soll uns sofort auf die Höhe heben, auf welcher die ganze Frage in seinem Sinne aufzunehmen ist. Er sagt uns zunächst, was Religion bei ihm nicht ist — keine sentimentale Begleitmelodie zum Leben, kein kümmerliches Füllsel, gestopft in die Lücken der Weltanschauung und des Lebens, nicht eine trübe kleine Kapelle neben den bewohnten Zimmern, aber auch keine billige Lösung der Rätsel des Lebens als Anweisung auf ein Jenseits, keine Erfüllung unserer Begehrlichkeiten und endlich auch nicht eine Versicherung der Moral. Goethes Religion hat es ihrem Ursprung nach überhaupt nicht mit Gut und

Böse zu tun; sie wurzelt nicht in der Moral, weder in jener, die er als Ordnungsfaktor respektiert und schätzt, noch in der höheren, die ihm zur Welt der Freiheit gehört, sondern die Religion wurzelt nach Goethe im Menschen selbst, in feiner Totalität und in seiner tiefen Korrespondenz mit der Natur als einem Ganzen. Religion ist ihm eine eigentümliche universale Art, vom Wirklichen erfaßt zu werden und das Wirkliche zu erleben, neben den beiden anderen Funktionen, der betrachtend-erkennenden und der tätig-künstlerischen. Für Schiller gehörte die Religion ganz in die Welt der moralischen Ideen; bei Goethe liegt sie näher, greift weiter aus und wird viel naiver und daher umfassender und tiefer empfunden.

Jene Dreizahl der großen Lebensfunktionen, der betrachtend-erkennenden, der tätig-künstlerischen und der religiösen, kann und soll, so zu sagen auf einen Schlag, von jedem Objekt ausgehen und aus jeder Erfahrung entspringen. Es wird sich von Goethes Sinn nicht entfernen, wenn ich folgendes Beispiel wähle: Das Kind am Weihnachtstisch, wie verhält es sich? Es verhält sich zu jedem einzelnen Geschenk beschaulich-erkennend und tätig-künstlerisch zugleich, und zwar in dem Momente, in dem es das Geschenk erschaut und in die Hand nimmt. Aber darüber hinaus dringt von der einzelnen Gabe aus, die ja umflossen ist vom Licht des Weihnachtsbaums, die besondere Weihnachtsfreude in das Kind ein mit der ganzen Skala von Bewunderung, Entzücken, Schaudern, Ehrfurcht, Demut, Liebe und Dankbarkeit, eine höhere Welt der Gefühle entfesselnd und bis zum Aufgehen in das eine Gefühl der seligen Hingebung fortwirkend.

Religion ist nach Goethe „ein höherer Sinn, der der Natur des Menschen gegeben ist", der Sinn für das Ganze als etwas Lebendiges und Heiliges.

Religion ist nach Goethe Ehrfurcht und dankbare Hingebung — Ehrfurcht aber vor dem, was neben, über und unter uns ist. Die Hingebung hat Goethe in den wunderbaren Worten beschrieben:

In unfres Bufens Reine wogt ein Streben,
Sich einem Höhern, Reinern, Unbekannten
Aus Dankbarkeit freiwillig hinzugeben,
Enträtselnd sich den ewig Ungenannten:
Wir heißen's fromm sein.

Die Ehrfurcht ist die einzige höhere Stimmung in uns, die ganz ohne unser Zutun entsteht und die zugleich erhebt und demütigt befreit und bindet.

Das Gefühl der Ehrfurcht trägt in sich mit der Empfindung der Schranke die Sehnsucht, sie zu überwinden, und die Hingebung trägt in sich das Streben nach seliger Ruhe. Dort gilt:

Und solang' Du das nicht haft,
Dieses Stirb und Werde,
Bift Du nur ein trüber Gaft
Auf der dunklen Erde.

Und ferner:

Doch ist es jedem eingeboren,
Daß sein Gefühl hinauf und vorwärts dringt,
Wenn über uns, im blauen Raum verloren,
Ihr schmetternd Lied die Lerche singt,
Wenn über schroffen Fichtenhöhen
Der Adler ausgebreitet schwebt,
Und über Flächen, über Seen
Der Kranich nach der Heimat strebt.

Hier empfindet man:

Und alles Drängen, alles Ringen
Ist ew'ge Ruh in Gott dem Herrn.

Die in der Frömmigkeit gegebene Spannung von seliger Sehnsucht und seliger Hingabe löft sich nach Goethe auf in die „höchste Ge-mütsruhe", in jenen „Frieden, der kräftig genug ist, uns mit uns selbst und der Welt ins Gleiche zu setzen", in den „Frieden Gottes, welcher euch hienieden mehr als Vernunft beseligt". Der Außenwelt gegenüber aber erscheint die Frömmigkeit „als ein Mittel, um durch die reinste Gemütsruhe zur höchsten Kultur zu gelangen".

3.

Die Religion als Ehrfurcht vor dem, was neben uns ist — neben uns steht die Natur in der Fülle ihrer Erschei-

nungen.[1]) „Wer hier nicht mit Bewunderung und Erstaunen anfangen will, der findet nicht den Weg ins innere Heiligtum." Bewunderung und Erstaunen gehen in Ehrfurcht über. „Wer die
Natur als göttliches Organ leugnen will, der leugne nur gleich
alle Offenbarung." Die Natur tritt uns in ihren Erscheinungen
als lebendiger Organismus gegenüber, und Goethe empfindet „die
Doppelingredienzien des Universums, Geist und Materie" — also
nicht nur den Geist — „als Stellvertreter Gottes".

Alles in der Natur ist ehrfurchtgebietend:

> Natur hat weder Kern noch Schale,
> Alles ist sie mit einem Male.

Und:

> Müsset im Naturbetrachten
> Immer Eins wie Alles achten;
> Nichts ist drinnen, nichts ist draußen,
> Denn was Innen, das ist Außen.

Und vor allem:

> Und es ist das ewig Eine,
> Das sich vielfach offenbart,
> Klein das Große, groß das Kleine,
> Alles nach der eignen Art.
> Immer wechselnd, fest sich haltend,
> Nah und ferne, fern und nah,
> So gestaltend, umgestaltend:
> Zum Erstaunen bin ich da.

„Hinter jedem organischen Wesen steckt die höhere Idee; das ist
mein Gott, das ist der Gott, den wir alle ewig suchen und zu
erschauen hoffen; aber wir können ihn nur ahnen, nicht schauen."

Diese Ehrfurcht vor der Natur, diesen Pantheismus, hat Goethe
bis in sein höchstes Alter bewahrt: „Fragt man mich, ob es in
meiner Natur sei, der Sonne anbetende Verehrung zu erweisen,
so sage ich: durchaus! Denn sie ist eine Offenbarung des Höchsten,
und zwar die mächtigste, die uns Menschenkindern wahrzunehmen
vergönnt ist. Ich anbete in ihr das Licht und die zeugende Kraft

---

[1]) Ich habe mich bei der Erklärung der „Ehrfurcht" im Sinne Goethes
nicht streng an die bekannte Stelle in „Wilhelm Meisters Wanderjahren"
gebunden, da sie besondere Zwecke verfolgt.

Gottes, wodurch wir allein leben, weben und sind." Wer ihm diese
Ehrfurcht antastete und die Natur profanisierte, mit dem war er
fertig; denn er fühlte sich im Innersten verletzt: „Ich bin nun einmal einer der Ephesinischen Goldschmiede, der sein ganzes Leben
im Anschauen und Anstaunen und Verehrung des wunderwürdigen
Tempels der Göttin und Nachbildung ihrer geheimnisvollen Gestalten
zugebracht hat, und dem es unmöglich eine angenehme Empfindung
erregen kann, wenn irgend ein Apostel seinen Mitbürgern einen
andern, und noch dazu formlosen Gott aufdringen will."

Zwei Gegner aber sah er hier vor sich: die asketischen Spiritualisten und jene Wissenschaftler, die in der Natur nur vom Mechanischen etwas wissen wollen, die also ihr unerschöpfliches Leben
und ihre tiefe Planmäßigkeit verkennen, die auf eine unerforschliche
bildende Kraft zurückweist. Jene asketischen Spiritualisten, zumal
wenn sie im Namen des Christentums die Naturverachtung predigten,
hat er als ruchlose und zugleich trübselige Leute stets mit einem
wahrhaft Julianischen Haß behandelt. Er brach mit Lavater und
anderen christlichen Freunden, weil sie in feinem Sinne Atheisten
waren. Aber nicht minder groß war sein erbitterter Zorn über die,
welche im Namen der Wissenschaft die Natur entgötterten, ihr sozusagen das Leben raubten und für die „unbegreiflich hohen Werke,
die herrlich sind wie am ersten Tag" keine Empfindung hatten.
Ja man kann nicht leugnen — hier ist er sogar ungerecht geworden.
Obschon er Notwendigkeit und Recht der exakten Naturforschung,
der mechanischen Welterklärung, so weit nur immer der menschliche
Geist hier vorzudringen vermag, und der physikalischen Experimente
nicht verkannte, und so gewiß er auch selbst Originales und Großes
hier geleistet hat — staunend und gerührt steht man heute noch
vor seinen naturwissenschaftlichen Sammlungen —, so konnte er
doch manchmal so reden und schreiben, als habe diese Art von Natur-
erkenntnis überhaupt kein Recht. Im Grunde bekämpfte er aber
nur die Exklusivität, mit der ihre Vertreter andere Beobachtungen,
die ihm tiefer und wertvoller erschienen, ausschlossen, ja sich gegen
sie verhärteten. Und es wird die Zeit in der Wissenschaft kommen,

ja sie ist schon im Anzug, in der man an Goethes Naturverehrung
nicht mehr nur mit Achselzucken vorübergehen, vielmehr erkennen
wird, daß hinter ihr Erkenntnisse liegen, die einen Fortschritt in
der Erfassung des Wirklichen bedeuten und wahrhaft produktiv sind.
Die heutige „exakte" Naturwissenschaft hat letztlich nur ein Interesse
für diejenigen Beobachtungen, kraft welcher wir die Natur zu beherrschen vermögen; Goethes Interesse reichte weiter: er wollte
alles in der Natur, zumal das Lebendige, erspähen, ihm nach-
lauschen, ihm liebevoll nachsinnen und es zur Darstellung bringen
(„Naturgeheimnis werde nachgestammelt") — nicht um es zu beherrschen, sondern um es in seinem Gestaltenreichtum zu erfassen,
die Fülle der Eigenwelten, die jede Spezies des Lebens umgeben,
zu erschauen, sich an ihr zu entzücken und das eigene Lebensgefühl
zu kräftigen („Der Anblick gibt den Engeln Stärke"). Er sah darin
auch eine Wissenschaft, und der Naturdienst dieser Wissenschaft war
ihm Gottesdienst.

4.

Die Religion als Ehrfurcht vor dem, was über uns ist — die
Erscheinungen der Natur, vor allem aber die innern Erlebnisse
innerhalb der Natur weisen auf eine Einheit zurück, und diese
umfaßt Gegensätze, ist gestaltgebend, steigernd, zielsetzend, zielstrebig,
also geistig.

Einst konnte es scheinen, als wollte er mit seinem Naturbegriff
bei den Eindrücken einer sich immer nur wiederholenden Lebendigkeit
und Produktivität, einem rastlosen Wallen und Wogen und einem
paradoxen Ineinander von Tod und Leben stehen bleiben, das
sub specie aeternitatis sich als eine ruhende Einheit darstellt:

> Wenn im Unendlichen dasselbe
> Sich wiederholend ewig fließt,
> Das tausendfältige Gewölbe
> Sich kräftig ineinander schließt,
> Strömt Lebenslust aus allen Dingen,
> Dem kleinsten wie dem größten Stern,
> Und alles Drängen, alles Ringen
> Ist ew'ge Ruh in Gott dem Herrn.

In diesem Sinn, aber ohne den Gottesgedanken, hat er einst (um d. J. 1780) Christoph Tobler zu dem berühmten Fragment „Die Natur" (erschienen im „Journal von Tieffurt") inspiriert, in welchem mit funkelnder und glänzender Rhetorik Wesen und Leben der all-einen Natur gefeiert wird.[1]) Aber am Ende seines Lebens (1828) hat er selbst den Aufsatz also kritisiert: „Ich möchte die Stufe damaliger Einsicht einen Komparativ nennen, der seine Richtung gegen einen noch nicht erreichten Superlativ zu äußern gedrängt ist. Man sieht die Neigung zu einer Art von Pantheismus, in dem den Welterscheinungen ein unerforschliches, unbedingtes, humoristisches, sich selbst widersprechendes Wesen zum Grunde gedacht ist, und mag als Spiel, dem es bitterer Ernst ist, gar wohl gelten. Die Erfüllung aber, die ihm fehlt, ist die Anschauung der zwei großen Triebräder aller Natur: der Begriff von Polarität und von Steigerung" usw.[2])

Goethes Naturanschauung hat sich allmählich durch Differenzierung vertieft, und wie er dem entsprechend nun Pole, große Gegensätze und Steigerungen in der Natur wahrnahm, vor allem die Gegensätze von Notwendigkeit und Freiheit, Materie und Geist, Trieb und sittlicher Bestimmung, so empfand er jetzt auch verschieden gegenüber den großen Erscheinungen in der Natur und gab ihnen besondere Werte. Die Ehrfurcht vor dem Sittlichen —

---

[1]) Durch die Nachweisungen von P. Wernle (Sonntagsblatt der Basler Nachrichten, 1920, 11. Jan.; vgl. auch Basler Zeitschr. f. Gesch. u. Altertumskunde, Bd. 20, 1 S. 28) steht jetzt fest, daß Tobler der Verfasser des Fragments ist; aber mit Recht hat Trog (Sonntagsblatt usw., 1920, 1. Febr.) den Anteil, der Goethe an dem Aufsatz zukommt, noch höher eingeschätzt als Wernle und dies auch urkundlich belegt. So erklärt es sich, daß Goethe nach Jahrzehnten glauben konnte, er selbst sei der Verfasser.

[2]) Im J. 1892, als ich in Eastbourne bei dem Naturforscher Huxley weilte, hatte sich dieser soeben den prüfenden Scherz gemacht, das Fragment „Die Natur" ohne Goethes Namen, aber mit seinem eigenen in englischer Übersetzung in eine Zeitung zu rücken. Es machte das größte Aufsehen, und viele Stimmen erklärten, hier habe der große moderne Naturforscher die Quintessenz der Weltanschauung des 19. Jahrhunderts als Ergebnis der naturwissenschaftlichen Gesamtforschung zum Ausdruck gebracht. Es war eine bittere Lehre, als den Überraschten der wahre Ursprung des Aufsatzes mitgeteilt wurde!

bis zur Stärke des Kantschen Gefühls, aber ohne dessen Starrheit —
trat immer lebendiger in ihm hervor:

> Sofort nun wende Dich nach Innen:
> Das Zentrum findest Du da drinnen,
> Woran kein Edler zweifeln mag;
> Wirst keine Regel da vermissen,
> Denn das selbständige Gewissen
> Ist Sonne Deinem Sittentag.

Und: „Wo ich aufhören muß, sittlich zu sein, habe ich keine Gewalt mehr." Dazu: „Jedes Geschäft wird eigentlich durch ethische
Hebel bewegt."

Weil ihm aber das Sein und Leben der Natur alle die erhabenen Herrlichkeiten in ihren Spannungen umschloß, auch den
Menschengeist, der an der übrigen Natur nicht seines Gleichen
hat und deshalb über sie hinausragt — schritt er zu dem Bekenntnisse vor:

> So im Kleinen ewig wie im Großen
> Wirkt Natur, wirkt Menschengeist,
> Und beide sind ein Abglanz jenes Urlichts Oben,
> Das unsichtbar alle Welt erleuchtet.

Der Gottesgedanke — Gott-Natur und Gott doch von der
Natur verschieden — zwang sich Goethe auf, aber niemals im Sinne
eines Gottes, der nur von Außen stieße,

> Was wär' ein Gott, der nur von Außen stieße,
> Im Kreis das All am Finger laufen ließe!
> Ihm ziemt's, die Welt im Innern zu bewegen,
> Natur in sich, sich in Natur zu hegen,
> So daß, was in ihm lebt und webt und ist,
> Nie seine Kraft, nie seinen Geist vermißt;

auch nicht im Sinne einer in die Welt eingeschlossenen, dem Menschen
analogen höheren Persönlichkeit, sondern in einer schlechthin un-
erfaßlichen Art, die nur an ihren Manifestationen und Wirkungen
offenbar wird. „Ich glaube einen Gott: dies ist ein schönes, löb-
liches Wort; aber Gott anerkennen, wo und wie er sich offenbare,
das ist die eigentliche Seligkeit auf Erden." „Ich frage nicht, ob
dieses höchste Wesen Verstand und Vernunft habe, sondern ich fühle,
es ist der Verstand, die Vernunft selber. Alle Wesen sind davon

durchdrungen, und der Mensch hat davon so viel, daß er Teile des Höchsten erkennen kann." Der Mensch — daß er Krone und Ziel der Schöpfung ist, erfaßte Goethe mit immer größerer Sicherheit: „Diese plumpe Welt aus einfachen Elementen zusammenzusetzen und sie Jahr aus, Jahr ein in den Strahlen der Sonne rollen zu lassen, hätte Gott wenig Spaß gemacht, wenn er nicht den Plan gehabt hätte, auf dieser materiellen Grundlage sich eine Pflanzschule für eine Welt von Geistern zu gründen."

Aus dieser Hochschätzung des menschlichen Geistes heraus gegenüber und über der Natur konnte Goethe dichterisch sogar so sprechen, als stünden die Natur und „der ewige Meistermann" wie zwei Faktoren in gemeinsamem Wirken, wie Meister und Gesellin, nebeneinander:

> So schauet mit bescheidnem Blick
> Der ewigen Weberin Meisterstück,
> Wie ein Tritt tausend Fäden regt,
> Die Schifflein hinüber herüber schießen,
> Die Fäden sich begegnend fließen,
> Ein Schlag tausend Verbindungen schlägt!
> Das hat sie nicht zusammengebettelt;
> Sie hat's von Ewigkeit angezettelt,
> Damit der ewige Meistermann
> Getrost den Einschlag werfen kann.

In Wahrheit empfand er das Göttliche in seiner All-Einheit als „pyramidalisch", und wie es sich ihm niemals spaltete, so ging es ihm auch nicht in der abstrakten und vagen Vorstellung des Absoluten auf („Vom Absoluten in theoretischem Sinn wage ich nicht zu reden"). Von den großen Religions- und Naturphilosophen seines Zeitalters hat er gewiß gelernt; aber er lieferte sich ihren Spekulationen nicht aus; sie entsprachen nicht der anschauenden Kraft seines Gefühls und respektierten anderseits nicht die Grenze, die seine jedem wahren Gefühl recht gebende Ehrfurcht und wiederum seine schweigende Ehrfurcht ihm zu ziehen geboten. Besonders charakteristisch ist hier sein Wort: „Ich für mich kann, bei den mannigfachen Richtungen meines Wesens, nicht an einer Denkweise genug haben. Als Dichter und Künstler bin ich Polytheist, Pantheist hingegen als

Naturforscher, und Eines so entschieden wie das Andere. Bedarf
ich eines Gottes für meine Persönlichkeit als sittlicher Mensch, so
ist auch dafür schon gesorgt. Die himmlischen und irdischen Dinge
sind ein so weites Reich, daß die Organe aller Wesen es nur zusammen erfassen mögen." Aus dieser Erkenntnis heraus hat er das
große Bekenntnis abgelegt:

> Im Namen dessen, der sich selbst erschuf
> Von Ewigkeit in schaffendem Beruf;
> In seinem Namen, der den Glauben schafft,
> Vertrauen, Liebe, Tätigkeit und Kraft;
> In jenes Namen, der, so oft genannt,
> Dem Wesen nach blieb immer unbekannt:
> So weit das Ohr, so weit das Auge reicht,
> Du findest nur Bekanntes, was ihm gleicht.

Gewiß — Goethe ist stets „Monist" geblieben; aber mit diesem
kahlen Wort ist wenig gesagt: in steigendem Maße hat ihn das
Rätsel der „Polaritäten" beschäftigt, und so wurden ihm auch in
dem einen Begriff „Gott-Natur" Gott und Natur zu Polen, deren
Unterschied er nicht verwischt sehen wollte.

5.

Der Mensch hat die wunderbarsten Güter erhalten — „das
Leben, die rotierende Bewegung der Monas um sich selbst", „den
Gehalt in seinem Busen und die Form in seinem Geist", und so
viele andere —; Goethe nennt sie „das Erbgut" und stellt sie der
kirchlichen Lehre von der Erbsünde entgegen, die nicht in seinem
Sinne war. „Das Leben ist gut, wie es auch sei", konnte er im
Bewußtsein des herrlichsten Besitzes ausrufen.

> Alle Tage, alle Nächte
> Rühm' ich so des Menschen Los,
> Denkt er ewig sich ins Rechte,
> Ist er ewig schön und groß.

Aber Goethe wußte auch, daß sich dunkle Mächte von Innen und
Außen dem Menschen entgegenstellen, die das Göttliche in ihm und
die Einheit mit dem Göttlichen zu zerstören suchen. Dort ist es das
verworrene, kleinsinnige Tun und die Trägheit, die ihn herabziehen

und herabdrücken; hier sind es dämonische Schicksalsmächte, die ihn zu zermalmen drohen.

> Das Menschenleben scheint ein herrlich Los,
> Der Tag, wie lieblich und die Nacht wie groß!
> Und wir, gepflanzt in Paradieses Wonne,
> Genießen kaum der hocherlauchten Sonne,
> Da kämpft sogleich verworrene Bestrebung
> Bald mit uns selbst, und bald mit der Umgebung.

Verworrene Bestrebung — das ist die Summe aller der kleinen und großen Begehrlichkeiten, Irrungen und Erbärmlichkeiten, Kleinsinn und Neid, welche die Menschen aus der ihnen vorgezeichneten Bahn werfen und an denen Tausende verkümmern und zugrunde gehen. Und sie wirken zusammen mit der menschlichen Trägheit, die Goethe für das schlimmste Laster hielt, für schlimmer als Tatsünden. Es war ihm nicht zweifelhaft, daß es in erster Linie und immer die Unterlassungssünden sind, die den Menschen am innern Fortschritt hindern und ihn in einen dumpfen und selbstischen Zustand zurückwerfen. Der tröstlichen Zusage: „Wer immer strebend sich bemüht, den können wir erlösen," steht die Tatsache gegenüber, daß dem trägen Menschen nicht zu helfen ist. „Was nennst du denn Sünde? Wie Jedermann — wo ich finde, daß man's nicht laffen kann," das heißt, wo man den Kampf aufgibt und ins Passive zurücksinkt.

Aber nicht genug — den schwersten Kampf hat die Mehrzahl der Menschen mit Mächten zu kämpfen, die Goethe „dämonische" nennt. Teils dringen sie von Außen hemmend oder zerstörend auf den Menschen ein:

> So selten ist es, daß die Menschen finden,
> Was ihnen doch bestimmt gewesen schien,
> So selten, daß sie das erhalten, was
> Auch einmal die beglückte Hand ergriff

und:

> Wer nie sein Brot mit Tränen aß,
> Wer nie die kummervollen Nächte
> An seinem Bette weinend saß,
> Der kennt euch nicht, ihr himmlischen Mächte.
> Ihr führt ins Leben uns hinein,
> Ihr laßt den Armen schuldig werden . . . .

teils erheben sie sich aus den Abgründen des Menschen selbst, und
er stürzt getrieben in das selbstgestellte Netz. Goethe hatte den
tiefsten Eindruck von dem Furchtbaren dieser zwiefachen Schicksalsmächte, von denen das Menschenleben fort und fort bedroht ist.
Die erschütterndste Tragik kam über ihn, wenn er sah, wie zum Getriebe von bösem Willen, Kleinsinn und Trägheit, das den Menschen
zu ersticken droht, so oft noch ein erbarmungsloses ehernes Schicksal
hinzutritt, und wie sich dazu der Mensch selbst aus einer dämonischen
Anlage heraus zu zerstören vermag. Er selbst hatte einen nie ruhenden
Kampf mit seinen Dämonen zu führen; ja einigen gegenüber durfte
er nicht einmal wagen, den Kampf überhaupt aufzunehmen. Er
vermochte sich nur dadurch vor ihren Angriffen zu schützen, daß
er die Situationen vermied, in denen sie ihn überfallen konnten.
Aber auch in den dunkelsten Stunden offenbarten sich ihm die Mächte
des Lebens siegreicher als die des Todes, der Friede Gottes höher
als alles Leid, und heute noch ruft er einem jeden von uns in
dem Elend unsrer Tage zu:

> Komm! wir wollen Dir versprechen
> Rettung aus dem tiefsten Schmerz,
> Pfeiler, Säulen kann man brechen,
> Aber nicht ein freies Herz;
> Denn es lebt ein ewig Leben,
> Es ist selbst der ganze Mann;
> In ihm wirken Lust und Streben,
> Die man nicht zermalmen kann.

Der zweite Vortrag

Goethe ist Gottes Seher in der Natur gewesen. Achtzigjährig
hat er sich „einen alten Schiffer" genannt, „der sein ganzes Leben
auf dem Ozean der Natur zugebracht hat", und er ist seinem Bekenntnis treu geblieben: „Sei es mein einziges Glück, Dich zu be-
rühren, Natur!" Aber der Schluß des ersten Vortrags hat uns nahe
gelegt — was freilich ohne jedes Zeugnis gewiß wäre —, daß auch
er in bezug auf die höchsten Fragen Stellung hat nehmen müssen
zu den großen humanen und geschichtlichen Mächten und Ohn-

mächten. Will man daher feine Religion in der Epoche feiner Vollendung vollständig darstellen, fo muß man fein Verhältnis zur Gefchichte, zum gefchichtlichen Leben und vor allem auch zum Chriftentum
ins Auge faffen.

1.

Jahrzehntelang ftand er der Gefchichte teils indifferent, teils
fkeptifch gegenüber. „Die gefchichtlichen Symbole — töricht, wer fie
wichtig hält; immer forfchet er ins Hohle und verfäumt die reiche
Welt." Das pädagogifch-prüfende Gefpräch mit dem Jenaer Hiftoriker
Luden i. J. 1806, das uns fo ausführlich überliefert ift, ift hier
befonders charakteriftifch. „Nicht alles ift wirklich gefchehen, was
uns als Gefchichte dargeboten wird, und was wirklich gefchehen, das
ift nicht fo gefchehen, wie es dargeboten wird, und was fo gefchehen
ift, das ift nur ein Geringes von dem, was überhaupt gefchehen ift.
Alles in der Gefchichte bleibt ungewiß, das Größte, wie das Geringfte."
Ferner bekennt fich Goethe hier aufs neue zu dem Urteil des Fauft,
daß in der Gefchichte jeder feine eigene Wahrheit hat, und man
in ihr nichts anderes zu fehen bekommt als „der Herren eigenen
Geift, in dem die Zeiten fich befpiegeln".

Allein allmählich gewann er doch eine andere Stellung fowohl
zum Wefen als zur Erkennbarkeit der Gefchichte, wenn er auch eine
gewiffe Skepfis nie zu überwinden vermochte. Nicht nur aus feinem
Berufe als Staatsmann heraus, auch nicht nur infolge feiner
intenfiven Befchäftigung mit der Gefchichte der Naturwiffenfchaften
— hier war er fein eigener Kärrner, und feine „Gefchichte der
Farbenlehre" ift ein gefchichtswiffenfchaftliches Werk erften Rangs —,
fondern ein pofitives Verhältnis zur Gefchichte gewann er vor allem
durch ein tieferes Eindringen in das Wefen des Geiftes im Unter-
fchied von der Natur und in das Wefen der Kulturen der Völker.
Zwar in der „Pandora" (1807) ift das Kulturproblem noch ab-
ftrakt und ohne Rückficht auf die gefchichtlichen Mächte als Aus-
gleich von Naturkraft und Ideal gefaßt; aber man darf wohl
annehmen, daß das Werk auch eben deshalb ein Torfo geblieben
ift. Die Saat Herders ging langfam in ihm auf.

XXIV.

2.

Die Zukehr zur Geschichte ist immer auch Zukehr zu den geschichtlichen Religionen; denn sie sind die stärksten geschichtlichen
Mächte oder waren es wenigstens.

Goethes Verhältnis zum Christentum — zunächst ist hier hervor-
zuheben, wie bibelfest er von Jugend auf gewesen ist. Nicht nur
die biblischen Stoffe waren ihm präsent, sondern auch sehr zahlreiche
Sprüche. Er brauchte im späteren Alter das heilige Buch nicht erst
zu studieren. Mit alttestamentlichen Fragen hat er sich bekanntlich
frühzeitig und hingebend beschäftigt; aber seine Hochachtung vor
der jüdischen Religion wuchs nicht, sondern nahm ab und machte
in der Epoche seiner Vollendung einer entschiedenen Abneigung
Platz. Er konnte zuletzt sogar behaupten, das Christentum stehe
zu dem Judentum in einem stärkeren Gegensatz als zu dem Heiden-
tum. Das starr Deistische, das er als der jüdischen Religion wesentlich zu erkennen glaubte, stieß ihn ab. Die christliche Religion, ein
ursprüngliches Hauptelement seiner Bildung, behauptete zunächst
ihren Platz bei ihm, auch als andere Lebenskräfte und Denkweisen
Eingang begehrten und von ihm ergriffen wurden. Sie stieß sich
mit ihnen aufs härteste, aber Goethe verabschiedete sie zunächst nicht,
so lange sie ihm in so lebendiger, mannigfaltiger und eindrucks-
voller Gestalt entgegentrat wie durch Herder, das Fräulein von
Klettenberg und den Herrnhuter Kreis, die Mystik der Frau
von Guyon, Lavater, Jacobi und andere. Noch in einem jüngst
entdeckten Briefe vom J. 1774 an einen pietistischen Freund er-
bittet er vom „hochgelobten Heiland" zum neuen Jahre die Fortsetzung des Freundschaftsverhältnisses. Liest man freilich andere Zeugnisse aus dieser Zeit, so versteht man es kaum, wie es ihm möglich
war, so Verschiedenes nebeneinander festzuhalten. Unzweifelhaft gab
es in seiner Seele eine Stelle, an der sich das Bild der Hoheit in
der Niedrigkeit, also das Bild des Gekreuzigten, gegenüber Bedenken und Widersprüchen aller Art doch behauptete.

Die Katastrophe — denn von einer solchen darf man reden —
mußte hereinbrechen; aber daß sie so kam, wie sie gekommen ist,

und fo ſchmerzlos war, iſt hauptſächlich Cavaters Schuld. Das
Gemiſch von Fanatismus, Engherzigkeit, Wunderglaube, Senti‑
mentalität und Selbſtbetrug, das ihm am Chriſtentum des Freundes
entgegentrat, zeigte ihm den üblen Sumpf, an dem er ſelbſt ſtand,
und zugleich die Feſſeln, die er abwerfen mußte, um wahrhaftig
und frei zu werden. „Ich kann es nicht anders als ungerecht und
einen Raub nennen, der ſich für Deine gute Sache nicht ziemt,‟
ſchreibt er, „daß Du alle köſtlichen Federn der tauſendfachen Ge‑
flügel unter dem Himmel ihnen, als wären ſie uſurpiert, ausraufſt,
um Deinen Paradiesvogel ausſchließlich damit zu ſchmücken. Dieſes
iſt, was uns notwendig verdrießen und unleidlich ſcheinen muß, die
wir uns einer jeden durch Menſchen und den Menſchen offenbarten
Weisheit zu Schülern hingeben und als Söhne Gottes ihn in uns
ſelbſt und allen ſeinen Kindern anbeten. Da ich zwar kein Wider‑
chriſt, kein Unchriſt, aber doch ein dezidierter Nichtchriſt bin, ſo hat
mir Dein Buch widrige Eindrücke gemacht, weil Du Dich gar zu
ungebärdig gegen den alten Gott und ſeine Kinder ſtellſt. Du hältſt
das Evangelium, wie es ſteht, für die göttlichſte Wahrheit, — mich
würde eine vernehmliche Stimme vom Himmel nicht überzeugen,
daß das Waſſer brennt und das Fener löſcht, daß ein Weib ohne
Mann gebiert und daß ein Toter auferſteht, vielmehr halte ich das
für Läſterung gegen den großen Gott und ſeine Offenbarung in
der Natur. Du findeſt nichts ſchöner als das Evangelium; ich finde
tauſend geſchriebene Blätter alter und neuer von Gott begnadeter
Menſchen ebenſo ſchön und der Menſchheit nützlich und unentbehrlich.‟
Mit dem orthodox‑pietiſtiſchen Chriſtentum war er nun für
immer fertig, und mit dieſem ſchob er jetzt die chriſtliche Religion
überhaupt zurück. Die volle Hingabe an die Antike, wie er ſie ver‑
ſtand, und der Aufenthalt in Rom vollendeten dann die Abkehr —
mit ſouveränerer Nichtachtung und Verachtung iſt ſchwerlich jemand
vor ihm und nach ihm dem Katholizismus in Rom begegnet! Nur
die bunte Welt des kirchlichen Tun und Treibens intereſſierte ihn,
alſo die Unchriſtlichkeit der Kirche. Was ſie aber „Chriſtliches‟ bot,
bereitete ihm die übelſten Empfindungen, und den Teufel läßt er

sprechen: „Ihr wißt, wie wir in tief verruchten Stunden Vernichtung
sannen menschlichem Geschlecht; das Schändlichste, was wir erfunden,
ist ihrer Andacht eben recht." Aber er wollte auch kein Kreuz mehr
sehen, und selbst Madonnenbilder wurden ihm lästig; jede Erinnerung an die Hostie erweckte in ihm den entschiedensten Widerwillen
und jedes christliche Wort Überdruß. „Die Geschichte des guten
Jesus habe ich nun so satt, daß ich sie von keinem, als allenfalls
von ihm selbst, hören möchte." Er ging noch weiter: „Jeglichen
Schwärmer schlagt mir ans Kreuz im dreißigsten Jahre." Die ganze
Kirchengeschichte erschien ihm lediglich als „ein Mischmasch von
Irrtum und Gewalt", und er verhöhnte ihre Entwicklung in den
Worten:

> Zwei Gegner sind es, die sich boxen,
> Die Arianer und Orthodoxen,
> Durch viele Saecla dasselbe geschiecht,
> Es dauert bis an das jüngste Gericht.

Auch auf die Reformation und das evangelische Christentum
dehnte er seine Abneigung aus; von jener behauptete er, sie habe
ruhige Bildung zurückgedrängt, und von diesem, es sei — abgesehen
von Luthers Charakter — ein verworrener Quark, der uns noch
täglich zur Last falle. Ein „Ersticken am Wiederkäuen sittlicher und
religiöser Absurditäten" befürchtete er, und ein gewisses Unbehagen,
ja ein Argwohn allem Christlich-Kirchlichen gegenüber hat sich als
Unterströmung aus der mittleren Zeit seines Lebens bis in die letzte
Periode gezogen. Daß er dem orthodoxen Pietismus bis zuletzt
mit superiorer Ablehnung gegenübergestanden hat, lehrt seine
kritische Anzeige der Predigten Krummachers, die ihm auf einen
dumpfen, armseligen Zustand zugeschnitten erscheinen.

3.

Man darf dennoch behaupten, daß der Faden, der ihn mit seinen
christlichen Jugendeindrücken verband, niemals völlig abgerissen ist.
Seit der Zeit der Freiheitskriege aber läßt sich deutlich der all-
mähliche Aufstieg zu einer umfassenderen und vertieften Religions-
anschauung erkennen. Aus der Wirrnis der Gegenwart flüchtet er

in den Orient, „Patriarchenluft zu koſten", und was er von dort
zurückbringt und mit einem neuen Liebes- und Lebensgefühl durchdringt, das war nicht nur eine neue Poeſie, ſondern, der Ausdruck
iſt nicht zu ſtark, eine neue Seele. Dieſe neue Seele eroberte Gebiete, die ihm bisher verſchloſſen waren, und indem gleichzeitig in
und neben der pantheiſtiſchen Weltbetrachtung die theiſtiſche ihr
Recht bei ihm durchſetzte, gewann ſeine Lebensanſchauung die Stufe
der Vollendung, und die Pyramide ſeines Daſeins wurde bis zur
Spitze geführt.

Aber man muß ſich auch jetzt vor Syſtematiſierung und
Schematiſierung ſeiner Gedanken hüten. Nur Töne und Akkorde
darf man anſchlagen, wie er ſie ſelbſt angeſchlagen hat. Sie quellen
bei ihm hervor aus einer ſymphoniſchen Konzeption, die als Ganze
in ſeinem Geiſt und in ſeiner Seele tief verſchloſſen bleibt. „Höhere
Maximen ſollen wir nur ausſprechen, inſofern ſie der Welt zu Gute
kommen; andere ſollen wir bei uns behalten; aber ſie mögen und
werden auf das, was wir tun, wie der milde Schein einer verborgenen Sonne ihren Glanz breiten." Und ähnlich: „Es iſt nicht
immer nötig, daß das Wahre ſich verkörpere: ſchon genug, wenn
es wie Glockenton ernſt freundlich durch die Lüfte wogt." Ruhe
in Gott — Gnade und Überlieferung — Glaube und Zuverſicht
in der Stellung zum Leben — raſtloſe Tätigkeit und Entſagung —
Liebe und Vollendung durch Erlöſung: das ſind die Töne und
Akkorde, die Goethe uns jetzt hören läßt:

Gottes iſt der Orient,
Gottes iſt der Okzident,
Nord- und ſüdliches Gelände
Ruh'n im Frieden ſeiner Hände.

Die Prometheus-Stimmung iſt zurückgedrängt; ſchon der Schluß
der „Pandora" zeigt das. Goethe empfindet, daß das Tiefſte und
Höchſte, was die Menſchenbruſt bewegt und beſeligt, den Charakter
und die Empfindungsfarbe eines geſchenkten Gutes hat — „Ein
holder Born, in welchem ich bade, iſt Überlieferung, iſt Gnade" —,
und daß das Leben, wenn es als höheres empfunden wird, auch
zur Anerkennung einer höheren Leitung führt:

Was zu wünschen ist, ihr drunten fühlt es,
Was zu geben ist, die wissen's droben.
Groß beginnet ihr Titanen,
Aber leiten zu dem Ewigguten, Ewigschönen
Ist der Götter Werk — die laßt gewähren!

Nun entschleiern sich ihm auch das Wesen des Glaubens
und die Kraft der beseligenden und vollendenden Liebe.

Der Glaube als die Zuversicht zum Sinn des Lebens und
als Zuversicht zum Sieg des Lebens. In einem monumentalen
Zeugnis hat Goethe sein Bekenntnis zu diesem Glauben niedergelegt: „Das eigentliche, einzige und und tiefste Thema der Welt-
und Menschengeschichte, dem alle übrigen untergeordnet sind, bleibt
der Konflikt des Unglaubens und Glaubens. Alle Epochen, in
welchen der Glaube herrscht, unter welcher Gestalt er auch wolle,
sind glänzend, herzerhebend und fruchtbar für Mitwelt und Nachwelt. Alle Epochen dagegen, in welchen der Unglaube, in welcher
Form es sei, einen kümmerlichen Sieg behauptet — und wenn sie
auf einen Augenblick mit einem Scheinglanz prahlen sollten —,
verschwinden vor der Nachwelt, weil sich niemand gern mit Erkenntnissen des Unfruchtbaren abquälen mag."

Goethe geht aber nicht im Sinne einer oberflächlichen Dogmatik
vom Glauben sofort zur Liebe über, vielmehr schiebt er hier ein
Doppeltes ein und dringt darauf mit dem größten Nachdruck und
Ernst. Das Erste kennen wir schon: es ist gegenüber dem Laster
der Trägheit seine Forderung rastloser Tätigkeit, nur daß jetzt diese
Tätigkeit entschiedener als selbstloser Dienst zum Wohle des Ganzen
charakterisiert wird. „Immer strebend sich bemühen", das heißt
nicht nur, ja nicht einmal in erster Linie, die Arbeit an sich selber,
sondern, wie der Schluß des „Faust" lehrt, die hingebende Arbeit
für andere. Die Arbeit an sich selber aber — und das ist das
Zweite — stellte sich Goethe in der Epoche seiner Vollendung mehr
und mehr als Entsagung dar. Von ihr hat er in früheren
Perioden nur wenig und schmerzvoll gesprochen; jetzt geht ihm
immer mehr auf, daß eine hochgemutete und stetige Entsagung nötig
ist, um nicht stückweise an die Welt zu zerfallen, sondern sich selbst zu

behaupten. „Wer für die Welt etwas tun will, darf sich mit ihr
nicht einlassen," so bestimmt lautet jetzt die Forderung, und sein
letzter großer Roman ist, wie schon der Titel lehrt, ganz auf diesen
Ton gestimmt. Der Mensch muß sich einer pädagogischen Zucht
unterwerfen und verzichten lernen, um das auszubilden, was in
ihn gelegt ist, sein Urbild zu verwirklichen und auf seiner Linie zur
Vollendung zu gelangen. Entsagung in diesem Sinne, das ist die
Askese, die einzige, die Goethe nun gelten läßt, die er aber jetzt auch
fordert. Sie hat nichts zu tun mit der mönchischen Abtötung oder
gar mit Selbstwegwerfung, vielmehr gehört sie mit dem freudigen
„Immer strebend sich bemühen" untrennbar zusammen, ja sie ist selber
dieses Bemühen:

> Das Opfer das die Liebe bringt,
> Es ist das teuerste von allen:
> Doch wer sein Eigenstes bezwingt,
> Dem ist das schönste Los gefallen.

„Wer immer strebend sich bemüht, den können wir erlösen" — ein
Freund hatte Goethe gegenüber die Vermutung ausgesprochen, das
Faustdrama werde seine befriedigende Lösung in der Durchführung
des Gedankens finden: „Ein guter Mensch in seinem dunklen Drange
ist sich des rechten Weges wohl bewußt." Goethe lehnte das ab:
„Das wäre ja Aufklärung; Faust endet als Greis, und im Greifen-
alter werden wir Mystiker." Das klingt fast wie eine Entschuldigung;
aber daß es so nicht gemeint sein kann, lehrt nicht nur die Sicherheit, mit welcher das Faustproblem in diesem Sinne zu Ende geführt
ist, sondern auch die Fülle der Gedanken über die Liebe und die
Vollendung, die wir von ihm aus seiner letzten Epoche besitzen.

Wie für Dante läßt sich auch für Goethe zeigen, daß sich ihm
im Laufe seines Lebens das tiefste Wesen der Liebe allmählich entschleiert hat, und daß der Begriff bei ihm zwar nie seine elementare
Art und Kraft verloren, aber sich transformiert und zum Höchsten entwickelt hat:

> Wie strack mit eignem kräft'gen Triebe
> Der Stamm sich in die Lüfte trägt,
> So ist es die allmächt'ge Liebe,
> Die Alles bildet, Alles hegt.

Die Liebe ist aber etwas so Großes, weil es ohne sie keine Erlösung und Vollendung gibt — Goethe kennt keine andere Erlösung als Vollendung —, und weil kein höheres Leben gedacht
werden kann, das sich aus dem bloßen Streben heraus die vollendende Erlösung selbst zu schaffen vermag:

> Gerettet ist das edle Glied
> Der Geisterwelt vom Bösen:
> Wer immer strebend sich bemüht,
> Den können wir erlösen;
> Und hat an ihm die Liebe gar
> Von oben teilgenommen,
> Begegnet ihm die sel'ge Schar
> Mit herzlichem Willkommen.

Man darf an dem „gar" nicht Anstoß nehmen. Es mag dahin-
gestellt bleiben, ob es nicht des Reims wegen gesagt ist, aber gewiß
soll es nicht abschwächen, als wäre die Liebe von oben hier etwas
halb Überflüssiges, sondern vielmehr steigern. Im Juni 1831 äußerte
er Eckermann gegenüber: „In jenen Versen ist der Schlüssel zu Fausts
Rettung enthalten: in Faust selber eine immer höhere und reinere
Tätigkeit bis ans Ende, und von oben die ihm zu Hilfe kommende
ewige Liebe. Es steht dieses mit unsrer religiösen Vorstellung durchaus in Harmonie, nach welcher wir nicht bloß durch eigne Kraft
selig werden, sondern durch die hinzukommende göttliche Gnade."
Wie Goethe über einen zeitgenössischen Dichter geäußert hat, es
fehle ihm die Liebe, und ihn damit verurteilt, so hat er darüber
keinen Zweifel gelassen, daß aus dem Vergänglichen und dem Unzulänglichen nur die göttliche Liebe herausführt, daß sie daher nicht
eine bloße Zugabe zum Leben ist, die auch fehlen kann, sondern
Nahrung und Kraft des höheren Lebens:

> Steigt hinan zu höhrem Kreise,
> Wachset immer unvermerkt,
> Wie nach ewig reiner Weise
> Gottes Gegenwart verstärkt!
>
> Denn das ist der Geister Nahrung,
> Die im freisten Aether waltet:
> Ew'gen Liebens Offenbarung,
> Die zur Seligkeit entfaltet.

Ift der Glaube die Zuverficht zum Sinn des Lebens und
zum Sieg des Lebens, fo hat Goethe in der Epoche feiner Vollendung in der Liebe von oben die Kraft des Sieges und die
Kraft der vollendenden Erlöfung empfunden. Es ift aber diefe Liebe
diefelbe Liebe, „die Alles bildet, Alles hegt“, und die fich jedem
Wefen auf immer höheren Stufen fo offenbart, wie es ihm nötig
ift. Das fchlichtefte Zeugnis für diefe Einheit bietet wohl jene Szene,
wo Eckermann über die eben beobachtete Mutterliebe einer Gras-
mücke in Erftaunen ausbricht und Goethe „bedeutungsvoll“ bemerkt:
„Närrifcher Menfch! wenn Ihr an Gott glaubtet, fo würdet Ihr
Euch nicht verwundern . . . Die göttliche Kraft ift überall verbreitet
und die ewige Liebe überall wirkfam.“

4.

An diefe Welt der Empfindungen und Gedanken muß man
Goethes Ausfagen über die chriftliche Religion aus der letzten Zeit
feines Lebens anfchließen. Sie bedürfen nun keines Kommentars
mehr, und fie fprechen für fich felbft.

Goethe nennt die chriftliche Religion jetzt die dritte und höchfte
Stufe in der Religionsgefchichte. „Nun kann die Menfchheit nicht
mehr zurück, und man darf fagen, daß die chriftliche Religion, da
fie einmal erfchienen ift, nicht wieder verfchwinden könne, und da
fie fich einmal göttlich verkörpert hat, nicht wieder aufgelöft werden
mag.“ Und: „Die chriftliche Religion ift ein mächtiges Wefen für
fich, woran die gefunkene und leidende Menfchheit von Zeit zu Zeit
fich immer wieder emporgearbeitet hat, und indem man ihr diefe
Wirkung zugefteht, ift fie über aller Philofophie erhaben und bedarf
von ihr keiner Stütze.“ „Die chriftliche Religion, oft genug zer-
gliedert und zerftreut, muß fich doch immer wieder am Kreuz zu-
fammenfinden.“ Von der Bibel bekennt er: „Deshalb ift die Bibel
ein ewig wirkfames Buch, weil, fo lange die Welt fteht, niemand
auftreten und fagen wird: Ich begreife es im Ganzen und verftehe
es im Einzelnen; wir aber fagen befcheiden: Im Ganzen ift es
ehrwürdig und im Einzelnen anwendbar.“ Und: „Jene große Ver-

ehrung, welche der Bibel von vielen Völkern und Geschlechtern der
Erde gewidmet worden, verdankt sie ihrem innern Wert. Sie ist
nicht etwa nur ein Volksbuch, sondern das Buch der Völker, weil
sie die Schicksale eines Volks zum Symbol aller übrigen aufstellt,
die Geschichte derselben an die Entstehung der Welt anknüpft und
durch eine Stufenreihe irdischer und geistiger Entwicklungen, notwendiger und zufälliger Ereignisse bis in die entferntesten Regionen
der äußersten Ewigkeiten hinausführt . . . Wenn man die jüdische
Geschichte bis auf die Neuzeit ergänzte und die Ausbreitung des
Christentums hinzufügte, wenn man vor der Offenbarung Johannis
die reine christliche Lehre im Sinne des Neuen Testaments zusammengefaßt aufstellte, so verdiente dieses Werk nicht nur als allgemeines
Buch, sondern als allgemeine Bibliothek der Völker zu gelten und
würde gewiß, je höher die Jahrhunderte an Bildung steigen,
immer mehr zum Teil als Fundament, zum Teil als Werkzeug der
Erziehung, freilich nicht von naseweisen, sondern von wahrhaft
weisen Menschen genützt werden können." Welch ein weit aus-
schauender Plan, freilich ganz unausführbar, aber eben deshalb
als Ziel so wertvoll!

Wenige Tage vor seinem Tode hat er (11. März 1832) sein
Urteil über die christliche Religion also zusammengefaßt: „Mag die
geistige Kultur nun immer fortschreiten, mögen die Naturwissen-
schaften in immer breiterer Ausdehnung und Tiefe wachsen und
der menschliche Geist sich erweitern, wie er will — über die Hoheit
und sittliche Kultur des Christentums, wie es in den Evangelien
schimmert und leuchtet, wird er nicht hinauskommen." Das ist das
testamentarische Bekenntnis Goethes in der Stunde seiner Vollendung!

Auch zur Reformation gewann er jetzt ein sicheres Verhältnis.
Zwar Luthers Charakter war ihm immer groß erschienen, jetzt
aber schreibt er: „Sie läuten soeben mit unsern sonoren Glocken
das Reformationsfest ein. Ein Schall und Ton, bei dem wir nicht
gleichgültig bleiben dürfen: Erhalt' uns Herr bei Deinem Wort
und steure!" Und er bezeugt: „Wir wissen gar nicht, was wir

Luther und der Reformation im allgemeinen alles zu danken haben. Wir sind frei geworden von den Fesseln geistiger Borniertheit; wir sind infolge unserer fortwachsenden Kultur fähig geworden, zur Quelle zurückzukehren und das Christentum in seiner Reinheit zu fassen." Auch in das Wesen des evangelischen Christentums ist Goethe eingedrungen, wenn er präzis formuliert: „Der Haupt-begriff des Luthertums beruht auf dem entschiedenen Gegensatz von Gesetz und Evangelium."

Aber Wissen und Glauben wollte Goethe auch jetzt noch, wie früher, unvermengt lassen — „daß ein Philosoph durch einen Umweg über die Ur- und Ungründe des Wesens und Nicht-Wesens seine Schüler wiederum zum Kreuze hinführt, will mir nicht behagen. Das kann man wohlfeiler haben und besser aussprechen" —, und von den verstaubten Dogmen wollte er noch immer nichts wissen: „Ich glaubte an Gott und die Natur und an den Sieg des Edlen über das Schlechte; aber das war den frommen Seelen nicht genug; ich sollte auch glauben, daß drei Eins sei und Eins drei; das aber widerstrebte dem Wahrheitsgefühl meiner Seele; auch sah ich nicht ein, daß mir damit im mindesten wäre geholfen worden." Der Kirche räumte er jetzt wohl ein Recht ein, aber nur ein relatives: „Der Standpunkt der Kirche ist mehr menschlicher Art. Er ist ge-brechlich, wandelbar und im Wandel begriffen; doch auch er wird in ewiger Umwandlung dauern, solange schwache menschliche Wesen sein werden." Die Ueberzeugung hat Goethe nie aufgegeben, daß es eine große, freie Menschheitsreligion gibt, die der Ertrag eines am Christentum — nicht ebenso leicht an anderen Religionen — er-starkten höheren Lebens ist; ihr gegenüber sind alle positiven Reli-gionen, wie sie sich als Glaubenssätze und Kirchen darstellen, un-vollkommen, ungenügend und unsicher.

Um so sicherer aber trat ihm die Einzigartigkeit der Person Christi aus der Bibel und der Weltgeschichte entgegen. Zwei Äußerungen sind hier besonders entscheidend. Er bekennt von Christus: „Dort sehen wir ihn stehen, wo Gott das Weltall auf-gerichtet hat" — man überlege, was dieses Wort bedeutet! —, und

er äußert sich Eckermann gegenüber: „In den Evangelien ist der
Abglanz einer Hoheit wirksam, die von der Person Christi ausging
und die so göttlicher Art, wie nur je auf Erden das Göttliche erschienen ist. Fragt man mich, ob es in meiner Natur sei, ihm anbetende Ehrfurcht zu erweisen, so sage ich: Durchaus! Ich beuge
mich vor ihm als der göttlichen Offenbarung des höchsten Prinzips
der Sittlichkeit."

Aber auch damit ist noch nicht das Letzte, was er hier empfand, von ihm gesagt: Die Ehrfurcht vor dem, was unter
uns ist, ist Goethe eben an dem Kreuze, welches ihm inmitten
der profanen Welt so unerträglich war, als heiliges Geheimnis
aufgegangen: „Die Ehrfurcht, vor dem, was unter uns ist, ist ein
Letztes, wozu die Menschheit gelangen konnte und mußte. Aber
was gehörte dazu, die Erde nicht allein unter sich liegen zu lassen
und sich auf einen höheren Geburtsort zu berufen, sondern auch
Niedrigkeit und Armut, Spott und Verachtung, Schmach und Elend,
Leiden und Tod als göttlich anzuerkennen, ja selbst Sünde und
Verbrechen nicht als Hindernisse, sondern als Fördernisse des Heiligen
zu verehren und liebzugewinnen?" Die Kraft dieser schauernden
und ehrfürchtigen Worte soll von der Tiefe der Einheit des Er-
lösers mit dem göttlichen Willen und von der umwertenden und
umschaffenden Kraft der leidenden Liebe eine Ahnung geben! „Aber
wir ziehen einen Schleier über seine Leiden, eben weil wir sie so
hoch ehren. Wir halten es für eine verdammungswürdige Frechheit,
jenes Martergerüst und den daran leidenden Heiligen dem Anblick
der Sonne auszusetzen, die ihr Angesicht verbarg, als eine ruchlose
Welt ihr das Schauspiel aufdrang, mit diesen Geheimnissen, in
welchen die göttliche Tiefe des Leidens verborgen liegt, zu spielen,
zu tändeln, zu verzieren und nicht eher zu ruhen, als bis das
Würdigste gemein und abgeschmackt erscheint." Wer wollte und
wer dürfte diesen Worten etwas hinzufügen! — —

„Glaubt ihr, ein Sarg könne mir imponieren? Kein tüchtiger
Mensch läßt seiner Brust den Glauben an Unsterblichkeit rauben!"

fo ſprach Goethe zum Kanzler von Müller bei einer nächtlichen
Unterredung (1830.) „Alle die ſind auch für dieſes Leben tot, die
kein anderes hoffen", lautet ein anderer ſeiner Ausſprüche. Und:
„Wirken wir fort, bis wir, vom Weltgeiſt berufen, in den Äther
zurückkehren! Möge der ewig Lebendige uns reine Tätigkeiten nicht
verſagen, jenen analog, in denen wir uns ſchon erprobt haben."
Auf welcher Grundlage er in den hohen Stunden ſeines Lebens
hoffte, nicht aus philoſophiſchen Erwägungen heraus — er lehnte
ſie hier ab —, ſondern aus der Kraft einer am geſchichtlichen Leben
gewonnenen Geſinnung, die ihm zum Leben ſelbſt wurde, das
hat er in den Verſen niedergelegt:

> Laßt fahren hin das Allzuflüchtige,
> Ihr ſucht bei ihm vergebens Rat,
> In dem Vergangenen lebt das Tüchtige,
> Verewigt ſich in ſchöner Tat.
> Und ſo gewinnt ſich das Lebendige
> Durch Folg' aus Folge neue Kraft;
> Denn die Geſinnung, die beſtändige,
> Sie macht allein den Menſchen dauerhaft.
> So löſt ſich jene große Frage
> Nach unſrem zweiten Vaterland;
> Denn das Beſtändige der ird'ſchen Tage
> Verbürgt uns ewigen Beſtand.

Die Geſinnung, die beſtändige — ſie war auch bei ihm nicht
in dem Sinne „beſtändig", daß ſie nicht zeitweilig auch noch in
ſeinem Alter dunkleren Betrachtungen und Gefühlen unterlag; aber
die „Taganſicht" behielt den Sieg über die „Nachtanſicht". Unſer
höheres Weſen kommt nicht in einem ruhigen, ſicheren Beſitz, ſondern
im Kämpfen und Ringen zum Ausdruck. Nur das, wonach wir
mit Bewußtſein ſtreben, iſt unſer Eigentum; was wir zu beſitzen
meinen, haben wir bald verloren.

Das Gebet als Sehnsucht der Seele[1]

Bittet, so wird euch gegeben

Dies ist das Grundwort für die Stellung des Gebets im Leben
der Kinder Gottes. Wir verstehen das Gebet aber in seiner rechten
Art und Bedeutung nur aus der Einsicht in dieses Leben heraus.
Das Leben der Kinder Gottes ist als solches Leben aus Gott, denn
es ist Quelleben der Seele, es ist Leben aus dem Glauben. Was
in Wahrheit Leben ist, das entspringt von selbst aus der Fühlung
der Seele mit der göttlichen Tiefe aller Wirklichkeit. Die Seele wird
durch ihre Erlebnisse, ob es Schicksalsschläge oder Aufgaben, Nöte
oder Glückszufälle sind, befruchtet und zu den wahrhaft gehörigen
und innerlich notwendigen Lebensäußerungen entbunden. Sie läßt,
indem sie unmittelbar aus den Kräften und Klarheiten, die unter
den tiefen Eindrücken entspringen, lebt, den Willen Gottes ins
Leben treten, Gestalt gewinnen, Erfüllung finden. So ist alles,
was wahrhaft Leben ist, Gnade, denn es ist Erlebnis und Wirken
Gottes. Jedes Eigenwerk, das nicht Gott geschaffen hat, taugt
nichts. Alles menschlich Beabsichtigte und Ausgedachte, was wir
tun, ist verkehrt. Was nicht unmittelbar aus Glauben quillt, ist
Sünde. Alles das ist ohne Leben und Wirkenskraft. Es ist tot und
ein Ferment der Zersetzung, es ist nicht Heil, sondern Unheil. Und
alles, was wahrhaft Leben ist, ist göttliche Gabe. Ein Mensch
kann sich nichts nehmen, es werde ihm denn gegeben. Das echte
Leben der Kinder Gottes besteht darin, daß sie als Werkzeuge
Gottes vollbringen, was ihnen „vom Himmel gegeben" wird. Was
wir uns selbst aneignen, bleibt unfruchtbar, ja, es wirkt in irgend-
welchem Grade tödlich für uns und für die andern. Es ist nichts
für uns, wenn es uns nicht gegeben wurde.

---

[1] Aus dem 3. Band der Reden Jesu „Vom Vater im Himmel",
C. H. Beck'sche Verlagsbuchhandlung, München 1918. Es ist das 1. Kapitel
des 4. Teils des Buches, der die Reden Jesu über das Gebet behandelt. Die
folgenden Kapitel sind: „Das Gebet im Glauben und seine Erhörung" —
„Die Gottergebenheit des gläubigen Gebets" — „Das kindliche Gebet" —
„Die Fürbitte".

So beruht das Leben der Kinder Gottes durchaus auf Empfangen. Die Kinder dieser Welt leben vom Nehmen. Aber sie können nicht empfangen. Darum wird es nicht ihnen eigen und eigentümlich, es wird für sie kein zeugendes Leben. Es bleibt ihnen verzehrendes Fremdwesen. So vergehen und verwesen sie am Nehmen. Wir können von nichts, was von dieser Welt ist, leben, sondern nur daran sterben, wenn wir nicht das empfangen, was darin nicht von dieser Welt ist. Die Gabe Gottes, die es nicht an sich ist, sondern die es wird, wenn uns Gott damit ergreift und begabt, muß von der Seele ergriffen werden. Erst dann können wir davon leben, weil wir im tiefsten Wesen Gottes sind. Darum dürfen die Kinder Gottes nur leben, was sie empfangen. Und was sie empfangen, sollen sie hervorbringen und weitergeben, damit dienen und Leben mitteilen, auf daß durch sie wieder andern etwas vom Himmel gegeben wird. Infolgedessen kann auch niemand in Wahrheit geben, ohne daß ihm gegeben wird, weil er das, was er gibt, erst im Verborgenen von Gott empfangen muß. Deshalb sagt Jesus: „Gebet, fo wird euch gegeben." Je mehr wir auf Dienen und Geben aus sind, um so mehr empfangen wir vom Himmel. Je mehr wir uns selbst hingeben, um so mehr empfangen wir uns selbst. Je mehr wir unser Leben laffen für die Brüder, um fo mehr quillt uns Leben aus der göttlichen Tiefe zu.

Erst angesichts dieses Lebensgesetzes der seelischen Weltordnung leuchtet uns das Wort Jesu: „Bittet, fo wird euch gegeben" in feiner tiefen Wahrheit auf. Es handelt sich hier gar nicht um bestimmte menschliche Wünsche, die wir bittend vor Gott bringen. Wir wissen ja eigentlich gar nicht, um was wir bitten sollen, weil wir nicht ahnen, was uns von Gott geschenkt werden soll. Sondern es handelt sich hier um das Verlangen nach Empfängnis von Gott in allen Erlebnissen und Lebensansprüchen, um die Sehnsucht der Seele nach dem Leben, das durchaus Gabe Gottes ist. Es ist die allgemeine, immer neue, nie aussetzende Inbrunst der Seele nach Gott Gegebenem, das sie empfangen möchte.

Dieser Sehnsucht sagt Jesus nicht: wartet, sondern: bittet. Wende

dich mit Bewußtſein und Willen zum Vater, damit er gibt, und
zwar ſo gibt, wie Gott gibt. Er fügt nicht zu noch ein, er ſtellt
nicht neben uns, noch häuft er um uns äußerlich an, ſondern er
befruchtet. Er läßt ſeine Lebensgaben in uns keimen, Wurzel ſchlagen
und aufgehen. Was er gibt, hat Leben in ſich ſelbſt und Lebenskraft, Lebensbeſtimmungen und Anlagen, eine eigene innere Geſetz-
lichkeit und eine eigentümliche in ſich vorgebildete Form. Es iſt ein
Wahrheitsſame, in dem das Gute Gottes ruht. Das geht auf und
entfaltet ſich, wenn wir es empfangen, es in einem feinen und guten
Herzen bewahren und es austragen und geboren werden laſſen.

Die Bitte iſt eine: gib, und ſie umfaßt doch alles, was uns
Gott geben kann. Die Kinder Gottes bitten abſolut, nicht weil ſie
alles nehmen wollen, ſondern weil ſie alles, was ſie erleben, empfangen wollen. Sie ſehnen ſich danach, daß ihnen alles, was ſie
betrifft und ihnen begegnet, gegeben wird. Die Bitte geht nicht
auf die Sachen, ſondern auf das Erlebnis, daß Gottes Güte es
ihnen zur Gabe werden laſſen möchte. Gib mir das Leid und die
Freude, die du mir bereiteſt; gib mir die Nöte und Schwierigkeiten,
die Anfechtungen und Erquickungen; gib mir mein Lebenswerk und
meinen Tageslauf: gib mir die Menſchen, die auf mich angewieſen
ſind, und das Gedinge, in das ich geſtellt bin. Mit andern Worten:
Gib mir dich ſelbſt in allem und jedem, was mir naht. Laß dich
empfangen durch mich, dein irdiſches Mittel, durch das du dich
offenbaren willſt. Wir können auch ſagen: Gib mir Glauben, wenn
Glaube Empfänglichkeit der Seele iſt, und alles, was Leben und
Lebenswert, was die Wahrheit und das Gute in ſich trägt, nur
aus dem Glauben quillt.

Jeſus ſagt uns nicht: wartet, ſondern: bittet, weil uns die
ganze Fülle deſſen, was Gott uns geben kann, umgibt und fortwährend auf uns zuſtrömt. Er bringt uns doch andauernd alles
mögliche heran, alles, was wir erleben. Das alles ſoll uns gegeben werden, und darauf bezieht ſich die Bitte. Genau ſo wie
der Glaube hat auch das Gebet die geſamte Wirklichkeit, die wir
erleben, zu ihrem Gegenſtand. Es iſt eigentlich die Bitte um die

Fähigkeit zu empfangen. Denn es ist alles da, aber wir können nichts damit anfangen, solange es uns nicht gegeben wird. In dieser Lage stehen wir doch alle mehr oder weniger. Keine Klage höre ich so oft wie die: „Hier und da ist mir einmal etwas aufgegangen von dem, was an mich herantrat, und seelisch, göttlich lebendig geworden. Aber das ist selten. Gewöhnlich ist alles tot und kalt, und ich weiß nichts Rechtes damit anzufangen. Ich merke nichts von dem, was darin pulsiert und dahinter waltet. Ich spüre nicht den Sinn, und es quillt keine Kraft daraus. Ich finde nicht die seelische Fühlung damit." Trostlose Lage, zu wissen: da ist überall Gott, aber ihn nicht gewahr zu werden. Alles schwillt in Saft und Trieb seines Lebens, aber es wird nicht mein Eigen. Hört es alle: Bittet, so wird euch gegeben. Fragt jetzt noch jemand: Was denn? Alles, du törichtes Kind. Streck nur die Hand aus, laß es dir einen richtigen Eindruck machen, tritt in Ehrfurcht der Gabe Gottes gegenüber und bitte darum, dann gibt es nichts, was du erlebst, das dir nicht gegeben würde. Und dann kannst du alles, was du sollst. Es geht alles von selbst und dient dir zum Leben. Und alles lebt in dir und entspringt wie ein Strom lebendigen Wassers aus dir.

Diese Vollmacht zu bitten gewinnt ihren ungeheuren Wert durch die unbedingte Zusage: „so wird euch gegeben". Sie kann unbedingt sein, denn solches Bitten ist Sehnsucht der Seele. Diese Sehnsucht heiligt ganz von selbst den Menschen, indem sie ihn durchglüht. Sie ist Selbstaufgabe und Selbsthingabe. Sie ist Gottergebenheit, die danach verlangt, von Gott ergriffen zu werden. Sie läßt alles versinken, was dahinten liegt, und streckt sich nur nach dem, was vorliegt. Sie ist Zittern nach dem Erlebnis des Augenblicks und seiner göttlichen Tiefe. Sie läßt den Menschen empfänglich werden in ihrer leidenschaftlichen Spannung, und darum wird ihr unter allen Umständen gegeben werden.

Die Erhörung dieser grundlegenden Bitte der Kinder Gottes besteht nicht darin, daß sich äußerlich etwas ändert, sondern daß innerlich alles anders wird, daß alles Leben gewinnt, in uns zu

XXIV.   3

gären und zu keimen beginnt, sich entfaltet, aufblüht und Früchte bringt. Schöpferisches Leben ist es, was uns gegeben wird. Das ist eine Erhörung über Bitten und Verstehen, denn das kann sich kein Mensch ausdenken. Ja, darauf ist gar keiner aus, weil niemand eine Ahnung hat, daß es so etwas gibt. Das geht uns nur auf, wenn wir es erleben, wenn es uns einmal gegeben wird. Dann ist es wie eine Offenbarung, wie ein Blick in das Geheimnis einer Art Leben, die so hoch, wie der Himmel über der Erde ist, das ge= wöhnliche Leben übertrifft. Und dann gibt es allerdings nur eine Sehnsucht und Bitte für uns: Laß uns alles empfangen, lieber Vater, was du uns zugedacht hast.

Dann dürfen wir also nur bitten, was sich von selbst versteht? Gewiß, nur das, was sich Gott von selbst versteht. Oder sollen wir uns nach etwas anderem sehnen, was uns Gott nicht geben will und kann? Unser Heil, unsre Wahrheit und Vollkommenheit liegt ja darin, daß sich alles, was wir leben, für Gott von selbst versteht und ebenso für uns. Alles andre ist unwahr, unzuläng= lich, verkehrt, ist Unheil, Sünde, Tod. Aber warum brauchen wir denn dann zu bitten? Weil es sich nicht von selbst versteht, daß uns das von Gott Zugedachte auch gegeben wird, daß uns alles zu einem befruchtenden Erlebnis Gottes wird. Wo das immer und überall ganz von selbst geschähe, bedürfte es keiner Bitten mehr. Aber wo das nicht der Fall ist, bittet, damit euch gegeben wird. Und es wird für Menschen immer nötig sein, weil der göttliche Wesenskern unsers persönlichen Seins Fleisch geworden ist und nun eingesponnen in die endlich=sinnliche Welt leben muß. Es werden immer die sinnlich=irdischen Hemmungen und Zwischenschichten, das Endlich=Vergängliche zwischen der Seele und ihrem Gott durch= brochen werden müssen, damit in allen Erlebnissen die unmittelbare Fühlung der Kinder mit dem Vater lebendig wird und alles, was ist und geschieht, von ihm empfängt. Solange wir in dieser Welt sind, werden wir bitten müssen. Unser Gebet ist die Sehnsucht der Seele, durch alle irdisch=subjektive Befangenheit und sinnlich= endliche Erscheinung hindurch, über alle irdischen Hemmungen und

Zwischenschichten hinweg Gottes in allem inne zu werden, was uns begegnet.

Das ist die organische Stellung und Bedeutung des Gebets im persönlichen Leben der Kinder Gottes. Die Sehnsucht der Seele ist wahrhaftig das Herzblut und das Bitten der Pulsschlag in ihrem Leben. Herzschwäche ist Lebensschwäche. Der Puls sagt uns untrüglich, wie es um uns steht. So ist auch die Kraft unsrer Sehnsucht die Kraft neuen Lebens, und an unserm Bitten merken wir, wie kräftig wir sind, weil wir merken, wie empfänglich wir sind. Aber wozu ausdrücken, wozu laut werden lassen, was wir ersehnen? Weil sich darin die Sehnsucht in äußerster Spannung sammelt, gestaltet, verkörpert und damit Kraft und Klarheit gewinnt. Ob wir in unaussprechlichen Seufzern oder im Stammeln seelischen Drucks oder in glühenden Worten oder in leidenschaftlichem Notschrei zu Gott rufen, ist gleich. Es ist immer ein Ausbruch der Seele zum Himmel empor, der zur Empfängnis führt. Die Sehnsucht streckt die Arme aus, und die Bitte zieht herab. Die Sehnsucht ist Empfänglichkeit, das Gebet ist Hingabe. „Wer bittet, der empfängt," sagt Jesus. Das ist ein Lebensgesetz, ebenso unerschütterlich wie alle Naturgesetze, denn es ist ein Naturgesetz der seelischen Weltordnung.[1]

---

[1] Vgl. hierzu die Ausführungen über dieses Wort in der „Bergpredigt" 4. Aufl. S. 314 ff. und über das Gebet im allgemeinen ebendort S. 193—203.

3*

Religionsunterricht

Die Frage des Religionsunterrichts ist seit der Revolution in der leidenschaftlichsten Weise erörtert worden, und zwar nicht nur in Deutschland, sondern z. B. auch in Schweden und Norwegen. Religionsunterricht oder keiner, Religionsunterricht wie bisher oder eine ganz andere Art, Religionsunterricht oder Moralunterricht, kirchlicher oder unkirchlicher Religionsunterricht, darüber gehen die Meinungen auseinander. Ich bin gebeten worden, meine Stellung dazu zu skizzieren. Da möchte ich denn vor allen Dingen den Gesichtspunkt feststellen, unter dem der Religionsunterricht für mich in Betracht kommt.

Ich habe bei der Frage des inneren Wiederaufbaus und der Erneuerung des deutschen Volkes, Europas, der Menschheit gelegentlich auf zwei Worte aufmerksam gemacht, auf eins von Nietzsche und eins von Goethe. In Nietzsches hinterlassenen Schriften findet sich das Wort: „Moral ohne Religion führt notwendig zum Nihilismus." Und Goethe sagt einmal in einem Gespräch mit Riemer: „Wir Menschen sind nur so lange produktiv, als wir noch religiös sind." Die Tatsachen und Gesetze, auf die diese beiden Worte hinweisen, sind für uns in unsrer heutigen Lage ungeheuer wichtig, denn der schlimmste Zusammenbruch, den wir erlebt haben, ist der moralische, und die größte Ratlosigkeit überkommt uns, wenn wir fragen: wie sollen wir in unserm Volke die Moral wieder aufrichten. Ich weiß wahrhaftig nicht, wie das geschehen kann. Denn hier versagt alle geistige Agitation. Man kann wohl ein Kind moralisch erziehen, aber nicht ein moralisch entartetes, erkranktes, verseuchtes Volk wiederherstellen. Wenn nun feststeht, was der Atheist Nietzsche sagt, daß Moral ohne Religion notwendig zum Nihilismus führt, so kommt es einem doch direkt wahnsinnig vor, wenn man in einer Zeit, wo der moralische Nihilismus wie die Pest wütet, die Religion aus der Schule verbannen will. Wie will man denn die Moral persönlich begründen?

Das setzt gewiß nicht unerläßlich den Glauben an Gott voraus, wie man oft behauptet, wohl aber ein inſtinktives weſenhaftes lebendiges Verantwortlichkeitsgefühl, das unwillkürliche Verſpüren einer in uns waltenden Verpflichtung für unſer Tun und Leben. Dieſe urſprüngliche Empfindung, die bei allem, was uns vorkommt, eine verborgene Beſtimmung ahnt, die wir erfüllen müſſen, wenn wir Menſchen ſein wollen, iſt Religion, vielleicht nicht des Bewußtſeins, aber des Weſens. Denn ſie iſt eine Äußerung der elementaren Ehrfurcht, des Staunens und außer ſich und in Verlegenheit Geratens über die Dinge, alſo des metaphyſiſchen Schauers über das Wunder und Geheimnis des Daſeins, das wir gewürdigt ſind zu erleben, worin ich die erſte primitivſte Äußerung der Seele, des Göttlichen im Menſchen ſehe, die ganz unmittelbar durch ſein Bewußtſein zittert. Hierin iſt die Moral perſönlich begründet: in dem lebendig wirkſamen Kontakt zwiſchen dem Metaphyſiſchen in uns und dem Metaphyſiſchen außer uns. Wo der erlebt wird, da iſt ohne weiteres eine moraliſche Haltung gegeben. Wo er nicht lebt, da kann man willkürlich und abſichtlich auf Grund vernünftiger Erwägungen und idealer Geſichtspunkte der Moral huldigen. Aber ſolche Moral führt nach Nietzſche notwendig zum Nihilimus. Wenn ſie den Trieben vielleicht noch widerſteht, wird ſie vom Verſtand zerſetzt. Indem er ſie begründet, gibt er ſie gleichzeitig der Zerſetzung preis. Wenn aber die elementare Ehrfurcht uns erfüllt, dann ſind wir tief davon durchdrungen, daß wir nicht willkürlich leben können und dürfen, daß wir verpflichtet und verantwortlich ſind. Die ganze Moral liegt darin keimhaft begründet und entfaltet ſich ganz von ſelbſt durch unſer Wachstum im Leben. Wollen wir alſo unſer Volk moraliſch wiederherſtellen, ſo iſt das nur möglich, wenn wir dieſe ſeeliſchen Quellen der Moral, die aus dem göttlichen Geheimnis unſers Weſens entſpringen, erſchließen. Nur in echter Religion lebt wahrhaftige Moral.

Andrerſeits iſt nach Goethes Wort Religioſität allein die Quelle aller ſchöpferiſchen Kräfte. Nur meint auch er nicht Religioſität als eine Verfaſſung und Färbung unſers Bewußtſeins, ſondern als die göttliche Tiefe unſers Weſens. Sonſt würde ſich ſein Wort

ja nicht mit der Erfahrung reimen, daß keineswegs die Frommen
allein produktiv sind und die Atheisten durchaus unproduktiv. Das
Metaphysische im Menschen ist die Quelle aller schöpferischen Lebensäußerungen und gestaltenden Kräfte für alle Gebiete menschlicher
Fähigkeiten. Alles Schöpferische geht aus dem Göttlichen im Menschen
hervor, ob wir es Genius, Seele oder sonstwie nennen. Wenn nun der
metaphysische Wesenskern in uns die Quelle alles schöpferischen
Vermögens ist, dann sind wir Menschen tatsächlich nur so lange
produktiv, als in uns der metaphysische Sinn lebt, als er den Lebens-
eindrücken und Lebensansprüchen gegenüber empfänglich und zeugend
ist. Wenn er in uns abgestorben ist, sind wir nicht mehr produktiv,
können wir nicht mehr befruchtet werden und schaffen. Dann sind
die Menschen so, wie sie gegenwärtig sind, wo wir über die Versandung des persönlichen, genialen Lebens, über das Fehlen der
großen Persönlichkeiten, der schaffenden und führenden Männer
klagen. Wollen wir also heraus aus dieser Unfruchtbarkeit und
Unfähigkeit, so muß das Göttliche im Menschen wieder lebendig
werden. Deshalb ist es Wahnsinn, wenn man diesen metaphysischen
Sinn, der in jedem Menschen zutiefst vorhanden ist, brach liegen
lassen will, ja ihn noch geradezu verschüttet, indem man den Menschen
nur mit Wissen füllt und dadurch die elementaren Regungen der
Seele erstickt.

Hieraus kann man erkennen, welche Stellung und Bedeutung
die Pflege der Religion in Erziehung und Unterricht haben müßte.
Sie ist die Grundlegung der Charakterbildung und der schöpferischen
Entfaltung aller Fähigkeiten. Liegt uns unsre Jugend, das zukünftige deutsche Volk, am Herzen, so muß dies unser vornehmstes
Interesse sein, und die wichtigste Frage aller Pädagogik muß lauten:
Wie verhelfen wir der Seele in den Kindern zum Leben und zu
schöpferischer Entfaltung, wie begründen wir alles, was wir ihnen
nahebringen, in ihrem quellenden Leben und Vermögen? Aber
an dieses Problem hat die gegenwärtige Auseinandersetzung über
den Religionsunterricht überhaupt noch nicht gerührt, ja noch nicht
einmal gedacht. Sie hat die Frage des Religionsunterrichts noch

gar nicht in ihrer Tiefe erfaßt. Wie sollte man also imstande fein,
fie zu löfen! Statt deffen ift der Religionsunterricht ein Streitobjekt
zwifchen den Parteien und den verfchiedenen Richtungen geworden,
während gerade diefe Frage, diefes Ziel das alle Dereinigende
fein müßte, von den kirchlichften Katholiken bis zu den äußerften
Moniften.

Kann nun aber der Religionsunterricht folche wahre wefenhafte Religiofität, die nicht bloß eine Derfaffung des Bewußtfeins,
fondern Lebendigkeit des göttlichen Keims im Menfchen felbft ift,
wecken und ihr zum Leben verhelfen? Als Unterricht in der Religion zweifellos nicht; denn wir können nirgends durch bloße Belehrung den Sinn für etwas wecken. Lebendiges Derftändnis ergibt
fich überall nur aus dem unmittelbaren Erlebnis der Sache felbft,
und ein verborgenes Dermögen wird nur lebendig, wenn es durch
Eindrücke erregt, in Anfpruch genommen und zu Äußerungen veranlaßt wird. Alle Erklärungen haben nur Wert als Aufklärungen
über das, was erlebt worden ift. Das verfteht fich von felbft. Man
würde einen für verrückt halten, wenn er durch theoretifchen Unterricht in Mufik die mufikalifche Fähigkeit wecken und ausbilden wollte.
Hier weiß jeder, daß man dazu Mufik treiben und hören muß,
alfo nur durch Erfahrung und Übung dazu kommt. Aber die
Religion glaubt man durch Belehrung den Menfchen beibringen
zu können. Und doch geht es hier erft recht nicht. Auch das feelifche
Empfinden und Dermögen wacht nur auf durch Eindrücke aus der
feelifchen Welt. Leben entzündet fich nicht an Theorien, fondern
nur an Leben, an der lebendigen Wirklichkeit, die den Menfchen
im Tiefften rührt, bewegt, erfchüttert. Darum muß auch der religiöfe
Sinn und das religiöfe Dermögen im Kinde durch den unmittelbaren religiöfen Eindruck geweckt und durch feinen unwillkürlichen
Einfluß bis zur Selbftändigkeit am Leben erhalten werden. Soll
alfo die Aufgabe des Religionsunterrichts in Wahrheit erfüllt werden,
fo müffen die Lehrer religiöfe Menfchen fein, Menfchen, in denen
der Glaube lebt. Durch folche wird den Kindern dann auch die
religiöfe Derkündigung und die feelifche Welt, von der der Reli-

gionsunterricht berichtet, lebendig, weil sie dann einen Eindruck
von ihr und Fühlung mit ihr gewonnen haben. Die religiöse Lehre
selbst ist dann der Fassung ihres Inhalts nach nicht so wichtig und
erst recht nicht die Art und Weise der Mitteilung. Die Erfahrung
zeigt, daß dogmatischer und undogmatischer, geistig bedeutender
und unbedeutender Religionsunterricht die Kinder in gleicher Weise
im Innersten ergreifen und ihren Glauben wecken kann, wenn er
nur im Lehrer lebt. Denn das geschieht nicht durch den Unterricht,
sondern trotz des Unterrichts. Der Beweis dafür ist, daß die meisten
religiös lebendigen Menschen unter dem in ihrem Bewußtsein an-
gehäuften unverdauten religiösen Lehrstoff leiden, der sie in ihrem
religiösen Empfinden und Leben stört, hemmt und beschwert. Infolgedessen ist es nicht entscheidend, was im einzelnen den Kindern
gelehrt wird, wenn nur der Glaube als ursprüngliche Empfindung
der Seele in ihnen erwacht und sie mit dem neuen Gesicht und
Geschmack für alles und mit dem neuen Zug und Drang im Leben
begabt. Es kommt also weniger auf Religionsunterricht als auf
religiöse Erziehung an. Und wie in der Erziehung das Wichtigste
der unbewußte unmittelbare Einfluß des Erziehers und die richtige
persönliche Behandlung des Kindes ist, während die Belehrung
nur die Rolle der Unterschriften unter den Bildern spielen soll, so
soll auch im Religionsunterricht der verborgene seelische Lebensstrom
zwischen dem Erzieher und den Kindern alles begründen. Aber
das setzt Menschen des Glaubens voraus. Es genügt nicht, daß
die Lehrer irgendwie religiös interessiert und gerichtet sind. Ästhetisch
interessierte Menschen sind noch lange keine Künstler. Ebensowenig
sind religiös interessierte Religionslehrer noch lange nicht Männer
des Glaubens. Ursprüngliches Empfinden und Können kann nirgends
durch Nachfühlen und Nachmachen ersetzt werden. Religiöser Kitsch
gibt den Kindern nur einen intellektuellen, sentimentalen oder moralischen Religionsersatz, wenn er sie nicht mit einem urkräftigen Widerwillen gegen Religion erfüllt. Religiöser Enthusiasmus kann höchstens
eine religiöse Stimmung erzeugen. Nur der lebendige Glaube weckt
den Spürsinn und das Vermögen der Seele.

Unter diesen Umständen ist es eine verhängnisvolle Tatsache, daß
es so wenig Menschen des Glaubens in diesem Sinne, d. h. im
biblischen Sinne gibt. Ich meine damit nicht Menschen, die das,
was die Männer der Bibel glaubten, auch glauben — das war
etwas sehr Verschiedenartiges, in dieser Beziehung herrschte da eine
große Mannigfaltigkeit und nie ruhende Wandlung —, sondern
die so glauben wie Abraham, David, Jesaias, Jesus, Paulus,
Johannes oder, um einen unbedeutenden Menschen zu nennen,
der Hauptmann von Kapernaum glaubte. Mit anderen Worten:
wer mich verstanden hat, denkt zunächst gar nicht an einen bestimmten Inhalt des Glaubens, sondern versteht Glauben als das
Lebensgefühl, das aus der erwachten Seele quillt, und das Lebens-
vermögen, das sich aus ihr entfaltet, an dieses neue Grundelement
des persönlichen Seins, das alle Eindrücke empfängt und alle Lebensäußerungen hervorbringt. Glaube ist das Verspüren Gottes des
Lebendigen und unsrer Zugehörigkeit zu ihm, das seelische Empfinden für das Hintersinnliche in allem Sein und Geschehen und
die Vollmacht daraus zu leben, die damit gegeben ist. Solche
Menschen des Glaubens müßte man suchen und an die Stellen setzen,
wo man einen religiösen Einfluß auf das Leben der Kinder wünscht.
Bei ihrer heutigen Seltenheit könnte man glücklich sein, wenn an
jeder Schule nur ein solcher Mann des Glaubens wäre. Aber das
würde auch genügen. Der würde dann mit den Kindern verkehren,
ihnen biblische Geschichten erzählen und mit ihnen vom Leben
sprechen, sie lieben und ganz von selbst einen erzieherischen Einfluß
auf sie entfalten, der in die Tiefe geht. Es bedürfte da gar keines
besonderen Lehrplans und gar nicht vieler Religionsstunden. Leben
aus Glauben ist ja so etwas Einfaches. Das Wesentliche und Entscheidende darüber ist so schnell gesagt, und für alles andere muß
die religiöse Entwicklung der Einzelnen bestimmen, was noch zu
sagen nottut, und wann es dazu Zeit ist.

Andrerseits müßte sich die religiöse Erziehung, d. h. die seelische
Wirkung in jeder Unterrichtsstunde bemerkbar machen. Denn in
jedem Fach kann der Unterricht die Schüler zum Staunen führen

und die elementare Ehrfurcht wecken. Im allgemeinen tut er das
aber seit einem halben Jahrhundert in Europa nirgends mehr,
sondern er zerstört das Staunen über das Wunder und Geheimnis
des Daseins, die Ehrfurcht vor dem Unbegreiflichen, die Ergriffen·
heit vor dem Unfaßbaren und führt die Jugend zu einer Respekt·
losigkeit und Blasiertheit, die jede seelische Empfänglichkeit auf allen
Lebensgebieten ruiniert. Es ist das noch gar nicht erkannt worden,
daß unser heutiger Lehrbetrieb, der bewirkt, daß der junge Mensch
nichts mehr erstaunlich findet, neben der materialistischen Lebens·
führung die Hauptursache ist, daß „wir Westler religiös fertig
sind" (Spengler) und ungenial, unproduktiv, unpersönlich, un·
fähig zur Synthese wie zur erlösenden und schöpferischen Tat und
rettenden Führung. Solange der Schulbetrieb alles ursprüngliche
Empfinden stört, statt befruchtet, die Eindrucksfähigkeit durch theo·
retische Belastung und intellektuelle Mißhandlung abstumpft, statt
sie zu steigern, hat auch der idealste Religionsunterricht wenig Wert,
weil der übrige Unterricht unabsichtlich alles wieder zertritt, was
etwa an seelischen Regungen zu keimen begann. Stünde es richtig,
so müßte alle Kindererziehung und aller Unterricht fördernd, be·
lebend, auslösend auf den verborgenen Wesenskern der Seele wirken,
der das Keimplasma jeder Persönlichkeit, die immanente Wahrheit
jedes Menschen und die Quelle alles genialen Lebens und Schaffens
ist. Aber davon hat unsre heutige Zeit gar keine Ahnung. So
brauchen wir vor jeder Reform des Religionsunterrichts eine gänz·
liche Wendung und Neueinstellung unsrer gesamten Kultur, und ich
meine, wir könnten nicht mehr fern davon sein angesichts des Zu·
sammenbruchs unsrer Kultur, der Verwüstung der Menschlichkeit
und der geistigen Versandung auf allen Gebieten. Jedem ernsten
Menschen muß es doch nahegehen: was können wir gegenüber
dieser fürchterlichen Verwahrlosung, Ohnmacht und Unfruchtbarkeit
tun, um Quellen des Lebens zu erschließen? Dann müssen doch
einmal den denkenden Menschen unsrer Zeit die Augen aufgehen
über das unerbittliche Walten der Gesetze des Lebens auch im
innern, geistigen, seelischen Leben der Menschen und das furchtbare

Verhängnis, das die vergangene Zeit dadurch zusammengeballt hat, daß sie sich gegen sie auf allen Gebieten persönlicher Kultur und Bildung unausgesetzt versündigte.

*   *

Aber man wird ungeduldig einwerfen: Was hilft uns diese Zukunftsmusik, wir haben jetzt Religionsunterricht zu geben und sind an unsre Lehrpläne gebunden, was sollen wir in dieser Lage tun? Das will ich gleich beantworten. Ich mußte nur erst diese allgemeine Aufklärung über das, worauf es ankommt, geben, weil sie die Bürgschaft dafür gibt, daß wir aus der pädagogischen Barbarei des herrschenden Religionsunterrichts die rechte Richtung einschlagen, um ihr zu entrinnen. Denn es gibt aus jeder Ver-kehrtheit einen direkten graden Weg zur Wahrheit.

Was sollen wir also auf dem Boden des Gegebenen tun, daß wir einen verfehlten Religionsunterricht haben, den wir doch nicht lassen möchten, weil wir keinen Ersatz für eine lebendige religiöse Erziehung haben, die wir nicht willkürlich hervorzaubern können? Wer meine bisherigen Ausführungen verstanden hat, der ist gewiß ohne weiteres darüber klar, daß weder der religions-geschichtliche noch der theologische Religionsunterricht ein Ausweg in die Wahrheit ist. Beides sind Irrwege des Unglaubens, der eine des von der Kirche emanzipierten, der andere des kirchlich gebundenen (Unglaube als Gegensatz des vorhin geschilderten Glaubens gemeint).

Die moderne Aufklärung hält alle Religion für ein subjektives Erzeugnis des menschlichen Geistes, das aber die Menschen zum Leben brauchen. Wie soll diese religiöse Stimmung und Verfassung des Bewußtseins genährt, gepflegt und gebildet werden? Das weiß kein Mensch. In dieser Verlegenheit verfiel man auf den Notbehelf, den uns unser berühmter historischer Sinn immer bietet. Wenn man über etwas nichts weiß, dann stellt man dar, was in der Vergangenheit darüber gesagt worden ist.

So entstand der religionsgeschichtliche Religionsunterricht, der tatsächlich Irreligionsunterricht ist. Denn er ist ohne Erhebung über die verschiedenen Religionsgebilde, ohne Beurteilung und vergleichende Kritik nicht möglich. Damit erscheint aber die Religion den Kindern als ein fragwürdiger Gefühlswahn, als Weltbetrachtung und Leben, als ob es einen Gott gäbe, als blauer Dunst, mit dem man sich die Wirklichkeit verhüllt, ohne daß dies ausdrücklich ausgesprochen zu werden braucht. Die Religion wird durch den religionsgeschichtlichen Unterricht diskreditiert und der religiöse Sinn getötet. Ich kann mir wohl denken, daß ein Mensch des Glaubens, der in und aus der göttlichen Tiefe der Wirklichkeit lebt, die verschiedenen Religionen als ein gewaltiges Schauspiel der ungeheuren Mannigfaltigkeit religiösen Tastens, Suchens, Ahnens und Innewerdens der Menschheit, als verirrte Strahlen oder diffuses Licht der Offenbarung Gottes verstehen und von dieser Fülle der Gesichte aufs tiefste ergriffen werden kann. Aber ich halte es für ganz unmöglich, das die Jugend erleben zu lassen, die von der göttlichen Tiefe der Wirklichkeit noch nichts verspürt. Da wird nur die Empfindlichkeit und Empfänglichkeit für die Strahlen aus der seelischen Welt durch die wissenschaftliche Ausbreitung und Analyse der Religionsgebilde zerstört.

Ebenso ist es mit dem theologischen Religionsunterricht. Wenn hier nicht unter dem dogmatisch gefrorenen Glauben früherer Zeiten die Wasser eigenen seelischen Lebens aus Gott rauschen und überall durchbrechen, sondern sich die leere Hohlheit des Unglaubens darunter verbirgt, dann werden die Seelen von dem Unterricht in diesen Lehrkristallen geradezu erkältet, auch wenn der Lehrer die Dogmen mit demselben Eifer traktiert wie ein begeisterter Naturforscher seine Fossilien. Es mag sein, daß sich hier und da glühenden Kinderseelen die vereisten Lehrstücke auftauen, daß ihnen daraus Wasser des Lebens tropft. Aber für gewöhnlich wirken solche gefrorenen Kristalle religiös erkältend, abschreckend und schlagen die verborgene religiöse Blutwärme der Jugend zurück.

Der gegenwärtige Religionsunterricht kann nur dann Glauben

wecken und religiös belebend, bildend und erziehend wirken, wenn
er das, was er den Kindern mitteilen soll, als eigene Erfahrung
und Lebensweise des Lehrers darbietet. Das wird er dann aber
auch tun trotz aller Hemmungen und Belastungen durch das stoff-
liche Material, das den Kindern vorschriftsmäßig beigebracht werden
soll, wenn dieses nur durch das Feuer des Glaubens in glühendes
Leben verwandelt wird, das zündend wirkt. Dann ist es möglich,
die lebendige Wirklichkeit, von der die kirchlichen Lehren stammeln,
ohne sie ausdrücken zu können, den Kindern so nahe zu bringen,
daß sie davon gepackt werden, und auch einzelne Unzulänglichkeiten
und Verschrobenheiten der Lehre zu beseitigen, ohne daß dadurch
die Kinder die Fühlung zu dem verlieren, was diese Sätze ausdrücken wollen. Auf diese Weise kann in, mit und unter der Mitteilung der kirchlichen Lehre der lebendige Glaube in den Kindern
geweckt werden. Natürlich kommt er ihnen dann zum Bewußtsein
in den Vorstellungsformen der kirchlichen Lehre, wie sie ihnen dargeboten werden. Aber das schadet zunächst gar nichts. Gerade weil
die kirchlichen Lehren nicht das Wesentliche sind, sondern nur Formeln
der Vorstellung für Unvorstellbares, Unsagbares und deshalb Freiheit des Empfindens gegenüber dem unsagbaren Gehalt geben, auf
den die Ausdrücke nur hindeuten, ist es ziemlich belanglos, ob der
Religionsunterricht orthodox oder liberal erteilt wird, und ob sich
den Kindern das, was ihnen aufgeht, in althergebrachter oder
moderner Form darstellt. Es sollte nur den Kindern unter allen
Umständen zum Bewußtsein gebracht werden, daß die Lehrformen
nicht das Wesentliche sind, sondern das Unwesentliche, ein un-
zulänglicher, relativer, vergänglicher Ausdruck für ewige Tatsachen
und Gesetze der seelischen, der göttlichen Wirklichkeit.

Das ist von ungeheurer Wichtigkeit. Denn das entscheidet, ob
der Unterricht bleibenden Wert hat oder nicht, ob die Religion ein
vorübergehendes Bewußtseinsferment oder der dauernde Lebensnerv
wird. Wenn wie bisher die Form, d. h. der Begriff, der Ausdruck,
das Wort als das Wesentliche hingestellt, wenn gar nicht zwischen
Geheimnis und Symbol unterschieden wird, dann werden die meisten,

wenn für sie die Zeit kommt, wo ihnen die Form zerbricht, mit dem Begriff auch die Sache selbst verlieren. Wenn sie z. B. an dem kirchlichen Dogma der Gottessohnschaft Jesu irregeworden sind, geht ihnen dann nicht auf, daß „Sohn" nur ein Bild für das Geheimnis des Wesens und Ursprungs Jesu ist, so daß sie von dem unfaßbaren Wunder dieser Gestalt nur noch mehr ergriffen werden, sondern Jesus ist ihnen dann überhaupt nicht mehr als ein gewöhnlicher Mensch. Das ist ja das Schauspiel, das unsre Generation in den letzten 50 Jahren geboten hat. Sie geriet, wenn sie aus der Schule kam, in den Strom des Materialismus und Atheismus, in das historische und naturwissenschaftliche Denken. Die Folge war, daß ihnen die Unhaltbarkeit aller möglichen religiösen Lehrvorstellungen aufging und sie damit überhaupt ihren Glauben verloren. Mir kommt es nicht nur wie ein pädagogisches Verbrechen, sondern wie ein gotteslästerlicher Begriffsgötzendienst vor, daß die Kirche bisher nicht immer streng und deutlich zwischen der unfaßbaren lebendigen Wirklichkeit und der unzulänglichen Fassung der Begriffe in der Weise geschieden hat, wie ich es vor mehr als vierzig Jahren von dem berühmten Theologen Frank in Erlangen hörte: „Wenn wir uns zu dieser oder jener Lehre bekennen, so bekennen wir uns zu dem, was unsre Väter damit ausdrücken wollten." Das Bekenntnis darf sich nie auf den Ausdruck beziehen, sondern nur auf das, worauf dieser stammelnd hindeutet. Wenn diese Klarheit den Religionsunterricht beherrscht hätte, so hätten wir den verhängnisvollen allgemeinen Abfall vom Glauben nicht erlebt.

Hier liegt also die Entscheidung darüber, ob der Religionsunterricht zum Segen wird oder zum Fluch, denn es kann ja keinen größeren Fluch für die heranwachsende Jugend geben, als wenn sie durch die verkehrte Art des Religionsunterrichts um die lebendige Fühlung mit der Sache selbst und ihrer göttlichen Tiefe gebracht wird, so daß sie in späteren Zeiten der Reife, wo das alles unter dem ungeheuren Eindruck der Wirklichkeit, die ihnen von überall her aufgeht, neues Erleben mit tieferem Verständnis werden müßte, nicht mehr ihre religiösen Eindrücke sich aufs neue in ihrem je-

weiligen Bewußtfein reflektieren laffen kann, fondern mit der über-
kommenen religiöfen Weltanfchauung zugleich das Staunen vor dem
Rätfel und Wunder des Dafeins überhaupt verliert.

Auf diefe innere Reform des Religionsunterrichts käme es vor
allen Dingen an. Darum hat der Streit, ob er nach altkirchlicher
Lehre oder nach moderner theologifcher Auffaffung zu erteilen ist,
fehr wenig Sinn. Es wäre viel beffer, wenn der Religionslehrer
gelegentlich über die großen Heilstatfachen in verfchiedener Sprache
redete, einmal die orthodoxe Faffung, das andere mal die Darftellung einer modernen theologifchen Schule und endlich feinen
eigenen unmittelbaren lebendigen Eindruck davon vor Augen ftellte,
und zwar fo, daß die Schüler erlebten, wie da mit verfchiedenen
Ausdrücken diefelbe Tatfache, dasfelbe göttliche Geheimnis angedeutet
wird. Es ist nichts fo wichtig, als daß wir auf religiöfem Gebiete aus der babylonifchen Gefangenfchaft der Begriffe, und zwar
aller Begriffe, zur Unmittelbarkeit des Bewußtfeins, zur urfprünglichen Empfindung des Wefens herauskommen.

* * *

Vielleicht erreichen wir das am beften, wenn wir den Religionsunterricht in der Weife auffaffen, wie er mir am erträglichften ist.

Mir handelt es fich bei der religiöfen Erziehung um Gott
den Lebendigen, um feine Erlöfung und Schöpfung der Menfchheit,
um das Kommen und Werden des Reiches Gottes. Wollen wir
die Kinder mit diefem Gefchehen von Gott aus in Fühlung bringen,
fo wird der Religionsunterricht ganz von felbst anders werden und
religiös erzieherifch wirken. Dann ist das Erste und Grundlegende,
den Sinn für Gott den Lebendigen zu wecken. Das ist etwas
anderes als der gewöhnliche Gottesglaube. Da handelt es fich
nicht nur darum, daß hinter allem Sein und Gefchehen etwas
befteht, was das alles fchafft, belebt, durchwaltet und geftaltet, daß es
hinter dem Diesfeits ein Jenfeits gibt, das ins Leben treten und
irdifche Geftalt gewinnen will, fondern es handelt fich da um das,
was man mit dem heute verpönten Ausdruck den perfönlichen Gott

im lebendigſten und univerſalſten Sinne des Worts nennt, daß das
ganze Weltall nicht nur von einer unbeſtimmbaren Lebensmacht
des Alls getragen und durchdrungen wird, ſondern von einem
wahrhaft ſeienden Jch, und die Geſchichte des Alls das perſönliche
Leben dieſes Jchs iſt, das allein der Sinn, Zweck und das Ziel
von allem iſt, was exiſtiert, und daß dies das große Wunder und
Geheimnis iſt, daß uns aus dieſem Urſprung alles quillt, und durch
ſein Walten alles zu ſeiner göttlichen Beſtimmung trotz allem und
unter allen Umſtänden getrieben wird, im Weltall, in der Erden-
geſchichte, im Völkergeſchiebe wie im Leben der einzelnen Menſchen.
Es handelt ſich mir alſo um den lebendig waltenden, herein-
wirkenden, vorausſehenden, Gebete erhörenden, Menſchen helfenden,
ergreifenden, befruchtenden, ſchöpferiſch wirkenden, ſich ſelbſt offenbarenden Gott.

Den Sinn dafür können wir aber am beſten den Kindern erwecken durch die Bibel, wenn wir ihnen ihren Inhalt in der Art
und ſo weit nahebringen, wie ſie Gott den Lebendigen bezeugt und
erleben läßt. Soweit die Bibel nicht Urkunde der Offenbarung
Gottes des Lebendigen im eigentlichſten Sinne iſt, ſondern Nationalliteratur des jüdiſchen Volkes, intereſſiert ſie uns nicht und wird
der Jugend beſſer ferngehalten. Aber vom Sündenfall durch die
Patriarchengeſchichte bis zum letzten Propheten bricht im Alten
Teſtament das eigentümliche Aufleuchten göttlicher Kundgebung,-
ſeines Eingreifens, Beſtimmens und Wirkens durch auserwählte
Organe immer wieder durch, während große Partien ganz in
derſelben Dämmerung liegen wie die heiligen Urkunden aller anderen
Völker. Wer Auge und Ohr dafür hat, den ſtören dabei die unzulänglichen primitiven Vorſtellungen von Gott in gar keiner Weiſe.
Er ſpürt den göttlichen Nerv im Geſchehen, er wird gepackt von
dem Ringen der höheren Gewalt, die ſich in den widerſtrebenden
unflätigen Menſchen Geltung verſchafft. Wenn man ſo der Jugend
die bibliſche Geſchichte erzählt, daß ſie etwas von dem elektriſchen
göttlichen Strom ſpürt, der durch das Alte Teſtament hindurchgeht, ſo
geht ihr der Sinn für Gott den Lebendigen auf. Und wenn wir ihr

dann in den Evangelien zeigen, wie der neue Adam, der Anfang
einer neuen Welt und Menschheit, in Jesus erschien, und ihr aufgeht, wie Kinder Gottes, die der Vater gefunden und errettet hat,
leben, so findet sie den Anschluß an das Herz Gottes und gewinnt
von ihm aus treibende Kräfte und belebende Klarheiten des wahrhaftigen Lebens.

Damit sind wir mit der Jugend aus der Welt theologischer
Abstraktion auf einen wundervollen konkreten Boden gelangt, auf
den Boden des Lebens, der Erfahrung, des Versuchens und Ent-
deckens, des Kennenlernens und Könnenlernens. Und dann wird
sich in der seelischen Welt dasselbe wiederholen, was die ersten
Jahre des körperlichen Lebens der Kinder erfüllte: das Tasten und
Schmecken, Beobachten und Dahinterkommen, das Kennenlernen und
die ganze zunehmende praktische Betätigung der Sinne und Glieder.
So werden sie praktisch vertraut mit der Welt der göttlichen
Wirklichkeit. Das ist dann die Erfahrungsgrundlage für alles, was
ihnen von ihr zu sagen ist, ohne die es ein lebendiges eigenes
Verständnis überhaupt gar nicht geben kann.

* * *

Auf diese Weise wird der Religionsunterricht ganz von selbst
eine vertiefte Lebenskunde, eine Einführung in die wahre Art
Leben, die Offenbarung Gottes ist, und gewinnt dadurch in einfacher Weise den Zugang zur Jugend, weil sie ihr wirklich zugänglich ist. Die Religion hört dann ganz von selbst auf, „eine
sentimentale Begleitmelodie zum Leben, ein kümmerliches Füllsel,
gefüllt in die Lücken der Weltanschauung und des Lebens, eine
trübe kleine Kapelle neben den bewohnten Zimmern, aber auch
eine billige Lösung der Rätsel des Lebens als Anweisung auf ein
Jenseits, eine Erfüllung unserer Begehrlichkeiten und endlich auch
eine Versicherung der Moral" (A. v. Harnack, S. 5), also etwas zu
sein, was der feurigen Jugend zumeist verächtlich, überflüssig,
antiquiert und unwesentlich vorkommen muß, und sie wird die
Seele und Quelle des gesamten Lebens. Sie hört auf, Theorie zu sein,

und wird Lebensvollmacht auf Grund von Erlösung und Schöpfung. Sie ist nicht mehr Idealismus, sondern der metaphysische Tiefgang des Lebens. Sie ist nicht mehr Buchreligion, nicht mehr etwas Übertragenes, Übersetztes, Künstliches, sondern etwas Ursprüngliches, das hier und jetzt geschieht. Sie wird der Weg zur Wahrheit und zum Leben, den man nicht betrachtet, sondern begeht, um zu erfahren, was da ist und geschieht, und um es sich dadurch bewähren und beweisen zu lassen, daß sich erfüllt, was in Aussicht gestellt ist. So wird die Religion empirisch persönlich begründet. Was das gegenüber der theoretischen Begründung in der christlichen Weltanschauung bedeutet, wird jeder ermessen können, der einmal infolge dieser Begründung seinen Glauben und damit oft überhaupt die Fühlung mit der Tiefe der Wirklichkeit verloren hat.

Daß das alles möglich ist, scheint heute noch den meisten Vertretern der Religion undenkbar. Sie meinen, daß die Religion auf gewissen Vorstellungen über Gott usw. beruhe und sich im Denken an Gott äußere. Aber beides ist nicht der Fall. Es ist möglich, daß sich einem die Tiefe seelischen Lebens, in dem Gott zur bestimmenden Geltung und wirkenden Offenbarung kommt, erschließt und aufquillt, ohne daß er sich bewußt wird, daß Gott es ist, der ihn ergriffen hat, zu ihm redet und durch ihn sich äußert. In Wahrheit gibt sich Gott in der unbewußten Tiefe unsers Wesens durch unmittelbare Klarheiten und Kräfte kund, aber nicht durch unsre Gedanken. Es ist nicht nötig (schon weil es ja gar nicht möglich ist), daß wir immer an ihn denken und die Vorstellungen von ihm im Bewußtsein hin- und herbewegen, sondern daß wir immer seinen Willen tun. Das sind aber keine gewissen moralischen Handlungen oder religiösen Betätigungen, sondern es ist die Erfüllung der jeweiligen Aufgabe der Stunde aus der Tiefe unsrer Seele heraus. Wenn wir das so hingegeben tun, daß die rechte nicht weiß, was die linke tut, dann vergilt es Gott in schöpferischen Lebensäußerungen, die ganz von selbst aus unsrer Seele entspringen.

Erst recht ist aber Gott nicht so kleinlich und rechthaberisch gegenüber der menschlichen Beschränktheit, daß er von uns zutreffende Vorstellungen und Überzeugungen von sich und allen Heilstatsachen, die es für Menschen ja gar nicht geben kann, als Vorbedingung für seine Offenbarung in uns verlangte. Er ist, der er ist, und wirkt, wie er wirkt, sobald wir mit ihm in lebendige Fühlung durch unfre bejahende Lebenshaltung treten, ganz gleichgültig, wie wir es uns vorstellen, und was für einen Begriff wir von ihm haben. Dasselbe gilt von Jesus, seiner Person und seinem Werk, vom Reiche Gottes, seinen Tatsachen und Gesetzen. Die Erkenntnis ist nirgends die Vorbedingung des Lebens, sondern das Leben die Vorbedingung der Erkenntnis. Paulus sagt: „Wachset in der Gnade und Erkenntnis." Darum muß der Religionsunterricht zu der neuen Art Leben führen, die dann von selbst das Bewußtsein erleuchtet, daß es unmittelbar erkennt und lebendig versteht, was ihm das Leben aufschließt.

Für diese neue Art Leben gibt uns Jesus die Richtlinien. Das ist die organische Stellung der Mitteilung von Jesus als dem neuen Adam und Sohn Gottes, der Weg, Wahrheit und Leben ist, als dem Verkörperer, Verkünder und Herren des Reiches Gottes, das auf die Erde kommen soll. Auf diese Weise wird das individuelle persönliche Leben zu dem kosmischen göttlichen Geschehen, das mit Jesus nach der embryonischen Entwicklung in der alttestamentlichen Heilsgeschichte geboren wurde, in Beziehung gebracht, um in der seelischen Weltordnung des Reiches Gottes verfaßt und ihr dienstbar zu werden. Was das für eine Begründung, Festigung und Klärung für den Menschen nach seinem individuellen wie gemeinschaftlichen Dasein bedeutet, wird ohne weiteres einleuchten. Wie von da aus alles einfach und lebendig verständlich wird, z. B. der Glaube als Lebensgefühl der Seele, aus der sich ein neues Gesicht und Geschmack für alles ergibt, das Freude, Liebe und Kraft ausstrahlt, oder das Gebet als Sehnsucht der Seele nach Empfängnis von Gott, nach Offenbarung, Erlösung und Schöpfung Gottes, oder die neue Unmittelbarkeit zu und von Gott, die aus der Fühlung mit der Tiefe der Wirklichkeit quillt, oder die Nachfolge Jesu, die nicht Nachahmung ist, sondern die gleichartige Verfassung und

gleichgerichtete Einstellung des perſönlichen Lebens bei voller Ur-
ſprünglichkeit ſeiner individuellen Erſcheinung und Eigenart ſeiner
ſchickſalhaften Führung, oder die religiöſe Begründung der Sittlichkeit, die als fortwährende Entſcheidung für Gott gegenüber der
Welt in jeder Lebensäußerung das ganze Daſein erfüllt, brauche
ich nicht erſt auszuführen. Ich kann nur bezeugen, daß es allen,
die durch irgendwelche perſönliche Erfahrung, durch eigene Ver-
ſuche und Erlebniſſe in der neuen Art Leben Blick dafür gewonnen
haben, ohne weiteres einleuchtet und unmittelbar gewiß iſt.

Das iſt die Begründung und Entfaltung des Religionsunterrichts, der zu Gott und zur Gefolgſchaft Jeſu führt und dem Leben
ebenſo wie dem Kommen des Reiches Gottes dient.

Vom 12.—19. April findet hier eine akademische Woche statt, deren Programm auf der vierten Umschlagseite steht. Ich glaubte, den Versuch, ob unter den heutigen teuren Verkehrsverhältnissen solche Wochen überhaupt noch möglich sind, nicht länger aufschieben zu dürfen, und ich hoffe, daß mir Freunde der Sache die großen Zuschüsse decken helfen, die die bedeutende Ermäßigung der Pensions-preise für die Woche nötig machen.

Infolge der großen Teuerung haben sich die Pensionspreise für Schloß Elmau im Vergleich zum vorigen Sommer ungefähr verdoppelt. Aber es ist zu fürchten, daß sie noch weiter erhöht werden müssen. Da man erwartet, daß die Lebensmittelpreise bis zum Sommer noch um 50% steigen, und die Fremdenpensionen, Hotels und Gaststätten verpflichtet sind, die Fremden mit aus-ländischen Lebensmitteln zu ernähren, ahnen wir heute noch nicht, wieviel uns der Gast kosten wird. Wir verdanken diese Unsicher-heit den Oberammergauer Passionsspielen und der Überflutung des Gebirges von Ausländern, die diese mit sich bringen werden. Der Preis für die jeweilig zehn unbemittelten Gäste aus dem Leser-kreis der Grünen Blätter, die wir stiftungsgemäß aufnehmen, ist unverbindlich auf 60 Mark festgesetzt worden.

Einbanddecken für den vergangenen Jahrgang (Band 23) sind vom Verlag der Grünen Blätter zum Preise von 5 Mark zu beziehen, ebenso der gebundene Band dieses Jahrgangs zu 30 Mark, Porto wird besonders berechnet.

Die neuen Auflagen der Wegweiser und des ersten Bandes der Reden Jesu (Von der Menschwerdung) sind im Druck. Leider wird sich der Preis auf etwa 55 bezw. 50 Mark broschiert und 75 bezw. 70 gebunden stellen. Wer meine Bücher ohne den 10—30% betragenden Aufschlag, den heute trotz gegenteiliger Abmachung mit dem Verlag viele Buchhandlungen fordern, haben will, bestelle sie beim Verlag der Grünen Blätter, wo zum Verlagspreis nur das Porto hinzugerechnet wird.   Johannes Müller.

Inhalt

Akademische Woche
auf Schloß Elmau

Johannes Müller ladet für die Osterzeit zu einer Tagung der studentischen Jugend ein (12.—19. April), bei der er in gemeinsamer Aussprache zur Klärung verschiedener Fragen, die heute die Jugend bewegen, beitragen möchte. Behandelt werden soll:

1. die religiöse Frage (Religion als wesenhafte Offenbarung, Erlösung, Schöpfung und Erfüllung — Religion und Religionsersatz — Religion und das Christentum — Religion und drittes Reich)

2. die kulturelle Frage (das Wesen der Kultur in Auseinandersetzung mit Spenglers Kulturphilosophie — Persönliche Kultur, der Weg zu sich selbst und Selbstverwirklichung)

3. die nationale Frage (Volkstum und Menschentum — Wandlung des nationalen Gefühls — Glaube und Heimat).

Alle zur studentischen Jugend gehörigen oder mit ihr noch in Gemeinschaft stehenden Menschen des Suchens und der Sehnsucht, die von diesen Fragen bewegt werden und für neue Klarheiten aufgeschlossen sind, sind herzlich willkommen. Studierende werden in dieser Zeit zum halben Pensionspreis aufgenommen (von 30 Mark an je nach Lage der Zimmer). Anmeldungen werden bis spätestens 31. März an die Schloßverwaltung Elmau Post Klais (Oberbayern) erbeten.

C. H. Beck'sche Buchdruckerei in Nördlingen

üne Blätter

itschrift für persönliche und völkische Lebensfragen

von

Johannes Müller

Elmau
Verlag der Grünen Blätter   2. Heft
1922

Die Grünen Blätter, Vierteljahrsschrift für persönliche und völkische Lebensfragen, sollen — der persönlichen Fühlung des Verfassers mit seinen Lesern wegen — möglichst direkt vom Verlag der Grünen Blätter in Elmau Post Klais (Oberbayern) bezogen werden, sind aber auch durch den Buchhandel zu haben.

Der Preis beträgt für einen Jahrgang (einschl. Porto) für Deutschland 25.— Mk., für Österreich-Ungarn 200 Kr., Niederlande 3.50 G., Schweiz, Frankreich usw. 6 Fr., Dänemark, Schweden und Norwegen 5 Kr., Finnland 25 finn. Mk., Amerika 2 Dll.

Der Einzelpreis dieses Heftes beträgt 10 Mk. (Porto Mk. 1.50).

Postscheckkonto Verlag der Grünen Blätter Nr. 1233 Nürnberg.

Inhalt

Mitteilungen

Die Akademische Woche war sehr zahlreich besucht und nahm einen lebendigen und fruchtbaren Verlauf. Es kamen über 180 Teilnehmer zusammen, wovon 105 Studierende oder junge Akademiker waren: 8 Theologen beider Konfessionen, 35 Philosophen, 20 Juristen und Nationalökonomen, 27 Mediziner und 15 Techniker. Aus Österreich kamen 4, aus Holland und Dänemark je 3, aus Norwegen und Schweden je 2, während die Schweizer leider infolge Paßschwierigkeiten absagen mußten. Ich behandelte in fünf Vorträgen die religiöse, in zwei die kulturelle und im letzten Vortrag die nationale Frage. Dazwischen gab es eingehende Verhandlungen und Aussprachen. Das Ganze stellte an die Beteiligten die stärksten Anforderungen geistiger Konzentration und Mitarbeit, was mit größter Freudigkeit von allen geleistet wurde. Das Interesse

Eine alte Geschichte

„Es begab sich, daß Kain dem Herrn Opfer brachte von den Früchten des Feldes, und Abel brachte auch von den Erstlingen seiner Herde und von ihrem Fett. Und der Herr sah gnädig an Abel und sein Opfer, aber Kain und sein Opfer sah er nicht gnädig an. Da ergrimmte Kain fehr, und seine Gebärden verzerrten sich. Da sprach der Herr zu Kain: „Warum ergrimmst du, und warum verzerren sich deine Gebärden. Ist's nicht also: wenn du fromm bist, so bist du angenehm; bist du aber nicht fromm, so ruhet die Sünde vor der Tür; und nach dir hat sie Verlangen; du aber herrsche über sie!" Da redete Kain mit seinem Bruder Abel. Und es begab sich, da sie auf dem Felde waren, erhub sich Kain wider seinen Bruder Abel und schlug ihn tot. Da sprach der Herr zu Kain: „Wo ist dein Bruder Abel?" Er sprach: „Ich weiß nicht; soll ich meines Bruders Hüter sein?" Er aber sprach: „Was hast du getan? Die Stimme deines Bruders Bluts schreiet zu mir von der Erde. Und nun, verflucht seist du auf der Erde, die ihr Maul hat aufgetan und deines Bruders Blut von deinen Händen empfangen. Wenn du den Acker bauen wirst, soll er dir hinfort sein Vermögen nicht geben. Unstät und flüchtig sollst du sein auf Erden."

Diese alte Geschichte schildert uns das Leben der Menschen untereinander, nicht ein einmaliges, sondern ein fortwährendes Geschehen. Seit Urzeiten wiederholt sich immer wieder der Brudermord, und es bedurfte nicht der furchtbaren Erfahrungen unsrer mörderischen Zeit, um von dem Eindruck der gegenseitigen Vernichtung der Menschen überwältigt zu werden, wenn uns nur überhaupt der Blick dafür einmal aufgegangen ist. Das Leben der Menschen untereinander ist ein gegenseitiges Morden. Fast alles, was sie sich antun, ist keimender Mord, und wo es das nicht ist, werden sie nur durch Eigennutz davon abgehalten. Denn Mord ist doch nicht nur die

äußerste Tat des Tötens, sondern alles, was sich in dieser Rich=
tung bewegt. `Wenn also die Menschen aus einem instinktiven
Gegeneinander heraus miteinander verkehren, so ist alles, was aus
diesem Widereinander quillt, nichts anderes als Kainstat: Miß=
trauen und Argwohn, Mißgunst und Eifersucht, Zorn und Haß,
aber auch schon Übelnehmen und Nachtragen, Kritisieren und Nör=
geln, Verleumden und Klatschen, hämisches Wesen, Schadenfreude,
Verkleinerungssucht, Verdrängen und Benachteiligen. Ja bereits die
übliche Gleichgültigkeit und Fremdheit, mit der wir die Menschen
ansehen, denen wir begegnen, liegt in der Linie des Verhaltens
Kains. Soweit die Grundlage des Lebens der Menschen unter=
einander die Selbstsucht ist, kann seine Verfassung nicht anders als
mörderisch sein.

Demgegenüber hören wir aus dieser Geschichte, wie es eigentlich
sein sollte. Wir sollen nicht unsern Nebenmenschen töten, sondern
unsers Bruders Hüter sein. Das ist die große Wahrheit, die uns
positiv aus ihr entgegentritt. Wir sind alle miteinander verwandt,
sind Brüder und Schwestern, sind eines Ursprungs und einer Be=
stimmung, also gleicher Art und gleicher Herkunft, gehören zusammen,
in eine Gemeinschaft des Lebens und nicht des Todes. Auf Grund
dieser Verwandtschaft und Verfassung sollen wir uns zueinander ver=
halten, miteinander verkehren und leben. Sind wir Brüder und
Schwestern, dann sind wir aufeinander angewiesen, dann ist einer
für den andern verantwortlich. Das ist die Stimme des Gewissens,
die Kain mit seinem Widerspruch zu betäuben sucht: „Soll ich meines
Bruders Hüter sein?" Der Hohn der Ablehnung dieser Verant=
wortung bezeugt gerade das ursprüngliche Gefühl, daß er eigentlich
verantwortlich wäre. Es ist Lüge wie das „Ich weiß es nicht", deren
sich Kain bewußt ist.

Aber im Laufe der Jahrtausende ist dieses ursprüngliche Em=
pfinden erstickt worden. Heute gibt es unzählige Menschen, in denen
es sich nicht mehr regt. Und wenn wir heute davon sprechen, daß
wir füreinander verantwortlich und füreinander verpflichtet sind,
daß das die Grundlage unsers gemeinschaftlichen Lebens sein muß,

dann kann man denselben Hohn hören. Nicht den Hohn in Worten,
wir haben es ja so herrlich weit gebracht, daß wir zweispältig geworden sind: wir huldigen einer Theorie und leben das Gegenteil
davon. Wir triefen von allgemeiner Menschenliebe. Aber in der
Tat lehnen wir jede Verpflichtung und Verantwortung für unsre
Mitmenschen ab. Wir brauchen dabei gar nicht an die Zustände,
die der Krieg und die Revolution heraufgeführt haben, das Morden
der Schieber und Wucherer, der Notausbeuter, Streiker und Arbeits-
scheuen zu denken, sondern nur an das gewöhnliche Leben der
Menschen untereinander, wie es überall und immer ist.

Gemeinschaftliches Leben, außer dem der Einzelne nicht gedeihen,
sondern nur verkümmern kann, ist nur möglich, wenn wir uns füreinander verpflichtet und verantwortlich fühlen; wenn wir davon
durchdrungen sind, daß jeder Mensch, mit dem wir in Berührung
kommen, uns zugewiesen und anvertraut ist. Aber selbst wenn wir
die engste Beziehung der Familie ansehen: wo fühlt sich Bruder
und Schwester füreinander verpflichtet, füreinander verantwortlich,
wo sind sie erfüllt von dem Bewußtsein, daß sie Hüter sein sollen
für ihre Geschwister? Finden wir nicht das Verhältnis zwischen
Kain und Abel auch im Schoß der Familie: gegenseitiges beeinträchtigen, vonsichstoßen, verunglimpfen, Neid, Überhebung, vor-
drängen, unterdrücken statt hüten und hegen, zurechthelfen und
fördern, geben und beglücken? Doch ziehen wir den Kreis größer;
wer fühlt sich denn verpflichtet für seine Dienstboten? Wer fühlt
sie sich anvertraut und ist sich dessen bewußt, daß jede Lebensäußerung unfern Hausgenossen gegenüber ihnen Leben oder Tod
gibt? Der gewöhnliche Verkehr zwischen Herrschaft und Dienenden
ist doch meist persönlich abweisend, unvertraut, herzlos, „dienstlich“.
Er stellt eine Kluft her und befestigt sie, er erfolgt von oben herab,
so daß sich die Dienenden erniedrigt fühlen müssen — der tiefste
Grund, warum niemand in Dienst gehen will. Wie nimmt man sich
beinahe davor in acht, ihnen näher zu kommen, geschweige sie als
ebenbürtig zu behandeln, und wie wenig denkt man daran, daß
man für ihr Gedeihen und Schicksal verantwortlich ist! Man läßt

fie arbeiten und kümmert sich überhaupt nicht um ihre Bedürfnisse und Nöte. Man denkt vielleicht daran, daß sie auch einmal Erholung haben müssen, aber diese Erholung verschafft man ihnen dadurch, daß man sie aus dem Hause auf die Straße stößt, und kümmert sich nicht darum, was da aus ihnen wird, ob sie nicht vielleicht damit direkt in die Arme von Menschen gestoßen werden, die auch wie Kain ihnen gegenüber handeln.

Aber so ist es überall. Das unendliche namenlose Elend, das heute unter den Menschen herrscht, unter Armen und Reichen, Gebildeten und Ungebildeten, Arbeitenden und Schmarotzenden, Frommen und Gottlosen, ist alles nur die Folge davon, daß wir wie Kain leben, daß wir uns nicht als Hüter für unsre Mitmenschen fühlen. Es gäbe keinen Selbstmord, außer natürlich bei wirklichen Gehirnkranken, wenn die Verzweifelnden auch nur einen Menschen hätten, dem sie sich wirklich anvertrauen, an den sie sich halten könnten. Wie viele Menschen gehen aber auch, ohne daß sie sich das Leben nehmen, an solcher Einsamkeit zugrunde! Niemand brauchte einsam zu sein, sie werden alle erst durch uns in die Einsamkeit gestoßen, weil wir uns nicht um sie kümmern, weil wir nicht auf sie eingehen, weil wir sie nicht an uns heranziehen. Wie viele verkümmern und verwelken, weil sie keine erquickende Gemeinschaft mit andern haben! Aber bedenken wir weiter, wie fortwährend Menschen ausgebeutet und zugrunde gerichtet werden. Wir brauchen gar nicht an die furchtbaren Schlachtfelder der chemischen Industrie zu denken, die so grausig sind, daß die Statistiken darüber seinerzeit nicht in die Gesundheitsausstellung in Dresden aufgenommen wurden, weil man das Schreckliche der Öffentlichkeit vorenthalten zu müssen meinte. Wir wollen nur an die Millionen unsrer Schwestern denken, die der Prostitution geopfert werden, an die Unzähligen, die ihre Brüder zum Dank ihrer Liebe fallen, verzweifeln und verkommen lassen oder von sich stoßen, nachdem sie sie an sich gezogen und seelisch ausgesogen haben. Ja ist nicht das Gerede von den Weibern bereits kainitische Gemeinheit! Aber muß uns nicht auch über jeden Gewinn, der einen Verlust andrer voraussetzt, das Gewissen schlagen!

Gibt es nicht unzählige Kains der Spekulation, wirtschaftliche Hals-
abschneider, Ausbeuter des Vertrauens Hilfsbedürftiger!

Kainitisch ist aber auch das Standesbewußtsein, das die Mitmenschen nach ihrem Berufstand, Bildungsgrad, nach gesellschaft-
licher Form und Vermögen wertet und sich dadurch im persönlichen
Verkehr und Interesse beeinflussen läßt. Wer sich überheblich und
fremd den Unteren gegenüberstellt, in dem Wahn lebt, daß es eine
Sorte Menschen gebe, die den andern unterwürfig zu sein und zu
dienen habe, und man selbst berechtigt sei, sie auszunützen, sich dienen zu
lassen und auf sie herabzusehen, ist ebensowenig Hüter seines Bruders
wie alle die Unteren, die den Oberen verargen und nachtragen,
daß sie ihnen untergeordnet sind. Wer einen anherrscht oder be-
gönnert und ihn damit demütigt und entwürdigt, ist ebenso ein
Kainssproß wie einer, der sich durch den Groll gegen seinen Brot-
herrn erbittern und vergiften läßt. Wie viel Mordlust herrscht heute im
Gemüt der Unterdrückten, Ausgestoßenen und Enterbten, die durch das
herabwürdigende, rücksichtslose, ausnützerische Verhalten der oberen
Schicht hervorgerufen ist! Und zwischen den Angehörigen der gleichen
Gesellschaftsschicht ist es wohl anders, aber nicht besser, wenn da wie eine
Seuche die Sucht herrscht, übereinander herzufallen, herunterzureißen,
den Stab zu brechen und Steine zu werfen, immer das Schlimme
zu vermuten und alles zum Bösen zu kehren.

Ist also die Geschichte von Kain und Abel nicht typisch dafür,
wie es noch heute unter den Menschen ist? Niemand wird das bestreiten. Aber ist es dann nicht unbegreiflich, daß wir das ertragen,
daß wir uns so sehr in diese mörderische Art des Lebens der Menschen
miteinander gefunden haben, daß sie uns kaum noch auffällt, geschweige, daß sie uns aufregt, daß wir uns darüber beruhigen, wenn
wir es überhaupt einmal bemerken: „das ist nun einmal so, da kann
man nichts machen," daß uns wohl hier und da solch eigenes
Verhalten moralische Herzschmerzen macht, aber der allgemeine Zustand, dieses fortwährende unbewußte Umbringen unsrer Mitmenschen
unser Gewissen kaum noch berührt? Ich finde das einfach unfaßlich.
Wie entrüsten wir uns leidenschaftlich über jeden Baumfrevel! Wie

geraten wir außer uns, wenn Tiere geschunden werden! Aber dadurch
wird unsre Seelenruhe nicht beeinträchtigt, daß unausgesetzt Millionen
Menschen zu Tode gequält werden, auch von uns selbst, daß un-
gezählte verwandte Wesen von uns mißbraucht und verdorben,
schrecklich zugerichtet und entmenscht werden, daß die Menschen alle
fortwährend Verbrechen gegen keimendes Leben begehen, Pflege-
befohlene verbittern und vergiften, Hilfsbedürftige von sich stoßen,
auf sie Angewiesene verkommen lassen, wenn nicht umbringen. Das
betrachtet man als eine Naturordnung, die wohl sündig, aber unvermeidlich ist, und, soweit man dabei mitwirkt, als moralische
Schwäche, die menschlich-allzumenschlich ist — und läßt es gehen und
läßt sich gehen.

Aber damit bezeugen wir, daß wir keine Entschuldigung haben,
sondern Frevler sind. Denn wir finden uns in die Sünde und machen
Gott dafür verantwortlich, statt daß wir es wie eine furchtbare Last
tragen und unter dieser ungeheuren Schuld leiden, die die Menschheit täglich höher häuft. Ich habe wenigstens bisher noch keinen
Menschen gefunden, der über diese Schuld geklagt hätte, dem dieses
allgemeine mörderische Unwesen als eine teuflische Besessenheit, die
auch ihn immer wieder zu neuen Untaten reißt, zu Herzen gegangen
wäre, kaum daß einer noch daran denkt, wie viel Menschen im Laufe
seines Lebens an ihm zugrunde gegangen sind, kaum daß es ihn
bedrückt, wie er sich immer wieder an feinen Brüdern und
Schwestern, für deren Wohl er verpflichtet ist, versündigt. Die
Gleichgültigkeit, mit der die Menschen verstehen, ihren Opfern oder
ihren Nächsten den Rücken zu kehren, ist geradezu grausig. Man
wirft sie weg, nachdem man sie ausgequetscht hat, man entläßt sie,
wenn sie nicht mehr arbeiten können, man stößt sie in die Not,
überläßt sie ihrem Schicksal, schüttelt sie von sich ab wie welke Blätter.
Wie wenig Menschen gibt es, denen sich nach solch furchtbaren
Grausamkeiten, die sie begehen, das Herz im Leibe herumdreht vor
Entsetzen über sich selbst! Aber es handelt sich ja nicht nur um
solch krasse Fälle. Es müßte uns doch ebenso bedrücken, wenn wir
nur einen Menschen gleichgültig und fremd anschauen, der auf uns

zukommt, wenn wir unmutig werden und ihn abweisen, statt ihn
so anzuschauen, auf ihn einzugehen und uns ihm aufzuschließen, wie
es ganz von selbst geschehen müßte, wenn wir davon durchdrungen
wären, daß jeder Menschenbruder uns anvertraut ist und wir für
ihn verantwortlich sind.

Infolge dieser kainitischen Lebensweise liegt auch der Fluch
Kains fortwährend auf der Menschheit. Alles Sein und Werden,
Leben und Schaffen der Menschen steht darunter. Wie ein Naturgesetz waltet er über uns. Der Acker unsers Lebens bringt uns
nicht Leben, sondern Tod. Unfruchtbarkeit, Nichtigkeit, Verderben
und Qual ist das Los unsers Tuns und Treibens. Wir scheitern
daran und leiden darunter. Und unstät und flüchtig sind wir, solange
wir leben. Eine rastlose Unruhe treibt uns um. Unser Leben ist
Flucht vor uns selbst, Angst vor dem Dasein, unstillbarer Durst nach
Genuß, der uns doch nur verzehrt, Sucht nach Haben, das doch
alles eitel ist, Jagen nach Glück, das uns nur verunglücken läßt,
Verlangen nach Befriedigung, die uns doch nie Frieden bringt. Das
Verschmachten vor Sehnsucht nach Menschen, die Unmöglichkeit,
seelische Fühlung mit ihnen zu gewinnen und daraus gemeinschaftlich
zu leben, die Fülle der Nöte und Übel, die unaufhörlich aus dem
instinktiven Widereinander hervorgehen, die Qualen, die sich die
Menschen gegenseitig bereiten, sind das furchtbare Verhängnis, das
auf uns lastet.

Aber schlimmer noch ist das Verderben ihrer selbst, das seit
der ersten Kainstat die Menschen ergriffen hat und wie eine unheilbare Seuche zugrunde richtet. Der Mord an den andern schlägt zum
Selbstmord aus. Der Fluch, der uns zum Tode verdammt, ist unser
Egoismus. Wir können uns nicht gegen unsern Bruder verhärten,
ohne in uns selbst zu verhärten. Ersticken wir die Empfindung für
ihn, so empfinden wir nur noch für uns selbst und überliefern uns
damit der Beschränktheit, Verschlossenheit und Vereinsamung in uns
selbst. Leben wir nicht für unsre Brüder und Schwestern, so sondern
wir uns von ihnen ab. Damit schalten wir uns selbst aus dem
Zusammenhang des Lebens aus. Die Isolierung aber ist unser Tod.

Nur Gemeinschaft ist Leben. Wir können auf den Wechselstrom des
Lebens und die Ergänzung des Wesens mit unsern Mitmenschen,
auf Dienen und Leben Empfangen nicht verzichten, ohne in uns
zu verkrusten, zu verdorren, zu verarmen und zu verwesen. Geben
wir uns nicht mehr hin an die andern, so drehen wir uns um uns
selbst. Verschenken wir uns nicht, so werden wir von uns selbst
besessen. Herrscht in uns nicht das Du, die Liebe, das Leben für
die Brüder, so herrscht in uns das Ich, der Mörder und Selbst-
mörder von Anfang, das Ich, das uns alles verdirbt und uns
überall im Wege steht, das uns gottlos macht und der Welt preis-
gibt. Und dieses Ich ist es schließlich — und das ist das Abgründ-
liche, Unabwendbare des Fluchs, der auf uns liegt —, das uns die
Wendung zur Wahrheit, die Erfüllung unsrer Bestimmung, unsers
Bruders-Hüter zu sein, unmöglich macht. Wir können für rückhaltlose Liebe, für opferfreudige Hingabe schwärmen und tief davon
durchdrungen sein, daß das allein Leben und die Quelle schöpferischer Kraft ist, aber es bleibt doch eine bloße Theorie, und soweit
es Praxis wird, leidet es an der Kernfäule unsers Egoismus, der all
unser Dienen, Geben, Helfen und Opfern vergiftet, der immer
wieder unsre Hingabe selbstsüchtig bedingt, beschränkt und stört, so
daß wir immer wieder über den Fluch verzweifeln müssen, der alles
zur Eitelkeit, Vergeblichkeit und Unwahrheit verdammt, was wir für
die anderen tun.

Gott allein kann die Menschheit von diesem Fluch erlösen, der
auf uns liegt und all unser Mühen, davon loszukommen, in Ohnmacht erstickt, durch Selbsttäuschung narrt, ja nur zu seiner Be-
kräftigung ausschlagen läßt, weil es, uns unbewußt, doch immer
nur wieder unfern Egoismus stärkt. Wir werden unter diesem Fluch
geboren und wachsen unter ihm auf. Wir denken, fühlen und wollen
in seinem Bann. Er waltet souverän in unserm Leben. Alles, was
wir tun, um unsers Bruders Hüter zu sein, steht unter der Wolke
feines göttlichen Zorns, quillt aus unserm verfluchten Ich und ist
darum in Wahrheit Unheil, Verderben. Aber Gott will uns von
diesem Fluch erlösen, und er hat uns in Christus davon erlöst. Durch

fein Leben, Leiden und Sterben für die Menschheit wurde der Fluch
gebrochen und eine neue Art Leben erschloffen, die nicht mehr aus
der Tat Kains hervorgeht, sondern aus der Liebe Jesu, die nicht
mehr unter dem Fluche steht, sondern unter der Gnade. Seitdem
kann es geschehen, daß Menschen durch Gottes Gericht und Gnade
an sich selbst sterben und aus der Liebe Gottes neu geboren werden.
Dann erst ist es möglich, daß sie echter Liebe zu ihren Brüdern
fähig werden und wahrhaft nicht mehr für sich leben, sondern für
die andern.

Aber das wird sich immer darin erweisen, daß wir einerseits
ganz ursprünglich über unfre Kainsart erschrecken, uns ihrer alles
umfaffenden Entfaltung in unferm Leben bewußt werden, uns darüber
zu Tode schämen und uns sehnen, lieben zu können, und daß wir
andrerseits hier und da eine unbekannte Güte den Menschen gegenüber sich regen und rühren spüren, von der wir nicht wiffen, woher
sie kommt. Zu beidem müffen wir uns dann mit Bewußtsein und
Willen, durch Tat und Leben bekennen: zu dem Abscheu unfrer
Seele über die mörderische Art Kains und zu der grundlofen un-
intereffierten Güte, mit der uns Gottes Gnade begabt. Nur fo kann
es dazu kommen, daß der Fluch von der Menschheit genommen wird.

———◦◦◦———

Sein und Tun

Unfre Zeit leidet an einem Mißstand, der sich für das allgemeine und perfönliche Leben um fo verhängnisvoller auswirkt,
je weniger er erkannt und beachtet wird. Er liegt nicht an der
Oberfläche, sondern betrifft die Konstitution unfers ganzen Lebens,
feine innerste Verfaffung. Deshalb ist er auch von kaum überfeh-
barer Tragweite nach innen und nach außen, für die Qualität
unfers Lebens und Werdens, für die Erfüllung unfrer ganzen Bestimmung. Ich meine das Verhältnis zwischen Sein und Tun,
zwischen Wefen und Leben, Werden und Schaffen, das sich feit
Jahrzehnten schon in bedenklichster Weife verschoben hat und in

Unordnung geraten ift. Das eine wie das andere ift dadurch entartet, faul und unfähig geworden.

Die abendländifche Menfchheit befindet fich feit etwa einem
halben Jahrhundert in einem kranfhaften Zuftand bis aufs höchfte
gefteigerter Tätigfeit, raftlofer, fieberhafter Arbeit und unaufhörlicher
Befchäftigung, die nur abgelöft wird von einem ebenfo ruhelos
tätigen Erholungstreiben, fo daß der Menfch immer in Bewegung
bleibt und von früh bis abends umgetrieben wird. Alles im Leben
hat fo fehr den Charakter einer bienenfleißigen Gefchäftigfeit, eines
fabrikartigen Betriebs, eines fich überftürzenden Handelns gewonnen,
daß kaum jemand heute begreift, daß das Leben und die Berufserfüllung, der Kulturfortfchritt und die Menfchenbildung einen ganz
anderen Charakter haben könnten, der vielleicht viel angemeffener
und fruchtbarer wäre. Daß Induftrie, Handel und Gewerbe fich
in rafender Tätigfeit befinden, hält man für eine entwicflungsmäßige
Steigerung, für einen eifernen Zwang des Kampfs ums Dafein,
dem fich niemand entziehen kann, fo daß man verlacht wird, wenn
man es fich zum Beften der Menfchen und des wirtfchaftlichen Auf-
fchwungs anders denfen kann. Aber man findet es auch in der
Ordnung, daß die Verwaltung mit ihrem bureaufratifchen Wefen
und ihrem Aftenbetrieb unter diefer Tätigfeitsmanie zu einem
wuchernden Schmarotzer am ökonomifchen Baum unfers Volfes geworden ift, daß unfer ganzes Schulwefen mit feiner Vielgefchäftigfeit
und Betriebfamfeit gerade die geiftige Empfänglichfeit der Jugend
vernichtet, daß in unfrer Zeit alles, von Religion und Patriotismus
bis zu Kunftpflege und Naturgenuß, zu Tode trafiert wird. Alles,
was man heute auf fozialem, volfswirtfchaftlichem und kulturellem
Gebiete zu erreichen fucht, droht in Organifation, Agitation, Zeit-
fchriften, Sitzungen und Ausfchüffen, die fich damit befchäftigen,
aufzugehen und zu erfticfen, fo daß in der Sache felbft nichts gefchieht und erreicht wird. Man denfe nur an die Wohnungsnot.
Selbft das Zufammenfein der Menfchen miteinander ift ganz von
Gefchäftigfeit durchdrungen. Gemeinfchaft ift Unterhaltung, Reden,
Unternehmen. Ohne freudige Erregtheit fühlt man fich unbehaglich.

Stimmung wird gemacht, Leben hineingebracht. So muß überall
von früh bis abends immer etwas vor sich gehen. Nur nicht ver-
weilen, ruhen, warten, stille sein, schweigen, keine Pause. Nur nichts
sich von selbst auswachsen, sich selbst geben, von selbst anders werden
laffen. Es muß gemacht, getrieben, agitiert, bearbeitet, gezerrt, gezüchtet, gewirkt werden. Nur kein Ausruhen, immer Hochspannung.
Nur kein Gehenlassen, immer daran arbeiten. Nur nichts werden
laffen, sondern selbst hervorbringen. Nur keine Ebbe, immer Hoch-
flut. Nur kein Brachliegen, immer Schaffen. Nur nicht ausfetzen:
wenn es nicht quillt, wird gepumpt, und wenn man verfiegt ist,
gibt es Wasserleitungen; aber es muß fortwährend laufen. So
fehen wir überall eine sich selbst und gegenseitig aufpeitschende
Tätigkeitswut. Besinnungslos stürmt der Mensch durch die Stunden.
Das Leben ist ein unaufhörliches Tun, Haften, Rennen, Keuchen,
ein atemloser Betrieb, von dem sich die Menschen wie Besessene in
wilder Gier zu Tode hetzen laffen.

· Man findet das ganz in der Ordnung. Denn die Menschen
sind von einem geradezu wahnwitzigen Tätigkeitsdrang erfüllt und
vergöttern die Aktivität noch mehr als den Mammon. „Arbeiten,
nichts als Arbeiten!", „Zum Genie gehört Fleiß, Fleiß und nochmals
Fleiß", „Raft ich, fo roft ich": das sind Bekenntnisse des Glaubens
unfrer Zeit. Das unaufhörliche von früh bis in die Nacht, von
der Jugend bis ins Alter den Menschen innerlich und äußerlich
ganz in Anspruch nehmende Arbeiten, Wirken, Schaffen, Gründen,
Treiben, Agitieren ist das Ideal. Leistungsfähigkeit ist alles. Leistung,
Erfolg, Betriebsamkeit ist der Wertmesser des Menschen. Alles wird
der Erfüllung dieses Drangs und Ideals geopfert: Gesundheit,
Familie, Selbst und Seele, Leben und Werden. Auf alle, die nicht
fo sind, vielleicht weil sie nicht fo sein wollen oder nicht fo sein
können, sieht man geringschätzig herab. Die stellen ihr Licht unter
den Scheffel, nutzen ihre Gaben nicht aus, entziehen sich der Not
der Zeit, stellen sich außerhalb des Stroms des Lebens und bringen
es zu nichts, weil es ihnen an Ausdauer und Nachdruck fehlt. Man
muß Tag und Nacht von feiner Aufgabe besessen sein, kein anderes

Interesse haben, immer daran arbeiten. Das Wirkensfieber gilt heute als Treue, als Charakter, als Zeichen der Vollkommenheit. Je aufrichtiger einer guten Willens und ernsten Strebens ist, um so mehr glüht er davon, wird von ihm hin- und hergerissen, immer wieder zur Tätigkeit aufgepeitscht und lebendigen Leibes davon verzehrt. Hier und da erschrecken sie wohl in ernüchterndem Besinnen: Wozu das alles? Aber sofort zwackt sie wieder das Gewissen und treibt sie mit harten Schlägen in ihre Tretmühle hinein.

Aus diesem Tätigkeitsdrang geht das Unternehmertum hervor, das für unsre Zeit charakteristisch ist. Wie auf dem wirtschaftlichen Gebiet tagtäglich neue Unternehmungen ersonnen und ins Werk gesetzt werden, um auf gesetzlich zulässige Weise das Geld aus der Tasche der anderen in die eigene zu bringen, brauche ich nicht zu schildern, das hat derartig groteske Art und Gestalt gewonnen, daß allen, die darüber noch nicht gelacht oder sich entsetzt haben, kaum die Augen dafür zu öffnen sind. Aber dasselbe Unternehmertum und Gründungsfieber grassiert auch auf allen anderen Gebieten. Alle nur denkbaren Regungen einer Lebensreform, alle Möglichkeiten sozialer Nothilfe werden „gemacht", wie der bekannte Gründerausdruck lautet. Sie werden Gegenstand besonderer Organisationen und Tätigkeiten, die sie verbreiten und verwerten. Unzählige Gründungen sind seit unserm Zusammenbruch wie Pilze aus der Erde geschossen, um unser Volk religiös, politisch, moralisch, sozial, wirtschaftlich wieder aufzurichten, alle mit Bureaus und Funktionären, Zeitschriften und Traktaten, Kongressen und Sitzungen: ungeheure Apparate, die andauernd in Gang gehalten und Lärm entfalten müssen, um eine Wirkung hervorzubringen. Aber die Wirkung ist Nebensache. Die Hauptsache ist das Geklapper, die Berichte, die Statistiken der Tätigkeit, das Wachstum der Organisation, die Zunahme der Mitgliederzahl, auch wenn diese unter den fortwährend heranfliegenden Blättern nur noch seufzen und sie ungelesen in den Papierkorb befördern. Die Unternehmungen sind, sobald sie gegründet sind, Selbstzweck und werden unter allen Umständen am Leben erhalten, auch wenn sie gar kein Leben in

ſich haben. So kommt unſer Volk vor lauter Bewegung nicht zur
Ruhe, vor lauter Erregung nicht zu ſchöpferiſcher Entfaltung, vor
lauter Behandlung nicht zum Leben. Man denke nur an den ungeheuren Redelärm in Vorträgen, Verſammlungen, Kurſen, Volkshochſchulen, an den ſchwarzen Schnee bedruckten Papiers, der tagtäglich auf uns fällt. Dieſe raſtloſen geiſtigen Produktionen und
Reproduktionen, dieſes fieberhafte Vorkäuen und Wiederkäuen in
Wort und Schrift iſt doch die reine Sintflut, in der das geiſtige
Leben unſers Volkes erſoffen iſt. Ich weiß, man ſieht darin ein
Zeichen der Fruchtbarkeit des deutſchen Geiſtes, weil man Gedanken
und Geiſt, Gerede und Leben verwechſelt. Ich ſehe nur, daß in
dieſer Gedankeninduſtrie, in dieſer fabrikmäßigen Herſtellung immer
neuer Artikel von Ideen und Idealen, in dieſem unausgeſetzten
Ausgraben und Aufmöbeln geiſtiger Ausdünſtungen vergangener
Zeiten, in dieſer Überlaſtung des Bewußtſeins mit Meinungen und
Wiſſen der Geiſt lebendig begraben wird.

Dieſer allein ſeligmachende Tätigkeitsdrang iſt Wahnſinn und
die Auflöſung des organiſchen perſönlichen Lebens in lauter Tätigkeit aller Art, die den Menſchen ergreift, in Beſchlag nimmt, treibt,
nicht zur Beſinnung kommen läßt, ausſaugt und aufreibt, eine
ſchwere Erkrankung, ja ein Verweſungsprozeß im eigentlichſten
Sinne. Das Tun zerſetzt das Sein und zehrt es auf. Der Menſch
verweſt als Menſch und wird zur Maſchine. Er hört auf zu leben
vor lauter Treiben, wobei er in Wahrheit getrieben wird. Indem
er arbeitet, wird er verarbeitet, indem er genießt, wird er verzehrt,
indem er tätig iſt, wird er „getätigt“. Das ganze moderne Leben
iſt eine einzige Selbſtvergewaltigung, Selbſtausbeutung, Selbſt-
verſklavung und Selbſtvernichtung des Menſchen, für die man ſich
nur um ſo mehr begeiſtert, je mehr man darunter gerät, auf die
man ſein Selbſtbewußtſein gründet und mit der man einen beinahe
religiöſen Kultus treibt. Es iſt der Fieberzuſtand einer untergehenden
Kultur, wo die Menſchheit unter der Zentrifugalkraft der Tätigkeits-
manie alle geſunden Inſtinkte und die Herrſchaft über ſich ſelbſt
verloren hat. Das Leben iſt durch das alles perſönliche Sein und

Geschehen überwuchernde Tun durchaus Überanstrengung geworden, und zwar nicht nur auf dem Gebiete der Arbeit und Wirksamkeit, sondern ebenso im gesellschaftlichen Verkehr, in der geistigen Unterhaltung, im Lesen und Hören, ja in der körperlichen Erholung, ob es nun Sonnenbäder oder Bergtouren sind. Überall übernimmt man sich, tut zu viel und kennt keine Pausen. Nirgends läßt man seinem körperlich-geistigen Sein Zeit und Ruhe zu einem organischen Leben, geschweige daß man es betreut. Überanstrengung führt aber überall zur Erschöpfung, die man nicht, wie man heutzutage wähnt, durch Energisieren, Konzentrationsübungen und derartige künstliche Machenschaften heben, sondern nur durch Ruhe vergehen laffen kann. Aber das ist ja gerade das, was unsre Zeit nicht kann: ruhen, entspannt sein, nichts tun.

Körperlich kommt diese sich überstürzende und übernehmende Tätigkeit zur Auswirkung in der Nervosität und Neurasthenie, aber ebenso in Schlaflosigkeit, Arterienverkalkung und frühem Altern, in der Degeneration des Leibes und des Geistes; seelisch in der ewigen Unruhe und Unbefriedigtheit, in der Flucht vor sich selbst und im Leiden unter Langeweile, in Sorgen, Ärger und Aufgeregtheit, in Reizbarkeit und Widerstandslosigkeit gegenüber den Reizen, in Unsicherheit, Befangenheit, Verzagtheit und Kopflosigkeit, in Lebensschwäche und Lebensangst. Der Mensch hat sich in dem Tätigkeitsfieber ganz von sich selbst entäußert, so daß er mit all seinem Vermögen gar nicht mehr zur Geltung kommt. Seine angeborene Überlegenheit, Empfänglichkeit, Widerstandskraft und all seine instinktiven Fähigkeiten sind verdorben und verkümmert unter dem unausgesetzten automatischen Lebensbetrieb. Vor lauter Geschäftigkeit geschieht nichts mehr von selbst. Das unaufhörliche Tun verhindert das Sein, das verborgene Können zu offenbaren. Vor lauter Tätigkeiten kommt man nicht zu Taten. Das Überhandnehmen des Tuns und Unternehmens hat das quellende Leben erstickt. Es besteht ein festes Verhältnis zwischen der Übertreibung der Tätigkeit und der Ohnmacht des Wesens, dem Mangel an bedeutenden Persönlichkeiten, dem Versiegen schöpferischer Fähigkeit, der ungeheuren geistigen

Verwirrung, Verödung, Inftinktlofigkeit und Widerftandslofigkeit,
die heute z. B. die Menfchen unterfchiedslos alles verfchlingen läßt,
was ihnen als geiftiger Fraß vorgeworfen wird, aber geiftig nichts
verdaut, gefchweige daß man felbft zu einer Klärung und Gewißheit, zu Entdeckungen und Erfüllungen käme. Wenn man nichts mehr
aufnehmen kann, weil man immer fofort urteilen muß — auch die
hemmungslofe Urteilsfucht ift eine Erfcheinung des überfteigerten
Tätigkeitsdrangs —, und nicht imftande ift, unter Eindrücken innerlich zu fchweigen, in Staunen und Verlegenheit davor zu verharren,
fo verliert man die Empfänglichkeit. Wenn man nichts von felbft
fich in fich bewegen und keimen läßt, fondern die Eindrücke fofort
ins helle Bewußtfein zerrt, analyfiert und verarbeitet, fo kommt
es nie zur Empfängnis, gefchweige zu fchöpferifchen Äußerungen.
Niemand ahnt heute, wie wir uns mit unferm geiftigen Treiben
fyftematifch zugrunde richten, wieviel Tätigkeit und Wirken heute
hartnäckiger Knofpenfrevel und Verbrechen gegen keimendes Leben
in fich und in anderen ift, wie viele Vergewaltigungen wir durch
unfre fortwährenden Tätlichkeiten an uns und anderen begehen,
wie viele Arbeit an fich felbft Selbftquälerei, wieviel Erbauung
religiöfe Selbftbefriedigung, wieviel Sittlichkeit ein forciertes Tun-
als-ob ift, mit dem wir uns nur in Heuchelei verftricken. Das
Gefuchte, Übertriebene, Affektierte, Gemachte und Gekünftelte in
Kultur und Leben mit allen feinen furchtbaren Rückwirkungen auf
das Wefen und Werden, Können und Schaffen der Menfchen ift
eine Folge davon, daß das ganze Leben der Menfchen fich in lauter
Tun und Treiben aufgelöft hat.

* *

Und doch haben wir alle etwas Verftändnis für das andere:
für die Bedeutung des Wefens des Menfchen und für das Walten
und Wirken feines bloßen Seins. Wir wiffen, daß wir von einem
mehr haben können durch Schweigen als durch Reden, daß wir
einen beffer kennen lernen durch Anfchauen als durch Unterhaltung,
daß uns die Erfcheinung eines Menfchen mehr fagt als feine Tätig-

keit, daß der Wert und die Wirkung eines Menschen nicht in dem
besteht, was er tut, sondern in dem, was er ist. Man denke daran,
daß das Wesen einer Frau die Atmosphäre eines Hanfes macht,
nicht ihre Tätigkeit oder Redseligkeit, daß das Wesen eines Lehrers
seine erzieherische und bildende Wirkung bestimmt, nicht der Eifer,
die Gewissenhaftigkeit, die methodische Tadellosigkeit des Unterrichts.
Sie haben vielleicht auch einmal gemerkt, daß Sie viel mehr von
einem Menschen haben, an dem Sie sich einfach nur freuen, der
Sie durch seine bloße Gegenwart erfrischt, stärkt, erhebt, aus sich
heraus gehen läßt, als von einem, der sich um Sie bemüht und
alles mögliche mit Ihnen anfängt, um Ihnen zu helfen. Sie haben
vielleicht schon einmal erfahren, daß es leuchtende Menschen gibt,
die einen Lichtkreis um sich verbreiten, und daß dieses Licht für das
Gedeihen der anderen ungefähr dieselbe Rolle spielt wie die Sonne
für das vegetative Leben. Sie haben vielleicht auch schon beobachtet,
daß von manchen Menschen Kräfte ausgehen, ohne daß sie irgend
etwas tun, einfach durch den inneren Kontakt, den Sie mit ihnen
gewinnen, ohne daß diese darauf aus sind. Es vollzieht sich ganz
von selbst, unbewußt, unmittelbar. Das sind Eindrücke von der
Bedeutung des menschlichen Wesens.

Aber das ist noch nicht alles. Das Wesen des Menschen ist
der Born aller quellenden Lebensäußerungen. Darum ist es von
ungeheurer Bedeutung, daß er nicht versiegt oder verschlossen bleibt,
sondern daß alles Verhalten und Tun aus ihm hervorgeht. Unsre
Lebensäußerungen werden etwas anderes sein, bedeuten, darstellen,
wirken, wenn sie aus ihm entspringen, als irgendwelche Tätigkeit,
die nicht aus unserm Wesen, sondern aus einem Betrieb hervor·
geht, und wäre es der Betrieb unsrer Gedanken, Interessen und
Gewohnheiten. Wir können unterscheiden zwischen Lebensäußerungen,
die von selbst hervorgehen, und solchen, die beabsichtigt, bewirkt,
gemacht, durchgesetzt werden. Wir empfinden den Unterschied sehr
stark; denn alles, was aus dem Menschen quillt, entspringt ohne
Anstrengung. Es ist Auslösung einer Bewegung unsers Seins, eine
Entfaltung unsers Wesens, was spielend geschieht und etwas Be·

glückendes hat, weil es durch sein Geschehen das Lebensgefühl steigert. Was aber aus den Überlegungen unsers Verstandes durch unsern Willen ins Werk gesetzt wird, ist anstrengend, mühsam und ermüdend. Was von selbst aus uns hervorgeht, ist geworden; was von uns gewollt und konstruiert wird, ist gemacht. Jenes ist schöpferisch, organisch, lebendig, dieses ist Kunststück und Machenschaft. Jenes ist Erfüllung, dieses ist Abfindung. Alles Beabsichtigte ist geschmacklos, alles Reflektierte unzulänglich. Das Einzigwahre läßt sich nie ausdenken, und echte Schönheit muß von selbst Gestalt gewinnen. Alles Geniale in Kunst und Leben geht aus dem Unbewußten hervor, d. h. nicht aus dem Unterbewußtsein, sondern aus der geheimnisvollen Tiefe des menschlichen Wesens, aus dem ewigen Lebensquell in uns. Wenn ich aber in und aus der Tätigkeit meines Bewußtseins heraus lebe und alles mit der ganzen Energie meines Willens unter Aufbietung aller meiner Kräfte durchzusetzen suche, so kann gar nichts aus dem Unbewußten hervorgehen, so kann nichts von selbst geschehen, so ist eine Offenbarung unsers Wesens und seines schöpferischen Vermögens unmöglich. Darum soll alles, was wir tun, Bewegung und Äußerung, Offenbarung und Schöpfung dessen sein, was wir sind.

Aber wenn unser Wesen sich äußern soll, muß es zur Geltung kommen, muß es in uns walten und unser Bewußtseinsleben erfüllen. Unser Wesen ist nicht bewegungslos, wenn wir nichts tun, sondern es lebt. Sein ist Leben. Leben ist — abgesehen von der Tätigkeit — die selbsttätige, unausgesetzte Bewegung unsers Wesens in sich selbst unter fortwährender unwillkürlicher Anregung durch die uns umgebende Welt. Es ist das ein unbeabsichtigtes Vonselbstgeschehen in uns, das zum größten Teil unbewußt ist, ein Aufnehmen und Ausscheiden, Wandeln und Stoffwechseln, Aufbauen und Abbauen, Entfalten und Wachsen, das sich durch Eindrücke und Äußerungen, Erregungen, Gärungen und Auswirkungen vollzieht. Wir haben es nicht in der Hand, können es nicht machen, sondern müssen es geschehen lassen. Jeder Eingriff ist eine Störung. Der Wille kann hier nur schaden. Selbst soweit unser Wesen mit

XXIV.   6

Bewußtfein lebt, gilt das. Das geiftige Aufnehmen und Verdauen ift ein ebenfo von unferm abfichtlichen Denken und Wollen un= abhängiger Vorgang wie das körperliche. Wir können in unfer Gedächtnis aufnehmen, was wir wollen, aber nicht in unfern un= bewußten geiftigen Beftand. Er nimmt nur auf, wofür wir reif find, wofür wir zugänglich find, was uns Eindruck macht, was wir verftehen, was wir brauchen können. Jeder weiß, wie fich die innere Verarbeitung dann ganz unwillkürlich vollzieht, wie es fich fetzt, klärt, uns eigentümlich wird und uns befruchtet, wie es auf regt und auslöft, wirkfam wird, unfer Wefen nährt und fördert. Wir ftören die Klärung, wenn wir uns etwas klar machen wollen, die Empfängnis, wenn wir uns abfichtlich mit einem Eindruck be= fchäftigen, die fchöpferifche Gärung, wenn wir darüber brüten, die urfprüngliche Äußerung, wenn wir etwas herauspreffen wollen. Alles das gehört in die Verborgenheit des Unbewußten, die wir refpektieren und hüten follen. Jeder weiß doch, wie ihm etwas aufgeht, wenn er nicht darauf aus ift, wie man etwas liegen laffen muß, wenn man nicht weiter damit kommt, damit es fich von felbft entfaltet, wie fich Verwicklungen in uns löfen, wenn wir nicht daran herumarbeiten. Darum ift bei allen Erfahrungen, die wir an uns felbft oder an anderen machen, die abfichtliche Befchäftigung damit äußerft fragwürdig. Jedenfalls darf fie das Gefchehen in uns nicht beeinträchtigen.

Darum ift es begreiflich, daß das übermäßige Tun und Unter= nehmen auf dem Gebiete des inneren Lebens, das für alle diefe Tatfachen und Gefetze des Lebens ebenfo blind ift, wie es fich hier allmächtig dünkt und zu leidenfchaftlichftem Streben verpflichtet fühlt, geradezu zerftörend gewirkt hat. Denn es vernichtet durch mecha= nifche Operationen das organifche Leben. Was es pofitiv zuwege bringt, find nur Geftaltungen des Bewußtfeins, Begriffsgefpinfte, Gefühlsballungen, Vorfätze und Grundfätze für neues Tun, alfo Bewußtfeinskultur, aber nicht Wefensentfaltung und Wefensäußerung. Andrerfeits braucht es für diefes innere Gefchehen Ruhe, Muße, Stillefein und Warten, alfo Paufen des gewollten Lebens, des

Handelns, Arbeitens, Unternehmens. Wo man dafür keine Zeit hat,
wo man nicht mehr vermag, einmal nichts zu tun, verkümmert das
organische Leben unsers Wesens und stirbt schließlich ab. Es kann
nichts werden, wo man es nicht erwarten kann. Es kann sich nichts
bilden, wo man keine Zeit hat, etwas schweigend auszutragen.
Man wird nie auf eigene Gedanken kommen, wenn man immer
auf Kommando denkt. Es fällt einem nichts Neues ein, wenn man
immer geistig tätig ist. Man wird nicht begnadet, wenn man von
Aspirationen getrieben wird. Sittliche Erneuerung kann nicht aus
einer inneren Erschütterung hervorgehen, wenn man das innere
Erlebnis sich nicht auswirken läßt, weil man sich zu sehr damit beschäftigt und mit guten Vorsätzen dann zur Tagesordnung über-
geht. Es gibt keine Offenbarungen, wenn man sein Urteil nicht
zurückhalten kann. Man kann unmöglich von Gott etwas merken,
wenn man die Sehnsucht nach ihm durch religiöse Gefühlsunzucht
befriedigt. Man wird aber auch im äußeren praktischen Leben nichts
entdecken und finden, zu nichts Neuem geführt werden und nicht
in seinem Verstehen und Können wachsen, wenn man vor lauter
Tun nicht mehr wirklich erlebt, weil man es, noch ehe es einen
wirklich berührt hat, schon mit seiner Geschäftigkeit erledigt, beseitigt und totschlägt.

Hierin beruht das größte Verhängnis des nervösen Tätigkeitsdrangs. Alle echten Lebensäußerungen unsers Wesens entspringen
von selbst aus den Eindrücken und Erlebnissen der Verhältnisse und
Vorgänge, die an uns herantreten und uns in Anspruch nehmen,
der Lebensaufgaben, die uns verpflichten, der Menschen, die uns
begegnen, der Nöte und Schwierigkeiten, die uns in den Weg treten.
Das geschieht aber nur, wenn wir überall unmittelbare Fühlung
mit der Wirklichkeit gewinnen und ihre Eindrücke in unserm Innersten
empfangen, dadurch befruchtet und zu dem erfüllenden Verhalten
durch die Klarheiten und Kräfte befähigt werden, die diese Eindrücke hervorrufen. Aber die unaufhörliche Tätigkeit, in der wir
uns äußerlich und innerlich, in Bewußtsein und Beschäftigung befinden, läßt es zu dieser Fühlung mit der Wirklichkeit gar nicht

6*

kommen, und wo sie eintritt, zerstört das sofortige Urteilen und
Reflektieren sofort ihre Unmittelbarkeit. Leben wir nun nicht aus
dieser Gemeinschaft mit unsern Erlebnissen, so leben wir allem, was
der Tag und die Stunde an uns heranbringt, gegenüber und darauf
los. Wir werden dann nicht mehr unmittelbar angeregt, unsre
Äußerungen gehen nicht direkt und von selbst aus der Fühlung
hervor, sondern wir müssen Initiative entfalten und überlegen, was
wir tun sollen, und ausrichten, was wir beschlossen haben. Damit
hört unser Leben auf, ein Geschehen zu sein, das aus dem organischen Zusammenhang entspringt, in dem wir stehen, und wird
ein immer neues willkürliches Unternehmen von uns aus. So ist
es heute allgemein. Darum feiert man die unternehmenden Menschen
und verwechselt Initiative mit schöpferischer Fähigkeit. Das ist ein
heilloser Irrtum. Die Initiative hat bei allem, was schöpferisch
ist, Gott, so unbewußt uns das sein mag, und er ganz allein.
Sobald sie der Mensch ergreift, ist es mit der Schöpfung sofort aus.
Wir sind niemals Urheber von etwas Schöpferischem, sondern nur
von Machwerken. Der Mensch kann nur etwas Schöpferisches hervorgehen lassen, wenn und soweit er dafür von Gott befruchtet wird.
Befruchtet aber sollte er von ihm durch alle seine Erlebnisse werden.
Wir sehen das dort am deutlichsten, wo die schöpferische Tätigkeit un-
verwechselbar zutage liegt — in der Kunst. Der Künstler kann
nicht schaffen, wenn er will, sondern nur, wenn es über ihn kommt
und ihn packt, wenn er muß. Alle, die sich darum mühen und
quälen, kommen nicht zur schöpferischen Äußerung ihres Genius,
sondern höchstens zu technischen Meisterwerken. Die Initiative liegt
also nicht bei dem Künstler. Der befruchtende Einfall muß ihm
kommen. Man kann dem Genius weder kommandieren noch etwas
abschmeicheln. Er redet, wenn er will. Alles Können, Vollbringen,
Erfüllen ist Gnade. „Ein Mensch kann sich nichts nehmen, es werde
ihm denn gegeben." Das gilt aber vom Leben überhaupt, von
dem Leben, das schöpferische, vollbringende, erfüllende Lebensäußerung unsers Wesens ist. Sein Urheber kann und darf nur Gott
sein. Alles, dessen Urheber wir sind, ist verkehrt, faul, eitel, nichtig,

wesenlos. Die Initiative, die wir entfalten, ist der sich immer wieder-
holende Ursündenfall des Menschen, daß er sein will wie Gott.
Darum ist unser Leben so, wie es sich heute in unsrer Tätigkeitswut
ausgewachsen hat, frevelhafte Empörung gegen Gott, Selbst-
vergottung. Gott ist der einzig wahrhaft seiende Walter und Ge-
stalter, und unser Leben ist nur dann in Wahrheit Leben, wenn
wir ganz und gar Organ und Werkzeug Gottes sind und nichts
sonst weiter in allem und jedem. Dann erleben wir in allen Lebensansprüchen und Erfahrungen unaufhörlich die Initiative Gottes
führend, bestimmend und schaffend. Alles, was daraus hervorgeht, ist
wahr, gut, schön, lebendig, fruchtbar, erfüllend. Alles, was nicht
daraus hervorgeht, hat keinen Wert. Wundert sich dann jemand noch
über die Nichtigkeit, Unfruchtbarkeit, Verworrenheit und Verkehrtheit
der unübersehbaren Machenschaften, die unsre tätigkeitsbesessene Zeit
aufgehäuft hat? Versteht man, daß wir unter unserm Treiben, Hasten,
Geschafteln ganz den Sinn für den lebendigen Willen Gottes, wie
er in jedem Augenblick an uns herantritt, verloren haben, daß
niemand mehr in seiner rastlosen Geschäftigkeit und Beschäftigtheit
auf ihn aufmerken kann, daß wir vor dem entsetzlichen Geräusch,
das wir machen, seine Stimme gar nicht mehr hören?

Wenn jemand meint, daß man bei solch einem Leben die
Hände in den Schoß lege, so zeigt er nur, daß er davon keine
Ahnung hat. Glauben Sie, daß unsre Energie stärker gesteigert
werden kann durch unsern Willen und unser Bewußtsein als durch
den Glutstrom des Lebens, der von Gott ausgeht? Glauben Sie,
daß wir mit unserm Kopfzerbrechen und Nachdenken mehr Klarheit
gewinnen, als die Wahrheit offenbart, die uns aufgeht aus den
Erlebnissen, die wir machen? Oder meinen Sie, daß der Aufbau
unsers Lebens stecken bleibt, unser Lebenslauf sich verliert, unser
Lebenswerk nicht zur Vollendung kommt, wenn Gott es besorgt,
wenn er uns gibt, was wir bedürfen, wenn er uns alles zufallen
läßt im rechten Augenblick, in der zuträglichen Gestalt, im richtigen
Maß? Wir wissen doch gar nicht, wie es gehen kann, was werden
soll, wohin die höhere Macht mit uns will, was es für Möglich-

keiten von Gott aus gibt, die allein für uns möglich sind. Alles, was
sich der Mensch ausdenkt, ist Irrtum. Nur was ihm aus der Tiefe
der Wirklichkeit aufleuchtet, ist Offenbarung der objektiven Wahrheit. Oder glauben Sie, daß ein Mensch passiv bleibt, wenn er
von Gott ergriffen wird? Solch einer steht doch im Feuer seines
Lebens. Da ist Wesensentfaltung, Wesensausstrahlung in höchster
Aktivität, unter der der Mensch wächst und sich schöpferisch entfaltet.
Das ist ein Aufschließen des innersten Geheimnisses, ein Offenbaren
des unerschöpflichen Reichtums, der dem Menschen gegeben wird,
wenn er für das Wirken und Walten Gottes empfänglich ist. Wie
wenig kommt das in der Geschäftigkeit unsers Lebens zur Geltung!
Man redet von Bestimmung und Führungen, aber will sich nicht
bestimmen und führen lassen, sondern alle sind darauf aus, sich
selbst zu führen, und überlegen eifrig, was sie tun, und wozu sie
sich entscheiden müssen, machen Pläne und berechnen Zukünftiges,
um dann ihre eigenen Bestimmungen und Vorsehungen mit einem
geradezu sündigen Eifer durchzusetzen. Ist es dann ein Wunder,
wenn so viel Verkehrtes geschieht und alle in der Irre gehen, wenn
sie scheitern und sich selbst ruinieren!

Darum muß unsre Lebensgestalt, unser Lebenslauf und unser
Lebenswerk aus der lebendigen Wechselwirkung zwischen uns und
unserm Leben hervorgehen, aus dem Zusammenwirken unsers
innersten Schicksals, wenn wir so die einzigartige, eigenartige
Fassung unsrer Seele samt ihren Anlagen und Bestimmungen und
den damit gegebenen Gehalt und die Gestalt ihres Daseins bezeichnen wollen, mit unserm äußeren Schicksal, wenn wir darunter
die Gesamtheit der Verhältnisse und Ereignisse unsers Lebens verstehen. Wenn das geschieht, dann ist Gott am Werk, dann waltet
und gestaltet er, was unsre Bestimmung erfüllt. Aber wenn wir
mit ruheloser Geschäftigkeit, mit Grübeln, Planen, Berechnen,
Unternehmen alles machen wollen, so richten wir uns selbst zugrunde
und brechen am Ende zusammen über unserm verfehlten Leben.

Vollzieht sich unser Leben durch Empfängnis und die dadurch
von Gott erzeugten Taten unsers Wesens, so wächst unser Sein.

Solches Leben bewirkt ganz von selbst eine schöpferische Entfaltung dessen, was in uns ist. Es verwirklicht uns selbst. Es offenbart als solches unsre Fähigkeiten und bildet unsre eigentümliche persönliche Verfassung. So gewinnt unser Wesen seine Erscheinung und Bewegung, seine echte, eigenartige Gestalt, und es bildet sich in steigendem Maße eine Vollmacht zu leben, die allem gewachsen ist, was an uns an Aufgaben, Nöten, Schwierigkeiten und Schicksalen herantritt. Unser Wesen trägt und erfüllt dann unser Bewußtsein. Es kommt in unserm geistigen Leben ganz von selbst zur Offenbarung und Geltung. Es ist dann z. B. nicht mehr möglich, daß in uns Gedanken, die uns fremd sind, ihr Wesen treiben, uns beeinflussen und uns verführen, sondern durch den feinen Geschmack unsers Wesens wird nichts aufgenommen, was uns unzuträglich und fremdartig ist, oder wird wieder abgestoßen, wenn es uns doch zunächst eingenommen hat. Nur das gewinnt Beziehung zu uns, wozu irgendwelche Anlagen oder Ansätze in uns vorhanden sind. So allein kommt es zu einer organischen Bildung des Menschen aus seinem Wesen und Leben heraus, während unsre gegenwärtige Bildung irgendwelche Erfüllung und Gestaltung des Bewußtseins ist, die überhaupt keine Beziehung zu unserm Wesen hat, die nur ein Kostüm ist, das man trägt, nach dem man sich bewegt und benimmt, das aber unsrer Art fremd ist und der Fassung unsrer Seele widerspricht. Nur das, was unmittelbar aus uns hervorgeht, ist gewachsenes Sein. Alles, was wir aus uns machen, aus uns bilden, an uns hängen, ist gemachtes Wesen, ist fremder Unrat, den wir als Schmuck betrachten.

Aber auch das Tun wird nur echte Tat und wahrhaftiges Werk, wenn es Bewegung und Äußerung unsers Wesens ist, die nicht aus unsrer subjektiven, sondern aus unsrer objektiven Lebenslage stammt. Das gewöhnliche Handeln der Menschen, wie es aus ihren Gedanken, Gefühlen und Wünschen absichtlich hervorgestoßen wird, ist immer unsachlich und willkürlich. Soll aber unser Leben wirkliche Erfüllung der vorliegenden Aufgaben sein und der Offenbarung und Entfaltung unsers eigentlichen Wesens dienen, so kommt

alles darauf an, daß es die innere Notwendigkeit aus dem Kontakt
unsers Wesens mit den Lebensansprüchen, die an uns herantreten,
gewinnt. Wir dürfen nur das Organ sein, wodurch das Sinn-
erfüllende geschieht. Nur wenn wir objektiv gerichtet, bedingungslos bereit und darauf aus, unbenommen von uns selbst, unbeeinträchtigt durch unsre Gedanken, Gefühle und Wünsche ganz das
tun, was aus der Tiefe der jeweiligen Lebenslage hervorgehen
will, wird es ein lösendes, vollbringendes, schöpferisches Geschehen,
das den lebendigen Willen Gottes, das augenblicklich wahrhaft
Mögliche und Notwendige verwirklicht. Das ist dann immer echt,
das einzig Wahre und Gute, ist erfüllt von der Glut unsers Wesens
und trägt die Gestalt unsrer Art, ist fruchtbar für das Leben und
gedeihlich für uns selbst. Wie die Genialität des Industriellen oder
Kaufmanns darin besteht, daß die augenblickliche Konjunktur ihm
das Notwendige offenbart, und er es mit nachtwandlerischer Sicherheit tut, so besteht die Genialität all unsers Verhaltens darin, daß
aus unserm Wesen und seiner Fühlung mit der immer neuen Lebens-
konjunktur alle unsre Lebensäußerungen unmittelbar hervorgehen.
Was so von uns getan wird, das ist lebendiges, schöpferisches,
erfüllendes Geschehen.

Diese Begründung und Verfassung unsers Tuns in unserm
Sein und Erleben nimmt uns die Bestimmung und Gestaltung
unsers Verhaltens und Handelns aus der Hand und überläßt sie
Gott. Damit ist sie unsrer Willkür entnommen, aber auch unsrer
Sorge und Unsicherheit, unserm Hasten und Mühen. Da ist keine
Versklavung unter die Arbeit, keine Besessenheit vom Erwerb, kein
Wirkensfieber, kein Ehrgeiz, keine aufgeregte Geschäftigkeit, kein
Unternehmertum und Gründerwesen mehr möglich. Das rasende
Treiben und Getriebe hört auf, denn alles, was wir tun, wird
organisches Leben, wo jede Äußerung ihren eigenen Gang, eigenen
Takt, ihre Geschlossenheit in sich selbst und ihre Unterschiedlichkeit
vom anderen hat, wo ganz von selbst Steigerungen, Höhepunkte
und Pausen eintreten und verschiedenes miteinander wechselt. Da
folgt von selbst der Spannung die Entspannung, dem Erlebnis die

Reaktion nach außen oder im Inneren, der Flut die Ebbe, dem
Ausbruch das Versinken in sich selbst, der Rede das Schweigen,
dem Schaffen das Leiden. So gewinnt unser Leben ganz von selbst
seine eigene Melodie und seinen eigentümlichen Rhythmus und
damit den Schwung und das freudige Lebensgefühl, das uns für
alles, was an uns herantritt, willig und gläubig und damit
empfänglich macht.

Dieses rechte Verhältnis von Sein und Tun in unserm Leben
ist Voraussetzung dazu, daß wir gedeihen. Dann kann sich das
furchtbare Verhängnis wenden, das alle, die dafür Blick haben,
so quält und bedrückt, daß in allen Menschen so etwas Wundervolles steckt, das einen immer wieder außer sich geraten läßt, aber
es kommt nicht heraus, es entfaltet sich nicht, es ist verkrochen
und verkümmert, durchwachsen von allerlei Unwesen und häßlich
verkrustet. Der arme Mensch hat selbst keine Ahnung von seinem
verborgenen Adel, von dem wunderbaren Gottessproß, der in ihm
kümmert und welkt, weil er durch sein Leben und Treiben ihn immer
wieder erstickt. Die Menschen ahnen gar nicht, wie sie sich fortwährend mißhandeln und zu Tode quälen. Ein kleines Beispiel:
Wieviele haben das Glück, einmal hier in der Elmau sein zu
können in dieser Weltabgeschiedenheit und tiefen Stille, in dieser
wundervollen Natur! Das große Schweigen kann über sie kommen,
und die Stimmen ihrer Tiefe könnten einmal laut werden, aber
sie lassen's nicht dazu kommen. Sofort wird alles mögliche unternommen und getrieben, und sobald man nichts vorhat, wird gelesen, selbst noch im Augenblick, ehe ich den Vortrag beginne, ja
sogar auf der Liegehalle, wo man Entspannung finden könnte,
verschlingt man Bücher. Ahnen Sie gar nicht, was das für ein
fortwährendes Verbrechen gegen das keimende Leben Ihres Wesens
ist? Andere wieder wollen von früh bis abends hier wirken, helfen
und reden, reden, reden. Tun Sie doch einmal nichts und seien
Sie nur, was Sie sind. Beglücken Sie Ihre Mitmenschen durch Ihr
Sein, beleben und stärken Sie sie durch die Ausstrahlung Ihres
Wesens, lassen Sie schweigend Ihr Antlitz in Liebe über sie leuchten!

Man muß ja wahrhaftig in die leblose Natur gehen, wenn man
dafür ein Beispiel geben soll. Sehen Sie sich doch die Wettersteinwand an! Es gibt vielleicht nichts hier in der Elmau, was so
ungeheuer wirkt wie die Wettersteinwand, in der lebendigen Bewegung ihres schweigenden Daseins. Was die schon an Menschen
vollbracht hat, die sich unter ihren Einfluß stellten, ist geradezu
erstaunlich. Das ist Wirkung des Seins.

Aber wenn Sie so wirken wollen, dann müssen Sie vor allen
Dingen aus der Vielgeschäftigkeit und Betriebsamkeit heraus, aus
der Tretmühle des ewigen Tuns und sich nützlich Machens, aus
dem rastlosen Wirkensfieber. Ich bin überzeugt, daß unser Volk,
wenn es so weitergeht, durch das Wirkensfieber der Wohlmeinenden
an seinem Wiederaufstehen gehindert wird. Die ungeheure Kluft
zwischen Bürgertum und Proletariern kann sich überhaupt nicht
schließen, wenn fortwährend auf die Arbeiter losgewirkt wird. Laßt
sie doch in Ruhe! Es sollte uns doch zu denken geben, daß bei den
Aufständen die Industriellen am schlechtesten behandelt wurden, die
am meisten für ihre Arbeiter getan hatten. Es kommt eben nicht
auf das Tun an, sondern auf das Sein. Wenn dieselben Menschen
gewesen wären unter ihren Arbeitern als unter ebenbürtigen Mitmenschen und mit ihnen aus gutem Herzen gelebt hätten, wie es
sich von selbst gibt, ohne irgend etwas zu beabsichtigen und bewirken zu wollen, ohne soziale Arbeit zu treiben, so hätten sie unbewußt, unmittelbar eine innere Fühlung und persönliche Gemeinschaft mit ihnen gewonnen, die die Kluft geschlossen hätte. In der
Kunst heißt es: alles Gewollte, Beabsichtigte ist geschmacklos. Das
gilt auch im Leben. Wenn Sie doch einen Begriff davon hätten,
was für ein Ekel und Mißtrauen in den Proletarierkreisen gegenüber Anbiederungsbemühungen, vor aller Wohltätigkeit und Fürforge herrscht! Sie merken die Absicht und werden verstimmt. Sie
wollen sich dadurch nicht einfangen lassen. Und so ist es mit dem
leidenschaftlichen Wirken auf fast allen Gebieten. Durch das viele
Reden von Gott haben die Menschen den Respekt vor Gott verloren. Wenn man jemand Religion, Moral, Vaterlandsgefühl,

ſoziale Geſinnung verleiden will, ſo braucht man ihn nur damit zu
traktieren.

Doch nun genug. Ich hoffe, daß Ihnen etwas aufgegangen
iſt von der grundlegenden Bedeutung des Seins und des urſprünglichen Lebens aus dem Sein, von der Bedeutung des Weſenhaften
in unſrer Geſtalt und allen unſeren Äußerungen, damit Sie nicht
unter Umſtänden im guten, redlichen Eifer, getrieben von Ihrem
falſch geleiteten Gewiſſen, immer nach der entgegengeſetzten Seite
ſtreben, und ſo ſich ſelbſt verlieren und ihren Nebenmenſchen nichts ſind.

Wie kommen wir zum Erlebnis Gottes?

Das weiß ich auch nicht. Ja ich glaube, das weiß kein Menſch.
Es iſt ein Geheimnis für menſchliches Begreifen, ein Wunder.
Wenn wir unter Erlebnis nicht einen rein ſubjektiven Vorgang
verſtehen, wie es allgemein üblich iſt:[1]) die lebhafte Empfindung
einer Vorſtellung, eines Gefühls, eines ſinnlichen oder geiſtigen
Eindrucks, ſondern ein objektiv begründetes und ſich vollziehendes
Geſchehen in uns, das wohl ſubjektive Geſtalt und Form gewinnt,
aber objektiven Gehalt hat, ein Ergriffenwerden von etwas
Anderem, uns Unbekanntem, das uns das Fremde, Ferne, Verborgene
unmittelbar vertraut macht, ſo haben wir das Erlebnis von etwas
nie in der Hand. Selbſt wenn wir uns der Gelegenheit, der Möglichkeit ausſetzen, ſoweit wir das überhaupt können, vermögen
wir doch nichts dazu zu tun, daß dieſe lebendige unmittelbare

---

[1]) Es iſt die Urſache des Grundmißverſtändniſſes, gegen das ich mich
ſeit Jahrzehnten vergeblich wehre, das den darin Befangenen alles, was
ich ſage, verrückt und entſtellt, daß man, wenn ich von Erleben ſpreche,
immer an irgendwelche ſubjektiven Vorgänge im Menſchen denkt, während
ich immer ein objektives Geſchehen in ihm meine, das Urſache und Urſprung
nicht in ihm hat. Gerade im Kampf gegen allen Illuſionismus, gegen
Romantik und religiöſe Verklärung des Pſychiſchen ſtellte ich mich auf den
Boden der Erfahrung.

Fühlung mit der von uns unabhängigen Wirklichkeit eintritt. Es muß von selbst geschehen, es ist Gnade. Das gilt schon von allem Diesseitigen. Wie geht einem der Sinn für Geschichte auf, für das Geheimnis der Zahl, für das Wesen der Mathematik? Wie kommen wir dazu, von der Kunst ergriffen zu werden und ihre Offenbarung und eigentümliche innerlich lösende, steigernde, mitteilende Wirkung zu erleben? Wie kommen wir zum Erlebnis des anderen oder gar des Geheimnisses, das in ihm versteckt ist? Wie kommen wir zum Erwachen unsers Selbst, zum Verspüren des Eigentlichen in uns, des unterdrückten, verlorenen, verdorbenen, scheintoten? Wie kommen wir zur Empfindung der wesenhaften Wahrheit, die Leben ist und Leben zeugt? Das weiß kein Mensch. Das Eintreten des lebendigen Kontakts ist ein Geheimnis. Die sinnliche und geistige Verbindung damit tut es nicht, die willentliche Aufgeschlossenheit und Sehnsucht danach auch nicht. Ja sie ist oft eher ein Hemmnis, weil sie subjektive Wahndünste aufsteigen läßt, die uns die Wirklichkeit verhüllen. Um wieviel mehr gilt das von dem absoluten Jenseits, von Gott, dem wesentlich ganz Anderem, dessen Wesen sich zu unserm Wesen etwa verhält wie unser Geist zu unserm Körper, dem Undenkbaren, Unfühlbaren, Unfaßbaren, Unergreifbaren, wo wir immer nur unfern Wahn von ihm denken, fühlen, fassen, ergreifen, wenn wir meinen, das irgendwie zu können! Gott zu erleben ist uns unmöglich, wenn es uns Gott selbst nicht ermöglicht.

Man sieht daraus, daß die meisten, die diese Frage bewegt, auf einer ganz falschen Spur sind, die sie immer wieder zu etwas gelangen läßt, was nicht Gott ist, sondern ein Erzeugnis ihres Innenlebens, zu dem Gott, den sie schaffen, aber nicht zu Gott, der sie schuf. Sie suchen Gott und meinen, sie könnten ihn finden, wenn sie sich nur recht eifrig bemühten. Das ist noch viel grotesker, als wenn ein Blinder die Farben ertasten wollte, als wenn ein Wurm das Genie suchte. Zum Finden von etwas brauchen wir einen Weg. Gewiß hat Jesus gesagt: Ich bin der Weg. Aber vorausgesetzt, daß er damit den Weg zu Gott meinte, ist es jedenfalls nicht der bekannte „religiös-sittliche Weg". Es gibt kein Ver-

halten und Tun, auch keine Entwicklung, die uns das Erlebnis
Gottes brächte, ebensowenig wie eine Katastrophe, die über uns
kommt, keine mystische Ekstase oder etwas Derartiges. Das Erlebnis
Gottes ist kein Ergebnis, keine Fortsetzung, keine Blüte oder Frucht
von etwas Bisherigem, sondern Anfang, Unterbrechung, Eingriff
von ihm selbst, auch wenn es darin besteht, daß etwas auf ihn An-
gelegtes in uns — uns selbst unbewußt — lebendig und wirksam wird.

Wir sehen die Dinge ganz falsch. Das Erste, Wesentliche und
Wirkliche sind nicht wir, sondern Gott, und das, was zunächst
absolut sicher ist, sind nicht wir, und Gott ist nicht etwa das Fragwürdige, sondern Gott ist das absolut Sichere, das allein Wahre,
das einzig Mögliche, das einzig Wirkliche, und wir sind im allerhöchsten Grade fragwürdig. Das ist ja die ernste, schwere Frage,
ob wir überhaupt eine Existenz haben, ob wir nicht Wahngebilde
unsers Selbst sind, Schemen, eine Schaumblase oder nur das
Glitzern des Schaums in der Sonne. Gott ist das Unbedingte
alles Bedingende. Erst von ihm empfangen wir Realität. Wir
existieren nur als seine Geschöpfe. Er ist der Schöpfer, der seinen
Gebilden Leben gab. Darin, daß er das gab und erhält, beruht
die Möglichkeit einer Verbindung mit ihm, und diese Verbindung
besteht, auch wenn wir sie leugnen oder nicht ahnen. Aber daraus
ergibt sich, daß alle Initiative für unsre Beziehung zu ihm bei
Gott ist. Was wir hier für unsre Initiative halten, ist nur Äußerung
seiner Initiative. Wäre es unsre Willkür, so wäre es frevelhafte
Selbstüberhebung des Geschöpfs. Darum besteht das Erlebnis Gottes
nicht darin, daß wir Gott ergreifen, sondern daß Gott uns ergreift.
Ist es aber so, dann ist das Erlebnis Gottes immer eine Tat Gottes,
niemals eine Tat des Menschen. Es kommt über den Menschen.
Gott bemächtigt sich seiner. Es werden ihm die Augen geöffnet,
er wird erschüttert. Es kehrt sich in ihm das Unterste zu oberst,
und aus diesem entstandenen Chaos geht etwas Neues hervor.
Er stirbt und wird geboren.

Bei der Frage, wie wir Gott erleben können, handelt es sich
also vielmehr darum, wie sich Gott uns gegenüber verhält. Da

gilt nun jedenfalls, daß Gott uns will, daß er der Ursächer unsers
Daseins ist, daß er uns in der Hand hat, daß er uns nicht gegen,
sondern für sich geschaffen hat, daß er uns nicht losläßt, auch wenn
wir von ihm nichts wissen wollen. Sonst wäre die Menschheit längst
in nichts zerfallen. Ich habe dabei nicht irgendeinen Gottesbegriff
im Sinn, sondern denke an die verborgene lebendige Wirklichkeit,
auf die wir hinweisen, wenn wir stammeln: „Gott". Ich meine
den Urheber alles Seins, den, der das Weltall im Innersten zusammenhält, den, der hinter dem Geheimnis des Lebens steht und
in ihm waltet, den Erzeuger aller gestaltenden Kräfte und alles
Werdens im Himmel und auf Erden. Dieses Ursein, dieses quellende
Leben, diese schöpferische Bewegung trägt alles in seiner Hand. So
sehr aber Gott das absolut ganz Andere gegenüber allem endlich-
sinnlich Bedingten und Gearteten ist, so ist er doch nicht fern von
uns, sondern wir leben in, aus und durch ihn, ja wir haben etwas
von ihm in uns, auch wenn wir nur sein Gedanke, sein Hauch,
nicht seine Sprossen und Kinder wären. Wir sind Ausdrücke, Ab-
drücke seines Wesens im endlich-sinnlichen Sein, aber solche, in denen
etwas von ihm waltet. Das merken wir daran, daß unser Innenleben in Spannung zu unsrer endlich-sinnlichen Seinsweise steht und
darunter leidet, daß unser Empfinden über unser geistiges Fassungsvermögen hinausgeht, daß wir unter der Not der Worte leiden,
daß wir uns unbefriedigt im Diesseits fühlen. So sind wir irgendwie
wesentlich zu ihm gehörig, von Natur auf ihn angelegt und gerichtet, in einem Zug und Drang zu ihm befindlich. Aber trotzdem
können wir ihn von uns aus nicht fassen, unser Verhältnis zu ihm
nicht herstellen und bestimmen, sondern von ihm muß es ausgehen
und geschehen. Aber das braucht nicht erst einzutreten, sondern die
Beziehung von Gott aus zu uns und von uns aus zu Gott besteht
von vornherein und jedenfalls. Wir können gar nicht heraus. Es
ist eine der törichtsten Vorstellungen, daß die Menschen aus der
Gnade Gottes herausfallen könnten. Kein Mensch kann aus ihr
heraus. Sie umgibt uns, trägt uns, jeder Atemzug ist eine Äußerung
der Gnade Gottes. Also auch wenn wir Gott scheinbar nicht haben,

Gott hat uns unter allen Umständen. Darum ist unser ganzes Dasein eine ununterbrochene Erfahrung Gottes.

Gott hat uns, auch wenn wir in unserm inneren und äußeren Leben von ihm loskommen. Davon ahnen wir unter Umständen gar nichts. Aber Gott sieht und merkt es, etwa wie wir ein unwillkürliches Nervenzucken der Haut spüren, und weil das seinem Willen, seinen Absichten und seiner Bestimmung, der ganzen Konstitution des von ihm hervorgerufenen Seins widerspricht, ist er darauf aus, seine Ordnung des Seins, die Lebensfühlung der Menschen mit ihm wiederherzustellen. Darum sucht Gott die Menschen. Wenn die Menschen ihn suchen, suchen können, wenn sie Sehnsucht nach ihm haben, so ist das nur eine Äußerung des Suchens Gottes und damit ein Erleben Gottes. Gewiß ist es uns unbewußt als solches. Aber die Tatsächlichkeit irgendeines Seins und Geschehens hängt ja nicht von unserm Bewußtsein davon ab. Erst Jesus hat uns die Augen dafür geöffnet und uns das Suchen Gottes zum Bewußtsein gebracht.[1]

Gott wirkt aber überhaupt in uns, ohne daß wir es ahnen. Wir merken an ganz besonderen Symptomen, daß wir von Gott ergriffen sind, daß wir in dauernder lebendiger Beziehung zu ihm stehen, daß er auf uns wirkt, in elementaren Bewegungen, die ohne unser Zutun ganz von selbst in uns leben. Solch eine symptomatische Äußerung der Berührung von Gott, des Spürens seiner Hand, in der wir uns befinden, ist die ursprüngliche unmittelbare Ehrfurcht, die in uns zittert, ist das unwillkürliche Staunen, das uns immer wieder ergreift, das in Verlegenheit und außer uns Geraten über die Dinge, das der Schauer des Geheimnisses ist, das uns von allen Seiten bedrängt, ist die Ergriffenheit von der Rätselhaftigkeit unsers Daseins. Wir spüren Gott weiter symptomatisch in der inneren Unruhe, die uns in nichts Endlich-sinnlichem Befriedigung finden läßt, sondern immer wieder in Sehnsucht auftreibt, nach etwas ganz anderem zu suchen. Es ist auch

---

[1] Vgl. meinen 3. Band der Reden Jesu „Vom Vater im Himmel": Die Sendung Jesu S. 1—20 und Das Suchen Gottes S. 81—91.

eine Wirkung Gottes, wenn in uns ein ursprüngliches Gefühl der Verpflichtung und der Verantwortung lebt. Ich meine nicht vor Gott oder vor uns selbst — das „vor" ist erst eine sekundäre Reaktion unsers Bewußtseins —, sondern ich meine das schlechthinige Gefühl der Verpflichtung und Verantwortung, das uns unmöglich macht, willkürlich zu leben. Und es ist Wirkung Gottes, wenn in uns der Drang nach echter Freiheit lebendig ist, d. h. nicht der Drang nach Bewegungsfreiheit und Willkür, sondern nach Selbständigkeit, Selbstmächtigkeit und Selbsttätigkeit, nach Beruhen in uns selbst und Leben aus uns selbst, nach Unabhängigkeit von der Welt, nach innerer Notwendigkeit in unserm Leben. Es ist Wirkung Gottes, wenn wir uns nach Erlösung sehnen, wenn wir unter der Sinnlosigkeit unsers Daseins und der Unzulänglichkeit unsrer selbst leiden. Wir spüren Gott in der Scham und Reue über unser Versehen, Vergehen, Verirren, in unserm ursprünglichen Sündenbewußtsein.

In allen diesen Regungen erleben wir Gott. Aber die Menschen ahnen es nicht. Sie spüren wohl sein Wirken in solchen Vorgängen und Zuständen, die ihnen unerklärlich sind, die sie als rein endlich-sinnliche Wesen und Organe endlich-sinnlichen Geschehens nicht begreifen können; denn sie sind psychologisch unmöglich, während sie als Lebensbewegungen eines wesenhaft Unendlich-übersinnlichen in uns, das von Gott dem Lebendigen erregt wird, sofort begreiflich werden. Aber dieses immer neue Erleben Gottes in uns ist als solches uns unbewußt. Erst unsre Einsicht ertastet es unter schwerem Erschrecken darüber, daß es an das große Geheimnis unsers Daseins rührt, das Gott ist.

Genau so ist es auch mit dem Walten Gottes in unserm Leben. Es ist nicht so, daß es das zunächst nicht gäbe, daß es erst durch unser Verhalten und Tun dazu kommen könne, und erst recht nicht, daß es nur dort stattfände, wo wir gewissen Erfahrungen religiöse Zwecke unterschieben können, sondern in allem, was wir erleben und tun, waltet Gott in Gericht und Gnade, in Vernichtung und Schöpfung, in unserm Versagen und Erfüllen, ob wir es erkennen oder nicht, ob wir darauf aus sind oder nicht. Alles, was wir erleben und leben, ist Erleben Gottes und bringt es mit sich. Nicht nur wenn er sich in unsrer Schwachheit mächtig erweist, sondern auch wenn wir in unsrer Selbstüberhebung scheitern. Nicht nur wenn aus uns schöpferische Lebensäußerungen hervorgehen, die wir nicht begreifen können, die uns selbst Neues offenbaren, die weit über unser Vermögen hinausgehen, sondern auch wenn sich das Werk unsers Strebens, Nachdenkens, Mühens als Machwerk erweist, wenn unsre Moral als leblos, das Wahre verfehlend offenbar wird und unsre Arbeit an uns selbst unfruchtbar bleibt. Nicht nur wenn die wesenhafte Wahrheit, die sich heute offenbaren will in uns und ganz ohne Beziehung zu uns irgendwo in anderen auch aufleuchtet und wie eine Krise unser ganzes Bewußtsein durchdringt, sondern auch wenn unsre eigenen Gedanken und Konstruktionen sich als Hirngespinste erweisen. Nicht nur in allem Genialen, das aus dem Unbewußten im Menschen von selbst entspringt, sondern auch in allem Verfehlten, Unzulänglichen, Verhängnisvollen, das unser Bewußtsein hervorbringt. Nicht nur im Segen der Not, der dem demütig Aufrichtigen, der willig mit ihr ringt, zuteil wird, sondern auch in dem Fluch, der sie für den Widerspenstigen wird. Nicht nur in Vorsehungen, Führungen und Zufällen, die uns überraschen und uns zeigen, daß unser Vater weiß, was wir bedürfen, sondern auch in Schicksalsschlägen und Schwierigkeiten, die uns als ein Unglück erscheinen. Und nicht zuletzt darin, daß uns alles zum Besten dienen kann und muß, wenn wir bewußt oder unbewußt alles aus seiner Hand dankbar empfangen. Die persönliche Lebenshaltung entscheidet hier, nicht die Gedanken an Gott, die sie etwa umhüllen.

Alles das ist unbewußtes Erleben Gottes, das die Menschen als solches nicht merken und achten, demgegenüber sie besondere Erfahrungen, die nach einem Eingreifen Gottes aussehen oder als Erhörung ihrer Gebete verstanden oder als Bewahrungen vor etwas, als überraschende Wendungen und helfende Umstände angesehen werden können, als Erlebnisse Gottes hinstellen und damit die Tatsächlichkeit des Handelns Gottes von ihrem Urteil abhängig

machen, an sinnliche Werte und Greifbarkeiten binden, was sie
naturgemäß in heillosen Wahn verstricken muß. Das Erleben Gottes
ist unsichtbar und bleibt es, auch wenn wir uns seiner durch Offen=
barung bewußt werden. Für unser Bewußtsein, das durchaus end=
lich=sinnliches Reflexvermögen ist, bleibt Gottes Sein und Wirken,
das wir erleben, immer unfaßbar, unmöglich. Es kommt uns immer
als ein endliches Geschehen zum Bewußtsein, das uns höchstens
durch seine Rätselhaftigkeit erschreckt. Nur in unsrer Seele als dem
göttlichen Organ für Gott kann es als solches aufleuchten, aber
nicht an endlich=sinnlichen Merkmalen erkannt werden, sondern es
bleibt immer, auch wenn das Aufleuchten von Gottes Walten in
unsrer Seele wie ein Blitz unser Bewußtsein erhellt und es mit
Unfaßbarem blendet, für unsern Geist ein Wunder und Geheimnis,
das über sein Fassungsvermögen hinausgeht. Darum sind alle, die
ein Erleben Gottes in innerlich lautwerdenden Worten und Ge=
danken, in überschwänglichen Gefühlen, in einer besonderen Stim=
mung des Gemüts, in Willenseruptionen oder mystischen Schauern,
geschweige in äußeren Ereignissen suchen, auf dem Irrweg. Gott
bleibt immer unsichtbar. Wie er nie aus der Natur und Geschichte
heraustritt, sondern in ihr als verborgenes Geheimnis waltet, so
können wir ihn auch nicht in unserm Inneren und in unserm Leben
direkt greifen und feststellen. Wir hören nur endlich=sinnliches Ge=
räusch, wir erleben nur irdische Vorgänge und Ereignisse. Aber
unsre Seele erzittert hier und da in der Klarheit: Es ist der Herr!
Doch wird sie nicht meinen, daß er nur dann gegenwärtig und
wirksam sei, wenn sie einmal deutlich in äußeren Ereignissen oder
inneren Erlebnissen seine Stimme vernimmt, seine Hand spürt, son=
dern sie weiß, daß sie immer im Lichte seiner unsichtbaren Strahlen
und in der Flut seiner Willensbewegungen lebt.

Aber damit ist die Frage: Wie komme ich zum Erlebnis Gottes?
weder abgewiesen noch erledigt, sondern nur richtiggestellt. Sie ist
nicht erledigt, weil sie nur in die andere verwandelt ist: Wie werde
ich der Erlebnisse Gottes inne, wie empfängt mein Bewußtsein
das davon, was es davon empfangen soll, wie wird es zur Führung

meines perfönlichen Lebens? Wie komme ich zur felbfteigenen Erfahrung meines verborgenen Erlebens Gottes? Wie komme ich
über das unbewußte Getragenwerden und Leben von dem Wirken
und Walten Gottes zur perfönlichen Kenntnis feines Willens? Dadurch, daß es mir von Jefus oder fonftwem gefagt wird, daß
fchließlich alles Erfahrung Gottes ift, und daß mir die Regungen
göttlichen Willens in meinem Inneren gezeigt werden, ift es nicht
getan. Solange mir das nicht von felbft aufgeht und von be-
gründender und beftimmender Bedeutung für mein bewußtes Leben
wird, ift es nur eine Anficht, die mich überzeugt, ein fubjektiver
Wahn, der für mich Wahn bleibt, auch wenn er an fich der Wirklichkeit entfpricht, den ich mir in meinem Bewußtfein einbilden und
es davon erfüllen kann, wenn ich mich intenfiv damit befchäftige.
Es kommt darauf an, daß es meine perfönliche Erfahrung wird,
daß ich es in ähnlicher Weife erlebe, wie einem, der zahllofe Konzerte
gehört hat und vielleicht auch viel über mufikalifche Schöpfungen
gelefen, auf einmal der fchlafende Sinn aufgeht für diefe Sprache
des Genius in Tönen, und er etwas vernimmt, was er bis dahin
noch nie vernommen: eine feelifche Äußerung aus der finnlichen
Tonflut, an deren Wohlklang er fich bis dahin erfreute. Wer in
diefer Weife eine Erfahrung von etwas Hinterfinnlichem macht, dem
ift damit das Unerklärliche vertraut und gewiß. Denn er fteht in
lebendiger Fühlung mit feiner Wirklichkeit, und das erkenntnismäßig
Unfaßbare, Unvorftellbare ift ihm dann gegenftändlich bewußt und
bekannt, fo paradox es ihm fein und bleiben mag.

Genau fo geht es uns mit dem Geheimnis Gottes des
Lebendigen, des Allwalters und Allgeftalters, der uns bereitet hat,
ehe wir geboren wurden, und uns führte und erzog von Kindes-
beinen an, fich um uns bemühte, zu uns redete, uns verforgte,
begabte und bildete, längft ehe wir etwas davon ahnten. Wir
fangen einmal an — niemand weiß wann und wie, warum und
woher — etwas davon zu merken. Es regt fich ein Empfinden
dafür. Wir wittern etwas davon. Es ift, wie wenn man durch
die Nacht wanderte und es fängt an zu tagen. Es wird Licht,

und alles wird lebendig. Die Nacht versinkt, ihre Leuchtkörper ver-
blaſſen, die uns bisher die Wege erhellten, ob es religiöſe Lehren,
philoſophiſche Syſteme, moraliſche oder praktiſche Geſichtspunkte
waren. Es braucht uns nichts mehr beleuchtet zu werden, weil
ſich alles von ſelbſt enthüllt. Die Wirklichkeit wird unter einem
verborgenen Lichte ſichtbar. Es iſt nicht eine Klärung unſers Geiſtes,
die ſich vollzieht, das iſt erſt die Folge davon, ſondern es iſt das
Empfinden unſrer Seele, dieſes göttlichen Weſens in uns, das als
ſolches das verborgene Licht Gottes wahrnimmt und damit unſer
Bewußtſein erleuchtet.

Aber das iſt kein pſychiſches Ergebnis irgendeiner inneren Entwicklung, ſondern es iſt eine Tat Gottes. Dieſe Offenbarung des
Erlebniſſes Gottes hat zur Vorausſetzung, daß uns Gott in be-
ſonderer Weiſe ergreift, daß er bis in die letzte Tiefe unſers Weſens
durchgreift. Wenn unter ſeinem Griff unſre Seele erwacht, dann
tagt es in uns. Es iſt alſo durchaus ein Geſchehen im Objektiven,
ein Durchſchlag in die Tiefe unſers Weſens durch alle Zwiſchen-
ſchicht unſrer Gedanken, Gefühle und Beſtrebungen hindurch. Wie
es ſich im Subjektiven, in unſrer Vorſtellungswelt reflektiert, wie
es von unſerm geiſtigen Auge geſehen wird, welche Gefühle ſich
dabei erheben und uns erfüllen, iſt ganz unweſentlich. Das von
uns und unſrer inneren Verfaſſung ganz unabhängige objektive
Geſchehen, daß unſre Seele von Gott gepackt wird und erwacht,
iſt das Weſentliche. Es iſt nicht einmal geſagt, daß die Menſchen
gleich deſſen inne werden müßten, daß Gott es iſt, der ſie erfaßt
hat, ſondern das Entſcheidende iſt, daß der Menſch innerlich erwacht.
Es iſt nicht ſo, um im Bilde zu bleiben, daß nun mit einem Schlag
die Sonne aufginge. Oft genug iſt es ſo, daß es zunächſt nur
ganz blaß tagt, und die Sonne noch lange nicht emporſteigt. Das
Bewußtſein, daß Gott es iſt, kommt oft viel ſpäter. Wer wollte
darüber Sicheres ſagen oder gar Regeln aufſtellen, wie es ſein
müßte! Aber man ſieht und verſpürt dann alles, ſich und das
ganze Daſein ganz anders. Das große Geheimnis lebt in uns und
ſchwingt überall mit. Es iſt unmittelbar ein neues Lebensgefühl

regsam, das Lebensgefühl der Seele, das Wunder des Glaubens, das man ja auch ebensowenig jemand erklären wie geben kann. Der Sinn für Gott den Lebendigen ist wach, das Merken auf ihn, das Fragen nach ihm. Der Mensch lauscht und horcht. Hier und da wird das Geräusch des Lebens verständlich, wie das Geräusch einer fremden Sprache, wenn wir die Bedeutung dieses und jenes Wortes erfassen. So lernen wir die Sprache Gottes in unserm Leben. Es kommt zu einem unmittelbaren Verständnis seines Willens aus dem Treiben seines Geistes in unsrer Seele.

Wenn ich mich richtig ausgedrückt habe, so habe ich mit meinen Ausführungen das Geheimnis nur festgestellt, aber nicht erklärt; denn es läßt sich nicht erklären. Ich möchte nur das eine ausdrücklich betonen: man glaube doch nicht, daß dieses Erlebnis Gottes irgend etwas sei wie eine psychische Sensation, etwa eine solche höchsten Grades, aber schließlich doch nur eine endlich-sinnliche geistige Verzückung des Menschen, nur eine ungewöhnliche, hochgradige; daß sie nur über unser Fassungsvermögen hinausgehe und wir dann in unsrer Verlegenheit sagen: „Gott". So nennen wir ja alles mögliche Ungewöhnliche göttlich, schmerzhaft für jeden, der etwas von Gott weiß, ein Zeichen davon, wie wenig Ahnung wir von unsrer persönlichen Beschränktheit haben. Man bedenkt so wenig, welche ungeheuren Flächen endlich-sinnlichen Seins noch jenseits unsers Horizontes liegen, was es für eine Fülle geistiger Erlebnisse gibt, die wir noch nicht fassen können. Aber alles das ist doch ebensowenig spezifisch göttlich wie das, was wir tagtäglich sehen und fassen. Es ist einer der größten Irrtümer, wenn man meint, man müsse etwas ganz Besonderes fühlen, wenn die Seele aufwacht. Das ist ebensowenig mit Gesichten oder Wollustgefühlen der Seele verbunden, wie wenn wir früh aufwachen. Sie wacht eben auf, und zu einem besonderen Gefühl kann es gar nicht kommen vor dem unmittelbaren Erstaunen darüber, wie uns alles anders erscheint. Ich möchte also sagen: dieses Erlebnis Gottes ist absolut sachlich, nicht etwas, was man genießt. Wer in dieser Richtung nach einem Erlebnis Gottes sucht, steht in der

großen Gefahr, mit feiner Sehnfucht nach Gott feelifche Unzucht
zu treiben.

Infolgedeffen können wir gar nichts dazu tun. Es gibt kein
Rezept, keine Methode dafür; denn wir haben es nicht in der Hand.
Alles, was wir dafür unternehmen, gibt uns rettungslos der Selbft-
täufchung preis. Gott allein hat es in der Hand. Wenn er zugreift,
dann wachen wir auf. Und er kann immer und überall zugreifen.
Es kann ein Schickfalsfchlag fein, die Begegnung mit einem Menfchen,
ein Wort, das wir hören, und das unerklärlicherweife bis in unfer
Innerftes durchfchlägt. Es gibt nichts, womit uns Gott nicht in
unferm Letzten und Tiefften, das feinen Urfprung in ihm hat, ergreifen könnte, und es gibt nichts, womit es verbunden fein müßte. Es
gibt für Gott unendliche Möglichkeiten. Er ift an nichts gebunden.
In den meiften Fällen wird man gar nicht wiffen, was es nun
eigentlich ift, was diefes Wunder hervorruft. Es kommt über uns,
es gefchieht etwas an uns, man gerät außer fich. Aber das ift
auch fchon wieder mißverftändlich, weil man damit an Ekftafe
denken kann. Die Offenbarung des Erlebens Gottes ift aber vielmehr eine ungeheure Ernüchterung, ein Zerreißen des Wahndunftes,
der uns umhüllt.

Und doch ift es nicht gleichgültig, wie fich der Menfch verhält. Denken wir nur angefichts der Frage, wie wir zum Erlebnis
Gottes kommen, dem wir in keinem Augenblick entgehen und es
doch nicht merken, nur einmal an die atheiftifche Luft, in der wir
leben, die nicht nur das Denken unfrer Zeit, fondern auch Kirche
und Haus erfüllt, an den praktifchen Atheismus, der überall herrfcht,
daß wir leben, als ob es Gott gar nicht gäbe. Er ift höchftens
ein dekoratives Element unfers Gemüts, aber nicht der einzig ent-
fcheidende Lebensfaktor, der überhaupt in Frage kommt. Wir kennen
gar nicht das Fragen nach Gott im biblifchen Sinne, das Laufchen
auf fein lebendiges Wort, weder im allgemeinen noch im perfönlichen Leben, denken nicht, daß er hier und jetzt für alles Abfichten
und Wünfche hat. Wir fragen vielleicht, ob etwas recht und gut
ift, aber nicht danach, was Gottes Wille ift, was fich nicht in

Regeln und Grundfätzen darftellt und von uns überhaupt nicht
feftgeftellt werden kann, fondern von ihm erfahren werden muß.
Und doch befteht z. B. die gottgewollte Linie der Lebensführung,
die Gott allein ziehen kann, aus Punkten, die in jedem Augenblick
in Verwirklichung feines jeweiligen Wollens von uns ficher und
beftimmt gefetzt werden müffen. Wer fragt danach in der atheiftifchen
Befangenheit unfrer Zeit, die fich in der gefetzlichen und begrifflichen
Gebundenheit des gegenwärtigen chriftlichen Glaubens fo deutlich
zeigt! Es muß doch ein ungeheures Hindernis zum Vernehmen des
Willens Gottes fein, wenn man einer religiöfen Lehre huldigt, aber
atheiftifch lebt, ja fogar im religiöfen Eifer die Rechtgläubigkeit in
atheiftifcher Art vertritt, wie es ganz allgemein gefchieht, wenn man
gar nicht merkt, wie man Begriffsgötzendienft treibt und für einen
Begriffsbaal mit einer Leidenfchaft andere verdammt, die baals-
pfäffifch ift. Wie foll folch einer Gott erleben, dem feine ehrlichen
Feinde lieber find als feine wahnbefeffenen Advokaten!

Es wird wohl auch kaum zu erwarten fein, daß es bei einem,
der fich von der Jugend bis ins Alter in das Endlich-Sinnliche
hineingewühlt hat, ob es nun Schmutz, Geld oder Scheinwefen ift,
leicht zum Erlebnis Gottes kommen kann, weil er davon ganz
benommen wird, und ebenfowenig bei einem, der an der uner-
fchütterlichen, unzerreißbaren Beziehung, in der wir von vornherein
zu Gott ftehen, immer reißt und von ihm weg will. Dann wird
er doch kaum den Zug Gottes fpüren, und wenn es doch gefchieht,
wie z. B. in der Unruhe des Herzens, ihn fchwerlich richtig verftehen. Es gibt alfo kaum ein fo unüberwindliches Hindernis wie
unfern Egoismus, diefes zentrifugale Streben, diefe Abfonderung
von Gott, wobei man eine Welt für fich fein und felbft den Herrgott fpielen möchte, diefe Drehe um fich felbft, die alles und Gott
felbft an fich zu reißen und fich dienftbar zu machen fucht. Darum
müffen wir aus unfrer Sonderung, aus diefer Urfünde und allem,
was fich aus ihr ergibt, heraus. An Stelle der Gottesflucht muß
die Gottesfehnfucht treten, indem wir in den Zufammenhang des
Lebens, in eine innere Gemeinfchaft mit allem, was uns umgibt

und in Anspruch nimmt, hineindrängen und nichts sein wollen als
ein Glied im Gefüge des Ganzen, als eine Zelle in dem einen
großen lebendigen Organismus, dessen Geheimnis uns von allen
Seiten bedrängt. Das scheint mir eine Voraussetzung dafür zu sein,
daß wir zum Erlebnis Gottes kommen. Wer selbstsüchtig, eitel oder
persönlich empfindlich ist und immer zuerst an sich denkt, wer sich
nicht so hingeben kann, daß er sich selbst darüber vergißt und seiner
unbewußt in dem großen göttlichen Geschehen aufgeht, der dürfte
kaum etwas von seiner Erfahrung Gottes merken. Andrerseits ist
doch auch klar, daß wenn einer immer nur argwöhnisch gegenüber
dem Leben ist, und gegen alles aufbegehrt, was ihm gegen den
Strich geht, wenn er mit dem Schicksal hadert und sich in seine
Wünsche verstrickt, er sich damit gegen Gott verstockt und ihn nicht
erkennt, wenn er ihm in seinen Heimsuchungen begegnet. Ich be-
zweifle gar nicht, daß Gott auch zu dem Entferntesten durchgreifen
und ihn zurückholen kann, daß er auch den Verstocktesten und Ver-
kehrtesten gelegentlich wie einen Brand aus dem Feuer herausreißt
und sich ihm offenbart. Aber wenn man mich fragt: Wie komme
ich zum Erlebnis Gottes? so muß ich auf dies alles hinweisen, was
uns Gott verschließt.

Dafür müssen uns die Augen aufgehen, damit wir uns darüber
entsetzen. Wir müssen einen Eindruck der Gottesferne und Gott-
widrigkeit bekommen, in der wir leben, wenn wir z. B. von früh
bis abends nörgeln und kritisieren, unsre schlechte Laune an anderen
auslassen, an jedem Menschen, dem wir begegnen, Ausstellungen
machen, über alles Widrige oder Schwere klagen, nicht durch Dienen
beglückt werden, sondern uns darin unglücklich fühlen, aber auch
wenn wir uns in Zukunftsträume einspinnen oder Vergangenem
nachtrauern, wenn wir oberflächlich leben und uns unsrer Bequem-
lichkeit, Weichlichkeit und Wehleidigkeit preisgeben, wenn wir groß-
tun und hochherfahren, uns auf unsre Leistungen etwas einbilden
und Dank erwarten, wenn wir uns selbst und andere täuschen,
uns rechtfertigen und andere beschuldigen, wenn wir etwas vorzustellen suchen und eine Scheinwirtschaft führen. Dem Aufrichtigen

läßt es Gott gelingen, und dem Demütigen gibt er Gnade. Das ist die innere Haltung, die uns nottut. Aber sie wird nicht dadurch gewonnen, daß wir uns einmal eine Weile künstlich so stellen, sondern daß wir sie leben von früh bis abends, so daß uns z. B. jede Selbstüberhebung über andere von selbst vergeht. Wie können Menschen, die noch übelnehmen, nachtragen, wiedervergelten, herab- setzen, Gott erleben! Aber dann sollen sie auch nicht sagen, daß es unmöglich sei. Es ist doch geradezu wahnsinnig, wenn einer, der keine Ahnung davon hat, behauptet, es sei unmöglich. Das ist doch schon beinahe eine irrsinnige Selbstüberhebung, wenn solch eine Menschenwinzigkeit dekretiert: Gott gibt es nicht, und eine Fühlung mit dem „einzig wahrhaft seienden Subjekt" ist ausgeschlossen. Das erscheint dem Wissenden geradezu als verrückt. Es ist um- gekehrt. Wir sind nur Organ, Werkzeug, Geschöpf, und alles, was geschieht, ist Tun und Lassen Gottes. Verdienst gibt es nicht. Alles ist Gnade. Es ist nur die Frage, ob dieses Organ und Werkzeug etwas taugt, d. h. von Gott tauglich gemacht werden kann oder nicht. Gelingt es uns, diese vernünftige Haltung zu gewinnen, dann werden wir vielleicht hier und da etwas von Gott verspüren und finden dann, wenn er Gnade gibt, die Spur des Lebens, auf der wir ihm begegnen. Dann wird er, wenn er will, uns nahen und uns ergreifen, und dann wissen wir, was wir früher nur dunkel ahnten, daß wir immer in seiner Hand sind, und daß es die einzige Erfüllung des Lebens ist, die es gibt, aus seiner Gnade zu leben.

Fragen über das Schicksal und Gottes Walten

1.

„Bestimmt Gott jede Handlung des Menschen,
jede Bewegung, oder ist dem Menschen ein bestimmter Wille, eine gewisse Art gegeben, aus
der heraus er dann lebt?"

Die Frage ist etwas ungeschickt formuliert, aber es liegt darin
eines der schwierigsten Probleme verborgen. Ich möchte antworten:
Gott bewirkt jede Handlung des Menschen; denn alles, was wir
tun, tun wir nur kraft des Lebens, das in uns ist und treibt, und
dieses Leben urständet in Gott, er waltet und wirkt darin. Ferner:
Gott möchte jede Handlung bestimmen, es soll in jeder Lebensäußerung der Wille Gottes ins Leben treten und erfüllt werden.
Aber in Wirklichkeit geschieht das nicht, wenigstens nicht im allgemeinen, sondern nur sehr selten. Beides ist kein Widerspruch:
daß Gott das bewirkt, was wir tun, aber daß er in den meisten
Fällen nicht das bestimmt, was wir tun. Wem das schwer begreiflich
ist, der stelle sich vor, daß jemand auf dem Rodel sitzt, den ich
vorwärts stoße. Der Stoß setzt den Rodel in Bewegung, aber wenn
der darauf Sitzende dann etwa einen Fuß schleifen läßt, so kann
es passieren, daß er ganz wo anders hinkommt, als ich beabsichtigte,
daß der Schlitten sich herumdreht, und er herunterfällt. Dann habe
ich, der ich die Bewegung hervorrief, das bewirkt, was geschehen
ist, aber nicht bestimmt.

So verhält es sich doch im Leben. Es waltet ein ungeheures
treibendes Leben in allen Menschen und in allem Geschehen der
Welt der Menschen. Darin sind wir eingefügt, eingespannt, eingesponnen und gleichzeitig Organe dieser Bewegung, die uns ergreift und durch uns wirkt. Das, was Gott haben möchte, worauf
er aus ist, was er will, tritt aber nur dann ein, wenn wir in
allem und zu allem die gottgemäße Haltung einnehmen. Tun wir
das nicht, so kommt etwas ganz anderes dabei heraus. Die Richtung der innewohnenden Bestimmungen, Strebungen und Triebe in
dem gesamten Leben, die schließlich von Gott ausgehen, wird durch

die verkehrte Haltung der Menschen gestört, umgebogen, verkehrt. Es liegt also an dem Menschen, wenn etwas verkehrt geht, nicht gelingt, wenn es zum Schaden, zum Unheil ausschlägt. Sobald wir uns richtig stellen, wird das herauskommen, was Gott will.

Wenn nun weiter gefragt wird: „Oder ist dem Menschen ein bestimmter Wille, eine gewisse Art gegeben, aus der heraus er dann lebt?" so finde ich, daß durch die Einfügung des Willens die Sache etwas unklar wird. Wir wollen darum zunächst einmal den Willen ausschalten. Wenn wir nicht von Gott bestimmt werden, wenn sich nicht in jeder unsrer Lebensäußerungen das Gute Gottes offenbart, das das einzig Wahre in dem Augenblick gerade ist, dann werden wir von etwas anderem bestimmt. Der herrschende Wahn der Menschen meint nun, dann bestimme es der Wille des Menschen. Das ist aber tatsächlich nicht der Fall, sondern wenn wir nicht von Gott bestimmt werden, werden wir, wollen wir es ganz allgemein ausdrücken, von der Welt bestimmt. Bilden Sie sich doch nicht ein, daß Sie dann selbst bestimmten! Die Menschen denken, sie wären frei, sie könnten auch anders. Frei sind wir nur, wenn wir von Gott bestimmt werden. Denn das Wollen und Vor-haben Gottes geht in der Richtung unsrer Seele, unsers ursprüng-lichen Wesens, unsrer Wahrheit. Nur wenn und soweit das in unserm Leben zur Geltung kommt, sind wir frei. Sobald wir nicht von Gott bestimmt werden, sind wir in der Abhängigkeit von irgend etwas anderm, nur nicht frei. Was bestimmt denn den Menschen? Seine Instinkte und Neigungen, Grundsätze, Überzeugungen, oder die Dinge, an denen er hängt, seine Abhängigkeiten, das Geld oder sonst etwas, in dessen Bann er ist. Also: wir können nur entweder Gott dienen oder dem Mammon, wie es in dem Neuen Testament heißt. Statt Mammon können wir auch einsetzen: Welt, die Dinge, unsre sinnlich endlichen Instinkte, unsre Süchte, Be-fangenheiten, Komplexe. Nur dieses Entweder-oder gibt es. Aber nicht das andere, daß ich entweder Gott gehorchen könnte oder mir. Entweder ich bin Gottes Organ und Werkzeug oder Medium und Vertreter, Knecht und Besessener der Welt. Und wenn es noch

so sehr scheint, als bestimmte ich selbst, in Wahrheit werde ich bestimmt. Mir selbst, meinem Eigensten kann ich nur gehorchen, wenn
ich Gott gehorche. Das fällt zusammen. Darüber, meine ich, müßte
man sich klar werden. Es ist eine große Täuschung der Menschen,
daß sie meinen, sie hätten einen freien Willen. Einen freien Willen
haben wir nur dann, wenn unser Wille befreit und erlöst ist von
der Welt, der Sünde, dem Wahn, der Sucht und verfaßt ist in Gott.

2.

> „Glauben Sie, daß sich Schicksal und Lebenslauf
> des einzelnen Menschen mit derselben vorher fest-
> gelegten Gesetzmäßigkeit vollzieht wie der Lauf
> der Natur?"

Darauf könnte ich ohne weiteres antworten: ja. Überall, wo
etwas geschieht, etwas lebt, herrscht Gesetzmäßigkeit. Und diese
Ordnungen des Seins und Geschehens sind von vornherein festgelegt.
Damit, daß Gott die Welt ins Dasein rief, traten auch diese Ordnungen in der Natur und Geschichte in Erscheinung, und überall,
wo etwas geschieht, stößt man auf diese Gesetze.

Aber hier ist ja etwas ganz anderes gemeint, hier liegt das
populäre Mißverständnis des Naturgesetzes vor. Die Menschen
meinen nämlich, alles, was geschieht, würde bewirkt durch die Naturgesetze. Aber das Naturgesetz bewirkt gar nichts, sondern ist nur die
Ordnung, in der etwas geschieht. Ein Vergleich: unsre Tischordnung
bringt Sie nicht zu Tisch, Sie müssen zu Tisch gehen. Erst wenn
Sie zu Tisch gehen, dann tritt diese Ordnung, die vorher festgelegt
ist, in Kraft, danach setzen Sie sich auf Ihre Plätze. Aber selbst wenn
die Tischordnung am schwarzen Brett angeschlagen würde und Sie
gingen nicht zu Tisch, so würde die Tischordnung nichts helfen.
Genau so können die Naturgesetze nichts hervorbringen, sondern
stellen nur die Ordnung dar, in der etwas geschieht, wenn es geschieht. Was die eigentlich bewegende Kraft ist, wissen wir nicht,
das ist ein Geheimnis. Wir können sie in ihrer Wirksamkeit wohl
beobachten, aber im letzten Grunde sind uns das alles Geheimnisse,

für die wir wohl Ausdrücke haben, wie Elektrizität oder Schwer-
kraft, aber keine Erklärungen.

Wenden Sie das auf das Schicksal an, so ist damit, daß jede
Ursache ihre bestimmte Wirkung hat, noch lange nichts darüber gesagt, ob nun das Schicksal festgelegt ist. Das Gesetz von Ursache
und Wirkung besagt eigentlich nur, daß ein unzerreißbarer Zusammenhang des Geschehens besteht, aber was innerhalb dieses Zusammen-
hangs geschieht, darüber besagt es gar nichts. Das hängt von der
Ursache ab. Sie können eine bestimmte Reihe von Ursachen verfolgen und sagen: daraus muß das und das hervorgehen, bis an
das Ende der Welt. Aber Sie lassen dabei alles, was noch ver-
ursachend hereintreten könnte, außer Betracht, die unzähligen Möglichkeiten, die noch auftreten können. Ich gebrauche, um das anschaulich zu machen, gern das Bild von der Billardkugel. Sie wissen,
daß die Billardkugel nach ganz bestimmten Ordnungen läuft, laufen
muß. Aber Sie wissen auch, daß, wenn einer die Kugel vorwärts-
stößt, dann ein andrer daneben stehen kann, der nun seinerseits der
Kugel einen Stoß gibt nach einer andern Richtung. Sofort läuft
die Kugel anders, aber ganz gesetzmäßig. Ich benutze das immer
als Beispiel dafür, daß der Zusammenhang der gesetzmäßigen Vorgänge gar nicht ausschließt, daß ein Eingriff erfolgt, der nicht
vorauszusehen war. Wenn jemand also im Ferchensee schwimmt und
es wird ihm dabei schlecht, so muß er ertrinken. Es kann aber
jemand dabeistehen, der ihn herauszieht, dann ertrinkt er nicht, das
ist auch wieder gesetzmäßig.

Das sei vorausgesetzt, um Ihnen einen Eindruck davon
zu geben, daß mit der Gesetzmäßigkeit noch nicht gesagt ist, daß nun
alles einen unerschütterlich notwendig bestimmten Verlauf nehmen
müßte, weil die Möglichkeit gegeben ist, daß ein anderer Faktor sich
geltend macht und einen anderen Einfluß ausübt. Ein solcher Faktor
außerhalb besteht: Das ist Gott, Gott und die Seele des Menschen;
das Göttliche im Menschen ist der Punkt außerhalb der Welt, der
in uns liegt, etwas Unendliches. Sie kennen ja das Wort des
griechischen Philosophen: „Gib mir einen Punkt außerhalb der Welt,

fo will ich die Welt aus den Angeln heben." Der ist uns gegeben.
Und von diesem Punkt außerhalb der Welt, der in uns ist, vermögen wir den Dingen einen anderen Verlauf zu geben. Infolgedessen ist der Mensch fo weit frei, als feine Seele, das Göttliche
in ihm, sich Geltung zu verschaffen vermag. Solange die Seele
schläft, scheintot ist, ist der Mensch absolut unfrei, dann tut er immer
das, was er nach dem Gefüge der endlichen Ursachen tun muß.
Aber jeder Mensch hat eine merkwürdige, geheimnisvolle Ahnung
davon, daß er eigentlich frei ist. Die äußert sich in dem Verantwortlichkeitsbewußtsein. Dieses Verantwortlichkeitsgefühl wäre ein
heller Blödsinn, wenn wir wesentlich unfrei wären. Ich verstehe das
Verantwortlichkeitsgefühl als Symptom des objektiven Vorhanden-
seins dieses Punktes außerhalb der Welt, der uns in unserm göttlichen Wesenskern gegeben ist. In dem Maße, als dieser lebendig
und wirksam wird, sind wir tatsächlich auch verantwortlich, weil wir
in dem Grade frei sind.

Damit ist nun weiter gesagt, daß wir von diesem Punkt aus
unser Schicksal in der Hand haben.. Es ist uns in die Hand gegeben,
welche Stellung wir innerlich zu dem Geschehen einnehmen wollen.
Davon handelt ja ein großer Teil meiner Vorträge. Wir haben es
in der Hand, ob wir uns positiv oder negativ zum Leben stellen.
Theoretisch haben das alle Menschen in der Hand. Sie können sich
verneinend oder aus dem Ja heraus stellen. Aber das Vermögen
dazu, sich nun wirklich und wahrhaftig fo dazu zu stellen, daß es
nichts Gemachtes, Unnatürliches ist, sondern wirklich eine innere
Überlegenheit dabei zur Geltung kommt, das haben nur solche,
in denen die Seele lebendig ist, und denen damit die innere Überlegenheit gegeben ist. Insofern sind wir unsers Glückes Schmied,
insofern können wir unser Leben in die Hand nehmen und unser
Leben führen. Nur in dem Maße. Wenn es dagegen nur aus dem
Intellektbewußtsein hervorgeht, dann ist es eine große Täuschung;
denn dann handeln wir im einzelnen Fall nur nach unserm Charakter,
wie er aus der Vergangenheit heraus geworden ist, also auch schließlich endlich-sinnlich bestimmt, oder nach einer Weltanschauung, der-

wir huldigen, oder aus dem Unterbewußtfein heraus, d. h. aus dem
Niederſchlag unſrer Erlebniſſe und unſrer Komplexe, die ſich gebildet haben. Wir bilden uns ein, frei zu ſein, frei zu entſcheiden,
und in Wirklichkeit ſind wir gebunden. Nur wenn wir wirklich aus
dem tiefen Empfinden der Seele heraus, aus dem Eindruck, der
durchſchlägt bis in unſern tiefſten Grund, heraus erleben und dann
handeln, dann ſind wir frei.

3.

„Es geſchieht nichts ohne den Willen Gottes,
alſo iſt Prädeſtination. Habe ich aber dann noch
die Fähigkeit des Handelns und Wollens oder
Entſchließens, wenn doch alles kommt, wie es
vorher beſtimmt iſt? Bleibt mir nicht nur Fatalis-
mus übrig, oder iſt das ſich in ſein Schickſal ergeben
etwas anderes?"

Die Schlußfolgerung: „Es geſchieht nichts ohne den Willen
Gottes, alſo iſt Prädeſtination" beſtreite ich durchaus. Ich ſage auch:
Nichts geſchieht ohne Gottes Willen, aber ich beſtreite, daß alles
vorher beſtimmt iſt.

Wir ſtehen da vor der Unzulänglichkeit jedes Gottesbegriffs
und ſehen hier deutlich, wie verhängnisvoll ein ſolcher auf die
Menſchen wirkt. Die Menſchen haben ſich Gottesbegriffe gebildet,
die menſchliche Züge ins Unendliche ſteigern und mit einander
verweben: Allwiſſenheit, Allwirkſamkeit, Vorſehung, Beſtimmung uſw.
Man gerät nun immer in Irrtum, wenn man aus Begriffsgebilden
theoretiſche Folgerungen zieht, ohne zu fragen, wie die Wirklichkeit
iſt. In welch groteske Irrtümer muß man aber geraten, wenn
man einen vermenſchlichten Gottesbegriff als Grundlage nimmt und
von ihm aus Forderungen an die Seinsweiſe Gottes ſtellt, von der
man gar keine Erfahrung hat. Das iſt die theoretiſche geiſtige
Störung, die auf dem religiöſen Gebiet ziemlich allgemein iſt.

In Wahrheit liegt die Sache ſo, daß wir uns von Gott überhaupt keinen Begriff machen können, daß er für uns undurchdringliches Geheimnis iſt, und daß es das Charakteriſtiſche eines wirklichen

Gotteserlebniſſes iſt, daß uns alle Gottesbegriffe, die wir haben,
oder die möglich ſind, zerbrechen. Gott iſt für uns das Undenkbare.
Wir ſollten uns öfter dieſen Satz vor Augen halten, um mißtrauiſch
gegenüber der Wagehalſigkeit zu werden, daß wir uns über Gott
etwas ausdenken. Wir können ihn alſo nur ſo weit kennen lernen
und verſtehen, als wir ihn erleben, aber niemals erkennend begreifen
und uns vorſtellen, wie er an ſich iſt, die eigentümliche Verfaſſung
ſeines Seins und die innere Logik ſeines Waltens. Darum können
wir nur darauf ausgehen, in Fühlung mit ihm durch das Leben
zu treten, daß er ſich durch das Leben uns offenbart, wie er für
uns iſt. Aber wir ſollen ihn in ſeiner unendlichen Tiefe, in ſeinem
Ganzandersſein bedeckten Auges verehren, und keine Kopfſtürze des
Intellekts hinein machen, denn dann bringen wir nichts heraus als
unſre eigenen Gedankenſplitter und Hirngeſpinſte.

Ich habe einmal in Mainberg einen Vortrag gehalten über
das Wort Jeſu: Es fällt kein Sperling vom Dach ohne den Willen
unſers Vaters im Himmel; ihr ſeid mehr wert als viele Sperlinge.
Alſo mit anderen Worten: Es geſchieht nichts ohne den Willen
Gottes. Dieſer Vortrag ſteht im dritten Band der „Reden Jeſu“.
Er hieß damals allgemein nur der „Sperlingsvortrag“. Es iſt kaum
je eine Nachſchrift ſo viel geleſen worden wie dieſe. Ich möchte
auf ihn hinweiſen, wenn Sie eingehenden Aufſchluß darüber haben
wollen. Ich komme dort auch auf die Möglichkeit des Böſen, wie
das da ſein kann, wenn doch nichts ohne den Willen Gottes geſchieht, und habe da zur Illuſtration einen Vergleich gezogen, der
auch jetzt noch gilt. Sie wiſſen ja: meine Sehnſucht iſt, daß die
Elmau eine Stätte der neuen Art Leben wird, daß es den Menſchen
aufgeht, wie ſie eigentlich leben müſſen, und daß ſie nicht nur zu
ſich ſelbſt kommen, ſondern auch daß ihr Genius aufwacht und zu
ſchöpferiſcher Entfaltung kommt. Aber alles das hat nur Wert,
wenn es von ſelbſt geſchieht, urſprünglich, denn das läßt ſich nicht
machen. Infolgedeſſen bin ich in der eigentümlichen Lage, daß ich
zwar Lebensanregungen geben kann, aber im übrigen muß ich
zuwarten, warten, was wird. Andrerſeits habe ich in einem der

letzten Vorträge ausgeführt, daß die Situation hier für manche
sehr gefährlich ist. Ich habe davon gesprochen, daß viele, statt das
Leben zu finden, hier abstürzen. Nun sehen Sie: Will ich, daß Sie
abstürzen? Ja und nein. Ich wünsche natürlich nichts heißer, als
daß Sie nicht abstürzen, aber ich will die Möglichkeit, daß Sie abstürzen. Denn wenn ich die Möglichkeit nicht wollte, müßte ich
immer eingreifen, die Menschen am Schopf nehmen, schütteln und
sagen: Sie versumpfen und ersticken ja im erbärmlichen Behagen
hier, Sie gehen seelisch und moralisch zugrunde. Ich müßte sie
zurechtrichten, sie führen und treiben, an ihnen arbeiten und sie
beeinflussen. Aber damit würde ich verhindern, daß hier das Wahre,
Echte von selbst wird. Und lieber will ich, daß gar nichts wird,
als etwas Künstliches. Ueber diesen meinen Standpunkt kann man
ja streiten, Sie können ihn verwerfen, für mich ist er das einzig
Mögliche, denn alle absichtliche Beeinflussung des Menschen empfinde
ich als Vergewaltigungsversuch. Man muß die Menschen gehen
lassen, unter Umständen verkommen lassen. Sie sehen also, ich will
einerseits nicht, daß es geschieht, und trotzdem geschieht es, wenn
es eintrifft, mit meinem Willen, denn ich gebe die Möglichkeit dazu.
Da haben Sie eine geringe Analogie für den Willen Gottes.

Gott wollte natürlich nicht, daß die Menschen sündigen, aber
er wollte die Möglichkeit der Sünde. Auf der Möglichkeit der Sünde
beruht die Möglichkeit ihrer Freiheit. Er hätte es ganz anders
machen können, und es wäre vielleicht in Ihrem Sinne gewesen.
Wenn z. B. jeder Mensch, sobald er sündigen wollte, einen Er-
stickungsanfall kriegte, so würde doch keiner sündigen. Aber Gott
hat das offenbar nicht gewollt, er wollte die andere Möglichkeit,
wahrscheinlich, weil er freie Menschen haben wollte. Damit wollte
er also auch, daß sie sündigen, das ist dann eine Notwendigkeit,
die sich ergeben mußte, die Entwicklung, durch die wir hindurch-
gehen müssen. Es geschieht also mit feinem Willen.

Nun aber die besondere Frage: Ist nun damit gesagt, daß
Gott positiv alles Schlimme wollte? Meines Erachtens nicht. Er
läßt es nur zu, er läßt uns gewähren. Das ist doch die Erfahrung,

XXIV.   8

die wir im Leben machen: er läßt die Menschen laufen; wir brauchen
uns nicht zu verlaufen, wir kriegen immer hier und da einen Stubſer,
aber wenn wir darauf nicht hören, nicht merken, ſo läßt er uns
weiter laufen. Und ſo iſt es auch in der Weltgeſchichte. Es wäre
doch wundervoll, wenn jeder Irrtum ſofort vor aller Welt offenbar
würde und als Wahn verbleichte. Aber ſo ſehen wir, jeder Irrtum
hat ſeine Geſchichte, er muß ſich zu Tode laufen, Gott läßt ihn
herrſchen, bis er ſeine Kraft verliert.

So geſchieht nichts ohne den Willen Gottes. Aber damit iſt
doch nicht vorher beſtimmt, daß es ſo gehen müßte. Natürlich läßt
ſich gegen dieſe theoretiſche Schlußfolgerung gar nichts einwenden.
Gott iſt allwiſſend, allwirkſam, alſo muß er wiſſen, alles bis ins
Einzelne. Und da er allwirkſam iſt, bewirkt er es auch. Alſo iſt
alles vorher beſtimmt, wie es auch kommen möge. Das iſt theoretiſch
ganz ſchön, aber in der Praxis iſt es gewiß nicht ſo. Ich glaube
nicht an die Prädeſtination. Ich will es einmal noch paradoxer ausdrücken: ich glaube nicht, daß Gott alles vorher weiß, ich glaube,
daß das ein menſchlicher Begriff iſt. Gottes Wiſſen iſt weſentlich
anders als unſer Wiſſen und Gottes Beſtimmen, Bewirken weſentlich anders als unſer Beſtimmen und Bewirken. Für Gott gibt es
nicht Zeit, ebenſowenig wie Raum. Ich glaube, das iſt gar nicht die
göttliche Art des Bewußtſeins, daß er ſich mit Bewußtſein beſchäf-
tigt, ich glaube Gott iſt abſolute Gegenwärtigkeit, er lebt in der
Gegenwart, für ihn iſt alles Gegenwart. Jeſus hat einmal geſagt:
„Gott iſt nicht ein Gott der Toten, ſondern der Lebendigen.“ Damit
hat er ausgeſprochen, daß Gott nicht in der Vergangenheit lebt.
Er lebt aber ebenſowenig in der Zukunft, er lebt in der Gegenwart und hält das Meer der unendlichen Möglichkeiten in ſeiner
Hand, und betreut dieſes Meer der unendlichen Möglichkeiten. Was
aber aus dieſen Gärungsherd endlichen Geſchehens hervorgeht, das
denkt er nicht, ſondern läßt es geſchehen. Aber er wirkt darauf mit der
poſitiven und negativen Energie ſeines Waltens, wodurch alles ſeinen
Zielen dienen muß. Es iſt natürlich paradox, wenn ich ſage: von
der zukünftigen Geſtaltung will er gar nichts wiſſen, daran denkt

er gar nicht, damit beschäftigt er sich nicht, sondern er ist mit ganzer Seele bei dem ungeheuren Spiel des Geschehens, das aus dem Ursprung alles Seins hervorquillt, und wartet, indem er darauf wirkt, gespannt, wie es mit innerer Notwendigkeit das letzte Ziel der Vollendung erreicht. Dies Ziel ist seine Idee des Weltalls. Wie das Werk eines Künstlers, das als Idee in ihm ruht, wühlt und treibt, daraus hervorgeht, weiß der Schaffende auch nicht, er denkt es sich nicht vorher aus, sondern läßt es werden; das Bildwerk entsteht, entwickelt sich unter seiner Hand, und es wird immer ganz anders, als er es vorher schaute. Bei Gott wird es vielleicht genau so werden, wie er es vorher schaute, aber sicher schaute er es im Ganzen und nicht bis in die Fülle der Einzelheiten. Ich glaube das deswegen so bestimmt, weil er eben den Menschen die Möglichkeit der Freiheit gegeben hat. Die ganze Weltgeschichte wäre doch für Gott ein sehr langweiliges Theater, wenn er vorher alles ausgedacht und es bestimmt gefügt hätte und alles genau so ableiern ließe, wie es von vornherein festgelegt wäre. Das ist gerade das Göttliche, dieses Meer von Möglichkeiten, das er ganz in der Hand hält, aber in seinem Verlauf sich frei entfalten läßt und doch göttlich überlegen beherrscht. Diese kosmische Geschichte der Menschheit zur Erfüllung zu führen in der unausgesetzten richtenden und begnadenden, drän- genden und schaffenden Wirkung auf das widerstrebende Element der Menschheit; das ist göttlich!

So sehe ich es. Und deswegen glaube ich doch, daß Gott jeden einzelnen Menschen, den er ja liebt und kennt, mit derselben Ge- spanntheit im Auge wie das All der Welt anblickt: was wird nun daraus, was geht aus ihm hervor? so wie wir in jedem Moment gespannt sind und warten, was wird. Sehen wir es so, dann wächst die menschliche Verantwortung ins Riesenhafte, ins Göttliche. Und wir sind ja Gottes Kinder. Es entspricht also unserm Wesen. Wenn wir uns so sehen und so auf das Geschehen eingehen, wie eine lebendige Zelle in diesem ungeheuren Organismus des Lebens, wie ein Organ und Werkzeug des waltenden Gottes, dann sind wir Gottes Kinder, die schaffen, was sie von ihm empfangen, werden

8*

was er schöpferisch aus ihnen hervorgehen läßt, tun, was er will
und durch sie wirkt, sich führen, erziehen und formen lassen durch
das Leben, in dem das göttliche Walten sie ergreift.

Diesen Blick, dieses Gesicht für die Dinge möchte ich Ihnen
wünschen; denn dann gewinnt das Leben wirklich Sinn, dann wird
es etwas ganz Gewaltiges, das als solches — mag der Inhalt, die
Verhältnisse und Vorgänge sein, wie sie wollen — den Menschen
heraushebt in eine ganz neue Sphäre, in die göttliche Sphäre.
Darum wischen Sie sich die Begriffsgespinste aus den Augen und
lassen Sie alle theoretischen Grübeleien, stürzen Sie sich auf das
Leben, damit sich das Leben Ihnen offenbart in seiner göttlichen Tiefe.

Sich in sein Schicksal ergeben meine ich also nicht als irgendwelche Resignation, sondern im Sinne der leidenschaftlichen Liebe
zum Schicksal, die es im Lichte des Waltens Gottes sieht und es
aus unserm seelischen Urgrund ergreift. Diese Liebe zum Schicksal,
das ist die Liebe zu Gott, das allein, alles andere ist nur Gefühls-
brei, der keinen Sinn und Wert hat. Wenn wir uns aber so Gott
ergeben, dann werden wir auch von ihm ergriffen, und dann erleben
wir das Wunder, daß aus allem sogenannten Unheil Heil hervorgeht.

4.

Ist es nicht zum Verzweifeln für einen Menschen,
dessen Lebenssehnsucht es ist, produktiv zu sein und
seine Kräfte für viele einzusetzen, wenn ihm das
Milieu für sein Wirken nicht gegeben wird, wenn
er durch die Verkettung widriger Umstände, durch
Leid und Mühsal nur dazu gelangt, an seiner
Seele zu wachsen, — hat er dann sein Leben
ebenso bezahlt, als wenn er es vielen geschenkt hätte?

Nein, so wie ich die Dinge sehe, ist es ganz und gar nicht
zum Verzweifeln. Unsre Bestimmung liegt nicht immer in der
Richtung unsrer Lebenssehnsucht, sondern wir wollen oft wo ganz
anders hinaus, als wir sollen. Es ist auch nicht nötig, wenn
jemand schöpferisch beanlagt ist, daß sich seine Produktivität in
einem Wirken für viele äußern müßte, damit sich seine Bestimmung

erfülle. Die Produktivität kann nach außen und nach innen wirken.
Wenn sie zur schöpferischen Entfaltung des Wesens führt, so ist das
nicht weniger wertvoll, als wenn sie sich in schöpferischen Lebensäußerungen und genialen Leistungen auswirkt. Ja ich meine, man
kann Gott danken, wenn man kraft der in einem regsamen schöpferischen Gärung an seiner Seele wächst. Denn es gibt genug
Menschen, die nicht durch solche Veranlagung innerlich wachsen,
wenn sie sich nicht nach außen entfalten können, sondern sich dann
verzehren, an den Widerständen zermürben oder in sich selbst verstocken, weil sie keine positive Stellung zu ihrem Schicksal finden.
Ich glaube, wir überschätzen das Wirken nach außen, wir überschätzen das Tun überhaupt. Das Sein ist viel wichtiger. Die
schöpferische Entfaltung des Seins ist von der allerhöchsten Bedeutung, weil sie von selbst wirkt. Unsre unbewußten Wirkungen
sind viel wertvoller als die bewußten. Sie sind reiner; Gott kommt
darin viel mehr zur Geltung. Bei all unsern bewußten Wirkungen
kommt unwillkürlich so viel von unserm sinnlich-endlichen Ich beeinträchtigend mit zur Geltung.

Das sind nur Skizzenstriche, die Ihnen zeigen, wie ich die
Dinge anders sehe. Es ist auch nicht so, daß die Menschen bedeutender wären, die in einem großen Umkreis wirken; ich bin
überzeugt, daß eine objektive oder göttliche Wertung ganz anders
ist. Ich kann mir denken, daß die Menschwerdung durch einen
Menschen fortschreitet, der zeitlebens ganz unscheinbar wirkt, von
von dem man überhaupt nichts merkt. Ich glaube, es hat schon
viel solche gegeben, und die göttliche Bewegung ruht jedenfalls auf
solchen Menschen, nicht auf den bedeutenden Menschen. Ich kann das
nicht nachweisen; es ist mein Empfinden, wie es mir gekommen ist
durch meine Erfahrungen und durch Eindrücke meines Lebens.

Wenn jemand durch verhängnisvolle Verknüpfung der Umstände, durch Verpflichtungen, Hindernisse, Krankheit, Widerstände
der Zeit davon abgehalten wird zu wirken, so ist damit weiter nicht
gesagt, daß die Zeit nicht einmal für ihn kommen wird, wo er es
kann und muß. Ich habe vor langer Zeit Jahre gehabt, wo

ich durch ein schweres Schicksal hauptsächlich zum Leiden verurteilt
war und fast gar nicht produktiv sein konnte. Damals bin ich
auch wie dieser Fragesteller beinahe verzweifelt. Später wurde mir
klar, daß, soweit das Menschen beurteilen können, beinah alles,
was ich andern sein und geben kann, aus dieser jahrelangen Not
entsprungen ist. Das ist also auch etwas, was wir bedenken müssen:
die Passivität ist oft fruchtbarer als die Aktivität, es kommt nur
darauf an, daß wir recht leiden; aber wenn wir verzweifeln, dann
haben wir nichts davon. Stellen wir uns jedoch willig in die Not
hinein und sehen in dem Leiden eine positive Aufgabe, und wenn
es nur die wäre, daß wir uns darin innerlich behaupten, so muß
uns alles zum Besten dienen. Das ist dann gerade die Schule,
durch die wir gehen müssen, um aus der Enge in die Weite zu
kommen und weithin zu wirken. Aber es muß nicht so sein, sondern
es kann auch anders kommen, daß wir auf einen kleinen Kreis
beschränkt bleiben. Das macht jedoch nichts. Die Extensität ist nicht
wertvoller als die Intensität, die in die Tiefe geht. Wenn wir
uns das vor Augen halten, werden wir viel ruhiger allen Lebens-
gestaltungen gegenüberstehen, dann wird das Wirkensfieber erlöschen,
das ich direkt für eine Krankheit unsrer Zeit halte, die es auch in
religiöser Gestalt gibt, ja gerade hier sehr stark. Dann sollen wir
aber auch anspruchslos werden und uns bescheiden. Wir sollten,
wie Goethe einmal von sich sagt, „nur noch eine Aspiration haben,
keine Aspirationen zu haben", und die Einbildung aufgeben, als ob
wir gerade etwas Besonderes wären und leisten müßten. Eines
meiner Lieblingsgleichnisse von Jesus ist das, wo er beginnt: „Wenn
jemand dich einlädt, so setze dich unten an." Ich meine, das ist
ein wundervoller Fingerzeig für unser Leben, für das Sich-bescheiden,
für das Nichts-begehren-wollen, Nicht-hoch-herfahren-wollen, sondern
sich einfach sagen: ich will nur tun und leisten, wozu ich berufen
werde, wozu ich geschickt bin. Dann kann es geschehen, daß man in
dieser Bescheidung fähig wird, Größeres zu vollbringen, daß es dann
für uns einmal heißt: „Freund, rücke hinauf", daß uns mehr gegeben und anvertraut wird. Wer drauflos stürmt und gleich das

Höchste vollbringen will, ist nicht zu brauchen, weil er es auf eigene
Faust unternimmt. Wer sich aber unten ansetzt und gar nichts weiter
will, bei dem kommt das Wort des Paulus zur Geltung, der
einmal die innere Stimme vernahm: „Laß dir an meiner Gnade
genügen, denn meine Kraft ist in dem Schwachen mächtig!" Wer
mehr aus sich macht, als er ist, mit dem ist nichts anzufangen, wer
aber gar kein Selbstbewußtsein hat, der ist für Gott zu brauchen,
der ist empfänglich dafür, von allem befruchtet zu werden, und dann
gilt es: je größer unsre menschliche Schwäche ist, um so mehr kann
die Kraft Gottes wirken.

5.

„Besteht für Eltern eine Möglichkeit, über den
Tod des einzigen, bereits erwachsenen, vielver-
sprechenden Kindes hinwegzukommen?

Die Frage setzt mich wirklich in Verlegenheit. Wie kann man
denn nicht darüber wegkommen? Das ist doch eigentlich nur möglich,
wenn die Eltern ganz für dieses einzige Kind gelebt haben, wenn es
der Sinn und der Zweck ihres Lebens war, außer dem es sonst nichts
für sie gab. Und das ist doch eigentlich unmöglich, das ist doch un-
natürlich. Das wäre doch eine Abhängigkeit von einem Menschen,
die menschenunwürdig ist. Man fragt sich, wie können Menschen,
die das für möglich halten, sich dieser Gefahr überhaupt aussetzen?
Die dürfen doch eigentlich gar nicht heiraten.

Verstehen Sie mich nicht falsch. Ich kann es sehr gut verstehen, wenn jemand über solch einem Verlust momentan die Besinnung verliert, wenn es ihm ist, als ob aller Grund und Boden
ihm unter den Füßen versinkt. Das verstehe ich alles, aber das muß
doch vorübergehen, damit muß man doch fertig werden können!
Es ist doch eine unglaubliche Beschränktheit, wenn diese ungeheure
Welt mit ihrem Reichtum von Leben, dieses unser deutsches Volk
zusammenschrumpft in ein einziges Individuum. Dafür fehlt mir
jedes Verständnis. Ich meine, es muß doch über kurz oder lang,
und wenn erst nach Wochen oder Monaten der Moment kommen,

wo der Mensch sich demgegenüber erhebt und Fuß faßt auf dem
Grund und Boden, der für ihn noch existiert.

Wir kommen ja kaum zum Bewußtsein, so umgibt uns die
Vergänglichkeit alles irdischen Seins auf Schritt und Tritt. Wir
können keine Zeitung aufschlagen, ohne Todesanzeigen zu lesen.
Dann ist es doch Wahnsinn, wenn man nicht unter dem Eindruck lebt, daß alles vergänglich ist, und wenn man dann nicht
lernt, in dem Strom des Vergänglichen Fuß zu fassen, und bereit
ist, das hinzugeben, was jetzt gerade Inhalt und Zweck seines
Daseins war. Aber das ist schon verkehrt: der einzige Sohn darf
doch niemals, und gar wenn er erwachsen ist, der einzige Zweck und
Inhalt des Daseins sein. Das ist doch eine egoistische Beschränktheit
ohne gleichen, das ist ja beinahe Selbsteinmauerung mitten in der
Welt. Wir leben doch unter den Menschen als Glieder eines Volksganzen und sind doch für alle da. Fortwährend gehen und kommen die
Nächsten, die unsre Hilfe brauchen. Leben wir das, was die Aufgabe
der Stunde ist, so wird unser Leben niemals öde und inhaltslos sein.

Man kommt also dadurch über solch einen Verlust hinweg, daß
man sich dem Leben aufschließt und der unzähligen Kinder unsers
Volkes gedenkt, die keine Eltern haben. Da gibt es ja Ersatz, und
glauben Sie mir, vollwertigen Ersatz. Ich mache in den letzten
Jahren die seltsame Beobachtung, daß das Verhältnis zwischen angenommenen Kindern und ihren Eltern meist viel harmonischer ist
als das zwischen Eltern und eigenen Kindern.

Es gibt Glücks genug in der Welt. Aber das Glück besteht
nicht in äußeren Dingen und Verhältnissen, sondern in der inneren
Stellung, die wir zu etwas einnehmen. Sobald sich Menschen, die
etwas verloren haben, dem ganzen Leben hingeben, strömt ihnen
Leben zu, und dann geht ein neues Leben an. Und sie werden
dann auch ungetrübt an das zurückdenken können, was vergangen
ist. Die uns Entrissenen leben dann in uns weiter. Aber wenn
wir nicht darüber hinwegkommen, so sterben wir mit ihnen zusammen.
Es gibt dann ein Absterben des Menschen, einen langsamen Tod.
Aber ob das eintritt oder nicht, haben wir selbst in der Hand.

war sehr lebendig und das Verständnis, wie es sich allmählich immer mehr der verschiedenen Probleme bemächtigte, ganz außerordentlich. Im Vergleich zu den Mainberger Akademischen Wochen stand die erste Elmauer viel höher an Fülle, Umfang und Tiefe und vor allem an Verständnis, was auch der Eindruck Anton Fendrichs war, der ihr beiwohnte. Das lag nicht nur an der ganz veränderten Zeit, sondern auch und wohl vor allem an dem Unterschied der Studenten von jetzt gegenüber denen vor dem Kriege. Ich hatte das Gefühl, daß ich diesmal gleich dort beginnen konnte, wohin ich in Mainberg meine Hörer mühsam zu führen suchte. Es war von vornherein gemeinsamer Boden, innere Fühlung und Einklang im wesentlichen vorhanden. Das Erstaunen über die Reife, innere Tüchtigkeit und Lebendigkeit unsrer heutigen Studenten war unter den übrigen Gästen allgemein. Da sie alle unter dem starken Eindruck der Bedeutung solcher Akademischen Wochen standen, wurde sofort beschlossen, im nächsten Jahr wieder eine zu veranstalten und dafür die Zeit vom 15.—22. April festgesetzt. Allen, die mir durch finanzielle Beiträge es ermöglicht haben, in der gegenwärtigen schweren Zeit die Akademische Woche abzuhalten, spreche ich hierdurch meinen und aller Teilnehmer herzlichsten Dank aus. Sie dürfen versichert sein, daß sie damit wirklich ein gutes Werk ermöglicht haben.

Auf der vierten Umschlagseite befindet sich ein Verzeichnis meiner Bücher mit den Preisen, die für sie von der Verlagsbuchhandlung jetzt angesetzt werden mußten. Es ist für mich ungeheuer schmerzlich, ja geradezu niederschlagend, daß meine Bücher jetzt so teuer geworden sind. Aber wenn man bedenkt, daß ein einfaches Reclamheft jetzt 5 Mark, also das 25fache des Friedenspreises kostet, so sind die Preise meiner Bücher nicht mehr verwunderlich. Gewiß sind demgegenüber die Grünen Blätter noch unbegreiflich billig. Aber das ist nur dadurch möglich, daß wir nur geringe Spesen haben und das Papier schon vor einem Jahre bezogen. Wenn es nicht anders wird, wird der nächste Jahrgang auch wenigstens das Doppelte kosten.

Johannes Müller

Bücher von Johannes Müller

Die Bergpredigt Verdeutscht und vergegenwärtigt. 6. Auflage 27. bis 31. Tausend). Geheftet M 45.—, kartoniert M 54.—, gebunden M 75.—

Die Reden Jesu Verdeutscht u. vergegenwärtigt. Erster Band: Von der Menschwerdung. 11. bis 13. Tausend. Erscheint Juli 1922. Zweiter Band: Von der Nachfolge. 6. bis 10. Tausend. Geheftet M 40.50, gebunden M 70.—. Dritter Band: Vom Vater im Himmel. Geheftet M 40.50, gebunden M 70.—

Wegweiser 3. Auflage erscheint Juli 1922.
Daraus einzeln: Die erzieherische Bedeutung der Ehe. Kartoniert M 16.50. — Was haben wir von der Natur? Vergriffen.

Neue Wegweiser Aufsätze und Reden. Geheftet M 40.50, gebunden M 70.—

Von den Quellen des Lebens Vergriffen. 6. Auflage erscheint Herbst 1922.

Hemmungen des Lebens 6. Auflage (23. bis 27. Tausend). Geheftet M 29.50, kartoniert M 37.50, gebunden M 54.—

Von Weihnachten bis Pfingsten Reden auf Schloß Mainberg. Geheftet M 36.—, gebunden M 64.—

Beruf und Stellung der Frau Ein Buch für deutsche Männer, Mädchen und Mütter. 7. Auflage (31. bis 35. Tausend). Geheftet M 27.—, gebunden M 52.—

Vom Leben und Sterben 16. bis 20. Tausend. Kartoniert M 13.50

Bausteine für persönliche Kultur 1. Stück. Das Problem des Menschen. 6. bis 10. Tausend. 2. Stück. Persönliches Leben. 6. bis 10. Tausend. 3. Stück. Das Ziel. Zur Verständigung für die Suchenden von heute. 6. bis 10. Tausend. 4. Stück. Gemeinschaftliches Leben. Kartoniert je M 20.25

Die Liebe Fünf Aufsätze und Reden. Auf holzfreiem Papier und in Leinen gebunden M 65.—. (Soeben erschienen.) Sonderausgabe aus dem 1. Heft der „Grünen Blätter" 1921.

Blätter zur Pflege persönlichen Lebens Öffentliche Ausgabe. 2. Band. 7. bis 12. Tausend. Geheftet M 34.50. (Band I zurzeit vergriffen.)

C. H. Beck'sche Verlagsbuchhandlung Oskar Beck in München

C. H. Beck'sche Buchdruckerei in Nördlingen

ne Blätter

persönliche und völkische Lebensfragen

von

ohannes Müller

Elmau
erlag der Grünen Blätter   3. Heft
1922

Die Grünen Blätter, Vierteljahrsschrift für persönliche und völkische Lebensfragen, sollen — der persönlichen Füh- lung des Verfassers mit seinen Lesern wegen — möglichst direkt vom Verlag der Grünen Blätter in Elmau Post Klais (Oberbayern) bezogen werden, sind aber auch durch den Buchhandel zu haben.

Der Preis beträgt für einen Jahrgang (einschl. Porto) für Deutsch- land 75.— Mk., für Österreich-Ungarn 1000 Kr., Niederlande 7 G., Schweiz, Frankreich usw. 12 Fr., Dänemark, Schweden u. Norwegen 10 Kr., Finnland 50 finn. Mk., Amerika 4 Dll.

Der Einzelpreis dieses Heftes beträgt 20 Mk. (Porto Mk. 1.50).

Postscheckkonto Verlag der Grünen Blätter Nr. 1233 Nürnberg.

Inhalt

Mitteilungen

Leider sind die Grünen Blätter durch die katastrophale Ent- wertung des Geldes und die dadurch ungeheuer anschwellenden Kosten der Herstellung und Versendung in die größte Not geraten. Schon die Herstellung des zweiten Heftes kostete mehr als das Doppelte des ersten Heftes, obgleich es vor dem Marksturz erschien. Ich ahne nicht, wieviel dieses kosten wird. Das Papier kostet jetzt fast das zehn- fache als im Juli. Infolgedessen sind unsre Kalkulationen vollständig über den Haufen geworfen, und es ist heute noch nicht abzusehen, was aus den Grünen Blättern werden wird. Vielleicht müssen sie ebenso verschwinden wie schon unzählige Zeitungen und Zeitschriften, und ich habe mich schon an den Gedanken gewöhnt, sie, wenn nicht mit diesem Jahrgang, so doch mit dem nächsten eingehen zu lassen. Aber da es nur äußere Gründe sind, die mir das nahelegen, möchte ich die Entscheidung darüber meinen Lesern überlassen. Es ist mir

Eine Pfingstrede

Wir feiern heute Pfingsten. Gestern fragte mich jemand, was für Gefühle man eigentlich zu Pfingsten aufbringen müsse. Ich antwortete: Gar keine. Und wahrhaftig, mir liegt viel mehr daran, daß Ihnen Gefühle vergehen, als daß Sie welche aufbringen. Die Gefühle sind der Duft unsers inneren Lebens und deshalb ein Symptom, wie es damit steht, wie wir leben. Insofern sind sie von großer Bedeutung. Aber gerade deshalb soll man keine Gefühle in sich oder in anderen hervorrufen wollen. Das sind künstliche Machenschaften, die außerordentlich gefährlich sind. Jeder soll so duften, wie er kann, aber keinen Duft erzeugen wollen. Es ist sehr bedenklich, wenn Menschen sich parfümieren müssen. Die Frage war gewiß nicht ganz ernst gemeint. Ich hörte einen leisen Spott hindurch, und dieser Spott ist berechtigt. Er ist berechtigt gegenüber der Art, wie wir Abendländer unsre Feste feiern. Das ist mir schon seit meiner Jugend immer im höchsten Grade verdächtig und zuwider gewesen, weil dabei schließlich alles darauf hinausläuft, bestimmte, besondere Gefühle hervorzurufen und zu steigern, Weihnachts-, Oster- und Pfingstgefühle. Doch gilt das nicht bloß von den religiösen Festen, sondern wenn wir unser modernes Leben ansehen, finden wir überall in Haus und Familie, in Schule und Vereinen, in Stadt und Land alle möglichen Veranstaltungen mit Gefühlserregungen. Das ist in unsrer Zeit sehr begreiflich, denn je schlechter das Leben riecht, um so mehr hat man das Bedürfnis, es zu parfümieren. Aber Sie befinden sich im Irrtum, wenn Sie glauben, daß es in Elmau etwas Derartiges gibt. Hier wird im Gegenteil alles auf das peinlichste vermieden, was irgendwie besondere Gefühle erregen, Stimmung erzeugen, Begeisterung erwecken könnte. Am allerwenigsten aber soll hier so etwas zu Pfingsten geschehen. Denn Pfingsten ist viel weniger ein Fest als vielmehr eine tiefernste Gelegenheit zur Selbstbesinnung

und Selbstprüfung. So erlebe ich es immer und immer wieder. Und
da diese Tage bis jetzt jedes Jahr dieselbe geblieben ist, so ist es
wirklich ein Tag, an dem uns eigentlich alle Gefühle vergehen
müßten über dem Zustand, in dem wir uns immer noch befinden,
ein Tag der Ernüchterung, der Entgeisterung, der Erschütterung.

Pfingsten erinnert uns an die Ausgießung des heiligen Geistes,
an jenes ganz besondere außerordentliche Ereignis, das uns in
beinahe mythischer Gestalt überliefert ist, aber doch auf das deut-
lichste den echten historischen Kern erkennen läßt, an den Tag, wo
über die Jünger Jesu, die ihrem entschwundenen Herrn nach-
dachten, mit Urgewalt ein Geist kam, der sie erfüllte und nicht
mehr verließ, der das Element ihres Lebens wurde, eine neue
Glut vom Himmel, die sie entflammte und durchwaltete, die sie
zu ganz neuen Menschen machte. Das ist das Pfingstereignis. Die
Jünger waren nachher andere, als sie vorher waren. Wenn wir
daran denken, wie die Jünger während ihres Wandels mit Jesus,
bei seinem Tod und nach seiner Auferstehung waren und sich ver-
hielten, so bekommen wir den Eindruck von äußerst unzulänglichen
und unfähigen Menschen, unbedeutend, unvermögend, absolut abhängig von Jesus. Immer und immer wieder fragt man sich:
haben sie ihn überhaupt verstanden, konnten sie auch nur etwas ins
Leben umsetzen, was sie von ihm hörten? Man staunt immer wieder,
daß sich Jesus so viel mit diesen Menschen abgab und erwarten
konnte, daß sie einmal weiterführen würden, was er begann. Aber
nach der Ausgießung des Geistes waren sie auf einmal alle ganz
verwandelt, selbständige, starke, freie Persönlichkeiten, innerlich gewiß und entschlossen, lebendig und genial, voll Energie und Glut
eines Lebens, das nicht von dieser Welt ist, die mit Vollmacht ver-
kündeten, was geschehen war, und in die Welt wanderten, um das
Evangelium Jesu durch die Völker zu tragen, in fremde Länder und
Kulturen, unter Gebildete und Ungebildete, und durch diese bloße
Verkündigung etwas hervorriefen, was es bis dahin überhaupt noch
nicht gegeben hatte: Gemeinden von Menschen eines neuen Seins
und Lebens, in denen derselbe Geist waltete, der sie selbst erfüllte.

Wir verstehen das nur richtig — und nur bei diesem Verstehen ist die Wandlung zu begreifen —, wenn wir uns ganz klar
darüber sind, daß es sich dabei nicht um eine Begeisterung für
eine Idee oder um einen eschatologischen Enthusiasmus oder um
eine mystische Verzückung und andere Möglichkeiten von Ekstase
handelte. Solche Begeisterung war schon vorher da, z. B. bei dem Ein-
zug Jesu in Jerusalem, wo sie riefen: „Hosiannah dem Sohne Davids,
gelobt sei, der da kommt im Namen des Herrn!" Und Begeisterung
haben wir immer in der Welt gehabt, vor und nach Jesus, mehr
als genug, auch Enthusiasmus und geradezu fanatische Ekstase.
Aber mag das alles in seinem Wesen und Gehalt, in seinem Ursprung und seinen Zielen noch so religiös sein, so ist es doch niemals
und in gar keiner Weise heiliger Geist. Und ebensowenig war es
eine neue Gesinnung, in der sich die Jünger etwa damals gefunden
hätten. Ihren Sinn hatten die Jünger längst geändert, wenn
sie auch gelegentlich noch manchmal menschlich und nicht göttlich
dachten. Heiliger Geist ist etwas ganz anderes als jede eigentümliche Verfassung unsers Geistes, die möglich und denkbar ist. Denn
heiliger Geist ist der Geist Gottes, der den Menschen gegeben wird.
Er ist ein neues wesenhaftes Element im Menschen göttlichen Ursprungs, göttlicher Art, ja wir können sagen: göttlichen Lebens,
das sich in ihm schöpferisch offenbart, das in ihm wirkt und waltet,
das ihn umwandelt, indem es in ihm lebt, das ihn ganz unmittelbar
trägt, führt, klärt, bestimmt, treibt, verfaßt, erleuchtet und durchglüht, das ihm einen absolut festen Boden unter den Füßen gibt
und eine neue Quelle für alle Lebensäußerungen. Heiliger Geist
ist also etwas grund- und ganz anderes als jede Begeisterung, als
jeder Gefühlsüberschwang, als jeder Energieausbruch.

Der heilige Geist ist nicht ein subjektives Element unsers
Wesens, sondern ein objektives Element in uns: Geist Gottes in
den Menschen. Das ist es, was das Christentum, wenn wir einmal vorläufig diesen Ausdruck gebrauchen wollen, von allen Religionen unterscheidet und über sie hinaus in eine ganz neue Sphäre
erhebt. Alle Religionen sind schließlich nichts anderes als Äuße-

rungen und Befriedigungen der menschlichen Sehnsucht nach Gott.
Aus dieser Sehnsucht heraus sind sie entstanden. Man kann dabei
unterscheiden zwischen den Naturreligionen, die aus der Sehnsucht
nach Gott hervorgingen, wie der Dunst aus den Wiesen aufsteigt,
und den positiven Religionen, die von einer Persönlichkeit be=
gründet wurden auf Grund irgendwelcher besonderen religiösen
persönlichen Ergriffenheit, die gewiß nicht nur eine subjektive
Steigerung ihres inneren Lebens war, sondern ein Hereinwirken
Gottes des Lebendigen in einen Menschen, durch den er dann
wirklich redete. Die Lichtwellen und Lebenswogen, die von solchen
Menschen ausgingen, wurden für Millionen eine Vertröstung auf Gott
den Lebendigen, ein Antrieb, die Wahrheit zu suchen, eine Er=
quickung ihres Lebensgefühls, eine Weisung für ihr Tun und Verhalten.

Aber etwas wesentlich anderes ist das, was die Jünger Pfingsten
erlebten. Es war etwas ganz anderes als das Ergriffenwerden
eines Menschen oder mehrerer von Gott, etwas anderes als die
Offenbarungen Gottes, die zu allen Zeiten und bei allen Völkern
erlebt worden sind. Solche kannten ja auch schon die Jünger zu
Lebzeiten Jesu. Als z. B. Petrus sich zu Jesus bekannte: „Du bist
Christus, der Sohn des lebendigen Gottes“, antwortete ihm Jesus:
„Fleisch und Blut hat dir das nicht offenbart, sondern mein Vater
im Himmel.“ Hier lag also wirklich eine Offenbarung Gottes an
Petrus vor, und es war gewiß nicht die einzige, die die Jünger
erlebten. Aber etwas anderes ist es, Gott spüren, hier und da
von ihm ergriffen werden, seiner Führung folgen und aussprechen,
was er einem sagt, und — von seinem Geist erfüllt werden. Das
ist ein ganz neuer Zustand des persönlichen Seins und Lebens.
Das ist eine neue Konstitution des menschlichen Wesens und eine
neue Art Leben, die daraus hervorgeht. Das ist heiliger Geist.
Nicht der Inhalt der Verkündigung Jesu hebt das, was er den
Menschen brachte, wesentlich über alle Religionen hinaus, wenn
auch schon meines Erachtens die Verkündigung des Reiches Gottes,
das auf die Erde kommt, etwas Einzigartiges ist, ein Erfüllen
dessen, worauf alle Religionen nur Sehnsüchte und Verheißungen

find, fondern allein die Ausgießung des heiligen Geiftes. Denn das ift die Verwirklichung der Verkündigung: das Reich Gottes ift nahe herbeigekommen. Das ift ein göttliches Wefenselement, alfo im höchften Sinne und Grade etwas abfolut Objektives als neue Grundlage der Menfchheit, ihrer Natur und Gefchichte, ihres Seins und Lebens. Wo das eintritt und gefchieht, da hört Religion auf, weil damit die Sehnfucht, aus der fie ftammt, erfüllt wird, da wird Reich Gottes, d. h. neue Menfchheit, eine neue Welt, eine Neuordnung aller Dinge, wo Gott alles in allem ift und die Menfchen nur feine Organe und Werkzeuge.

Nun werden Sie verftehen, warum ich nur zögernd und vorläufig vom Chriftentum in Verbindung mit dem heiligen Geifte fprach. Denn das Chriftentum ift nicht identifch mit dem Reiche Gottes, fondern es ift, in welcher Konfeffion und Richtung wir es auch vor uns haben mögen, durchaus Religion wie andere Religionen auch. In ihm ift die Offenbarung Gottes in Jefus wieder verloren worden in dem Maße, als der heilige Geift entfchwand und an Stelle der objektiven Grundlage im Wefen und Leben der Chriften eine fubjektive religiöfe Verfaffung, ein religiöfes Gebilde, ein geiftiges Schemen trat. Ich rede damit nicht geringfchätzig weder von der Religion noch vom Chriftentum. Es hat wie die anderen verwandten Religionsgebilde für die bisherige Weltzeit die allergrößte Bedeutung gehabt. Es war und ift eine Kulturmacht, eine Hüterin der Menfchheit allererften Ranges. Aber es ift nur ein Zuchtmeifter auf Chriftus, eine Bewahrungsanftalt auf die Zeit, wo das Reich Gottes kommen wird. Ich bin alfo weit entfernt, die Bedeutung des Chriftentums zu verkennen und zu entwerten. Aber Sie werden verftehen, daß es mir heute, wo Pfingften ift, darauf ankommt, deutlich zu fagen, was heiliger Geift ift und was nicht. Wir würden lügen, wenn wir behaupten wollten, daß das Chriftentum, die chriftliche Menfchheit die Grundlage ihres Seins und Lebens im heiligen Geifte hat, daß er die elementare Gärung ift, die in der chriftlichen Menfchheit waltet, fchaltet und geftaltet, daß er die göttliche Macht ift, die die Menfch-

heit erlöſt hat und ſie leitet, ihr Wahrheit und Leben offenbart
und ſie von einer Klarheit zur andern führt. Wir können das
nicht ſagen, weil es nicht wahr iſt, weil alles das nicht geſchieht.
Es iſt nicht nur unſichtbar, ſondern es iſt nichtwirklich. Gewiß
gibt es noch genug religiöſe Enthuſiaſten, die ſich alles das einbilden. Die kommen heute alle zu Worte und werden große Töne
reden. Aber ich will nicht dazu gehören. Als ich vor Jahren einmal ein chriſtliches Blatt in die Hände bekam, in dem die Herrlichkeit des Pfingſtgeiſtes geſchildert wurde, und es dann weiter hieß:
„Und ſiehe da, wir haben ihn,“ da erſchütterte mich einfach das
Entſetzen über die ungeheure Selbſttäuſchung, und es rief in mir:
„Und ſiehe da, wir haben ihn nicht.“ Hätten wir ihn, ſo ſtünde
es ganz anders. Denn dann hätten wir Reich Gottes. Hätten
wir ihn, ſo hätte es keine Verweltlichung des Chriſtentums gegeben,
ſondern eine göttliche Beſeelung und Neuſchöpfung der Welt. Nein,
wir haben ihn nicht.

Worin zeigt ſich das? In allen möglichen Erſcheinungen, die
ſichere Symptome dafür ſind, daß wir den heiligen Geiſt nicht haben.
Iſt das Chriſtentum nicht zu verwechſeln mit einer idealiſtiſchen
Weltanſchauung? Wer merkt denn, daß es etwas weſentlich anderes
iſt, d. h. ſein müßte, wenn es den heiligen Geiſt hätte? Damals
war es ein aus Gott ſtammendes neues Sein allerwirklichſter
Tatſachen und Lebensgeſetze, die objektiv beſtanden und wirkten.
Es handelte ſich nicht um Ideen, ſondern um Realitäten, nicht um
Ideale, ſondern um Erfüllungen, nicht um Früchte eigenen Bemühens, ſondern um Gnadengaben. Oder faßt man es nicht allgemein auf als die vollkommene Moral? Hat es nicht den Charakter
einer Heilsanſtalt gewonnen? Treibt man nicht Kultus in ihm?
Alles Beweiſe, daß es etwas ebenſo Vorläufiges iſt wie alle Religionen „auf den Tag“, an dem Gott durch den heiligen Geiſt
die Menſchen in ſein Reich verſetzt. Wo der heilige Geiſt iſt, da ſteht
man über der Moral, jenſeits von allem regelrechten Gut und
Böſe, verfaßt und beſtimmt durch das Walten des lebendigen
Willens Gottes als Organ des einzig Wahren, innerlich Not-

wendigen, göttlichen Guten, das er in jedem Augenblick aus der
Seele erzeugt, indem er sie dafür befruchtet. Wo der heilige Geist
ist, gibt es keine Heilsanstalt, sondern Reich Gottes. Da treibt man
keinen Kultus, sondern betet durch sein Leben Gott an „im Geist
und in der Wahrheit". Von alledem redet man auch im Christentum, und die Christen bilden es sich ein. Aber ist es tatsächlich
Leben aus Gott im Sinne echter Wirklichkeit, oder gibt es das
nur vor zu sein? Sind die Christen wirklich neue Menschen oder
bestenfalls nur fromme Menschen? Sagt ihnen der Geist, was sie
in jedem Augenblick zu tun haben, oder müssen sie nicht immer
fragen, was sie im Sinne Jesu tun müssen?

Der heilige Geist ist eine unpersönliche, überpersönliche Macht,
die in den Menschen waltet, ein einheitliches, in sich einiges und
einigendes Element und Wesen, das die ungeheure Mannigfaltigkeit aller vom Geist erfüllten Seelen organisch in sich verfaßt, zu
einer lebendigen Einheit zusammenschließt und eine unmittelbar gegebene, von selbst wirksame Gemeinschaft herstellt. Merken wir im
Christentum etwas von einer Einheit im Geist bei aller Mannigfaltigkeit der Einzelnen, von der Verwandtschaft im neuen Wesen
Jesu bei aller Verschiedenheit der Gestalt und Verhaltensweise in
der persönlichen Erscheinung der Gläubigen? Verstehen wir auf
Grund des einen Geistes uns schon von ferne, spüren wir das
Gemeinsame durch alles Sonderliche hindurch? Kommt überall der
lebendige Organismus des heiligen Geistes von selbst zur Geltung,
oder müssen wir ihn durch Organisation ersetzen? Es ist alles
ganz anders. Wie gerne würden wir das letzte Gebet unsers Herrn
erfüllen: „auf daß sie alle eins seien", wenn wir es könnten! Es
gibt keine Gemeinschaft im Geiste, die sich bei aller menschlichen
Eigenart und Eigenwilligkeit ganz elementar von selbst durchsetzte
und alles Widerstrebende, sich Auflehnende und Unterscheidende
einfach in eine vielstimmige Harmonie auflöste. Nirgends herrscht
vielmehr eine derartige egoistische Beschränktheit in der Auffassung,
eine derartige fanatische Unduldsamkeit und Respektlosigkeit vor der
Überzeugung und Gewissenhaftigkeit der anderen, eine derartige

Vergewaltigungsfucht den Brüdern gegenüber, eine derartige Unfähigkeit, zwischen Inhalt und Form, Wesentlichem und Unwesent-
lichem, Göttlichem und Allzumenschlichem zu unterscheiden, eine derartige Manie zu richten und zu verwerfen wie im Christentum.
Vom heiligen Geist keine Spur!

Oder ist unsern Christen die Erfahrung bekannt, die sich in
dem Worte des Paulus ausspricht: „Welche der Geist Gottes treibt,
die sind Gottes Kinder"? Müssen die Kinder Gottes nicht immer
von Treibern getrieben werden oder sich selbst treiben, wenn sie
nur einigermaßen die Richtung des Lebens Jesu einhalten wollen?
Wo haben wir diese neue Welt, in der wiedergeborene Menschen
leben und in allen Lebensäußerungen Gott offenbaren? Ich sehe
sie nicht. Darum wollen wir uns aber doch auch nicht vorspiegeln,
so zu sein und fo etwas zu haben. Ja, wo ist auch nur das Verständnis dafür vorhanden, daß alles, was nicht aus dem Glauben
ist, Sünde ist? Dafür hat man gar kein Empfinden, keinen Geschmack, keinen Blick. Nur was dem frommen Reglement nicht
entspricht, hält man für Sünde. Glaube ist das persönliche Verhalten, das dem heiligen Geist entspricht, die Empfänglichkeit für
sein Wehen und Walten. Aber wo lebt dieser Glaube als Spürsinn für Gott den Lebendigen, als neues Gesicht für alle Dinge,
als Hören des lebendigen Wortes Gottes im Geräusch der Welt,
als lebendiger Drang, der vom heiligen Geist bewegt wird, als
neues Vermögen und eine wirkliche Vollmacht zu leben, die der
heilige Geist gibt? Im Christentum versteht man unter Glauben
etwas ganz anderes, allerlei, aber jedenfalls etwas wesentlich ganz
anderes. Wir haben nicht den Glauben, sondern den Zweifel, das
Nichtwissen, die Unsicherheit, die Blindheit und Verblendung. Die
erste unmittelbare Wirkung des heiligen Geistes ist Heilsgewißheit,
ein neues gewisses, ursprüngliches Lebensgefühl der begnadeten
Seele, das alles in uns trägt, in allem pulsiert und treibt. Haben
wir das? Ach wie verzagt, trostbedürftig, armselig sind die Christen,
wie leicht geraten sie aus der Fassung, wie mühsam müssen sie
sich wieder aufrichten, wenn sie sich niederschlagen ließen! Wie

können sie sich gegeneinander entrüsten, und wie weltlich, sündig,
gottverlassen setzen sie sich dann auseinander! Was für Mißverstehen, Übelwollen, Verleumden, Verfolgen und mit welchen Mitteln
Wenn man das mit der menschlichen Unvollkommenheit entschuldigt,
so bestätigt man nur das Symptom. Wer den heiligen Geist hat,
kann das einfach nicht. Ein Mehr oder Weniger des ganz anderen
Verhaltens gibt es da nicht.

Paulus sagt einmal: „Wo der Geist ist, da ist Freiheit.“
Freiheit ist aber doch sicher Unabhängigkeit. Selbständigkeit kraft
der Begründung, Verfassung, Haltung in ihm ist die erste Wirkung
des heiligen Geistes. Haben aber unsre Christen diese Selbständigkeit? Sind sie unabhängig von dem Urteil der Welt und der Mit-
christen? Gehorchen sie fest und frei, unmittelbar und treu, aufrichtig und gerade, rücksichtslos und rückhaltlos der Stimme Gottes?
Ich finde, daß die Unmittelbarkeit des Lebens aus dem tiefsten
Empfinden der Seele heraus nirgends so durch allerlei Gesichtspunkte gestört und in ihren Äußerungen umgebogen wird wie bei
den frommen Christen. Man denke nur an die Furcht vor dem
Anstoß bei den „Wohlgesinnten“ und die Rücksicht auf die Wirkung
bei den „Außenstehenden“! Aber auch die Selbständigkeit im Glauben finden wir selten. Ist es nicht ein Skandal, wie hilflos die
meisten Christen sind, wenn man von ihnen Rechenschaft über
ihren Glauben verlangt, was dann für fromme allgemeine Redens-
arten, kaum verstandene Lehren oder theologische Begriffsklitterungen
zutage gefördert werden statt des einfachen Wissens um alles dies
auf grund persönlicher Erfahrung! Statt Freiheit im Empfinden,
Anschauen und Leben finden wir doch im Christentum die größte
geistige Gebundenheit, Beschränktheit und Bevormundung. Kraft
des heiligen Geistes müßte man doch überall einer Toleranz der
Wahrheit und Tiefe des Verstehens begegnen, die ganz überlegen
in jeder Lebensäußerung das Wahrheitselement erkennt, die auch
in der fremdesten Form den unsagbaren Gehalt der Wahrheit erfaßt. Aber wo wird die größte Einförmigkeit gefördert und gefordert? Doch bei den Christen. Das ist doch ein Zeichen, daß sie

den heiligen Geist nicht haben. Denn sonst würden sie sich gegenseitig bei aller Verschiedenheit der Erscheinung und Äußerung in
dem einen Geist erkennen, der sie mit heiliger Glut erfüllt. Wenn
man einen Eindruck von der Freiheit im heiligen Geist haben will,
so muß man an ein Wort wie das von Paulus denken, das wir
heute für den größten Frevel erklären würden, wenn es nicht in
der Bibel stünde: „Fortan kenne ich Christus nicht mehr nach dem
Fleisch", was doch heißen will: der irdische Christus geht mich nichts
an. Weil er den Geist hatte, weil er in Christus war und
Christus in ihm, deshalb konnte für ihn das, was von dem geschichtlichen Jesus erzählt wurde, außer Betracht bleiben. Damit
vergleiche man nun, wie unser Christentum an dem Neuen Testament
hängt, wie es alles aus der Schrift heraus deutet, wie es sich
daran gebunden fühlt. Und es steht doch nicht alles darin. Es ist
doch so ungeheuer vieles, was in den wenigen überlieferten Worten
Jesu oder in den Gelegenheitschriften der apostolischen Briefe gar
nicht berührt wurde. Das bleibt dann einfach außer Betracht. Und
doch hat Jesus gesagt: „Vieles habe ich euch noch zu sagen, aber
ihr könnt es jetzt nicht ertragen. Wenn aber jener, der Geist der
Wahrheit, kommen wird, der wird euch in alle Wahrheit leiten."
Wagt aber heute jemand eine neue Klarheit auszusprechen, so
ist er ohne weiteres ein Ketzer.

Damit, daß die Christenheit die Offenbarungszeit mit den
Aposteln abschließt, bekennt sie selbst unmißverständlich, daß sie den
heiligen Geist nicht hat. Dann sollte sie ihn aber auch nicht für
sich in Anspruch nehmen und sich damit selbst betrügen. Daß sie
das kann, daß sie sich mit Jesus und den Aposteln, mit dem göttlichen Geschehen der urchristlichen Zeit identifizieren kann, daß sie
die menschlich-geistige Entfaltung des Lichtscheins der Offenbarung
für Wachstum der Wahrheit und ihren kulturellen Einfluß für
Kommen des Reiches Gottes halten kann, das sie mit ihren
Missionen ausbreiten zu können meint: diese ganze ungeheure Selbsttäuschung samt dem Wahncharakter, den ihr Glaube hat, ist ein
Beweis, daß sich nichts vom heiligen Geist der Pfingsten in ihr

regt, denn der würde das alles gar nicht ertragen. Manche werden
dieses Urteil hart und ungerecht finden, auch wenn sie es nicht
ganz ablehnen. Aber hier heißt es einfach: Sollen wir uns zu Gott
oder zur Welt, zur Wahrheit oder zum Wahn bekennen? Ist das
Christentum echt, dann ist das Reich Gottes von dieser Welt. Ist
es aber nicht von dieser Welt, dann ist das Christentum etwas
ganz anderes. Ich begreife nicht, daß das nicht allen Aufrichtigen
in die Augen springt. Sagen Sie doch selbst: stammt das Treiben
im Christentum, die religiösen Bewegungen, über die man immer fo
glücklich ist, aus dem heiligen Geist oder aus religiöser Erregtheit?
Sind sie pneumatischen oder psychischen Ursprungs? Wächst man
in der Erkenntnis nur auf Grund und nach Maßgabe der Gnade
oder nicht vielmehr des menschlichen, allzu menschlichen Intellekts?
Ist das Wirkensfieber, das fo viele verzehrt, menschlichen oder
göttlichen Ursprungs? Sagen heute noch die Ungläubigen von den
Christen: „Seht, wie sie sich untereinander lieben!" Sagen sie nicht
vielmehr: „Die Erlösten müßten erlöster aussehen, wenn wir an
ihre Erlösung glauben sollten." Wird nicht unsertwegen der Name
Jesu geläftert unter den Heiden?

Und fo könnte ich noch lange fragen. Aber ich will nur noch
auf zwei Symptome hinweisen, die mir wenigstens ein unerschütterlicher Beweis sind, daß wir den heiligen Geist nicht haben: auf
die Widerstandslosigkeit und Instinktlosigkeit des Christentums. Ich
meine die Widerstandslosigkeit gegenüber der Welt, die Fähigkeit,
Gott und dem Mammon zu dienen, die Methode, göttliche Wirkungen mit endlich sinnlichen geistigen Mitteln hervorzubringen. Ist
der egoistische Eigentumswahn und die Herrschaft des Kapitalismus
nicht in der Hut des Christentums großgezogen worden? Und doch
wird niemand leugnen, daß die „Heiligkeit des Eigentums" nicht
heiligen, sondern unheiligen Ursprungs ist. Wäre der Weltkrieg
möglich gewesen, wenn der heilige Geist in dem Christentum
waltete? Und wenn er möglich gewesen wäre, hätte er nicht fofort aufhören müssen durch die übermächtige Reaktion des Geistes
Gottes gegen das wahnwitzige Morden? Wenn wir noch einen

Beweis brauchten, daß die Christenheit den heiligen Geist nicht hat, so hätte ihn der Weltkrieg gebracht. Und wem der nicht genügt, dem bezeugt es das Justizverbrechen von Versailles und die Tatsache, daß es sich schon drei Jahre halten konnte.

Aber mindestens ebenso beweist mir die Gottverlassenheit des Christentums seine Instinktlosigkeit für das, was göttlichen und was weltlichen Ursprungs und Wesens ist, für die Wahrheit, für die neu auftauchenden Möglichkeiten des Lebens, für das lebendige Wort Gottes, das heute an die Menschheit ergeht. Dafür hat man keinen Instinkt. Ich sehe vielmehr, wie tief religiöse christliche Kreise der Anthroposophie erliegen und wähnen, daß sie die Vollendung der Offenbarung Gottes sei, daß selbst führende Christen Göttliches und Okkultes miteinander verwechseln, und Unzählige sich von ihnen in eine hintersinnliche Wahnwelt verführen lassen, ohne daß ihr Glaube dagegen reagiert, daß man Tod und Auferstehung Jesu geringschätzt gegenüber Rudolf Steiners Gesichten und sich vermißt, das Reich Gottes mit einem kosmischen Christus mediumer Phantasie aufbauen zu können, ohne daß sich in ihnen etwas dagegen erhebt, das sie vor dem Gericht der Wahrheit zusammenbrechen ließe. Das Vermögen, die Geister zu unterscheiden, ist dem Christentum abhanden gekommen, aber ebenso auch die Witterung für die Lösung der Probleme und Erfüllung der Aufgaben, die uns heute bedrängen. Es ist eine unleugbare Tatsache, daß das Christentum nicht führend ist auf allen Gebieten, sondern vielmehr hemmend, ja reaktionär. Wenn es den Instinkt für die wesenhafte Wahrheit hätte, für das Walten Gottes in der Geschichte, für das Drängen seines Willens, unter dem unsre Zeit erzittert, so müßte es befähigt sein, die Probleme der Weltkatastrophe, an denen wir leiden und zugrunde gehen, zu lösen. Aber es will sie ja gar nicht einmal lösen, sondern will wiederherstellen, was früher war. An alledem merken wir, daß wir den heiligen Geist nicht haben.

Wer aber davon aufs tiefste erschüttert ist, der wird sofort leidenschaftlich hinzufügen: aber wir brauchen ihn, wir können ohne ihn nicht leben, es gibt für uns, für die Einzelnen, für die

Völker und für die Menschheit kein Heil und keine Zukunft ohne
den heiligen Geist. Es ist furchtbar, daß zwei Jahrtausende vergangen sind, und die Neubegründung der Welt, die damals eintrat,
versunken ist, daß an Stelle der wesenhaften Wahrheit ein subjektiver
Wahn getreten ist, an Stelle des Lebens die moralische Vorspiegelung,
an Stelle der Offenbarung Gottes die Selbsttäuschung der Menschen.
Das ist das Entsetzen, das über uns kommt, wenn wir Pfingsten feiern.

Wenn wir das aber erschütternd erfahren, dann wissen wir
auch, daß es für uns persönlich keine Lösung unsers Lebensproblems
gibt als durch den heiligen Geist. Ohne diese objektive Macht
Gottes des Lebendigen, die uns ergreift und umwandelt, ist es
unmöglich, daß ein Mensch erlöst wird von seiner Vergangenheit,
von der Welt, von seinem Unwesen und seiner Entartung, von der
Knechtschaft der Sünde, daß er unabhängig wird von seinen Verhältnissen, frei von der Gewalt seiner Instinkte und allen Abhängigkeiten von den Dingen, daß er den Weg findet, den er gehen soll,
daß er die Stimme Gottes hört und seinen Willen erfüllt. Es gibt
keine schöpferische Entfaltung des Göttlichen in uns, wenn sie nicht
von der Lebensmacht des heiligen Geistes getragen wird. Ohne
ihn kümmert es dahin und bringt es höchstens zu tauben Blüten,
verwelkt und vergeht, und wir kommen nicht über eine Ahnung
hinaus, wie es eigentlich sein könnte und sollte. Wir brauchen den
heiligen Geist. Denn wie soll sonst offenbart werden, was wir eigentlich sind, das Geheimnis unsers Wesens und Lebens? Wer soll
uns läutern von dem Mischmasch, den wir darstellen? Das bringt
keine Selbsterkenntnis und moralische Arbeit an sich selbst fertig.
Sie brauchen es nur einmal zu versuchen. Wir täuschen uns immer
wieder über uns selbst, und alles bleibt beim alten. All unser Bemühen ist Bemühen unsers Ichs und darum von vornherein zur
Ohnmacht, Verkehrtheit und Verderbtheit verurteilt. Wir kommen
aus diesem circulus vitiosus nicht heraus, wenn uns nicht Gott
selbst herausreißt, wenn nicht unser Ich in der Glut heiligen Geistes
den Flammentod stirbt. Darum sind wir verloren, alles menschliche
Streben ist aussichtslos und unfruchtbar, weil es im Wesentlichen

nichts ändert, sondern uns immer wieder dem verhaftet, was überwunden werden soll, wenn sich Gott nicht unsrer erbarmt und uns
durch die Kraft seines Geistes sterben und auferstehen läßt. Darum
lechzen wir nach der Gabe des heiligen Geistes. Wir verschmachten,
vergehen, verwesen, wenn wir ihn nicht empfangen. In dieser erschütternden Erkenntnis sollten alle einig werden zu einer Gemeinschaft der Buße und der Sehnsucht, des Hoffens und Wartens.
Denn wir können nichts dazu tun, um den heiligen Geist zu empfangen, als uns danach sehnen und darauf warten, als uns
immer wieder von unserm Entbehren erschüttern lassen und Gott
um Erfüllung seiner Verheißung anflehen — und so leben, wie
es dieser Erwartung und Sehnsucht entspricht, wie es daraus von
selbst fließt, wenn diese wache Spannung auf Gott den Lebendigen
ursprünglich in uns waltet.

Der Mensch

Ich weiß nicht, ob es anderen auch so geht: wenn ich einmal Abstand von mir selbst und allem, was Mensch ist, gewinne,
und sich der Dunst der menschlichen Befangenheit unsrer An-
schauungs- und Urteilsweise verzieht, etwa wenn ich ganz aufgehe
in der Natur und von da aus das menschliche Wesen und Treiben
erblicke, so kann ich mich des Eindrucks nicht erwehren, daß der
Mensch eigentlich das unzulänglichste und kläglichste aller Geschöpfe
ist. Man steht beinahe fassungslos vor diesen schimpflichen und
fast verächtlichen Existenzen, wenn man sie mit den anderen lebendigen Wesen in der Natur, mit Pflanzen und Tieren vergleicht:
alles ist da groß, vernünftig und in seiner Art vollkommen, aber
der Mensch erscheint einem ihnen gegenüber einfach unmöglich, und
man wundert sich, daß es so etwas gibt und überhaupt geben
kann. Es kommt einem geradezu verrückt vor, wie er ist, wie er
sich benimmt, wie er lebt. Denken Sie nur einmal daran, wie
sich ein Baum verhält, wenn ihm ein Blitz die eine Hälfte ab-

fpaltet: auch nicht einen Augenblick ftockt die Aktivität feines Lebens, fondern fofort konzentriert fich die ganze Energie feiner treibenden Säfte darauf, die Wunde zu fchließen und weiter zu leben. Wie benimmt fich aber ein Menfch, wenn ihm ein Schickfals= fchlag feine eine Hälfte von der Seite reißt! Oder wäre Ihnen denkbar, daß ein Tier mit dem Schickfal haderte, daß eine Kuh, wenn fie im Frühjahr die befte Weide mit dem Geröll einer Stein= lawine bedeckt findet, mit den Hörnern darauf losginge? Sie wird fich fofort wegwenden und einen anderen Futterplatz fuchen. Was tut aber der vernünftige Menfch in folch einem Fall gegenüber dem unvernünftigen Vieh! Alle Pflanzen und Tiere paffen fich un= willkürlich ihren Lebensbedingungen an, der Menfch nicht. Sie ftellen fich immer auf den Boden des Gegebenen, der Menfch auf den Boden des Gewünfchten, und er verzehrt fich dann, wenn das Unmögliche fich nicht verwirklichen läßt, während das Mögliche von ihm gar nicht bemerkt wird.

Die Vertreter der Entwicklungslehre behaupten ja, daß die Entwicklung der Lebewelt in zwei Äfte auslaufe. Der eine habe in Ameifen und Bienen die Stufe der Vollendung erreicht, der andere aber, deffen höchfte Wefen die Menfchen feien, noch nicht. Ich finde, das ift nicht bloß ein fehr mildes, fondern ein höchft fragwürdiges Urteil über die Menfchheit. Denn ich fehe nicht, daß fie im wefentlichen im Fortfchreiten begriffen wäre, und finde, fo wie fie jetzt ift, keine Möglichkeit einer Vollendung. Im Gegenteil: wenn wir fo weiter leben, richten wir uns felbft zugrunde. Die Menfchen haben noch nicht einmal, was jedes Tier von vornherein inftinktiv weiß, erfaßt, wie fie leben müffen, um gedeihen zu können, gefchweige um höher zu kommen. Es ift doch furchtbar, wenn die Menfchen immer und immer wieder am Ende auf ein verfehltes Leben zurückblicken müffen, und nur die Oberflächlichen fich darüber zu täufchen vermögen, aber alle fich in der gleichen verzweifelten Lage befinden.

Aber noch viel erfchütternder ift der Eindruck, den wir em= pfangen, wenn wir noch weiter Abftand gewinnen und den Men= fchen, nicht mit anderen Lebewefen vergleichen, fondern ihn an und

für sich ansehen wie aus einer anderen Welt. Wenn unser ge-
wohnter Blick auf ihn dem Eindruck seiner nackten Wirklichkeit
weicht, dann sehen wir so unglaubliche, ungeheuerliche, kuriose
Wesen vor uns, daß uns der Verstand stille steht, etwas so Groteskes, Seltsames, Widerspruchsvolles, Unmögliches, wie es undenkbar wäre, wenn es nicht existierte. Man muß selbst einmal diesen
Blick gehabt haben, um zu verstehen, was ich meine. Ich kann
nur auf einige dieser grotesken Züge hinweisen.

Einerseits erscheint der Mensch wie der Herrgott der Welt,
der alles in der Welt beherrscht und meistert, nach seinem Willen
und nach seinem ungemein zielsicheren und zweckdienlichen Verstand
einrichtet und verwertet. Andrerseits ist er das bejammernswerteste
aller Geschöpfe, das sich nicht im Leben zurechtfindet und sich mit
sich selbst nicht auskennt, das sich fortwährend täuscht, vergeht,
verirrt und verliert. Alles im Weltall hat er erforscht, berechnet,
entdeckt, aber sich selbst hat er noch nicht entdeckt. Er weiß nichts
Wesentliches von sich selbst, und was er von sich weiß und kennt,
das ist er gar nicht eigentlich. Es ist doch unfaßlich, daß sich die
ungeheuerlichste Selbsttäuschung, die es überhaupt gibt, daß unser
Ich wir selbst wären, schon Jahrtausende hält, daß den Menschen
nicht die Augen dafür aufgegangen sind, daß dies Ich nur ein
Phantom ist, das sich aus unsern Gedanken, Instinkten, Gefühlen
und Interessen gebildet hat. Aber es wundert einen nicht mehr,
wenn man auf der anderen Seite sieht, daß die Menschen ihr
Bewußtsein für ihr Wesen halten. Nietzsche hat zwar einmal gesagt, unser Bewußtsein sei nur die Oberfläche unsers Geistes, und
hat damit auf das unbewußte, geheimnisvolle Wesen unsers Selbst
hingewiesen, das darunter verborgen ist. Aber während der Mensch
sonst jedes Wissen sofort aufgreift und verwertet, bleibt er kon-
sequent allen Irrtümern verhaftet, die er über sich selbst hat, und
lebt nicht nur lebenslang, sondern Generationen, ja Jahrhunderte
hindurch aus diesen Wahnvorstellungen heraus, obgleich er immer
und immer wieder erfährt, daß alles, was daraus hervorgeht, verfehlt ist. Ist das nicht unfaßlich?

Gewiß ist der Mensch nicht nur in die Geheimnisse der Atome, sondern auch in sich selbst eingedrungen. Die Psychoanalyse legt die feinsten Gespinste und Beziehungen des Unterbewußtseins bloß, sie sondert und sichtet alle Niederschläge der Vergangenheit darin, aber sie kann nicht den Schritt von der Analyse zur Synthese tun. Sie bleibt in der Erkenntnis der inneren Verhältnisse hängen, aber entdeckt und weckt nicht das Vermögen zu leben, geschweige daß sie das Geheimnis des Wesens offenbarte. Überall sonst hat doch der Mensch nicht bloß festgestellt, wie etwas sich verhält, sondern aus seinen Entdeckungen hat er die wunderbarsten Schöpfungen hervorgehen lassen. Aber sich selbst gegenüber versagt seine schöpferische Fähigkeit vollständig. Die schöpferische Gestaltung des Chaos in uns aus der uns zugrunde liegenden Idee heraus gelingt uns nicht. Dem anorganischen Geschiebe der sinnlich-geistigen Vorgänge in uns gegenüber sind wir ohnmächtig bis auf eine verhältnismäßige Hemmung ihrer Äußerungen. Aber eine einheitliche organische Verfassung unsers Inneren bringen wir nicht zustande; nicht einmal unsers Bewußtseins. Welch eine Konfusion herrscht hier allgemein! Niemand vermag das ungeheure Material großer Gedanken, mit dem er sich angefüllt hat, in Ordnung zu verstauen, mit Leben zu erfüllen, sich auswirken zu lassen. Unsre ganze Bewußtseinskultur, die man ungeheuerlicherweise mit einer Kultur des menschlichen Wesens verwechselt, erschreckt uns durch ihre totale Unfruchtbarkeit für das Wesen und Leben des Menschen. Wir erleben und erleiden das, aber niemand denkt daran, es zu ändern. Ja unser Verhalten auf dem Gebiete der Selbstbildung ist so verrückt, daß es unbegreiflich erscheint. Wenn jemand sich übergessen hat, weiß er, daß er fasten muß, und tut es auch. Aber die geistige Überladung führt den Menschen nur dazu, sich weiter vollzufüllen, und zwar mit einem unverträglichen Durcheinander fragwürdigsten Zeugs.

Der Mensch leidet unter sich selbst und unter dem Leben. Aber er weiß nicht, was ihm fehlt. Er kommt nicht auf den Gedanken, was sich ihm im Körperlichen von selbst versteht, daß in ihm etwas nicht in Ordnung sein muß, sondern ist fest überzeugt, es brauchte

XXIV. 10

nur dieser oder jener Wunsch in Erfüllung zu gehen, dies und das
in den Verhältnissen anders zu werden, dann würde er sich wohl
fühlen. Diese Annahme erweist sich dann immer als falsch, wenn
das Gewünschte eintritt. Aber trotzdem nährt er sich sein ganzes
Leben hindurch mit diesem Wahn. Alles weiß er zu reparieren,
aber für sich selbst findet er keinen Weg der Heilung, sondern nur
Mittel der Betäubung: religiöses Morphium, Gefühlsgenüsse, Wahnvorstellungen, Begeisterungen, fixe Ideen, mystische Ekstase, und
was es alles an Ersatz für das Wahre, Echte und Lebendige gibt.

Der Mensch versteht die Naturkräfte zu beherrschen, aber nicht
sich selbst, ja er wird unterjocht von seinen Werken und besessen
von seinem Besitz. Er wird gerädert von seinen Fabriken und
zerrissen von seinen Geschäften. Er gleicht dem Zauberlehrling,
der die Elemente rief, aber von ihnen vernichtet wird. Er geht
an der tropischen Vegetation seiner Fähigkeiten zugrunde. Er kann
alles organisieren, aber bringt es nicht zu einer erträglichen Gemeinschaft der Menschen untereinander. Er weiß alles; nur vom
Leben, von dem, was ihm am nächsten liegt, weiß er nichts. Seine
Leistungen auf allen Gebieten, in Kunst, Wissenschaft, Industrie,
Handel, Sport und Zucht sind ebenso erstaunlich wie seine Stümperei, Ohnmacht und Ratlosigkeit im Leben. Hier findet man keine
Genialität. Hier ist er hilflos wie ein Kind geblieben. Aber es
gibt noch groteskere Dinge, namentlich am zivilisierten Menschen.
Da versteht sich z. B. für jeden anständigen Menschen Sauberkeit
ganz von selbst. Aber nur auf der Haut. Die Sauberkeit unter
der Haut, die ihm noch näher liegt, der Unrat von Fremdstoffen,
die sich da ablagern, die Verseuchung der Säfte und die ganze
innere Verschlammung und Verschlackung geniert ihn ebensowenig
wie das tragische Schicksal seines Körpers, zeitlebens eingekerkert
zu sein und aus Mangel an Luft und Licht zu verkümmern. Ist
das nicht verrückt? Oder was bildet sich die abendländische Kulturmenschheit auf ihre Aufklärung ein! Aber über alles klären wir
auf, nur über das Wichtigste, Naheliegendste, Entscheidendste nicht.
Nie habe ich die Frage aufwerfen hören: Wie werde ich genial?

Geschweige daß jemand sie beantwortet hätte, obgleich doch alle
Eltern nichts sehnlicher für ihre Kinder wünschen als dies. Überall
sonst gehen wir den Dingen auf den Grund und sind unerschöpflich in der Anwendung, aber nicht bei den Dingen und Verhältnissen unsers Lebens, wie wir das Schicksal meistern, welche Wege
zum Glück es gibt, wie wir zur Lebensfreude gelangen usw. Wie
oft habe ich schon auf das Geheimnis der Ehe hingewiesen! Aber
wer kümmert sich darum, wenn er heiratet, und wer fragt danach,
wenn die Ehe schief geht? Und ebensowenig wissen die Menschen
von Kindererziehung. Unsre ganze Kindererziehung ist eine furchtbare Verwahrlosung, der wir die Kinder unterwerfen, ein entsetzlicher
Knospenfrevel an jungem aufblühendem Leben. Wer dafür Blick
hat, der schüttelt sich vor Schaudern. Und das tun die Menschen
den liebsten Wesen an, die sie haben!

Das ist der erschütternde Eindruck von der förmlichen Allmacht,
Allwissenheit, Allweisheit des Menschen auf allen Gebieten einerseits
und von der Ohnmacht im eigenen Sein und Leben, der geradezu
rührenden Hilflosigkeit in allen Schwierigkeiten, der Unwissenheit
und Ratlosigkeit sich selbst gegenüber andrerseits, von der Tatsache,
daß die Menschheit die ganze Welt kultiviert hat, aber an sich
selbst zugrunde geht. Das gilt nicht nur vom Durchschnitt, sondern
es verkörpert sich gerade in den bedeutendsten Menschen. Die größten
Gelehrten und Künstler sind oft die allerhilflosesten Wesen im Leben,
und die Diktatoren der Industrie und des Handels die kläglichsten
Erscheinungen als Menschen und in ihren Familienangelegenheiten
von einer Torheit und Unfähigkeit, die bejammernswert ist. Es
gilt auch nicht nur für das Gebiet des persönlichen Lebens und
Werdens der einzelnen, sondern für die gesamte Verfassung, das
gemeinsame Leben der Menschheit. Die europäische Menschheit
bietet das Bild eines hilflosen Greises unter dem gegenwärtigen
Zusammenbruch der Kultur und der gesamten ökonomischen und
politischen Verfassung des Abendlandes. Solch ein absolutes Versagen der Vernunft und des Verstandes, des Wollens und des
Könnens gegenüber dem Untergang der kulturell höchststehenden

Völker hat die Welt noch nicht gesehen. Es ist ein Schauspiel für Teufel, nicht zum Heulen und nicht zum Lachen, sondern zum Verachten.

Aber der Eindruck von der Menschheit wird noch viel ungeheuerlicher, ja dadurch wirklich grotesk, daß nun dieselben Menschen, die ich Ihnen eben vor Augen stellte, von einem ganz unfaßlich überspannten und verstiegenen Wahn über sich selbst besessen sind. Sie halten sich nämlich für das Höchste in der gesamten Schöpfung, ja für Gottes Ebenbilder, obgleich sie mir eigentlich mehr den Eindruck von Ebenbildern des Teufels machen, wenn ich nur an ihre Zerstörungswut denke, wie sie sich in dem ewigen Kritisieren und Nörgeln äußert, oder an den Geist, der stets verneint, von dem sie besessen sind. In ihrem gotteslästerlichen Größenwahn berauschen sie sich immer wieder an ihrem Streben nach dem Höchsten, obgleich sie im Leben weder stehen noch gehen, sondern nur kriechen können, suchen die Harmonie mit dem Unendlichen, obgleich sie mit nichts Endlichem zurechtkommen, sind tief durchdrungen von ihrer Menschenwürde, obgleich sie ganz menschenunwürdig leben, und trachten nach — Vollkommenheit. Ist dieses Streben nach Vollkommenheit, mit der sich die Menschen brüsten, nicht das Groteskeste, was sich überhaupt denken läßt? Mir kommt es jedenfalls vor, wie wenn einer ein Pferd am Schwanz aufzäumt, um Rennreiter zu werden, oder wie wenn ein hölzerner Adler in den Himmel fliegen möchte. An Vollkommenheit ist doch gar nicht zu denken, wo man noch nicht einmal seine eigentümliche Existenz gewonnen hat. Wenn wir etwas zur Vollkommenheit entwickeln können, so ist es doch nur die vorliegende Verkehrtheit unsers Seins und Lebens, die wir darstellen und darleben. Erst müßte dies doch einmal in Ordnung gebracht werden. So aber gleicht der Mensch mit seinem Vollkommenheitsstreben einem Verrückten, der ein Weiser werden will. Erst muß er doch von seinem Wahn geheilt werden und zur Vernunft kommen. Man kann doch nach rechts nichts erreichen, solange man nach links geht. Wir können doch auch nicht etwas zur Vollkommenheit bringen, was noch gar nicht vorhanden oder wenigstens noch nicht entdeckt ist: nämlich

unfer menschliches Wesen. Es ist doch geradezu hirnverbrannt, wenn
die Menschen durch ihr Verhalten vollkommen werden wollen und
nicht einmal wissen, was Leben ist, wie man es anpackt, und wie es
sich vollzieht, wie man sich in den einfachsten Dingen zu benehmen
und zu verhalten hat. Was sagen Sie zu einem, der in den Himmel
klimmen will und weder stehen noch gehen kann! Darum ist der
berühmte Idealismus für alle, die nicht benebelt sind, geradezu
etwas Irrsinniges. Er stellt Ideale auf, von denen jeder vernünftige Mensch von vornherein weiß, daß sie nicht zu erreichen
sind, und preist die Menschen, die sich in ohnmächtigem Gezappel
danach verzehren. Überall in unfern Unternehmungen fragen wir
uns doch, ob etwas möglich ist, ob die Vorbedingungen dazu da
sind. Hier nicht. Alle Menschen glauben, wenn sie nur wollten, hätten
sie es schon in der Hand, würde es schon werden. Dabei haben
sie die jahrtausendelange Erfahrung hinter sich, daß nichts wird,
daß sie hier gar nichts vermögen, und jeder Einsichtige begreift es,
daß es unmöglich ist. Aber trotzdem wird es immer und immer
wieder versucht, und man peitscht sich, sofern man zu denen gehört,
die „strebend sich bemühen", tagtäglich dazu auf, an sich selbst zu
arbeiten. Aber alle Anweisungen, die dafür gegeben werden, beweisen nur, daß man keine Ahnung hat, wie die Dinge wirklich
liegen, z. B. daß man wohl toten Stoff bilden kann, aber alles
Lebendige nur durch schöpferische Entfaltung, die sich von selbst
vollzieht, die Gestalt feiner selbst gewinnen kann. Und fo etwas
vermißt sich, nach Vollkommenheit zu streben, und bildet sich ein,
auf dem Wege dazu zu fein!

Die einzige, aber auch geradezu erschütternd groteske Satire,
die es im Weltall gibt, ist die Satire der Menschheit auf sich selbst,
die fie darstellt. Es ist wahrhaftig an der Zeit, daß uns endlich einmal
die Augen dafür aufgehen in Scham und Zorn, daß wir zur Besinnung kommen und von unserm Rausch ernüchtert werden, daß
uns alles Hochherfahren als Menschen ein für allemal vergeht, so
daß wir die Maskerade der höchsten Wesen nicht mehr ertragen
können. Fasching ist drei Tage; da weiß man aber, daß das nicht

Wirklichkeit ist, sondern ein groteskes Spiel. Aber der Fasching des
Menschen dauert das ganze Leben hindurch, und erst wenn es ans
Sterben geht, gewinnt wohl der oder jener einen Eindruck davon,
wie grotesk es war. Und der Fasching der Menschheit dauert schon
Jahrtausende; aber selbst wenn wie jetzt die Kultur eines Erdteils
unter dem Hohnlachen der Hölle zusammenbricht, geht der Schwin-
del weiter. Soll es aber jemals anders werden, so muß es uns
sofort aufgehen, und wir müssen aus dem Bann dieser Besessenheit heraus, der uns wahrhaftig Schmutz essen und den elendesten
Dreck für Gold erachten läßt. Wir müssen uns auf uns selbst besinnen, daß uns die Augen für das Problem aufgehen, das wir
darstellen. Es wäre ja schließlich auch denkbar, daß Gott einmal
eine Satire schaffen wollte und dazu die Menschen schuf, daß unsre Erde vielleicht die Irrenanstalt für andere Weltkörper ist.
Aber das ist nicht der Fall. Das kann ich Ihnen aus der Kenntnis des Menschen, die ich habe, und aus den Möglichkeiten seines
Lebens heraus, von denen ich mich durch Erfahrung überzeugt
habe, versichern. Und jeder, der von dem Wahn der Menschen
erlöst ist und von dem Wunder und Geheimnis, das sie doch an
sich darstellen, ergriffen ist, wird mir zustimmen. Aber wenn das
anders werden soll, dann darf außer diesem Rätsel und dieser Aufgabe nichts anderes in der Welt mehr Bedeutung für uns haben
und Geltung gewinnen. Die Wahrheit des Wortes muß in uns
aufleuchten: „Was hülfe es dem Menschen, wenn er die ganze
Welt gewönne und nähme doch Schaden an seiner Seele!" So,
wie wir jetzt sind und es treiben, ist unser ganzes Leben ein fortwährendes Verderben unsrer Seele. Aber es kommt nicht nur
darauf an, daß dieser Selbstmord aufhört, sondern daß das Wesentliche
in uns zu schöpferischer Entfaltung kommt. Denken Sie daran, wie
Sie ein Wesen bedauern würden, das etwas ganz Großes, ja
Göttliches in sich trägt, aber durch einen Dämon ausgesogen und
zu einem niedrigen Leben mißbraucht wird, so daß nichts von dem,
was in ihm liegt, zur Entwicklung kommen kann, sondern verkümmert und zugrunde geht. Solch ein Wesen ist der Mensch.

Wie kann sich dieses fürchterliche Los des Menschen wenden?
Wie kommt er aus dieser schmählichen und verderblichen Existenz
heraus, in der das, was er eigentlich ist, verwest? Wie kommt er
zur Verwandlung in sich selbst und zur Verwirklichung seines Selbst,
zur Offenbarung und Entfaltung des Wunders und Geheimnisses,
von dem seine erstaunlichen Fähigkeiten Zeugnis ablegen? Wie
bildet sich seine persönliche Verfassung und Gestalt, die in dem
Kern seines Wesens anlageartig gegeben ist? Wie gewinnt er das
Leben, das ihm eigentümlich ist? Wie wird er frei von dem Bann
der Welt, seiner Vergangenheit und seiner Umgebung, selbständig
und vollmächtig in sich selbst, ein Herr aller Dinge und Meister
des Schicksals?

Ich fürchte, daß die meisten, die meinen Ausführungen gefolgt
sind, wenn sie sich jetzt vor diese Frage gestellt sehen, beinahe
zwangsläufig dem Irrtum verfallen, daß man das mit irgendwelchen Gedankenoperationen fertigbringen könne und müsse, ob
man dabei nun mehr an Erkenntnis und Glauben oder an Gefühle und gute Vorsätze denkt. Denn schon jahrhundertelang haben
die Menschen mit Gedanken an sich herumoperiert und sich gewisse
Gedanken suggeriert in der Meinung, sich dadurch kurieren und
verwandeln zu können. Aber die Erfahrung hat bewiesen, daß das
nicht hilft. Man kann sich nicht umdenken. Man bringt nichts,
was im Menschen ruht, dadurch zur Entfaltung und Gestaltung,
daß man ihm vorstellt, wie es sei und geschehe, und er sich dann
auch bemüht, es sich so vorzustellen und vorzuhalten, oder gar sich
dann nach einiger Zeit einbildet, es wäre nun so geworden. Man
kann nichts herausreden, was im Menschen steckt, auch nichts
herausglauben. Alle Überzeugung verändert nicht das Objektive in
uns, sondern beeinflußt nur das Subjektive, führt nur zu Einbildung und Tun-als-ob, zu Blasiertheit und Affektation. Mit Denken,
Fühlen und Wollen bringt man es nur zu Machwerken seiner selbst
und zu einem schauspielerischen prätentiösen Leben. Man gelangt
damit nur in Wahn, aber nicht zur wirklichen wesenhaften Wahrheit. Die Änderung, Wandlung, Befreiung, Entfaltung, auf die

es ankommt, ist ein Lebensvorgang unsers Wesens, der von selbst
eintritt und sich auswirkt, ein objektives Geschehen an uns und in
uns, dessen wir bewußt werden, das wir aber nicht durch irgendwelche Bewußtseinsbewegungen und Vorstellungen hervorrufen und
gestalten können. Was hier nicht von selbst wird, ist nicht echt,
hat kein Leben, keinen Halt und Bestand in sich selbst, sondern ist
ein subjektives Dunstgebilde, das vor der Wirklichkeit in nichts zer-
fließt. Mit Seifenblasen spielen Kinder, und mit dem Bemühen,
etwas vorstellen zu wollen, machen sich ernsthafte Menschen nicht
gern lächerlich vor sich selbst. Wenn das bisher allgemein geschehen
ist, so ist es jetzt höchste Zeit, daß wir dieses kindische Spiel lassen.

Nur dadurch, daß das, was in uns ruht, von selbst aus der
Tiefe unsers Wesens hervorgeht, seine kernhaft vorgebildete Verfassung und Gestalt gewinnt und die Art Leben, die ihm eigentümlich ist, entfaltet und äußert, wird das verwirklicht, was wir
eigentlich sind. Was es ist und wie es wird, erfahren wir erst dadurch, daß es wird. Alle möglichen Vorbilder lassen das Geheimnis wohl durchscheinen, aber verhüllen es. Es muß sich uns selbst
offenbaren, indem es sich schöpferisch entfaltet. Es ist hier genau
so wie im Pflanzenleben. Damit daß wir ein Samenkorn besprechen,
wird nichts daraus, und damit daß wir es betrachten, kommen
wir nicht dahinter, was in ihm verborgen ruht. Wir müssen es
in die Erde stecken und aufgehen lassen. Durch die Einwirkung
des Erdreiches und die klimatischen Einflüsse regen sich die Keimkräfte und bringen das Pflanzenwesen zur Entfaltung, daß wir
immer wieder über das Wunder staunen, das daraus hervorgeht.
Genau so ist es auch bei uns. Nicht dadurch, daß wir durch Arbeit an uns selbst herumbessern, mit Erkenntnis in uns hineinbohren,
helfen wir uns zum Leben, dadurch können wir nur das Leben
stören und uns selbst verderben; sondern dadurch, daß in und durch
das Leben unser Wesen angeregt und zu Äußerungen veranlaßt
wird, regen sich die verborgenen Keimkräfte in uns und treiben
die Entfaltung dessen hervor, was darin verborgen ist. Die Verhältnisse, in denen wir stehen, die Lebensansprüche, die fortwährend

an uns herantreten, die Schwierigkeiten, die sich bilden, die Wetter, die auf uns einschlagen, und alles, was Erleben ist und Lebens-äußerungen von uns herausfordert, diese ganze mannigfaltige, fort-während sich wandelnde Wirklichkeit in der elementaren Unmittel-barkeit ihrer Eindrücke, das ist das Lebenselement, in dem sich unsre Wandlung und Entfaltung allein vollziehen kann.

Wir müssen uns also, wie wir sind, als ein Samenkorn in die Erde werfen, in den Schicksalsboden, der uns gegeben ist, frei-willig, freudig, zugänglich, voll Drang und Spannung, damit unter den Einwirkungen des Lebens und unfern Gegenwirkungen die Verkrustung unsers wahren Wesens, die wir darstellen und für uns selbst hielten, verfault und der eigentliche Kern zur Entfaltung kommt. Das sind aber Vorgänge, die sich von selbst vollziehen, und auch die Lebensäußerungen, die dann hervorgerufen werden, müssen unwillkürlich, impulsiv, instinktiv erfolgen als ein unmittel-bares Geschehen in uns, bei dem wir gewiß mit Bewußtsein und Willen ganz dabei sind, die aber direkt aus unsrer Fühlung mit dem Leben hervorgehen. Was wir dazu tun können und in der Hand haben, damit dieser Lebensprozeß zustande kommt, ist ledig-lich, daß wir zu allem eine positive Haltung einnehmen, daß wir voll Glauben, Freudigkeit und gutem Willen auf alles eingehen, was kommt, und uns mit ganzer Seele den Aufgaben der Stunde hingeben, um sie zu erfüllen. Verstehen Sie mich nicht falsch: unsre positive Haltung zu den Verhältnissen, in denen wir uns befinden, zu den Nöten, denen wir preisgegeben sind, zu dem Schicksal, das über uns hereinbricht, bringt es nicht zuwege. Aber sie ermöglicht die lebendige, fruchtbare, schöpferische Fühlung damit, daß alles dies an uns arbeiten und auf uns wirken kann, das Verkehrte zerstörend und das Wahre entbindend. Sie macht uns zugänglich und empfänglich für das Leben und den, der dahinter waltet und in Gericht und Gnade auf uns wirkt.

Das Geheimnis, das hier zur Geltung kommt, ist also die lebendige Gemeinschaft mit allem, was uns umgibt und begegnet, die fruchtbare Vermählung unsers persönlichen Seins mit dem

Leben, das uns trägt und in Anspruch nimmt. Der Fluch, der uns zum Tode verdammt, ist die Isolierung, die Absonderung, das gegensätzliche Gegenüber, das für sich Sein und sich durchsetzen Wollen. Das gehört auch zu dem Wissen vom Leben, das man nicht kennt und noch weniger braucht, anwendet und ausnutzt. Wir wissen jetzt genau so wie irgendwelche experimentell festgestellte Tatsachen der Wissenschaft, daß der bewußte und beabsichtigte Individualismus unser Verhängnis ist, weil er naturnotwendig in Selbstsucht ausartet, in eine Drehe um sich selbst und Beschränktheit in sich selbst. Er dreht uns förmlich aus dem Leben heraus. Der Egoismus ist der Tod. Leben gibt es nur in der lebendigen Gemeinschaft mit allem, was uns nahetritt, nur in und aus den Lebenszusammenhängen, nur im unmittelbaren Lebensaustausch und seinem Wechselstrom der Kräfte. Darum leben und wachsen wir nur dann, wenn wir uns selbst vergessen und dienend auf das Leben eingehen, nur wenn wir uns sachlich gerichtet an die Erlebnisse und Aufgaben der Stunde hingeben. Diese bejahende und dienende Stellung zum Leben bietet erst die Möglichkeit, daß es positiv auf uns wirken kann, und unser innerstes Wesen positiv darauf reagiert. Nur bei solcher sachlichen Lebenshaltung ist es möglich, daß die Eindrücke des Lebens durch die subjektive Atmosphäre hindurchschlagen, die uns umgibt, durch den ganzen Dunst der Selbstsucht, mit dem wir uns von der Wirklichkeit isoliert haben, in dem sich alle Wirkungen auf uns, die von außen herankommen oder von innen auftauchen, erschöpfen, so daß sie nicht unser Innerstes und Letztes treffen. Die Erlösung und schöpferische Entfaltung, die dann anhebt, wenn dieser unmittelbare Kontakt zwischen unserm Innersten und der Wirklichkeit hergestellt ist, geschieht durch die richtende, sichtende, läuternde, schaffende Energie Gottes, von der alles voll ist, was wir erleben. Dann stirbt das ab, was wir bis jetzt sind, und es ist möglich, daß das in uns aufersteht, was die verborgene Wahrheit in uns ist. Damit wird also der Mensch überhaupt erst geboren. Es handelt sich hier demnach noch um etwas ganz anderes, als wenn wir bei einem Baum, der nicht gedeiht,

den Wurzelschnitt machen, um einen neuen Baum aus den treibenden Wurzelkräften hervorgehen zu lassen. Es ist hier vielmehr fo,
daß der Kern unfers Seins überhaupt noch nicht zur Entfaltung
gekommen ist, sondern noch keimlos in uns verschüttet ruht und
nun erst unter der schaffenden Kraft Gottes, die uns durch das
Leben ergreift, zu keimen beginnt. Kommt das in Gang, dann
offenbart sich das Geheimnis unfers Wesens, das noch nicht entdeckt ist, an das keiner denkt, obgleich fortwährend alle im Leben
an sich selbst zugrunde gehen, und keiner mit dem Leben fertig wird.

Merkwürdig, daß man darauf nicht viel mehr und allgemein
aus ist, auf diese einzige Schicksalsfrage, die es für uns gibt, auf
diese Wendung unfrer geradezu verzweifelten Lage. Wen bewegt
es denn innerlich, daß im Grund etwas bei uns verfehlt fein
könnte und ganz anders werden müßte! Alle möglichen Lebensaufgaben, die von der Jugend bis ins Alter in Verkehr und Beruf an die Menschen herantreten, werden irgendwie erledigt. Aber
ob das nur eine Abfindung damit ist, ein äußerliches Beseitigen
oder die Erfüllung einer Lebensaufgabe in ihrer Tiefe, aus unfrer
Tiefe heraus, die quellendes Leben ist, unfer Wesen offenbart und
weiterwirkt, danach fragt man nicht. Man leidet wohl unter der
Ohnmacht des Lebens, unter der Unfruchtbarkeit unfrer Zeit, aber
stellt nicht die Frage nach dem Zusammenhang zwischen Wesen
und Leben, verkennt gänzlich, daß wahrhaftes Leben eine Offenbarung unfers Wesens ist und schöpferisch wirkt, wenn es aus feinen
verborgenen Kräften wie etwas Neues, das noch nicht da war,
hervorgeht. Überall stößt man darauf, daß wir trotz unfers Mühens
und Arbeitens nicht wissen, was eigentlich Leben ist, und nicht zu
leben verstehen, daß wir dahin fahren und nicht wissen, was wir
sind, daß das Eigentliche in uns verloren geht. Aber lieber geht
man an Neurasthenie oder Arterienverkalkung, an Lebensüberdruß,
Menschenverachtung und Verzweiflung zugrunde, als daß man sich
einmal vor die Grundfrage stellt: Was ist denn überhaupt Leben?
Wie kommt Leben zustande, das uns Menschen eigentümlich ist, das
die in uns ruhende Bestimmung erfüllt, das uns nicht zermürbt

und zugrunde richtet, sondern zur Entfaltung bringt? Wie kommen wir zu einem erfüllenden Leben?

Das ist die Frage, zu der wir uns gedrängt sehen, wenn uns einmal die Augen über uns aufgehen, weil wir uns wie aus einer anderen Welt erblicken. Wer sich dann nicht bei einer neuen Theorie oder Schlagwörtern, bei irgendwelchen Methoden und Regeln, mit denen er in der üblichen Weise an sich herumdoktert, beruhigt, sondern so gründlich ist, daß er nicht anders kann, als auf den letzten Grund zu gehen, und so bescheiden, daß er an dem eigenen Vermögen verzweifelt und darauf wartet, daß sich das Geheimnis ihm von selbst erschließt, der wird verborgene Vorgänge in sich merken und ein neues Werden erleben. Wir können es nicht machen, wir haben es nicht in der Hand, es ist Gnade. Aber wenn wir nicht glauben können, daß Gott mit der Menschheit sich selbst eine groteske Satire darstellen wollte, so dürfen wir glauben, darauf warten und hoffen, daß Gott das, was er mit uns begonnen, zu Ende führen wird, und es schließlich zur Vollendung der Schöpfung der Menschheit kommt, die dadurch stecken geblieben ist, daß der Mensch in frevelhafter Überhebung, sein zu wollen wie Gott selbst, ein klägliches, unfähiges, nichtiges Machwerk der Menschheit aus sich selbst gestümpert hat. Von dieser Satire, die wir auf eigene Faust aus uns gemacht haben, müssen wir im Innersten erschüttert werden. Dann wird uns die Frage bewegen und die Sehnsucht durchglühen, wie wir zur Schöpfung der Menschheit gelangen.

◦❖◦

Leben aus Gott

Mit dem Erlebnis Gottes ist es nicht getan. Man muß dann auch aus Gott leben. Unzählige sehnen sich nach einem wirklichen Erlebnis Gottes, nur um die Gewißheit zu erlangen, daß es eine höhere Macht gibt, obgleich es eine Gewißheit von Gott, wie sie sie suchen, die sich auf endlich-sinnliche Greifbarkeiten gründet, gar nicht gibt, sondern nur das Verspüren der Seele, des Gottessproß

in uns, der unfer Bewußtfein mit dem Lichte Gottes erfüllt und
uns damit feiner lebendigen gegenwärtigen Wirklichkeit vergewiffert.
Alle endlichen finnlich-geiftigen Erfcheinungen und Vorgänge, auf
die man feine Gottesgewißheit gründet, find trügerifch, auch die
okkulten Vorgänge, Fähigkeiten und Erkenntniffe. Denn fie find
alle diesfeitig. Gottesgewißheit gibt es nur als Lebensgefühl der
Seele, als Glaube, als Fühlung des Jenfeits in uns mit dem
Jenfeits Gottes. Aber davon ahnen die wenigften etwas. Sie
werden an befonderen äußeren Ereigniffen, an myftifchen Gefühls-
fenfationen oder an mediumen Gefichten Gottes gewiß. Kein
Wunder, daß fie fich damit begnügen, aber auch daß fie nur diefe Gewißheit wie ein Amulett oder Beruhigungsmittel bei fich tragen.
Wenn wir wirklich durch irgend etwas von Gott fo ergriffen werden,
daß unfre Seele ihn im Glauben ergreift, fo beginnt damit ein
neues Leben. Gottesgewißheit lebt dann ebenfo unmittelbar in uns
wie Selbftgewißheit und betätigt fich unwillkürlich wie diefe. Aber
darin kann man ebenfowenig aufgehen und fich damit zufrieden
geben wie in der Selbftgewißheit, fondern man muß aus Gott
leben. Das verfteht fich nicht von felbft. Es gibt genug Menfchen,
die wirklich einmal in ihrem Leben von Gott berührt wurden
und es ganz genau wiffen, daß er es war, der fie aus irgend
etwas herausriß, ihnen einen Weg zeigte oder eine verborgene
Lebensmöglichkeit offenbarte. Dann fchwärmen fie das ganze Leben
hindurch von diefem wundervollen Erlebnis und meinen, damit
hätten fie für Leben und Sterben genug. Aber fie leben dann
genau fo wie früher weiter, nur fühlen fie einen gewiffen Rückhalt und haben eine gewiffe Sicherheit des Auftretens. Aber wenn
fich Gott uns wirklich offenbart, dann muß unfer ganzes Leben
Offenbarung Gottes werden.

Leben aus Gott ift alfo etwas ganz anderes als leben auf
Grund der Überzeugung von Gottes Dafein, als leben im Lichte
der Idee Gottes. Was wir meinen, wenn wir „Gott" fagen, ift
nicht nur das Urgeheimnis alles Seins, das wie die fchweigende
Meerestiefe Ebbe und Flut und alle drängende Bewegung der

Wellen alles Sein und Geschehen in der Welt trägt, sondern es
ist der Urquell alles Lebens, aus dem alles, was geschieht, schöpferisch
hervorgehen soll. Darum ist es ein himmelhoher Unterschied, ob
dieser Urquell unmittelbar in allen unsern Lebensbewegungen und
Lebensäußerungen schöpferisch strömt, hervorbringend, treibend, ge=
staltend, mit Leben und Kraft von ihm erfüllend, so daß in allem
Jenseitiges ins Diesseits tritt und endlich=sinnliche Form und Weise
gewinnt, oder ob in unserm Leben, trotzdem es von Gott getragen
wird, nur quälend, mühsam aus dem jeweiligen Lebensgetriebe
etwas zusammenrinnt, und unsre Lebensäußerungen nur von uns
getrieben, getan, gemacht und durchgesetzt werden, was wir dann
in das Licht der Idee Gottes stellen. Diese letztere Art ist das,
was sich zumeist als Leben aus Gott gibt. Man glaubt da, daß
das Leben von Gott getragen wird, was ja auch im letzten Grunde
der Fall ist, daß einen Gott führt, worum er sich ja auch wirklich
fortwährend bemüht, selbst bei Gottesleugnern. Man zweifelt zwar
fortwährend daran, wenn es anders geht, als man möchte, aber
man findet sich immer wieder darein und greift immer zum Troste
wieder auf die göttliche Vorsehung und Führung zurück. Aber das
Leben wird im Wesentlichen nicht geändert. Es ist nicht wesentlich
anders als das Leben derer, die nichts von Gott ahnen als von
einer lebendigen Macht, die gegenwärtig waltet, geschweige vom
Vater im Himmel, der durch seine Kinder leben will.

Aber was ist nun wahrhaftiges Leben aus Gott? Dieser Aus=
druck ist eine so verbrauchte Redensart, daß man ihn ungern in
den Mund nimmt. Alle Heiligkeit ist davon abgegriffen, alles
Charakteristische ist durch den wiederkäuerischen Gebrauch verloren
gegangen. Von der lebendigen Wirklichkeit hat man erst recht keine
Ahnung, und da man nichts davon weiß, so stellt man sich etwas
Entsprechendes vor und macht sich etwas zurecht, was man dann
so nennt. Ein Zeichen dafür, daß man nichts davon ahnt, scheint
mir zu sein, daß man das Leben aus Gott immer nur inhaltlich
faßt. Man redet vom Glauben, vom Tun des Willens Gottes,
vom Gebet und, wenn man überschwenglich wird, von der Liebe

als feinem Inhalt. Alle denkbaren menschlichen Tugenden faßt man
zusammen und meint, wo sie lebten, da sei Leben aus Gott. Aber
das alles hat damit gar nichts zu tun. Das Entscheidende ist nicht
der Inhalt, sondern der Ursprung. Woher quillt unser Leben?
Quillt es aus uns selbst und aus der Welt oder aus Gott? Und
weiter ist entscheidend die Verfassung unsers Lebens. Trägt es die
göttliche Verfassung, die sich aus dem göttlichen Ursprung ganz
von selbst ergibt? Ist diese derart, daß wirklich Gott allein es ist,
der sich in allem äußert und offenbart? Das kann man nicht ohne
weiteres aus dem Inhalt erkennen, was mit der Verborgenheit
Gottes zusammenhängt, Alles, was man in dem vermeintlichen
Leben aus Gott Eigentümliches findet, kann eine bloß menschliche
Bewußtseinsrichtung, ein Gehorsam gegen biblische Gebote, eine
menschlich-allzumenschliche Sittlichkeit, ein frommes Gehabe, ein
religiöses Wirkensfieber sein, ohne daß irgend etwas davon seine
unmittelbare Quelle in Gottes lebendigem Walten und Schaffen
hätte, ohne daß diese Äußerungen göttlicher Art wären, sein Ge-
präge trügen, geschweige daß sein Geist und Wille ihr Leben
wären. Nur wer Geschmack dafür hat, der spürt es durch, der
kann sehr wohl zwischen göttlicher Schöpfung und menschlichem
Machwerk unterscheiden. Aber die anderen nehmen Liebe für Liebe
und merken gar nicht den Unterschied, ob es die Liebe ist, die von
dieser Welt ist, oder die Liebe Gottes, die er in Menschenherzen
ausgießt, daß sie daraus überströmt. Darum sehe ich hier ganz
von dem Inhalt des Lebens aus Gott ab und fasse seine Verfassung
ins Auge, um Verständnis dafür zu wecken, was es eigentlich ist,
und darüber aufzuklären, daß wir im allgemeinen das Leben aus
Gott überhaupt noch nicht kennen, schon deshalb nicht, weil wir
gar nicht darauf aus sind, sondern infolge unsrer Blindheit oder
religiösen Verblendung es in etwas ganz anderem sehen und suchen,
als worin es wirklich besteht.

Das Leben aus Gott beginnt, wenn uns Gott durch irgend
etwas so im Tiefsten ergreift, daß unter seinem Griff unsre Seele
erwacht. Denn Leben aus Gott ist Leben Gottes durch das Organ

unſrer Seele, aus ihren urſprünglichen, von Gott erregten Empfindungen, aus ihren von Gott ausſtrömenden unmittelbaren Klarheiten und Kräften, aus ihrem von Gott begabten Verſpüren und
Vermögen heraus. Wenn Glauben das Innewerden Gottes iſt, ſo
iſt Leben aus Gott Leben aus Glauben. Und Leben aus Glauben
iſt Leben aus der von Gott geweckten Seele. Denn der Glaube
iſt der Spürſinn und das Vermögen der Seele.

Mit dieſem Erwachen iſt der Anfang eines neuen Daſeins gegeben. Denn es iſt für den Menſchen entſcheidend, ob ſeine Seele
noch ſchläft oder erwacht iſt, ob ſie ſich nur traumhaft regt und
nachtwandleriſch kundgibt, was ſich gelegentlich ebenſo wunderbar
äußern kann wie Laute des dämmernden Kindesbewußtſeins, oder
ob ſie die Augen aufgeſchlagen hat und uns mit einer überwältigenden Helligkeit erfüllt, mit klarem durchdringendem Blick die
Wirklichkeit erfaßt und ihre göttliche Tiefe durchſpürt. Wie eine
trübe Dumpfheit und Schwere liegt dann das verfloſſene Daſein
hinter dem Erwachten und ſeinem lebendigen Empfinden, das er
vorher in dieſer Art gar nicht kannte. Er ſieht, ſchmeckt, faßt alles
nicht nur ganz anders, ſondern überhaupt erſt wirklich, eigentümlich, urſprünglich. Wo dieſes Wachſein lebt, iſt ohne weiteres eine
aufgeſchloſſene, aufmerkende, aufnehmende, widerſpiegelnde, weſen-
hafte Klarheit gegeben, die lebendige Gegenwärtigkeit der Seele
bei allem, was in uns vor ſich geht oder an uns herantritt. Wenn
dieſes Wachſein in unſerm geiſtigen und ſinnlichen Leben ganz von
ſelbſt waltet, es beſeelt und ſchöpferiſch geſtaltet, dann leben wir
erſt eigentlich im tiefſten Grund und Kern unſers Weſens. Das iſt
aber von der allergrößten Bedeutung. Wenn der Menſch erwacht,
tagt ihm die Welt. Die Nacht iſt vergangen, der Tag zieht herauf,
alles gewinnt Licht und Farbe, den eigenen Gehalt und die klare
Geſtalt der Wirklichkeit. Alles wird lebendig um ihn, dringt auf
ihn ein, ergreift ihn im Innerſten. Wachſein iſt alſo die unwillkürlich ſelbſttätige Regſamkeit unſrer Seele, das lebendige Vibrieren
des Göttlichen in uns, das Erſchauern des Wunders und Geheim-
niſſes, das wir im Grunde ſind, unter der Wirklichkeit, wie ſie iſt,

und ihrer verborgenen Tiefe. Dieser Zustand ist die Empfänglichkeit für alle göttlichen Lebensbewegungen, Strahlen und Willens-
antriebe, die von ihm ausgehen und durch alle Vorgänge und Erscheinungen auf uns eindringen. Ohne diese Empfänglichkeit ist ein
Leben aus Gott unmöglich. Denn dann werden wir nicht durch das,
was an uns herantritt, von ihm befruchtet. Und darauf kommt es
an, daß seine Lebensanstöße in unsre Seele dringen und von uns empfangen werden, und dann aus dieser Empfängnis der Seele das
hervorgeht, was der lebendige Wille Gottes in jedem Augenblicke ist.

Sie sehen, das ist ganz und gar ein unmittelbarer Vorgang,
der in keines Menschen Macht steht. Wenn wir das Leben aus
Gott so bestimmen, wie es gewöhnlich geschieht, so ist es dabei
charakteristisch, daß es der Mensch doch immer wieder selbst machen
muß, ob es nun Glauben ist — da muß er sich eine entsprechende
Überzeugung einbilden, oder Gehorsam gegen Gott — da sucht er
seine Gebote zu verwirklichen, wie er sie aus der Bibel kennt,
oder Gebet — da betet er eben, regelmäßig oder wenn es ihn
dazu treibt, oder Liebe — da tut er, als ob er die Menschen liebte.
Aber hier sehen wir etwas, was kein Mensch in der Hand hat.
Bilden Sie sich doch einmal ein, daß Ihre Seele erwacht, und ihre
ursprüngliche Regsamkeit und Reizbarkeit das Element Ihres Lebens
sei, und raffen Sie sich, etwa durch Konzentrationsübungen unterstützt, einmal zu solch einer klaren Gegenwärtigkeit auf, wo nicht
nur alle Sinne gespannt sind, sondern der tiefste Sinn des Menschen lebendig erglüht: versuchen Sie das einmal, und Sie werden
elend scheitern. Das ist Gnade, wie das Erlebnis Gottes Gnade
ist. Ohne seinen lebendigen Griff, der uns so packt, daß die Seele
erwacht, ist alles menschliche Bemühen darum vergeblich. Und
ebenso ist Leben aus Gott unmöglich, wenn er nicht selbst in und
durch die erwachte Seele lebt, so daß dann alle unsre Lebensäußerungen sein Leben in sich tragen, seinen Willen erfüllen, seine
Wahrheit offenbaren. Ich stelle Ihnen das auch nicht vor Augen,
damit Sie sich bemühen sollten, so zu leben, sondern nur damit
Sie sich nicht länger etwas einbilden, was nicht vorhanden ist. Es

XXIV.   11

ist viel besser, sich klar darüber zu sein, daß einem das alles fremd
ist, als zu wähnen, man hätte es. Denn wenn man weiß, daß
man das Leben aus Gott nicht kennt, ist vielleicht eher die Möglichkeit gegeben, daß Gott einmal durch irgendeinen Schicksalsschlag
oder eine Begegnung mit Menschen, durch ein Wort oder einen
Eindruck durchgreift, und wir erwachen. Darum stelle ich Ihnen
von vornherein die Unmöglichkeit vor Augen, daß wir das machen
könnten. Das muß uns gegeben werden.

Leben aus Gott ist das Leben aus der erwachten Seele
heraus, aus der empfangenden Seele. Wenn alles, was wir erleben, mag es ein Schicksalsschlag oder ein Lebensanspruch sein,
unsre Verhältnisse, unser Beruf, die Menschen, denen wir begegnen,
die Nöte, in die wir geraten, aus dieser Wachheit der Seele heraus
erfaßt, ergriffen und aufgenommen werden, so daß der Eindruck
davon unsre ganze subjektive Atmosphäre von Gedanken, Gefühlen
und Wünschen durchschlägt und die Seele trifft, sie erregt und zu
Äußerungen veranlaßt, dann tritt der Kontakt ein zwischen dem
in uns, was nicht von dieser Welt ist, und dem, was hinter allen
Dingen waltet, zwischen unsrer Seele und Gott. Und aus dieser
unmittelbaren Fühlung gehen dann ganz von selbst die Lebensäußerungen hervor, die den Willen Gottes verwirklichen. Da ist
es Gott, der bewirkt und handelt, darstellt und sich äußert als
das einzig wahrhaft seiende Subjekt durch sein Organ, den Menschen.
Dieses Wachsein der Seele ist also keine Weltanschauung, die sich
inhaltlich bestimmen ließe, sondern eine eigentümliche innere Verfassung, eine ganz bestimmte Aufmerksamkeit, Empfindlichkeit, Eindrucksfähigkeit, Bereitschaft und Beweglichkeit, die nur dadurch als
göttlich charakterisiert wird, daß sie in der letzten Tiefe des Menschen
ruht und aus ihr das Vermögen und die Vollmacht ihres Lebens
gewinnt. Deshalb kann man allerdings wohl sagen, daß einer dem
wahrscheinlich näher steht, wenn er sich nicht oberflächlich treiben
läßt, sondern voll Pflichtbewußtsein und Verantwortlichkeitsgefühl sein
Leben ernst und gründlich nimmt, tief darauf eingeht und aus der
Fühlung mit der Wirklichkeit lebt. In dem Maße, als auf diese

Weise unser Leben überhaupt Tiefgang gewinnt, ist es wohl eher möglich, daß wir zum Erwachen der Seele kommen.

Das Wachsein ist das erschlossene Auge, die lebendige Empfindung für die Wirklichkeit, wie sie eigentlich ist, für Gott, die Empfänglichkeit unsers göttlichen Wesenskerns für seine befruchtende, bestimmende, erfüllende, offenbarende Gnade. Daraus folgt die zweite charakteristische Eigentümlichkeit des Lebens aus Gott: es entspringt unmittelbar aus unserm Wesensgrund. Was aus unserm Bewußtsein hervorgeht, ist niemals Leben aus Gott, sondern Leben aus uns selbst. Nur was aus der unbewußten göttlichen Tiefe unsers Seins quillt, stammt aus Gott. Wenn die Rechte nicht weiß, was die Linke tut, kann Gott aus dem auch vor uns selbst Verborgenen in uns zur Auswirkung kommen, und sein Wille und sein Werk in Erscheinung treten (Matth. 6, 1 ff.).[1]) Da ist der Mensch ganz Organ und nur Organ. Er trägt nur aus und bringt hervor, was er von Gott empfängt, ohne etwas dafür zu tun oder daran zu ändern. Da kommt Gott rein und ganz zur Geltung. Was daraus hervorgeht, ist wirklich Leben aus Gott, echt und klar, schöpferisch und erfüllend.

Unser Bewußtsein dagegen ist das Sammelbecken für alle sinnlichen und geistigen Eindrücke, die wir empfangen, für alle gedanklichen Abstraktionen, die wir vollziehen, für alle Reize, die uns bedrängen. In ihm strömt alles zusammen, gerät durch Sonderung und Verbindung in ein mehr oder weniger zufälliges Geschiebe oder ordentliches Gefüge. Hier schlägt sich alles nieder, was der Mensch tut und erlebt. Hier verbinden sich seine Vorstellungen zu einer Weltanschauung. Hier schießen seine Grundsätze und Überzeugungen zusammen zu einer Gesinnung. Hier bildet sich aus der gewohnten Art des Verhaltens sein Charakter. Aus diesem Bewußtsein lebt der Mensch, der sich strebend bemüht: bewußt, beabsichtigt, überlegt, gewissenhaft und überzeugt, während die vegetierenden Existenzen sich von ihren Instinkten und äußeren

---

[1]) Vgl. meine „Bergpredigt" S. 177 ff. C. H. Beck'sche Verlagsbuchhandlung, 6. Auflage, München 1920.

Reizen treiben laſſen. Dieſes Bewußtſein, das der Menſch ſein Ich nennt, iſt der Quellort ſeines religiöſen und moraliſchen Lebens, ſeines Verhaltens und Arbeitens, Leiſtens und Wirkens. In ihm nimmt er alles auf, und aus ihm reagiert er darauf. Er macht ſich darin alles klar und beurteilt es, überlegt ſich genau, wie er ſich verhalten ſoll, indem er die verſchiedenen Geſichtspunkte der Umſicht, Vorſicht und Rückſicht zur Geltung bringt, konſtruiert theoretiſch, was er zu tun hat, und ſtrengt ſich dann an, es nach beſtem Wiſſen und Vermögen auszuführen. Das iſt das Leben aus uns ſelbſt. Wenn wir aber aus Gott leben, tauchen die Äußerungen unſers Weſens, die von den tiefen Eindrücken des Lebens, die unſre Seele erregen und herausfordern, veranlaßt werden, ganz von ſelbſt in uns auf wie ein quellendes Leben. Es fällt uns alles ein, wie uns in den äußeren Dingen alles zufällt. Es kommt über uns, drängt uns etwas zu tun, und was uns erfüllt und ins Leben drängt, iſt das Unausdenkbare, was in dieſem Augenblicke das einzig Wahre, Erfüllende, das Gute von Gott iſt, das ſich uns offenbart. Man braucht ſich weder den Kopf zu zerbrechen noch etwas klar zu machen, geſchweige zu überlegen, was jetzt das Richtige iſt, ſondern aus der jeweiligen Konjunktur der Verhältniſſe und Anlagen und aus der Fühlung, die unſre Seele damit gewinnt, d. h. aus dem Kontakt des Jenſeits in uns und außer uns gehen von ſelbſt die Klarheiten und Kräfte hervor und laſſen ins Leben treten, was ſie offenbaren und erzeugen. Da gibt es keine umſtänd-lichen Entſchlüſſe und mühſamen Anſtrengungen. Wenn wir aus Gott leben, bewirkt er, was er will, durch uns. Je tiefer wir uns durch alles von ihm ergreifen laſſen, und je ſelbſtvergeſſener wir uns ihm ergeben, indem wir mit ganzer Seele darauf eingehen, um ſo elementarer bringt er „zu Stand und Wege, was ſeinem Rat gefällt". Es braucht das gar nicht plötzlich zu geſchehen. Das embryoniſche Keimen und Werden erfüllenden Geſchehens in der verborgenen Tiefe der Seele dauert oft lange genug unter Wehen und Schmerzen. Aber es geſchieht dann ebenſo von ſelbſt wie die Entſtehung eines neuen menſchlichen Weſens im Mutterleib.

Wenn wir also reflektieren, unterfuchen und konftruieren, wenn
wir uns fragen, was wir jetzt im Sinne Jefu tun müffen, was
jetzt unfere fittliche Pflicht ift, fo liefern wir ahnungslos den Beweis,
daß wir nicht aus Gott leben, fondern aus uns felbft, aus unfern
Gedanken, die wir uns über die Gefinnung Jefu machen, oder
aus den fittlichen Grundfätzen, denen wir huldigen. Andrerfeits
ift es ein Beweis, daß wir aus Gott leben, wenn wir keine Kollifion
der Pflichten mehr kennen, weil unter allen Umftänden immer nur
eins das einzig Wahre fein kann, das die Aufgabe der Stunde
erfüllt, das wir aber abwägend nicht feftftellen und berechnend
nicht konftruieren können, fondern von Gott empfangen müffen,
indem er uns inftinktiv durch die Witterung der Seele dazu treibt.
Mit diefer Feftftellung wird das moralifche Bemühen der Menfchen
nicht entwertet, fondern nur als etwas wefentlich Grundanderes
feftgeftellt, als es das Leben aus Gott ift. Genau fo wie Gott
etwas Grundanderes ift als die Welt und alles, was aus der
Welt, aus dem Endlich-Sinnlichen, Geiftigen, Vergänglichen ftammt,
ift das Leben aus Gott etwas Grundanderes als das Leben aus
unferm Bewußtfein heraus. Darum kann das Leben aus Gott an
feiner feelifchen Urfprünglichkeit und Unmittelbarkeit erkannt werden.
Wir bezeichnen dasfelbe, wenn wir fagen: Leben aus Gott ift dort,
wo man ganz unmittelbar aus dem echten Empfinden feiner Seele
als des göttlichen Organs heraus lebt. Alle unfre Gedanken, die
irgendwie ändernd, geftaltend, beeinfluffend hineinfpielen, find
menfchlich geiftige Störungen des Waltens Gottes. Sie vereiteln
das Leben aus Gott. Alles, was wir aus Abfichten, Vorfichten
und Rückfichten umbiegen, fälfcht und verdirbt das Leben aus Gott.
Ich glaube, daß fich viel häufiger, als man meint, in den Menfchen,
ihnen felbft unbewußt, Leben aus Gott keimend findet. Aber es wird
immer wieder durch Gedanken und Abfichten zertreten. Wenn wir
nur daran denken, wie oft wir die ganz ftarke innere Empfindung
haben: eigentlich müßteft du das tun, aber . . . Alle möglichen
Vorfichten, Rückfichten, äußeren Intereffen und Gefichtspunkte, die
außerhalb der Sache liegen, töten oder verfälfchen die göttlichen

Impulse. Es ist also dem Leben aus Gott eigentümlich, daß es unmittelbares Quelleben der Seele ist. Diese ihre ursprünglichen Empfindungen werden dann nie mit den Regungen der sinnlich-endlichen Instinkte verwechselt werden können, wo die Seele wirklich erwacht ist.

Am nächsten liegt für diese Eigentümlichkeit des Lebens aus Gott die schöpferische Äußerung menschlicher Fähigkeiten auf allen Gebieten. Denn überall, wo der Mensch schöpferisch tätig ist, ist seine Seele tätig. Sie ist der Ursprung aller schöpferischen Kräfte, Fähigkeiten und Tätigkeiten, ganz unabhängig davon, ob der Künstler oder Gelehrte, der Techniker oder Organisator, der Erzieher oder Führer an Gott glaubt. Wo das göttliche Keimplasma der Seele irgendwie lebendig ist, wenn auch nur traumhaft, nacht-wandlerisch, und auf die Reize von außen und innen reagiert, wo das Bewußtsein unmittelbar die Einfälle aufnimmt, die aus der Seele stammen, und sie sich frei entfalten läßt, ohne mit eigenen Gedanken und Absichten hineinzupfuschen, da haben wir schon unterirdisches Leben aus Gott. Deshalb bietet uns die Kunst eine Parallele für das, was für das ganze Leben gelten sollte. Aber nur die wirklich künstlerische, schöpferische Tätigkeit (nicht die technische Kunstfertigkeit, die heute auf allen Gebieten der Kunst im Schwange geht), die wirklich unmittelbar aus den tiefsten Empfindungen ent-springt und aus der Gewalt dieses Dranges ganz von selbst die Form gewinnt, die die lebendige Idee erfüllend verwirklicht. Dieses künstlerische Schaffen ist das Vorbild, wie das Leben überhaupt bei uns sein sollte. Und hier finden wir nun auch, daß der Mensch mit seinen eigenen Gedanken und Absichten, Motiven und Interessen die schöpferische Gestaltung unmöglich macht. Genau dasselbe geschieht, wenn der Mensch mit seinem Verstand in das Leben, das aus seiner Seele quillt, hineinstört. Das Leben aus Gott ist höher als alle Vernunft. Sobald wir es mit unserm Verstand begreifen, gestalten und ausführen wollen, verderben wir es, so daß es das Leben, das es in sich selbst trägt, die Keimkraft, die in seinen Äußerungen waltet, verliert. Wir verweltlichen es und vereiteln es.

Damit ist natürlich nicht gesagt, daß das Leben aus Gott ein
unbewußter gedankenloser Vorgang wäre, und der Intellekt ausgeschaltet würde, als ob wir etwa uns in einem Trancezustand
befänden und gar nicht wüßten, was wir täten. Unser Bewußtsein wird im Gegenteil von den Lebensäußerungen der Seele, die
Gott hervorruft, durch und durch erleuchtet und entflammt, und
alle unsre geistigen Fähigkeiten stehen im angespanntesten Dienste
des göttlichen Geschehens. Aber sie sind Werkzeuge, Diener der
Lebensäußerungen Gottes, die aus der Seele quellen, nicht mehr
Herrscher und Meister unsers Lebens, wie sie es bei dem menschlichen Leben sind, das von dieser Welt ist. Wir sind uns im
allgemeinen gar nicht bewußt, daß unser Verstand nur der Diener
des Lebens ist. Wir haben ihn zum Herrn erhoben, und dadurch
ist unser Leben in den Zustand geraten, der in einem Lande eintritt, wo sich der Diener auf den Thron setzte. Auf den Thron
unsers Lebens gehört Gott allein. Aber der Mensch möchte sein
wie Gott, und deshalb geht sein Instinkt doch immer wieder darauf hinaus, daß sein Verstand es machen müßte, auch im religiösen
Leben, und in dieser Ursünde geht das Drängen und Treiben
Gottes, das in unsrer Seele zutage treten möchte, zugrunde.

Die dritte symptomatische Eigentümlichkeit in der Verfassung
des Lebens aus Gott ist die Ausschaltung unsers Wollens und
Begehrens. Wenn wir nicht mehr Urheber, sondern Mittel für
unsre Lebensakte sind, ist alles eigene Wollen und Wünschen ausgeschlossen. In dieser Beziehung lebt in uns nur die Sehnsucht
der Seele nach Erfüllung des Willens Gottes und ihr Trachten
nach dem Reiche Gottes. Alles andere wird der göttlichen Vorsehung und Führung, seinem Fügen und Walten, seiner Bestimmung
und Leistung überlassen. An Stelle des Wollens tritt das innere
Muß des göttlichen Antriebs, an Stelle der Absichten und Ziele
die Verwirklichung des jeweilig innerlich Notwendigen, an Stelle
der Wünsche die Erwartung der göttlichen Gabe, an Stelle des
Bekümmerns, Bemühens und Sorgens um irgend etwas das
gläubige Empfangen der Gnade, die uns in allem segnet. Wenn

Leben heißt Gottes Willen tun, und Gott es ist, der durch uns
seinen Willen verwirklicht und erfüllt, dann brauche ich nicht mehr
zu wollen. Der Wille Gottes ist meine Energie, die ganz von
selbst tut, was vorliegt. Ich komme gar nicht dazu, etwas zu
wollen, d. h. mir etwas bewußt, überlegt vorzunehmen. Das Entschließen ist ja nicht mehr meine Sache, sondern Gott braucht nur
zu wollen. Gottes Wille ist aber Bewegen, Treiben, Wirken,
Schaffen. Er wird ohne weiteres Leben des Organs, wenn keine
eigenwilligen Hemmungen ihn aufhalten. Aber auch diese überwindet Gott allein, wenn wir ihm ganz ergeben sind und uns
an das, was vorliegt, ganz hingeben. Gottes Wille wird in den
menschlichen Organen als ein seelischer Drang erfahren, dem man
sich gar nicht entziehen kann. Darum kommt unser Wille gar nicht
mehr in Betracht. Er braucht nicht einmal an dem Wagen zu
schieben. Wenn Gott will, ist er das fünfte Rad am Wagen, genau
so überflüssig, bedenklich, störend und beeinträchtigend, wie es unsre
Gedanken sind, die Gottes Werk durch uns begleiten. (Nicht zu
verwechseln mit den Gedanken, die von Gott geweckt und gestaltet
darin tätig sind.)

So erlischt der eigene Wille unter dem Walten des Willens
Gottes im Leben aus Gott, und alle Wünsche legen sich. Man
hat keine Ziele, keinen Ehrgeiz, keine Ansprüche, kein Verlangen
mehr nach irgend etwas, wenn man ganz empfänglich ist für das,
was einem stündlich gegeben wird, und darin aufgeht, das zu
vollbringen, wozu man immer wieder berufen wird. Man tut,
was vorliegt, und wartet, was wird, kommt und uns zufällt. Wo
ist da noch Raum für irgendwelches Begehren! Alle Wünsche gehen
unter in der augenblicklichen Erfüllung des Lebens, die dem zuteil
wird, der aus Gott lebt. Das Geheimnis des Lebens ist ja gerade dies, daß wir nach nichts Irdischem trachten, nichts nehmen,
nichts haben wollen, sondern alles, was uns umgibt, geschieht und
zuteil wird, empfangen, daß uns alles von Gott gegeben wird,
vom täglichen Brot, der täglichen Arbeit, dem täglichen Verkehr
und täglichen Heim an bis zur schöpferischen Erleuchtung des

Genius.[1]) Denn alles von Gott Gegebene dient uns zum Leben und
erfüllt uns mit Leben, ist voller Fruchtbarkeit, Segen und Seligkeit,
während dasselbe, wenn wir es nicht von Gott empfangen, uns nicht
zum Leben dient und mit Leben erfüllt, sondern eitel ist und ein Ferment
der Verwesung. Wie sollten wir also dazu kommen, etwas zu
begehren, wenn wir immer mit erhobenen Händen bereitstehen, um
den himmlischen Reichtum zu empfangen, der uns in irdischen
Dingen gegeben wird, und immer mit allen Sinnen und Gliedern
Gottes Werk ausrichten, das er durch uns vollbringt!

Demgegenüber spielen in dem gewöhnlichen religiösen Leben
Wollen und Begehren, Vorsätze, Entschlüsse, Gelübde, Willensauf-
peitschungen und Energisierungsversuche die bedenklichste Rolle, wie
es dort sein muß, wo der Mensch etwas zustande bringen will und
seiner Wünsche Erfüllung begehrt. Man denke nur an den Inhalt
der Gebete, um über die Bedeutung der Wünsche im religiösen
Leben klar zu werden. Das Leben aus Gott ist ganz entgegengesetzt.
Wir stehen in Spannung jeden Augenblick bereit, das zu tun, wofür
uns Gott in Anspruch nimmt, und so ihn von Tat zu Tat durch
uns wirken und uns so Schritt für Schritt führen zu lassen. Wir
nehmen uns nichts vor und legen uns auf nichts fest, können immer
auch anders als bisher. Wir machen keine Pläne und stecken keine
Ziele. Denn wir wissen nicht, wohin wir gehen, da wir der
Weisung Gottes blindlings folgen. In solcher Art werden wir von
Gott auf eine menschlich unfaßbare Weise geführt. Auch das ist
höher als alle Vernunft. Unser Lebensweg geht dann so, wie
niemand ihn sich ausdenken konnte, und unser Lebenswerk wird
etwas, wovon wir keine Idee hatten. Das geschieht, wenn wir
nichts wünschen, sondern immer zur Verfügung stehen für das,
was Gott will, ohne Umschweife, Einschränkungen und Vorbehalte,
unbedingt und rückhaltlos. An Stelle des Wollens, Anstrengens
und Durchführens tritt ein lebendiges, energisches Geschehen in uns,

---

[1]) Vgl. meine Ausführungen über das Wort Jesu: „Bittet, so wird euch
gegeben" im 3. Band der Reden Jesu „Vom Vater im Himmel" S. 258 ff.
(abgedruckt im 1. Heft der Grünen Blätter 1922).

durch uns, aus uns und beweist uns, daß wir Organe sind, aber auch nichts als Organe. Was wir darunter werden und was uns an allerlei himmlischen und irdischen Gaben dabei zuteil wird, ist eine Überraschung der Gnade, die himmelhoch über allen erbärmlichen Wünschen uns erfüllt. Dann geht uns auf, daß unser Leben nur so weit Wert hat, als es von selbst aus uns geschieht, ohne daß wir selbst dabei etwas wollen, und daß wir uns selbst nur so weit verwirklichen können, als wir ganz Organe Gottes werden, und daß unser Vater allein weiß, was wir wirklich bedürfen, und unser Glück ist, zu entbehren, was er nicht brauchbar für uns findet.

Das Leben aus Gott hebt leise an und wird allmählich immer stärker wie ein Quell, der durch Rinnsale von allen Seiten wächst. Breit und schwer legt sich ihm wie ein scheinbar unüberwindlicher Wall die Welt in den Weg. Aber wie durch einen mächtigen Erddamm zunächst nur ein Faden Wasser von der Flut, die dahinter gestaut ist, durchsickert, bis es immer stärker rinnt, quillt, sich durchwühlt und endlich den Damm bricht, so wird auch die göttliche Lebensflut in unsrer Seele, die durch das gewöhnliche menschliche Leben, das nach Ursprung und Gehalt von dieser Welt ist, zurückgehalten und aufgestaut wird, schließlich diese zähe Masse des Widerstandes durchbrechen.

Lesefrüchte
von Ludwig Reiners

Verehrter Herr Doktor!

Ich habe einmal ein paar Dutzend Stellen bekanntester Autoren zusammengestellt, die in der Richtung Ihrer Gedankengänge liegen oder ihnen benachbart sind. Zwar weiß ich wohl, daß Sie vielmehr in der Wirklichkeit wurzeln als in ihrem Abbild, der Literatur, und daß Ihnen daher solche „Eideshelfer" nur eine mäßige Befriedigung gewähren können; zumal auch nur ein Bruchteil Ihrer Ueberzeugungen berührt wird, vornehmlich die weltlich-psychologischen. Aber es macht doch stets Freude, sich bestätigt zu finden, wenn auch Ihr Glaube nicht aus Büchern erwachsen ist und daher auch nicht aus Büchern gekräftigt werden kann.

Durch Betrachten können wir uns niemals kennen lernen, wohl
aber durch Handeln. Versuche Deine Pflicht zu tun, und Du weißt
sogleich, was an Dir ist. Was aber ist Deine Pflicht? Die Forderung des Tages! Goethe, Maximen und Reflexionen.

Alles Denken hilft zum Denken nichts. Man muß von Natur
richtig fein, so daß die guten Einfälle immer wie freie Kinder Gottes
vor uns dastehen und uns zurufen: da sind wir!
Goethe zu Eckermann 24. 2. 1824.

Jede Produktivität höchster Art, jedes bedeutende Apercu, jede
Erfindung, jeder große Gedanke, der Früchte bringt, steht in niemandes
Gewalt und ist über aller irdischen Macht erhaben. Dergleichen hat
der Mensch als unverhoffte Geschenke von oben, als reine Kinder
Gottes zu betrachten, die er mit freudigem Dank zu empfangen und
zu verehren hat. In solchen Fällen ist der Mensch oftmals als ein
Werkzeug einer höheren Weltregierung zu betrachten, als ein würdig
befundenes Gefäß zur Aufnahme eines göttlichen Einflusses.
Goethe zu Eckermann 11. 3. 1828.

Ich glaube, daß alles, was das Genie als Genie tut, unbewußt geschehe. Der Mensch von Genie kann auch verständig
handeln, nach gepflogener Überlegung, aber das geschieht alles nur
so nebenher. Goethe an Schiller 3. 4. 1801.

Drum tu' wie ich und schaue froh verständig
Dem Augenblick ins Auge! Kein Verschieben!
Begegn' ihm schnell, wohlwollend wie lebendig,
Im Handeln sei's, zur Freude sei's den Lieben!
Nur wo Du bist sei alles immer kindlich
So bist Du alles, bist unüberwindlich.
Goethe, Trilogie der Leidenschaft.

Meine Übung, alle Dinge, wie sie sind, zu sehen und ab-
zulesen, meine Treue, das Auge licht sein zu lassen, meine völlige
Entäußerung von aller Prätention kommen mir wieder einmal recht
zustatten und machen mich im stillen höchst glücklich.
Goethe an die Stein aus Rom.

Ich habe die Maxime, niemals eine zunächst zu erwartende Person, noch irgendeine zu betretende Stelle vorauszudenken, sondern diesen Zustand unvorbereitet auf mich einwirken zu lassen.

Goethe, Campagne in Frankreich.

Der Mensch ist eigentlich nur berufen, in der Gegenwart zu wirken. Schreiben ist ein Mißbrauch der Sprache, stille für sich lesen ein trauriges Surrogat der Rede.

Goethe, Dichtung und Wahrheit.

Es geht uns alten Europäern mehr oder weniger herzlich schlecht, unsre Zustände sind viel zu künstlich und kompliziert, unsre Nahrung und Lebensweise ist ohne die rechte Natur und unser geselliger Verkehr ohne eigentliche Liebe und Wohlwollen. Jedermann ist fein und höflich, aber niemand hat den Mut, gemütlich und wahr zu sein, so daß ein redlicher Mensch mit natürlicher Neigung und Gesinnung einen recht bösen Stand hat.

Goethe.

Ein Narr ist viel bemüht — des Weisen ganzes Tun,
Das zehnmal edler ist, heißt Lieben, Schauen, Ruhn.

Angelus Silesius.

Die Braut verdient sich mehr mit einem Kuß um Gott
Als alle Mietlinge mit Arbeit bis in Tod.

Angelus Silesius.

Die Ros' ist ohn' Warum. Sie blühet weil sie blühet,
Sie acht nicht ihrer selbst, fragt nicht, ob man sie siehet.

Angelus Silesius.

Wer sich nur einen Blick kann über sich erschwingen,
Der kann das Gloria mit Gottes Engeln singen.

Angelus Silesius.

Mensch, werde wesentlich, denn wenn die Welt vergehet,
So fällt der Zufall weg, das Wesen, das bestehet.

Angelus Silesius.

Der eigentliche Charakter der sentimentalischen Dichter ist es
nicht, mit ruhigem und leichtem Sinn zu empfangen und ebenso
das Empfangene wieder darzustellen. Vielmehr kann das Gemüt
keinen Eindruck erleiden, ohne sogleich seinem eignen Spiel zu-
zusehen und, was es in sich hat, durch Reflexion sich gegenüber
und aus sich herauszustellen. Wir erhalten auf diese Art nie den
Gegenstand, nur was der reflektierende Verstand des Dichters aus
dem Gegenstand machte, und selbst dann, wenn der Dichter selbst
dieser Gegenstand ist, erfahren wir nicht seinen Zustand unmittelbar
und aus der ersten Hand, sondern wie sich derselbe in seinem Gemüt reflektiert, was der Dichter als Zuschauer seiner selbst darüber
gedacht hat. Man verschließt Auge und Ohr, um in sich selbst be-
trachtend zu versinken.   Schiller, Naive und sentimentalische Dichtung.

Es gibt Augenblicke in unserm Leben, wo wir der Natur in
Pflanzen, Mineralen, Tieren, Landschaften, sowie der menschlichen
Natur in Kindern, in den Sitten des Landvolks und der Urwelt,
nicht weil sie unsern Sinnen wohltut, auch nicht weil sie unsern
Verstand oder Geschmack befriedigt, sondern bloß weil sie Natur ist,
eine Art von Liebe und rührender Achtung widmen. Sie sind, was
wir waren, sie sind, was wir wieder werden sollen.
          Schiller, Naive und sentimentalische Dichtung.

Es war ohne Zweifel ein ganz andres Gefühl, was Homers
Seele füllte, als er seinen göttlichen Sauhirt den Ulysses bewirten
ließ, als was die Seele des jungen Werthers bewegte, da er nach
einer lästigen Gesellschaft diesen Gesang las. Unser Gefühl für die
Natur gleicht der Empfindung eines Kranken für die Gesundheit.
          Schiller, Naive und sentimentalische Dichtung.

Die Unart des lebenden Geschlechtes ist die Überreiztheit des
Verstandes.   Heinrich v. Kleist.

Dem starken Wollen öffnen sich alle Riegel; nichts wollen hebt
die Welt aus den Angeln.   Rathenau, Ungeschriebene Schriften.

Tantaliden! Vom Wollen, Zweck und Begehr Verzehrte! Ihr
verschmachtet nach der Frucht, die in Euren greifenden Händen zer-
rinnt, die nur dem ruhig Schlummernden die Lippe kühlt.

Rathenau, Ungeschriebene Schriften.

Alle Inspiration verlangt Ruhe und Gleichgewicht des Geistes,
wie sich Gestirne nur auf klarer Fläche spiegeln.

Rathenau, Mechanik des Geistes.

Eitelkeit tötet die Sache. Eitelkeit erfordert ein zweites Leben
für sich, ein zweites Leben neben dem des Schaffens, ein Leben,
das die Kräfte des Menschen derartig hinnimmt, daß für die ein-
samen, losgelösten, hingegebnen Stunden des Schöpfens und Schauens
kein Raum bleibt. Der Respekt vor der Wahrheit und Notwendigkeit sinkt dahin, Dinge und Menschen werden zu Mitteln, der Entschluß verliert Charakter und Richtung und wird zum Spiel. Wer
Jahre des Lebens am kläglichen Werk seiner Laufbahn gearbeitet
hat, dem ist Welt und Leben nicht mehr der Garten des Herrn,
sondern eine bretterne Bühne der Kabale und Intrige, niemals
wieder wird sein Auge den reinen Glanz, sein Arm die sehnige
Kraft und sein Herz den kindlichen Willen empfinden, der Saat
und Ernte segnet. *Rathenau, Von kommenden Dingen.*

Mechanisierung! Wie müssen Jahrhunderte des Denkzwanges
auf den gepreßten Menschengeist wirken! Die Ära der Arbeitsteilung
verlangt Spezialisierung; bewegt sich aber der Geist stets in den
ähnlich bleibenden Normen und Praktiken seines Sondergebietes,
so dünkt ihn leicht das Kleine groß, das Große klein; der Eindruck
verflacht, leichtfertiges, verantwortungsloses Urteil wird begünstigt.
Bewunderung und Wunder stirbt vor dem Schrei der Neuheit und
Sensation, von allem bleibt der schäbigste Vergleich: Maß und
Zahl, das Denken wird dimensional. Gilt von den Dingen die
Abmessung, so gilt vom Handeln der Erfolg; er betäubt das sittliche Gefühl so wie Messen und Wägen das Qualitätsgefühl verblödet. Wissen ist Macht, heißt es, und Zeit ist Geld, so geht Wissen

erkenntnislos, Zeit freudlos verloren. Die Dinge selbst, vernachlässigt und verachtet, bieten keine Freude mehr, sie sind Mittel geworden. Mittel ist alles, Ding, Mensch, Natur, Gott, hinter ihnen
steht gespenstisch und irreal der Zweck. Ein trüber Vorstellungs-
komplex von Sicherheit, Besitz, Ehre und Macht, von dem je so viel
erlischt als erreicht ist, ein Nebelbild, das beim Tode so fern ist
wie beim ersten Anstieg. Rathenau, Von kommenden Dingen.

Uralt ist der Intellekt, vormenschlich. In seiner Schule ist die
Menschheit greisenhaft geworden, seine Denkrezepte und Nützlich-
keitslehren handhabt sie in unendlichen Erbreihen mit unbewußter
Meisterschaft. Jung ist die Seele, ihren Anteil muß jeder Mensch
von neuem erringen, ihre Sprache ist noch ein Stammeln, in ihrem
Geist sind wir Kinder.... Schon heute übermüdet das Angebot
intelligenter, versagt der Bestand intuitiver und charaktervoller
Kräfte. Der Intellekt beginnt selbstverständliche Voraussetzung zu
werden; wirksam bleibt nur die Erhöhung, die ihm durch die edlere
Komponente zuteil wird. Es treten die unerträglichen Kargheiten
der Intelligenz zutage: die furchtbare Ähnlichkeit alles dessen, was
gedacht wird, ebnet die Bahn für unerhörten Vorsprung dessen,
der die Kraft des Verstandes durch Intuition überhöht.
  Rathenau, Von kommenden Dingen.

Pflichtgetreu und bekümmert, machte sich immer wieder die
Philosophie ans Werk, die zerrinnenden Fäden zu sammeln, ewige
Richtungen, Gesetze, Imperative zu ersinnen. Sie benahm sich, als
wollte ein Schwingungstheoretiker mit Kurven und Diagrammen
das Erlebnis der Symphonie ergründen, als wollte ein Meteorologe
mit Wetterkarten die Stimmung eines Frühlingsmorgens erschöpfen,
als wolle ein Hydrauliker das Urempfinden der Meeresbrandung
errechnen. Rathenau, Von kommenden Dingen.

Wer die Welt am Zwecke bindet, den frage, ob das Allegro
einer Symphonie das Adagio zum Zweck habe oder ob das ganze
Werk des Schlußakkords wegen da sei.
  Rathenau, Ungeschriebene Schriften.

So ist der Europäer freiwillig zu dem geworden, wozu der Ochs immerhin gezwungen werden mußte: zum Arbeitstier.

Keyserling, Arbeit.

Persönlichkeit hat auf dem Gebiete der Wissenschaft, wer nur der Sache dient.

Max Weber, Wissenschaft als Beruf.

Selbsterkenntnis ist der erste Schritt zur Verstellung.

Das Wort Reflexion ist sinnvoll genug gebildet; beim Reflektieren im ins Geistige übertragnen Sinn handelt es sich genau wie im Fall des Lichts um ein Zurückwerfen der Strahlen auf die Fläche der Vorstellungswelt. Was einmal auf sie projiziert ist, gelangt nicht mehr in die Tiefe des Menschen hinein und kann in ihr folglich keine Wirkungen auslösen.

Keyserling, Von der einzig förderlichen Art des Aufnehmens.

Die typische Gestalt reflexiven Daseins: Das Selbst wird als gegeben empfunden — man sei nun einmal so —, oder es wird umgekehrt als etwas empfunden, was sich auf Grund einer Idealvorstellung schnell machen läßt. In beiden Fällen nimmt der Mensch ohne Taten und ohne unmittelbares Sacherlebnis sich selbst in jedem Moment schon als Gegenstand der Betrachtung, noch bevor er gelebt hat. Gewohnt in der Phantasie zu erleben, Möglichkeiten zu erleben, vermag er im Augenblick gar nicht unmittelbar zu erleben, sondern erst zu genießen, nachdem er in bewußter Reflexion die Situation und das Erreichte als übereinstimmend mit in der Phantasie vorweggenommenen Möglichkeiten erkannt hat. Es ist immer ein mattes, sekundäres, voraufgewußtes und nur bestätigtes, vorweggenommenes, mittelbares, darum auch nie überraschendes, nie umwälzendes, erschütterndes Erleben. Dies reflexive Erleben enttäuscht vielmehr, läßt unbefriedigt: Weiter nichts? Man inszeniert Eindrücke, Erlebnisse, Situationen, man denkt sich alles Mögliche aus, wie es sein muß, damit es Grundsätzen, Erwartungen, Wünschen, Lüsten entspricht. Mitleid mit sich selbst, Respekt vor sich, Verachtung seiner selbst sind die passiven seelischen Zustände dieser Daseinsweise.

Jaspers Psychologie der Weltanschauungen.

Bildung, das ist wiedergewonnene Naivität.   Harnack.

Das Höchste, wozu der Mensch gelangen kann, ist das Erstaunen, und wenn ihn das Urphänomen in Erstaunen setzt, so sei
er zufrieden; ein Höheres kann es ihm nicht gewähren und ein
weitres soll er nicht dahinter suchen, hier ist die Grenze. Aber den
Menschen ist der Anblick eines Urphänomens gewöhnlich noch nicht
genug, sie denken, es müsse noch weiter gehen, und sie sind den
Kindern ähnlich, die, wenn sie in einen Spiegel geguckt, ihn sogleich umwenden, um zu sehen, was auf der andern Seite ist.

Goethe zu Eckermann 18. 2. 1829.

Überwiegendes Gefühlsleben ist gegenüber einer Hypertrophie
des Intellekts das geringere Hindernis. Diesem fehlt nämlich jede
notwendige Beziehung zur Totalität des Lebens, er ist seinem Wesen
nach zersetzend und erneuernd.   Keyserling, Was uns not tut.

Der Geistesmensch bescheidet sich allzuleicht bei einem selbst-
genügsamen Denk- und Vorstellungsleben, und wird er zur Synthesis
von Geistes-, Seelen- und Willensleben nicht gezwungen, so wird
aus ihm schwerer ein Weiser als aus einer naturhaft-normalen ver-
heirateten Frau.   Keyserling, Was uns not tut.

Der Professor ist die deutsche Nationalkrankheit, und unsre heutige
Erziehung ist eine Art von bethlehemitischem Kindermord.

Langbehn, Rembrandt als Erzieher.

Wer fast den ganzen Tag liest, verliert allmählich die Fähigkeit, selbst zu denken. Dieses ist der Fall der meisten Gelehrten: sie
haben sich dumm gelesen.   Schopenhauer.

Der Gelehrte, der im Grunde nur noch Bücher wälzt — der
Philologe mit mäßigem Ansatz des Tages ungefähr zweihundert —
verliert zuletzt ganz und gar das Vermögen, von sich aus zu denken.
Wälzt er nicht, so denkt er nicht. Das habe ich gesehen: reich an-
gelegte Naturen, schon mit dreißig Jahren zu Schanden gelesen. . . .

XXIV.   12

Frühmorgens, in aller Frische, bei Anbruch des Tages, in der
Morgenröte ein Buch lefeu, das nenne ich lasterhaft.

Nietsfche, Ecce homo.

Buchstaben mögen eine schöne Sache sein, und doch sind sie
unzulänglich, die Töne auszudrücken; Töne können wir nicht entbehren, doch sind sie bei weitem nicht hinreichend, den eigentlichen
Sinn verlauten zu lassen, am Ende kleben wir am Buchstaben und
am Ton, und sind nicht besser dran als wenn wir sie ganz ent-
behrten. Was wir mitteilen, was uns überliefert war, ist nur das
Gemeinste.

Goethe, Wanderjahre.

Denken besteht für gewöhnlich darin, von den Begriffen zu
den Dingen zu gelangen und nicht von den Dingen zu den Begriffen. Eine Realität erkennen heißt: schon fertige Begriffe nehmen,
sie quantitativ bestimmen und sie miteinander kombinieren, bis man
ein brauchbares Äquivalent des Wirklichen erhält. Begriffe sind
Konfektionskleider, die Paul so gut wie Peter passen werden, weil
sie die Gestalt keines der beiden nachzeichnen. Aber man darf nicht
vergessen, daß die normale Arbeit des Intellekts weit davon entfernt ist, eine uninteressierte Arbeit zu sein. Im allgemeinen trachten
wir nicht zu erkennen, um zu erkennen, sondern um eine Partei zu
ergreifen, um einen Vorteil daraus zu ziehen. Einen Begriff an
einem Gegenstand versuchen, heißt den Gegenstand befragen, was
wir mit ihm machen können, was er für uns tun kann.

Bergson, Einleitung in die Metaphysik.

Bei der Kontinuität, mit der die Begriffe ineinander übergehen, braucht man die Abstraktion nur genügend hoch zu treiben,
um alle möglichen logischen Verbindungen zu stiften, die in dem
Maße schwer widerlegbar sind, als sie sich über den Boden der
Tatsächlichkeit erheben.

Simmel, Moralwissenschaft.

Es ist die Weltentwicklung kein notwendiger, sondern pro-
blematischer und darum gefährlicher Prozeß. Wenn der Mensch,
der außerhalb eines Gehäuses seinen Halt hat, auch ein letztes

Ziel im Objektiven nicht weiß, so hat er doch den Imperativ seines Lebens: unter weitesten Horizonten seines Wissens und realen Erfahrens konkret für ihn sichtbare und wertvolle Ziele zu handeln und zu leben; wohl wissend, daß dies nicht die Ziele überhaupt, sondern ein Einschlag und ein Begrenztes sind, über das er nicht hinaus sehen kann.... Der lebendige Geist ordnet nicht Lehren und stellt sie zur Wahl. Er verkriecht sich nicht im Gehäuse einer bestimmten Werthierarchie. Er weiß, daß Weltanschauungen existentiell im Leben, Fühlen, Handeln, aber nicht als Lehren gewählt werden. Weltanschauungen sind wohl rationale Gebilde, wenn sie sich in Philosophie aussprechen, aber sie sind nicht bloß auf rationalem Wege geworden. Weltanschauungen sind allein praktisch realisierbar, erfahrbar, widerlegbar. Alles Theoretische ist nur Objektivierung von etwas, was vorher aktuell war, oder aber es ist eine rein intellektuelle, substanzlose Bewegung.

Jaspers Psychologie der Weltanschauungen.

Alle im Rückschreiten und in der Auflösung begriffenen Epochen sind subjektiv, dagegen haben alle vorschreitenden Epochen eine objektive Richtung.

Goethe zu Eckermann 29. 11. 1826.

Es bedeutet seelischen Tod für den Menschen, wenn er seine Seele mit einer harten unempfindlichen Rinde von Gewohnheiten umgibt und wenn rings Betriebe ihn umwirbeln und umtoben und ihm wie eine gewaltige Staubwolke den Horizont versperren. Dies zerstört in der Tat das innerste Wesen seiner Natur, das verstehende Liebe ist. Denn in seinem innersten Wesen ist der Mensch nicht ein Sklave, weder seiner selbst noch der Welt, sondern ein Liebender.

Tagore Sadhana.

Was ist Besitz? Verzeichnis von Sachen, die man ungestraft bewegen, absperren, zerstören oder gegen andre Sachen vertauschen darf. Ein lebendiges Leben gewinnen diese Sachen nur, wenn sie schaffend, ordnend, waltend verantwortungsvoll gehandhabt werden. Aber dann verlieren sie die Eigenschaft des Besitztums und werden

anvertrautes Gut; sie sind des Schaffenden und brauchen ihm nicht
zu gehören, sie gehören dem Eigentümer und sind nicht seine Sache.
Der Begriff des Eigentums wird unerheblich: dem Förster gehört
der Wald, nicht der Kommune, dem Wandrer die Landschaft, nicht
dem Grundeigner, dem Kunstfreund die Galerie, nicht dem Fiskus.
Des Bildners ist ewig das Werk, nicht des Käufers.

Rathenau, Von kommenden Dingen.

Die intellektuelle Welt vermag ihre gewaltige Mission der
mechanisch-geistigen Entwicklung nur durch Entfesslung aller irdischen
Kräfte zu erfüllen. Sie entfesselt sie durch Kampf und Wettstreit.
Sie umfängt ihre Kreatur mit der Täuschung des individuellen
Glücks, mit der Täuschung, daß mein nicht dein sein kann, und
peitscht das begehrende und fürchtende Geschöpf in die Feindschaft
und den Haß und die Vernichtung des Nächsten.

Rathenau, Mechanik des Geistes.

Das Glück ist keine leichte Angelegenheit: es ist sehr schwer,
es in uns zu finden, und es ist unmöglich, es außer uns zu finden.

Chamfort, Maximen.

Von sich selbst absehen lernen ist nötig, um viel zu sehen.

Nietzsche.

Die großen Gedanken entspringen dem Herzen.

Vauvenargues.

Der Kopf faßt kein Kunstprodukt als nur in Gesellschaft mit
dem Herzen. Der Betrachtende muß sich produktiv verhalten, wenn
er an irgendeiner Produktion teilnehmen will. Goethe.

Unter Verzweiflungsqualen machte Luther die Erfahrung, daß
man zugleich in seinen Handlungen gut und in seinem Innern unselig sein kann; daß zwischen Handeln und Sein eine unüberbrückbare aber Kluft besteht, solange die Handlungen aus dem bewußten

Willen fließen, daß ein Zusammenhang zwischen Handeln und Sein nur da ist, wenn die Handlungen aus dem unbewußten Herzen, eben aus dem Sein entspringen, kurz, daß nur die Taten der Seele zugute kommen, die man tut, weil man muß. Alles Guthandeln, das nicht mit Notwendigkeit aus dem Innern fließt, sondern das der bewußte Willen macht, rechnete Luther unter die Werkheiligkeit, eine Vollkommenheit, die nur Schein ist, weil sie auf das Sein des Menschen gar keinen Bezug hat. Er wies alle derartigen Hand‧ lungen als ungöttlich, d. h. nicht aus dem Sein fließend, aus dem Gebiet der Religion in das Gebiet der Moral; womit nur die Welt, aber nicht Gott zu tun habe; ja er trennte nicht nur die Moral vom Reiche Gottes ab, sondern behauptete und wies nach, daß sie in einem feindlichen Gegensatz zu Gott steht.

Ricarda Huch, Luthers Glaube.

Bei einem Aufhören der Beziehungen eines Menschen nach außen müssen auch die Beziehungen im Innern erkranken und er‧ starren. So ist es verständlich, daß Goethe im Wilhelm Meister das Erwecken von Selbsttätigkeit, also von unwillkürlicher aus dem Unbewußten fließender Tätigkeit, als einziges, aber auch sicher wirkendes Mittel empfiehlt, um Geisteskrankheiten zu verhüten und zu heilen. Es ist dasselbe Mittel, durch das in der Bibel der kranke König Nebukadnezar geheilt wurde, da man ihn unter dem Tau des Himmels liegen und mit den Tieren von den Kräutern der Erde sich weiden ließ.

Ricarda Huch, Entpersönlichung.

Wer in sich recht ernstlich hinabsteigt, wird sich immer nur zur Hälfte finden; er fasse nachher ein Mädchen oder eine Welt, um sich zum Ganzen zu konstituieren, das ist einerlei.

Goethe.

Das wahre Elend des Menschen besteht darin, daß es ihm nicht ganz gelungen ist, sein eigentliches Wesen zum Ausdruck zu bringen, daß es durch sein Ich getrübt und in seinen Wünschen und Begierden verloren ist.

Tagore Sadhana.

Mensch, Du mußt Dich selbst erziehen
Und das wird Dir mancher deuten:
Mensch, Du muß Dir selbst entfliehen!
Hüte Dich vor diesen Leuten!
Mancher hat sich selbst erzogen.
Hat er auch ein Selbst gezüchtet?
Noch hat keiner Gott erflogen,
Der vor Gottes Teufeln flüchtet.

Dehmel, Gedichte.

Du mußt das Leben nicht verstehen,
Dann wird es werden wie ein Fest!
Nur laß Dir jeden Tag geschehen,
So wie ein Kind im Weitergehen
Von jedem Wehen
Sich neue Blüten schenken läßt.

Rilke.

Freund, es ist jetzt genug. Und so Du mehr willst lesen,
So geh und werde selbst die Schrift und selbst das Wesen.

Angelus Silesius.

Zwei Fragen über Eltern und Kinder.

„Wie weit sind Kinder ihren Eltern zu Dank verpflichtet."

Das ist nicht so einfach zu sagen. Da muß ich erst überhaupt einmal über Dankbarkeit sprechen. Mir ist Dankbarkeit etwas sehr Unsympathisches, weil sie nach Wiedervergeltung schmeckt, und alle Wiedervergeltung ist gemein. Unsre Vornehmheit, unsre Ehre besteht darin, daß uns das, was wir andern tun, selbstverständlich ist. Es wird uns das meistens vielleicht nicht selbstverständlich sein, sondern wir tun es unter großer Überwindung, aber unsre Vornehmheit besteht darin, daß es selbstverständlich ist. Wenn ich also jemand aus großer Not durch ein großes Opfer meinerseits herausreiße, und

es ist mir nicht selbstverständlich, dann muß ich mich schämen. Wenn
es mir aber selbstverständlich ist, dann ist mir der Dank, der mir
dafür entgegengebracht wird, peinlich, weil er mich aus der Empfindung der Selbstverständlichkeit, aus dieser Unbewußtheit herausreißt und mich mit der Nase darauf drückt. Deswegen stehe ich der
Dankbarkeit ziemlich kritisch gegenüber. Und es ist mir natürlich erst
recht peinlich, wenn von mir Dankbarkeit verlangt wird. Ich freue
mich außerordentlich über alles, was ich von Menschen empfange,
ob äußere oder innere Dinge, seelische Hingabe oder sonst irgend
etwas, ich freue mich, es beglückt mich, aber nun dankbar dafür
sein — nein, das kann ich nicht. Wenn meinen Freunden mein
Glück und meine Freude darüber nicht genügt, so sollen sie mir lieber
nichts schenken. Es kommt noch eines dazu: Dankbarkeit bindet, und
die Erwartung des Dankes schlägt in Fesseln. Ich will nicht gebunden sein! Es gibt doch nichts Schimpflicheres, als wenn ich
denke: der hat mir das geschenkt, ich habe bei ihm gewohnt, nun
mußt du dich besonders seiner annehmen, mußt mit ihm spazieren
gehen und ihn einladen. Das ist doch scheußlich! Ich halte alles,
was bindet, für nicht in der Ordnung, und alles, was nach Wiedervergeltung riecht, für unanständig.   —

Nun wenden wir das an auf Eltern und Kinder. Hier liegt
die Sache vielleicht etwas anders. Daß Kinder ihren Eltern dankbar
sind, daß sie das Glück, das sie über ihre Eltern empfinden, nicht
nur äußern, ausstrahlen, sondern ihnen sozusagen nachtragen sollen,
also von lebenslänglicher Dankbarkeit erfüllt sein sollen, ist wohl ganz
in der Ordnung. Aber nicht mehr und nicht weniger, als es ganz
in der Ordnung ist, daß Eltern ihren Kindern lebenslang in dank-
barer Erinnerung behalten, was die Kinder den Eltern für eine
Quelle des Lebens und ein Jungbrunnen gewesen sind, was für
ein unsagbares Glück sie ihnen durch ihre Existenz, durch ihr Aufblühen und gemeinschaftliches Leben bereitet haben. Das werden
doch nie Eltern ihren Kindern vergessen! Ich wenigstens habe immer
den Eindruck, daß ich meinen Kindern viel mehr dankbar sein müßte,
als sie mir, weil ich glaube, daß ich von ihnen viel mehr gehabt

habe, als sie von mir. Ich kann natürlich nicht beurteilen, was sie
von mir gehabt haben, jedenfalls bin ich aber überwältigt von dem,
was ich von ihnen hatte und noch tagtäglich habe. Ein Dasein
ohne Kinder kommt mir vor wie eine Wüste. Solange man mit
der Jugend lebt, bleibt man jung. Es mag ja sein, daß Kinder
in der Unbewußtheit der Jugend die Dankbarkeit nicht so stark empfinden. Aber wer brächte es über sich, ihnen ihre Dankesschuld
zu Gemüte zu führen? Das wäre doch taktlos, geschmacklos, schamlos
und eine Verführung der Kinder zu reflektierten Gefühlen. Vielleicht
liegt es an dem Alter, daß wir es tiefer, stärker empfinden als die
Kinder, bei ihnen kommt es vielleicht später. Aber ich will das
Herüber und Hinüber nicht bewerten, ich will nur betonen, daß es
hier keine einseitige Dankesschuld gibt.

Wie weit sind nun aber Kinder ihren Eltern zu Dank verpflichtet? Meines Erachtens genau so weit, wie sie ihn empfinden.
Darüber hinaus doch wahrhaftig nicht. Wir wollen doch wirklich
nichts von unsern Kindern verlangen, wozu es sie nicht drängt!
Wenn meine Kleinste zu mir sagt: Weg, weg! — dann gehe ich
halt weg. Ich hab doch dann niemals gesagt: „Schäm' dich", oder
so etwas Ähnliches, ich will doch nicht aufdringlich sein. Dann geh
ich halt weg. Ich will doch wahrhaftig nichts Unechtes hervorrufen.
Ich habe auch nie eine innere Entfernung oder Entfremdung aufhalten mögen, selbst wenn ich darunter litt, sondern habe sie vorübergehen laffen. So möchte ich doch erst recht nicht, daß sie aus
Dankbarkeit etwas täten, was ihnen nicht entspricht. Man soll niemand zu Gefallen, sondern fachlich, innerlich notwendig leben. Wie
werde ich also meine Kinder zur Unfachlichkeit verführen? Es kommt
nicht darauf an, was ich wünsche oder was sie wünschen, sondern
was fachlich das Rechte ist.

Ich vertrete natürlich die Verpflichtung der Kinder, den Eltern
zu helfen, wenn sie in Not kommen, und alle diese Dinge. Das
versteht sich von selbst. Was aber mit der vorliegenden Frage gemeint wird, ist folgendes: Muß die Rücksichtnahme des Kindes auf
die Eltern unter Umständen bis zum Opfern der besseren Überzeugung,

der Laufbahn, der freien Entfaltung, der Wahl eines Gatten, der Treue gegen sich selbst, kurz der inneren Notwendigkeit gehen? Um Gotteswillen, das wäre ja entsetzlich! Wie kann man nur auf diesen wahnwitzigen Gedanken kommen! Das wäre doch eine geradezu haarsträubende Unsachlichkeit! Selbstverständlich kann ein kranker Vater, eine alte hilflose Mutter für einen Sohn oder eine Tochter der Nächste einmal sein, der durchaus auf sie oder ihn angewiesen ist, aber braucht es nicht. Das hängt von dem besonderen Fall ab. Ebenso wie dann zu helfen ist: unter Aufgabe des eignen Berufs, direkt, persönlich oder mittelbar durch jemand andern. Aber eine Tochter kann doch unmöglich einen Beruf oder den inneren Drang zu einem solchen aufgeben, weil die Mutter erklärt: wenn du mich verläßt, so ist das mein Tod. Ich lasse außer Betracht, wie gemein und verächtlich eine derartige Vergewaltigung eines Kindes ist, hier darf sich doch die Tochter durch alle Liebe und Dankbarkeit nicht irre machen lassen, in dem, was sie als ihre Bestimmung erkannt hat. Man muß Gott mehr gehorchen als den Menschen. Das gilt auch hier. Ich habe selbst im Anfang meiner Vortragstätigkeit jahrelang in jedem Brief meines Vaters lesen müssen: „Mein einziges Gebet ist, Gott führe Dich aus der Irre zurück und gebe Dir eine feste Stellung." Aber das kam doch überhaupt für mich gar nicht in Frage. Ich bin auch nie auf den Gedanken gekommen, daß ich das aus Dankbarkeit versuchen müßte, sondern es verstand sich mir von selbst, daß ich meinen Weg gehen mußte, so schwer mein Vater sich auch darein finden konnte.

Wie sind nun solche Konflikte überhaupt möglich! Die Kinder sind doch von Anfang besondere Wesen eigenen Rechts, zu selbständigem Dasein und Werden bestimmt, mit einer einzigartig eigenartigen Fassung der Seele und der eigentümlichen Logik ihres Lebens, die sich daraus ergibt. Eltern sollten doch die Letzten sein, die das beeinträchtigen, die Ersten, die es hüten möchten. Des zum Zeichen empfangen die Kinder sofort ihren eigenen Namen. Die Familie ist der Mutterschoß der embryonischen Entwicklung zur Selbständigkeit für die Kinder. Sobald sie aber selbständig ge-

worden sind, müssen sie doch heraustreten und ihren besonderen
Lebenslauf in voller Bewegungsfreiheit beginnen! Das sind doch
elementare Gesetze des Lebens. Daß sie so allgemein verkannt werden,
liegt nur an dem seit Generationen herrschenden Elternegoismus,
an der Habgier ihrer Liebe, an der Herrschsucht ihrer Fürsorge, an
der Beschränktheit ihrer Befangenheit in sich selbst, an dem Wahn
ihres Eigentumsrechts an ihren Kindern, die ihnen doch nur anvertraut sind, und an der selbstsüchtigen Einbildung, mit dem Kinde
willkürlich, eigennützig, wunschgemäß verfahren zu dürfen. Die
Kinder sind aber nicht der Eltern wegen da, sondern die Eltern
der Kinder wegen. Die Eltern haben also — verzeihen Sie das
harte Wort — den Kindern zu dienen, ihrem Gedeihen, ihrer Entwicklung, ihrer Selbständigkeit und Besonderheit, ihrer Zukunft zu
dienen; sie haben mit allem, was sie sind und können, dafür einzustehen, daß aus den Kindern die tüchtigen Menschen werden,
die sie nach ihrer Anlage sind. Sie haben sie zu betreuen, sie haben
ihnen zur Seite zu stehen, aber sie haben niemals die Kinder zu
führen. Gott führt die Menschen, kein Mensch kann einen andern
führen. Die Eltern sollen den Kindern helfen, aber sie sollen die
Kinder nicht zwingen, sobald sie über das ganz unselbständige Kindes-
alter hinaus sind. Wie sollen wir das Verantwortlichkeitsgefühl in
ihnen zur Entfaltung bringen, wenn wir ihnen keine Verantwortung
lassen! Es genügt nicht, daß unser Vertrauen sie auf die eigenen
Füße stellt, wenn wir sie nicht eigene Schritte tun lassen, deren
Tragweite sie selbst prüfen müssen. Sehen aber die Eltern ihre
Kinder wirklich in die Irre gehen, so sollen sie wohl alle Mittel
anwenden, um mit ihrer Erfahrung, die sie besitzen, den Kindern
zu Gemüte zu führen, worum es sich handelt, und ihnen die Augen
für das Verhängnis zu öffnen, das ihnen droht, aber sie können
sie nicht mit Gewalt zurückhalten. Man hat nicht das Recht, sich
zwischen seine Kinder und ihr Schicksal zu stellen, wenn sie durchaus wollen und müssen, und alle Mittel der Vorstellung, der Warnung
versagen. Jedenfalls würde ich nicht den Versuch machen, von einem
Kinde etwas zu verlangen, indem ich an seine Dankbarkeit appel-

lierte. Man muß die Kinder in die Freiheit hineinwachsen und seinen
Einfluß in dem Maße zurücktreten lassen, als sie selbständig werden.
Man darf dann ihrer Selbstbestimmung nicht vorgreifen, geschweige
daß man sie ihnen verwehrte. Man kann sie wohl unterstützen,
aber darf ihnen nicht die Hände binden. Man soll den Kindern,
wenn sie heranwachsen, ein älterer Freund werden — aber selbst
das kann man nicht machen, wenn sich die Kinder nicht so zu einem
stellen — und ihnen vertraut bleiben, aber dann auch in den Grenzen
des Freundes und des Vertrauten bleiben. Infolgedessen müssen die
Kinder unter Umständen gegen den Willen der Eltern ihren Lebensweg einschlagen und dürfen sich nicht irre machen lassen, selbst wenn
die Eltern so töricht sind, daß sie sagen: Wenn du das tust, so ist
es mein Tod. Glauben Sie mir, es wird niemals ihr Tod sein. Ich
empfinde es als die schrecklichste Versündigung der Eltern gegen die
Kinder, wenn die Eltern die Kinder moralisch zwingen, sich selbst
untreu zu werden oder der Stimme Gottes, die sie in sich vernehmen,
nicht zu gehorchen, wenn sie ihnen aus ihrem inneren Muß ein böses
Gewissen machen. Aber die Sünde der Kinder, die sich dann durch
Zwingen oder Bitten vom Rechten abbringen lassen, wird dadurch
nicht geringer, daß die Sünde der Eltern dabei so groß ist.

> „Darf ein Kind sich von der Familientradition
> lösen, wenn es sich innerhalb derselben auf die
> Dauer nicht behaupten kann?“

Natürlich, warum nicht? Es kommt doch immer darauf an,
wohin wir geführt werden. Der Apfel fällt manchmal sehr weit
vom Stamm, wenn er vom Sturmwind ergriffen wird. Und wir
werden vom Leben oft in Gebiete geführt, wo es ganz anders ist
als im Heimathaus. Die Familientradition ist von ungeheurer Bedeutung, und Sie wissen, was heute eine gute Kinderstube bei der
Entwicklung des Menschen für eine entscheidende Rolle spielt. Infolgedessen werden ja immer innere Zusammenhänge zwischen der
jungen und der alten Generation bestehen bleiben, und die Art der
alten Generation wird in der neuen vielleicht in anderer Gestalt

auch irgendwie in Erscheinung treten. Die Form wird unter Umständen verschieden sein. Es kommt wohl nicht selten vor, daß z. B.
ein Pfarrerssohn Atheist wird. Das ist noch kein Renegatentum, sondern dieselbe Treue, die er in seinem Elternhause gesehen hat, sucht
sich auszuwirken. Aber es kann natürlich vorkommen, daß die
Lösungen vom Elternhaus gegensätzlicher werden, ja direkt feindlicher Art, aber das ist doch nur dann der Fall, wenn die alte
Generation sich nicht auf der Höhe der Situation befindet, wenn
die Kinder nicht Respekt vor den Eltern haben und umgekehrt, vor
ihrer besonderen Art, ihrem eigenen Recht und besonderen Sein.
Hat man das, so wird man sich immer verständigen können, und
jedenfalls kann eine Gemeinschaft bestehen, auch wenn die Ansichten
und die Lebensarten noch so verschieden sind. Aber wiederum komme
ich darauf zurück: es ist für den Menschen nicht gut, wenn er in
seiner Entwicklung gebunden wird, wenn er sich nicht frei bewegen,
nicht frei entfalten, nicht seine eigene Form bilden kann. Und darum
sollte man die Kinder in Freiheit erziehen.

kein Zweifel, daß sie sie halten können, wenn sie sie halten wollen. Ich meinerseits würde es sehr bedauern, wenn ich nicht mehr die Früchte der Elmau denen, die nicht hierher kommen können, mitteilen könnte.

Für diesen Jahrgang bleibt mir nichts anders übrig, als den Abonnementspreis nachträglich zu erhöhen. Ich bitte die Leser, die beiliegende Zahlkarte zu verwenden, um uns wenigstens noch 50 ℳ zu übersenden. Auch dann kostet der Jahrgang ja nicht mehr als gegenwärtig eine Mahlzeit in einer Gastwirtschaft. Die ausländischen Leser bitte ich aber, nach ihrem Interesse und Vermögen freiwillig beizutragen, um die Blätter zu erhalten, und danke denen, die das schon spontan getan haben, herzlich dafür, wenigstens aber ihren Bezugspreis für dies Jahr noch einmal zu zahlen.

Ich beabsichtige, in diesem Herbst wieder eine Vortragsreise durch die nordischen Länder zu unternehmen und in der ersten Oktoberwoche in Helsingfors, zwischen dem 9. und 19. Oktober in Stockholm, in den Tagen darauf in Drontheim und vom 28. Oktober an in Kristiania je drei bis vier Vorträge zu halten. Ob ich auf der Rückreise in Kopenhagen in einer dortigen Studentenvereinigung sprechen werde, ist noch nicht ganz bestimmt. Ende November ist je ein Vortrag in Göttingen und Hannover projektiert. Am 1., 4. und 6. Dezember werde ich in Hamburg (Sagebiel), am 7., 12. (mittags) und 14. in Berlin (Hochschule für Musik), am 8. in Leipzig und am 11. in Dresden sprechen.

Schloß Elmau ist für den Oktober der Deutschen Studentenhilfe für 160—180 erholungsbedürftige Studenten zu eigener Bewirtschaftung überlassen worden. Es wird dann am 20. Dezember wieder für meine Gäste eröffnet werden. Wie sich für den Winter die Preise gestalten müssen, ist natürlich jetzt noch gar nicht abzusehen.

Meine Aufsätze über Gott, die in den letzten fünf Jahren in den Grünen Blättern standen, erscheinen jetzt gesammelt als Buch im C. H. Beck'schen Verlag, das auf der vierten Umschlagseite angezeigt ist.

Elmau, am 5. September 1922

Johannes Müller

Ende Oktober wird erscheinen:

Johannes Müller: Gott

Inhalt: Gott — Glaube an Gott — Die Offenbarung Gottes — Die Gottesvorstellung — Gott
und Welt im Menschen — Die Hilfe Gottes — Die
Fürsorge Gottes — Weltkatastrophe und Gottesglaube — Wie kommen wir zum Erlebnis Gottes?
Leben aus Gott — Wo sehen wir Gott? — Der Ursprung der Wahrheit und der Weg zur Wahrheit

C. H. Beck'sche Verlagsbuchhandlung Oskar Beck München

C. H. Beck'sche Buchdruckerei in Nördlingen

üne Blätter

ür persönliche und völkische Lebensfragen

von

Johannes Müller

Elmau
Verlag der Grünen Blätter   4. Heft
1922

Inhalt

Mitteilungen

Wir schicken unsern Lesern das letzte Heft dieses Jahres, ohne eine weitere Nachzahlung von ihnen zu erbitten, obgleich sich das Porto wieder verdoppelt hat, und die Herstellungskosten noch bedeutend gestiegen sind. Aber für das nächste Jahr muß der Teuerung und Geldentwertung Rechnung getragen werden. Das Papier, für das im Januar 22 000 Mk. gefordert wurde, kostet jetzt 536 000 Mk., und die Herstellungskosten sind entsprechend gestiegen. Der Verlagsbuchhandel hat jetzt Grundpreise aufgestellt, die ungefähr die doppelten Friedenspreise sind, und setzt dann den jeweiligen Verkaufspreis dadurch fest, daß er die Grundpreise mit einem offiziell festgestellten Geldentwertungsnenner multipliziert. Dieser beträgt gegenwärtig 300 (während der Großhandelsindex bereits 1376 beträgt). Steigt die Mark, so fallen auf diese Weise automatisch die Bücherpreise, fällt sie, so steigen sie. Auf diese Weise sind auch meine Bücher zu den gegenwärtigen Preisen gelangt, die ich auf das lebhafteste bedaure.

Danach müßte das Abonnement der Grünen Blätter ungefähr 1800 Mk. ohne Versandkosten jährlich betragen. Je teurer aber meine Bücher sind, um so billiger möchte ich die Grünen Blätter zugänglich machen. Ich führe deshalb einen Mindestpreis ein und setze ihn (einschließlich der Versandkosten) auf 500 Mk. für Deutschland und 4000 Kronen für Deutsch-Österreich fest. Für das Ausland soll der bisherige (also nicht der erhöhte) Preis als Mindestpreis gelten, demnach für Holland 2½ Gulden, Schweiz, Frankreich usw. 6 Franken, Italien 15 Lire, Dänemark, Schweden und Norwegen 5 Kronen, Finnland 25 Finnmark, Tschechei 15 Kronen, Ungarn 300 Kronen, England 10 sh., Amerika 2 Dollar. Indem ich auf meine Ausführungen über die Grünen Blätter im Heft (S. 174 f.) verweise, bitte ich nun die Leser, nach ihrem Interesse und Vermögen ihren Beitrag für die Gr. Bl. darüber hinaus freiwillig zu erhöhen und für sie gerade in den Kreisen besonders zu werben, die infolge der hohen Bücherpreise von geistiger Anregung ausgeschlossen sind. Das Postscheckkonto ist: Verlag der Grünen Blätter Nr. 1233 Nürnberg. Die Ausländer schicken am besten Banknoten ihrer Währung oder Bankschecks auf deutsches Geld an den Verlag der Grünen Blätter Elmau Post Klais (Oberbayern). Die früheren Jahrgänge der Grünen Blätter kosten ungebunden so viel, wie der neue Mindestpreis beträgt, gebunden 300 Mk. mehr, einzelne Hefte 125 Mk.

Mein Lebenswerk in der Not der Zeit

I. Die allgemeine Lage

Die wirtschaftliche Katastrophe, die jetzt über Deutschland hereinbricht, kann wohl nicht den deutschen Geist vernichten. Im Gegenteil: wir hoffen, daß sie ihn läutert und entflammt, vertieft und wesenhafter werden läßt. Zur Wiedergeburt geht es nur durch Tod. Aber sie kann seine Träger umbringen — es sind schon eine ganze Reihe von ihnen der Unterernährung erlegen — und ihre Wirksamkeit verhängnisvoll beeinträchtigen. Aber das braucht kein Schade zu sein. Wenn sie nicht mehr in die Weite gehen kann, geht sie vielleicht in die Tiefe. Was sie an Umfang verliert, gewinnt sie vielleicht an Kraft. Der Geist versiegt nicht, wenn er verstummt, sondern aus notgedrungenem Schweigen bricht er schöpferisch und sieghaft hervor, wenn die innere Gewalt zur Äußerung drängt.

Darum braucht uns die gegenwärtige Not gar nicht um das Schicksal des deutschen Geistes bange zu machen. Im Gegenteil, wir wollen uns ihrer freuen. Vielleicht ist sie der einzige Weg zur Rettung, den es für den deutschen Geist gibt. Es wäre wahrhaftig ein Segen, wenn er durch die Not der Zeit von seiner erschreckenden Redseligkeit in Wort und Schrift kuriert würde, und die geistige Überfütterung ein Ende nähme. Wenn die geistigen Wiederkäuer verschwänden, fänden vielleicht die echten Zeugen der Wahrheit mehr Gehör. Bisher verhallten ihre Worte in dem ungeheuren geistigen Lärm des Tages und wurden von der entsetzlichen Papierflut verschlungen, die sich ununterbrochen über Deutschland ergoß.

Andrerseits haben wir ganz vergessen, daß der Mensch nicht vom Hören und Lesen allein geistig lebt, sondern vor allem und vornehmlich von dem lebendigen Wort Gottes, das durch all unsre Erlebnisse und Aufgaben an uns tagtäglich ergeht. Das unersättliche Lesen und Hören, das jedes Verdauen des Vernommenen, jede Befruchtung im Sein und Leben dadurch unmöglich macht,

ift die verhängnisvollfte Krankheit des modernen Geiftes. An
diefer Gefräßigkeit, die ebenfo wahllos wie maßlos ift, ift der wefenhafte Geift, der im Menfchen felbftändig und felbfttätig empfangend
und hervorbringend lebt, fchon weithin erftickt und an feine Stelle
ein gedanklicher Umtrieb getreten, eine geiftige Befeffenheit, die
die Menfchen innerlich verdirbt und in übelfter Weife zurichtet.

Es ift deshalb gar nicht fchlimm, wenn Unzählige, die bisher
in und aus Büchern lebten, fich keine mehr kaufen können. Sie
werden dann vielleicht in einigen, die fie längft im Bücherfchrank
begraben hatten, fruchtbare Entdeckungen machen. Sie werden die
Erfahrung machen, daß manche um fo mehr geben, je öfter man fie
lieft. Und wer fich jetzt ftatt zwanzig Bücher im Jahr nur zwei
kaufen kann, wird vorfichtiger kaufen und gründlicher lefen. So
wird niemand durch die Teuerung gezwungen werden, diefe
geiftige Nahrung und Anregung ganz zu entbehren. Ach, und für
viele wäre es von allergrößter Bedeutung, wenn fie ihr einmal
gänzlich entfagten, um endlich felbft einmal die Wirklichkeit mit ihren
Geheimniffen und ihrem Lebensfonds, mit der Fülle ihrer Anregung,
Erleuchtung, Weifung und Führung zu entdecken.

Aber auch abgefehen von diefer heilfamen Wirkung vermute
ich, daß die Beeinträchtigung des geiftigen Lebens durch die wirt-
fchaftliche Not uns nur zum Beften dienen wird. Selbft wenn es
nur wäre, daß die Menfchen einmal wieder geiftig Hunger bekämen
und dadurch von ihrem Herumfchmecken und Kritteln, von ihrer
Neugier und Senfationsluft, von ihrer lüderlichen Art, die Bücher
nur „einzufehen“ und nur teilweife zu lefen oder bloß den Kitzel der
Geiftreichigkeit zu fuchen, kuriert würden. Aber ich glaube, daß wir
auch neue Weifen gemeinfchaftlichen geiftigen Lebens finden werden,
wenn fich der Einzelne für fich allein keine Bücher mehr leiften,
und nicht jeder, der es möchte, an Stätten geiftiger Anregung
reifen kann. Und gewiß wird man das beffer in fich bergen und
bewahren, was man fich mühfam und unter großen Opfern ver-
fchafft hat. Es ift gar nicht abzufehen, wozu uns alles die Not
der Zeit dienen kann. Nicht nur daß die Kirche wieder eine ganz

andere Bedeutung gewinnen wird, wenn sie versteht, die Scharen
von geistig Hungernden, die schließlich notgetrieben sich an sie wenden
werden, wirklich zu sättigen: ich glaube auch, daß die Pflege der
Musik andre Wege zur künstlerischen Erbauung suchen wird, wenn
der Konzertbetrieb, unter dem Künstler und Kunstfreunde schon seit
Jahren leiden, an der Unerschwinglichkeit der Kosten scheitert.

Liegt es so, dann wollen wir die Beeinträchtigung des geistigen
Lebens nicht so tragisch nehmen und uns nicht etwa verzweifelt
gegen sie wehren. Je weniger wir dem Schlimmen Widerstand
leisten, um so schneller wird das Gute daraus hervorgehen. Das
wollte ich vorausschicken, ehe ich zeige, wie die wirtschaftliche Not
meine Tätigkeit bedrängt, damit man von vornherein versteht, wie
ich mich dabei verhalte.

2. Die Vorträge

Was ich schon seit einiger Zeit erwartete, ist jetzt wirklich eingetreten. Es ist bei der gegenwärtigen Teuerung ganz unmöglich,
daß ich in den großen Städten wie bisher Vorträge halte. Die
Kosten sind so ungeheuerlich, daß man dadurch zu Eintrittspreisen
gezwungen wird, die für meine Zuhörerschaft einfach unerschwinglich sind. Ich habe deshalb meine Vorträge, die in der ersten
Hälfte des Dezember in Hamburg und Berlin stattfinden sollten,
aufgeben müssen. Wenn man bedenkt, daß allein der Billettdruck
für einen Vortrag 2100 Mk. kosten sollte, so wird man begreifen, daß
Eintrittspreise von 75, 50 und 30 Mk. herauskamen, von denen ja
$1/5$ allein an „Vergnügungssteuer" zu zahlen ist. Nun handelt es
sich für die Besucher aber ja nicht nur um diese Beträge, sondern
noch um die 1, 2, ja von manchen Vororten 3 elektr. Bahnen, um
in den Vortrag und wieder heimzukommen. Jede Fahrt kostet jetzt
30 Mk., so daß das Billett meist noch das Billigste ist. Da nun
meine Zuhörerschaft zumeist zu dem schwer leidenden Mittelstand
gehört und über ganz Berlin und seine Vororte verstreut ist, wäre
sie vom Besuch der Vorträge direkt ausgeschlossen. Um so mehr,
da diese Kreise wirklich jetzt alle ihre Einkünfte ausschließlich für

Wohnung, Nahrung und Kleidung verwenden müssen, um existieren zu können. Sie haben tatsächlich für nichts sonst mehr etwas übrig. In Hamburg aber wären die Billettpreise noch um 20 Prozent höher geworden, weil dort der Saal das Dreifache gekostet hätte wie der Hochschulsaal in Berlin. Es ist jetzt auch nicht mehr möglich, vorher Vortragsprospekte an unsre Adressen zu versenden, weil das ganz riesige Kosten machen würde. So würden Unzählige gar nichts davon erfahren, wenn man nicht zehnmal soviel annoncierte und plakatierte wie früher, was natürlich finanziell rein unmöglich ist.

Diese Absagen sind mir aber gar nicht schwer geworden, namentlich für Berlin nicht. Ich habe nun dort 25 Jahre jeden Herbst eine Reihe Vorträge gehalten. Ich finde, das genügt vorläufig einmal. Die Vorträge sind keine Lebensnotwendigkeit. Meine Hörer haben mir das die ganze Zeit hindurch selbst deutlich genug dadurch gezeigt, daß sie nur kamen, wenn es ihnen paßte. Und so oft ich auch ganz aktuelle Probleme, ja Schicksalsfragen für unser Volk behandelte: nie ist davon irgend ein Anstoß für das Ganze ausgegangen, da die maßgebenden Kreise in Politik, Wirtschaft und Kultur niemals meine Vorträge ihrer Beachtung würdigten. Also schadet es gar nichts, wenn sie aus Berlin verschwinden. Ich habe ja ohnedies immer nur für das Berlin gesprochen, das nicht Berlin war. Wer sie aber entbehrt, hat zumeist genug von mir gehört, um zu wissen, worauf es ankommt, und wird besser weiterkommen, wenn er einmal tut, was er gehört hat, und sich so durch die eigene Erfahrung belehren läßt. Außerdem hat er ja meine Bücher und die alten Jahrgänge der Grünen Blätter. Da findet er mehr, als er braucht. Aber auch in den andern Städten habe ich nie den Eindruck bekommen, unentbehrlich zu sein. Ich mußte sagen, was ich zu sagen hatte. Aber ich fand nie, daß die Aufnahme das innere Muß, dem ich folgte, rechtfertigte. Ich gehorchte ihm trotzdem. Aber jetzt fühle ich mich entlastet, wenn ich verhindert werde, das, was ich zu sagen habe, durch Vorträge weiteren Kreisen mitzuteilen.

Volle dreißig Jahre habe ich nun durch meine Vorträge den Kreisen gedient, die für meine Art zugänglich waren und nach

dem, was mir zu sagen gegeben wurde, Verlangen trugen. Ich bin
weder müde noch habe ich mich ausgeredet, sondern bin lebendiger
als je und werde innerlich von der Wahrheit, die vernehmlich werden
will, mehr bedrängt als je. Ich denke deshalb gar nicht daran,
mich der Ruhe des Alters zu ergeben, das ich noch nicht fühle,
oder dem Schweigen zu frönen, das für mich eine wahre Wollust wäre. Ich werde deshalb auch weiterhin, wenn es mich drängt,
etwas in breitester Öffentlichkeit auszusprechen, was ich für „lebens-
notwendig" für unsre Zeit und unser Volk halte, danach trachten
zu Worte zu kommen. Aber die regelmäßige Tätigkeit durch Vorträge mag vorläufig einmal aufhören, da sie durch die wirtschaftliche Katastrophe Deutschlands ohnedies unmöglich gemacht wird.

Es werden also vermutlich in Zukunft immer nur noch einzelne Vorträge sein, die ich halte — natürlich gelegentlich auch in
Berlin, wenn sich eine Möglichkeit dazu bietet — nicht Vortrags-
reihen. Aber das ist kein Vorsatz, sondern nur eine Vermutung.
Auch hier tue ich, was vorliegt, und warte, was wird.

3. Meine schriftstellerische Tätigkeit

Die Preise meiner Bücher sind durch die Teuerungswelle zu
einer für die meisten heute unerschwinglichen Höhe emporgeschnellt.
Es bedeutet jetzt für die meisten ein großes Opfer, sich eins davon
anzuschaffen. Um so gründlicher und hingebender werden sie gelesen
und beherzigt werden. Sobald dies geschieht, sind sie auch nicht
zu teuer erkauft. Denn was man durch ihre Vermittlung empfangen
kann, ist schlechthin unbezahlbar. Wenn ich bedenke, um von den
andern Büchern gar nicht zu reden, was das Buch „Beruf und
Stellung der Frau" für eine grundlegende Bedeutung für die Entwicklung und das ganze Leben so vieler Frauen gewonnen hat, so
ist diese Aussteuer fürs Leben nicht zu teuer, selbst wenn man dafür
so viel wie für ein Bettuch zahlen muß.

Immerhin werden sich vorläufig viele keine Bücher mehr von
mir kaufen können. Dann sollen sie sich leihen, was sie lesen
möchten, und es so gründlich in sich aufnehmen, daß sie es dann

nicht mehr brauchen. Die glücklichen Besitzer meiner Bücher bitte
ich aber dringend, sie alle aus ihren Schränken, in denen sie
schon seit Jahren beigesetzt sind, herauszuholen und dadurch zum
Leben wiederauferstehen zu lassen, daß andere sie empfangen,
leihweise oder geschenkweise, die sie zum Leben brauchen. Das ist
auch eine Äußerung der Notgemeinschaft, in die wir jetzt mit
unsern notleidenden Nebenmenschen gedrängt werden. Wenn ihr
euch mir irgendwie zu Danke verpflichtet fühlt, bitte laßt meine
Bücher nicht zum Tode verurteilt in den Regalen verstauben, sondern
schenkt sie dem Leben wieder. Denkt vor allen Dingen der Jugend,
die danach lechzt. Gebt sie den empfänglichen Seelen der neuen
Generation weiter. Das ist nicht nur ein wahrhaftiger Liebesdienst,
sondern auch Erfüllung einer nationalen Pflicht.

Je schwieriger es wird, meine Bücher zu erwerben, um so
wichtiger werden die Grünen Blätter. Nicht nur weil sie für die
meisten noch erschwinglich sind, sondern auch weil sie vielseitiger und
mannigfaltiger sind wie jedes meiner Bücher für sich, die „Wegweiser" vielleicht ausgenommen. Sie haben aber auch noch eine
ganz andere Bedeutung als die Bücher. Denn sie sind das Band
der Gemeinschaft zwischen meinen Hörern oder Lesern und mir,
zwischen den in der Welt verstreuten Freunden und der Elmau.
Sie sind das Organ, durch das ich immer zu ihnen reden kann,
sie sind das Mittel, durch das sie an unserm Erleben und Erkennen,
Wollen und Vollbringen, Leiden und Gnaden teilnehmen. Für den,
der sie nicht bloß hält, sondern wirklich liest und so liest, daß er
dadurch in lebendiger Fühlung mit dem bleibt, was darin lebt,
haben sie einen ganz unvergleichlichen Wert. Nicht nur als Anregung und Befruchtung, als immer weiter gehende Aufklärung und
Wegweisung, als Hilfe am Werden und Dienst am Leben, sondern
auch als Stätte der Gemeinschaft. Es ist doch sicherlich von großer
Bedeutung, wenn der Inhalt von Aufsätzen wie „Sein und Tun",
oder die „Pfingstrede" oder „Leben aus Gott" monatelang von
Tausenden innerlichst erlebt wird und sich auswirkt, vorausgesetzt
allerdings, daß das wahrhaftig geschieht.

Ich habe in den letzten Jahren so oft daheim und im Ausland, auch unter den Gästen der Elmau, frühere Leser der Grünen
Blätter getroffen, die sie einmal jahrelang gehalten haben. Wie sehr
bedauerten sie alle, wenn sie nun einmal wieder von ihrem seelischen
Strom berührt wurden, daß sie die Fühlung damit verloren hatten
und ihnen oft sogar in verhängnisvoller Weise entfremdet waren.
Darum gehe ich schon längst nicht mehr so leichtfertig wie früher
mit dem Gedanken um, sie aufzugeben. Solange ich jedenfalls
darunter leide, daß ich gar nicht alles darin bringen kann, was
ich gern möchte, werde ich sie mit allen Kräften am Leben zu erhalten suchen.

Wenn ich in den Mitteilungen des letzten Heftes aussprach,
daß die Leser sie halten könnten, wenn sie wollten, so meinte ich
nicht, wie es mißverstanden worden ist, daß jeder Leser, wenn er
nur wolle, sie weiter halten könne, sondern daß die Leserschaft die
Grünen Blätter als solche am Bestehen erhalten könne, wenn jeder
nach seinen Kräften ein Opfer bringt. Da die Herstellung und
Versendung der Blätter ungeheuer verteuert worden ist, möchte ich
den Abonnementspreis für die Zukunft als Mindestpreis festsetzen
und jedem dankbaren Leser anheimgeben, darüber hinauszugehen,
wie es ihn treibt. Die Einkünfte aus den valutastarken Ländern
müssen das Defizit aus den valutaschwachen Ländern, vor allem
von Österreich, ausgleichen. Was die Leser über ihren Mindestpreis
hinaus senden, kommt den deutschen Lesern zugute, denen der
Mindestpreis unerschwinglich ist. Denn wie bisher will ich auch
fernerhin allen armen Lesern die Blätter für das liefern, was sie
zahlen können. Ich bitte sie ebenso wie die besser Gestellten sich
selbst einzuschätzen und danach zur Erhaltung der Blätter beizutragen.

4. Schloß Elmau

Am kritischsten steht es mit unsrer Gemeinschaftstätte in
Elmau. Die Schwierigkeiten türmen sich so ungeheuerlich, daß es
einem manchmal ganz unmöglich erscheint, durchzukommen, und es
bei ganz nüchterner Betrachtung der besonderen und allgemeinen

Verhältnisse auch tatsächlich sehr fraglich ist, ob es gelingt. Es ist nicht nur die katastrophale Steigerung der Nahrungsmittel- und Brennmaterialskosten, die noch durch die ungeheuerlichen Transport- und Zufahrtskosten in schrecklicher Weise überhöht werden (ein Waggon Koks kostet über 100000 Mk. Fracht und 64000 Mk. Zufahrt von der Station), sondern der fast unerschwingliche Ersatz von Geschirr, Gerät, Wäsche, Installationsmaterial usw., die unsinnigen Kosten aller Reparaturen scheinen mir das Allerschlimmste zu sein. Notwendige Erneuerungen im Elektrizitätswerk, in Wäscherei und Zentralheizung können unter Umständen das ganze Unternehmen erschüttern.

Wir haben bisher nur mit knapper Not die Selbstkosten des Betriebs herausbekommen, und auch das war nur dadurch möglich, daß wir alle, die wir das Werk tragen und treiben, uns mit einer ganz unzulänglichen Entschädigung begnügten. Das hat seine Grenzen und geht in Zukunft nicht mehr. Meine Mitarbeiter müssen so gestellt werden, daß sie ihre unumgänglichen Lebensbedürfnisse bestreiten können. Aber das Schloß muß auch über die Selbstkosten hinaus die notwendigen Betriebsmittel abwerfen. Und diese gehen gegenwärtig in die Millionen. Dank des Ertrags meiner nordischen Vortragsreise, die ich zum Besten der Elmau unternahm, ist es diesmal noch gelungen, den Zusammenbruch unsrer Wirtschaft zu vermeiden. Aber ich habe dafür meine dringend nötige Erholungszeit opfern müssen. Die letzte war im Frühjahr 1916. Es darf aber überhaupt nicht wieder vorkommen, daß ich durch Arbeit und Entbehrung Geld verdienen muß, um das Schloß durchzubringen. Ich empfinde das direkt als ungehörig, als unsittlich.

Darum bleibt nichts anderes übrig, als die Pensionspreise so zu erhöhen, wie es nötig ist, damit sich Schloß Elmau selbst erhält. Die Gäste müssen die Kosten ihres Aufenthalts in Zukunft allein tragen. Es darf nicht vorkommen, daß ich einen Teil derselben aufbringen muß. Aber werden sie das können? Zum Teil gewiß. Aber ein Teil — und wir wissen nicht, wie groß der ist — gewiß nicht. Und wird es dann mit denen, die es vermögen, bestehen können? —

Das werden wir sehen. In dieser Spannung gehen wir dem Winter entgegen. Aber aufgeben werde ich Schloß Elmau freiwillig nicht. Denn es ist das Herzwerk meines Lebens und sicher das fruchtbarste meiner ganzen Tätigkeit. Denn selbst wenn ich alle direkten Wirkungen, die Menschen hier erleben, außer Betracht lasse, es speist meine Vorträge und Grünen Blätter. Denn was diese bringen, ist Elmauer Auslese, gewachsen aus der Gemeinschaft zwischen mir und meinen Gästen.

Wie oft habe ich das Bedauern aussprechen hören, daß ich durch Elmau so sehr in Anspruch genommen werde und deshalb nicht so viele Vortragsreisen unternehmen könne, wie es sonst mög-lich wäre. Das sei viel wichtiger und wertvoller. Ich glaube das nicht. Ich will meinen Vorträgen, die ich nun ein Menschenalter hindurch hin und her in den deutschen Städten und seit vier Jahren auch in den nordischen Ländern gehalten habe, durchaus nicht ihren Wert und ihre Wirkung für viele absprechen. Aber der Tiefgang und die Tragweite dieser Wirkung ist mir immer sehr fraglich ge-wesen. Gewiß vermitteln sie vielen eine tiefgehende und oft für das Leben entscheidende Wirkung der Wahrheit, eine Neueinstellung oder Wiederaufrichtung, eine Klärung und ein Verständnis für das, worauf es ankommt. Aber bei den meisten ist es doch nur eine vorübergehende geistige Anregung, die man sehr genießt und schätzt, ja die man nicht entbehren mag. Aber es dringt nicht ein in ihr Wesen und schlägt nicht Wurzel in ihrem Leben. Man findet sie jedes Jahr wieder in der alten Verfassung. Es wird nichts anders. Die Umkehr bleibt aus und erst recht die Verwandlung, das Sterben an sich selbst und das Auferstehen zu einem neuen Leben. Und daran allein habe ich Interesse. Nichts hat mich in meinem Leben immer wieder so angewidert, als mich als fahrenden Redner betrachten zu müssen, der den Menschen einen genußreichen Abend verschafft. Das nenne ich für mich Perlen vor die Säue werfen. Was mich das ertragen ließ, war nur die Gewißheit, daß es doch viele auf die Spur des Lebens brachte und ihnen den Weg zeigte, selbst wenn sie ihn dann nicht gingen.

Daß dieser so wenig wirklich beschritten und verfolgt wird,
liegt daran, daß über den Hörern sofort nach den Vorträgen wieder
das tagtägliche Getriebe zusammenschlägt und die gewöhnliche Routine und Gewohnheit ihres Lebens sie ergreift und in der alten Art
weiterführt. Sie erliegen immer wieder der Macht des Bisherigen.
So kann der Same der Wahrheit nicht aufgehen und Wurzel
schlagen, sondern wird weggeschwemmt oder bleibt keimlos an der
Oberfläche des Geistes als Gedanke liegen und spielt im inneren
Haushalt die Rolle eines Prachtstücks der Einrichtung, an dem
man sich zuweilen erfreut und mit den Grünen Blättern den
Staub des Alltags gelegentlich abwischt. Nach meinen jahrzehnte-
langen Beobachtungen und Erfahrungen sind deshalb in unsrer
Zeit kaum umwälzende, neuschöpferische Wirkungen im Wesen und
Leben der Menschen zu erwarten, wenn nicht die für das Zeugnis
vom neuen Leben Zugänglichen einmal aus ihren bisherigen und
gewöhnlichen Verhältnissen und Tagesbetrieb, aus ihrer Umgebung
und Stadtluft herauskommen und in Abgeschiedenheit von der Welt
die Ruhe für die Empfängnis und das Keimen der Wahrheit in der
Tiefe ihrer Seele finden. Das ist die große Bedeutung solcher Ge-
meinschaftsstätten wie Elmau in unsrer Zeit.

Das ist ein Ergebnis meiner langjährigen Erfahrung. Von
Elmau gehen tatsächlich viele als andere Menschen wieder fort,
als sie hinkamen, und es gelingt ihnen dann auch, sich in ihrer
neuen Existenz zu behaupten und ein Ferment wahrhaftigen Lebens
in ihrer Umgebung zu werden. Ich würde das nicht behaupten,
wenn mir das nicht von den Angehörigen solcher oft mit Staunen
und Verwunderung ausgesprochen worden wäre. Denn meine
Beobachtung reicht selten über den Aufenthalt der Gäste in der
Elmau hinaus, und ihre eigenen Aussagen können auf Selbsttäuschung beruhen, obgleich das dort unwahrscheinlich ist, wo die
Wandlung dauert und die neue Art aus sich selbst lebt.

Darum halte ich die Elmau für so wichtig, nicht nur als
Jungbrunnen, sondern vor allem als Quelle der Erneuerung, als
eine Stätte, wo die wesenhafte Wahrheit menschlichen Seins und

Lebens empfangen und ausgetragen werden kann. Wievielen das
hier gegeben wird, weiß ich nicht. Aber das ist ohne Belang,
wenn nur überhaupt hier die Vorbedingungen vorhanden sind, daß
die Wahrheit über die Menschen kommen kann. Empfänglichkeit
dafür ist die Voraussetzung. Aber sie wird gerade hier oft gewonnen. Man merkt es dann zuweilen direkt unter Schauern der
Ehrfurcht: „den Mann hat's", und darf hoffen, daß es ihn niemals losläßt.

Ich höre förmlich den Einwurf: „Aber wer kann denn dorthin kommen, zumal künftig bei den teuren Zeiten; das ist ja nur
den Reichen möglich, nicht den Armen!" Nun immerhin hielten
sich in diesem Jahre 2200 Gäste einige Zeit in der Elmau auf,
und die allermeisten von ihnen nur unter großen Opfern. Wohl-
habende, die ich wagen durfte, um einen Beitrag für unsre Unter-
stützungskasse, die Armen den Aufenthalt ermöglichen soll, anzugehen,
brachte ich kaum 200 zusammen. Jedenfalls sind die Hindernisse,
die sich der Erfüllung der Bestimmung, die die Elmau hat, in den
Weg stellen, nicht dazu da, daß wir die Sache aufgeben, sondern
daß wir sie überwinden: für mich sowohl, wie für alle, die es hierher
zieht. Je schwieriger das ist, um fo reizvoller soll es für uns sein.
Deshalb gebe ich den Kampf um die Existenz der Elmau nicht
auf, sondern begegne dem Ansturm der Not mit weiterem Ausbau.

Vor allem liegt mir die Jugend am Herzen, und zwar die
reifere. Das ist das Besondere dieses Jahres, daß es mich erfahren
ließ, daß die heutige Jugend ein starkes Verlangen nach dem hat,
was ich ihr geben kann. Die akademische Woche im Frühjahr hat
uns das deutlich gezeigt, aber auch an den 150 Studenten, die
sich im Oktober hier aufhielten, haben wir es gemerkt. Diese waren
ja ganz ohne meine Mitwirkung lediglich unter dem Gesichtspunkt,
ob ihr leidender Zustand einen längeren Hochgebirgsaufenthalt er-
wünscht sein ließe, von den Universitäten auf Grund ärztlicher
Zeugnisse ausgewählt. Die allermeisten wußten überhaupt nichts
von mir, geschweige daß sie daran gedacht hätten, etwas innerlich
davon zu gewinnen. Darum hielt ich mich ja auch für ganz über-

flüssig und wollte schon Ende September meine Nordlandreise mit
Vorträgen in Helsingfors beginnen. Es war eine merkwürdige
Fügung, daß ich infolge der dortigen Überlastung der ersten Oktoberwoche mit deutschen Vorträgen, die ich nicht noch vermehren wollte,
meine Reise dahin aufgab und erst am 5. Oktober direkt nach
Stockholm fuhr. So erfüllte ich natürlich gern die Bitte der Leitung
der deutschen Studentenhilfe, den im Schloß weilenden Studenten
Sonntag, den 1. Oktober einen Vortrag zu halten, und dieser er-
regte solches Interesse, daß sich am 2. und 3. Oktober noch zwei
lange Fragebeantwortungen anschlossen. Daraus ersah ich, daß auch
in dieser bunt zusammengewürfelten akademischen Jugend vielfach
ein seelisches Bedürfnis sich regte, dem ich dienen konnte.

Auf Grund dieser Erfahrungen möchte ich die Elmau soviel
wie möglich der Jugend erschließen, die Sehnsucht nach einer neuen
Art Leben in sich trägt. Gelingt es, daß die Gäste des Schlosses
dieses am Leben erhalten, dann möchte ich ein Jugendheim
bauen, wo junge Menschen aus allen Kreisen leben können gegen
Erstattung der Kosten einer ganz einfachen Ernährung oder ohne
jedes Entgelt, wenn sie sich selbst beköstigen. Bisher waren ja oft
schon Wandervögel und andere Jugend einzeln und in Gruppen
wochenlang hier, die gegen Arbeit ihren Unterhalt fanden oder
sich selbst versorgten. Das Kampieren in Heustadeln ist aber doch
allzu primitiv und auch nur im Spätsommer möglich. So möchte
ich ein Jugendheim einfachster Einrichtung bauen, um dem Aufenthalt der Jugend in der Elmau einen festen Stützpunkt zu bieten.
Ich weiß, daß das jetzt viele Millionen kostet, aber ich hoffe, daß
sie zusammenfließen.

Denn ich kann nicht warten. Ich bin jetzt 58 Jahre alt und
weiß nicht, wieviel Zeit mir noch gegeben ist, um der jungen
Generation zu übermitteln, was mir anvertraut wurde. Darum
muß sofort Hand angelegt werden. Gelingt es, wieder flüssig zu
machen, was ich jetzt in den Schloßbetrieb hineinstecken mußte, so
ist ein Grundstock vorhanden, der vielleicht für den Rohbau der
Grundmauern reicht. Vielleicht finden sich dann im Laufe des

Winters die Mittel, mit denen wir das Dach darauf setzen. Und
dann werden wir weiter sehen. Namentlich wenn die Jugend selbst
mit Hand anlegt, im eigentlichsten Sinne des Wortes, wird es nicht
unmöglich sein.

So wollen wir in Gottes Namen der Not der Zeit die Stirn
bieten und ihn walten lassen, wie er es will.

5. An die Teilnehmer und Freunde

Damit kann ich aber nicht schließen, sondern muß noch meinen
Lesern zu Gemüte führen, daß alles das unmöglich ist ohne ihre
lebhafteste innere Beteiligung, und daß sie dadurch eine sehr große
Verantwortung für mein Lebenswerk mittragen. Bis jetzt bin ich
in dieser Beziehung von ihnen viel mehr, als sie ahnen und wollten,
im Stich gelassen worden. Daher kommt auch die große Einsamkeit, die mich trotz der Überfülle persönlicher Beziehungen bedrückt,
nicht die Einsamkeit im Persönlichen, sondern im Sachlichen. Aber
ich mache niemand daraus einen Vorwurf, weil, soviel ich sehe,
kaum einem bisher die Augen darüber aufgegangen sind.

Ich will es ganz praktisch sagen, was ich meine. Unzählige
Menschen wenden sich fortwährend an mich, die von Lesern der
Grünen Blätter oder Hörern meiner Vorträge oder Gästen der
Elmau auf mich hingewiesen sind, daß ich ihnen in äußeren Nöten
helfen, ihnen einen Aufenthalt in der Elmau ermöglichen solle usf.
Ich will hier nicht reden von der unbegreiflichen Gedankenlosigkeit,
die sich darin ausspricht, wenn es immer heißt: „bei Ihren vielen
Beziehungen zu reichen Leuten" oder: „bei Ihren vielen Beziehungen
zu Industriellen, zu Künstlern, zu Familien im Ausland usw. können
Sie gewiß leicht . . ." Keiner macht sich je klar, daß selbst wenn
diese Beziehungen bestehen, für mich doch gar keine Möglichkeit
vorhanden ist, nun derartige Einzelfälle zur Kenntnis der in Betracht Kommenden zu bringen, die vielleicht in der Lage wären,
eine Unterstützung zu gewähren, eine Stelle zu verschaffen usw.
Was wäre es zunächst für eine ungeheure, ja unmögliche Arbeit,
jedesmal unser Adressenmaterial durchzusehen, wer dafür in Be-

tracht kommen könnte, und dann an alle diese zu schreiben, ihnen
den Fall klarzulegen, ob sie hier etwas tun könnten, ob sie zufällig eine Stelle hätten uff. Das ist doch alles eine glatte Unmöglichkeit. Aber daran denken weder die, die sich an mich hilfe-
suchend wenden, noch viel weniger die anderen, die solche arme
Menschen auf mich hinweisen, in denen ich die eigentlich Schuldigen dieses Mißbrauchs meiner Person sehe.

Ebenso hätte ich schon die ganze Elmau bevölkern können mit
denen, die hier eine Anstellung haben wollen. Keiner denkt daran,
daß natürlich hier alle dauernden Stellen in festen Händen sind, und
nur ganz selten einmal ein Wechsel eintritt. Aber ebensowenig stellen
sie sich vor, daß bei einem derartig großen und schwierigen Unternehmen nicht die Möglichkeit besteht, Menschen zu plazieren, die sich
bis dahin als lebensunfähig gezeigt haben, die erst zu tüchtigen Menschen erzogen werden sollen, oder die im Beruf gescheitert irgendeine andere Tätigkeit suchen oder bisher beruflos waren und nun
der Hungersnot gegenüber schnell einen Beruf finden möchten. Die
Erfahrung von Jahrzehnten lehrt mich, daß ich nur vorgebildete
und erfahrene, in ihrem Fach gewandte und tüchtige Kräfte brauchen
kann. Mit Dilettanten ist eine solche Sache nicht zu führen.

Ebenso schlimm ist es aber, wenn man etwa besorgte Eltern
auffordert, ihre erwachsenen ungeratenen Kinder zu mir zu bringen,
damit ich sie in Zucht nehme und aus ihnen tüchtige Menschen
mache. Es müßte sich doch jeder vernünftige Mensch sagen, daß
ich dazu gar nicht die Zeit und Kraft habe, und auch gar nicht
die Möglichkeit besteht, einzelne hier in ihrem Tun und Treiben
zu beaufsichtigen und zu erziehen, und daß andrerseits Schloß Elmau
mit seinem Leben, mit der fortwährend wechselnden, so verschiedenartigen Bevölkerung ungefähr der ungeeignetste Platz für solche ist,
der sich denken läßt.

Immer und immer wieder werde ich dabei geradezu davon er-
schüttert, wie wenig Menschen sich bei solchen Dingen eine konkrete
Vorstellung davon machen. Wenn sie das täten, so müßte ihnen die
Unmöglichkeit ohne weiteres einleuchten. Es gibt kaum einen schla-

genderen Beweis, für die allgemeine theoretische Verblendung, um
nicht zu sagen Erblindung, als daß solche Zumutungen möglich sind.

Aber nicht nur über diese Gedankenlosigkeit habe ich zu klagen,
sondern auch über die Leichtfertigkeit meiner Leser und Hörer, unter
der mein ganzes Werk leidet. Es ist geradezu erstaunlich, mit
welchem Mangel an Verantwortlichkeitsbewußtsein Menschen auf
die Elmau aufmerksam gemacht und ihr zugeführt werden. Wir
bekommen jährlich ungefähr vier- bis fünfhundert Gesuche von
jungen Mädchen, die Helferinnen werden wollen. Aus der Hälfte
der Briefe wenigstens sehen wir ohne weiteres, daß sie gar keine
Ahnung von der Elmau haben, und ich sehe ganz konkret dann
die lieben Leser und Gäste, wie sie in irgendeiner Gesellschaft zu
irgendwelchen Eltern oder zu einem beliebigen Mädchen sagen: „Sie
müßten einmal als Helferin nach der Elmau gehen", womöglich
dann gar dazu setzen (was ich noch aus den Briefen erkennen
kann): „Das ist ein wunderschönes Leben dort", ohne eine Spur
der Verantwortung, die sie damit auf sich nehmen, nämlich daß sie
auf diese Weise dazu beitragen, daß Elemente hierher kommen, die
gar nicht hierher passen, die uns die Verwirklichung der Bestimmung
der Elmau erschweren oder geradezu unmöglich machen. Daran
denkt die oberflächliche Sucht, anderen gefällig zu sein, überhaupt
nicht, und das ist beinahe ebenso arg, wie wenn man Menschen,
die in Not sind, auf mich hinweist, ohne sich vorher klar darüber
geworden zu sein, ob ich da überhaupt helfen kann, ob ich der
Nächste dazu bin usw. In diesem Falle kommt ja noch dazu, daß
damit oft nur eine Verpflichtung, die man selbst hätte, abgeschoben
wird. Aber mindestens ebenso verhängnisvoll wie der leichtfertige
Hinweis von jungen Mädchen auf unsre Helferinneneinrichtung ist
die gedankenlose Empfehlung der Elmau als Erholungsaufenthalt
für jedermann. Wie sich unsre „Freunde" dort nicht vorstellen, welch
ungeheure Belastung sie der Hausdame durch die Korrespondenz mit
den Aspiranten für den Helferinnendienst und ihrer Auswahl ver-
ursachen, ebensowenig stellen sie sich vor, wie sehr sie die Verwirklichung dessen, was die Elmau sein soll, erschweren, ja unmöglich

machen, wenn sie uns unverdauliche Elemente hierher schicken. Die meisten Gäste kommen nur her auf persönliche Empfehlung, und es ist geradezu erschütternd, was einem da empfohlen wird, und wie oft wir darauf gestoßen sind, daß der Grund der Empfehlung nur der war, daß es hier noch sehr billig sei. Und dann regen sich dieselben „Freunde" wiederum darüber auf, daß man in der Elmau so viele Elemente treffe, die nicht hierher passen!

Wichtiger ist mir aber noch etwas anderes. Ich kann Vorträge nur halten, Grüne Blätter nur herausgeben und Schloß Elmau nur führen getragen von dem Bestreben, alles das, so unmöglich es erscheint, vom Geld unabhängig zu machen, es auf eine andere als die kapitalistische Grundlage, auf der jetzt alles ruht, zu stellen. Aber das kann ich nicht allein. Das ist nur möglich, wenn mir alle, die empfangend daran beteiligt sind, mit dabei helfen. Vor allen Dingen brauche ich dazu ihr Vertrauen. Aber es ist unglaublich, wie wenige daran glauben, daß ich mit allem nur dienen und nicht verdienen will. Und dieses Mißtrauen, das mir immer und immer wieder auch bei den eingeschworensten „Freunden" begegnet, das ist es eigentlich, was mich so einsam macht und mich geradezu verbittern könnte, wenn ich zu verbittern wäre. Statt dessen sollten sie mich mit ihrem Vertrauen stärken. Denn es ist wahrhaftig keine kleine Sache, in dieser Zeit den Kampf mit dem Unmöglichen aufzunehmen und es zu verwirklichen. Sobald ich aber nicht mehr daran glauben kann, daß es zu verwirklichen ist, muß ich es aufgeben.

Wie das bei Vorträgen in Zukunft zu verwirklichen ist, weiß ich noch nicht. Meines Erachtens müßte das Sache und Sorge meiner Hörer in den verschiedenen Städten sein. Ich meine, sie müßten mir das vollständig abnehmen und Mittel und Wege dazu finden. Ich will die Anregung dazu geben, indem ich die Leser bitte, alle Interessenten meiner Vorträge, die sie persönlich kennen und gewinnen, soweit sie nicht etwa Leser der Grünen Blätter sind, aufzufordern, ihre Adressen an mich zu schicken, oder daß sie selbst diese Adressen sammeln und mir mitteilen, und ich dann das ge-

famte Adreffenmaterial einer Stadt einigen Perfönlichfeiten derfelben,
die fähig und gewillt find, Dorträge von mir vorzubereiten, über=
mittle, damit fie dann mit allen ihren Intereffenten zufammen die
Dorträge fo ermöglichen, daß jeder fie befuchen kann, wenn er da=
nach Derlangen trägt.

Wie ich diefes Ziel bei den Grünen Blättern zu erreichen
fuche, ift oben fchon ausgeführt: Am fchwierigften ift es bei der
Elmau. Ich bin jetzt fchon zu der Überzeugung gekommen, daß
der bisherige Weg, die Penfionspreife fo niedrig zu ftellen, daß
eben nur die Selbftkoften gedeckt werden, nicht der richtige ift, weil
er viel zu fehr folche Elemente heranzieht, die in erfter Linie hier
einen relativ billigen Hochgebirgsaufenthalt fuchen. Diefer Weg
ift gefcheitert an den Elmauer Gäften felbft. Hätten fie nur folchen
von der Elmau erzählt, die es würdig find, daß man ihretwegen
Opfer bringt, fo wäre diefer Weg gelungen. Ich werde nun den
anderen Derfuch machen müffen, daß ich Preife nehme, wie fie
gerechtfertigt find, und Unbemittelten unter der Hand den Preis be=
deutend ermäßige. Aber ob diefer Weg gangbar ift, hängt wieder=
um von der Redlichkeit und dem Derantwortlichkeitsbewußtfein
meiner Lefer ab. Bisher fchon bekam ich immer und immer wieder
Gefuche von oder für „Unbemittelte", daß ich fie umfonft oder zur
Hälfte des Preifes aufnehmen möchte ufw., aber es ftellte fich leider
nur zu häufig heraus, daß es fich dabei um Gefälligkeiten handelte,
die man Bekannten erweifen wollte, ohne dabei zu fragen, ob über=
haupt bei ihnen ein inneres Bedürfnis in der Richtung vorliege,
die die Elmau verfolgt: eine neue Art Leben, Reich Gottes auf Erden.

Schloß Elmau will keine Wohltätigkeitsanftalt fein für jeder=
mann, der es nötig hat, fich einmal zu erholen oder fich nach
einem Zufammenbruch innerlich aufzurichten ufw., fondern es will
eine Gemeinfchaftsftätte für fuchende Menfchen fein. Ich ftehe unter
dem niederdrückenden Eindruck, daß unfer redliches Bemühen um
die Menfchen vielfach in der abfcheulichften Weife ausgenutzt wird.
Sogar in der akademifchen Woche waren ftudentifche Elemente
hier, die gar nicht hierher paßten und fich übel benahmen. Und

XXIV.   14

wieviele im Laufe des Sommers hier gewesen sind, die man unter
begünstigten Bedingungen aufnahm, und die überhaupt gar nicht
daran dachten, daß es Ziele geben könne, die jenseits ihres egoistischen Horizontes liegen, ist gar nicht zu sagen. Daran tragen meine
Hörer, Leser und Gäste die alleinige Schuld. Deswegen möchte ich
mich zum Schluß an Ihr Gewissen wenden und das Verantwortlichkeitsgefühl bei Ihnen wecken. Ihre Dankbarkeit, die mir immer
und immer wieder bis zur Ermüdung ausgesprochen wird, hilft
mir gar nichts, sondern nur Ihre innere und äußere Mitarbeit, die
von dem ernsten Bewußtsein der Verantwortung für mein Werk
getragen wird. Nur auf diese Weise ist es zu vollbringen, und
nur auf diese Weise kann es für viele fruchtbar werden.

Wodurch ich mich von den meisten anderen unterscheide

Heute früh kamen mir einige Gedanken, die ich Ihnen aussprechen möchte. Angeregt waren sie durch eine Bemerkung, die
ich gestern wieder einmal hörte, wie ich sie oft genug höre. Es
ist eigentlich eine der üblichen Handbewegungen, mit denen man
den verpflichtenden Eindruck dessen, was man hier hört und sieht,
abzuwehren sucht: Hier oben in der Abgeschiedenheit von der Welt
könne man wohl die Dinge so sehen und so leben, wie ich es vor
Augen stelle; aber wenn man drunten mitten im Leben stehe, in
der Wirklichkeit, da sei es doch ganz anders, da müsse man sich
anders verhalten. Als ob hier oben nicht auch Leben und Wirklichkeit wäre, und die Schwierigkeiten der bloßen Existenz und erst
recht der Erfüllung der Aufgabe nicht viel größer wäre als drunten
im Unterland! Alle wirtschaftlichen Nöte und sozialen Bedrängnisse,
die unten sind, gibt es hier oben auch, nur alle gesteigert und
noch einige mehr. Es ist viel leichter, in der Gemeinschaft und im
Zusammenhang einer Stadt durchzukommen als in der Verlassen-
heit und Abgeschiedenheit des Hochgebirges, wo man ganz allein

auf sich und seine Leute gestellt ist, und z. B. keine Handwerker
zur Verfügung stehen, sondern es ungeheuer schwierig, ja oft rein
unmöglich ist, die Hilfe zu bekommen, die man braucht. Ich über=
zeuge mich immer wieder, daß auch die praktischsten und erfahrensten
Menschen von der ganzen Ungeheuerlichkeit der schwierigen Situation
der Elmau gar keine Ahnung haben, an viele ihrer Seiten — denn
sie sind nicht bloß wirtschaftlicher, geschweige finanzieller Art —
überhaupt gar nicht denken. Aber gerade diese Hochgebirgsschwierig=
keiten der Existenz voller Überraschungen und Abenteuer, Ratlosig=
keiten und Unmöglichkeiten hat die Vorsehung mir zur Bewährung
der Lösung des Lebensproblems, zu der ich die anderen führen
möchte, gegeben. Hier muß sie sich erweisen. Die alten weltflüch=
tigen Heiligen haben mir nie sehr imponieren können. Mitten in
der Welt, verheiratet, mit zehn Kindern, in einer äußerst viel=
gestaltigen Tätigkeit; bedrängt von einer Flut von Menschen, in
fortwährendem Gedränge mit immer neuen Nöten, Gefahren, Ver=
lusten und Hindernissen das Leben zu bändigen, die Aufgabe zu
bewältigen und die Welt zu gestalten von dem aus, was nicht
von dieser Welt ist, das halte ich für schwerer und wichtiger als
jede weltflüchtige Heiligkeit, die mir nur wie eine Scheinheiligkeit
vorkommt.

Nein, ich will nichts neben dem Leben oder jenseits des Lebens,
sondern das Leben selbst aus dem Leben für das Leben. Es sind
nicht Ideale, sondern innere Gesetze des Lebens, die man nicht er=
strebt, sondern anwendet, keine Gesichtspunkte, sondern Handgriffe,
keine Sehnsüchte, sondern Einstellungen. Es ist nicht, wie so oft
gesagt wird: In der Theorie ganz schön, aber in der Praxis un=
möglich, sondern umgekehrt: Es ist in der Theorie unmöglich und
nur in der Praxis zu verwirklichen, aber nicht nur möglich, sondern
auch fruchtbar, erlösend, erfüllend. Wer mich theoretisch versteht,
versteht mich nicht. Nur wer es praktisch versucht, der kommt da=
hinter. Theorie ist subjektiver Dunst, der uns umnebelt und die
Wirklichkeit verhüllt. Nur Erfahrung, Versuch, Übung, Meisterung
ist der Weg zur Wirklichkeit und zur Verwirklichung. Gegen nichts

habe ich seit einem Menschenalter so gekämpft wie gegen die theoretische Verblödung, und dann sagt man mir: In der Theorie ist
es ganz schön! Immer wieder dringe ich darauf, daß wir durch
die subjektive Dunstschicht unsrer Gedanken, Gefühle und Wünsche
hindurch die unmittelbare Fühlung mit der Wirklichkeit suchen. Was
ich will, ist ja die neue Art Leben, die sich daraus ergibt. Allerdings stelle ich mich nicht bloß auf den Boden der Wirklichkeit,
sondern treibe auch die Wurzeln meines Wesens hinein und dringe
so in ihre Tiefe, um aus der Tiefe der Wirklichkeit zu leben.

Doch dieses Mißverstehen, um nicht zu sagen Mißhandeln
dessen, was ich mitteile, wie es sich in solchen Einwänden ausdrückt, ist ja nur ein Symptom neben vielen anderen von dem,
worunter ich, wie man gewöhnlich sagen würde, leide — aber ich
leide nicht darunter —, ein Symptom des merkwürdigen Sachverhalts, daß ich mich so wenig mit den Menschen verstehe, schon
im Oberflächlichen nicht, aber je tiefer es geht, um so weniger,
eine Erklärung dafür, daß ich mich eigentlich sehr einsam fühle,
so wenig ich unter meiner Einsamkeit leide.

Das war es, was mich heute früh beschäftigte. Ich fragte
mich: Woher kommt das? Die einfache Tatsache, daß ich unter einer
solchen Fülle von Menschen so einsam bin, und daß ich bei dem
Reichtum persönlicher Vertrautheit und Liebe, die mir überall begegnet, so menschenverlassen im Innersten, in der bewegenden und
treibenden Gärung meines Wesens bin, ist mir selbst ein Rätsel.
Aber heute ging mir etwas auf, woher es kommt, ein Unterschied
zwischen mir und den meisten Menschen. Davon möchte ich einmal
sprechen. Aber es bringt das mit sich, daß ich mehr als sonst von
mir selbst reden muß.

Der tiefste Unterschied scheint mir in erster Linie der zu sein, daß
sich die meisten Menschen bei allem, wie es ist, beruhigen,
und ich mich bei nichts beruhigen kann. Sie werden mir zugeben: wenn das wirklich so ist, dann ist es nicht nur ein tiefgehender

Unterschied, sondern geradezu ein Gegensatz. Daß sich die meisten
bei allem beruhigen, wird niemand bestreiten. Das begegnet mir
schon hier im häuslichen Betrieb, wenn ich etwas auszusetzen habe.
Wie oft bekomme ich da die Antwort: „Ja das ist nun einmal
so, da kann man nichts machen; da sind die Leute nicht dazu zu
kriegen; Vollkommenheit gibt es nicht in dieser Welt." Das sind
alles Gedanken, die zur Beruhigung dienen. Mit ihnen findet man
sich darein und findet sich damit ab und läßt es gehen.

So ist es aber überall. Ja man könnte die Geistesgeschichte
der Menschheit vielleicht einmal unter diesem Gesichtspunkt betrachten und darstellen, wie ihre Entwicklung durch das Trägheits-
gesetz gehemmt wird, und sich überall im geistigen Leben das
Streben nach Beruhigung geltend macht. Die Menschen können
nicht leben, das Leben mit seinen bedrängenden Problemen nicht
ertragen, wenn sie nicht dagegen gleichgültig werden, sich darüber
beruhigen und dadurch die peinlichen Anstöße beseitigen. Und so
wird alles zum Beruhigungsmittel verwendet. Die Gewöhnung an
alles ist sicher das wirksamste darunter. Das wiederholte tagtägliche Erleben regt nicht immer darüber auf, sondern stumpft meist
dagegen ab. Aber auch die Kunst, die Religion, die Philosophie,
jeder Genuß und jedes erbärmliche Behagen dient ebenso zur Beruhigung der Menschen wie die Rechtfertigungen, mit denen man
die Verpflichtung und Verantwortung, die einem aus allen Unzulänglichkeiten entgegenspringt, für sich beseitigt. Alles Versehen,
Vergehen, Verirren, das ist nun einmal so, menschlich, allzumenschlich! Dabei läßt man es bewenden, oder man sagt: das Leben
ist zu schwer. Man denkt nicht daran, daß man am Leben wachsen
sollte, daß alle Schwierigkeiten und Nöte dazu da sind, daß man
sie überwindet und so lange an ihnen wächst, bis man ihnen gewachsen ist, daß das Schicksal, wie es auch kommt, nur dazu da
ist, um es zu meistern, statt von ihm zerdrückt und zermürbt zu
werden. Aber das ist Geschmackssache. Wenn ich nur die Äußerung
höre: Ich bin ganz niedergeschlagen davon, so gibt es mir schon
unwillkürlich einen Chok. Ich empfinde das als menschenunwürdig.

Oder denken Sie an etwas anderes. Ich habe schon in „Beruf
und Stellung der Frau" gelegentlich gesagt: Ich hasse nachgerade
das „Ideal". Warum? Weil das Ideal das große Beruhigungs=
mittel geworden ist. Es versteht sich jedem von selbst, daß man
ein Ideal nicht erreichen und verwirklichen kann, sonst wäre es
kein Ideal. So wird alles als Ideal erklärt, und man beruhigt
sich nun, daß man es nicht erreicht. Die Begeisterung dafür ist
der Tribut, den man ihm zollt, der Kultus, den man mit ihm
treibt, ist die Entschädigung dafür, daß man es nicht verwirklicht.
In der Gesinnung hat man es, in der Wirklichkeit kann es selbst=
verständlich nicht sein. Auch die Gesinnung entbindet von der Tat.
Pfarrer sprechen mit Vorliebe von den „Wohlgesinnten" und be=
ruhigen sich mit ihnen darüber, daß es keine Christen gibt. Und
ein solches Beruhigungsmittel ist auch die abgeschmackte Redens=
art: „In der Theorie ist es ja ganz schön, aber in der Praxis
kann man nichts damit anfangen."

Mein Schicksal ist es nun, daß bei mir nie ein Beruhigungs=
mittel verfangen hat, und ich mich nicht habe daran gewöhnen
können, daß alles nicht so ist, wie es sein könnte und sollte, sondern
ich fiebere immer im tiefsten Grunde in der Spannung und Sehn=
sucht nach dem Eigentlichen, Wahren, Ursprünglichen, nach Offen=
barung des Geheimnisses und Verwirklichung des Wunders, nach
Entdeckung des Lösenden, nach Erlösung und Wiederherstellung,
nach Vollenden, Vollbringen, Erfüllen. Ich habe immer das leiden=
schaftliche Verlangen, daß das Reich des Möglichen nicht nur Ver=
wirklichung findet, sondern auch erweitert wird. Ich habe es mir
auch niemals so bequem gemacht, alles dem lieben Gott in die
Schuhe zu schieben oder die Ursache in dem Menschenlos und in
den Verhältnissen, sei es in den Dingen oder in der modernen
Kultur zu suchen, sondern immer bei den Menschen selbst, bei mir
selbst. Ich fragte mich stets: Liegt das nicht nur am Menschen?
Könnte es nicht anders sein, wenn er anders wäre? Würde er
nicht anders, wenn er nur wirklich wollte und dazu täte? Ist es
nicht mehr Nichtwissen als Unvermögen? Fehlt nicht mehr die rechte

Haltung und Einstellung als der gute Wille? Ist nicht unser größtes
Verhängnis der Verzicht, die Resignation, die faule Beruhigung
bei allem? Wenn mir in meinem Betrieb ein Angestellter sagt:
Da ist nichts zu machen, das ist nun einmal so, so zeigt er, daß
er untauglich ist. Mit solchen Mitarbeitern ist nichts anzufangen.
Und dasselbe gilt in der Welt. Mit Menschen, die sich bei allem
beruhigen, kann auch Gott nichts anfangen. Es ist nur seine ungeheure Geduld, die sie leben läßt, d. h. sterben läßt. Denn für
solche ist das Leben nichts anderes als ein Sterben und Verwesen.

* *

Ich kann mich nicht bei dem Menschen beruhigen, wie er ist.
So wie ich ihn sehe und kenne, hat es sich mir immer von selbst
verstanden, daß wir noch nicht sind, was wir sein sollen, sondern
nur Keimlinge unsers eigentlichen Wesens, noch ungeborene Menschen, nur Anläufe unsrer Bestimmung. Ich sehe doch, wie in jedem
der wahre Mensch anlageartig vorhanden ist, aber zugrunde geht,
ehe er zur Entfaltung kommt. Wie kann man sich nur daran gewöhnen, daß das so ist und bleibt! Durch nichts werde ich so beglückt wie durch Menschen. Denn ich ahne das wunderbare göttliche Wesen, das in ihnen verborgen ruht. Aber dieses Entzücken
ist ein Leiden darunter, daß es verkommt und verwest, noch ehe es
aufleben kann. Das ist doch einfach nicht mit anzusehen. Das ist
nicht unsre Bestimmung, sondern vielmehr ihre Vereitelung. Es muß
ein höheres Niveau des Seins und Lebens für den Menschen geben.
Darum kann ich mich nicht auf dem gegenwärtigen einrichten, geschweige behaglich fühlen, sondern ringe nach der schöpferischen
Entfaltung des noch unentschleierten Geheimnisses des Menschen.

Ich kann mich nicht dabei zufrieden geben, daß wir zwei
Seelen in der Brust haben. Das ist Chaos und Mißwirtschaft.
Wir müssen den Einklang im Inneren gewinnen, der unsrer Einheit entspricht. Ich schließe daraus, daß wir die Verfassung, die
den wahren Menschen begründet, noch nicht gefunden haben, und
solange ich die Dissonanz im Inneren erlebe, werde ich darunter

leiden und nicht ruhen, bis sie ihre Auflösung findet. Und lieber
will ich sterben, ohne die Lösung gefunden zu haben, immer in
dem leidenschaftlichen Verlangen danach und Bemühen darum, als
daß ich mich dabei beruhigte, daß das nun einmal so sei. Aber
ich sehe ja schon die Möglichkeit und ihre Verwirklichung.

Und erst recht nicht kann ich das, was wir Menschen Leben
nennen, erträglich finden. Es ist vielmehr eine Schmach, eine elende
Pfuscherei, ein niedriges Treiben, das nicht den Namen Leben
verdient, ein fortwährendes Versehen, Vergehen, Versagen, der Um=
trieb von allerlei Besessenheiten, ein stumpfes Vegetieren und eine
lächerliche Affektation. Ich kann nicht begreifen, daß es im Leben
Aufgaben oder Schwierigkeiten geben sollte, mit denen der Mensch
nicht schlankweg fertig werden könnte, wenn er zu leben verstünde.
Alles Sorgen, Keuchen, Überanstrengen zeigt mir eine Lebens=
unfähigkeit an, die nur allgemein ist. Verstünden die Menschen zu
leben, so müßte alles von selbst gehen wie ein elementares Ge=
schehen aus quellender Kraft voll seelischen Schwungs, im leichten
Tanz des lebendigen Rhythmus. Ich kann nicht glauben, daß es
die Bestimmung des Menschen ist, sich am Leben zu erschöpfen,
daran klein, elend und nichtig zu werden und im erbärmlichen
Behagen zu ersticken, statt daran groß, heldenhaft, vollmächtig zu
werden. Mag das seit Jahrhunderten immer so gewesen sein: so
kann und darf es nicht bleiben. Und wenn sich die ganze Welt
darein findet, ich kann das nicht. Das entsetzliche Verhängnis, daß
die Menschen dahinfahren, ohne daß ihnen aufgeht, was das
Leben eigentlich ist, brennt mir auf der Seele. Mit Verbesserung
und moralischer Zurichtung ist da nichts getan. Darum suchte ich,
seitdem mich das quälte, nach einer neuen Art Leben und bin
auch glücklich auf seine Spur gekommen.

Ich begreife nicht, wie sich Menschen, die nicht dumpf dahin
vegetieren, mit Auffassungen, Deutungen, Ideen und Idealen, Welt=
anschauungen und Prinzipien über die lebensunfähige Mißgeburt
Mensch und das Pfuschwerk seines Lebens beruhigen können. Mir
kommt dies Gedankentreiben geradezu albern, grimassenhaft, ver=

ächtlich und total wertlos und überflüssig vor, solange wir nicht
Menschen werden und das uns eigentümliche Leben gewinnen.
Diese geistige Akrobatik der höheren Affen wirkt auf mich wie eine
leibhaftige Satire. Ich höre dahinter das Hohngelächter der Hölle
über diese aufgeblasene und gespreizte Maskerade, mit der das
Menschengeziefer hochherfährt und sich die eigene Nichtigkeit weg-
zutäuschen sucht. Mich ekelt dieser losen Speise. Mir graust vor
all den theoretischen Ausdünstungen der Jahrhunderte, mit denen
sich die Menschen benebeln, so daß sie das Verhängnis ihres Daseins, an das sie sich gewöhnt haben, gar nicht mehr sehen. Wie
soll ich mich mit all ihren Vertretern und Anhängern verstehen!
Sie sind mir sachlich ganz fremd, so nahe sie mir persönlich stehen
mögen, daß ich im Innersten schweigen muß, wenn ich mit ihnen
reden soll.

Genau so geht es mir mit dem Christentum. Seit meiner
Studentenzeit konnte ich mich nie darein finden, daß es etwas
wesentlich anderes geworden ist, als es ursprünglich war, daß man
Jesus in den Himmel hebt, aber nicht auf der Erde verwirklicht,
daß Bergpredigt und Christentum schlechterdings nichts miteinander
zu tun haben, weil sie auf ganz verschiedenen Ebenen liegen. Mir
war klar, daß Jesus heute den frommen Christen genau so entgegentreten würde wie den Pharisäern, weil ihre Frömmigkeit
wesentlich dieselbe ist wie die Gerechtigkeit jener Eiferer um Gott,
nur gekleidet in christliche Gedanken. Ich kann mich nicht dabei
beruhigen, daß das Reich Gottes bis jetzt nicht auf die Erde
gekommen ist, sondern daß das Christentum eine Religion dieser
Welt geworden ist, in der man mit Jesus einen Kultus treibt.
Ich kann mich nicht mit einer Wiedergeburt abfinden, die nur geglaubt wird, aber sich nicht als ein göttliches Wunder im Menschen
vollzieht und ihn neu schafft, so daß die Wahrheit des Menschen
in ihm individuelle Gestalt gewinnt. Und was soll mir die Vorspiegelung einer Erlösung, die nur das Leben vom Sündenbewußtsein entlastet, aber nicht von der Welt, der Vergangenheit und
Umgebung, der Sünde und Entartung und dem Vampir der Seele,

dem Ich, erlöst! Daß vorgebliche Jünger Jesu Egoisten sind, beschränkt in sich selbst, Fanatiker, Verdammer und Vergewaltiger,
daß sie Gott und dem Mammon dienen können, sich sorgen,
hochherfahren, Ehre nehmen können, daß sie Jesus nachahmen,
aber nicht nachfolgen, daß ihre Sittlichkeit ein Tun-als-ob ist, daß
sie beten wie die Juden und Heiden: das alles sind Dinge, bei
denen ich nicht nur nicht mitmachen, sondern mich auch unmöglich
beruhigen kann, auch wenn sie durch Jahrtausende sanktioniert sind.

Ist es ein Wunder, daß ich mich weder mit der Theologie
noch mit der Kirche verstehe, daß mein Buch über die Bergpredigt
in den bald zwei Jahrzehnten seiner Existenz ohne jede Wirkung
auf das offizielle Christentum geblieben ist, daß ich in den Gottes-
diensten und bei theologischen Unterhaltungen friere, daß ich tief
erschüttert über die Vergeblichkeit des Werkes Jesu darum flehe,
daß er wieder auferstehen möchte aus den Mausoleen der Kirchen
und den Gräbern der Theologie und seinen Geist ausgieße über
die Menschen, die jetzt, und zwar auch in der Religion, ihres Geistes
voll und trunken sind! Mich jammert nach göttlicher Realität und
ekelt bis zum Erbrechen vor dem Ersatz der Gedanken, Gefühle
und moralischen Machenschaften.

Aber ebensowenig kann ich mich beruhigen bei der Kunst, daß
sie ihren Ursprung und ihre Quelle verloren hat und technische
Kunststücke gibt statt Offenbarungen. Das Wort von dem „gott-
begnadeten Genius" haben wir noch, aber kein Künstler kümmert
sich darum, wie er der Gnade Gottes teilhaftig wird. Man wähnt,
daß der Mensch schaffen könne, wo doch Gott allein es vermag
und tut, und zwar nicht nur in der Kunst, sondern auf allen Gebieten des Lebens, wenn er menschliche Organe findet. Ich kann
mich bei dem Versiegen der schöpferischen Quellen in der Menschheit
Europas nicht beruhigen, aber auch nicht bei dem sinnlosen Spiel
auftauchender und absterbender Kulturen, sondern sehe den toten
Punkt, den sie alle nicht überwinden konnten, und ringe nach der
Kultur Gottes, nach der sie alle nur Anläufe waren. Daß das
immer alles so weitergehen müsse, daß im Grunde alles so bleibe,

wie es bisher war, empfinde ich als denkbar größte Gotteslästerung.
Mein Blick auf alle Dinge ist erleuchtet von dem Lichte des Wortes:
Siehe, ich mache alles neu. Aber ich kann mich nicht darein finden,
daß sich das auf die Parusie oder gar auf das Jenseits beziehe,
sondern glaube an das Hier und Jetzt der göttlichen Offenbarung.

Aber so geht es mir überall. Ich kann mich nicht bei der
Ehe beruhigen, wie sie jetzt ist und bisher war. Mir ist sie vielmehr ein Wunder und Geheimnis, das noch keiner Offenbarung
wartet. Deshalb tun mir alle leid, die mit einer Idee und einem
Bilde, das sie sich von ihr gemacht haben, in die Ehe hinein-
gehen, um sie nach ihren Gedanken zu gestalten, statt voll Ehrfurcht in dieses heilige Land zu treten und es sich selbst in seiner
unvorstellbaren Herrlichkeit erschließen zu lassen. Wie komme ich
mir darum vor, wenn man von Reform oder Änderung der Ehe
spricht, wo sie doch kaum noch jemand entdeckt hat: das Paradies,
aus dem eine neue Menschheit immer wieder hervorgehen soll!

Dasselbe gilt von der Familie als dem Mutterschoß der unmündigen und der Heimat der mündigen Kinder, als der Volks-
zelle, der die erste Sorge des Staates gelten sollte. Die Barbarei
der Kindererziehung, diese Verwahrlosung und Vergewaltigung der
jungen Menschensprossen, das unsagbare Leiden dieser vom Himmel
heruntergefallenen Seelen auch bei den besten und redlichsten Eltern,
die sich für ihre Kinder aufopfern, leider nur an falscher Stelle,
verfolgt mich geradezu. Ich kann mich nicht damit trösten, daß
das immer so war, oder mich gar damit beruhigen, womit mich
eine der besten Mütter bei einer leidenschaftlichen Anklage entrüstet
unterbrach: Nun, mit etwas müssen doch die Kinder gequält werden!
So bin ich zum Anwalt der Kinder geworden und kämpfe für sie
gegen die ungeratenen Eltern und den ganz allgemein herrschenden
Elternegoismus!

Und nun erst die Schule! Schon während meiner eigenen
Schulzeit beschäftigte mich das Problem des Unterrichts und hat
mich seitdem nie mehr losgelassen. Ich kann mich bei den Re-
formschulen, Landerziehungsheimen, Arbeitsschulen nicht zufrieden

geben, denn sie ahnen noch gar nicht das innerste Problem der
Erziehung d u r ch Unterricht, wie ich es bei der ersten pädagogischen
Woche in Mainberg nannte, der geistigen Mitteilung und Einverleibung als einer Handlung gemeinschaftlichen Lebens. Ich begreife nicht, wie sich die Menschheit beruhigen kann, daß die Kinder
in der Schule ihre lebendige Ursprünglichkeit und Eigenart verlieren und dafür weder lesen und schreiben noch sehen und hören,
geschweige leben lernen, sondern in ungeheuerlichster Weise geistig
verbildet und verblödet, zur Langeweile, Zerstreutheit und Interesselosigkeit erzogen werden. Das erträgt man, obgleich schon Nietzsche
die flammende Anklage erhob, und „Rembrandt als Erzieher" unsre
heutige Erziehung eine Art bethlehemitischen Kindermord nannte.
Wären die Eltern, weil sie selbst Opfer dieser Verwüstung menschlichen Wesens sind, nicht dazu unfähig, so hätten wir längst einen
Aufruhr der Elternschaft gegen die geistige Vergewaltigung und
Verderbung ihrer Kinder erlebt. Statt dessen krönte unsre Volks-
vertretung, die man in diesem Falle Volkszertretung nennen muß,
die Barbarei des Jugendunterrichts durch die Einheitsschule, welche
die verschiedenen Stufen der Reife, die unsre Kleinen je nach der
Güte der Familien haben, ganz außer Betracht läßt und dieses
kostbarste Nationalvermögen als Fabrikware behandelt.

Ich komme erst recht nicht darüber hinweg, daß das Leben
der Menschen untereinander eine Quelle des Unheils und Verderbens ist, Qual und Mord in unendlicher Mannigfaltigkeit und
Abstufung,[1] und daß man es bei den Bemühungen bewenden läßt,
das Unheil einigermaßen moralisch einzuschränken und zu mildern.
Mir ließ es keine Ruhe, bis ich den konstitutionellen Fehler fand.
Aber damit war mir auch nicht geholfen, sondern nun hält mich
diese allgemeine Not in Spannung, bis ein grundanderes Verhältnis der Menschen zueinander wirklich gewonnen wird, aus dem
ganz von selbst ein gemeinschaftliches Leben fließt, das jedem Einzelnen und der Gesamtheit zum Heile dient.[2]

---

[1] vgl. „Eine alte Geschichte" S. 53 dieses Bandes — [2] vgl. den 4. Baustein
für persönl. Kultur „Gemeinschaftliches Leben", Verlag von C. H. Beck München.

Doch damit bin ich noch längst nicht am Ende, doch ich muß
zu einem Ende kommen. Es geht mir so mit allem, was menschlich
ist. Alles regt mich immer wieder geradezu auf, so wie es ist:
z. B. das erschütternde Schicksal unsers Körpers, seine lebenslange
Einkerkerung in verrückte Kleidung, seine Verderbung durch falsche
Ernährung und Behandlung, seine Vernachlässigung als Gefäß des
Geistes und Ausdruck der Seele, voller Rückwirkung auf Geist und
Seele. Dasselbe gilt natürlich auch von der Besessenheit der Menschen von Geld und Gut, von der Befangenheit im Eitlen, Un-
wesentlichen, Äußerlichen, von der Preisgabe an das Nichtige und
Gemeine. Ich höre aus dem allen einen Schrei nach Erlösung,
der mir durch Mark und Bein geht. Und auch hier kann ich mich
nicht bei all den Rettungsversuchen, die wir treiben, beruhigen,
weil sie dem Verhängnis selbst nicht zu Leibe gehen, sondern nur
seine Gestalt verändern und die tiefe Not nur moralisch oder religiös verschleimen.

Aber ebenso quält mich nicht nur der Untergang des Abendlandes und die tragische Lage Mitteleuropas, sondern daß man
meint, von links und rechts, bei Freund und Feind, das gegenwärtige
Chaos in Ordnung bringen zu können, ohne alle die ungelösten
Probleme wirklich aus der Tiefe heraus zu lösen und die darin
gärenden Aufgaben wahrhaftig zu erfüllen, die in der Weltkatastrophe
zum gewaltsamen Ausbruch kamen, weil die Menschen keine Lösung
fanden oder suchten, von dem Verhältnis der Völker zueinander bis
zur Erlösung vom Kapitalismus.

Ich kann mich nicht darein finden, daß für alle Zeit die Macht
herrschen soll und nicht die innere, d. h. sachliche Notwendigkeit,
daß alles in Macht begründet und durch den Zwang Bestand gewinnen soll, statt auf Wahrheit gegründet zu werden und den
Bestand in dem Werden und Leben zu finden, das daraus wächst.
Ich kann mich nicht darein finden, daß es Krieg gegeben hat, solange es Menschen gab, und immer weiter Krieg geben wird. Ich
finde die Kleinstaaterei Europas unerträglich. Aber erst recht kann
ich nicht glauben, daß die soziale Not zum Menschenlos gehört,

fondern bin davon durchdrungen, daß sie gelöst werden kann und
gelöst werden muß, nur nicht, daß irgendeine Sozialisierung sie
leisten wird, sie kann sie nur verkleistern, oder daß der Kapitalismus
dadurch überwunden wird, daß eine andere Schicht ihm erliegt.
Ich kann mich nirgends darein finden, daß schließlich alles auf
Kompromisse hinausgeht. Denn ein Kompromiß ist niemals die
Lösung einer Aufgabe. Es gibt überall immer nur eins, das im
gegebenen Falle das einzig Wahre ist, und dieses einzig Wahre ist
immer die volle Lösung des Problems.

Vielleicht sagen Sie: Das geht über menschliche Fähigkeiten
und Grenzen hinaus. Aber wozu ist denn Gott da? Er will nicht
nur durch die Menschen wirken, schaffen und erlösen, sondern er
will sich selbst in dem endlich-sinnlichen Sein dieser Welt offenbaren.
Aber er kann es nur durch Menschen, die seine Organe und Werkzeuge sind und nichts als dies sein wollen.

Ich weiß nicht, ob Sie sich eine Vorstellung davon machen
können, wie einsam ich infolge dieser durchgehenden Verschiedenheit
des Sehens, Begreifens, Wollens und Lebens unter den Menschen
bin, wie mich das geistige Leben und Treiben unsrer Zeit befremdet
und anwidert, wie schwer es mir wird, mich mit den Vertretern
unsrer ganzen Kultur und Lebensweise auseinanderzusetzen, weil wir
dazu viel zu weit auseinander sind. Selbst zu Debatten gehört eine
gemeinsame Basis. Aber die fehlt mir. Ich kann gar nicht kritisieren,
weil ich von vornherein ablehnen muß.

Der anderen Seite geht es übrigens genau so. Das beweist
das Los meiner Bücher. Sie sind in der zeitgenössischen Literatur
ebenso vereinsamt wie ich. Ihre Verbreitung verdanken sie nur meinen
Vorträgen. In allen führenden und maßgebenden Kreisen kennt
man sie gar nicht oder befindet sich in einer mir ganz begreiflichen
Verlegenheit ihnen gegenüber. So lehnt man sie ab, stillschweigend
oder mit höflicher Reverenz. Es gibt kaum etwas Charakteristischeres,
als daß man bei meiner Ehrenpromotion zum Doktor der Theologie

anläßlich des letzten Reformationsjubiläums meine Verdeutschung
der Bergpredigt und der Reden Jesu, von den anderen Büchern
nicht zu reden, in der Begründung ganz ignorierte und nur von
meiner Nothilfe für die Menschen sprach. Wo man mich aber erwähnt oder behandelt, gibt es sofort die groteskesten Mißverständnisse. So werde ich regelmäßig als Individualist und Subjektivist
behandelt, obgleich ich seit Jahrzehnten darin die verhängnisvollste
Verirrung, ja Ursünde sehe und bekämpfe.

Diese meine Art und Lage ist Schicksal. Sie ist nicht gewollt,
sondern von selbst geworden und besteht schon über ein Menschenalter. Was ich nun aber den Menschen an Anregungen und Lebens-
werten bieten kann, ist die Frucht dessen, daß ich mich nie bei
irgend etwas, wie es ist, beruhigen konnte und es immer weniger
kann. Dadurch wird und bleibt man ein fragender, suchender,
forschender Mensch, und sobald man dahinter kommt, daß da mit
Kopfzerbrechen nichts zu erreichen ist, beginnt man zu probieren und
sucht und versucht so lange, bis man auf eine Spur kommt. Dann
gibt es Entdeckungen und Erleuchtungen, und diese einzelnen Strahlen
schießen zu einem Licht zusammen, das einem immer mehr aufgeht.
Wenn ich Ihnen aber dann davon erzähle, so sagen Sie: Ja in
der Theorie ist es ganz schön, und wickeln sich wieder in all das
ein, woran Sie sich gewöhnt haben. Wenn Sie in einem Handbuch
über das Klettern die Regeln lesen, die hier gelten, werden Sie nie
sagen: Das ist Theorie, sondern darauf aus sein, die beschriebenen
Griffe und Tritte anzuwenden, denn sie sind ein Ergebnis der Erfahrung. Genau so steht es bei den Dingen, von denen ich rede.
Nicht durch Grübeln findet man etwas — alles, was einer sich
ausdenkt, ist nie die Wahrheit —, sondern nur dadurch, daß man
es durch Erleben erfährt, durch Probieren dahinter kommt. Sie sollen
mir gewiß nichts glauben, sondern sich selbst überzeugen. Aber nicht
dadurch, daß Sie sich Gedanken darüber machen, sondern daß Sie
es versuchen, ob es so ist. Sie sollen nichts für bare Münze nehmen,
sondern erst dann dafür ansehen, wenn Sie die Erfahrung machen,
daß es sich umwechseln läßt in Wirklichkeit. Dann müssen Sie aber

doch diese Umwechslung wirklich vornehmen, d. h. Sie müssen es
in Ihrem Leben versuchen. Geschieht das, so werden Sie immer
die Erfahrung machen, daß es stimmt. Denn ich habe es nirgends
woanders her als aus dem Leben heraus und danke es nur der
inneren Gärung, daß ich mich bei nichts beruhigen konnte. Nirgends
handelt es sich um Gedanken und Gefühle, sondern überall um
Strahlen der objektiven Wahrheit, des Verborgenen. Zu ihr gelangen wir nur, wenn wir uns ernüchtern von dem benebelnden
Dunst unsrer subjektiven geistigen Atmosphäre, auf den Boden der
Wirklichkeit stellen, in ihr Wurzel schlagen und das Wurzelwerk
unsers Wesens immer tiefer in sie hineintreiben lassen. Erst wenn
das geschieht, wird sich das Wesen und Leben in uns entfalten, das
möglich ist, und das zu schöpferischer Auswirkung gelangen, was
wir eigentlich sind und können.

Woher habe ich diese Gewißheit? Weil ich an Gott glaube.
Das ist das zweite, was mich von den meisten Menschen unterscheidet. Es gibt Millionen, die sich zu Gott bekennen, aber ihm
nichts zutrauen. Sie glauben nur theoretisch an ihn, nicht praktisch.
Sie glauben nur an eine höhere Ohnmacht, die sie Idee nennen,
an einen höheren Halt, aber sie machen den Eindruck, als ob sie
in die Luft griffen, an eine Vorsehung, mit der sie sich trösten, aber
mit der sie nicht rechnen. Wer an eine Vorsehung überhaupt, und
nun gar an eine waltende Vorsehung Gottes des Lebendigen tatsächlich glaubt und nicht bloß vor sich und anderen tut, als ob es
so etwas gäbe, der wird doch in seinem Leben und Verhalten nicht
immer Vorsehung für sich und andere spielen, sondern das ganz
ausschließlich Gott überlassen! Der wird vielmehr aus Erfahrung
wissen, daß z. B. Goethe recht hat, wenn er sagt: „Man kommt
nie weiter, als wenn man nicht mehr weiß, wohin man geht."
Aber Gott ist eben seinen Gläubigen, die sich damit als Ungläubige
erweisen, wie derselbe Goethe sagt, „nur ein Supplement ihrer
Armseligkeit". Man muß angesichts des herrschenden Gottesglaubens

Spenglers vernichtendem Urteil zustimmen: „Wir Westeuropäer sind
religiös fertig."

Für mich aber ist Gott keine Idee, sondern das einzige alles
durchwaltende Geheimnis alles Seins, das einzig wahrhaft seiende
Ich, die einzig wirksame Wirklichkeit, der Herr alles Lebens, der
allein erlösen und schaffen, richten und vernichten kann. Für mich
ist er also überall der einzige Faktor, mit dem wir rechnen können,
ohne uns zu verrechnen, mit dem wir rechnen müssen, wenn wir
uns nicht verirren und nichts verfehlen wollen, der einzige Helfer
und Führer, der uns retten kann, der einzige Offenbarer, Vollbringer
und Erfüller von allem, was menschlich ist. Das ist für mich kein
Glaubenssatz, sondern elementares Bewußtsein, grundlegende Erfahrung, Quelle meines Lebensgefühls, aus dem sich Gesicht und Geschmack, Einstellung und Haltung allem gegenüber von selbst ergibt.

Wenn ich mich bei nichts beruhigen kann, wie es ist, so stammt
das direkt aus meinem Glauben an Gott. Gott selbst duldet es nicht,
er macht es mir unerträglich. Von mir aus könnte ich es, aber von
Gott aus niemals. Wenn er nicht wäre, würde ich mich schließlich
in alles finden oder verzweifeln. Ich weiß nicht, wie ich dann die
Sinnlosigkeit des Daseins ertragen würde. Aber weil ich an Gott
glaube, weiß ich auch, daß nicht nur alles auf Erfüllung und
Vollendung angelegt ist, sondern daß er auch selbst darauf drängt,
darauf hinarbeitet, und daß er diese selbstgewählte Aufgabe wiederherstellend, erlösend, schaffend, vollbringend erfüllen wird, nicht nur
die Menschwerdung seiner Kinder, sondern bis in die äußerste Ver-
ästelung alles dessen hinein, was menschlich, was irdisch ist, und daß
alles Verirrung, Verwüstung und Vernichtung ist, was nicht von
ihm ausgeht und von ihm selbst getan wird. So verstehe ich das
Wort Goethes: „Wir Menschen sind nur so lange produktiv, als
wir noch religiös sind," d. h. als Gott imstande ist, uns bewußt oder
unbewußt durch uns sich schöpferisch zu offenbaren.

Wenn Gott ist und Gott ist, dann kann die Ursache, daß dies
nicht geschieht, niemals an den Verhältnissen, den Dingen, der Natur,
der Welt liegen, sondern immer nur an uns selbst, daß wir nicht

XXIV.   15

die rechte Stellung und Haltung haben, sondern verrückt sind und
erst zurecht gerückt werden müssen, daß wir nicht für ihn auf=
geschlossen und empfänglich sind, sondern erst von ihm erschlossen
und befruchtet werden müssen. Aber wenn die Empfänglichkeit vor=
handen ist, erfolgt auch die Empfängnis. Alles ist möglich dem,
der glaubt, und nichts ist möglich dem, der nicht glaubt. Nicht
glauben tut aber auch der, dessen Glaube nur ein schemenhaftes,
schwindsüchtiges, subjektives Gedankending, ein geistiger Wahn ist,
aber nicht regsames Vermögen seiner Seele, Lebendigkeit des gött=
lichen Kerns seines Wesens. Glaube ist der lebendige Kontakt zwischen
der göttlichen Wirklichkeit in uns und Gott dem Lebendigen. Sobald
diese Verbindung eintritt und lebt, geschieht alles in dem Maße,
wie der Mensch reines Organ des göttlichen Waltens wird, was
in ihm vor sich geht und von ihm ausgeht, offenbarend, erlösend,
erfüllend, wiederherstellend, schaffend, vollbringend. Es trägt Gottes
Leben in sich und gibt es her, drückt es aus, läßt es Gestalt ge=
winnen. Dann kommt es zur Wiedergeburt und zur schöpferischen
Entfaltung des Menschen. Dann gibt es eine Neuordnung aller
Dinge. Wo aber dieser Kontakt nicht in der Wirklichkeit wesenhaft
hergestellt wird, sondern nur in der Idee als eine Beziehung unsers
Bewußtseins zu dem Gottesgedanken, da bleibt alles, wie es ist,
und das Verderben und Sterben nimmt unaufhaltsam seinen Lauf.

Wenn die neuesten theologischen Anwälte Gottes diesen meinen
Glauben Romantik nennen, so beweisen sie nur, daß wir in zwei
verschiedenen Welten leben. Alle aber, die mit mir in Beziehung
stehen, sollen wissen, daß das der Grund ist, auf dem ich stehe, aus
dem ich lebe, daß ich nichts von mir aus bin, weiß, habe und kann,
sondern daß alles daraus stammt. Darum mögen sie sich der Ver=
antwortung bewußt werden, die sie tragen, wenn sie das, was sie hier
hören, als Theorie wegschätzen oder für ihre Lage und Verhältnisse
für unbrauchbar erklären, statt den Weg dazu zu suchen, und daß
es keine Gemeinschaft im Sachlichen zwischen uns geben kann, so=
lange wir in verschiedenen Welten leben.

Kann man die Wesensart eines anderen Menschen erkennen?

Nein, das ist nicht möglich. Man kann sie nicht erkennen, geschweige genau. Man kann keinen Menschen durchschauen, man kann ihn höchstens spüren. Man kann ihn nicht definieren, beschreiben, analysieren, sondern höchstens einen klaren, aber unsagbaren unmittelbaren Eindruck von ihm gewinnen. Das gilt nicht nur von anderen Menschen, sondern auch von uns selbst. Niemand kann sich selbst durchschauen, sondern nur empfinden, wie er ist. Sobald man sich Rechenschaft über sich gibt, steht man in der Gefahr, sich über sich selbst zu täuschen. Oft wissen die anderen viel besser über uns Bescheid als wir selbst. Denn die Selbsterkenntnis bleibt immer an der Oberfläche, und wenn irgendwo ist hier Irren menschlich, und das Selbstgefühl trügt nicht weniger als der Augenschein. Wir müssen uns darein finden, daß jeder Mensch ein Geheimnis ist und bleibt, ein undurchdringliches Geheimnis, nicht nur für die anderen, sondern auch für sich selbst. Das kommt daher, daß das wesentlich Begründende in uns etwas wesenhaft Göttliches ist. Darum ist es uns ebenso unsichtbar, wie uns Gott unerkennbar ist. Wie wir Gott nur spüren können — Glaube ist der Spürsinn der Seele für alles Gleichartige, d. h. Göttliche —, so können wir auch das Geheimnis eines anderen Menschen und unsrer selbst nur durch die Erscheinung und Äußerung durchspüren, durch alles, was uns von ihm einen Eindruck gibt.

Mir fiel z. B. dieser Tage wieder eine Weise der Selbstoffenbarung des anderen ganz besonders auf, als ich in einiger Entfernung jemand sprechen hörte, ohne ihn zu sehen und zu verstehen. Ich hörte nur seine Stimme, aber diese Stimme war für mich eine Offenbarung seines Wesens. Die Stimme ist ja der Klang der Seele. Ich hörte da, vielleicht gerade weil ich nicht verstand, was gesagt wurde, eine Seele klingen, und dieser einfache seelische Klang, der sich in dem sinnlichen Tonfall äußerte, machte auf mich einen so starken und klaren Eindruck, daß ich ganz davon

ergriffen war, und der andere mir mit einemmal ganz vertraut wurde.

Aber wir spüren den anderen nicht nur in seiner Stimme,
sondern in seiner ganzen Gestalt und Haltung, in seinem Gang
und allen seinen Bewegungen durch. Alles das sind Offenbarungen
des Geheimnisses, dessen Hülle und Erscheinungen wir erfassen.
Aus dem Gesichtsausdruck, dem Mienenspiel, dem ... den viel-
sagenden Händen, der Bewegung der Glieder leuchtet er unmittelbar
heraus und spricht sich darin aus. Aber wir können es nicht erkennen,
sondern empfangen nur einen ganz ursprünglichen Eindruck, der
uns das fremde, ferne Wesen vertraut macht und nahebringt.

Wir erkennen den andern nicht, aber wir verstehen ihn, wenn
wir ihn so erleben. Das Geheimnis bleibt, aber seine Eigentümlichkeit
wird uns vertraut. Wir verstehen von da aus seine Äußerungen, wir
hören in allem, was er sagt, seine Stimme, und diese Stimme macht
uns verständlich, was er sagt. Der Augenausdruck füllt uns das
leere Gefäß der Worte mit seinem Leben. Seine Haltung und Bewegung offenbart uns, was er im Innersten dabei empfindet. Wie
viele unheilvolle Mißverständnisse entstehen durch Briefe, weil man
den Klang der Stimme nicht hört! Wie gefährlich ist der humo-
ristische Glanz der schriftlichen Aussprache, wenn man das schalkhafte
Auge nicht sieht! Aber auch in Gesprächen entstehen Mißverständnisse, weil man nicht den Menschen hört und erlebt, sondern von
sich selbst benommen nur die Worte auffaßt, weil man nur auf
den Gedankengehalt und nicht auf die Wesensäußerung aus ist.
Das aber ist das Wichtige. Denn es offenbart das Wesen der Mitteilung und gibt erst den Worten das eigentümliche Leben dessen,
der sie ausspricht. Der Eindruck des anderen ist für den Inhalt
der Rede bestimmend und entscheidend. Zwei können dasselbe sagen,
und doch kann es etwas ganz Verschiedenes sein.

Wir müssen uns weiter darein finden, daß die einzelnen
Äußerungen bei anderen wie bei uns andere Ursprünge haben,
als wir vermuten oder zu erkennen meinen. Gegenüber dem psychologischen Verständnis ist größtes Mißtrauen am Platz, aber auch

gegenüber den psychoanalytischen Erklärungen. Das sind alles sehr
fragwürdige Hypothesen, die uns den Blick mehr trüben als erhellen, mehr vom Eigentlichen und Wesenhaften ablenken, als ihm
die rechte Einstellung geben. Das kommt daher, daß die Ursprünge
unsrer Lebensäußerungen nicht nur in unserm Bewußtsein und Unterbewußtsein ... en, sondern auch in unserm unbewußten Wesen mit
seinen Anlagen und Gesetzen, in Blut und Seele. Und ferner, daß
alles, was wir erleben, nicht nur das, was in uns ist und zur
Entfaltung dringt, anregt, sondern es auch befruchtet, wenigstens
befruchten kann, nicht nur das Vorhandene in Bewegung bringt,
sondern es auch bereichert, begabt, erfüllt.

Deshalb ist es verfehlt, die Äußerungen der anderen, ob es
Worte oder Handlungen sind, psychologisch oder psychoanalytisch
aufzufassen, statt sie unmittelbar als Wesens- und Lebensmitteilungen
im eigentlichsten Sinne vom anderen auf sich wirken zu lassen.
Wenn Selbsterkenntnis der erste Schritt zur Verstellung ist, so ist Erkenntnis der anderen der erste Schritt zur Verkennung. Die Analyse
tötet nicht nur das Leben, sondern fälscht es auch. Kritisches Zu-
hören ist Vivisektion. Das Tote offenbart aber nicht das Geheimnis
des Lebens, weil es dann ja nicht mehr drin ist. Der kritisch
forschende und prüfende Blick wird ja von allen fein empfindenden
Menschen als unanständig empfunden, weil er entblößen will, was
nur verhüllt in Erscheinung treten soll. Deshalb sucht man ihn ja
auch in Gesellschaft durch ein liebenswürdiges Gaukelspiel der
Augen zu verschleiern. Aber er ist auch dazu verdammt, immer
falsch zu sehen, weil er sich in den anderen hineinsieht, ihn von
sich aus, aus der eigenen Art und Entartung versteht und beurteilt, während der andere doch ganz anders ist. Darum offenbaren
die Urteile über die anderen immer mehr die Urteilenden selbst
als die Beurteilten. Man sucht niemand hinter dem Busch, wenn
man nicht selbst dahinter gesessen hat.

Wollen wir die anderen verstehen, so müssen wir alle ihre
Äußerungen, Worte wie Handlungen, gläubig, zutraulich, erwar-
tungsfroh auffassen und ihnen als Offenbarung ihres Wesens lauschen.

Dann erfahren wir durch sie etwas von der Eigentümlichkeit ihres
Wesens und von der besonderen Art ihres inneren Lebens, von
ihrer schicksalhaften Gestalt und Bestimmung, die in ihren Äußerungen erscheint und waltet. Dann erfassen wir ihre Wirklichkeit
wahrhaftig und tief. Sonst vergreifen wir uns notwendigerweise
an ihnen. Dann geht uns nicht nur im einzelnen auf, was sie
bewußt und was sie unbewußt wollen, sondern auch, unter welchem
inneren Gesetz sie stehen, und welcher Bann damit widerstreitet.
Wir hören die Stimme ihrer Seele durch das Kreischen ihres
Ichs hindurch. Wir verstehen, was sie meinen, aber verkehrt
herauskommt, was sie eigentlich sind, aber nur verwachsen, entartet, gebrochen sind.

Damit, daß wir niemand in seinem Wesen erkennen können,
ist also nicht gesagt, daß wir nicht über ihn Bescheid wissen können. Im Gegenteil. Wer durch unmittelbare Fühlung und unter
lebendigen Eindrücken d. h. Offenbarungen von einem mit ihm lebt,
wird ihn besser kennen als der, der ihn zu erkennen meint, wenn
er gewisse Handlungen an sich betrachtet und davon auf sein
Wesen schließt, sich aus allen möglichen Merkmalen ein Bild von
ihm macht und glaubt, ihn erfaßt zu haben. Der macht es sich vielmehr ganz unmöglich, ihn zu erkenen, weil er sich den Zugang zu
ihm, die Empfänglichkeit für den unmittelbaren Eindruck verschließt.
Darum ist der gewöhnliche Verkehr der Menschen geradezu ein
Umgang mit verbundenen Augen, mit wahnbefangenem Sinn.
Man irrt und täuscht sich fortwährend übereinander, stellt dem
anderen die eigene Täuschung über sich selbst vor und verkehrt
mit Wahngebilden, statt mit den wirklichen Menschen. Kein Wunder,
daß man sich fortwährend stößt und reibt, vergreift und verletzt,
verfehlt und nicht findet, daß man aus dem Wahn in Enttäuschung
und aus der Enttäuschung in Argwohn verfällt. Es ist, als ob ein
böser Dämon den Sinn der Menschen verwirrt hätte. Aber in
Wahrheit ist es nur die Beschränktheit in sich selbst, die da meint,
den anderen zu erkennen, und nicht ahnt, wie hoffnungslos unfähig
sie ist, auch nur einen offenbarenden Eindruck von ihm zu gewinnen.

Wenn wir nun auch durch unmittelbare Eindrücke vom andern
Wesentliches und Eigentümliches erfahren, ſo müſſen wir uns doch
vor Augen halten, daß wir nichts an ſich erleben, ſondern alles
immer nur in ſeiner Wirkung auf uns. Daher iſt es begreiflich, daß
wir die anderen verſchieden beurteilen, auch wenn wir ſie in gleichem
Grade erleben. Wir ſind verſchiedenartig und verſchiedengradig für
ſie empfänglich. Manche haben einen beneidenswerten ſicheren und
klaren Inſtinkt für Menſchen, andere gar nicht. Aber in jeder Individualität ſpiegelt ſich der Eindruck des andern verſchieden. Wer
das weiß, der verſteht, warum wir nicht über andere richten ſollen,
weil wir gar kein ſicheres Urteil über jemand fällen können, ſo ſehr
uns ſeine Weſensart einleuchten mag. Wer das nicht begreift, der
denke nur daran, welche Rolle bei dem Erlebnis des anderen Sympathie und Antipathie, d. h. das feine Empfinden für den Zuſammen-
klang der Art und die Diſtanz des Weſens ſpielt. Mir iſt deshalb
das Urteilen über andere ſchon längſt vergangen, was ich immer
wieder merke, wenn jemand ein Urteil von mir über einen anderen
wünſcht, und ich dann immer in Verlegenheit gerate, weil ich wirklich nicht weiß, wie ich über ihn urteilen ſoll. Da ich nie im Zu-
ſammenleben abſichtlich oder unwillkürlich jemand beurteile, fühle
ich mich immer ganz hilflos, wenn ich über meine Eindrücke Rechen-
ſchaft geben ſoll.

Und doch hat Jeſus einmal vor den falſchen Propheten ge-
warnt und hinzugeſetzt: „An ihren Früchten ſollt ihr ſie erkennen.“
Alſo gibt es doch einen Weg zur Erkenntnis des anderen, aber
keinen direkten, ſondern nur einen Rückſchluß. Das Geheimnis als
ſolches bleibt unerforſchlich, undefinierbar. Aber ſeine Äußerungen
ſind Symptome ſeines Gehalts. Denn ſie äußern das innere Sein.
Aber das tun ſie nur, wenn ſie urſprünglich ſind und unmittelbar
aus ihm hervorgehen. Was einer tut, iſt keineswegs ohne weiteres
eine Äußerung ſeines Seins, denn es kann eine Konſtruktion ſeiner
Gedanken und ein Machwerk ſeines Willens ſein und ſomit das
Gegenteil von dem kundgeben, was ſeine Art iſt. Taten ſind ebenſo
unſichere Erkennungszeichen wie Worte. Sie lügen und trügen auch

bei größter Redlichkeit unbewußt viel zu sehr. Das bewußte Handeln offenbart im besten Falle, wenn es nicht durch Instinkte oder Rücksichten gebrochen ist, die Gesinnung des Menschen, d. h. wie er sein möchte, aber nicht wie er ist, sein Ideal, aber nicht seine Wirklichkeit. Die Gesinnung ist nicht unser Wesen, sondern nur der Charakter unsrer Bewußtheit. Eine Gesinnung kann ich mir aneignen, ein Wesen nicht. Die Gesinnung kann ich ändern, das Wesen nicht, denn ich habe es nicht in der Hand.

Aber ebensowenig wie unsre Taten sind die Wirkungen, die von uns ausgehen, Früchte unsers Wesens. Es wäre schlimm, wenn wir danach zu erkennen und zu beurteilen wären. Ich wenigstens lehne jede Verantwortung für die Wirkungen ab, die ich hervorbringe, und möchte dringend darum bitten, daß mich niemand danach beurteilt. Denn erstens haben wir die Wirkungen, die von uns ausgehen, gar nicht in der Hand. Sie sind nie unser Verdienst, sondern Gnade. Wir sind nicht ihre Urheber, sondern nur ihre Träger. Und dann hängen sie zum größten Teil gar nicht von uns ab, sondern von den Umständen und vor allen Dingen von den Menschen, die ihrer teilhaftig werden, die sie aufnehmen und verwerten.

Früchte sind nur die unmittelbaren Äußerungen unsers Wesens. Was von der Reflexion hervorgebracht wird, ist nicht gewachsen, sondern von ihr hervorgerufen. Und was der Wille zustande bringt, ist nicht geworden, sondern gemacht. Nur was ursprünglich aus uns hervorquillt, herausdrängt, was von selbst heraustritt, ist ein Gebilde unsers Wesens, von feiner Art und feinem Gehalt. Nur das ist echt und ein treuer Ausdruck des inneren Seins mit dem Schmelz der Unmittelbarkeit und dem Duft unberührter Ursprünglichkeit. Darum kann man die Menschen an ihren unbewußten und ungewollten Äußerungen erkennen. Denn wie die Frucht, so ist der Baum. Da ist keine Täuschung möglich. Ebensowenig wie Trauben an Rosenstöcken oder Brombeersträuchern gefunden werden, ist es möglich, daß eine unmittelbare Äußerung aus einem Wesen hervorgehen kann, das anders ist als sie selbst.

Willſt Du alſo Menſchen kennen lernen, ſo beobachte ſie, wenn
ſie ſich gehen laſſen, wenn ſie nicht an ſich denken, wenn ſie ganz
einfach, harmlos, unbedacht auf das reagieren, was an ſie herantritt, wenn ſie geradeaus und geradeheraus ſich äußern, wenn ſie
keine Abſichten und Aſpirationen haben, nichts vorſtellen und keinen
Eindruck machen wollen, wenn keine Rückſicht, Vorſicht und Neben-
ſicht ihr Verhalten fälſcht. Wie ſie dann ſind, ſo ſind ſie wirklich.
Was da aus ihnen entſpringt, iſt echt. Sonſt, ſobald ſie wollen,
beabſichtigen, etwas vorhaben, iſt es im höchſten Grade fraglich,
ob etwas Echtes herauskommt. Es kann ſein, aber da gibt es keine
Sicherheit mehr. Man kann dann nur auf ihr Wollen, ihre Gedanken und Hintergedanken, ihre Grundſätze und Überzeugungen
ſchließen, aber nicht auf ihr Sein.

Ob es ſich nun um echte, urſprüngliche Äußerungen des Weſens
oder um ein Werk des Bewußtſeins und Willens handelt, das merkt
jeder, dem der Sinn für den Unterſchied aufgegangen iſt, jeder, der
Gefühl für Echtheit und die unnachahmliche Art alles Unmittelbaren hat. Man ſchmeckt es. Alles Beabſichtigte, Gemachte, Überlegte, Berechnete iſt geſchmacklos. Es ſchmeckt fad. In dem Maße
aber als es unredlich iſt, ſchmeckt es faul. Schmeckt einer fad, ſo
iſt er nicht echt, ſchmeckt er faul, ſo iſt er verdorben. Im erſteren
Falle ſchmecken wir nur ſein Äußeres, d. h. den Charakter ſeines
Bewußtſeins und Willens, der nicht mit ſeinem Weſen übereinſtimmt,
im anderen Falle die Verkehrtheit ſeiner Sinnesrichtung und die Ver-
dorbenheit ſeines Weſens.

Es iſt ein Beweis für die Oberflächlichkeit unſrer bisherigen
Bewußtſeinskultur, daß ſie Weſen und Geſinnung in eins ſetzt und
damit die richtige Beurteilung des Menſchen unmöglich macht. Man
muß ſich über jeden Menſchen täuſchen, wenn man ſich nur an ſeine
Geſinnung hält. Denn dieſe zeigt nur ſein Wollen, aber nicht ſein
Können und Sein. Das hat verhängnisvolle Folgen. Wenn ſein
Können verſagt, wirft man ihm Untreue gegen ſich ſelbſt, Halbheit,
Charakterloſigkeit, Unaufrichtigkeit vor. Und wenn ſein Weſen einmal
hinter ſeinem ſittlichen Koſtüm zum Vorſchein kommt, iſt man ent-

täuscht und fühlt sich getäuscht, obgleich man sich doch nur selbst täuschte, weil man die Kulturhaut seiner Gesinnung für sein Wesen nahm. Man zeiht ihn der Heuchelei, und seine Gesinnung kann dabei doch so echt sein wie Gold und der gute Wille eifrig und redlich. Welche Verbrechen an Menschen sind aus der Verkennung dieser Verschiedenheit von Wesen und Gesinnung hervorgegangen, und welche Möglichkeiten, Menschen zu helfen, hat sie vernichtet!

Und es ist ein Beweis von dem Verhängnis, daß heute Theorie und Praxis auseinanderklaffen, wenn man bei der Würdigung von Menschen nicht zwischen Wesen und Unwesen, Art und Unart, Natur und Unnatur unterscheidet. In der Theorie tut man es wohl — es ist kaum in einer Zeit so viel darüber geredet worden wie in der unsrigen —, aber nicht in der Praxis. Denn sonst könnte uns das Hervortreten des Unwesens, einer Unart und Unnatur eben- sowenig an einem Menschen irremachen wie die Entstellung seines Körpers durch ein Gebrechen oder die Beeinträchtigung seiner Schönheit durch sein verhärmtes Gesicht. Sondern man würde sich in seiner Haltung zu ihm an sein Wesen halten, seine Art erfassen, sich an seiner Natur freuen und damit das in ihm stärken, was er eigentlich ist, was echt, ursprünglich, eigentümlich an ihm ist, statt ihn durch seine Gleichsetzung mit seiner Entartung schlecht zu machen, indem man ihn mit dem Unechten, Fremdartigen, Verdorbenen identifiziert. Das sind nur seine Fremdstoffe, Mißbildungen und Er- krankungen oder Veränderungen durch Vergiftung, Hemmung und Besessenheit, aber nicht sein wahres Wesen. Erst wenn wir in dieser Erkenntnis stehen, d. h. wenn sie in uns praktisch so unmittelbar wirksam ist, daß sie sich uns von selbst versteht, sind wir fähig, den anderen gerecht zu werden und ihnen bei der Überwindung alles dessen, worunter ihr eigentliches Wesen leidet, zu helfen. Aber auch dazu werden wir nur imstande sein, wenn wir wissen und glauben, daß jeder im Grunde ein Ebenbild Gottes ist und einen göttlichen Wesenskern in sich trägt, in dem alles Echte, Wahre, Gute be- gründet ist. Nur wenn unsre Menschenkenntnis hierauf beruht und sich hieraus ergibt, wird sie sicher, gerecht und fruchtbar sein.

Aber ganz anders ist es natürlich, wenn es sich darum handelt, das Verhalten, Tun und Lassen, das Leben und Arbeiten eines Menschen zu beurteilen. Das können und sollen wir. Aber wir müssen uns dabei bewußt bleiben, daß das nicht unmittelbar aus seinem Wesen fließt. Wenn einer z. B. in seinem Beruf treu bis zum Äußersten ist, so ist es sehr die Frage, ob das ein Zug seines Wesens ist oder sittliches Pflichtbewußtsein, was wiederum ganz verschieden in ihm begründet sein kann, oder die Pedanterie der Gewohnheit oder Ehrgeiz und Streberei. Das ist sehr schwer zu unterscheiden. Dazu gehört auch ein feiner Geschmack. Wesenhafte Treue wird es sein, wenn „die rechte Hand nicht weiß, was die linke tut", d. h. wenn jemand ganz unbewußt seinen Beruf tief und voll erfüllt und sich ihm das ganz von selbst versteht. Dann ist es als unmittelbare Wesensäußerung eine lebendige Frucht feiner Art. Aber wenn er sich dessen bewußt ist, sich dabei fühlt und etwas darauf einbildet, dann ist es nur moralische Leistung. Ist es Pedanterie, so ist es die Gewissenhaftigkeit subalterner Art. Ist es Streberei, so ist es Selbstsucht.

Es ist deshalb gar kein Wunder, daß alle die Urteile, die über Leistungen, Begabung, Fähigkeiten, Fleiß und Zuverlässigkeit auf Grund der Tätigkeit eines Menschen gefällt werden, sehr fragwürdig sind und weit auseinandergehen. Denn der Geschmack für das Wesentliche, für das Begründende und Treibende in allem ist bei den Urteilenden verschieden. Und sie sind auch selbst verschieden. Ihr Urteil wird dadurch bestimmt, ohne daß sie es ahnen. So kommen ganz gegensätzliche Urteile heraus.

Es ist doch z. B. bei der Beurteilung eines anderen geradezu entscheidend, ob wir mit ihm auf derselben moralischen Stufe stehen oder nicht, ob wir etwas in Ordnung finden oder nicht. Sonst wird der eine das loben, was der andere tadelt. Wenn ich konkret spreche, um ganz verstanden zu werden: ob unser Urteil positiv oder negativ ausfällt, wird z. B. davon abhängen, ob wir den Egoismus für eine normale und gesunde Lebensäußerung halten oder darin eine Entartung sehen. Ist einer Egoist aus Überzeugung, so wird ihn

der Egoismus des anderen nur stören, wenn er selbst darunter
leidet. Aber das hat bei seiner Beurteilung ganz außer Betracht
zu bleiben. Wenn er nicht dadurch beeinträchtigt wird, wird er
sein egoistisches Wesen ganz in der Ordnung finden, ja, wenn er
ehrlich ist, sagen: Ich würde es doch ganz genau so machen, z. B.
andere für sich auszubeuten oder arbeiten zu lassen, während das
einem anderen geradezu gemein und widerlich vorkommt. Wer dem
russischen Sprichwort huldigt: Halte fest, was du hast, und nimm,
was du nicht hast, der wird nichts darin finden, wenn einer jede
Gelegenheit benutzt, um sich zu bereichern, sondern ihn als einen
klugen Menschen loben, der seinen Vorteil zu wahren weiß. Wer
aber entgegengesetzt steht, dem ist solch einer geradezu unerträglich.

Dasselbe gilt aber auch bei Dingen, die mit Moral gar nichts
zu tun haben. Wir gerieten neulich in lebhafteste Meinungsverschiedenheit über eine Erzieherin. Ich stand dabei fast allein
gegen die ganze Gesellschaft. Alle hielten sie für eine vorzügliche,
ja außerordentliche Pädagogin, ich dagegen geradezu für ein pädagogisches Verhängnis. Woher kam der Gegensatz? Einfach daher,
daß man unter Erziehung etwas ganz Verschiedenes versteht. Vielen
gilt der als das beste erzieherische Talent, der das Geschick hat, die
Kinder recht tadellos zu dressieren, daß sie ruhig und brav sind,
reinlich sich selbst und ihr Zeug in Ordnung halten usw. Mir dagegen ist das Wichtigste, daß der Erzieher das Kind so betreut,
daß sein verborgenes Wesen sich unbeeinträchtigt entfalten kann und
seine Eigenart nicht verbildet wird. Ordnung, Gehorsam, anständige
Form muß sein. Aber es steht in zweiter Linie und darf nur so zur
Geltung kommen und nur auf solche Weise erreicht werden, daß
die „gute Kinderstube" und die Erziehung dazu das Keimen und
Wachsen des selbständigen und eigenartigen Menschen im Kinde
nicht schädigt, sondern damit in lebendige Verbindung tritt und
daraus seine eigentümliche Art gewinnt. Der eine Erzieher greift
fortwährend ein und macht an dem Kind herum, der andere behütet, läßt werden, sich äußern und leitet es unauffällig. Der eine
bildet von außen nach innen, der andere läßt sich von selbst bilden,

von innen heraus. Der eine bestimmt, formt und richtet das Kind nach seinem Gutdünken ab, der andere läßt sich in seinem Verhalten durch das Kind und seine Reife, seine Art und sein inneres Gesetz bestimmen. Der eine wirkt suggestiv und bannend, der andere löst und bestrahlt durch seinen Einfluß das Kind nur wie die Sonne, daß die Knospen hervorgehen und sich entfalten, wie es ihnen eigentümlich ist. Wenn ich an einem Kind merke, daß es wie unter einem Druck und Bann steht, so sehe ich in dem Erzieher einen Verbrecher. Das müßte doch eigentlich jedem einleuchten. Und doch sind in diesen Tagen manche förmlich an mir irre geworden, weil ich diese ideale Erzieherin nicht als solche gelten lassen wollte.

Noch viel mehr gehen aber die Urteile auseinander, sobald es sich um verschiedene Arten von Leben handelt, das die Menschen führen. In Sachlichkeit sieht man mit Vorliebe Rücksichtslosigkeit und Egoismus, wenn man sachliches Leben nicht kennt. Wenn man jemand lieb behält, trotzdem man ihn unbrauchbar findet oder Verkehrtheiten an ihm verurteilt, so halten das andere für charakterlos. Ich werde gerade oft getadelt, wenn ich lebe, was ich lehre. Es macht sich dann geltend, daß das bloß theoretische Verständnis der praktischen Erscheinung gegenüber ganz verständnislos ist. Es scheint das unbegreiflich zu sein, aber es ist so. Hieraus erklärt es sich, daß man oft im Urteil über jemand ganz auseinander geht, obwohl man in der Lebensauffassung ganz übereinstimmt. Der eine urteilt nach theoretischen Maßstäben, die er nicht anzulegen versteht, der andere auf Grund intuitiven Verständnisses für das, was im Verhalten des anderen zum Ausdruck kommt.

Dazu kommt noch eins, was beachtet werden muß. Wir wissen im allgemeinen immer besser Bescheid über die Unart als über die Art eines Menschen, weil sie auffälliger ist. Ausgenommen wenn eins in jemand verliebt ist. Da spürt man nur die Art und alle Unarten sind von ihr verklärt, ja förmlich in sie zurückverwandelt. Darum müssen wir uns immer hartnäckig vor Augen halten, daß das Wesen dahinter steckt und die Art zugrunde liegt. Dann gewinnen wir Blick für das Ursprüngliche, Gute, Edle,

Echte und sehen es durch alle Verbildung, Verwahrlosung und
Verunreinigung hindurch. Dann erscheinen uns aber auch alle
Menschen als Opfer des allgemeinen Verhängnisses, unter dem
die Menschheit seit Urbeginn steht und immer mehr leidet, unter
der Folge von Sünde und Übel, Schuld und Bann zu entarten
und zugrunde zu gehen. Solange wir unter diesem Fluche stehen,
wächst überall das Wesen aus und steht in Gefahr, durch Unnatur überwuchert zu werden. Stehen wir dauernd unter diesem
Eindruck, dann fließt aus unsrer Menschenkenntnis das Leidtragen
unter diesem allgemeinen Los, Duldsamkeit und Barmherzigkeit
und Sehnsucht nach Erlösung von diesem Verhängnis für uns alle
und nach Wiederherstellung des Ursprünglichen, Echten, Wahren,
Göttlichen in uns. Das muß der Nerv unsrer Kenntnis und Beurteilung der Menschen sein. Wer das hat, kann verstehen und
wird nicht mehr verurteilen. Aber er kann noch mehr, nämlich
helfen, lösen, aufrichten, mittragen und zurechtbringen.

Wir können die andern nur verstehen und ihnen gerecht werden
aus einem aufrichtigen und gütigen Herzen heraus. Das allein ist
unmittelbarer seelischer Fühlung fähig, aus der sich das lebendige
zutreffende Verständnis von selbst ergibt, und läßt sich die Eindrücke,
die wir von ihnen haben, ungetrübt und ungebrochen in unserm
Bewußtsein spiegeln. Aber es tut noch mehr. Es hilft den andern,
so zu erscheinen und sich zu äußern, wie sie wirklich sind. Das für
die andern geöffnete und glühende Herz schließt sie auf, macht sie
froh und zutraulich, daß sie sich trauen, sich unmittelbar zu geben,
wie sie sind, sich frank und frei zu äußern, wie sie empfinden. So
lernen wir sie besser, richtiger, gründlicher kennen, wenn es uns
Herzenssache ist. Vor einem gleichgültigen Herzen schließt man sich
zu, von einem kalten wird man zurückgeschreckt. Da stockt die unmittelbare Äußerung. Was man sagt und tut, kommt mühsam, un-
beholfen, scheu und verlegen heraus. Man traut sich nicht, und
man kann nicht. Man ist wie gelähmt, verwirrt und wird notgedrungen konventionell.

Das gilt aber nicht bloß von den einzelnen Begegnungen,

sondern noch viel mehr von dem dauernden Zusammenleben. Je nach der Unbefangenheit, Aufgeschlossenheit, Zuneigung und Wärme des andern uns gegenüber gewinnt unsre Erscheinung, Haltung und Äußerung ihre besondere Art, in die wir unwillkürlich verfallen, wenn wir ihm wieder begegnen. Nur dem aufrichtigen und gütigen-Herzen, das uns mit echter Wärme umfängt, geben wir uns ganz, wie wir sind.

Darum müssen wir den andern lieben, wenn wir seine Wesensart kennen lernen wollen. Denn die Liebe allein kann sie uns offenbaren. Aber nur die wahre Liebe, die selbstvergessen ihn umfängt, mit offenem Herzen auf ihn eingeht und in sich aufnimmt. Die egoistische Liebe ist blind. Aber die quellende Liebe, die den andern in Licht und Wärme setzt, ist hellsehend und tiefblickend. Sie bringt das Verborgene ans Licht und schließt die Tiefen auf. Unter ihren Strahlen blüht der andere auf, seine Sprossen und Knospen entfalten sich. Der Duft seiner Seele schlägt uns entgegen, und sein Herz öffnet sich einfältig und zutraulich, so daß wir in sein Innerstes schauen. So lernen wir ihn wirklich und wahrhaftig kennen.

O ihr überlegenen Menschenkenner, was wißt ihr von den Menschen! Darum ist euer Schicksal, Menschenrichter und Menschenverächter zu werden. Aber die Liebe erlöst sie und läßt sie werden, wie sie ursprünglich sind. Sie lernt sie schöpferisch kennen.

Die früheren Jahrgänge der Grünen Blätter

Angesichts der hohen Preise meiner Bücher gewinnen die früheren Jahrgänge der Grünen Blätter für alle, denen diese unerschwinglich sind, ein erhöhtes Interesse. Außer der Bergpredigt, den 3 Bänden Reden Jesu und den Reden über den Krieg sind alle meine Bücher Sammlungen von Aufsätzen aus den Grünen Blättern.

Beruf und Stellung der Frau befindet sich im 3. Band, ist allerdings als Buch von Auflage zu Auflage ergänzt worden.

Von den Quellen des Lebens stammt aus dem 3., 4. (nicht mehr vorhanden) und 7. Band.

Hemmungen des Lebens aus dem 7., 8., 9. 13. und 14. Band.

Von Weihnachten bis Pfingsten aus dem 10., 12., 14. und in der Hauptsache 15. Band, der auch 5 Berliner Vorträge über das „Christenproblem in der Gegenwart" enthält, die nicht separat erschienen sind.

Die Wegweiser sind aus den Bänden 8—14 zusammengestellt.

Die Neuen Wegweiser aus dem 10., 13., 14., 16., 17. und 20. —22. Band.

Von den 4 Bausteinen für persönliche Kultur befindet sich „Das Problem des Menschen" im 1. (vergriffenen) und 2. Band, „Persönliches Leben" im 2., „Das Ziel" im 7. und „Gemeinschaftliches Leben" im 10. Band.

Vom Leben und Sterben stand im 7., Die Liebe im 23. Band.

Der 5. Band der Grünen Blätter enthält meine Aufsätze über Kindererziehung und Jugendunterricht, die noch nicht separat erschienen sind.

Die früheren Bände sind natürlich nur noch so lange zu haben, als der Vorrat reicht. Neue Auflagen können nicht hergestellt werden. Der 2. Band ist in seiner 2. Auflage seinerzeit im C. H. Beck'schen Verlag erschienen und kostet gegenwärtig broschiert 2250 Mk., die andern alle im Verlag der Grünen Blätter und kosten broschiert 500 Mk., gebunden 800 Mk., für die Ausländer den Mindestpreis ihres Abonnements.

Verlag der Grünen Blätter Elmau Post Klais (Oberbayern)

Leider ist es mir auch in dem vergangenen Jahr ganz unmöglich gewesen, alle die Briefe, die ich von den Lesern erhielt, zu beantworten. Ich habe einfach keine Zeit dazu und bin froh, wenn ich die beantworten kann, die aus äußerster Not kommen und mir die Möglichkeit bieten zu helfen. Wollte ich regelrecht meine Korrespondenz erledigen, so müßte ich auf einen großen Teil meiner übrigen Tätigkeit verzichten. Das führt mich zu einer Bitte, nämlich: keine Bekannten, die auf einer Gebirgswanderung durch die Elmau kommen, Grüße an mich aufzutragen und sie anzuregen, mich hier aufzusuchen. Man ahnt nicht, was diese im Sommer beinahe täglichen, doch ganz wertlosen Besuche für Zeit kosten, und wundre sich nicht, wenn man in Zukunft erfährt, daß ich derartige Besuche grundsätzlich nicht mehr annehme.

Bei meiner Rückkehr von Schweden überraschten mich die beiden letzten Teile von Roman Woerners Evangelienübersetzung: Die frohe Botschaft nach Lukas und Johannes. Ich möchte alle Leser auf diese eigenartigen, den Urtext in genialer Weise wiedergebenden Übertragungen der Evangelien hinweisen. Sie kommen ihm inhaltlich und sprachlich so nahe wie keine andere Übersetzung und geben auch von dem Rhythmus der Erzählung durch die Sinnzeilen einen starken Eindruck. Sie machen die Evangelien so lebendig, daß sie den Schriftcharakter beinahe verlieren und wie eine persönliche mündliche Mitteilung anmuten.

Von Anton Fendrich, dessen „Mainberg" sich als gute Einführung in die Elmau im vergangenen Jahr bewährt hat, ist im C. H. Beck'schen Verlag in München ein ganz köstliches neues Buch erschienen: Buch der Heimat, ein Schwarzwaldbuch, aber eigentlich kein Buch, sondern ein Füllhorn des Lebens von einer Mannigfaltigkeit des Inhalts, daß mir jeder leid tut, der sich nicht mit offenem Sinn und Herzen darein vertieft.

Elmau, den 24. November 1922

Johannes Müller

Wir suchen für unsern großen ländlichen Haushalt eine praktische, erfahrene, selbständige und leistungsfähige Wirtschaftshelferin, bitten aber, daß sich nur solche melden, die ihre Tätigkeit hier nicht nur als Mittel zur Teilnahme am Leben auf dem Schlosse, sondern als schwierigen und wichtigen Beruf auffassen, den sie mit allen Kräften erfüllen wollen. Selbstgeschriebene Bewerbungen mit Bild, Lebenslauf, Zeugnissen und Angabe über die bisherige Tätigkeit sowie Gehaltsansprüchen werden erbeten an

Frau Irene Müller
Elmau Post Klais (Oberbayern).